南开大学
世界古史
论　丛

由南开大学中外文明交叉科学中心资助出版
南开大学中外文明交叉科学中心文明互鉴系列

朝鲜半岛古代史通论

General History of
the Ancient Korean
Peninsula

曹中屏————著

江苏人民出版社

图书在版编目（CIP）数据

朝鲜半岛古代史通论 / 曹中屏著. — 南京：江苏
人民出版社，2024.6(2025.7 重印)
（南开大学世界古史论丛）
ISBN 978 - 7 - 214 - 28211 - 8

Ⅰ. ①朝… Ⅱ. ①曹… Ⅲ. ①朝鲜半岛－古代史
Ⅳ. ①K312.2

中国国家版本馆 CIP 数据核字(2023)第 113823 号

书　　　名	朝鲜半岛古代史通论	
著　　　者	曹中屏	
责 任 编 辑	于馥华　于　辉	
特 约 编 辑	赵辰璐	
责 任 监 制	王　娟	
装 帧 设 计	刘　俊	
出 版 发 行	江苏人民出版社	
地　　　址	南京市湖南路 1 号 A 楼,邮编:210009	
照　　　排	江苏凤凰制版有限公司	
印　　　刷	南京新洲印刷有限公司	
开　　　本	652 毫米×960 毫米　1/16	
印　　　张	48.75　插页 4	
字　　　数	700 千字	
版　　　次	2024 年 6 月第 1 版	
印　　　次	2025 年 7 月第 2 次印刷	
标 准 书 号	ISBN 978 - 7 - 214 - 28211 - 8	
定　　　价	198.00 元	

（江苏人民出版社图书凡印装错误可向承印厂调换）

"南开大学世界古史论丛"总序

　　南开大学历史学科即将迎来建立百年的日子,为纪念这一重要时刻,特推出"南开大学世界古史论丛"。作为南开大学世界史学科发展的重要学科领域,世界上古中古史学科方向经几代学者的不懈努力,不仅培养了大批学有专长的后备人才,而且取得了显著的科研成果。在世界上古中古史学科发展的历史上,涌现出蒋廷黻(曾开设欧洲文艺复兴史)、雷海宗、黎国彬、辜燮高、陈楠、王敦书、于可、李景云等蜚声国内外的老一辈学者群体,他们的弟子遍及海内外,也为其后以陈志强、杨巨平和王以欣等学者为代表的学科中坚力量的发展打下了坚实的学术基础。

　　改革开放以来,本学科优势持续发扬光大,呈现出令人可喜的局面,形成了西方古典史、拜占庭史、希腊化史、古代中西交流史、古埃及学等诸多国内领先的研究领域,在国内外学界的影响力持续增强。作为南开大学世界史学科重要的组成部分。世界上古中古史学科方向建立了南开大学希腊研究中心(教育部国别和区域研究备案中心)、西方古典文明研究中心、东欧拜占庭研究中心、丝路古代文明研究中心等学术机构,承担国家社科基金重大项目及以下各级别研究课题多项,培养了数以百计的硕士和博士生,他们已经成为国内各高校和科研机构的骨干力量。

为了继承和发扬传统、回顾和总结经验和成果、激励后学,在学院和学校各级领导大力支持下,我们决定共同努力,收集整理南开大学世界史老中青三代教师们的相关成果,编辑和出版"南开大学世界古史论丛"。该论丛以马克思主义历史唯物论为指导,突出学术性,展现南开大学世界上古中古史研究的实力,并向南开大学历史学科百年生日献上一束花,祝愿学科发展再上层楼。

目　录

凡例及相关说明

一、本书引用的属于二十四史等中国古代文献，以及《高丽史》等朝鲜半岛古代典籍均使用普遍流传版本，不再特别注明具体版本信息。

二、本书引用的现当代文献的作者，韩国作者的国籍用［韩］表示、朝鲜作者的国籍用［朝］表示；但引用的古代文献的作者之前为作者所处朝代，朝鲜半岛高丽时代的作者用（高丽）表示，李朝时代的作者用（朝鲜）表示。

三、1993 年韩国教学社出版的韩国文学博士李弘植编《增补新国史事典》相关条目称："서울，大韩民国首都，李太祖作为王都以来，500 年间是为政治、经济、文化、宗教的中心。'서울'一词虽系新罗时代以来（国家）的'都邑'，解放后则作为我国首都的固有名词予以使用。历史上曾称此地为杨州、南京、汉阳，1395 年改称汉城府。"我国自明清以来一直据此称汉城（日本统治时期称"京城"），直至 2005 年韩国宣布"首尔"是其首都的唯一中文名，我国也于此年启用韩国首都汉城中文新译名。为尊重历史和便于读者理解，凡本书引用的此前问世的出版物上的"서울"一词，均依先例译为中文"汉城"。

导　论

朝鲜半岛古代史，是论述朝鲜半岛人类起源至 19 世纪 70 年代封建国家朝鲜王朝开始沦为日本与西方半殖民地以前的历史。

王氏高丽（918—1392）最早从中后期起已经在朝鲜半岛的大部分区域建立了统治，而在李氏朝鲜（1392—1910）的前期（约 15 世纪中叶），其国土已几乎囊括整个朝鲜半岛，即今天的以平壤为首都的朝鲜民主主义人民共和国（The Democratic People's Republic of Korea，简称朝鲜）和以首尔（Seoul）为首都的大韩民国（Republic of Korea，简称韩国）的全部国土。

朝鲜半岛，韩国称韩半岛（以下简称"半岛"），三面阻海，一面连陆，位于东北亚地区，其东北角与俄罗斯连接，北面隔鸭绿江和图们江与中国大陆相连；西面隔黄海与中国山东半岛相望，东南与日本列岛隔朝鲜海峡相向。朝鲜半岛总面积约 220840 平方公里[1]，东起郁陵岛的独岛（日本称竹岛），西至平安北道龙川郡马鞍岛西端，南抵济州岛的马罗岛，北达咸镜北道稳城郡丰西里，周围约有 3200 余个大小岛屿，其面积约占总面积的 3%。半岛大体呈南北走向，长约千公里（合 2544 朝鲜里），东西宽 210 多公里（合近 550 朝鲜里），号称"三千里锦绣河山"。朝鲜半岛处于东北亚的中心，其地理位置特

---

[1] 据韩国那木维基（Namu Wiki），朝鲜半岛面积为 223663 平方公里，https://namu.wiki/w/%ED%95%9C%EB%B0%98%EB%8F%84。

别重要。《历史的地理枢纽》一书的作者、英国近代地理学及政治地理学奠基人之一的哈尔福德·麦金德（Halford John Mackinder，1861—1947）认为：朝鲜半岛位于"内新月区外部"地带，是通往大陆核心地区的"门户"，近代以来周边遍布大国环伺的历史及现实情势使其成为大国冲突的"缓冲区域"。[①] 要理解今天的朝鲜和韩国是怎么走过来的，必须研读朝鲜半岛古代史。因此，研究与撰写朝鲜半岛的古代历史具有特别的意义。

朝鲜半岛全境多山，地势北高南低、东高西低。在东、西朝鲜海湾相夹的"蜂腰"以北地区的中央，横亘有盖马高原；半岛东西两侧的咸镜山脉构成图们江水系与半岛东海岸水系的分水岭，其南向再与自北向南延伸的长白山脉主干相互交叉，继续与半岛关北与关西分界线的狼林山、赴战岭山脉向东南延伸；其西面有狄岭山脉、妙香山脉自北向南、东、西排开，形成许多深山峡谷和短小急流。咸镜、江原之交为铁岭，是为通北大道。

蜂腰以南，太白山脉沿东部海岸由北向南延伸，并派生出许多支脉朝西南伸展，形成海拔五百米以下的丘陵地带，有金刚山、雪岳山、五台山、大关岭、太白山。自太白山岭脊左右行，左者顺东海而下，右者沿小白山南下，脊脉数断，在万山中有大岭四、小岭七。

朝鲜半岛西、南、东分别为黄海、朝鲜海峡、日本海，被4200多个大小岛屿所环绕，海岸线全长约1.7万公里（包括岛屿海岸线），本岛面积占总面积97％，海岛大者南为济州，东为郁陵，西为江华，总面积为220840平方公里。据韩国那木维基（Namu Wiki）官网2023年统计，半岛人口为7705.7626万（1997年，韩国的人口为5145.9626万人；1996年，朝鲜的人口为2559.8万人）。

鸭绿江和图们江是朝鲜与中国以及俄罗斯的界河，它们发源于

[①] Halford John Mackinder，"The Geographical Pivot of History"，*Geographical Journal*，1904(4)，p. 301.

长白山顶峰的天池,分别流入黄海和日本海,并由此使半岛与亚洲大陆分开。半岛之内河,注入黄海者,北部有清川江、大同江、礼成江、临津江,南部有环绕京畿的汉江、流经忠清南北道的锦江和流经全罗南北道的荣山江;流入东海者,南方有蟾津江、洛东江。在各条大江的入海口,形成许多天然良港,南有釜山,西有仁川、南浦、群山、马浦,东有浦项、元山、咸兴、清津和罗津。上述地形造成半岛的东部和北部多山地和丘陵,矿产和水利资源丰富;而西部与南部多平原、河流和海港,交通便利,土地肥沃,有利于农业的发展,成为朝鲜半岛的人类最早进入文明社会的地区之一。李氏朝鲜后期的一位地理学家称:半岛"古人谓:我国为老人形,而坐亥向巳,向西开面,有拱揖中国之状,故自昔有亲昵于中国"①。此言比较形象地描绘了朝鲜半岛与中国大陆地缘与历史的深厚连带关系。

旧石器时代考古学证实,半岛自古就有人类居住。中国著名古人类学者贾兰坡先生说:"我很赞赏朝鲜科学家的观点,旧石器文化具有超国家超民族的广泛国际性质……旧石器时代,我们的先民完全屈从于自然条件的安排进行迁徙和选择栖身场所,因此,他们创造的文化和后来国家的形成毫无关系。"②

韩国学者认为,文化的变化和变质是朝鲜"史前文化研究的禁区"③。然而,民族及其文化的起源是研究任何一个国家历史所遇到的首要问题,朝鲜半岛上的民族国家的历史亦不例外。大凡人类历史上的巨大文化变迁,通常都伴以大规模的民族迁徙。在古代历史上,或者受外部游牧部族大规模地向土著的农业地区的侵袭,或者由于土著社会内部发生大的政治事变与自然环境的巨大变故,民族的大规模集体迁徙在古代世界和东亚历史上是常有的事情。仅上

---

① (朝鲜)李重焕:《择里志·卜居总论·山水篇》。
② 贾兰坡:《〈朝鲜旧石器文化研究〉序》,载冯宝胜编译:《朝鲜旧石器文化研究》,北京:文津出版社,1990年。
③ [韩]金贞培:《韩国民族的文化和起源》,上海:上海文艺出版社,1993年,第48页。

古时代,世界就因游牧民族的入侵发生过三次大的部族移动,分别出现在公元前 2000 年前后、公元前 1500 年以下的世纪和公元前300 年以后的几个世纪里。前两次导致欧洲和印度土著国家的"翻天覆地的变化"①。

半岛黎明期,生活的部族见于史籍者,北方为秽貊、东沃沮、句骊等;南方为韩,其语言、饮食、居处、法俗、服章,有诸如"同""大抵相类""有似","自谓与……同种","多与……同","……别种","有似……"之类的记载,表明其具有相近的文化、社会结构和一定的历史渊源。《史记·匈奴传》曰,"东接秽貊朝鲜","汉东拔秽貊朝鲜以为郡";《汉书·朝鲜传》颜师古注称,"真番、朝鲜蛮夷皆属(卫)满也";《汉书·高帝纪一上》颜师古注言:"貊在东北方,三韩之属皆貊类也。"

半岛出现的第一个古代国家是公元前 11 世纪中国中原地区殷人遗族建立的箕子朝鲜,即位于北部的"王俭朝鲜",其后是汉初燕国人卫满所建的"卫氏朝鲜",它们是 13 世纪高丽僧人一然私撰《三国遗事》指称的"古朝鲜"的后两个王朝,与 14 世纪末建立的李氏朝鲜,在政治上和血缘上均无直接承袭关系。所谓"檀君朝鲜"乃是 15 世纪后,特别是近代半岛某些文人据该书的"坛君"故事虚构的;所谓"坛君"神话至多只能视为半岛史前时代关于"坛君"部落活动的传说而非史实。

半岛南部的韩人社会进入文明时代略晚于北方,大约在卫氏朝鲜的后期。属于"三韩"之一的斯卢社会的主体,其实是"朝鲜遗民"组成的"六村",属多元氏族体系,是生活在以今韩国庆州为中心的洛东江流域的原始居民创造的包括伽倻文化在内的新罗文化,是近代朝鲜(韩)民族文化的根。它奠定了明显不同于中国和日本文化的、富有特色的朝鲜—韩国文化;而且也只有它通过其真正的始祖"朝鲜遗民",才使整个半岛南方与上古朝鲜文化联系起来。

---

① 雷海宗:《上古中晚期亚欧大草原的游牧世界与土著世界》,载《雷海宗史论集》,天津:天津人民出版社,2016 年,第 172 页。

　　半岛历史发展的社会形态具有明显的特殊性。上古时代的大同江以北的地区,基本上属于汉文化社会形态;在上古的晚期,鉴于后来的新态势,在整个半岛地区,仍然可认为其社会发展尚未脱离奴隶占有制,但分属两种不同的类型:在高句丽的势力范围内,属大陆性的带有封建成分的家庭奴隶制社会,而后进的南方地区,即新罗、百济以及驾洛诸国属半岛性的部民奴隶制社会。统一新罗时代,半岛的主体社会开始向封建社会过渡。

　　封建土地所有制是封建社会的基础。高丽王朝曾先后实行了以封建土地国有制为主要内容的禄邑制、食邑制、役份田制和田柴科等土地制度。田柴科的基本出发点是保证居于社会上层的王族和文武两班贵族的利益,是高丽常备军府兵制赖以存在的基本条件。

　　府兵是高丽兵役的基本制度。根据田柴科,军人不仅从国家分得一定数额的军人科田,而且每个军人有两家"养户"为其耕种土地,并有口分田的保障。在高丽,良人、贡人和商人构成其社会的平民阶层,而占有居民相当比例的"贱民"是居住在特殊行政区的所谓乡、所、部曲,集中从事农业、手工业的阶层。

　　高丽末期,经过武臣的专制统治,尤其是作为驸马国而遭蒙古势力的渗透,其贵族社会的结构发生了重大变化。如果说,旧的世臣大族依然是其统治阶级的主流,那么以半岛西部为据点的新兴贵族已成长为不可忽视的力量。结果,丽末鲜初,半岛土地制度发生变革,科田法应运而生,以大农庄主为代表的旧世族势力赖以生存的社会根基遭到摧毁,构成国家政治中心的新势力的基础得到巩固。于是,半岛政权改朝换代,封建制度又延续了近五百年。

　　李氏朝鲜封建社会是以两班地主为中心的社会体制,其社会大致由两班、良人、奴婢等三个部分组成。以李成桂为始祖的朝鲜王朝通过私田改革、寺院田整理、"量田"等一系列措施,不仅把旧贵族兼并的土地收归国有,而且没收了寺院的大部分"寺社田",在全国范围内掌握了土地的控制权;同时,通过"奴婢辨正""寺社奴婢整理"等措施,实现了对以农民为主体的人力资源的国家控制,从而为封建中央专制政权的建立确立了物质基础。

科田法使在职官吏、中小地主的势力得以发展,为乡村士林势力的发展提供了社会基础,造成地主制的"普遍化",把起步于丽末、出身于中小地主的士林文人于16世纪开始送入上层主流社会。同时,亦由于李氏朝鲜封建社会与科田制本身内在矛盾的演变导致的半岛田制的混乱,在其后的两个世纪里,在日本入侵外患与农民起义频发及士祸与党争等"内乱"中,李氏朝鲜王权"焕局"政变连连,即使被史学家誉为"复兴"时代的英(祖)、正(祖)时期(1725—1800),其结果也只能是以产生极端腐朽的势道政治而告终。

上古时代,整个沿渤海和黄海地区是一个以中华文化为主导的文化圈,朝鲜半岛的西部与南部地区正处于它的范围之内。文献和考古资料证明,东夷人是创造上古环渤海、黄海文化的主人,是中国华夏先民的重要来源之一,而其中的一支,主要是秽貊(亦作濊貊)人,创造了朝鲜半岛远古文明。这种状况使朝鲜半岛与中国的古代历史,在发展空间上有不少交叉,这为中国大陆与朝鲜半岛的文化交流和历史发展提供了有利条件,也给后人对上古历史的研究带来一些难度,以致学术界在解释朝鲜民族或韩民族,或文化渊源方面出现许多混乱。然而,这不应该成为双方的负担或累赘,如同欧洲一样,理应把它们之间的历史联系,视为推动当今区域一体化进程的文明基础。大概同半岛历史的特殊性有关,迄今为止国内外学术界尚没有一部大体能够为多数学者认同的朝鲜或韩国古代史问世,其基本原因并不在于研究的不足,其症结似乎在于缺乏应有的科学的治史态度和客观的视角。

应该看到,在古代世界,无论是东方还是西方,各个地区的国家并不是以近代意义上的"国家"为本位,而是以王朝为出发点。在上古的东亚,所谓"国"实际是较大的邑;通常,较大的"国"都控制着若干个邑,以最大的邑为国都,即所谓王畿,远离王畿的四方,分布着王朝所分封或承认的许多诸侯方国,并且在这些国与国之间,还会夹杂着一些"无主"的荒地草原。在一定意义上可以说古代国家间的界线是流动的。因此,在民族国家尚未形成的条件下,要想把构成这个或那个国家的古代民族与近代某个民族直接挂钩是相当困难的。

现代民族国家是国家关系的行为主体。但在古代,受历史条件的影响,国家间的交往与其说是民族的,不如说是王朝的,不存在今天意义上的国际关系。近代国际关系的建立是以欧洲列国体系出现(State System)为前提的,这种体系最初只存在于 17 世纪以后的西欧。由于历史背景和历史条件的不同,在东方的伊斯兰世界和东亚世界,国家间的关系则大相径庭。在东亚地区,各国共存于以古代中国为主导的"封贡体系"之中,而古代朝鲜半岛上历代政权是这个体系中的重要一环。因此,撰写朝鲜半岛古代历史就必须历史地,并且以向前看的宽广胸怀研究这一历史现象,做出应有的科学评价和历史定位。

1648 年 10 月签订的《威斯特伐利亚和约》(Treaty of Westphalia)奠定了近代国际法学的基础。近代国际法的原则是国家独立、主权平等和领土完整,这也是近代以来处理国际关系的准则。因此,研究一个国家的国史和国家间的历史关系,必须尊重国际法确认的现存国界,历史地进行考察。因此,在研究与中国具有悠久传统关系的朝鲜半岛古代史时尤其需要注意这方面的问题。

世界历史进入近代的初期,国际社会之下的西欧呈现的是列国体系,而东亚地区则是封贡体系。封贡体系中的国家关系与近代西方殖民主义体系下的帝国宗主国及其隶属的附属国间的从属关系有着本质的不同。封贡体系,是一种天朝体制,或曰华夷体制,它通常是以某一强大的封建王朝国家为主轴,通过"册封"和"朝贡"与其周边国家形成的一种相互依存的关系;一般说来,古代中国处于这一体制的中心位置,其他国家与它保持一种垂直关系,而这些国家之间维持水平关系。在这种秩序下,古代中国的皇帝作为统一万方的"天子",以"溥天之下,莫非王土,率土之滨,莫非王臣"的观念环视"天下";中央朝廷对周边民族地区的"蛮""夷"之地,以"怀柔远人"为国策,惟望"四方来朝"。然而,华夷之辨向以文化而从不以血统为基准。华夷观念要求周边国家仰慕并接受中华文化,尊古代中国的朝廷为"天朝",奉中国正朔,定期朝贡方物,被称为"奉朝朝贡之国"。这种体系的形成并非古代中国单方面的强制使然,它的确立是出于双方的政治、文化、外交与经济上的需要。由于古代中国经济实力的强大与富庶,东亚各国希望借助朝贡以通商,获得经济利益。古代中国朝廷"主要关心周边国家承认其上国地位的精神价值,以羁縻朝贡国,维持与周边国家的友好睦邻关系"。例如,李氏朝鲜有史的500年间,一直同明、清两朝保持着垂直的、封建式的从属关系,朝鲜国王使者的"朝贡"与古代中国皇帝的"回赐",它既是一种国家之间的礼仪,又是两个封建王室间的交易。这种所谓"事大字小"关系,一般不会导致直接的政治干涉,即所谓朝鲜乃"中国属邦,政治仍得自主"。西方资本主义制度下的殖民主义体系之中,宗主国可任意压榨和奴役其殖民地和附属国,使其丧失一切权利。因此,在评论和批判东亚封建体制下的藩属关系时一定要同近代西方殖民主义的民族压迫区别开来。

同样,在研究历史上的国家关系时,还必须对古代国家间和近代国家间发生的战争加以区别。现代的一个国家领土范围内在古代之时曾有数个国家并存,而在古代之时的一个国家的土地到了现代则成为两个或多个国家的领土。在古代的朝鲜半岛,列国时代的新罗、百济与高句丽间曾发生过无数次战争,今天,学者很难区别正义在哪一边,只能从总的历史发展趋势上去把握。古代王朝国家间的战争也是这种情况。在近代民族国家形成以前,它们之间的战争,不管战争的主动发起者是谁,都不适于使用现代的术语"侵略"二字。例如,汉武帝灭亡了拒绝"奉诏"的卫氏朝鲜,这不能视为"侵略"①。因为,对作为"尊周室"箕子朝鲜的后继者"卫氏朝鲜"的统治

---

① 韩国学者李丙焘的《韩国古代史》(1978年版)的第二编第四节即以"卫氏朝鲜与汉帝国的东方'侵略'"为题。

者,他必须"入见"汉帝"天子",更不可"发兵袭攻""汉使涉何"。从汉朝皇室的视角看,卫氏朝鲜是它的诸侯国,是其册封体制领域内的一部分,与位于南方的三韩的情况完全不同。同样,王氏高丽、李氏朝鲜与辽、金(女真),甚至蒙古和后金(清)间的各种战争实际上是双方争夺汉四郡疆域与女真人生存空间的战争。

　　处理其疆域跨越当代国家边界的古代国家的问题,是一个需要慎重对待的历史问题。在古代历史上,上古时期世界发生过的三次大的部族移动中,前两次导致欧洲和印度"土著国家的历史合并",后一次则表现为塞人(Sacae)和匈奴对中亚和古代中国的冲击。民族迁徙,在古代中国历史上也发生多次。众所周知,中国历史上第一个朝代——夏朝时期,原本是渤海沿岸一个叫商的夷人方国,从其始祖契至商朝第一代君王汤的 14 代中,有 8 次迁徙;自建国至盘庚迁殷,又有 5 次迁都。在商王朝统治中原的六百年间,定居于西部黄土高原的周人受游牧部族戎狄的侵袭,放弃土地肥沃的豳,迁居到岐山之南的周原。公元前 11 世纪末,强大起来的周连年发动灭亡商朝和巩固新政权的战争。中原新旧王朝交替的政治变故形成的巨大冲击,造成了新的民族移动,其影响波及朝鲜半岛。当时生活在中国东部地区的殷人势力箕族,在其首领箕子的率领下,逐步向东北方向迁移,并为摆脱燕人力量的钳制,渡过鸭绿江进入大同江下游地区,在那里,他们逐渐与当地土著社会融合,建立了箕子朝鲜王国。

　　有关箕子朝鲜的古典文献的记载过于简略,且后世注释家和历代学者对箕子其人和有关记事解释不尽一致,引起后人不同看法,这是正常的。但是,近代以来,尤其是 20 世纪 60 年代以来,国外出现了一股强大的否定箕子朝鲜的潮流。他们或利用后代注释家的不同解释否定经典记述,或采取断章取义,甚至以机会主义的手法诠释历史。例如,在叙述"古朝鲜"时,有人在根据《史记》和《三国志》的《魏略》肯定"昔箕子之后朝鲜侯"否王和准王以及右渠王的存

在，认为《史记》是研究卫氏朝鲜的"最基本的史料"，同时也竭力否
定、曲解"箕子走之朝鲜"的记载，甚至说箕子朝鲜是司马迁"为了对
他国'侵略'合理化"和朝鲜的事大主义封建史家"为了替国内封建
统治秩序辩护""捏造"出来的；他们既说《汉书》所记"乐浪朝鲜民犯
禁八条"，"反映了成文法彻底地维护奴隶主阶级利益的黑暗的社会
制度"，又说该条关于箕子"教其民以礼仪，田蚕织作"的记事，是要
把古代中国的"'侵略'政策正当化、合理化"。更有甚者，有人竟以
批判现代修正主义为名公然宣称撰写《尚书大传》和《史记·宋微子
世家》的史家"是第一个伪造者"。笔者以为，尊重史料是治史的先
决条件。为史者必须论从史出，寓论于史，任何历史论断必须以史
为据，且不可以己之好恶任意取舍史料，在没有发现新的历史文献
和考古资料之前，既不能轻率否定重要的基本古文献的记载，擅改
史实，也不应任意附会，望文生义，无限拔高，把神话传说当作真实
历史。根据以上精神，凡是这个国家的政治、经济、文化中心，亦即
首都，在朝鲜半岛者，均系本书研究的对象，否则，即使其领域占据
了朝鲜半岛的大片土地，例如古代的渤海国，也不是本书研究的对
象。这样，纳入本书的古代国家是：箕子朝鲜、卫氏朝鲜、辰国与三
韩、新罗、百济、高句丽、伽倻、耽罗国、统一新罗、"后三国"、王氏高
丽、李氏朝鲜。

第一章　原始社会

　　人类历史的第一个社会形态是原始社会。亚洲东北部的朝鲜半岛与世界其他大部分地区一样，自进入人类社会，便跨入了原始社会的初期阶段旧石器时代。当时的人们以简单的打制石器采集、渔猎，过着群居、游荡不定的生活。此后，这些"原始人群"演变为"血缘家族"，成为"新人"，人类社会进入氏族公社社会，并在母系社会的全盛期跨入新石器时代。这个时代的后期，人类学会了动物的驯养和植物栽培，从而实现了"农业革命"，使原始社会进入其晚期——父系氏族社会，朝鲜半岛开始跨入史前时期。

第一节　旧石器时代

一、前期(约二三十万年前)

　　在地质年代的第四纪早期，洪积世(Diluvial Epoch)，亦称更新世(Pleistocene Epoch)末期，即大约在 1.2 亿年前，当地球进入气候温暖的间冰期(Interglacial Period)，如世界其他地区一样，东亚海岸线冰川的融化造成海平面的上升，各地发生海进，出现了东海、日本海，形成朝鲜海峡。就是在此期间朝鲜半岛开始出现。此后 5000年以来，虽然海平面的局部消长略微改变着海岸线的地形，但到今天视野中的朝鲜半岛的形状基本没有改变。

　　韩国学者根据在朝鲜半岛发现的第四纪冰河期的动物化石和打制石器、骨角器等属于旧石器时代遗物的痕迹,相信当时的半岛已经具备了人类生存的条件。然而,除海拔 2000 米以上山区外,朝鲜半岛不存在冰河覆盖的痕迹,属冰河周边区而受到影响。

　　1963—1966 年,朝鲜和韩国先后第一次发现了称作黑隅里文化、屈浦里文化和石壮里文化等旧石器时代遗迹。到 21 世纪初,南北两边已经发掘了 110 处旧石器时代遗址(北部 30 处,南部 80 处)①。

　　1966 年,黑隅里洞穴遗址的发现具有重要意义。它位于平壤市东南祥原郡的祥原江江岸,是一处有五个堆积层形成的遗址②,从下面数第 4 层出土了兔类和额鼻角犀等 22 种古哺乳动物化石和打制石器,其中虽未发现人骨化石,但出土的兽骨化石异常丰富,出土的石器也相当原始。石斧长 14 厘米,是采用砸碎法打制;梯形石器被认为是砍伐器,底边长 15 厘米,顶边长 7 厘米,系使用打击法制成的;尖壮器被认为是掘地或砍伐使用的石器。它们连同出土的哺乳动物化石,属旧石器时代前期的遗存。朝鲜学者把黑隅里文化的年代曾定为距今 60 万—40 万年前,21 世纪初,改定为 100 万年前③。韩国学者对此提出疑问,他们通过对东海岸类似祥原江底 15 米以

①　[韩]金贞培编著:《韩国古代史入门 第 1 卷——韩国文化的起源与国家形成》(《「한국 고대사 입문」1:한국 문화의 기원과 국가 형성》),首尔:新书苑,2006 年,第41 页。

②　黑隅里旧石器时代洞穴遗址是 1966 年在修筑祥原江堤防工事时,在石灰岩山丘南斜坡取土作业中发现的。1966—1970 年间进行了调查发掘,在约 30 公里长的区间,出土了各种动物化石和石器。根据发现的化石和石器制作的手段及类型,推定为旧石器时代前期,距今约 60 万—40 万年之间。

③　朝鲜社会科学院历史研究所编:《朝鲜全史》卷 1(《조선전사》1),平壤:朝鲜科学百科辞典出版社,1979 年,第 22 页;2004 年 4 月 13 日,平壤朝中社报道称:黑隅里文化属距今100 万年的猿人遗址,见金龙艮(김용간):《朝鲜考古学全书(原始编石器时代)》(《조선 고고학 전서:원시편 석기시대》),平壤:朝鲜科学百科辞典出版社,1990 年。另外,韩国出版的金贞培编著《韩国古代史入门 第 1 卷——韩国文化的起源与国家形成》第 52 页中也写道:根据电子回转共振测定法(ESR),晚达里绝谷洞穴出土的动物牙齿化石的年代为 943825±21802 年 B. P. (B. P. 为 before present 之略,韩国学术界以1950 年为基准,计算其以前的年代数值)。

上、第四纪(更新世)早期含有动物化石的堆积层的比较研究,认为黑隅里遗址的年代要晚得多①。临津江—汉滩江流域愿堂第1文化层,坡州的金波里、佳月里、舟月里遗址,与全谷里遗址的堆积结构和石器文化形态类似,韩国学者根据热释光技术测定佳月里遗址的黏土层和试掘层,分别为23.5万年和19.2万年,舟月里遗址的试掘层为11.7万年②。

中国学者根据其出土石器的形状和打制技术,以及伴生动物群的组成成分判断,其时代属于30万—20万年前的可能性更大;从早期地层所出土的动物化石分析,黑隅里所出土的梅氏犀化石与北京周口店第一地点的动物群相似,但这几种动物化石在中国东北地区延续时间比华北地区为长,可到更新世晚期,可以认为黑隅里的年代应较周口店第一地点为晚,而与我国营口金牛岩穴(北纬40°40′)、本溪县庙后山洞穴(北纬41°15′)旧石器遗址相近,二者皆属更新世(第Ⅰ期)时期,距今在30万—20万年,属更新世中期偏晚阶段。③

今韩国境内的公州石壮里旧石器遗址也有类似的情况。这里也曾被认为是旧石器时代前期遗存。1964—1992年间,经过先后12次发掘,发现在第2地区1坑的石器是用来狩猎和屠宰猎物的粗糙石器,而且数量很大,此遗址似是当时人们的生活据点。由于该文化层发掘面积小、出土文物少,其性质属性难以断定。在第11—

① [韩]韩昌均(한창균):《朝鲜的旧石器文化研究30年》(〈북한의 구석기 문화 연구 30년〉),载《朝鲜的古代史研究与成果》(〈朝鲜의 고대사 연구와 성과〉),韩国大陆研究所出版部,1994年;[韩]金贞培编著:《韩国古代史入门 第1卷——韩国文化的起源与国家形成》,第53页。
② [韩]李鲜馥:《关于临津江流域的旧石器遗迹的年代》(〈임진강 유역의 구석기 유적의 연대에 관하여〉),《韩国考古学报》(〈韓國考古學報〉)34,1996年;《旧石器考古学的年代与时间层位确立的假说》(〈구석기 고고학의 편년과 시간층위 확립을 위한 가설〉),《韩国考古学报》42,2000年;[韩]韩昌均:《朝鲜的旧石器文化研究30年》;[韩]金贞培编著:《韩国古代史入门 第1卷——韩国文化的起源与国家形成》,第53页。
③ 张镇洪:《东海走廊——远古人类迁移和分布的通道之一》,载中山大学人类学系编《人类学论文选集》,广州:中山大学出版社,1987年。

12 次发掘中,在基岩(Bedrock)上面发现了少量石器,因底层向河床倾斜,影响到确定文化的性质①,其第 4 层有许多的单面刮削器、尖状器,并以其刃面比较粗糙,类似北京周口店第 13 地点的矛状器,其绝对年代曾被定为 30 万年前②。后来经对这里出土的木炭的测试,其放射性碳年代为 20830—17000B. P.,属于旧石器时代中后期文化层。

　　首尔以北约 50 公里的全谷里汉滩江边遗址是另一个曾被大大提前断代的早期旧石器时代遗存。1978 年在这里发现了手斧(Hand Axe),因具有代表性的欧洲阿修尔(Acheulian)文化的特点,被认为是旧石器时代前期的文化,并且首次否定了西方考古界奉为圭臬的"莫维斯线"假说③,改变了迄今为止认为阿修尔形石器没有出现在印度以东地区的观点。不过,至今仍未发表对该遗址形成的时期与形成过程的综合性的研究成果。美国克拉克博士认为全谷里遗址发掘的遗物是属于 270 万年至 10 万年前的"典型"的遗存。④此说不久被否定。汉阳大学李鲜馥教授认为克拉克使用的年代推断法是日本东京大学实验室采用的钾氩定年法,误差较大。他依据热释光测年法,测定其年代为 30 万—4.5 万年前。距今 100 万—70 万年前开始旧石器时代说是目前很多版本的韩国中学历史教科书以及网络流行的观点⑤。韩国政府核定的《国史教科书》1982 年版

---

① [韩]《公州石壮里旧石器遗址》(〈공주석장리유적〉),韩国国立文化财研究所编:《考古学事典》(고고학사전),汉城,2001 年。
② 《韩国史:古代社会的发展——史前时代》(〈한국사:고대 사회의 발전 Ⅰ,선사시대〉),见《全球视野的世界大百科事典》(〈글로벌 세계대백과사전〉)https://ko. wikipedia. org/wiki/。
③ 即阿修尔手斧分界线,西方考古学家莫维斯(H. L. Movius)在 20 世纪 40 年代认为东亚的石器文化与欧洲阿修尔手斧文化不同,只有砍砸器。[韩]崔柄宪:《1976—1978 年度韩国史学界回顾展望——古代》,载韩国历史学会编:《历史学报》1989 年 12 月,第 12—13 页。
④ 韩国《每日经济》(미일경제),1992 年 8 月 18 日第 11 版。
⑤ "询问:先史时代:旧石器时代、新石器时代,权威答案"(물어보기 선사시대:구석기시대,신석기시대,지존 답변),韩国 NAver 知识 in 网站(지식iN),2014 年 3 月 20 日。

认为朝鲜半岛进入旧石器时代为 50 万年前开始,1990 年版则改为 70 万年前,并且把位于中国辽宁省营口市大石桥南的金牛山遗址、吉林省安图县石门山遗址也包括在内①。韩国考古学界最新研究,把旧石器前期推定为距今 35 万年前②。

迄今,朝鲜半岛尚未发现确切的属于旧石器时代前期的人类化石遗迹。2002 年 8 月,《今日朝鲜》杂志报道称:在咸镜北道花台郡石城里地区的采石场发现了属于 32 万年前的人类化石,朝鲜学术界将其命名为"花台人"③,是母系氏族社会的"古人";如果属实,"花台人"将是朝鲜半岛最古的"古人"。不过,朝鲜并未公布关于"花台人"系统的综合学术报告。

二、中期(约 15 万年前至约 4.5 万年前)

朝鲜学者认为,大约 10 万至 4 万年前,半岛进入旧石器时代中期,如果采用旧石器时代两期法,则这个时期应当属于旧石器时代前期。以两期法观察朝鲜半岛旧石器时代的起始年代,在韩国存在着 30 万—22 万年前和 4.5 万年前的分歧;半岛南北也都有学者主张 70 万年前,只是人数不多。

21 世纪初,韩国学术界公布的属于旧石器时代中期的遗址有:德川郡胜利山洞穴下层遗址,平壤市力浦区大岘洞洞穴遗址,雄基郡屈浦里 1 期(Ⅵ地层)遗址,祥原郡龙谷里 1 号洞穴文化层,堤川市

---

① 《国史教科书:高中 1982 年度与 1990 年度古代史部分比较》(《국사교과서,고등학교 1982 년도과 1990 년도 고대사 부분 비교》),见[韩]尹钟永(윤종영):《国史教科书风波》(《국사 교과서 파동》),汉城:慧眼社,1999 年,第 296 页。
② 《韩国民族文化大百科辞典》,旧石器时代条,https://encykorea. aks. ac. kr/Article/E0005842.
③ 据朝中社 2003 年 3 月 6 日报道,通过热发光技术测定"花台人"为 32 万年±4.5 万年 B. P;通过古磁学鉴定法测定其为 30 万年 B. P,见金贞培编著:《韩国古代史入门 第 1 卷——韩国文化的起源与国家形成》,第 52 页;[韩]张宇镇(장우진)等著:《朝鲜社会科学学术集,第 39 集:考古学篇——埋在火山熔岩中的人类化石》(《조선사회과학학술집,39,고고학편:화산용암속에 묻힌 인류 화석》),平壤:社会科学出版社,2010 年,第 9 页。

松鹤面粘末"龙窟"下层文化遗址,堤原鸣梧里遗址,公州石壮里中间文化层,丹阳金窟第三文化层(Ⅳ地层),垂杨介Ⅴ地层遗址,清原驼秃鲁峰洞穴,清原郡梧仓科学园区玉山面召露里小鲁里2、3文化层①,大田老隐洞3、4文化层,大田龙虎洞3、4文化层,青州凤鸣洞遗址,涟川楠溪里遗址,首尔—山市开发区高阳家瓦地遗址第Ⅰ地区。"力浦人""德川人"遗址出土了生活在这个时期的人类化石。

1963年,在咸镜北道雄基郡屈浦里文化第一期层,发现了当时人类临时居住的地穴屋(窝棚)与使用过的石器。从地穴屋中的石钻及其周围大量石器与石头碎片可推测,当时人们是将石英石放在石钻上砸碎,然后挑选石片中有刃的作为工具。还有用打击法加工的石器,其中一件是用花岗岩制作的。该遗址被认为相当于10万年前的文化层,表明了"古人"的生活状况②,却未发现人类化石。

1972—1973年,平安南道德川郡胜利山洞穴遗址,出土了"古人"臼齿化石,它发现于旧石器时代中期兽骨的下层;根据出土的地点,被命名为"德川人"。这个地点在大同江畔,距西海岸70公里左右,其地理坐标是东经126°21′、北纬39°43′。在出土的两颗牙齿中,一颗为右侧下颌的第一臼齿,一颗是左侧上颌的第二臼齿。前者遭受严重磨损,但褶皱与隆突清晰,齿质舌面隆突一侧有若干减低,其估量数值比猿人小一些,其齿冠长为9.4毫米,齿颈长11.7毫米,宽10.25毫米,齿根长12.25毫米。后者因齿冠嚼面完全磨损,其隆突与齿冠嚼面的褶皱状况无法了解,但隆突周围清楚,可知齿冠长11.6毫米,宽10.5毫米,齿颈长9.0毫米,宽8.4毫米,齿根长14.0毫米。德川人的牙齿齿腔与晚期"古人"的齿腔相比,属小齿腔型。但德川人的许多原始特征已经消失,具有不少现代人的主要特点,

---

① 据韩国电子控制博物馆(Cyber)信息情报室2003年11月28日公示:韩国考古学界对梧仓科学园区玉山面小鲁里遗址进行发掘,发现了距今1.5万年到1.3万年前的已经碳化的稻种,并称,此为迄今为止发现的世界"最古"的稻种。

② 〔朝〕都宥浩:《朝鲜旧石器文化——屈浦文化》(《朝鮮の舊石器文化 屈浦文化について》),载日本考古学会:《考古学杂志》,1965年,第50—53页、53—59页。

被认为距今 15 万—4 万年。

1977 年 4—8 月,在平壤市胜湖区货泉洞洞穴发现了被认为是旧石器时代中期的火堆址。火堆址是在兽骨堆积层中发现的,火堆址的灰烬中,还残存着烧剩下的鹿骨,推测它是以兽骨为燃料的火堆址。灰堆直径为 50—60 厘米,厚 10 厘米,似旧石器时代中期猎人的临时居住址。[①] 估计该堆积层比胜利山洞穴遗址和海上洞穴遗址的动物化石稍早或同期。

火的使用在人类文明发展史上具有决定性作用。约翰·古兹布鲁姆的《火与文明》(1929)一书指出,"人类对火的控制带来了人类生活的第一次转变。早期人类不再是掠食者,对火的控制使他们能够围禁野兽和清理土地",产生农业,发生第二次转变,"而且被视为科学的知源"。[②]

1977 年 9 月,在平壤力浦区大岘洞戊辰川左岸丘陵中部的一个不大的洞穴中,出土了属于"古人"的头骨化石,包括额骨、顶骨与颞骨碎片等;额骨的鳞状部位与眼眶上缘部位所在的左侧额头的一部分,已经脱离了颧骨隆出部位与额头的隆突部位,顶骨的残片几乎是左侧的一半;颞骨是右侧的,也与颧骨分开了,根据头骨的大小,估计是 7—8 岁的儿童。因其出土地名而被命名为"力浦人"。朝鲜学者认为力浦人可能是最早的古人,介于黑隅里猿人和德川古人之间。

忠清北道堤川市松鹤面浦前里粘末旧石器时代洞穴遗址,是韩国这个时期的代表性遗址,被当地人称作"龙窟",1973—1980 年,韩国学者曾先后进行 7 次发掘。此洞穴位于龙头山东南山麓海拔 430

---

① [朝]金申奎(김신규)等:《胜湖地区货泉洞遗迹出土之哺乳动物化石面貌》(〈승호구역 화천동유적에서 드러난 화석포유동물상〉),载金申奎等:《平壤附近洞穴遗址发掘报告》(〈평양부근동굴유적발굴보고〉),平壤:朝鲜科学百科辞典出版社,1985 年。
② [英]彼得·沃森:《思想史:从火到弗洛伊德》,胡翠娥译,南京:译林出版社,2018 年,第6 页。

米的悬崖,东南朝向,洞内阳光充沛,洞边碎石有流动的清澈泉水,是人类适宜生活的处所。洞穴自下而上分为7层,Ⅲ—Ⅵ层为旧石器时代文化层,第Ⅶ层为新石器文化层。对第Ⅴ层(土色沙土层)进行铀系列年代测定(U. Th. Pa),年代为66000＋30000－18000B. P;对第Ⅵ层进行放射性碳素年代(C14)测定,其年代为13000±700B. P.。遗址有5目12科25种动物化石和若干石器、装饰艺术品出土;第Ⅲ层有数量不多的獐、鹿、獾、黄鼠狼、狐狸、貂、豹、洞窟熊等动物化石,木炭灰烬来自针叶类树木,可见当时处于乍暖还寒的气候;第Ⅳ层,阔叶树所占比例增多,气温增高;第Ⅴ、Ⅵ层,针叶树再次增多,洞内发现少量石器、大量骨器和带有动物和人形模样痕迹的器物[①]。

在堤川附近店村和清州附近的头流峰山洞,也发现了属于旧石器时代中期的人类遗物,那里出土了犀牛、熊、猕猴、鬣狗和鹿的遗骨化石。有趣的是,在一些食弃的骨头上刻有人的面孔和虎、豹、鱼、鸟等动物的形象,说明当时的人类具有相当的艺术创造能力。在店村山洞出土了一件用人的桡骨制成的打猎工具,如果判断无误,那将是在东亚发现的首例古人用亲人人骨制造的工具。

朝鲜半岛旧石器时代中期遗址属于早期智人的文化,"德川人""力浦人"不仅打制石器的手段有所发展,而且开始使用骨器,并且知道取火、熟食,有了初步的艺术精神生活。

三、后期(约4.5万年前至1万年前后)

朝鲜学者认为朝鲜半岛的旧石器时代后期大约为4万—1.4万年前。韩国学者综合以上古人类化石年代测定的数据,对动物化石、石器以及堆积层状况比较,把旧石器时代后期分为前、中、后三

---

① [韩]孙宝基等:《粘末龙窟发掘报告》(《점말용굴 발굴보고》),汉城:延世大学博物馆刊行,1980年。

个时间段:前者约为 45000—40000 年前;中者约为 24000—15000 年前;后者,即开始向中石器时代转变的时期,其年代约为 15000—10000 年前。

这个时期人类进入其发展的"新人"(晚期智人)阶段,其体质结构与今人近似。该时期的文化遗址比较多,韩国方面公布的主要遗址有:咸镜北道雄基郡屈浦里 II 期,平壤市圣湖区晚达里,祥原郡龙谷里 1 号洞穴 2、3、4 文化层,金川洞穴,德川胜利山洞穴上层,德川市北昌郡丰谷里,苔滩郡冷井洞穴,丹阳金窟 4、5 文化层,忠清北道九娘窟,丹阳郡赤城面艾谷里垂杨介 IV 地层,上诗第 1 岩棚,公州石壮里第 10—11 房址文化层,堤川粘末龙窟第 VI 地层,济原仓内,清原秃鲁峰兴洙窟,泉洞,小鲁里第 1 文化层,清原鲁山里第 1 文化层,大田老隐洞 1、2 期,龙虎洞 1、2 文化层,坡州金坡里 II 地层等 50 多个遗址或文化层。其中,1986—1988 年在九娘窟遗址发现了其绝对年代尚不能确定的成年男子的脚腕、脚背、脚趾骨化石[1];祥原郡龙谷里 1 号洞穴第 9 地层也出土了被称为"龙谷人"的躯干骨骼和面颊头骨化石[2]。1987 年,在黄海南道苔滩郡义举里冷井洞穴上层出土人类化石的第 10 地层的石笋,经热释光和电子顺磁共振测定,分别

---

[1] 1986—1988 年,两度对忠清北道九娘窟遗址进行发掘,发现在长 140 米的洞穴内有 3 个堆积层和 5 个石灰层,在第 2 堆积层,出土了许多石器和骨器以及各种兽类和人类化石,包括短尾猴 1 只、梅花鹿 64 只、熊 5 只、虎 2 只、猞猁 2 只、獾 6 只、貂 1 只、鸟 1 只、蝙蝠若干只等,表明九娘洞穴人以狩猎为生;出土的人骨的绝对年代尚不能确定,从动物种类和堆积情形看,测定为后期洪积世文化。

[2] 祥原郡龙谷里遗址,其年代应较黑隅里晚。遗址有 5 个文化层,第 8 地层为第 1 文化层;在 1—4 文化层的旧石器文化层,发现 75 件大部分属于石英石砍劈类石器。在 2—4 文化层,出土了 10 件人类化石,其头盖骨呈长头形状,脑容量约为 1650 立方厘米;在第 2 文化层和第 3、4 文化层,分别发现了第 1、2、6 号和第 4、5 号下颏骨,均有现代人明显的弯曲现象。学界对其文化属性有不同看法,有的认为 1、2 文化层属用碎片打制的砍劈石器文化;第 4 文化层属后期旧石器文化。2 号洞穴有 3 个文化层,第 1 文化层出土有石器、骨器、装饰品、陶片、一处火堆以及 2 个人骨化石,系新石器时代中期文化,距今约 4000 年。见[韩]朴英哲(박영철):《韩国旧石器文化——遗迹现状与编年问题》(《한국의 구석기문화−유적의 현황과 편년문제》),韩国考古学会编:《韩国考古学报》第 28 集,1992 年;[朝]张宇镇(장우진):《平壤,朝鲜民族的发祥地》(《조선민족의 발상지 평양》),平壤:朝鲜社会科学出版社,2000 年。

为 43000 B. P. 和 52000 B. P.,对动物骨化石进行铀系列测定,其年代为 46000±1000 B. P.①。

1976—1978 年和 1983 年,"兴洙窟"Ⅲb 层出土了两颗儿童牙齿化石,其中保存完好的 1 号为 4—6 岁儿童的牙齿,从与其一起出土的石器考察,似为 5 万—4 万年前的人类化石,但从解剖学的特征看,应要晚些。金川洞穴出土的 5 具古人类化石,其年龄在 30—35 岁间,生存年代约为 3.4 万—2.6 万年前②。平安道丰谷工人区洞穴也发现新人的人类化石,即"丰谷人"。朝鲜半岛晚期智人的典型代表是"胜利山人""上诗人"和"晚达人",他们是旧石器时代后期的主人。

1972 年,朝鲜学者在德川郡胜利山洞穴遗址中出土了"胜利山人"的下颌骨化石,该下颌骨属 35 岁左右的男子。颏隆突是其主要特征。尽管形体与厚度特别大,但宽度和厚度的指数却证明其已进入了"新人"范畴。"胜利山人"下颌骨的宽度为 114 毫米,比中国周口店山顶洞人稍小,比欧洲出土的"新人"[克罗马农人(Cro-Magnon)]化石稍大,说明"胜利山人"下颌骨的宽度与新人的大小相当。"胜利山人"的生存年代被测定为在距今 4 万—3 万年前③。1981 年,延世大学博物馆在忠清北道丹阳郡上诗里石洞遗址的三个洞穴里,发现了旧石器时代至青铜器时代的遗迹:最左侧的 1 号石洞是旧石器文化遗址,其第 5 层出土了古人的头骨、臂骨和牙齿,对其第 7 地层出土的动物化石进行电子顺磁共振测定,年代约为 3 万

---

① 朝鲜金日成综合大学人类进化发展研究室:《朝鲜西北地方洞穴遗迹》,平壤:朝鲜金日成综合大学出版社,1995 年,转引自[韩]金贞培编著:《韩国古代史入门 第 1 卷——韩国文化的起源与国家形成》,第 61 页。
② [韩]金贞培编著:《韩国古代史入门 第 1 卷——韩国文化的起源与国家形成》,第 62 页。
③ [朝]金申奎等:《平壤附近洞穴遗址发掘报告》。

年前,其古人类化石被称为"上诗人"①。

此前,1980 年,朝鲜在平壤市胜湖区晚达里发现了新人阶段的人类化石,即"晚达人"。晚达洞穴遗址共有 3 个地层,其中间层出土了保存较好的属于 20—30 岁男子的颅骨和下骸骨化石和少量的黑曜石石器、骨器,它们被认定为细石器倾向较多的旧石器时代后期文化或中石器时代文化。

旧石器时代后期文化层遗存丰富,出土的遗物有砍伐器、刮削器、尖锥器、刮刀、刻刀与刀刃一类的石片及石核等器物。这个时期,人类打制石器的方法日趋合理,开始在劈开的石块上,加进楔形物体,再将其向下打击;用这种"间接打击法"打出石片后,再用更坚硬的物体对其进行修整加工,即所谓"压削法"。在旧石器时代后期,间接打击法和压削法相当普及。屈浦里二期层与其附近的鲋浦里遗址和石壮里遗址的上层文化是后期文化的典型代表,屈浦里文化的第二期层出土的刮刀与石壮里遗址出土的刀刃—— 一种窄而长的石片加工成的有两侧刃的石器,是旧石器时代后期较普及的具有明显特征的石器之一,它们均是用"压削法"修制的。这表明屈浦里和石壮里的古人类已经有了制造工具的能力,初步具备石头断裂学的知识。在石壮里一号坑一个居住地的炉灶周围,搜集到了一些属于蒙古人种的头发及褐铁和锰的色素,还有一些用石头制成的狗、鸟、龟和熊等动物雕刻,以及用黏土筑成的、地面下挖成中空呈鲸状的居址,反映了渔猎生活的状况。在这间地窖里,出土了用来切肉和刮鱼鳞的黑曜石小片状器。放射性碳测年约为两万年前,定性为中石器文化层②。

---

① 上诗里石洞遗址由三个洞穴组成,经过延世大学博物馆研究团队 1981 年的发掘,发现了旧石器时代至青铜器时代的遗存。最左侧的 1 号石洞是旧石器文化遗址,在其 5 层出土了古人的头骨、臂骨和牙齿;2 号石洞出土了栉纹陶、黑陶、红陶等陶器,发现了属于新石器时代与青铜器时代的遗迹。

② [韩]孙宝基:《形成层位的公州石壮里文化》(〈층위를 이룬 석장리 구석문화〉)《历史学报》1967 年号,第 35—36 页。

　　"德川人"和"胜利山人"遗址所在地的朝鲜平安南道德川市,位于大同江流域的上游,是个风光秀丽,被诗人咏为"地接香山、江通丰海",三滩、"四山环匝作重城"①的圣地。作为早期"古人"的"力浦人"和作为"新人"的"晚达人""龙谷人""丰谷人"的遗址则集中在以平壤为中心的大同江下游地区。而"上诗人"遗址及清原秃鲁峰"兴洙窟"、泉谷,及堤川仓内、龙洞等旧石器文化遗址集中在丹阳,位于仅距汉江 33.7 公里的地区,发源于韩国五台山的平昌河等多条河流流经此处。其他半岛南部主要旧石器文化遗址,如涟川南溪里、洪川鲁峰、坡州金坡里、广州三里、堤川龙洞、公州石壮里也大都分布在东经 128°以西、北纬 36°以北,距西海岸不远的汉江和锦江流域。可见,较早期的遗址也同样分布在靠近黄海、东海大陆架的边沿地区,而且分布位置的经纬度比较低。此外,不管是哪个时期的遗址,同样都坐落在大小河流的河畔,主要分布在大同江、汉江沿岸。从遗址分布的走向来看,似乎是从西往东的,也就是来自黄海、东海的彼岸,所以古人类如果从陆桥上过来首先到达的自然是半岛的西海岸,这种推测和目前已发现的遗址分布情况是一致的。1996年以来,泥河湾成为东北亚第四纪,特别是旧石器时代考古领域的国际会议——"垂杨介与她的邻居们"学术年会所在地②,其Ⅵ地区3 号 4 号文化层充分说明以中国泥河湾为代表旧石器文化对朝鲜半

---

① 《东国舆地胜览·卷五十五》德川条。
② 泥河湾遗址位于河北省桑干河北岸,石匣里乡境内,是国际标定的第四纪地层代表地点,为我国以至于其他大陆进行地层对比的标准剖面。自 1924 年发现至今百年,经过20 多个国家和地区的 500 多位专家、学者的考古发掘和研究,在桑干河两岸区域内,发现了含有早期人类文化遗存的遗址 80 多处,出土了数万件古人类化石、动物化石和各种石器,几乎记录了从旧石器时代至新石器时代发展演变的全部过程,是一个天然博物馆。2010 年 5 月 21 日,第 15 届"垂杨介与她的邻居们"国际第四纪学术研讨会在韩国丹阳垂杨介先史遗物展示馆举行,会后组织参观了丹阳垂杨介旧石器遗址、丹阳九囊窟旧石器洞穴遗址、蔚山盘龟台岩画、庆州大苑陵及韩国各知名博物馆,使学术交流活动在实地考察中延续和深化。

岛的辐射①。

　　朝鲜学界与部分韩国学者认为,朝鲜半岛有一个中石器时代(Mesolithic),其时间大约为距今1万年前后。韩国学者中有人认为朝鲜半岛在后冰期是无人生存的时期,因为在发现的旧石器时代遗址与新石器时代遗址之间,在5000—6000年前,有一个空白期②。但是,随着新的遗址不断出现,此类见解趋于弱势。不过,由于在旧石器时代后期文化层内已经有陶器出土,而这种趋势在新石器时代在继续发展,在此之前再增加一个中石器时代,仍有学者认为这是不科学的。

　　中石器时代虽以细石器普及为标志,但弓箭的广泛使用也是一个重要特征。弓箭的发明,是原始时代人类技术发展中的一项重大变革。不少学者认为,弓箭是旧石器时代后期开始使用的工具。不过,朝鲜学者认为,弓箭的发明及使用开始于中石器时代,而它成为猎人不可或缺的重要工具,则始于新石器时代。朝鲜半岛的细石器遗址,有雄基郡鲋浦里遗址的部分文化层、咸镜北道稳城郡地镜洞遗址、平壤晚达里遗址、庆南统营市上老大岛最下层遗址、统营市欲知岛遗址、公州石壮里最上层遗址、洪川下花溪里遗址③、庆南居昌壬佛里遗址、江原道杨口上舞龙里Ⅱ遗址等④。鲋浦里遗址除出土有屈浦里文化第二期层的石器外,还有比此时期较晚的细石器。地

---

① 韩国先史文化研究所:《石壮里先史遗迹第11—12次发掘报告》(석장리 선사유적 11—12차 발굴보고),汉城,1994年;崔益贤(최익현):《一生献于旧石器考古学的李隆助忠北大学名誉教授》(〈구석기 고고학 연구에 평생 바친 이융조 충북대 명예교수〉),韩国《教授新闻》,2023年9月20日。

② [韩]李宪宗:《对东北亚旧石器后期文化的性质与变动的研究》(동북아시아 후기구석기 최말기의 성격과 문화변동에 관한 연구),韩国考古学会编:《韩国考古学报》39,1998年。

③ 下花溪里遗址位于洪川江边,1983年发现,1991年由江原大学博物馆发掘,认为其属中石器时代遗址;在洪川江第2号江岸断丘的堆积层里,出土了大量的石器和石核,原料有石英石、黑曜石、水晶石、板岩石等,主要是以打制方法对石片研磨加工而成的各种小型石器,即所谓细石器。

④ 参考[韩]崔福奎:《韩国中石器文化存在的可能性》(〈韓國에있어서 中石器文化의 存在可能性〉),韩国白山学会编:《白山学报》16,1974年。

镜洞遗址面积很大,方圆达数万平方米,但只出土了细石器而未发现陶器,表明该时期原始居民还不懂得制陶,是新石器时代以前的遗址。

第二节　新石器时代与陶器文化

一、新石器时代发展概况

关于半岛新石器时代的起始问题,朝鲜与韩国的史学界看法并不一致。一部分学者认为,新石器时代开始于公元前 5000 年;另一部分学者则认为开始时间要晚一些,在公元前 3000 年至前 2000 年间。[①] 但是,他们均以陶器出现作为半岛进入新石器时代的标志。

朝鲜学者以屈浦里西浦项遗址[②]、弓山遗址、智塔里遗址之文化层为划定年代的依据,在 1980 年出版的《朝鲜的新石器》一书中,把新石器时代前期定为公元前 5000—前 4000 年,中期为公元前 4000—前 3000 年后半期,后期定为公元前 3000 年后半期—前 2000 年。这样,既为设定中石器时代留出了时间,也把青铜器时代提前了 1000 年。

韩国国立首尔(汉城)大学考古学教授任孝宰根据鳌山里遗址测定的年代和陶器形态,把新石器文化分为三期:前期(公元前 6000—前 3500 年)、中期(公元前 3500—前 2000 年)、后期(公元前

[①] 韩国国史编撰委员会编:《韩国史》(1),首尔:韩国国史编撰委员会,2013 年,第 162—163 页。

[②] 咸镜北道雄基郡屈浦里西浦项遗址有 5 个新石器时代文化层,朝鲜学者认为 1 期层为公元前 5000—前 4000 年,2 期层为公元前 4000 年后半期,3 期层为公元前 3000 年前半期,4、5 期层为公元前 3000 年前期—前 2000 年初期。

2000—前 1000 年)。① 联合国教科文组织主编新版《人类文明史》
(*History of Humanity*)第一卷指出朝鲜半岛的"陶器在旧石器时
代突然出现于存在了数千年、只使用粗糙石器的世界";认为江原道
鳌山里和釜山市东三洞遗址发现的最古老的陶器(隆起纹),在西海
岸地区迄今尚未发现②。然而,鳌山里早期文化的绝对年代较某些
学者认为是朝鲜半岛新石器文化起源地的西伯利亚沿海地区的文
化③早约上千年;其第Ⅲ层出土的有纹陶器与中国东北地区的陶器
类似,朝鲜半岛新石器文化与中国东北的新石器文化密切关联④是
不可否认的。

　　20 世纪末,韩国学者在济州岛高山里发现了从旧石器时代向新
石器时代过渡的文化遗址,那里出土的陶器是迄今朝鲜半岛发现的
最早的陶器,其年代在公元前 10000—前 7000 年间。高山里文化遗
址的发现,解决了新石器时代的上限定为公元前 6000 年前所造成
的半岛旧石器时代与新石器时代之间约 4000 年的空白期问题。

　　至 20 世纪末,朝鲜半岛发现的新石器时代的文化遗址多达 160
余处,初期大多出现在江海沿岸,之后逐渐向内陆延伸。这些新石
器时代文化遗址多数未进行系统发掘,其中能够得到学术界确认者
不足 50 处。

① [韩]任孝宰:《碳-14 断代之韩国新石器文化编年研究》(〈放射性炭素年代의한韓國新
　石器文化의 编年研究〉),《金哲埈教授花甲纪念论文集》(〈김철준교수화갑기념
　논문집〉),汉城:国立汉城大学出版部,1983 年。
② 联合国教科文组织(UNESCO)编:《人类文明史 卷 2 公元前三千纪至公元前 7 世纪》
　(*History of Humanity, Vol. 2: From the Third Millennium to the Seventh Century
　B.C.*),联合国教科文组织与劳特利奇出版社,1996 年,第 415 页。
③ 韩国学者金元龙认为朝鲜半岛新石器时代起源与南西伯利亚的古西伯利亚人(古亚洲
　人)相关,对应的朝鲜半岛考古遗存包括鳌山里遗址(公元前 5000 年)等;断定朝鲜半
　岛此时的典型器物梳纹陶起源于西伯利亚阿穆尔河(黑龙江)上游的文化遗存。
④ 江原道鳌山里遗址 1981—1985 年间经多次发掘,在出土文物的 6 个自然层中,除第Ⅰ
　层出土青铜器时代文物外,其余各层全部属新石器时代文化。还与陶器一起出土了一
　个黏土制的颜面像,是研究新石器时代的人思维和宗教观的重要证据;第Ⅴ层内有类
　似圆形房基,房内中央有 1—2 个火灶。对采集的 7 个木炭测定,显示其年代在公元前
　6000—前 5000 年间,较西伯利亚沿海地区同期早一两千年。

作为新石器时代文化的重要标志的农业与畜牧业在朝鲜半岛出现较晚,但亦属"长弧形地带"的亚欧大陆农耕世界的一部分。

在半岛新石器时代的早期阶段,人们的生存手段仍旧主要依赖从旧石器时代延续下来的狩猎和渔捞活动。但是,由于朝鲜半岛几乎所有的新石器时代遗址都出土了栉纹(几何纹、篦纹)陶器,国际学术界大多倾向称之为栉纹陶器时代。

此时,旧石器时代后期形成的母系氏族社会有了进一步的发展,已经能够制作纺锤、纺锭和编结渔网,逐渐使用骨针缝纫。弓山遗址出土了一枚骨针,针孔中还残存一条麻线,说明当时人们已经能使用麻类纤维。弓山遗址与西浦项遗址出土了用陶片或黄土制作的纺轮。纺轮近似算盘珠或圆锥形,其中心部穿一孔眼,以便把木棒穿入孔中形成轮轴。遗址发现也反映当时人们已能编织与使用渔网。

这个时期代表性的遗址有咸镜北道雄基郡屈浦里西浦项遗址第一、二期层,弓山文化第一期层,黄海道凤山郡智塔里遗址下层,包括以屋群房址著称的遗址:平壤附近大同江边的清湖里、首尔附近汉江沿岸的溪沙里和岩寺洞①、釜山绝影岛东三洞下层文化等。

新石器时代早期的人们已开始在磨石上碾磨橡子和野生谷物。弓山文化第一期层的弓山遗址下层与黄海道凤山郡智塔里遗址下层均有石碾出土,这是与后世的石磨相同的工具,用于去掉谷皮或加工面粉。这也是人们开始定居生活的标志。

朝鲜学者认为"在公元前三千纪前后,开始了新的务农方

---

① 岩寺洞遗址位于首尔江东区,是一处新石器时代人们居住的村落址,在此遗址东南的山丘发现有无纹陶器的青铜器文化遗址,二者相连生动地展示着两种文化的联结。1968—1983年,经多次发掘,确认此地为竖穴居住群;此后,又有大量栉纹陶器、石器以及青铜器出土。该村落遗址的年代约为6000年前,是迄今发现的半岛最早的规模最大的新石器居住址。[韩]韩永熹(한영희):《韩国考古学半世纪——新石器时代》(〈신석기시대,한국고고학 반세기〉),载韩国考古学会编:《第19届韩国考古学会全国大会论文要点》(〈제19 회 한국고고학회 전국대회 발표요지〉),汉城:韩国考古学会,1995年。

法——犁耕农业"[1];韩国学者亦大体持此说,认为至迟在新石器时代中期,即公元前 3500—前 2000 年间,中西部地区的居民已经开始从事农耕活动,并于其后期开始种植水稻[2]。其代表性遗址有西浦项遗址第三、四、五期层及弓山文化第二期层等。

这一时期半岛整个地区都出土了鞍形磨谷盘,以及与此相关的石镐、石镰、谷物和其他农作物遗迹。

石锄是这一时期新出现的工具。西浦项遗址第四期层、虎谷洞遗址第一期层、凤山郡土城里第二号房址、金滩里遗址第二文化层、黄海南道海州龙塘浦遗址等均出土有大量的石锄。这种石锄,是把片岩或其他的片平石头打制成为锄形,用于锄地或镐地。锄与镐不同,锄的刃部向横延伸,与现在的锄一样宽。

智塔里遗址第二地点出土了数十件石犁刃(犁铧)及其碎片,其刃部较窄,以便于翻犁土地,在长 40 厘米、宽 20 厘米的石犁刃上可装承载重量的犁。石犁刃与石锄、石铲等一同出土,说明新石器时代后期的农业进一步发展,是进入"犁耕农业"阶段的确证。此外,还出土了数个用石片磨制的镰及其碎片,其根部与刃部平行而一直到头。弓山文化出土了将野猪牙齿的犬齿劈开后制成的齿镰,它是把牙齿的弯形内侧磨制成为镰刀。在齿镰的镰体上,还钻有缚柄的孔眼。弓山文化第四期没有石犁出土,可能是因为出现了木制的犁头取代石犁。

智塔里遗址第二地点第三号房址出土了装在陶器里的炭化谷物,似稗子或粟。除上述两种镰之外,西浦项遗址第二期层出土了燧石或角页岩制成的嵌刀镰。虎谷洞遗址第一期层、农圃里遗址、东三洞遗址等也曾出土用黑曜石制的嵌刀镰,它是用压削法精密加

---

[1] 朝鲜社会科学院考古研究所编:《朝鲜考古学概要》,李云铎译,顾铭学、方起东校,哈尔滨:黑龙江省文物出版编辑室出版,1983 年,第 57 页。
[2] [韩]金贞培编著:《韩国古代史入门 第 1 卷——韩国文化的起源与国家形成》,第 82 页。

工制成的小型石器,其形状近似四角形或梯形。西浦项遗址出土的镰有的长超过 5 厘米,但多数是长 4 厘米、宽 1.5 厘米、厚 0.3 厘米。大部分只在长边的一侧加工成锯刃,但也有两边均加工的。这个时期出土的半月形刀,是用于收获谷物的农具。青冈遗址、东三洞遗址与江陵浦南洞遗址都有半月形石刀出土,但形状各异,其共同点是一边为刃,一边为背,而且每个刀柄都钻有 1—3 个孔眼,以系绳套,戴在手上掐穗。

20 世纪 80 年代以后,金浦佳岘里遗址灰炭层、一山区家瓦地遗址、沃川大川里遗址,均发现了碳化的大米和小米遗迹,其中佳岘里出土的碳化谷物的绝对年代测定为 4020＋25 B. P.[①]。但是,由于没有发现与农耕活动相关的遗迹出土,韩国学界对此年代持谨慎态度[②]。美国学者苏恒翰肯定称:"已经清楚,源自东南亚传统的稻米文化在略早于 3000 年前的时候开始进入朝鲜,然后是日本。"[③]

朝鲜半岛新石器时代的人们已经从长期的狩猎活动中逐渐学会饲养家畜,而农业的发展使狩猎的意义相对缩小了。虎骨洞遗址第一期层出土的野猪崽是捉来供饲养的。西浦项遗址与虎骨洞遗址第一期层出土的猪骨中,野猪骨比家猪骨多。西浦项遗址出土的兽骨,野猪头骨在发现的所有头骨中所占比重为 10.36%,虎骨洞遗址第一期层同类占比为 29.63%。综合计算,各遗址的家畜骨与野兽骨占比分别为:弓山遗址的狗骨占 1.4%,野兽骨占 98.6%;西浦项遗址的狗骨占 7.96%,猪骨占 0.63%,野兽骨占 91.41%;虎谷洞遗址第一期层出土的狗骨占 7.4%,猪骨占 3.7%,野兽骨占 88.9%;

————

① [韩]任孝宰(임효재):《京畿道金浦半岛考古学调查研究》(《京畿道 金浦半岛의 考古学调查研究》),《汉城大学博物馆年报》(《서울大学校博物馆 年报》)1990 年第二期。

② [韩]金贞培编著:《韩国古代史入门 第 1 卷——韩国文化的起源与国家形成》,第 86 页。

③ UNESCO, *History of Humanity*, *Vol. 2*: *From the Third Millennium to the Seventh Century B. C.*, p. 478. 中文版见[比]S. J. 德拉埃等编著:《人类文明史 第 1 卷 史前与文明的开端》,中文版编译委员会译,南京:译林出版社,2015 年,第 446 页。

农圃里遗址出土的狗骨占8.33%,无猪骨,野兽骨占91.67%。这些数字反映的比重说明当时人们虽饲养猪,并普遍养狗,但更多的是捕捉野猪及其他野兽食用。狩猎与捕鱼依然是这个时期人们的重要生产部门。同时,在出土的劳动工具中与狩猎或捕鱼有关的比重很大,除均有兽骨出土外,靠近江河与海洋的遗址还出土有鱼骨。

镞是出现于中石器时代的狩猎工具,此时已普及。弓是用木料或皮革等易烂物料制作而成,不能保存。箭杆上的镞是石头或兽骨制造的,可保存至今。出土的这个时代的镞,主要是石制品,也有用兽骨或兽牙制造的。石镞的选料与形状各异,制造方法也各异,镞体的大小亦有多种,长者达5—6厘米,短的只有2厘米。角页岩或黑曜石等坚硬石料用压削法制造,片岩或炕板岩等软石料用磨制法。镞与箭杆结合部有带挺与无挺之分。无挺镞多用压削法,形状有柳叶形、近似等腰三角形与底边呈凹状的等腰三角形等。带挺镞,系挺部嵌入箭杆,无挺镞是劈开箭杆前端把镞夹在中间,其形状都是头尖而体厚。西浦项遗址第三期层出土的镞体横截面呈圆形,具有代表性;其第四、五期层出土的镞体横截面为三角形;虎骨洞遗址第一期层出土的镞体宽而短者,用野猪牙齿制成,也具有代表性。

狩猎工具还有石或骨制成的矛。石矛使用角页岩或黑曜石制造的,用压削法;以片岩或片麻岩者,用磨制法制造,共同点是,表面磨光,薄而窄,矛头两边有刃。智塔里遗址第一号房址出土的石矛,长25厘米,厚0.6厘米,形状精美。这些石矛更可视为匕首。弓山遗址出土有獾、豹等兽骨;农圃里遗址出土有狼、松鼠等兽骨;虎谷洞遗址出土有熊骨。这些大型野兽的捕获,体现了当时人类狩猎能力的提高。

新石器时代在靠近江河湖海的人们的生产中,捕捞占有重要地位,该时期遗址多数位于沿海及大河沿岸,那里出土大量的鱼骨和贝壳便是明证。这时的捕鱼工具更加精致,增加了网、叉、钩等。广州郡渼寺里遗址出土了玢岩制成的织渔网的工具,长6.7厘米,宽

2.6厘米,头有一孔眼,左右两侧挖有线绳的沟槽。出土鱼镖、鱼叉的遗址亦相当广泛。西浦项、东三洞等遗址出土的鱼镖是用兽骨磨成的很尖的锥子状;弓山遗址出土的鱼镖,是用片岩磨成的窄而长的箭头。鱼叉的形状与粗细虽略有差异,但共同点是两端都十分锐利,似鱼镖,都是缚在木杆上使用。曾称作"锥子"的断刃尖部,实为"鱼镖"。东三洞遗址出土的鱼叉是石制品,由倒钩形成一对翅膀,无挺,是嵌在木棒或兽骨上的。西浦项遗址出土有数枚用兽骨制作的倒钩鱼叉。用兽牙或兽骨制作的鱼钩的出土,说明垂钓已经成为当时人类的捕鱼方法之一。西浦项与东三洞等遗址出土有数枚捆扎式鱼钩的零件,是分别制作鱼钩的尖部和头部,经组装成为捆扎式鱼钩。这说明,由于鱼的种类不同,所使用的鱼钩之构造也各不相同。据推测,捆扎式鱼钩或称作锚状鱼钩,是用于捕捉大的海鱼。东三洞遗址出土的鲷、鳟、鲨等海鱼的鱼骨长达40—58厘米。西浦项遗址、农圃里遗址、东三洞遗址等还发现了海豹、海狮、海狗、鲸鱼等海兽的骨骸。

从狩猎、采集的岩洞生活进入经营农业、饲养家畜的定居生活阶段,人们在更广阔的空间寻找适宜的生存舞台。于是,在他们永久居住的地方,形成了一个个的村落。目前,整个半岛已知的聚落遗址不下10余处,其房址已经发掘的只有70个,这是把土地或贝丘挖到一定深度建成的地穴屋。

新石器时代前期,房址中有代表性的是:西浦项遗址第一、二期层,弓山遗址第一期层,智塔里遗址第一号房址,岩寺洞房址,鳌山里房址等。从这些房址看,当时人们是若干个家族聚居而组成一个村落的。

当时,人们建房还不懂得在础石上立柱的技术,而是在夯实的地面上直接立柱或挖柱坑埋立柱。通过这些房址柱坑的排列,可了解到这些房屋墙壁与屋顶结构的大致样式。西浦项遗址中的房址从地上平面轮廓看可分为两类:抹角长方形或抹角四边形,圆形或椭圆形。地穴深度为 70—100 厘米,100 厘米或 150 厘米不等。房址地面铺有掺河卵石的土或黏土,压实后再经火烧加固,以防潮湿。一般都有柱坑,数量不等,有的多达 13 个。室内地面有挖掘成的圆形或半矩形的地炉。

西浦项遗址第 17 号房址立柱排列状态保存完好,是当时房屋墙壁建筑的代表性例证。该房址的平面轮廓呈圆形,柱坑紧靠墙壁,为竖直柱坑,柱坑间隔 20—40 厘米,柱坑直径为 8—10 厘米。四围的立柱,构成墙壁,起骨架的作用。这所房屋的椽木伸到地穴外,并使其靠在墙壁的房檐上向内倾斜,成圆锥形高帽式屋顶。西浦项遗址第 23 号房址的外形是抹角四边形,内部结构与第 17 号房址近似。由于柱坑沿着抹角四边形的壁线排列,从围线四角竖立主柱的房屋式样看,就介于圆形与四边形之间,其外形是不圆不方的高帽屋顶。

总之,新石器时代前期的房址,还处于屋顶与墙壁未分离的原始状态,其外形既有完全见不到墙壁的高帽式屋顶,又有可见到两面墙壁的两面倾斜式屋顶。这一时期的房址室内设施最基本的是火炕,人们在室内燃火取暖、煮食物和照明。火坑是每处房址大体有一个。弓山遗址的房址,还发现火坑旁有一个无底陶器倒埋在地下作为储藏窖,这可能是弓山文化居民中的特殊现象。

新石器时代后期的房址,据不完全的统计有 30 处。这个时期的房屋已有改进,房址的平面轮廓已趋于单一的四边形,两面倾斜式的房顶增多了,椽木全部伸到地穴之外,显示出房顶与墙壁的分离。即使是高帽式的房顶,也见不到圆锥形,而多是圆锥形与四角锥形的中间形状。

二、陶器文化

陶器的出现是朝鲜半岛新石器时代开始的重要标志。陶器的出现揭开了人类利用、改造自然的新篇章,极大地改变了人类的生活、生存条件。它的产生与发展是人类社会进步的划时代事件,是人类史前文化跨入新阶段的重要体现。

新石器时代原始人的生产技能充分地体现在制陶工艺上。在发现的遗址中出土有制作陶器的磨光石。磨光石一般用圆形河卵石制作,其中有些因大量使用而出现光滑的磨面。黄海道凤山郡智塔里遗址与咸镜北道雄基郡西浦项遗址出土的用圆形河卵石制作陶器的磨光石,便是其有力证据。智塔里遗址出土一件用泥条积累法制作的陶器,其器口直径超过 50 厘米,器身高达 70 厘米,器壁厚度约 6 厘米,里外均磨得很光滑,其形状极为美满,简直可称作一件艺术品。

新石器时代早期,包括朝鲜半岛在内的东亚渤海沿岸,出现了原始平底栉纹陶器和隆起纹陶器,即以有压印的、凸起的镶嵌纹的平底钵为主体的陶器。此类陶器主要分布在朝鲜半岛的东北部地区,在图们江流域的咸镜北道屈浦里、江原道鳌山里和釜山东三洞、庆尚南道上老大岛、济州岛高山里都有出土,其存在年代在公元前 6000—前 4000 年之间。此后晚,一种圆底或尖底的、直口、半卵形、器体施纹的深钵式陶器,蓦然出现在西部地区。但是,它又被认为首先出现在朝鲜半岛东南端的东三洞附近,而且在对马岛地区也有发现。因此,"釜山的东三洞一定从早期开始受到的东海岸而且随后又受到的西海岸的影响,并且看起来,好像两种文化的源头在这里混合或整合"①。

韩国学者认为这种呈几何形纹的陶器,属新石器时代早中期的"栉文土器"②文化。朝鲜学者认为,过去称这种端部有呈单条状或多条状的纹饰的陶器为"薙纹陶"或"栉纹陶",是单纯地按照西欧语言译过来的,主张改称"刻纹陶"。本书使用较形象的术语"栉纹陶",其出现的年代应早于新石器时代中期。此类陶器纹饰的特点

---

① UNESCO, *History of Humanity*, *Vol. 2 : From the Third Millennium to the Seventh Century B. C.* , p. 415.
② [韩]李基白:《韩国史新论》(新修版),汉城:一潮阁,1990 年,第 17 页。

是在烧制前,连续刻以"之"字或"人"字纹。

"之"字纹陶器主要见于渤海沿岸的新石器时代早期遗址,而"人"字纹陶器在渤海沿岸和朝鲜半岛分布广泛,几乎布满整个朝鲜半岛。

新石器时代中后期的陶器有了新的发展,开始出现类似淤泥的细泥胎土及在其中掺以细砂的胎土。以西浦项遗址为代表的一些遗址,出土了用螺旋纹装饰的新陶器。这些陶器呈短颈、鼓腹的坛子形,器胎虽薄,但质地非常坚硬。器物的形态与刻画在器物上的纹饰,集中表现了当时人们高度的艺术情趣与技巧工艺水平。复原的一件用淤泥中稍掺入细砂的胎土制作的器物,表面磨得光滑,胎厚 0.36 厘米,很薄,颈短、器身圆鼓;器高 26 厘米,上下各留出 6 厘米,勾出区划,其间刻画螺旋纹。此器被认为是坛子,造型平稳而雅致。这些螺旋纹器物都是小型坛子类器物,只有一件例外,其器壁厚达 0.9 厘米,纹饰的构图也比一般螺旋纹器物大得多。陶器的表面装饰手法,不仅有以螺旋纹为主的各种刻划纹,而且还出现了新装饰手法,即把器物表面磨得锃亮,并围以附加堆纹带等。弓山文化遗址第二、三期层出土的陶器,继承了弓山文化第一期层陶器的若干特征,颜色均为褐色,截断一端的鸡蛋般的圆底器是其基本形体。胎土中掺和着滑石粉或云母粉,但不掺和石棉粉。弓山文化第二期层的器物中开始出现有颈、圆腹的坛子与附有环状小耳的器物,也使用平底器,但数量较少。饰纹器物很多是新出现的,如点线波浪纹以及用直线组成带纹,从口沿开始隔一定的间距加以横围,然后在每个间隔里填充各种纹路装饰。弓山文化第三期层除了继承第二期层纹饰相同的点线带纹、蚕蛹纹、指甲纹外,出现了波浪纹;波浪形线条刻画的纹饰,是用多齿的施纹具于器物表面横划多行形成的带纹,在其下满满横围一层枞叶纹与斜线纹,然后,再反复刻画带纹、枞叶纹与斜线纹的纹饰图案。也有在带纹与带纹之间,以线或点刻画波浪纹以代替枞叶纹、斜线纹的图案。

总体看来,栉纹陶器的分布大体可分为四个区域:(1) 东北区

（图们江流域）；（2）西北区（鸭绿江流域）；（3）中西区（大同江—汉江流域）；（4）南区（洛东江流域）。东北区的陶器器型与沿海州和中国东北地区的陶器有联系，西北区的陶器与中国辽宁省的近似，中西区的陶器是典型的栉纹陶器，南区的栉纹陶器出现较晚，有明显的中西区的特色。①

在公元前1000年前后，朝鲜半岛的陶器与其他出土品似发生了重大变化。"进入新石器时代末期，一部分地区陶器形制的内容则加速了质的变化。这样，在最晚时期的遗址中，从前的面貌几乎消失殆尽，整个面貌几乎与以后青铜器时代陶器的形制相似。"②这时，栉纹陶器消失了，代之而起的主流陶器是素面（无纹）陶器。因此，学界有部分人士将这个时期称为"无纹陶器时期"。

无纹陶器器物表面一般不加装饰或无图案。但在早期阶段，可以见到如数行针刺点和切入短线的细小饰纹。不加装饰的陶器在栉纹陶器时期也有发现，其色彩与结构与无纹陶器相异，故而可区分开来。总之，与栉纹陶器相比，这个时期的无纹陶器的质地比较精致，是以高温烧制，光泽好，呈浅褐色。但是，在形制与制造技术方面显现出地区和时间上的多样性。此类陶器种类很多，有广口圆形容器、收口窄颈容器，后期还有带足碗。在大同江流域，器皿形状的特点是类似陀螺形的陶器与使用口沿折叠双层结构技术。在它的前半期，磨光的广口圆形罐，饰有一排排孔列刺痕和隆起物，有时还发现朱红涂漆短颈罐。例如，江界的公贵里遗址里，与初期无纹褐色陶器一起出土的还有孔列陶器，即在直口下面隔一定间距有规则地钻一行装饰孔。在它的后半期，前述广口圆形罐的口沿贴上了泥圈或泥带。

朝鲜半岛新石器时代末期出土的陶器，形制非常多，如储藏器、

---

① 日本朝鲜史研究会编：《朝鲜史》（新版），东京：三省堂，1997年，第11—18页。
② 朝鲜社会科学院考古研究所编：《朝鲜考古学概要》，第42页。

炊器与食器等。在陶器形态上,器底也发生了很大的变化,器壁与器底相区别的贴底器物很多。由于器底高,这时陶器的器底已变得很分明,当归于独特种类。黄海南道海州市龙塘浦遗址中,出土有被称作"高足杯"的"豆"。在青铜器时代的遗址中,不仅有新石器时代末期"豆"一类的小型器物,而且在较大的器物上,也有贴高底的器物。这种圈底器,即所谓"假圈足"。所有这些陶器基本上都是褐色。

这一时期,新出现的突出的纹饰特征是彩陶,朝鲜学者称"彩纹器物"。这类彩陶,有用红、白、黄等三色绘成三角形、方形、菱形以及条带等几何纹饰,有的则全然无纹饰,彩色是在器物烧好后涂上的。此类陶器出土的地点很多,其中有新岩里遗址、西浦项遗址、弓山遗址、智塔里遗址、松菊里遗址等。豆形器与彩陶器都是古代中国特有的文化,它们在朝鲜半岛的传播,反映了原始时代中国大陆与朝鲜半岛文化的交流。东北亚大陆文化交流的趋势,印证了原始人群由东亚内陆向朝鲜半岛移动的历史。

综观上述新石器时代的陶器文化,朝鲜半岛确有其独自发展的特征。但据中国学者研究,在庆尚南道蔚山郡新岩里、釜山东三洞、东莱多大浦等遗址中,发现有与辽东半岛小朱山下层和后洼下层文化出土的压印席纹的直口筒形罐相同的陶器。义州郡美松里洞穴遗址,也有类似辽东半岛的压印席纹和压印"之"纹的陶器。咸镜北道雄基郡屈浦里西浦项等遗址中的刻划纹,有一种双勾涡纹(即所谓的螺旋纹)与辽东半岛小朱山中层和山东半岛蓬莱紫荆山下层的双勾涡纹彩陶图案是一致的。辽东半岛石佛山文化类型中出土的几何纹陶器,在朝鲜半岛的西浦项等遗址中也有发现,反映了属于中国龙山文化的辽东半岛文化因素影响的强烈。韩国学者在论及美松里遗址出土有"之"字形纹饰的陶器时,认为这种纹饰见于内蒙古赤峰红山后第一期文化与林西一带的平底篦纹陶器之上,在编年上与中国东北西南地区及内蒙古地方的文化属于同一时期。

属于中国龙山文化的辽东半岛文化,对朝鲜半岛新石器时代文化影响之大,以至于有些朝鲜学者难以区分它们之间的差别。《朝鲜全史》第一卷为了追溯"朝鲜文化"的渊源,从所谓的中石器时代开始就引证中国东北地区的考古资料,到新石器时代以后,把中国东北的龙山文化也写进"朝鲜原始文化"。"这种做法实为不妥,但也证明了中国龙山文化对朝鲜半岛史前文化影响之大。"[①]龙山文化传播到朝鲜半岛的途径,一条是由海路传播到南部与东海岸,另一条由辽东半岛进入朝鲜半岛。

新石器时代末期与青铜器时代初期,半岛已经进入文字记载的文明时期。地下发掘的文物,反映了人类文明的黎明期,东北亚大陆文化交流的趋势,印证了原始人群由内陆向半岛移动的路径。

忠清道大田市槐亭洞石室墓遗址出土的无纹陶制容器,是向死者提供食饮祭品的器皿的随葬品;逗号形有斑点的天河石玉珠或许是死者佩戴的装饰品配件,考虑到各种青铜礼器的出土,这意味着在无纹陶器时期像祭司首领这样的氏族酋长已经登场,而且从居住房址、墓冢和器物的分布状况可知,由几个村组成并有像祭司这样的酋长领导的农村公社,即氏族公社已经形成。最早出现的氏族公社是母系氏族公社。

第三节　神话传说时代

一、原始文化的发展

朝鲜半岛原始文化,在新石器时代得到迅速发展。原始手工业是为制造劳动工具和吃、穿、住、用等各种必需品的。新石器时代,

---

① 曹中屏:《朝鲜半岛的史前陶器文化》,《东疆学刊》2016年第1期,第3页。

农业与手工业虽没有发生社会性的分工，但与以前相比，出现了一些新的手工业产品。

弓山遗址出土了一枚骨针，针孔中还残存一条麻线。这一事实说明，当时人们已经能使用麻类纤维。弓山遗址与西浦项遗址等出土有纺轮，它是用陶片或黄土制作的。纺轮近似算盘珠或圆锥形，其中心部穿一孔眼，推测是把一根木棒穿入孔中而形成轮轴。

当时人们的生活比前一时期更加丰富，各种器形的陶器大量出土，说明此时的人们不仅制作了与前一时期不同的饮食器具，而且在制作食用器具时某种程度上也形成了有秩序的文化生活。当时人们的服饰已腐烂无存，但各种装饰品往往得以保存。弓山遗址与西浦项遗址出土有兽牙齿根部钻一孔，以及兽骨、贝壳或石头磨成一定形状，然后在一端钻孔眼的器物，这是用绳串起的装饰品。用兽牙或兽骨磨制成的装饰品，大部分作为耳佩或项链，这是从旧石器时代以来即常见的原始居民的装饰品之一。弓山遗址与虎谷洞遗址第一期层出土了一颗骨串珠，与前者相同，是串在一起的项链珠子。西浦项遗址第四期层出土了一些大理石磨制的很精致的石环，其内侧直径为 2—2.5 厘米，似是耳饰或佩带在身上的一种装饰品。金滩里遗址第二期层出土了数只用蜡石制作的手镯，是横断面为半月形的一段粗棒，两端钻有孔眼，似是由数段连在一起的一只完整的手镯。在西浦项遗址第五期层中，出土了用大理石制成的镯子，其横断面近似梯形。

人们不仅在陶器上刻画装饰花纹，而且在日常使用的各种骨器与纺轮上也刻有装饰花纹。利用陶片制作的纺轮，因陶片原有花纹而成纹饰纺轮。兽牙与兽骨制作的锥子、席针和光滑器等，也有不少在柄部刻上纹饰，表现艺术装饰的效果。西浦项遗址出土的骨制品，有数件在柄部刻有象征某种物体的形象。

新石器时代的人们不仅在装饰生活用品方面表现出自己丰富的情趣，而且还已制作正式的雕刻品。西浦项遗址出土有鹿角劈开磨制的人形与兽骨磨得扁平而制成的人形。用鹿角制作的人形,样子类似织针,有四方形的面部与长而尖的身体,在面部刻有三个点,表示两眼与口,围绕身体的中心,刻有数个圆点,表示其为女性。出土了两件用兽骨制作的人形,所刻面部仅是面孔部分的一半,但将两半合在一起即可看出其整个面容。表示口部的,是先绘制的空心半月形,其内绘以横线,在口的下部有一贯通的孔区,眼睛是圆形凹槽,眉毛与上眼皮用画一条粗线来表示。农圃里遗址出土的象征整个身体的土捏塑的人形保存完好。这个人型在胸部分为两股,做得如同左右臂。腹部以下较细,其下部似象征女性。这些人的造型,具有明显的图案化,但却较好地表现了想要表现的人的形象。西浦项遗址出土了象征蛇的野猪牙齿雕塑品,还有象征幼小兽类的艺术品。幼兽的两耳尖部突起,小嘴做得又翘又圆,其端部有一贯通的孔,可在其间穿绳佩带。农圃里遗址还出土有蜡石制作的飞禽形象的艺术品,嘴都做得很长,表示飞禽脖颈的部分磨得细长弯曲,耳朵直立,眼睛下垂,嘴巴已折断,其上有鼻孔,可系绳佩带。

新石器时代的人们已经具有原始信仰。朝鲜半岛旧石器时代末期的遗址发现了猪的雕塑品与专门埋葬猪下颌骨的风俗。虎谷洞遗址出土了用土刻制的猪雕塑品,猪身上钻有许多大大小小的洞,如同用锐利锥子扎的一般。民俗学证明这是当时人们的魔法行为,也许当时人们用这种魔法驱逐妨害猪繁殖的事物。原始居民已产生对灵魂的崇拜。如按一定顺序安排死人的墓葬,并且给死人随葬其用过的物品与盛饮食用的器皿等。当时,人们似已产生了祖先死后仍在影响后代生活的观念。这是原始人祖先崇拜的表现。

人们对自然现象的不理解,导致对自然的崇拜,从而产生了天神观。新石器时代后期,原始农业的经营和植物的栽培,人们更依赖自然界的风雨阴晴,使得对天神(上帝)的崇拜加强了。在原始社会中,族长即军事酋长主持氏族或部族的事务,为使其日益扩大的权势合理化,他们常常把自己说成是天神的化身。朝鲜半岛最古老的"坛君"神话称坛君是天帝"桓因"庶子"桓雄"与熊女之后。此说尽管多为后来附会,但似仍保留着原始传说的情节,作为一个古老民族口传神话,在一定意义上反映了当时的历史内涵。

二、"坛君"神话的变异与阿斯达考辨

神话是特定的社会意识形态的产物。作为原始人类精神产品的结晶,神话并不发生于原始社会的开端,只有当原始社会发展到相当程度时,它才会出现。氏族社会,尤其是母系氏族社会是神话的摇篮。每一个氏族都有自己的共同祖先,这是氏族成员给本氏族命名的依据。氏族共同祀奉的神话人物,实际上是现实氏族在原始先民头脑中创造出来的幻想的共同祖先。古文献中的所谓"古朝鲜"的"立都"者"坛君"正是朝鲜半岛大同江流域下游远古社会某一氏族的神话人物。

"古朝鲜"一词在历史文献中出现甚晚,最初见于公元13世纪的高丽王朝文献。高丽僧人一然(1206—1289)[①]编撰的《三国遗事》把"古朝鲜"列为第二章"纪异",即奇异之纪传;其第一章"王历",仅记有东晋成帝(325—342年在位)咸和九年(334)前的新罗、百济、驾洛三个国家,并无所谓"古朝鲜"的内容。第二章"纪异"首条"古朝鲜"条目下注有"王俭朝鲜",就是指,所谓"古朝鲜"就是"王俭朝鲜"。该条开头称:"《魏书》云:'乃往二千载,有坛君王俭,立国阿斯达,开国号朝鲜,与高(尧)同时。'"文内"阿斯达"下注文曰:"《经》云:无叶山,亦云白岳,在白州地;或云在开城东,今白岳宫是。"朝鲜科学院古典文献研究室1960年刊印之《三国遗事》汉朝文对照版朝鲜文部分在《经》下注释为《山海经》,但此书并无"无叶山"的记载,

---

① 作者一然,高丽熙宗二年(1206)六月十一日生于庆州獐山县(今韩国庆尚北道庆山郡),本金姓,名见明,后更名一然,字晦然,法名普觉。一然9岁出家为僧,20岁时就以学业优秀而闻名遐迩,76岁时,忠烈王赐号冲照,册封为国尊。《三国遗事》卷第五下注明"国尊曹溪宗迦智山下麟角寺住持圆镜冲照大禅师一然撰",说明该书成书于1282年后。

虽不知此为何《经》，但其下言明"无叶山"是位于"开城东"的"白岳"，亦即朝鲜古代地理典籍《新增东国舆地胜览》（以下简称《胜览》）所谓的"九月山"。

《三国遗事》又云："《古记》云：'昔有桓因庶子桓雄，数意天下，贪求人世。父知子意，下视三危太伯，可以弘益人间，乃授天符印三个，前往理之。雄率徒三千，降于太伯山顶神坛树下，谓之神市，是谓桓雄天王。……坛君王俭……都平壤城。周虎（武）王即位己卯，封箕子于朝鲜。"据此，"古朝鲜"应包括"坛君王俭"朝鲜和箕子朝鲜两朝。该书"魏（卫）满朝鲜"条又称："燕人魏（卫）满亡命，聚党……役属真番朝鲜蛮夷及故燕齐亡命者王之，都王俭。"[1]这就是说，凡以"王俭""平壤城"为都城的王朝，都属"古朝鲜"，而"王俭"就是"平壤城"。"王俭"也写作"王险"。《史记·朝鲜列传》载"朝鲜王满者……都王险"，《索隐》注称"臣瓒云'王险城在乐浪郡浿水之东'也"，即濒临浿水的平壤城。公元12世纪成书的《三国史记·高句丽本纪》东川王二十一年春二月条曰："平壤者本仙人王俭之宅也，或云王之都王险。"换句话说，平壤是名曰"坛君"的仙人的居所，后来被箕子朝鲜作为国都。

"仙"，《说文》解曰"仚，人在山上，从人从山"。《释名·释长幼》曰："老而不死曰仙，仙，迁也，迁入山也。"此字从人，是说人经过努力追求可以达到仙的境界。这是中国古代原始巫术和方士文化的术语，后来为道家所吸收。平壤仙人"王俭"说或与《史记·封禅书》中的渤海"三神山"有关，作为传说，它早于"坛君"神话。综合以上信息，可以认为"仙人王俭"的传说是"坛君"神话的最初母体。仙人是古代中国本土信仰，产生于道教形成前，与韩人固有文化无涉，这或许是华夏文化的族群与更原始的土著族群共同生活在这个地区

---

[1] 见朝鲜科学院古典文献研究室据"正德本"编之汉朝文对照版（朝鲜劳动新闻出版社1960年1月刊印）《三国遗事·卷一·纪异第一·魏满朝鲜》。

的结果。

"檀君朝鲜"之术语并不见于古文献，是近代人据《三国遗事》"坛君王俭……开国"的神话杜撰而来。该书"古朝鲜"称，"《魏书》云：'乃往二千载，有坛君王俭，立都阿斯达。开国号朝鲜，与高（尧）同时'"；又曰："《古记》云：'昔有桓因（谓帝释也）庶子桓雄，数意天下，贪求人世。父知子意，下视三危太伯，可以弘益人间，乃授天符印三个，遣往理之，雄率徒三千，降于太伯山顶（太伯即今妙香山）神坛树下，谓之神市，是谓桓雄天王也。"时有一熊一虎，求桓雄把它们变成人身。桓雄要它们吃掉一炷灵艾、二十头大蒜，并避阳百日。结果，熊得女身，而虎功亏一篑，没有脱离畜生。熊则得陇望蜀，要生子传宗，天天在坛树下祈祷。桓雄感念她的诚意，便化为一个凡人与她交合，生下一个儿子，起名叫坛君王俭。坛君"以唐高即位五十年庚寅［唐高即位年为戊辰，则五十年丁巳，非庚寅也。疑其未实］，都平壤城（今西京），始称朝鲜。又移都于白岳山阿斯达，又名弓（一作方）忽山，又今弥达。御国一千五百年。周虎（武）王即位己卯，封箕子于朝鲜，坛君乃移于藏唐京，后还隐于阿斯达为山神，寿一千九百八岁"①。

李朝正祖时代的柳得恭（1748—?）在《海东绎史》序文中指出："卫满以前属之不修春秋，汉四百年，自是内服乐浪太守，焉得立史官哉。此所以佚事异闻，必求诸中国，然后可得也。"因此，一然撰写其古代历史求诸中国古籍当是自然。所谓《魏书》已无从考证，我国现存古籍《战国策》中的《魏策》、《三国志》的《魏书》以及北齐魏收的《魏书》，均无此等记载。考虑到朝鲜半岛与曹魏的关系以及隋唐时对北魏的称谓各异，朝鲜学者认为记载坛君朝鲜的《魏书》，可能是已经逸失的晋司空王沉（?—262）与阮籍共撰的《魏书》。

17世纪，李朝学者李药泉认为"旧史檀君记……出于三韩古记"。

---

① 《三国遗事·卷一·纪异第一·古朝鲜》。

《增补文献备考·艺文考》载："三韩古记……三国史亦多引用，疑与海东古记同为一书。"《海东三国史》大概就是"海东古记"。金富轼（1075—1151）作《三国史记》，也"采古记"，大概就是此等"古记"。

丽末学者李承休（1224—1301）在《帝王韵纪》中也有一句类似神话的记述，只是原文已经把"坛君"记为"檀君"并加注释称："本纪曰……与檀树神婚而生男，名檀君，据朝鲜之域为王。故，尸罗，高礼，南、北沃沮，东、北扶余，秽与貊，皆檀君之寿也。"①在这里，李承休对"坛君"神话做了两个重大修改：一是把"太白山顶（原注曰：即太伯，今妙香山）神坛树下……号曰'坛君王俭'"改为"太白山顶神檀树下……名檀君"，这为后人制造"檀君朝鲜"提供了根据；二是把"都平壤城"改为"据朝鲜之域为王"，把"都平壤城""坛君王俭"的领域扩大为"朝鲜之域"，使整个沃沮、扶余以及秽貊诸族活动的区域都囊括在"檀君"朝鲜的领域内。《高丽史》"李承休传"称，其上疏高宗，"忤旨罢归龟洞旧隐，别构容安堂，看佛书，著《帝王韵纪》"，多为"酷好浮佛屠"之语②，其所论不足为凭。

"本纪"是古代东亚纪传体史书的篇名，而作为纪传体史书的《三国史记》并无关于坛君的记述。但是，比《帝王韵纪》早94年的李奎报的《东国李相国集》律诗卷三"东明王篇并序"载："越癸丑月，得旧三国史，见东明王本纪。"因此，有人推测李承休所谓的"本纪"是"旧三国史"坛君"本纪"的简称，而"旧三国史"当是11世纪末高丽大觉国师《诗序》所谓的《海东三国史》。但是，这种说法并无确切的根据。金富轼的《三国史记》全然不用"本纪"，一然的《三国遗事》虽多次引用《三国史》，却也不使用坛君"本纪"，说明其言不足信。

李氏朝鲜初期世宗时代权揽（1416—1465）《应制诗》"始古开辟东夷主"注所引《古记》和《世宗实录·地理志》"平壤府"条所引《檀

① （高丽）李承休撰：《帝王韵纪》卷下"东国君王开国年代并序"。
② 《高丽史·卷一百六·列传卷十九·李承休》（朝鲜劳动新闻出版社1957年版）。

君古记》与《三国遗事》所载内容大同小异，但是后者还引出了所谓前、后朝鲜与卫满朝鲜的三朝鲜说①。大概从这时起，包括三朝鲜在内的"古朝鲜"说逐渐见于记述。

　　神话具有真实性和神圣性的特点，"坛君"神话也不例外。一然所引"魏书云：乃往二千载，有坛君王俭，立都阿斯达。开国号朝鲜，与高（尧）同时"。这段文字是坛君记事的骨干部分，纯属历史叙述，不应视为神话。《古记》"坛君"神话的成分比较复杂，开头两段的主题是始祖天帝说：从"昔有桓因"到"遣往理之"，讲上帝桓因派庶子下凡；从"雄率徒三千"，到"孕生子"，讲桓雄"在世理化"和与熊女婚配生檀君。从"号曰坛君王俭"到"御国一千五百年"，是关于所谓前朝鲜，即"坛君王俭"朝鲜的历史。最后部分，是讲箕子朝鲜与前朝鲜的关系。第一段，完全与"坛君"神话的历史成分无关，是后来追加的；其他各段明显属于中国典故、地名和儒、释术语的修饰，也是后来添加附会的。"坛君既不是古埃及式的帝王上升为天神，也不是中国式的天神下降为人祖，而是天降神桓雄与地母神熊女共生的具有神性的人神，有其鲜明的民族特征。"②

　　从神话学上说，"坛君"神话是兽祖神话与天降神话的结合，是图腾崇拜与祖先崇拜融合的体现，属于历史传统系列，是远古朝鲜半岛社会从蛮荒的原始时代，向文明社会进化转变的漫长岁月中逐渐形成，并为后世传承、润色的故事。兽祖神话是图腾崇拜的反映，应该早于天降神话。从"前朝鲜"建国神话看，"坛君"神话与南方系的卵生神话不同。卵生神话较天降神话原始，一般天降神话又较始祖天降神话原始，而始祖天降神话中其前辈世代逾多，其时代则逾

────────────

① 《世宗实录·地理志》"平安道·平壤府"条曰："唐尧戊辰岁，神人降于檀木之下，国人立为君，都平壤，号檀君，是为前朝鲜。周武王克商，封箕子于此地，是为后朝鲜。逮四十一代孙准，时有燕人卫满亡命，聚党千人，来夺准地，都于王险城（即平壤府），是为卫满朝鲜。"
② 曹中屏：《古朝鲜开国神话考》，载北京大学韩国学研究中心编：《韩国学丛书：韩国学论文集》第八辑，北京：民族出版社，1999年，第4页。

晚近。显然,所谓"坛君"神话实际上就是以熊氏族和虎氏族为基础组成的天神部落关于本氏族起源的神话,而神话反映的文化内涵,说明这些氏族都与东夷文化有着紧密的联系。

人类学家认为地球北半球存在一个"熊文化带",生活在这个地区的人类几乎都有类似的神话传说[1],尤其是阿尔泰语系原始种族的萨满文化地带的原始人类。民俗资料显示,这个文化圈内的突厥、蒙古、女真—通古斯族的祖先神话均与熊有关,例如,我国境内的鄂伦春族、额尔古纳河流域的鄂温克族都有对具有攀爬技能的熊的崇拜,尽管其具体内容有所区别。

一然之"坛君"神话的基础,是朝鲜半岛北部居民的口头传说。因此,神话故事发生地的方位明确,即所谓《古记》云初"都平壤城(今西京),始称朝鲜";箕子朝鲜后"又移都于白岳山阿斯达"。高丽时期的"西京"就是现在的朝鲜民主主义人民共和国的首都平壤。《三国史记》的王俭"仙人"说,虽不见"坛[檀]君"的称谓,但明确肯定平壤是"王之都",似也暗示神话中的"坛君"之都亦即平壤王俭,足见坛君朝鲜活动的中心区与箕子朝鲜的国都同在"平壤城"无疑。因此,奢谈所谓"阿斯达是檀君真正的国号,朝鲜是后来的雅译",毫无史料根据。

阿斯达是箕子建都平壤后"坛君"部族移居之地。有学者从语言学角度考察认为,"阿斯达"是九月山的韩文音译,"阿斯"(아사[asa])之音与"九(아홉[ahob])"的首音相近,"达(달[dal])"与韩文"月(달[dal])"同音[2]。九月山又曰白岳,这与《古记》"阿斯达"原注完全一致,也与其他朝鲜古籍记述相同。韩国金星教科书出版社1990年出版的辞书《国语辞典》与韩国李弘植博士编著的、教学社

---

[1] Joseph H. Wherry, *The Totem Pole of Indians*, New York, Thomas Y. Crowell Company, Inc. 1974.
[2] 朝鲜科学院古典文献研究室编辑翻译的汉朝文对照版《三国遗事》在"阿斯达"下注:"阿斯达是《东国舆地胜览》指称的古地名"。

1983 年出版的《增补新国史事典》的"阿斯达"条也均持此说。《新增东国舆地胜览》(以下简称《胜览》)"文化县·山川条·九月山"下注称:"在县西十里,即阿斯达山,一名弓忽,一名甑山,一名三危。世传檀君初都平壤,后又移白岳,即此山也。至周武王封箕子于朝鲜,檀君乃移于唐藏京,后还隐此山化为神。"①根据韩国学者解释,"阿斯达"的韩文音读是"앗달[asdal]",其前缀"앗[as]"在阿尔泰语中与"앛[ats]"通,是"明、赫、前、南、朝"或"晨曦"的意思,此词缀的日语片假名为"アサ"(朝);此词缀在朝鲜半岛中古时期演变为"azam",现代韩语中则为"아침[achim]","앗달[asdal]"的后缀"달[dal]"是"岳、冈、地"的意思。"阿斯达"就是"白岳、白山、南山、阳山"②或"晨曦之地"的意思。这一分析与前引文化县"山川"条和《魏书》对阿斯达的解释也相同。但说"朝鲜"是"阿斯达"的汉译没有根据。③ 阿斯达,即九月山(白岳),这里曾经是以神熊为图腾的坛君朝鲜部落的中心;也就是说,"坛君"初都平壤,后移白岳,最后移至唐藏京。《三国史记》虽无"坛君"神话记载,却明确认定平壤是坛君"王之都王俭"。④ 考古资料也支持这一论点。朝鲜科学院考古所研究人员证实:"古朝鲜有代表性的遗址——支石墓,集中在平壤及其附近。""初步计算,在平壤方圆 40 公里的地区,有几千座支石墓",具有初始型、中期型和末期型的"各种样式",不仅数量多,而且规模也大,说明"古朝鲜"的中心在平壤⑤。

　　"唐藏京"似也在九月山附近。《胜览》文化县"祠庙"条云:"三圣祠(在九月山,即桓因、桓雄、檀君祠)。"其"古迹"条在"庄庄坪"下

---

① 《新增东国舆地胜览·第三·卷之四十二·文化县(黄海道)》山川条。
② [韩]朴炳采:《古代国语研究》,汉城:高丽大学民族文化研究所出版部,1990 年,第12 页。
③ [韩]李丙焘:《韩国史大观》,许宇成译,台北:正中书局,1979 年,第 23 页。
④ 《三国史记·卷十七·高丽本纪第五》东川王二十一年春二月条。
⑤ [朝]石光濬(석광준):《平壤是古代文化的中心》(〈평양은 고대문화의 중심지〉),载[韩]李亨求:《寻觅檀君》(〈단군을 찾아서〉),汉城:实林社,1994 年,第 83 页。

有小字注,曰:"在县东十五里。世传檀君所都,基址尚存。高丽史以为庄庄坪乃唐藏京之讹。"《高丽史·地理志》也称:"儒州……升为文化县,令官别号始宁(成庙所定),有九月山(世传阿斯达山)、庄庄坪(世传檀君所都,即唐庄京之讹)、三圣祠(有檀因、檀雄、檀君祠)。"①《李朝世宗实录·卷四十》世宗十年戊申六月条也有类似记载。"藏唐京""唐藏京""唐庄京""庄庄坪"发音近似,应属一地,在今黄海南道殷栗郡九月山。《择里志》也持此说,称:"文化九月山,即檀君故都。"此山"为回龙顾祖之势,而西北负海,东南逆受平壤载宁二江……而上又筑山城,为天险矣。谚传檀君子孙避箕子,自平壤移都于此,所谓庄庄坪也。尚有檀三君祠,国家春秋降香以祭。"②现代考古发掘的弓山文化遗址,距此不远。阿斯达与九月山,唐藏京与平壤,以及今称妙香山的太白山,距离比较近,同属中西区栉纹陶器文化圈,文字记载与考古资料吻合,接近历史事实。

看来"坛君"部落是个比较原始的山岳部落天神族,曾一度占据了受大陆仙人文化影响的农业聚落创建的王俭城,箕子朝鲜兴起后,复退归九月山。

将"檀君"视为朝鲜(韩)民族始祖的历史较晚,至少在高丽王朝早期,"檀君"还是传说中的人物,不是祭祀的对象。只是到了高丽太宗十二年(1412)六月,檀君才开始"与箕子并祀一庙";其单独立设祠祭祀是世宗七年(1425)九月的事情。世宗十二年(1430),随着箕子在国祭中由"朝鲜侯"升格为"后朝鲜始祖",檀君也由"朝鲜侯檀君"改称"朝鲜檀君",并于世祖二年(1456)升格为"朝鲜始祖檀君"。

但是,到近代半岛内某些早年接受日本军国主义教育的文人,在反对"事大主义"和"殖民史观"的幌子下,以日本皇国史观考察环

①《高丽史·卷五十八·地理三》儒州条。
②(朝鲜)李重焕:《择里志·黄海道篇》,《择里志·卜居总论·山水篇》。

渤海—黄海的上古史，竟然把箕子称作"支那人箕子"，把"檀君朝鲜"说成是横跨朝鲜半岛和中国大陆东北地区的"强大国家"，其"中心部在渤海之北，疆域包括中国北京附近的滦河到朝鲜半岛大部分的广大地区"，而箕子朝鲜与卫满朝鲜"不过是位于原'古朝鲜'领域边隅、附属于'古朝鲜'"的来自中原的亡命政治集团。严重的是，作为1987年度韩国国定国史教科书编撰基准的《国史教科书编撰方案》古代部分第4项规定："说明'古朝鲜'初期的政治、文化中心在辽宁地区，由此地向周边地区发展。"①如果说，近代以来这种逆时代潮流、专以伪史《揆园史话》《桓檀古记》②等为据编造历史的行为主要由韩国所谓在野史学人士所为，那么1987年的行动则属国家行为。这种不负责任的行为连其本国学者都无法接受。韩国著名史学家李基白教授，在得悉此《方案》后发表的署名文章中痛心地指出："在不是文化圈而是作为国家的环境下，在'古朝鲜'的初期，将辽宁地区称为它的中心地，只不过是一个尚未得到证明的说法。尽管存在《帝王韵纪》有此记载的主张，但本人愚钝，怎么读也找不到这样的段落。推测好像是从其首句'辽东别有一乾坤'中得出的说法。但是，此句是讲朝鲜总体位置的，不是说辽东是中心。此句下面紧跟着说'洪涛万顷围三面，'这就很容易理解其真意。"③看来这些专家尚且读不懂《帝王韵纪》汉文原文④，却硬是坚持主张"古朝鲜"中心辽东说，毫无道理。

①　[韩]尹钟永：《国史教科书风波》，第172页。
②　《揆园史话》是第一本有关古代朝鲜的伪书，成书时间不详，有人认为是出自李氏朝鲜肃宗时代的北崖子或"北崖老人"。1925年出版的《檀典要义》首次提及此书，该书把本来传说中的神话人物变为一个有世系的千年王朝。此书问世主要反映了当时一股"反尊华"、反事大主义、走出恋明情结的道仙家历史思潮。《桓檀古记》也是一部伪书，由太白教教徒桂延寿和李沂于1911年编写，1979年出版。此书可能以《揆园史话》为基础写成，二者内容近似。
③　[韩]李基白：《执笔不可夸大史实》，载《东亚日报》，1987年6月8日。
④　《帝王韵纪》下卷"东国君王开国年代并序"第二段全句如下："辽东别有一乾坤，斗与中朝区以分。洪涛万顷围三面，于北有陵连如线。"

三、"坛君"神话的时代特征

作为传说,"檀君朝鲜"不可能有确切的年代;"坛君"也并非确有此人,充其量不过是某一部落酋长的称谓。但是,1993 年 10 月 2 日,平壤的檀君陵发掘报告称,位于平壤江东郡的大朴山东南山麓的檀君陵出土了 86 件人骨,电子自旋共振法测定其绝对年代是距当时 5011 年,比《帝王韵纪》的"檀君"建国的年代公元前 2333 年(距当时 4326 年)又早了 685 年。不过,此说并未取得包括韩国在内的国际学术界的认可。

朝鲜半岛的考古发现大体可以描述与"坛君"神话有关的史前社会展开的情节。早期的原始平底无纹陶器文化当属熊氏族和虎氏族所有,以中西区栉纹陶器为中心的文化属于"檀君"天神族,而隆起纹陶器可能是华夏仙人的遗存,这三支势力的融合构成朝鲜半岛部分先民的基础;后期无纹陶器则属于取代"坛君"朝鲜势力的文化。韩国考古学界亦大体持此一观点①。

"坛君"神话整体结构完整,大体反映了其产生的时代特征。神话说,天帝子桓雄率风伯、雨师、云师等下临三危太伯之地,主谷、主命、主病、主刑、主善恶,凡主人间三百六十余事,在世理化。当时有熊、虎同穴而居,常祈于神雄,愿化为人。于是,神遣送"灵艾"一炷,蒜二十枚。熊虎得而食之,忌三七日。熊得女身,虎不能忌,而不得人身。后来,熊女与桓雄婚配,生坛君。神话主人公的半神半人的特点,是图腾制度从有形向无形过渡的反映,说明以天降桓雄记事为标志的奉太阳为图腾的天神族的力量及酋长的权威有明显提高。

韩国学者认为,"桓因"是古韩文"天,天神(하ᄂᆞ님[hanl-nim])"

---

① 韩国学者金贞培认为"檀君朝鲜"是作为创造新石器时代文化、使用栉纹陶器的人而确立其地位的,至箕子朝鲜时期,使用无纹陶器的人开始登场,形成青铜器时代文化。在民族属性上,前者称古亚细亚族,后者是阿尔泰语系的濊貊族。详见其论文《古朝鲜的民族构成与其文化的复合》,《白山学报》1972 年第 12 期。

和"光明(환하다[huanhad])"的汉译,与韩文"밝[bulg]"同义,后者
吏读写作"倍达"。他们根据帕里森(N. Pallisen)对东北亚 13 个民
族语言的调查,发现"天"的读音大体相同,写作"Yangry、Tangri、
Tengri、Tengre、Tingri",与"坛君"的"坛"音近似。古代中国北宋学
者孙穆的《鸡林类事》有所谓"檀倍达,国那罗,君壬俭"之记载;李氏
朝鲜高宗时代的鱼允迪撰《东史年表》有"檀君即檀国之君名,俗言
倍达那罗任俭"。据此,便得出如下系列:桓因→天,光明→倍达→
倍达那罗(밝 나라[bulg nala])→坛君朝鲜。但是,此说论其敬天,
有些道理,论其国号不能成立,因为充其量其不过是部落同盟。

太阳崇拜是农耕文化的产物,大约产生于新石器时代。"坛君"
之谓实为主掌太阳神祭坛、祖神祭坛的氏族酋长的称谓。当时,氏
族酋长与氏族贵族(风伯、雨师和云师)位居一般氏族成员之上,分
别掌管祭祀与政务;燃"灵艾"为香的酋长——坛君,于树下设坛主
导祭祀,其他贵族分管农业、人的生老病死与刑罚等事务。"坛君"
神话中的风伯、雨师、云师之说以及主谷、主命、主病、主刑、主善恶
等,皆为仿中国古籍记载的黄帝等五帝的官职名称。至于"三百六
十余事",系源于"三百六十行"之说。风、雨、云等官职与提及"谷"
"灵艾"和"蒜"等粮食、菜蔬,反映了"坛君"山岳部族接受了王俭城
土著民、来自大陆的仙人文化的农业定居生活,"坛君"社会出现了
农业和社会的分工,并且有了某种管理机构。神话的穴居内容,既
反映其先人的生活经历和先人对女性的神秘感,亦表明其生产水平
尚未越出新石器时代后期。同时,"坛君"神话中所谓"封箕子于朝
鲜",反映了半岛远古传说时代与文明时代交替间的史实。

第二章 朝鲜半岛进入人类发展的文明时代

第一节 青铜器时代与箕子朝鲜

一、青铜器时代文化

关于朝鲜半岛青铜器时代的起始学术界并无一致意见。朝鲜的学者认为,青铜器时代萌芽于公元前 20 世纪前期,并一直延续到公元前 10 世纪纪初。[①] 韩国学者李基白、李元淳等认为它始于公元前 10 世纪前后[②];金贞培则说"至迟在公元前 10 世纪以前我国已经进入青铜器时代"[③]。以无纹陶器的使用作为开始使用青铜器的标志的日本朝鲜史学界亦说:朝鲜半岛在"在公元前 1000 年左右出现无纹陶器"[④]。中国台湾地区学者认为始现于公元前 8 世纪前后[⑤],在 11 世纪末前后开始萌芽的新的文化因素成长起来,并呈现全新

[①] 朝鲜社会科学院历史研究所编:《朝鲜全史》卷 1,第 188 页。
[②] [韩]李基白:《韩国史新论》(新修版);第 25 页;[韩]李元淳、崔柄宪、韩永愚:《韩国史》,詹卓颖译,台北:幼狮文化事业公司,1987 年,第 17 页。
[③] [韩]金贞培编著:《韩国古代史入门 第 1 卷——韩国文化的起源与国家形成》,第 109 页。
[④] 日本朝鲜史研究会编:《朝鲜史》(新版),第 18 页。
[⑤] 简江作:《韩国历史》,台北:五南图书出版公司,2003 年,第 18 页。

的面貌。周一良先生认为："公元前第一个千年的前半叶,第一批青铜制品(墓中发现的剑、箭头和装饰品)出现在与中国东北和蒙古的其他文化有关的新石器时代的环境中。"①综合上述各家看法并考虑其他因素,本书认为青铜器时代开始于公元前 11 世纪末叶比较恰当。

在众多的朝鲜半岛青铜器遗址中,咸镜北道会宁五洞遗址是朝鲜半岛青铜器时代前期的代表性遗址,在这里属于铁器时代遗址的第六号居住址下面发现 7 个青铜器时代居住址。② 平安北道龙川郡新岩里第三地点第二文化层,出土有青铜刀与青铜纽扣。慈江道江界市南公贵里遗址下层文化第六号房址的堆积层中,出土了一件青铜碎片。咸镜北道罗津草岛遗址的儿童墓出土有浅红色的纯铜锻制的管玉③,还有铸造的青铜铃、圆盘形器及用青铜板制作的指环与佩带的装饰品等;铜范铸造的青铜铃呈截尖的圆锥形,器高 7 厘米左右,器面上下两段施以"W"形带纹,显示了当时铸造技术的进步。以忠清道为中心还出土了剑把形铜器、防牌形铜器、圆盖形铜器等用途不明的异形青铜器。这些青铜器有独特的几何纹、鹿纹和农耕纹等纹样,大概是朝鲜半岛原始人群用于特殊仪式的祭器。平壤市寺洞区金滩里第三文化层(南江沿岸堆积层)第八号房址出土有残存青铜凿顶部,残长 5.6 厘米。该文化层还因出土有陀螺形陶器而成为"陀螺形器遗址遗物类型的代表遗址"。

---

① UNESCO, *History of Humanity*, Vol. 3: *From the Seventh Century BC to the Seventh Century AD*, p. 518.
② 朝鲜科学院考古学与民俗学研究所:《会宁五洞原始遗址发掘报告》(遗址发掘报告第 7 集),平壤:朝鲜科学院出版社,1959 年。
③ 朝鲜学者把草岛青铜器遗址的绝对年代定为公元前 11 世纪末至前 10 世纪初。

支石墓①是陀螺形器时期居民的代表性墓葬。朝鲜半岛除咸镜道外散布着支石墓,其中尤以平壤地区和高敞地区最为集中。那里的支石墓,大多以五六座或十余座为一单位,在一个地区内构成一百余座或二百余座的墓群。黄海北道燕滩郡五德里一带的峡谷也散布有百余座支石墓。全罗北道高敞郡竹林里和上甲里一带,在东西朝向约方圆2公里的范围内分布着442座形状各异的支石墓,有桌形、围棋盘形、地上石椁形等,其典型者为下方先放置两块较小的石材当支柱,再覆盖上一块大的石材。② 全罗南道和顺郡道谷面孝山里和春阳面大薪里一带在约10公里长的溪谷里分布着状态良好的500余座支石墓,那里还出土有展现支石墓建筑过程的采石场遗迹。

朝鲜半岛的支石墓大体分为三类:一类为高大、桌式、无墓域设施者(墓室一般在地上),朝鲜学者称之为"典型"支石墓,以五德里地区支石墓为代表,称"五德型支石墓",韩国学者称北方型支石墓;一类为高度不超过50厘米、墓域有石头堆砌的支石墓;还有一类为"变形"支石墓,以沈村型支石墓为代表,它们大多集中在半岛南部荣山江、锦江、洛东江下游一带,此类墓室埋于地下,其上覆有石盘。在仁川江华郡富近里、三巨里、鳌上里等地区有南方最大的北方型支石墓群,在海拔100—200米地区的丘陵分布着120余座支石墓。

---

① 从模仿到创造,4 罗津草岛遗迹(韩国史学习室 695)〔모방에서 창조로, 4 나진 초도 유적(한국사 공부방 695)〕, https://search. naver. com/p/crd/rd? m＝180px＝17780py＝3688vsx＝177&sy＝3688lp＝iz3tzwprvosssdH％BIAVsssssssLK……,2023‐08‐11。支石墓(Dolmen)与金字塔(Pyramid)、方尖塔(obelisk)等埃及和非洲其他地方的各种石造建筑,以及英国的巨石阵(Stonehenge)、法国卡尔纳克的列石(Cargnac)等,均属巨石文化(Megalithic Culture)类文化遗存。支石墓在世界各地,从北欧、西欧、地中海沿岸到中东、北非,再到亚洲的印度南部、印度尼西亚、菲律宾,以及中国的华中和东部沿海、山东半岛、辽东半岛和日本九州岛地区都有发现。世界各地因地区和时期不同其形态各异。目前,世界考古学界对此类石墓的名称、起源看法不一。中国叫"石棚""石棺""石室"。目前,世界确认的支石墓多达6万座,其中近半数分布在朝鲜半岛。

② 2005 年 6 月,高敞、和顺、江华,以其支石墓集中、保存完好、风格独特,被联合国教科文组织列入世界文化遗产名录。

20 世纪初,朝鲜社会科学院考古所在黄海北道银泉郡亭洞里发现了600 余座支石墓,其中不少属于"沈村型支石墓",经过清理的 70 座支石墓的石盖上发现了刻有星座的痕迹。[①] 朝鲜半岛的支石墓的绝对年代在公元前 8—前 7 世纪至公元前 2 世纪间,即土圹墓出现前的时期。

　　朝鲜半岛支石墓的起源说法不一,有北方说、南方说和自生说。北方说主张支石墓受西伯利亚卡拉苏克(karasuk)巨石文化的影响[②];南方说指其从东南亚和华南与洗骨葬(二次葬)一起传来;自生说认为它是朝鲜半岛在融合外来因素基础上独立发生的。朝鲜学者把支石墓定位为作为"古朝鲜"政治中心的平壤地区的代表性文化遗存,但多数学者认为,大同江支石墓的起源受到了中国燕辽地区石墓文化的一定影响。原来认为支石墓在公元前 8—前 7 世纪从西伯利亚传入的朝鲜学者,在 20 世纪 60 年代已经放弃了"西伯利亚起源说"。20 世纪中后期,中国江苏省灌云县大伊山遗址发现了迄今最早的石棺墓群,那里出土了 38 座石棺墓和墓中的人骨架及各种殉葬品,经鉴定其为公元前 40 世纪左右新石器时代中期的遗存。同时,中国考古学界在辽河下游地区发现了 300 余座被称作"大石盖墓"和"积石墓"的支石墓群,经系统发掘,认定大石盖墓是由早期的积石墓发展演变而来;大连市旅顺口区于家村遗址砣头积石墓于家村上层碳十四测定的绝对年代是距今 3230±90 年(树轮校正3505±135)、3280±85 年(树轮校正 3555±105),属双砣子三期文化(又称羊头洼文化),陈光在《考古学集刊》发表之《羊头洼类型研究》一文,将双砣子三期文化定在公元前 1835—前 1050 年,相当于

---

① 见朝鲜新闻网站"我的国家"2008 年 3 月 25 日发布的"最新信息"《发掘大规模坟墓群落》。
② 韩国学者金贞培认为,"最能代表韩国青铜器时代文化的墓制不是支石墓,而是石棺墓,其形头宽足窄,这是西伯利亚卡拉苏克文化的特征";并武断地说:"青铜器文化几乎看不出中国文化流入的痕迹。"见[韩]金贞培编著《韩国古代史入门 第 1 卷——韩国文化的起源与国家形成》,第 123 页。

中原夏末。[1] 从支石墓存在的先后关系看,朝鲜半岛支石墓的发展与嬗变难以摆脱中国巨石文化的影响。支石墓在环渤海地区的广泛发现,进一步证明古代这个地区的文化具有明显的统一性,它的起源与西伯利亚没有关系。韩国的李亨求教授认为大凌河流域发现的积石冢和石棺墓的年代,在公元前3500年左右,要比西伯利亚最早的石墓(公元前2500年)早1000年,韩国的青铜器文化的起源应该从渤海沿岸去寻找。[2]

朝鲜半岛支石墓出土的青铜器也有助于了解朝鲜支石墓发展的渊源。五德型支石墓的发展型遗址的青铜镞,以黄海南道银泉郡药师洞支石墓的出土品为代表;黄海北道沙里院市上梅里石箱墓也出土有青铜镞。中国河北唐山大城山遗址和内蒙古赤峰夏家店遗址(下层)的发现,说明至迟在公元前15世纪前后,辽东半岛已形成青铜器文化。因此,学术界一般认为朝鲜半岛的青铜器文化是在中国的东北地方文化影响下发展起来的,并形成了自己的特点。朝鲜考古学界也是把朝鲜半岛西北地区与辽河流域的文化作为一个有联系的文化类型加以考察的,并把中国辽东半岛双砣子第三文化层与朝鲜宁边郡细竹里遗址第二文化层、龙川郡新岩里遗址第二文化层作为这个时期的典型文化层。[3] 龙川郡新岩里第三地点第二文化层[4]与中国辽宁省大长山岛上马石遗址下层文化比较,被认为其时代属"中国西周平行期"。朝鲜半岛青铜器时代后期,细形铜剑盛行,并出土有铜戈、铜矛等武器和铜斧、铜凿、铜铊等工具以及多钮细文镜。"中国春秋平行期"的朝鲜半岛青铜器文化的

---

[1] 中国社会科学院考古研究所实验室:《放射性碳素测定年代报告》(七),《考古》1980年第4期。

[2] 见[韩]李亨求:《青铜器文化的比较》(〈청동기의 비교〉),载韩国国史编撰委员会编《韩国史论》13,汉城:韩国国史编撰委员会刊行,1983年。

[3] 朝鲜社会科学院考古研究所编:《朝鲜考古学概要》,第80页。

[4] 新岩里第三地点第二文化层出土有青铜刀、青铜扣,陶器有带节的附加堆纹、鸡冠状附加堆纹和各种刻画纹,且带足的器皿增多。

代表是义州美松里洞穴遗址上层出土的琵琶形青铜剑。[①] 朝鲜平安南道大同江石岩里、江原道春川郡遗址，韩国忠清南道扶余郡松菊里石棺墓与全罗南道高兴郡云岱里遗址、丽水市月内洞上村支石墓遗址和丽水市良洞支石墓遗址均出土了此类青铜短剑。

在辽东半岛发现的与此近似的青铜短剑，中国称之为曲刃青铜短剑，它起源于辽西，并逐渐通过辽东向朝鲜半岛传播并在形制上发生变异。[②] 因此，朝鲜半岛与中国大陆上的青铜短剑形制有差别，朝鲜半岛的琵琶形青铜短剑的节尖部位或脊部有横向凸棱节带，而中国东北的曲刃青铜短剑则没有，它们分属不同的文化类型。但是，1990年韩国政府核定的《高中国史教科书》则写明起源于中国东北的琵琶形铜剑与朝鲜半岛的青铜器属于"同一个文化圈"[③]。

公元前16世纪左右，赤褐色无纹陶器逐渐占据了支配地位。无纹陶器文化与青铜器文化的居民是同一体系。朝鲜半岛的赤褐色无纹陶器显然受到了龙山文化的辐射影响。美松里洞穴遗址出土的素面无纹陶器是这个时期标志性文化遗存。韩国学者金元龙认为，大同江流域的无纹陶器以辽宁省小沿河的陶器为其祖型，后来越过鸭绿江进入朝鲜。韩国还发现了青铜器时代能够说明其发

---

① 1959年，朝鲜鸭绿江口的义州美松里洞穴遗址上层出土了琵琶形青铜短剑，同时出土的还有代表美松里文化的典型的无纹陶器和青铜刀、扇形铜斧、铜镞等文物。
② 关于青铜短剑的起源，目前国内外学界有三种观点：西伯利亚起源说、辽西起源说和辽东起源说。西伯利亚起源说以韩国学者金廷鹤为代表，他认为朝鲜半岛的青铜器文化和之前的新石器文化以及农耕文化都是与中国辽宁地区紧密联系的，而辽宁的青铜器文化源于西伯利亚的安德罗诺夫文化和卡拉苏克文化等青铜器文化。多数学者不认同这种观点。辽西起源说支持者主要有靳枫毅、王成生、吴江原等学者，其根据是这里种类、数量多，分布密，有石范出土，出现可早到西周（见靳枫毅：《论中国东北地区汉曲刃青铜短剑的文化遗存〔上、下〕》，《考古学报》1982年第4期），其代表性十二营子文化遗址北与夏家店上层文化相接，东与辽东石棺墓文化相连，青铜短剑后传入朝鲜半岛西北部，表现为西浦洞式类型铜剑。辽东起源说的代表性人物有林沄、翟德芳以及一些朝鲜学者，朱凤翰还指出这里"未必是原生地"（见朱凤瀚：《论中国东北地区与朝鲜半岛出土的短茎曲刃青铜短剑》，载《中国历史博物馆考古部纪念文集》，北京：科学出版社，2000年）。
③ ［韩］尹钟永：《国史教科书风波》，第297页。

展过程的考古文化遗存。至公元 1 世纪乐浪郡支石墓的消失和木椁墓的出现,似表明了此前的土著人群为来自大陆的新的人群所取代的文化现象。最早出现于商代的木椁墓文化在大同江流域的出现,似暗示着经过近千年的演变,当地的土著已经与箕子所率殷人融为一体。

1999 年,韩国忠清南道大田大学博物馆在本校附近的大田市宫洞遗址,发现了从青铜器时代至百济时代的文化遗存,其中有青铜器时代居住址 13 基,初期铁器时代土椁墓 1 基,三韩时代土椁墓 16 基,百济时代瓮棺墓 1 基、横穴石室墓 3 基、石椁墓 28 基。在青铜器时代村落址出土了青铜器时代前期的长方形房址和中期的圆形房址,前期房址出土有双口沿、短斜线纹陶器,中期出土有松菊里式陶器①,学界从而获得了反映青铜器时代文化变迁的重要资料。

1975 年 12 月,韩国全罗北道完州上林里一位农民在耕作时偶然发现了经鉴定属于中国东周时期的吴越系铜剑。此处遗址坐落于全州—金堤公路南侧约 20 米的海拔 790 米的低坡上,发掘者在地下约 60 厘米处发现了剑锋向东、似捆绑在一起的 26 把铜剑。剑身长 44.4—47.2 厘米,成笠形圆首、"凹"字形剑格、双箍柱茎形。剑乃古之圣品,故有定制。此剑合于《周礼·考工记》所谓"桃氏为剑"之制,与半岛流行的琵琶形短剑、细形铜剑不同,采用双合范整体一次性铸造成型,而且使用的是一次性的泥土范或陶范工具,质地为红铜。据此,韩国学者认为此剑属中国春秋时代公元前 6 世纪吴越的铜剑,是舶来品。② 我国学者白云翔断定上林里铜剑系公元前 4 世纪后半"东渡朝鲜半岛的中国大陆的青铜工匠在当地铸造的",而且

---

① 松菊里式陶器是韩国锦江、荣山江流域出土的陶器类型,特点是器口略微外展,器体似细长的地瓜,胎土为黏土混以石英和硅酸盐长石粉,呈黄褐色或灰褐色,无纹饰,属无纹陶器文化中期。忠清道松菊里石棺墓亦属公元前 8—前 7 世纪的青铜器文化。

② 《完州上林里铜剑遗物》(《상림리 동검유물》),韩国《全北日报》2014 年 12 月 1 日。

是"吴越地区的铸剑工匠"①。联系公元前 306 年楚怀王趁越国内乱伐越，破其国都吴，越王战死，其国自此分崩离析，居住于会稽、姑苏的工匠外逃的情景，此说可信。

朝鲜半岛石墓、石棚中出土的河卵石弯月形曲玉，是由中国大凌河流域出土、属红山文化的龙形玉佩演变而来的，这也说明在新石器时代起源于中国大陆的龙的观念，当时已存在于朝鲜半岛。在图们江流域的茂山虎谷、南海岸的伽倻地区、荣山江流域的马韩地区的青铜器时代和铁器时代的遗址中发现了无文字的卜骨，以金海凤凰洞会岘里贝冢遗存为代表，反映了居住在朝鲜半岛上的东夷人与发明甲骨文的殷商人在文化上的共性②；而在忠清南道、平安南道出土的细纹铜镜与中国殷墟武丁王妃墓出土的几何纹铜镜的相似性，更进一步说明了朝鲜半岛与中国大陆上的商王朝在文化上的紧密关系。

二、朝鲜半岛古族源流考——秽貊与朝鲜

东夷是上古环渤海、黄海文化的创造者，是中国华夏先民的重要来源之一，其中的一支，即受华夏文化熏陶的古秽貊系——嵎夷、良夷、鸟夷创造了朝鲜半岛的远古文明。

"东夷"的概念，与北狄、南蛮、西戎一起出现于尧舜时代，即所谓"殛鲧于羽山，以变东夷"③的"东夷"。东夷，亦称夷。夷之族称，以殷商甲骨卜辞关于尸（夷）方的记录为最早。"夷"字从大从弓，是猎人的形象。夷有九种，"九夷在东"，谓之东夷。郭沫若说："尸方当即东夷也。"在中国古代历史上，"夷"既是东夷的特定称谓，又是"四夷的总称"，即所谓"夷为四方总号"。《礼记·王制》云："中国戎

---

① 详见白云翔：《从韩国上林里铜剑和日本平原村铜镜论中国古代青铜工匠的两次东渡》，《文物》2015年第8期，第670—679页。
② 参见[韩]殷和秀：《对韩国出土卜骨的考察》(〈한국 출토 복골에 대한 고찰〉)，《湖南考古学报》卷10，1999年。
③《史记·卷一·五帝纪》。

夷,五方之民,皆有性也,不可推移。东方曰夷。"东夷概念因中国春秋至秦汉大一统观念的形成而定形,四夷之方位亦因战国时期华夷统一的学说形成而固定,成为中原文人追述以往时对创造东方历史的族群的泛称。

尧舜禹时代,朝鲜半岛的土著居民是嵎夷、长夷和鸟夷。《尚书·尧典》曰:帝尧"分命羲仲,宅嵎夷,曰旸谷。寅宾出日,平秩东作",与南之羲叔、西之和仲、北之和叔,于各自分驻区观测星象,教民以时命。西汉孔安国《尚书》注称:"东方之地,曰嵎夷旸谷,日之所出也。"嵎夷属禹所定"九州岛夷"之青州。《尚书·禹贡》称:"海、岱惟青州。"按五行,东方木德,色青,故《周礼·职方》曰:"正东曰青州。"据《通典》,古青州,地跨海,分管辽东、乐浪、三韩之地。羲仲所居嵎夷,不在《后汉书·东夷传》所列九夷之中,自然就在更东的朝鲜半岛。童书业也认为《尚书·尧典》的嵎夷即朝鲜。《尚书孔传》言"东表之地称嵎夷"与朝鲜"居东表日出之地"同。嵎夷,《史记·五帝本纪》与《韩诗》作郁夷。《山海经》"离俞"注:"离俞即离朱。"《庄子·达生篇》"紫衣而朱冠"《释文》:"'朱冠',司马本作俞冠,云:俞国之冠也。"《春秋公羊传》注引《乐纬》"东夷之乐曰株离",《白虎通义》作"朝离"。俞、朱、朝三字古互通。嵎夷、俞夷,实即朝夷,朝鲜也。

《淮南子·修务训》曰:"尧立孝慈仁爱,使民如子弟。西教沃民,东至黑齿,北抚幽都,南道交趾。"据《山海经·海外东经》,黑齿在青丘北,《逸周书·王会篇》孔晁注认为青丘是"海东地名",则黑齿与嵎夷都在海东,即今朝鲜半岛。

《史记·五帝本纪》说舜帝时,"惟禹之功为大,披九山,通九泽,决九河,定九州,各以其职来贡,不失厥宜,方五千里,至于荒服,南抚交阯……北山戎、发、息慎,东长、鸟夷"。文内"息慎"下有《集解》引郑玄的注,"息慎,或谓之肃慎,东北夷";"长、鸟夷"下有司马贞《索隐》,谓"此言帝舜之德,皆抚及四方夷人,故先以'抚'字总之",

说此一段记四夷之名简有错乱，"'长'字下少一'夷'字，长夷也，鸟夷也，其意宜然，今案：《大戴礼》亦云'长夷'"；其下又有《正义》注，"'鸟'或作'岛'"，是为岛夷，并引《括地志》云：百济国西南海中诸岛，"皆置邑，有人居"证之。长夷，即《逸周书·王会篇》中的良夷；朱右曾《逸周书集训校释》云："孔曰：良夷，乐浪之夷也。贡奇兽。王曰：尔雅疏九夷，二曰乐浪……愚谓良读如郎，今朝鲜平安道古乐浪。"此良夷，应是当时存于大同江下游的古华夏族，即宋邢昺《论语正义》所言九夷之一的乐浪夷。《逸周书·王会篇》有良夷，孔晁谓："良夷，乐浪之夷也。"良读若浪，《尔雅·释诂》："浪意萌也。"萌，莫郎切，乐浪方读为洛郎，二音俱近。良夷也当由萌夷转来。

　　尧舜禹的时代称秽系族为鸟夷，盖因其始祖起源之说与鸟或卵有关。如颜师古对"鸟夷皮服"所释，为"居在海曲，被服容止，皆象鸟也"[1]，指生活在沿海地区的以鸟为图腾的秽系部族对鸟的模仿。鸟夷与尧舜禹诸部保有某种特殊关系，《禹贡》载鸟夷贡道属于九州中的"冀州"，其文曰："鸟夷皮服，夹右碣石入于河。"鸟夷亦作岛夷。《史记·五帝本纪》《大戴礼记·五帝德》《汉书·地理志》《说苑·修文》等书都认为鸟（岛）夷是尧舜禹时代政教所达最东边的地区。《史记·夏本纪》在"鸟夷皮服，夹右碣石入于海"下《索隐》引文，称晋《太康地理志》云："乐浪遂城县有碣石山，长城所起。"又《水经》云："在辽西临渝县南水中。"盖碣石山有二，此云夹右碣石入海，当非北平郡之碣石。《禹贡》之碣石在汉乐浪郡遂城县的大同江入海口附近，鸟夷的贡道沿大同江入海，说明鸟夷与舜的部落联盟有一定的隶属关系。从后世秽貊族系各族的居住地来看，他们的先民当主要分布于中国东部，东北地区的中东、南部，以及今朝鲜半岛北、中部，即环渤海地区。在此广大地区内的居民有着相同的族属，有着基本相同的文化，都是以鸟为图腾的部落。

---

[1]《汉书·卷二十八·地理志第八》。

殷商的远古祖先也是东夷,其龙兴之地在中国东北,祖居地近海。建国之初,商朝已经雄居辽东,戡定海外。《山海经·大荒东经》云,"东海之外大壑,少昊之国。少昊孺帝颛顼于此,弃其琴瑟";《诗经·商颂》曰,"相土烈烈,海外有截"。颛顼是商族先世的祖神,相土是殷商第三代先公。《商颂》又云:"有截其所,汤孙之绪。"证明"有截"与殷人有亲近的血缘关系。"有截"乃嵎夷别名,故有学者认为商代已经有治理朝鲜的事迹。[①]

"朝鲜"一词先秦文献十三经与更早的《山海经》与《管子》都有出现,《管子》《揆度篇》和《轻重篇》有"发、朝鲜之文皮"与"发、朝鲜不朝,请文皮"的记载。这里虽不能确切说是以国名出现,也不能说只是地名,可能具有双层含义。关于发的含义,考虑到《诗经·商颂·长发》、《大戴礼记·少闲》、《逸周书·王会篇》、《史记·五帝本纪》、《汉书·武帝纪》元光元年条有与肃慎、良夷、西戎、渠瘦、北山戎等族并列的"北发""发人""发"等记载和司马贞《索隐》肯定"又案《汉书》,北发是北方国名"的注释,这不仅排除了"发"是"衍文"的判断,而且可以认定"发"或"北发"与朝鲜一起在商初曾是北方的重要方国。

两汉之后,发或北发族不见史载,其大部当与挹娄族融合,一部追逐大野兽迁徙北亚地区,《庄子》《列子》中的"穷发""终发"是北发族的文化遗留。如果位于长白山天池以南的穷发与终发是发与北发的后裔,那么,春秋时期与发同时以"文皮"和山东半岛进行交易的朝鲜,当在今日的朝鲜半岛境内,可能就是夏禹"抚"慰的"北发"

---

① 蒋雪逸解释《诗经·商颂》"相土烈烈,海外有截",认为"海外"就是朝鲜。指出:"《汉书·地理志》乐浪郡属县中有昭明,元菟郡属县中有上殷台……且疑拓地朝鲜,昭明或已具斯意,至相土成其志,乃以昭明名一重镇,以纪念其亲。上殷台,上殷者,殷之先世,盖指成汤以前。岂相土既定朝鲜,于其地作京观以耀武功欤? 县制晚起,而名则每袭旧称,非尽贸然而生也。""至相土东征之进程,或缘今之山东蓬莱至辽宁之老铁山嘴,然后遵海而东,渡浿水以达朝鲜者。"(见蒋逸雪:《殷商拓地朝鲜考》,《东方杂志》第41卷第21号,1945年11月)

与"发"的近邻长夷,即良夷。孔晁注《逸周书·王会篇》称秽人为"东夷别种";称发为东夷,称青丘为海东地名,也称良夷为"乐浪之夷",称高夷、孤竹、不、令支、不屠何、东胡、山戎等为"东北夷"。《索隐》注称《史记·朝鲜列传》所论真番、临屯为"东夷小国"。

"东夷率皆土著。"秽貊(也作濊貊)是东夷土著的主体。作为东夷一部分的夫余,史书曰,"其印文言'濊王之印',国有故城名濊城,盖本濊貊之地,而夫余王其中,自谓'亡人'";其"国之耆老自说古之亡人"。所谓"亡人",实为周秦中原避难之人,是他们在秽貊人生活的地方建立了夫余王国。箕子建国,亦以秽貊为本。箕子适朝鲜是殷之遗民(亡人)与朝鲜半岛中西部地区的秽貊人融合的过程。它大体始于商末周初,即所谓"殷道衰,箕子去之朝鲜",他教其民以礼仪,田桑织作,箕子自然受到土著的拥护。箕国国君取代了原始部族酋长"坛君",成了国名曰"朝鲜"的殷人与秽貊人的国王。

《汉书·地理志下》曰:"燕地……上谷至辽东,地广民希,数被胡寇……玄菟、乐浪,武帝时置,皆朝鲜、濊貉、句骊蛮夷。"这里"数被胡寇"之地的居民,就是《汉书》所谓高祖四年八月派兵"助汉"的"北貉燕人"。颜师古对此文注曰:"貉在东北方,三韩之属皆貉类也。"这些貉人衣裘引弓,英勇善战,被称为"枭骑"。[1] 在秦末汉初,在"北貉燕人"以南则"皆朝鲜、濊貉、句骊蛮夷"和三韩之"东夷韩国人",即东汉"桓灵之末韩、秽"[2]诸族。

秽貊是生活在朝鲜半岛东夷之主体土著,其中包括东沃沮。在论述秽、貊关系的各种见解中,日本学者三上次男的秽貊二族说引人注目。三上认为秽与貊是华夏人对"满鲜"方面的两种不同民族系统住民的概括性称谓:在考古学上,貊是早期无纹陶器的主人,秽是栉文陶器的主人。秽人居住在沿海或大的江河两岸,与捕捞有着

---

① 《汉书·卷一·高帝纪》四年八月条。
② 《三国志·卷三十·魏书三十·韩传》。

密切的关系,而貊人主要以狩猎畜牧为生。① 此看法与笔者的视角
比较接近。

　　秽、貊在先秦文献中均有出现,早期通常是单称。秽在先秦文
献中出现少于貊,仅有两例,一是《逸周书·王会篇》第五十九:"周
公旦主东方⋯⋯西面者,正北方,稷慎大尘。秽人前儿,前儿若猕
猴,立行,声似小儿。"二是《吕氏春秋·恃君览》:"非滨之东,夷秽之
乡,大解、陵鱼、其、鹿野、摇山、扬岛、大人之居,多无君。"貊,或曰
貉,最早见于《诗经·大雅·韩奕》,有文曰:"溥彼韩城,燕师所完,
以先祖受命,因时百蛮,王锡韩侯,其追其貊,奄受北国,因以其伯,
实墉实壑,实亩实藉,献其貔皮,赤豹黄罴。"《鲁颂·闷宫》亦曰:"保
有凫绎,遂荒徐宅。至于海邦,淮夷蛮貊。及彼南夷,莫不率从。莫
敢不诺,鲁侯是若。"考证中国"三坟五典",则《尚书》曰:"华夏蛮貊,
罔不率俾,恭天成命。"②貉也出现于《管子·小匡》,其中曰:"于是乎
桓公⋯⋯败胡、貉,破屠何,而骑寇始服。"《大雅·韩奕》是歌颂上文
出现的韩侯的功业的,其先祖奉命守卫韩城,此城乃燕国百姓所建,
足见燕韩关系之密切。"韩侯之先,与周同姓,姓姬氏。"当时,他奉
周宣王之命讨伐貊人,振兴了祖业。另有"追"。所谓"追",其解释
各异,《毛传》说"追、貊,戎狄国也"。清代经学家陈奂(1786—1863)
之《诗毛氏传疏》曰:"追,未闻。疑追、貉即秽、貊。追,秽声相近。"
李朝末年学者韩致奫也认为"追必是濊貊属"。当代学者也有人认
为"追"即"秽",是"秽"的同音假借。貊也可转写为貉、狢、狛、貘等。
另外,《山海经·大荒东经》称:"有蔵国,黍食,使四鸟,虎豹熊罴。"
《三国志·夫余传》曰:"夫余⋯⋯国有故城,名濊城,盖本濊貊之地,
而夫余王其中。"故蔵国者,盖秽貊也。

① [日]三上次男:《东北亚古代文化与彙穢人的民族性格》(『東北アジアの古代文化と穢
　人の民族的性格』),载《古代东北亚史研究》(『古代東北アジア史研究』),吉川:吉川弘
　文馆,1966年。
②《尚书·卷十一·周书·武成》。

　　秽貊或濊貊作为一个族群连称亦最早出现于《管子·小匡篇》。据此,在"葵丘会盟"(公元前651)时,齐桓公已称他"一匡天下,北至于孤竹、山戎、秽貉,拘秦夏"。此处秽貉(貊)连称虽仅为一例,但足以说明至迟在春秋时代,这种情况已经出现。秽与貊可能是语言相同、风俗相近的两个族群或部族,春秋战国时成为一族;其融合的实际过程则开始得更早。

　　人们还注意到在先秦文献中,时有"蛮貊"和"胡貊"连用的情况。前者见于《诗经·鲁颂·闷宫》和《论语》,后者见于《管子·小匡》《墨子·非攻》《旬子·强国篇》《战国策·秦策》等。有学者以为《诗经·鲁颂》"将'淮夷''蛮夷'并提,显然是说貊属南方民族,且离东南沿海的淮夷不远";"朝鲜半岛与中国大陆东南的吴越地区,存在相同的语言化石……它们都属'东亚地中海'文化圈";有着共同的文化"特点:水稻种植,干栏式住房,崇拜鸟图腾,爱好玉器,有拔牙、文身、猎头习俗等"[①]。对于后者,海内外学者多认为,此时的"胡貊",乃是把西北的胡和东北的貊相连用于对"北方的总称"。《管子·小匡》论及齐桓公北伐时所言,强调的是降"骑寇";《战国策·秦策》所谓秦"北有胡貊、代马之用",说明在公元前7—前4世纪之间,貊主要活动在中国的北方,属"骑寇"之列。蒙文通的貊与山戎一源说和古肃慎与东胡两族融合说,似乎强调的是"胡貊"的"胡",而不是"貊"的特性。

　　如果说"胡貊"也是貊,那么,见于《诗经·鲁颂》的"蛮貊",就是另外一支属于"海邦"的貊。《史记》关于秽、貊的记载比较具体,而且多次出现"濊貊"连用的情况,其《匈奴列传》有"赵襄子逾句注而破并代,以临胡貉"和"汉使杨信于匈奴,是时汉东拔秽貉、朝鲜为郡"。联系同书《货殖列传》与《天官书》的相关记载,可判定"胡貉"与"秽貉"是两个有区别的族群,前者是先秦时分布在北方的被称为

---

① 董楚平:《董序》,载苑利:《韩民族文化源流》,北京:学苑出版社,2000年,第9页。

"骑寇"的"胡貉"的后裔,是"衣旃裘引弓之民",是中国北方近似胡的一支少数族群;而后者则是秦代盛产"大解、陵鱼"的"东秽"人的后代。因此,可以认为,《史记》中"胡貉"的族群属性是"胡",方位在燕的北方和东北方;"秽貉",即"蛮夷",在燕的东方或南方,其基本属性是"濊"。

《说文》曰:"濊为多水貌,从水岁声,夷族名。""濊"作为族称"秽"的同义词始于《汉书》,而且从《后汉书》和《三国志》的《东夷传》专以"濊"为濊貉作传看,至迟自东汉起,史书已经以"濊"作为"濊貉""秽貉""薉貉""东秽"或"貉""貊"的族称代名词。这一现象可能意味着居住近海傍水的濊地貉(貊)族部落与向东方的迁徙中的原生活在北方草原的貉族相融合的过程已经完成,秽貉(貊)族群最终形成。也正是这个原因,近代学者感到《后汉书》以后的史书在濊、濊貉、貊的使用上概念混乱。

《三国志·魏书·乌丸鲜卑东夷传》中的"韩濊",如我国近代著名金石学家叶昌炽在清末潘祖荫藏本《好太王碑》题跋之三"高句丽王墓碑跋"中所指出的:"东国皆古三韩濊貉之地,故其民通曰韩,亦曰濊。碑所列有鸭岑韩、客贤韩、巴奴城韩,而总冠之曰新来韩濊。"[1]也就是说,所谓"韩濊"是对汉江以南部族的泛称。箕子朝鲜建立,华夏移民与土著融合而成的"古朝鲜"人和韩人成为半岛主体居民后,原始秽貉人就退居横穿朝鲜半岛南北的大岭以北和以东的沿海地区,即咸镜道的"古沃沮地",江原道的"故濊貉所都"之通川、高城、杆城、襄阳、江陵,和"汉武使彭吴通牛首州"的"为貊国千年故都"的春川地区昭阳江流域[2]。

由此可见,以秽貉土著为基础组成的"古朝鲜"人,是一个庞杂的族群,其亚种包括乐浪之夷人、真番人、韩秽与"韩貊"人(古韩族

---

① 转引自徐建新:《高句丽好太王碑早期墨本的新发现——对1884年潘祖荫藏本的初步调查》,《中国史研究》2005年第1期,第159—172页。
② (朝鲜)李重焕:《择里志·咸镜道篇》;《择里志·江原道篇》。

人)以及拥有仙人文化的古王俭人,他们分别操着不同的语言,是由大陆华夏民族与早期定居在半岛的土著混合而成,来自大陆的移民以北方民族为主,也包括相当数量的南方稻作民族,他们共同组成古代朝鲜半岛的先人。此等"濊貊人,当即箕氏建国之所本"[1]。

三、箕子朝鲜的建立与其地望

早在公元前 11 世纪末,两河流域已进入人类文明社会的中亚述在亚拉米人迁徙浪潮的冲击下再度进入衰落的时期,亦即古代欧亚大陆发生第二次游牧民族大迁徙的时期,也是古代中国商周交替引发的商人东迁的时期,就是在这个人口迁徙浪潮的推动下,东北亚发生了箕子"走之朝鲜"的历史事件,推动了朝鲜半岛较早地跨进古代文明的门槛。

朝鲜半岛自撰首部史书《三国史记》年表开卷首句曰:"海东有国家久矣。自箕子受封于周室,卫满僭号于汉初,年代绵邈。"[2]中国西汉伏胜之《尚书大传》云:"武王胜殷,继公子禄父,释箕子囚,箕子不忍周之释,走之朝鲜。武王闻之,因以朝鲜封之。"因此,高丽中宗时代的大臣李荇(1478—1534)说:"朝鲜为邦,肇自箕子作教。"箕子"走之朝鲜",说明世界各个地区,尤其是比邻地区的社群自古就不可能被距离所区隔,而是相互关联的,正如杰里·H. 本特利(Jerry H. Bentley)所言:"自地球上出现人类以来,跨文化互动和交换便发生了。"[3]而人群的往来与迁徙、走动自然是文化互动和交换的先行条件。商末周初居于渤海沿岸的箕氏部族受政治版图变迁的影响而不得不"走",且"走之朝鲜"的路径——陆路水路是畅通的。

---

[1] 傅斯年、方壮猷、徐中舒等编:《东北史纲(初稿)》,中央研究院出版委员会,1932 年,第 117 页。

[2]《高丽史·卷二十九·年表上》。

[3] Jerry H. Bentley, *Globalization History and Historicizing Globalization*, in Barry K. Gills and William R. Thompson(eds.), *Globalization and Glibal History*, London: Routledge,2006,p. 29.

　　箕子朝鲜的建立是朝鲜半岛进入文明社会的标志。由于明确记载周"武王封箕子于朝鲜"的史料出于《史记·宋微子世家》，而同书《朝鲜列传》阙如，加以古代中国各主要文献记载的出入以及后人注疏的混乱，一些学者对此持有怀疑。我们对此自然应该取慎重态度①，但是，20 世纪 60 年代以来，在国际学术界却出现一股否定箕子朝鲜的倾向。

　　否定箕子朝鲜的风潮，首先是日本人发起的。1922 年六七月，今西龙在日本的《中国学》杂志上分两次发表《箕子朝鲜传说考》，称中国方面的史料不能充分证明箕子之朝鲜及箕子朝鲜的历史，认为所谓箕子朝鲜"只不过是少有价值的传说"，是"（朝鲜）国王室"为"粉饰自家系统自称箕子之后裔"的事，而非史实②；接着，稻叶君山等日本御用文人也发表文章予以支持③；此后，否定箕子遂为日本史学界的主流。日本学术界对箕子的否定，也很快为韩国学术界所接受。日本殖民统治时期的亲日学者崔南善是否定箕子的第一个朝鲜人，此后这种观点逐渐成为韩国学术界的主导观点。但是，他们至今拿不出任何有力的文献论据，也找不到确凿的考古资料，只能以推理来否定"箕子东去说"。④

　　韩国学界否认箕子朝鲜虽部分源于日本学者的影响，但更大程度上是出于在国民中确立其民族独立发展的形象的政治需要。近代以来，在朝鲜民族主义形成和发展过程中，"檀君"作为朝鲜（韩）民族的始祖和民族的象征得到加强，其结果自然是箕子朝鲜遭到极

---

① 周一良先生在为《人类文明史》第三卷 27.2 章朝鲜部分写道："关于一个亡命的中国商朝宗室贵族于公元前千年前后在东北朝鲜建国的故事可能是个传说。"（UNESCO, *History of Humanity*, Vol. 3：*From the Seventh Century BC to the Seventh Century AD*, p. 581.）
② ［日］今西龙：《箕子朝鲜传说考》，《中国学》（『支那學』）第 2 卷 10、11 期，1922 年 6、7 月；又见今西龙：《朝鲜王朝古史の研究》，京城：近泽书店，1936 年，第 131—132 页，第 136 页。
③ ［日］稻叶君山：《解读箕子朝鲜传说考》（『箕子朝鮮傳說考を讀みて』），《中国学》（『支那學』）第 2 卷，第 12 期，1922 年 8 月。
④ ［韩］金贞培：《韩国民族的文化和起源》，高岱译，上海：上海文艺出版社，1993 年，第 149—164 页。

端民族主义思潮的否定和歪曲。① 1926 年 2 月 11、12 日，崔南善连续两天在《东亚日报》发表题为《否定檀君之妄想》的文章，呼应日本的"满鲜一体""日满一体"的叫嚣，鼓吹"不咸文化论"②，积极制造反华舆论，为日本军国主义侵华政策服务。③ 在日本殖民统治时期，在国家、民族生存面临极大威胁的情况下，对某些爱国人士而言，在历史研究中发掘民族自强的精神并进行夸大，甚至把神话作为历史推崇"檀君"为朝鲜（韩）民族的始祖，有其积极的一面。但是，檀君崇拜不应该以牺牲对箕子的信仰为代价，从而歪曲历史，否定朝鲜（韩）民族与中华民族历史联系，否定本民族的文化传统。箕子之朝鲜是客观历史存在，中国与朝鲜—韩国有那么多的古典文献记载，不可能因某些势力的否定而消失。

记载箕子朝鲜的古典文献不局限于史籍。实际上，几乎中国的诸子百家、经史子集都有涉及。十三经中居首位的《易经》就有记载，其《明夷卦》"箕子之明夷"，即指箕子适朝鲜。诚然，自汉至今，不少学者未搞清此卦之所论。早在西汉，蜀人赵宾就误以为"箕子者，万物方荄兹也"④；清代学者焦循牵强地把箕子理解为"其子"；更

① 参见 Lee，Cheong-soo，"Legitimacy in the History of the Korean People." in *The Identity of the Korean People：A History of Legitimacy on the Korea Peninsula*，Seoul，Research Center for Peace and Unification，1983，pp. 132 - 134.另外部分韩国学者认为箕子国并非在朝鲜半岛，而是在中国的河北省内，即所谓孤竹国。代表著作有［韩］李亨求：《大凌河流域的殷末周初青铜器文化与箕子和箕子朝鲜》，《韩国上古史学报》1991 年第五别册，第 7—54 页；［韩］千宇宽：《箕子考》，《东方学志》1974 年第 15期，第 1—69 页。正如梁嘉彬所批评的，其所谓孤竹国，摒弃《史记》《汉书》等史料，却采用《旧唐书》的只言片语，违反了运用史料的基本规范，不足为据。
② 参考曹中屏：《崔南善与其"不咸文化论"考》，载北京大学韩国学研究中心编：《韩国学丛书：韩国学论文集》第二十二辑，广州：中山大学出版社，2013 年，第 59—74 页。
③ 20 世纪 20 年代，在日本殖民当局加强文化镇压、朝鲜民族处于最艰难之时，崔南善连续推出《海上大韩史》(1908.1—1910.6，《少年》创刊号——3 卷 6 号)、《古朝鲜人在中国沿海的殖民地》(1915.3，《青春》6 号)、《不咸文化论》(《东亚日报》1925.12)《檀君否认的妄想》(《东亚日报》1926.2.11—12)、《檀君论》(《东亚日报》1926.3，3—7)、《檀君神典的古义》(《东亚日报》1928.1.1—2,28)等论著，以配合日本的文化政策；参见［韩］尹以钦等编：《檀君及其理解和资料》，汉城：国立汉城大学出版社，1994 年，第 540 页、第 544—552 页。
④《汉书·卷八十八·孟喜传》。

多的人则否认"明夷"这一名词,以致把它拆开解释,如清人惠栋分解"箕子"二字,说"箕"为"荄",是"坤终于亥,干出于子";战国的《彖》《象》二辞与唐疏说"明入地中""闇主在上,明臣在下";柳宗元的《箕子碑》虽肯定箕子其人,却据以称"箕子之明夷"是说他"正蒙难也",意思是说箕子能韬晦,在艰难中保持正直的品德。这个问题只是到了现代才有较科学的解释。

李镜池(1902—1975年)是把"明夷"是作为名词解释的第一人,他认为虽说它是多义词,但"六五"爻辞的"明夷",是"东方之人……九夷之一……即箕子教化之朝鲜最早记载"[1];《辽阳市志》编者以此作按,认为"明夷即良夷,亦即襄平之由来"。实则,"明夷"乃朝鲜之由来。李朝卢思慎等所撰《东国舆地胜览》说:"居东表日出之地,故名朝鲜。"近来,学术界已经对该条爻辞做了较全面、透彻的解释。该句爻辞中的"之"字,据《尔雅·释诂》,"之,往也"。全句的意思是箕子去明夷。王玉哲先生说:"甲骨卜辞中凡有从日从月之'明',都是朝夕的'朝'字。"[2]王立先生也说,甲骨文"朝"字构成与现代字形相似,两个"十"合成草字头,"明"为"朝"的简写;甲骨文、金文表示"光明"的"明",写成上日下月,而日、月并排的"明",是"朝"。照古训诂学,"朝"读为昭,与萌字通;"鲜"古读为私,私与尸为同音字。朱骏声《说文通训定声》谓"夷,假借又为尸",尸与夷通。"朝鲜"二字当由"萌夷"演变而来。甲骨卜辞有"老冀侯"(《前》2.2.6),丁山说此人"非箕子不能当之";"箕子"之"子"在甲骨文中作"侯"[3]。司马迁说:"箕子者,纣亲戚也。"马融说:"箕,国名也;子,爵也。"司马彪说"箕子名胥余"。作为商代武丁第七代后裔,箕子与纣的庶兄微子、王子比干,同称殷末"三仁",其位列三公,辅纣为父师。作为具有如此显赫地位的人物,箕子肯定代表的是一个庞大势力,是商王

① 李镜池:《周易校释》,《岭南学报》第九卷第二期,1949年,第116页。
② 王玉哲:《"箕子之明夷"与朝鲜》,《今晚报》1997年8月19日。
③ 丁山:《商周史料考证》,北京:中华书局,1988年,169页。

族之一的箕族。

西汉焦赣著《易林》卷七《乾下互上》曰："朝鲜之地,箕伯①所保,宜家宜人,业处子孙。"此句下有注:"箕子,纣诸父,武王伐纣,遂归周,封于朝鲜。"②《易林》与前引伏生为讲解《尚书》撰写的《尚书大传》,反映了距商周不久的西汉人的知识,应该给予尊重,这说明在《史记》问世前,有关箕子朝鲜已经有了丰富的记载。至于《史记》与其他文献,特别是儒家文献的记载有某些不一致,那只能说明太史公对各类史料进行选择,只记载新的内容,不再重复众所周知的事实。

封箕子于朝鲜的册封问题,比较复杂,需要冷静、客观、历史、科学地进行研究。各相关文献记载的差异,是该历史事件的复杂性的客观反映,更要具体分析,不能简单、武断地任意否定和曲解。

所谓的差异,主要是指《史记·宋微子世家》与《尚书大传·洪范》之间的不同。前者简洁,只谈武王克商访问箕子,听讲洪范,遂加封其于朝鲜;后者述说全过程,交代前因后果。二者的主要差别在于册封和听讲洪范的先后次序,但箕子在武王克商后,"走之朝鲜"和"因以朝鲜封之"的实质内容基本一致,其他有关"臣"与否、朝周的具体时间等细节并不重要。《尚书大传》早已失传,现行本乃清人陈寿祺辑录而成。此类书籍,往往会有错简或删节的现象存在。且原书作者"济南伏生,年过九十,失其本经,口以传授",而又"不能正言"③,其中出现某些错误,也在所难免。但是,司马迁身为史官,"网罗天下放失旧闻,王迹所兴,原始察终,见盛观衰,论考之行事";也曾"讲业齐鲁之都",闻伏生以《尚书大传》"教于齐鲁之间",故因"言尚书自济南伏生",而于《史记·儒林列传》中作伏生传④。而且

---

① 箕伯,《百子全书》作箕子。
②《易林·卷七·大畜》。
③《文献通考·卷一百七十七·经籍考四》。
④ 见《史记·卷一百二十一·伏生传》。

《史记》作为我国第一部纪传体史书,"其文直,其事核,不虚美,不忍恶,故谓之'实录'"①,享誉很高;尽管与《左传》比较相对缺乏哲学视野,但作为史书不愧为一部巨著。至于箕子朝鲜之记事,《史记》有别于《尚书大传》,只能说明作者治史严肃认真,参考其他史料,经过甄别,校正了《尚书大传》传授之误。后来,由于"箕子之朝鲜"成为家喻户晓的事,《汉书·地理志》只说"殷道衰,箕子去之朝鲜",《后汉书·东夷传》也只讲"昔箕子违衰殷之运,避地朝鲜"。

综合主要历史文献,箕子朝鲜建立的经过应该是:商代晚期,社会动荡,国政"沦丧",箕子被囚,商纣众叛亲离,世居辽西的箕族开始逐渐东迁。武王克商后,获得自由的箕子率领本系部落,举族过江,走之朝鲜,在大同江下游农耕区与土著融合。于是,商末太师、箕国侯取代原典称为"坛君"的氏族部落首领,成为名曰"朝鲜"的侯国的国君,箕子朝鲜宣告建立。为了笼络殷商遗民,周武王遂因其地而封箕子于朝鲜。这样,西周承认了这个既成事实,箕子朝鲜获得了"合法"的封国地位。箕子既然接受了封号,当然不能"无臣礼"。所以,"其后",亦即"于十三祀来朝"。至于朝周的具体时间,是否如王国维所为,把伏生的"十三祀来朝"(公元前1043年)改正为"十六年"②,其实这并不重要。但可以肯定的是从这个时候起,箕子朝鲜已经正式成为西周的侯国。作为西周诸侯国之一的箕子朝鲜的领袖,箕子虽是周朝的臣民,但当他朝周路过殷墟时,仍不忘自己是商之遗民,故所作《麦秀之诗》十分伤感,使"殷民闻之,皆为流涕"。

《史记·朝鲜列传》之所以不从箕子朝鲜写起,也与它的特殊的侯国地位有关。箕子朝鲜与周是处于既近又远的特殊关系。所谓近,指在汉代及以前的古代中国,人们认为箕子朝鲜的历史是周、秦、汉历史的一部分,不把西汉浿水(今朝鲜大同江)以西的区域视

①《汉书·卷六十二·司马迁传赞》。
② 王国维:《今本竹书纪年疏证(二)》。

为外藩;所谓远,是说王俭城平壤与周京镐的距离,因此人们对它知之不多。于公元前 145—前 135 年间出生的司马迁,自然摆脱不了当时人的朝鲜观。作者自然便将箕子的历史放在《宋微子世家》中,与微子、比干一起作为商末"三仁"来叙述。

箕子朝鲜建立的绝对年代一直是个未决的问题,它涉及商周两代的分界。有案可稽的最早的年代是司马迁的《史记》所追溯的西周晚期的共和元年,即公元前 841 年。历来学者对商周分界提出了不少于 44 种的说法,均因证据不足而未能形成共识。2000 年中国"夏商周断代工程"公布的《夏商周年表》定商周分界的绝对年代为公元前 1046 年。国内学者一般认为,根据 1997 年在西安丰镐遗址发现的一组可以分期的典型文化层,可以把这一绝对年代定在公元前 1050—1020 年范围内;又根据 20 世纪 70 年代陕西临潼出土的一件青铜器(利簋)的铭文①和《国语·周语下》所记伶州鸠对周景王所述武王伐殷时的天象②,经过严密的天象验算,得出武王克商发生在公元前 1046 年 1 月 20 日。结果,《夏商周年表》定周武王在位四年(前 1046—1043 年),武王克商就定在公元前 1046 年。但是,目前得到国际学界公认的是雷海宗 1931 年提出的古本《竹书纪年》公元前 1027 年说③,亦即"高本汉年代"说,本书采用古本《竹书纪年》所记周元年为公元前 1027 年说。由此看来,箕子朝鲜大约是建立在公元前 1027 年后的某年。

箕子朝鲜是朝鲜半岛出现的最早的文明古国。"朝鲜"之谓是地名,更是箕子所建古国之国号,即箕子朝鲜最初的国号就是"朝

---

① 利簋铭文:"武王征商,佳甲子朝,岁鼎克昏,夙有商。"
② 原文为:"昔武王伐殷,岁在鹑火,月在天驷,日在析木之津,辰在斗柄,星在天鼋。星与日辰之位皆在北维。"
③ 1931 年,雷海宗经对史书所记比较有价值的周元纪年的说法进行比较,得出《竹书》所纪周元为 1027"的结论。见雷海宗:《殷周年代考》,载国立武汉大学《文哲季刊》第 2 卷第 1 号,1931 年。

鲜",而非所谓"辰国"。^① 此是不争的史实,毋庸赘述。

《三国遗事》转引所谓《古记》称,"周虎(武)王即位己卯(平壤出版的朝鲜文版于己卯后又加注云:前1122年),封箕子于朝鲜";又转引"《唐裴矩传》云:……周以封箕子为朝鲜。汉分置三郡,谓玄菟、乐浪、带方。《通典》亦同此说。"这也为半岛其他古籍所认同。《三国史记》卷二十九"年表上"曰:"海东有国家久矣。自箕子受封于周室,卫满僭号于汉初,年代绵邈,文字疏略,固莫得而详焉。"《帝王韵纪》说:"却后一百六十四年,仁人聊复开君臣。后朝鲜祖是箕子,周虎元年己卯春。逋来至此自立国,周号遥封降命纶。"高丽王朝中期文豪李承休则强调,箕子"逋来"亡命建国,遥受周封,为"后朝鲜"祖。李氏朝鲜初权近的《东国史略》更以明确地文字指出:"周武王克商,箕子率中国人五千入朝鲜。武王因封之,都平壤。"^②稍后,韩致渊的《海东绎史》也引中国类书《三才图会》,称"武王封箕子于其国,中国之礼乐诗书医药卜筮皆流于此"。^③《朝鲜鲜于氏奇氏谱牒》亦记载:"武王克殷,箕子耻臣周,走之朝鲜,殷民从之者五千人。"

朝鲜半岛古文献关于箕子朝鲜的记述基本沿袭中国古籍。中国史书有关箕子朝鲜的记载主要有以下几种:第一,《逸周书·克殷解》卷四称武王克殷于王宫即天子之位后,出宫,"立王子武庚,命管叔相。乃命召公释箕子之囚。命毕公、卫叔出百姓之囚",被纣王关进牢房的箕子获得自由。清初徐文靖之《竹书纪年统笺》笺注所引《汲冢周书》称周武"王曰:咨尔商王父师^④。惟辛^⑤不悛,天用假手于朕,去故就新。辛锡朕以国,阐《洪范九畴》,锡侯以道。朕殚厥邦

---

① 苗威:《古朝鲜研究》,香港:亚洲出版社,2006年,第107页。
② (朝鲜)权近:《朝鲜史略·卷一》,明朝万历四十五年(1617年)版。
③ (明)王圻等所编《三才图会·地理卷十三·东夷》称:"朝鲜本箕子所封,秦属辽东外徼。"
④ 颜师古注曰:"父师,即太师,殷之三公也。箕子,纣之诸父而为太师,故曰父师。"
⑤ 辛,即帝辛(约前1105—前1046),子姓,名受(一作受德),沫邑人,中国商代最后的君主,谥号纣。

土,靡所私,乃朝鲜于周,底于遐狄,其以属父师"①。汲冢书《竹书纪
年》亦曰:"伯夷、叔齐……去隐于首阳山。或告伯夷、叔齐曰:胤子
在阰,父师在夷,奄孤竹而君之,以夹煽王烬,商可复也。"伯夷、叔齐
去了首阳山,箕子"在夷",于朝鲜立国。

　　第二,《尚书大传·洪范》中曰:"武王胜殷,继公子禄父,释箕子
之囚。箕子不忍为周之释,走之朝鲜。(《通鉴·前编》:诛我君而释
己,嫌苟免也。)武王闻之,因以朝鲜封之。箕子既受周之封,不得无
臣礼,故于十三祀来朝。武王因其朝而问洪范。"伏生(公元前260—前
161)的这段记述虽比较完整,但因此书早已失传,现行本乃清人陈寿
祺辑自《太平御览》"四夷部"和"封建部",又从《通鉴前编》引了"武王
胜殷"至"因以朝鲜封之"的文字。这样,虽然明示了箕子为何不臣和
后来不得不臣,但亦有可能出现差错,需要参考其他史书印证。

　　第三,《史记·宋微子世家》内称:"武王既克殷,访问箕子。武
王曰:于乎! 维天阴定下民,相和其居,我不知其常伦所序。箕子对
曰:在昔鲧堙鸿水,汩陈其五行,帝乃震怒,不从鸿范九等,常伦所
斁。鲧则殛死,禹乃嗣兴。天乃锡禹鸿范九等,常伦所序……于是,
武王乃封箕子于朝鲜而不臣也。其后,箕子朝周,过故殷虚,感宫室
毁坏,生禾黍,箕子伤之,欲哭则不可,欲泣为其近妇人,乃作《麦秀
之诗》以歌咏之。"如前所述,王国维据此后段"于是,武王乃封箕子
于朝鲜而不臣也。其后,箕子朝周"之文字,把伏生的"十三祀来朝"
改正为"十六年,箕子来朝"(公元前1043年)②。另外,甲骨文中有

① 查《逸周书》内并无此文,不知所自,此引文出自四库全书本《竹书纪年统笺》。
② 据雷海宗著《殷周年代考》,周室元年以《竹书纪年》所纪公元前1027年为"不谬"。(见
　国立武汉大学《文哲季刊》第2卷第1号,1931年。)以此而论,箕子走之朝鲜当为周室
　元年;十三祀,为公元前1015年。而王国维在《今本竹书纪年疏证(三)》卷下"周武王"
　条中写道:"十六年,箕子来朝。"十六年,即公元前1012年。美国芝加哥大学东亚系教
　授夏含夷则认为《今本竹书纪年》所载武王十六年乃周成王十六年之误,见Edward L.
　Shaughnessy,"On The Authenticity of the Bamboo Annals," *Harvard Journal of
　Asiatic Studies*, vol. 46, no. 1(June1986), pp. 149-180. 此文中文版见《文史》第29
　辑,北京:中华书局,1988年,第7—16页。此说受到旅美学者、美国斯坦福大学客座教
　授邵东方等的反驳。

"箕方"之方国①。据此,翦伯赞(1898—1968)认为,《史记·宋微子世家》所云"武王乃封箕子于朝鲜而不臣也"这句话的深层内容是:箕子并非贤人,武王亦非圣君,其"不臣也"并非不欲臣之,而实不能臣之。其实,这里是说周武王封箕子建立朝鲜国,并不以臣下的礼节要求箕子。

第四,《汉书·地理志》"燕地"条称:"殷道衰,箕子去之朝鲜,教其民以礼义,田蚕织作。乐浪朝鲜民犯禁八条……今于犯禁寖多,至六十余条。可贵哉,仁贤之化也!"并指出箕子去之朝鲜,不是《尚书大传》所谓"不忍为周之释,走之朝鲜",而是由于殷末无道。但是,二者都说箕子走之朝鲜在前,武王册封在后。这一点《史记》《逸周书》有所不同。

另外,《后汉书·东夷传》论赞则曰,"箕子违衰殷之运,避地朝鲜",不涉及与周武王的关系,只强调"施八条之约",使"东夷通以柔谨为风,异乎三方者也"。其后,历代史书有关箕子朝鲜的记述与此前所记大同小异。

但是,近代以来在朝鲜半岛逐渐出现质疑箕子朝鲜的观点。此观点大体始于19世纪末,不过当时仅止于否定武王的册封,而说箕子受百姓拥戴为王。进入20世纪,随着朝鲜半岛上民族主义的兴起,其学术界出现了否定箕子东来的主张。最初,他们主要从"史论"的意义上入手。后来,则以所谓"实证",认定"所谓箕子朝鲜,应称作韩式朝鲜",是韩人自己的政权②,并以商周与半岛政治中心距

---

① 甲骨文:"丙戌卜,丙,我作箕方封,四月。"(前5.13),见翦伯赞、郑天挺主编:《中国通史参考资料 古代部分 第一册 原始社会奴隶社会》,北京:中华书局,1962年,第37页。
② 被称为战后韩国实证史学大师的李丙焘在其代表作《韩国古代史研究》的第2章,全面论述其否定箕子东来说的观点,该章的题目是"箕子朝鲜的本来面貌与对所谓箕子八条教的新考察"。他依东汉王符之《潜夫论》卷九志氏姓条所谓"昔周宣王,亦有韩侯,其国也近燕,故诗云普彼韩城,燕师所完。其后韩西亦姓韩,为魏满所伐,迁居海中"之记述,认定"韩西"乃"韩东"之误,是遭卫满侵伐而"迁居海中(南韩地方)即朝鲜末代王准"。因此,所谓箕子朝鲜实为韩氏朝鲜,是韩人自己的政权。见[韩]李丙焘:《韩国古代史研究》(修订版),汉城:博英社,1987年,第44—64页。

离遥远为由,认为在当时条件下,活动在黄河流域的周室不可能册封远在朝鲜的箕子,而作为亡命者的箕子也不可能使土著政治势力臣服;甚至还以《史记·宋微子世家》杜预注云:"梁国蒙县有箕子冢"与《旧唐书·裴矩传》有"高丽之地,本孤竹国也,周代以之封箕子"为据,认为即使确有其事,也不发生在朝鲜半岛;还以朝鲜半岛没有发现商代青铜器和所谓未在箕子坟内发现"墓棺"为由,宣称《尚书大传》有关箕子的记述是"捏造"[1]"虚构",完全抹杀朝鲜半岛与大陆的文化联系。上述观点在我国学术界也有很大影响,怀疑甚而否定箕子朝鲜在朝鲜半岛的观点也有市场,认为:"箕子朝鲜传说不可靠,叙述上存在严重矛盾,缺乏科学根据,不便采信。"[2]

朝鲜半岛历史上,留下了许多"后朝鲜祖"箕子及其族群的踪迹;每个时期,朝鲜的历史文献几乎都有这方面的记载。成书于李朝文宗元年(1418)的《高丽史·地理志》称:"西京留守官平壤府本三朝鲜旧都……有大同[江],有大城山。古城基二:一,箕子时所筑城内画区用井田制;一,高丽成宗时所筑箕子墓,在城北兔山上。"[3]后来,以平壤为国都的高句丽始尊箕子为"神",而《高丽史》肃宗七年(1102)壬子条称:"十月壬子朔,礼部奏:我国教化礼义自箕子始,而不载祀典,乞求其坟茔,立祠以祭,从之。"[4]明宗八年(1178),高丽国库开始支给箕子庙用于祭祀的"香油田",即祭田50结。忠肃王十二年(1325)十月,复令平壤府立箕子祠以祭。恭愍王五年(1356)六月,又令平壤府重修箕子祠,"以时致祭"。

李氏朝鲜太祖李成桂则以箕子为己之比附对象,也令平壤府对

---

① [朝]崔奉焕等译:《朝鲜建国始祖檀君》(论文集),平壤:朝鲜外文出版社,1994年,第32页。

② 朴真奭、姜孟山等编:《朝鲜简史》,延吉:延边大学出版社,1997年,第28页。

③ 箕子墓位于平壤市箕林里,墓前有丁字阁和《重修记迹碑》,1102年后,曾多次重修。光海君四年四月二十七日,加以"崇仁殿"之尊名。

④ 《高丽史·卷六十三·志第十七·礼五》杂祀肃宗七年十月壬子条;《高丽史·卷九十五·列传第八·郑文传》。

箕子庙和箕子坟"以时致祭"。太宗李芳远更准礼曹以"本国之有箕子,犹中国之有帝尧,乞于箕子之庙,依朝廷祀尧之例祭之",并"以唐礼乐志,古先帝王并列中祀";其校书馆(监)祝版式称"朝鲜国王"①。当时的士林学者也著书立说颂扬箕子和箕子朝鲜的史迹。宣祖时代的尹斗寿著有《箕子志》(1590 年增补刊行二卷一册);栗谷李珥整理尹斗寿编辑的资料写出《箕子实记》,详述箕子立国始末与世系。中国唐代文豪柳宗元著有《箕子碑》,其文曰:"凡大人之道有三:一曰正蒙难,二曰法授圣,三曰化及民。殷有仁人曰箕子,实具兹道以立于世,故孔子述六经之旨,尤殷勤焉。当纣之时,大道悖乱……故在《易》曰:'箕子之明夷。'正蒙难也。及天命既改,生人以正,乃出大法,用为圣师。周人得以序彝伦而立大典。故在《书》曰:'以箕子归,作《洪范》。'法授圣也。及封朝鲜,推道训俗,惟德无陋,惟人无远,用广殷祀,俾夷为华,化及民也。"②

还有一些古代朝鲜学者从历史遗存方面考证箕子朝鲜的史事。例如,韩百谦(1552—1615)对箕子实行的土地制度——井田制进行考证,撰写了《箕田图说》。英祖时代实学家、地理学开创者李重焕的《择里志》更是写道:"在鸭绿南、浿水北,为箕子所封地……平壤……在浿水上,实为箕子所都……地尚有箕子井田遗址及箕子墓。国家以鲜于氏为箕子子孙;建崇仁殿于墓旁,以鲜于氏世袭殿官,奉祀如中原之曲阜孔氏。"③同时期的徐命膺奉王命整理、编辑了《箕子外记》,一册三卷,其中除论述箕子朝鲜之制度、道学和事迹外,还有《井田图》《洛书为井田渊源图》《八阵为井田对位图》等内容。正祖时代的李家焕、李仪骏汇集历代诸家对箕子井田制度研究的成果,编著《箕田考》,内中收录了韩百谦、柳根、李瀷等学者的有关著述。韩百谦在其著作中说:"丁未(乾隆五十二年)秋,余到平

---

① 《朝鲜王朝实录·太宗实录·卷二十六》太宗十三年十一月庚辰条。
② (唐)柳宗元:《箕子碑》。
③ (朝鲜)李重焕:《择里志·平安道篇》。

壤,始见箕田遗制,阡陌皆存,周然不乱……其中含述、正阳门之间,区划最为分明。其制皆为田字形。田有四区,区皆七十亩。大路之内,横记之有四田八区,竖记之亦有四田八区。四田,四象之义耶;八区,八卦之义耶。八八六十四,井井方方,其法象先天方图。噫!此盖殷制也。孟子曰:'七十而助。'七十亩本殷人分田之制也。箕子殷人,其画野分田,宜效宗国,与周制不同,盖无疑矣。"明代文人郑若曾的《朝鲜图说》也说:"井田在平壤府外城内,箕子区画井田,遗迹宛然。"清乾嘉时期的中国考证学家徐文靖在其名著《竹书纪年统笺》中肯定了此说。井田制的遗迹一直保存到日本殖民统治时期,后来被其总督府破坏。

有关"箕子之朝鲜"的记载不仅史不绝书,而且至今韩国和朝鲜仍有其家族繁衍生息,韩国上党和西原(清州)韩氏、奉化琴氏、德阳(幸州)奇氏与箕氏、太原鲜于氏以及韩国的徐氏自认是箕子的后代。故《奥籍朝鲜三种》曰:"平壤有箕子庙,称崇仁殿,置殿令、参奉二官府。北菟山上有箕子墓;城外有箕子田,遗址旁有箕子井,井上建阁,后人名九畴阁。箕子杖年久断烂析为二,昭敬王昖时,相臣俞泓熔锡傅合之,藏诸牍,今尚存。箕子后覆姓鲜于,居平壤者多,今(光绪二十一年,1895年——笔者注)王京士大夫亦有箕姓者。"因此,徐居正(1420—1488)奉王命编撰的官方史书《东国通鉴》曰:"箕子率中国五千人入朝鲜,其诗、书、礼、乐、医、阴阳、卜筮之流,百工技艺,皆从而往焉。既至朝鲜,言语不通,译而知之。教以诗书,使其知中国礼乐之制,父子君亲之道,五常之理。教以八条,崇信义,笃儒术,酿成中国之风。教以勿尚兵斗,以德服强暴,邻国慕其义而相亲之。衣冠制度,悉同乎中国。故曰,诗书礼乐之邦、仁义之国也,而箕子始之,岂不信哉。"

有关箕子和纪念箕子的遗存甚多,平壤有箕子宫和其他遗址,其中有不少金石碑文,在1913—1919年间,日本占领下,朝鲜总督府把有历史价值者汇集在一起,经日本学者葛城末治编辑整理,以

《朝鲜金石总览》上下两卷刊行,上卷收录了"三国"至高丽的碑文
(序号1—200与附录98),下卷为李朝代表性的碑文(序号201—545
与附录5)。序号370为《平壤箕子宫旧基》碑文,正面曰,"箕子宫遗
基在平壤正阳门外","井田在平壤外城内,箕子列画遗迹宛然。王
济惟表厥宅里,经有记载,而我太师旧宫遗址,人为耕犁刍秣之场,
甚慨也。且秦汉以来,兼并家作,天下无井田之制,惟箕壤在焉,尽
可贵也。遂出帑铜钱,买取箕宫遗址,筑土而封之,周垣而缭之"。
序号483为箕子宫处的仁贤书院庙庭碑文,该碑盛赞箕子"以八条
为教,渐之以仁义,导之以礼让,居之以宫室,饰之以冠裳,饮食之笾
豆,以之井其地而制其田。"序号515是平壤府箕林里箕子墓斋室
碑,其上刻文曰:"箕城其故都也,城西北二里菟山上,背坎面离,有
墓在焉。崇三丈有半,围六之,望之岿然,倘亦殷制欤?"序号527系
《平壤箕子宫重修纪绩碑》,其文内曰:"在昔周武王元年己卯,唯我
鼻祖殷太师箕子,运遭明夷,志在罔仆。白马渡浿之日,教人以八
条,玄龟出洛之后,演之以九鼎。三千里江山尽为圣人之氓,九百亩
井田犹存先王之规。"1408年五月,平壤府尹尹穆的条陈中称:"吾东
方礼乐文物侔拟中国者,以有箕子之风……而其墓在于草莽之中,
朝廷使臣过此必问而礼焉。我国家修举废坠,无所不至,独此一事
尚循旧弊而不举良,可慨也。臣等以为扫坟加土,置石羊、石兽,命
攸司颂德立碑,委定受塚民户。"在李朝初建、百废待兴的情况下,加
固箕子坟的提议不仅立即得到太宗的许可[①],而且不久依其礼曹所
定"祀典",将箕子列入国家中祀,定"箕子称朝鲜国王"[②]。另外,明
代姜曰广著《輶轩纪事》载平壤城"以西锦绣山蜿蜒迢递,伏而再起
者,箕子衣冠之所藏也,墓封而不石"。对此,李氏朝鲜末期燕行使
的日记《蓟山纪程》也有"箕子墓"条,其文曰:"朝发,由七星门出。

① 《朝鲜王朝实录·太宗实录·卷十五》太宗八年五月丁巳条。
② 《朝鲜王朝实录·太宗实录·卷二十六》太宗十三年十一月庚辰条。

西行之路,本由普通门,而今则为访箕子墓故也。松杉束立,方垣四围,中有箕子墓。墓方而上尖,高数丈。前有短碑,刻有'箕子墓'三字。又有一碑中折。只存一'墓'字,用铁钉合之。昔在壬辰,倭虏折碑,后人改竖,而寓'图新存旧'之意,仍复合石云。丁字阁中,揭一二诗版。箕城城北路,石马荒原中,巘嶂千重势,松杉万古风。断碑苔蚀字,方墓草成丛。土俗修香火,公灵地水同。"①

上述讨论者实际上已经讲明了箕子朝鲜的地望,即位于今朝鲜半岛的平壤地区的"王俭","后朝鲜"政治中心所在地,而非某些人想象或推测的朝鲜。

傅斯年说:"中国之殷代本自东北来,其亡也向东北去(箕子之往朝鲜)。"②周武王灭商之后,以商旧都封纣王子武庚,并以殷以东为卫,由武王弟管叔监之,殷以西为庸,由武王弟蔡叔监之。"成周之会",周天子大会诸侯及四夷。不久,武庚勾结管蔡,"招诱夷狄"叛周,周公旦奉命为"定东夷"东征。于是,"殷大震溃。降辟三叔,王子禄父北奔"。禄父就是武庚,他在商亡时向北逃奔,说明商代在北方有比在东方、南方更为强大的基础。清末国学大师王国维曾说:"嘉兴沈乙庵先生语余:'箕子之封朝鲜,事非绝无渊源。颇疑商人于古营州之城,夙有根据,故周人因而封之。此说虽未能证实,然读史者不可无此达识也。"③营州乃古十二州之一。《尚书·尧典》曰:"肇十有二州。"不记州名。东汉马融、郑玄均说,舜十二州中有营州。后者说:"舜以青州越海而分齐为营州。"缩印本《辞海》认为此"指今辽宁一带",殊不知大同江下流地区也夙有根基。从箕子朝鲜不在"成周之会"和二年武庚联合东方十七国与周公东征的国家之列来看,箕子受封之地绝非今日营州,箕氏朝鲜所都之城是半岛的王俭平壤无疑。

---

① 李海应:《蓟山纪程·卷一》(1803年)癸亥十月"箕子墓"。
② 傅斯年、方壮猷、徐中舒等编著:《东北史纲(初稿)》,第117页。
③ 《殷商兵礼罗振玉旧藏易县三句兵拓本》附王国维:《商三句兵跋》。

古文献对箕子朝鲜的方位有明确记载。《史记·宋微子世家》"武王乃封箕子于朝鲜"下，《索隐》注曰："潮仙二音。地因水为名也。"《朝鲜列传》《集解》引张晏曰："朝鲜有湿水、洌水、汕水，三水合为洌水，疑乐浪朝鲜取名于此也。"《山海经·海内北经》也说"朝鲜在列阳东，海北山南，列阳属燕"。列阳盖因洌水得名，此洌水即西汉时期的浿水；山乃盖马高原之狼牙山，山南自然即今大同江流域。

《淮南子·时则训》在列举"五位"时，曰："东方之极，自碣石山过朝鲜，贯大人之国，东至日出之次，榑木之地，青土树木之野，太皞、句芒之所司者万二千里。"《说文》："榑木，神木，日所出也。"则榑木即扶桑。扶桑，是中国远古传说中一棵与太阳有关的神木，"东至日出之次，榑木之地"，实指今日本。根据《古今图书集成·边裔典》记载，日本岛上古代列国中，很早就有以"扶桑"自称的国名或族名。《通典·州郡典》："碣石山在汉乐浪郡遂城县。"可见，朝鲜在朝鲜半岛遂城以南，东抵日本的地方。这也得到《山海经》的进一步证实，其《海内经》曰："东海之内，北海之隅，有国名朝鲜、天毒，其人水居，偎人爱（挨）之"。"偎"音通委，倭人亦可记作委人（日本出土汉代金印刻"倭奴国"即作"委奴国"）。"爱"可读作挨或依。《玉篇》："北海之偎，有国曰偎人。""这个地处东海、北海之上，濒临朝鲜的'偎人国'，实际也是指日本。"这样，朝鲜的地望只能在朝鲜半岛寻找答案。《三国遗事》"古朝鲜"条结尾部分称："唐裴矩传云：'高丽本孤竹国（今海州），周以封箕子为朝鲜，汉分置三郡，谓玄菟、乐浪、带方（北带方）。'《通典》亦同此说。"[①]《史记·伯夷传》称：武王灭商，"天下宗周"，而殷商诸侯国孤竹国君二子"伯夷、叔齐耻之，义不食周粟，隐于首阳山，采薇而食之"。朝鲜古代地理典籍《新增东国舆地胜览》卷四十三"海州牧盖马高原""古迹"条称："兄弟岛，州南海中

---

① 《三国遗事·卷一·古朝鲜（王俭朝鲜）》。

三十里有二小岛,俗号兄弟……谚传,伯夷、叔齐死于此。""首阳山城……山中又有孤竹君遗迹。"对此,高丽王朝和朝鲜王朝许多学者亦持肯定态度,如《地行附录》曰:"首阳山……李詹云:今海州。"①李詹(1345—1405)是《东国史略》的作者之一,他的判断应该是有根据的。所以,到达朝鲜的明人李良认为:"称夷齐曰东夷人也,则隐于此恐或不诬。而一耻食周粟而隐,则不欲在中原之地者亦信矣。安知中原之首阳山为不诬,而此山之为诬也?"②这也从一个方面证明箕子朝鲜确乎在大同江流域。李氏朝鲜末叶重要实学家丁若镛在其《疆域考·朝鲜考》中更是明确指出:"今人多疑箕子朝鲜或在辽东,然《苏秦传》《货殖传》朝鲜、辽东、真番之等,皆别言之,必起于平壤者。《地理志》乐浪郡属县二十五,朝鲜居首。当时卫满之都,实在平壤。其后乐浪之治,亦在平壤,而其县首为朝鲜。则朝鲜者,平壤之旧名也。"因此,平壤又俗称"箕城""箕都"。

《史记·秦始皇本纪》说:公元前221年(秦王政二十六年),"分天下以为三十六郡……地东至海暨朝鲜",其下有《正义》:"海谓渤海南至扬、苏、台等州之东海也。暨,及也。东北朝鲜国。《括地志》云:'高骊都平壤城,本汉乐浪郡王俭城,即古朝鲜也。'"《史记·朝鲜列传》正文"朝鲜"下又重复《括地志》上述文字,而在卫满"都王险"下"应劭注'《地理志》辽东险渎县,朝鲜王旧都'"后,加注"臣瓒云'王险城在乐浪郡浿水之东'也"。《汉书·地理志》在"辽东郡"条"险渎"注释中,颜师古再次引用了臣瓒说,而"朝鲜"则是"乐浪郡"辖管的二十五县之首,其中师古注引应劭曰:"故朝鲜国也。武王封箕子于朝鲜。"

汉代之浿水即今大同江。《三国志集解》卷三十《魏书·东夷传》在言及"朝鲜与燕界于浿水"时,注曰:"赵一清曰:《汉书·地理

---

① (朝鲜)李万敷(1664—1732):《息山先生文集·别集卷四·地行附录》。
② (明)李良:《樗轩集·卷上·诗·海州首阳山并序》。

志》乐浪郡浿水县水西至增地入海，今大同江也。"对此，朝鲜方面的史料也有记载。《三国史记·地理志》说，高句丽"长寿王十五年，移都平壤……平壤城似今西京，而浿水则大同江是也"，"高句丽始居中国北地，则渐东迁于浿水之侧"。

另外，地下考古资料也在一定程度上支持文献上有关箕子朝鲜的各种记载。在考古年代上，箕子朝鲜建立的时间与朝鲜半岛进入青铜器时代的时间吻合，而且可以认为朝鲜的青铜器文化似与商朝之箕族迁入有关。中国青铜器时代始于二里头文化，相当于公元前2100—前1600年之间。商代至西周前期是中国青铜器的鼎盛时期，箕子东走朝鲜时，中原早已普及了青铜器。箕族东迁时应该携带有相当数量的青铜器。中国考古学界发现了箕族经水旱两路向朝鲜半岛迁移时流落在辽东半岛和山东半岛的青铜器，1973年辽宁省喀喇沁左翼蒙古族自治县北洞村遗址出土的"箕侯铜器"①和山东省黄县（今山东省龙口市）青铜大方鼎带古体字样的箕器是其佐证。北洞村遗址二号坑皆是烹饪之器，在出土的六件铜器中，有方鼎、圆鼎等器物，其中方鼎体呈长方槽形，直耳方唇，壁稍倾斜，四角有扉棱，柱足粗短，方鼎内底有铭"冀侯亚颖"四字。这些器物应是箕子统领的箕族向大同江流域下游移动时留下的遗迹。

迄今为止，朝鲜半岛内仍未发现带有族徽的箕器。这是可以理解的。首先，箕族经过长途跋涉，器皿可能遗落在沿途；其次，箕子朝鲜的政治中心乃今大同江北平壤地区，这里自古迄今，或为国都，或为别都，或为军事重镇，变故迭经，箕子时代的遗迹已荡然无存。因此，绝不能应因其地未见箕子活动的遗迹确证，就遽然否定太史公的记载。根据中国考古学界的发现，在青铜器时代前的龙山文化晚期和齐家文化时期，出现了红铜、黄铜和青铜器物，这说明青铜冶

---

① 喀左县文化馆、朝阳地区博物馆、辽宁省博物馆北洞文物发掘小组：《辽宁喀左县北洞村出土的殷周青铜器》，《考古》1974年第6期。

铸业普及前有一个准备期,此后才随原始社会解体而进入文明时代——青铜器时代。然而,朝鲜半岛的考古发现中不见此两种铜器,一开始即是发展型的青铜器,而且其遗址不止一处。早期的有出土于平壤附近和黄海南北道的棺墓的"琵琶形短剑"[1];出土于平壤龙山里、贞柏洞和平安南道孟山郡风一面、大同郡美林里等遗址的"细形铜剑",没有伴随铁器的出土[2],这些情况似可反证上述论断。

不过,汉代以后朝鲜县治逐渐内移,与原封地平壤的箕子朝鲜的国都相距日远。明末清初顾炎武列举《大明一统志》诸多"舛谬"时指出:"《汉书·地理志》'乐浪郡之县二十五,其一曰朝鲜',应劭曰'故朝鲜国,武王封箕子于此'。《志》曰,'殷道衰,箕子去之朝鲜';《山海经》曰,'朝鲜在列阳东,海北山南',注'朝鲜,今乐浪县,箕子所封也'。在今高丽国境内。慕容氏于营州之境立朝鲜县,魏又于平州之境立朝鲜县,仅取其名,与汉县相去则千有余里。《一统志》乃曰:'朝鲜城在永平府境内,箕子受封之地。'则是箕子封于今之永平矣。当日儒臣,令稍知古今者为之,何至于此! 为之太息。"[3]

古今学者何以有人总是倾向在中国境内寻找箕子受封之地?究其原因,不外是不相信商周时期的人们有能力到达或者控制朝鲜半岛中西部沿海地区。

大量文献和考古资料表明,早在商周时期,古代中国已经掌握和具备了远洋航行的技术和能力。据王国维校正《今本竹书纪年疏证》,夏帝芒十三年,王命"东狩于海,获大鱼"。夏王朝第九代王帝芒时,东夷人已经能够在东海捕获大鱼。到了商初,由于殷人海上势力的发展,商汤第十一代祖相土已经在治理"海外"事业,以至于

---

① [朝]朴晋煜:《关于古朝鲜琵琶形短剑文化的再探讨》,《朝鲜考古研究》1995年第2号。
② [韩]尹武炳:《朝鲜青铜短剑的型式分类》,《震檀学报》,第29—30辑;[韩]郑灿永:《细形青铜短剑的形态和变迁》,《文化遗产》1962年3号;[日]梅原末治、藤田亮策:《朝鲜古文化综鉴·第一卷图版》,第18、43页。
③ (明)顾炎武:《日知录·卷三十一·大明一统志条》。

有所谓"相土烈烈,海外有截"①。殷墟出土的鲸骨、海贝、海龟壳、象牙、蚌壳产于我国南海、东海一带,更说明擅长航海的殷人在其入主中原后,依然保持了航海的传统,并有所发展。另外,据我国著名考古学家董作宾作的殷帝辛日谱,殷商灭亡之际,由攸侯喜统领的一支征讨林方的商军留驻东夷,之后这支十余万的军队神秘地失踪了。根据殷人有航海的传统推测,人们认为这支商军极有可能从海上出逃,落脚在渤海、黄海以东的岛屿上。近两个世纪,国内外都有学者猜测殷人东渡到美洲大陆,并陆续提出了许多证据;20世纪80年代初,更有学者认为殷人东渡的目的地就是美洲大陆,而且在美洲创造了独特的文化。周成王时代,远在朝鲜半岛以东的"倭人贡鬯草""倭人攻畅""畅卓献于倭"和"畅草献于倭"②的记载,说明当时日本列岛的先民就已经渡海向周王室贡献朝贺。随着沿海地区航海技术的发展,至春秋时期,人们已经可以乘木船到海上自由航行。所以,孔子说:"道不行,乘桴桴于海。"③如果其主张行不通,就准备入海另觅别处。因此,对商末周初中原人远距离迁徙和远航能力的怀疑是没有根据的。

另外,从逻辑上讲,既然某些国外的否定论者承认《三国遗事》所记"坛君"王俭"都平壤",作为其后继者的箕子朝鲜的地望不可能在其他地方,箕子朝鲜的地望只能是在今朝鲜半岛的大同江流域下游地区。④

① 《诗经·商颂》。
② 鬯草,又曰畅草,是一种香草,出自《论衡》卷八第二十六篇"儒增篇"、卷十九第五十八篇与卷十三第三十九篇"超奇篇"。《说文》则称"畅草献于宛","宛"通"郁",指郁林郡,今广西地区。
③ 《论语·公冶长》。
④ 参考曹中屏:《古朝鲜的中心方位与疆域》,载北京大学韩国学研究中心编:《韩国学丛书:韩国学论文集》第十三辑,沈阳:辽宁民族出版社,2004年,第1—17页。

第二节　铁器时代与箕子朝鲜侯称王

一、朝鲜侯称王

关于早期和中期箕子朝鲜的状况,因记载短缺,人们知之甚少。西周初,周公旦东征平定武庚和三叔之乱,灭五十国,箕子朝鲜疏远了与中原的关系。这应该是史料记载阙如的重要原因。

傅斯年说:"箕氏朝鲜或不能是一个统一的国家,而是若干封建的部族。"但是,到了春秋末、战国初,箕子朝鲜的经济文化都有了长足发展。当时,朝鲜已经发展成为中原齐国渴望与其贸易之地,可能已经从城邦国家发展为"领域国家"。与箕子朝鲜同时的北方诸侯国——燕,到昭王时期(公元前311—前279年在位),已发展成为战国七雄之一。《史记·朝鲜列传》称:"自始全燕时,尝略属真番、朝鲜。"《战国策·燕策》说:"燕东有朝鲜、辽东。"《盐铁论·伐功》有"度辽东而攻朝鲜"。这些记载说明燕国的势力向东已达大同江流域。《汉书·地理志》称:"燕地,尾、箕分壄也。武王定殷,封召公于燕,其后三十六世与六国俱称王……乐浪、玄菟,亦宜属焉。"此乐浪,亦是箕子朝鲜之代称,战国时已属燕,明确指称箕子朝鲜曾一度卵翼于相邻的燕国。

但是,此后的一个时期,偏安于朝鲜半岛的箕子朝鲜的国力得到发展,作为西周的侯国一度也曾活跃于东北亚的历史舞台。

据《三国志》:箕子"其后四十余世,朝鲜侯准[准]僭号称王。"该书引鱼豢《魏略》说:"昔箕子之后朝鲜侯,见周衰,燕自尊为王,欲东略地。朝鲜亦自称为王。"准继否立,而否是中国秦代时期的人。既然朝鲜侯见"周衰,燕自尊为王"而"亦自称为王",箕准就不是始称王者。朝鲜侯称王应紧随燕称王之后。

《史记·燕昭王世家》说,燕易王十年(前323),"燕君为王"。朝鲜侯称王的时间应该与此同时或稍后,该当战国时代中期。称王的朝鲜侯有大夫辅佐,说明当时的箕子朝鲜的国家机器已经有相当的规模。尽管如此,箕子朝鲜的最高统治者仍必须以周王室臣属的名义出现在东北亚地区舞台,并曾策划发动对燕国的战争。

箕子朝鲜侯称王,在朝鲜半岛历史上具有重要意义。首先,它反映了当时朝鲜半岛北部社会阶级分化与矛盾的发展达到了需要以王的称谓强化政治统治的程度。其次,说明箕子朝鲜的综合国力已经达到了与中国大陆上的其他侯国相比肩的水平,具有了摆脱其原属燕代管地位的能力,以至于竟"欲兴兵逆击燕"。大约从箕子朝鲜开始称王起,东北亚进入了箕子朝鲜与燕不断发生纠纷与战争的时期。

二、朝、燕战争与"秦伐朝鲜"

大约公元前 4 世纪前 10 年,自称王并以尊周王室为名、兴兵欲"逆击燕"的箕准,接受了大夫礼的规劝,暂时放弃了对燕的进攻。但是不久,因其"后子孙稍骄虐",最终引发了一场燕、朝争夺土地的战争。

《战国策·燕策》称,苏秦(前 337—前 284)"北说燕文侯曰:'燕东有朝鲜、辽东,北有林胡、楼烦,西有云中、九原,南有呼沱、易水。地方二千余里,带甲数十万,车七百乘,骑六千匹,粟支十年⋯⋯此所谓天府也'"。由此可知,在苏秦的时代,公元前 3 世纪初前后,燕国是其合纵的核心国家,是控制着包括朝鲜、辽东在内方圆"二千余里"的强大国家①。

箕子朝鲜以西的辽东,战国时代是东胡人经常出没的地方。

---

① 某些国外学者在引用上述文字时,采取割裂、曲解的办法,在把"燕东有朝鲜、辽东⋯⋯"改为"燕东,有朝鲜辽东"后,解释为"燕东有朝鲜的辽东",有的甚至如今朝鲜的李趾麟竟然据此认为"战国时期的中国承认了朝鲜的辽东"。见〔朝〕李趾麟:《秦汉两代辽东郡的位置》,《历史科学》(《력사 과학》)1963 年第 1 期。

《辽东志》云："辽，远也。以其远在九州岛之东，故名。"这里的"燕地……地广民希，数被胡寇"①。在燕将秦开拓疆之前，这片广阔地域的居民主要是生活在史前时期的土著胡貊人。那时，位于大同江中下游的"古朝鲜"人（良夷、乐浪之夷或箕子朝鲜）与胡貊、蛮夷部落的分界线在清川江一带。位于"燕地……辽东"以外的箕子朝鲜，与燕国之间"夹杂着一些无主的荒地草原"。于是，这片广阔的土地首先成为壮大起来的箕子朝鲜与燕国争夺的地区。

　　朝鲜侯在与燕的角逐中，终不及尚法而兴的燕国。结果，如《魏略》所记："燕乃遣将秦开攻其西方，取地二千余里，至满番汗为界，朝鲜遂弱。"秦开的进击、辽东郡的建立与长城的修建，打击了箕子朝鲜的气势，朝鲜不得不退守清川江一线，并在很长一段时间内隶属于中原七雄之一的燕国。

　　最初，构成燕之主要威胁的并非日渐强大的箕子朝鲜，而是善于骑射的东胡。为了安抚不断骚扰边防的胡貊，在一个时期内，燕曾不断送良将质于胡。但是，"其后，燕有贤将秦开，为质于胡，胡甚信之。归而袭破走东胡，却千余里"。秦开却胡的时间应在燕昭王二十八年（公元前284）乐毅伐齐之后。秦开却胡使燕国东部边境向前推进了一千多里，大大开拓了燕国的疆域。燕遂在原东胡人活动的区域建立了"辽东郡"，"以拒胡"；这样，辽东地区一分为二。辽东、辽西二郡的分界线在翳巫闾山（今辽宁省境内），那里也是东胡与貊人的分界线。此后不久，秦开又进而把矛头对准箕子朝鲜，"攻其西方，取地二千余里，至满番汗为界"②。古文献所谓"燕袭走东胡，辟地千里，度辽东而攻朝鲜"③，即是指此两战役。

　　满番汗成为朝、燕战后的行政分界线。所谓"至满番汗为界"，即以清川江为界。如何诠释"满番汗"以及满番汗的具体方位，是学

---

① 《汉书·卷二十八下·地理志下》。
② 《三国志·卷三十·韩传》引《魏略》。
③ 《盐铁论·伐功》。

界长期讨论的问题。

满番汗,卢弼《集解》引赵一清曰"两汉志俱作番汗",乃辽东郡十八县之最后一县;同时,学者也注意到《汉书·地理志》辽东郡条所列县名"番汗"前尚有一"文"县,实为"文、番汗"两县,在朝鲜文里"文"与"满"音近似。上文《魏略》所引"满番汗"应为"满、番汗"①。番汗县当在今朝鲜境内平安北道博川城南10里古博陵城。《汉书·地理志下》"辽东郡"条曰:"番汗,沛水出塞外,西南入海。"沛水,即浿水,系古博陵城以东的清川江。《新增东国舆地胜览》安州牧山川条曰:"清川江,一名萨水……经州北城下,西流三十里,与博川江合入海。"后来,当清川江更名萨水时,浿水之名遂东移于大同江,而大同江的古名"列水",遂在文献上消失。

考察燕长城的东部终点有助于澄清满、番汗的具体位置。《史记·匈奴传》说:"燕亦筑长城。"燕长城随燕人东扩不断向东延伸。燕国大规模筑长城是在昭王时代。考古发现在北纬42°—43°之间原内蒙古昭马达盟(今内蒙古自治区赤峰市)境内有多道古长城遗址,它们被称为"赤北长城""赤南长城""老虎山长城"。1984年,朝鲜考古界在平安北道大宁江地区发现了绵延300朝里(约120公里)的"古长城"。其起点在平安北道博川郡坛山里,位于博川江(今大宁江)入海口处,亦即清川江入海处之北。这里正是燕辽东郡番汗县所在地。中国学者断定:"这道长城是燕国北长城的东端起点段。"②20世纪末,朝鲜平安北道博川郡坛山里出土了一块燕国兽面半瓦当,朝鲜学者称之为"蕨叶半瓦当"。这类瓦当一般用于燕国官府的建筑物上。恰在同一地点,发现燕长城遗址,疑坛山里即为辽东之故塞。据《史记·朝鲜列传》载:"自始全燕时尝略属真番、朝鲜,为

① 韩国《斗山世界大百科事典》"满番汗"条。
② 曹中屏与刘永智等合编《朝鲜史纲》(原为国家社科基金七五计划项目,由南开大学出版社出版,中途因经费等问题,完成二校后毁版,现正由天津人民出版社根据南开大学出版社二校校样安排正式出版)。

置吏,筑障塞。秦灭燕,属辽东外徼。汉兴,为其远难守,复修辽东故塞,至浿水(今朝鲜清川江)为界,属燕。"《盐铁论》所谓"燕塞碣石,绝邪谷,绕援辽"①是说跨谷越岭、蜿蜒环绕、护卫辽东的燕之障塞长城,起于碣石。唐杜佑《通典》曰:"碣石山,在乐浪郡遂成县,长城起于此山。"清川江也是秦汉时期上古朝鲜侯国的西部边界。

公元前3世纪中后期,秦国逐渐统一中原地区。在韩国灭亡之后,秦国准备向赵国发起进攻前,秦大军兵临燕境,燕太子丹企图以刺杀秦王的办法使燕国免于灭亡。在荆轲刺秦王破产后,秦王政派兵在易水以西打败燕军主力。公元前226年,秦兵攻破燕都,燕王喜逃奔辽东郡,燕国已名存实亡。随后,秦又相继灭亡了魏、楚。公元前222年,秦乘降赵统一长江流域之势,东向攻占辽东郡。公元前221年,秦统一天下,"伐朝鲜"②,"时朝鲜王否立,畏秦袭之,略服属秦"③,"属辽东外徼"④。

秦始皇遂"使蒙恬筑长城,到辽东"。秦长城在东北地区利用了燕长城的"赤北长城",但其东端起点较后者更远。《淮南子·人间训》曰:"秦皇……发卒五十万,使蒙公、杨翁子将,筑修城。西属流沙,北击辽水,东结朝鲜,中国内郡挽车而饷之。"北魏郦道元在其《水经注·河水(三)》中补充道:"始皇令太子扶苏与蒙恬筑长城,起自临洮,至于碣石。"此碣石不是今中国境内的碣石,而是"鸟夷皮服,夹右碣石,入于海"之地,即西汉乐浪郡遂城县碣石山。唐朝的司马贞在《史记索隐》中引西晋时《太康地理志》也说:"乐浪遂城县有碣石山,长城所起。"⑤此即上述文字见诸毕沅辑《太康三年地志》

①《盐铁论·卷九·险固》。
②《史记·卷十二·孝武本纪》。
③《三国志·卷三十·韩传》引《魏略》。
④《汉书·卷九十五·朝鲜》。
⑤《史记·卷二·夏本纪》"夹右碣石入于海"注。

之所本①。清代顾祖禹(1624—1680)在《读书方舆·北道一》中说：
"秦筑长城,起自碣石。此碣石在高丽界……今犹有长城遗址,东截
辽水入高丽。"可见,从中国战国中期至秦代,上古朝鲜侯国疆域大
体局限于清川江以南的大同江下游地区。② 考古学发现也证明在公
元前 3 世纪,以平壤为中心的朝鲜半岛西北部与其以北地区文化面
貌不同,清川江以北属古代中国辽东地区文化。

三、箕子朝鲜的社会文化

公元前 4 世纪,源于古代中国的铁器文化在东北地区与原来的
青铜器文化混合,跨过鸭绿江中游、清川江上游进入大同江流域;然
后,从这个"新的金属文化库",再向全半岛四周蔓延,并进入日本,
从而催生了那里的弥生文化。铁器文化的传播与普及,提高了社会
生产力,也在某种程度上反映了战国时代的燕国与半岛北部的箕子
朝鲜力量的消长。恩格斯认为铁器把人类"引向野蛮期高级阶段,
一切开化部族都是在这个时期经历了自己的英雄时代";"它是历史
上起了革命作用的各种原料当中的最后者和最重要者。铁使人有
可能在广大面积上进行耕作,把广阔的森林地域开垦成为耕地;它
所给予手工业者的工具,其坚牢而锐利程度是无论什么石头或当时

---

① 《旧唐书·经籍志》著录《太康地记》"五卷,太康三年撰",此书不署撰人。《新唐书·艺
文志》著录《晋太康土地记》十卷,《通志·艺文略四》则著录《太康三年地记》六卷,三种
著录书名、卷帙虽均有不同,实为同一部书。据考证,"该书宋以后亡佚,清人毕沅辑本
径作《太康三年地志》"。其书称:"《太康三年地志》者,一见于《宋书·州郡志》会稽郡
始宁令下,一见裴松之《三国志》注孙皓起显名宫下。"
② 韩国文人尹乃铉(1939—   )任意解释中国古文献,通过把碣石山与满番汗的位置曲解
为山海关附近,把"古朝鲜"的疆域扩大到东起日本海、东北到俄罗斯远东地区,北至黑
龙江以北大兴安岭至额尔古纳河、西至滦河到内蒙古海拉尔的广大地区,宣称:"'古朝
鲜'与中国的'国境线'形成于起于碣石山至滦河流域之地。而秦开在'侵略''古朝鲜'
后,国境也在滦河流域的满番汗。这就是说,秦开在'侵略''古朝鲜'后,无能继续占领
那里的土地,又后退了。"见[韩]尹乃铉:《古朝鲜——展望我们的未来》(《고조선—
우리의 미래가 보인다》),汉城:民音社,1995 年,第 126—155 页。

所有的任何金属都不能与之匹敌的"。①

　　生产工具中最引人注目的是中原式两片铁犁铧在首尔九宜洞遗址的发现,说明当时人们已经实行牛耕。② 其他如铁锹、铁镰、铁锄等农具和铁斧、铁凿等工具均有不少发现。武器方面有铁剑、铁戈和中原式环头大刀、铁镞等。釜山第四期老圃洞 31 号墓出土了长 95.8 厘米的环头大刀、长 62.3 厘米的铁矛等兵器。慈江道土城里遗址、慈江道时中郡鲁南里遗址、京畿道马场里遗址与庆尚南道城山贝冢发现的冶铁址和向熔铁炉送风的风箱,说明上述铁器是当地制造的产品。但是,显然有一些出土品出自燕人和秦人之手,如明刀钱等。《朝鲜考古学概要》说,在朝鲜西北部发现 15 处明刀钱遗址,朝鲜社会科学院编著的《朝鲜全史》第 2 卷公布了其中的 13处。实际上,发现明刀钱者不止 15 处。

　　明刀钱遗址的分布显示,从平安北道博川郡坛山里沿清川江北岸向东即是宁远郡细竹里遗址,球场郡都馆里遗址与它相隔数十公里,呈一直线;由都馆里遗址往西数十公里是熙川市上青里遗址,紧靠古浿水(今朝鲜大同江)西边之主支流;沿此江上溯即为宁远郡温阳里遗址。这些遗址大体在大宁江长城,即燕长城之外,与明刀钱一起出土的文物与燕下都及河北省的燕中心地区各遗址出土的文物"完全一致"。因此,有学者认为上述现象证明:燕将秦开取箕子朝鲜的西方,就是今天朝鲜的平安南道、平安北道与慈江道。这些遗址颇似燕国在其前哨设立的军事要塞的遗址。德川郡的青松、宁远郡的温阳里明刀钱遗址,正好位于古浿水的西岸,恰好是守卫浿水的据点。清川江、大同江区间是燕后期的"障塞"之地,"秦灭燕,[朝鲜、真番]属辽东外徼",故又称"秦故空地上下障"③。另外,在大

---

① 恩格斯:《家庭、私有制和国家的起源》,《马克思恩格斯文选(两卷集)》第二卷,北京:人民出版社,1958 年,第 309 页。

② [韩]崔钟宅(최종택):《九宜洞遗址出土之铁器》(〈九宜洞遺蹟 出土鐵器에對하여〉),载《汉城国立大学博物馆年报》,1991 年,第 17—42 页。

③ 《史记·卷一百一十五·朝鲜列传》。

同江流域发现的秦戈,可能是秦军追击燕人过程中遗留在那里的。此铜制秦戈的铭文有"秦始皇二十五年,工匠高奴、工师窦"的文字①。此类秦戈,在今朝鲜其他地方也有发现,这反映了公元前225—前223年,秦兵追赶燕王喜和太子丹势力的状况。李丙焘亦认为,"辽河以东鸭绿、清川两江流域,乃至其以南的大同江沿岸"散布了大量的"战国时代中国北方使用的"各种金属"遗物",其著作详细叙述了上述"三江流域的属乐浪时代的金属器遗物的概况,即鸭绿江流域的渭原、江界、昌城等地,渭原郡崇正面龙渊洞(积石冢)出土的明刀钱、铜镞、铜带钩,以及其他众多铁制利器(铧、斧、锄、庖刀、镞、镰、锥、篦等),江界郡前川面仲岩洞、江界郡化京面吉多洞和昌城东昌面梨川洞出土的大量明刀钱;清川江流域的宁边郡南薪面都馆洞与同郡五里面细竹里出土的明刀钱,价川郡中西面龙兴里出土的铜剑、铜质小刀;大同江流域的宁远郡温、面温阳里出土的明刀钱、布钱,大同郡大同江面东大院洞(一木椁坟)出土的铜剑、铜容器、管形铜制品等,同面梧野里(木椁坟)出土的铜铎、笠形铜器、管形铜制品等,同面贞柏洞出土的带铜柄的铁剑、折纹铜戈、铜铎以及其他众多铁器,大同郡龙岳面上里希昌洞出土的铜剑、铜铎、笠形铜器、乙字形铜器,以及其他铁剑、铁铧、铁戟、铁刀等,平壤市内出土的铜戈、铜铧、笠形铜器、折纹铜戈铸范、铜铎铸范,等等。"②

箕子朝鲜进入铁器时代,其社会经济与文化均有巨大发展,在其建国之初,尽管当地土著从新来者箕族那里学得了"礼仪、田蚕、织作",但总的说来,其生产力水平比较低下,社会发展相对缓慢,国力不足,影响有限。不过,由于其本身没有留下任何文献,对其详情知之甚少。

地下资料证明,公元前4世纪20年代,金属工具的广泛使用促进了农业的发展,推动了制陶业的进步。制陶工艺在胎土掺砂和器物表

---

① 赵镇先、成璟瑭:《关于中国东北地区和朝鲜半岛铜戈的考察——以中原式铜戈为中心》,《内蒙古文物考古》2007年第2期。
② [韩]李丙焘:《韩国古代史研究》(修订版),第74页。

面纹饰方面都有变化。豆已经由尖底器演变为高底或平底器皿,并有碗之类的食用器具。手工业的发展带来了饮食习惯和生活方式的变化。"其田民饮食以笾豆,都邑颇仿效吏及内郡贾人,往往以杯器食。"①此虽系稍晚资料,也一定程度反映当时的社会生活状况。

狩猎依然是箕子朝鲜的重要生产部门,但也有新的发展,尤其处理皮革的技术有明显提高。史书上所谓"文皮",即箕子朝鲜出产的虎豹毛皮,它远销境外,非常有名;箕子朝鲜还出产名为"落毛"的光板皮革制作的衣服,叫"毤服",说明当时箕子朝鲜已掌握了"熟皮子"的技术。

箕子朝鲜的对外贸易似相当活跃,与邻国燕的经济交流频繁。《史记·货殖列传》所谓"夫燕……东绾秽貉、朝鲜、真番之利"的记载,说明燕人与箕子朝鲜的陆路贸易之重要。同时,箕子朝鲜也已有人航海到山东半岛的赤山(今山东省荣成市斥山镇)与齐国贸易。据《管子·揆度》记载,管子在回答齐桓公所谓"海内玉币有七策"之问时,说:"发、朝鲜之文皮,一策也。"又据同书《轻重甲》,管子在回答桓公"四夷不服"问题时,对曰:"吴越不朝,[请]珠象而以为币乎?发、朝鲜不朝,请文皮、毤服而以为币乎? ……故夫握而不见于手,含而不见于口,而辟千金者,珠也;然后,八千里之吴越可得而朝也。一豹之皮,容金而金也;然后,八千里之发、朝鲜可得而朝也。"管仲主张齐国采取重金政策,吸引吴、越、发、箕子朝鲜等地方来齐朝贡贸易。所谓"容金而金"者,似不是黄金而是用铜、青铜或铁等金属块以物易物。当然,以文豹之皮"容金而金",是极昂贵的。箕子朝鲜之所以渡海到山东的赤山贸易,就是这种"容金而金"政策的结果。《尔雅·释地》说:"东北之美者,有赤山之文皮焉。"这是说山东赤山乃箕子朝鲜渡海贸易之地。

经济上的进步带来政治上的发展。如前所述,箕子朝鲜初为侯

---

① 《汉书·卷二十八·地理志》。

国,公元前4世纪末发展为王国,其统治者称"王",其下文官有"裨王""相""大夫""博士"等,武官有"将军""将"等官职。上述所列官职只是史籍中保留下来的,很不完整。即使这些已知的官职就已显示出当时的国家机器已发展到相当的程度,其政府已经拥有分管政治、经济、文化与军事等国家事务的机构。"裨王"似为副王或总理大臣,总理国家事务;"相"似为各部大臣;"大夫"似为谋士或外交官职;"博士"乃国王随时赠封的荣誉称号,或肩负文化教育事业的官员,燕国人卫满投降箕子朝鲜,国王准封他为"博士",还赠以"圭"之类的代表官阶或印绶的信物;"将军"是军队的最高指挥官。箕子朝鲜的晚期,已经有大规模的军事力量,以至于能与北方强大的燕国对抗。

箕子朝鲜应是具有部民社会特征的早期奴隶社会,其特点是社会的主体是生活在农村公社的部落民,他们处于普遍的被奴役的半自由民状态;同时,存在着人数不多的家庭奴隶,具有马克思所谓的"亚细亚生产方式"的某些特征,即存在着典型的"东方的家庭奴隶制"[1]。根据文献记载,当时箕子朝鲜存在有男"家奴"和女奴"婢"的社会阶层。他们都是因犯罪而由自由民降为奴隶,但不见来自战俘的奴隶的记载。当时的统治者已经开始制定法律来规范社会生活,即所谓"犯禁八条",《汉书·地理志》记载了其中的四条:"相杀以当时偿杀;相伤以谷偿;相盗者,男没入为其家奴,女子为婢;欲自赎者,人五十万。"首条显然是从血亲复仇观念出发,规定被杀者的亲属有动手报复的权力,这是部落习惯的遗风。所以,箕子建国,礼治为先,"教其民以礼义",强调道德、礼仪教化,由圣君、贤臣来治国,辅之以法。这种情况即使到其后期"犯禁"增"至六十余条",也没有改变"可贵"的"仁贤之化"[2]。深知周礼、负责谏议的"大夫礼"的存

---

[1] 弗·恩格斯:《家庭、私有制和国家的起源》,《马克思恩格斯文选(两卷集)》第二卷,第305页。

[2]《汉书·卷二十八·地理志》。

在,便是其佐证。①《梁书·东夷传》说:"东夷之国,朝鲜为大,得箕子之化,其器物犹有礼乐云。"正因为箕子朝鲜有"八条之约",重视礼教,能"回顽薄之俗,就宽略之法"②,遂被称为"君子国"。《博物志》说:"君子国,人衣冠带剑,使两虎。民衣野丝,好礼让不争。土千里,多薰华之草。民多疾风气,故人不番息。好让,故为君子国。"③

仅以文献资料看,箕子朝鲜的文学已有相当水平。《箜篌引》是其代表作。据《乐府诗集》引西晋崔豹《古今注》云:"《箜篌引》者,朝鲜津卒霍里子高妻丽玉所作也。子高晨起刺船而濯,有一白首狂夫,被发提壶,乱流而渡,其妻随而止之,不及,遂坠河而死。于是援箜篌而歌曰:'公无渡河,公竟渡河,坠河而死,将奈公何!'声甚凄怆,曲终亦投河而死。子高还,以语丽玉。丽玉伤之,乃引箜篌而写其声,闻者莫不堕泪饮泣。丽玉以其曲传邻女丽容,名曰《箜篌引》。"④这是唯一流传至今的箕子时代的短文,文字简洁,表达清晰,感人至深。此文可能经过《古今注》作者润色,但基本内容没有改变,最感人的部分还是原作者的笔墨。

四言诗《公无渡河》是箕子朝鲜时代流传下来的仅有的两首诗歌中的一首,是类似中原《诗经》中的诗篇,在朝鲜半岛文学史上占有开创性的地位。《海东绎史》卷二十二歌乐、乐舞条收录了这篇诗歌。"公无渡河"所发出的悲怆声音,萦绕于天地间,震撼人心,对中国文学史也有很大的影响。

"箜篌"是中国古老的弹拨乐器,形似"竖琴",又称"空侯"。上文说箕子朝鲜的人们可随手拈来"鼓之","引箜篌而写其声",成"箜篌引",其曲可自然在邻里间传诵,足见此类乐器在当时相当普遍,

---

① 《三国志·卷三十·韩传》注释《魏略》"曰:昔箕子之后朝鲜侯见周衰,燕自尊为王,欲东略地,朝鲜侯亦自称为王,欲兴兵逆击燕以尊周室。其大夫礼谏之,乃止"。
② 《后汉书·卷八十五·东夷传》。
③ (西晋)张华:《博物志·卷八》。
④ (西晋)崔豹:《古今注·卷中·音乐第三》。

人民有很好的文化素养。

箕子本人诗词《麦秀之歌》也保存了下来。据《史记·宋微子世家》记载："其后,箕子朝周过故殷墟,感宫室毁坏,生禾黍,箕子伤之,欲哭则不可,欲泣为其近妇人,乃作麦秀之诗以歌咏之。其诗曰:'麦秀渐渐兮,禾黍油油;彼狡僮兮,不与我好兮!'所谓狡童者,纣也,殷民闻之,皆为流涕。"由此可知,箕子不仅是位伟大的政治家、思想家,也是一位出色的诗人,有这样的人物作为上古朝鲜侯国的始祖,其臣民自然也会有很好的文化素养。

第三节　卫满朝鲜

一、燕人卫满与卫氏朝鲜的建立

秦末汉初,朝鲜半岛北部发生了政权更迭,箕子朝鲜为卫满朝鲜(亦称卫氏朝鲜)所取代。《史记·朝鲜列传》云:"朝鲜王满者,故燕人也。"燕国是战国时期北方强国,其全盛时,曾占领真番和朝鲜作为属地,并设置官吏,修筑边防要塞。公元前 222 年,秦灭燕国后,这些地区沦为辽东以外的边界之地。公元前 206 年,中原的秦王朝在农民大起义中灭亡,刘邦(公元前 256—前 195 年)建立的汉王朝建都长安,封卢绾(公元前 256—前 194 年)为其诸侯国燕国王。当时,因真番、朝鲜地遥远,难防守,故重修边塞,以浿水为界,仍属燕王管辖。汉高祖十一年(公元前 196 年),燕王卢绾在消灭异姓王风潮中私通陈豨与匈奴事发,次年三月,朝廷相继以樊哙、周勃征讨,卢绾遂亡命匈奴。汉燕人卫满"聚党千余人,魋结蛮夷服而东走出塞,渡浿水",请求避难箕子朝鲜。朝鲜王箕准允其居朝鲜西境的"秦故空地上下障"。准王对卫满非常信宠,拜为博士,封地百里,令守朝鲜西部边境,并赐以圭。

卫满"魋结蛮夷服"东走,引发人们对其是否是燕人的疑问。卫满缘何头魋结，身"夷服"，史无记载。魋结，本南人打扮。[1] 卫姓出于姬姓，秦汉时期，卫姓是古代中国的大姓。汉初，在燕国任职的卫满，大概出于安全的需要，东走时隐蔽燕人身份，乔装易服，扮成南人。卫满集团一旦具有稳定的根据地后，就积极招募燕、齐流民，并迅速聚集了雄厚的力量，计划推翻箕氏政权以代之。《史记·太史公自序》云："燕丹散乱辽间，满收其亡民，厥聚海东。"燕丹泛指燕亡后流落他乡的燕国上层人物，追随其后的遗民也不在少数。当他的力量壮大到一定程度时，卫满便利用计谋夺取了政权。史书并无卫满朝鲜建立的具体时间，大约在汉惠帝（公元前194—前188年在位）初。当时，卫满向准王诡称，汉朝已派十路大军来伐朝鲜，请允许其带兵赴王城"宿卫"。在获箕准同意后，卫满遂乘其不备，向箕准的国都平壤发动进攻。结果，准战败，遭驱逐；准遂"将其左右宫人走入海，居韩地，自号韩王"[2]。自此箕子朝鲜亡，卫满自立为朝鲜王，继续以王俭为都城。

　　秦末汉初政局动荡，不少中原人避地朝鲜半岛，其中绝大多数来自中国辽西、辽东、河北、山东。《三国志·魏书·东夷传》云："天下叛秦，燕、齐、赵民避地朝鲜数万口。"起于秦末汉初的亡命人潮不仅冲击了朝鲜半岛北部的政局，亦催生了日本列岛的弥生文化，改变了那里的人口结构。"弥生时代是日本列岛的人口激增"时期，据日本学者上田正昭研究，"一波又一波源自东北亚的迁徙浪潮从绳文时代晚期、弥生时代初期持续至公元7世纪"，前后上千年。这些人大部分是经过朝鲜半岛进入日本列岛的"渡来人"，对绳文文化产生巨大影响，并导致日本人的"二重结构"[3]。由此看来，中国大陆移

---

① 《史记·卷一百一十六·西南夷》载："西南夷君长以什数，夜郎最大。其西，靡莫之属以什数，滇最大；自滇以北君长以什数，邛都最大，此皆魋结，耕田，有邑聚。"
② 《三国志·卷三十·韩传》及其注释《魏略》；另外，西晋张华《博物志》中载："箕子居朝鲜，其后燕伐之，朝鲜亡，入海为鲜国师。"这里说的也是燕人卫满破朝鲜自立为王之事，不过入海者不是箕子，而是箕准。
③ 冯玮：《日本通史》，上海：上海社会科学院出版社，2012年，第5—6页。

民浪潮对朝鲜半岛的影响是完全可以理解的。

但是,朝鲜学者李趾麟完全否定《史记·朝鲜列传》的记载,说"照司马迁的说法,卫满制服了真番、朝鲜而称王。但是,我只能认为司马迁采取的是歪曲的说法。因为完全没有根据认为曾顽强与汉朝势力相对峙并进行有利斗争的古朝鲜人民,能够无条件地向毫无武力的卫满屈服";更有甚者,他还武断地说卫满的名字实为"满",是被燕国征服的"古朝鲜"的遗民,所谓"卫"姓是司马迁捏造强加的,目的在于"掩盖"其"古朝鲜"人身份。① 具有院士身份的朴时亨教授也违心地称:"朝鲜列传中关于所谓'燕人'满的东来说,以及汉武帝'入侵'以前汉与朝鲜的一切政治关系的记载都是虚伪的'捏造'。关于朝鲜王满的传说,抄袭的是南越列传的内容。"②然而,韩国史学主流并不认同朝鲜某些学者的观点,肯定《史记》记载的真实性,称卫满朝鲜具有"征服国家"的性质。③

二、卫氏朝鲜的发展与苍海郡的置废

有关卫氏朝鲜的记载比较简单。根据片段的史料,可知其政治制度大体因袭了箕子朝鲜的制度,国王世袭,但国家机构较前代更为完备,在最高统治者国王之下,除裨王外,有相、尼溪相、大臣、将军等辅佐,并立太子作为储君。国家军队有浿水上军、浿水西军等。卫氏朝鲜继承了箕子朝鲜之"犯禁八条",但随后"风俗稍薄,法禁亦浸多,至有六十余条"④。

卫满原为汉臣,他自燕逃到箕子朝鲜夺取王位后,应在一定限度内搬用或参照了汉朝的官职设置国家的统治机构,因史料阙如,不知其详情。汉惠帝与吕后时期,即公元前194—前180年间,经西

---

① [朝]李趾麟:《随笔:秦开和卫满》,《历史科学》1962年第2期。
② [朝]朴时亨:《关于满朝鲜王朝》,《历史科学》1963年第3期。
③ 韩国国史编撰委员会编著:《新编韩国史》第4卷,汉城:韩国国史编撰委员会刊行,1994年,第100—106页。
④《后汉书·卷一百一十五·东夷传》。

汉朝廷认可,辽东太守与卫满结约,使卫满成为汉朝的"外臣,保塞外蛮夷,无使盗边"①。既然他是汉之"外臣",就定与"藩臣"有所区别,会有较多的选择空间,所设官职力求适应本地社会的发展水平。也许正是这个缘故,卫满朝鲜与汉室的官制不同。

卫氏朝鲜的经济已经相当发达。早在箕子朝鲜时代,就有关于"田桑织作"的记载。至卫氏朝鲜,除农业、纺织业,牧畜业也有了很大发展。右渠王见汉朝使臣涉何时,令太子赴汉朝谢恩,一次就"献马五千匹,及馈军粮",足见其农牧业发展程度之高。

卫满被汉朝任命为外臣,除授权其协助辽东太守保障边塞、负责塞外安宁外,还规定"蛮夷君长欲入见天子,勿得禁止"。作为报偿,卫满可得到汉朝中央政权的保护,获得"兵威财物"。当然,"外臣"也是臣,除按"约"维护塞外的安宁,确保中华秩序在这个地区得到维系外,亦应履行进贡、纳质、朝见的基本义务。但是,卫满凭借汉王朝给予的名分和日益增强的经济、军事力量,推行霸权,侵降其周边诸小蕃,迫使真番、临屯等成为其"服属",扩展了领土。结果,卫氏朝鲜控制的地区曾一度达"方数千里"②。

卫氏朝鲜传至其孙第三代国王右渠王时,实行了对汉朝的不友好政策。实际上,长期以来,朝鲜即大肆引诱内地"亡人"来增强自身力量,并以兵威财力侵降其周边诸小蕃。尤为严重者,随着羽翼丰满,卫氏朝鲜公然对中原汉王朝表示不恭。至汉文帝(公元前179—前157年在位)时,卫氏朝鲜已经"拥兵阻阸,选蠕观望",致使将军陈武开始议论"征讨逆党",只是汉文帝出于"吕氏之乱"平定不久,加以"今匈奴内侵,军吏无功,边民父子荷兵日久",要求"且无议军"而拒绝了武臣的动议。③ 然而,卫氏朝鲜愈益跋扈,不仅拒绝去中原朝见天子,并为独占中间贸易利益,西与匈奴呼应,阻断汉朝与

①《史记·卷一百一十五·朝鲜列传》。
②《史记·卷一百一十五·朝鲜列传》。
③《史记·卷二十五·律书》。

东方各属邦的通道,阻挠真番、辰国诸蕃向汉朝朝贡,严重威胁汉室的安全。

卫氏朝鲜的霸道行径引起周边小邑强烈不满。据《汉书·武帝纪》,西汉元朔元年(公元前128年),秽族君长南间不愿降服于卫氏朝鲜,在汉朝商人彭吴穿越朝鲜与其通商时,率28万族人反叛右渠王,归顺汉朝①,"置沧海之郡"②。汉初,经济繁荣,商人势重。据记载,"汉兴,海内为一,开关梁,驰山泽之禁,是以富商大贾周流天下,交易之物莫不通"③。这些巨商"转毂百数,废居居邑,封君皆低首仰给"④。关于彭吴在苍海郡设置方面的作用,记载简略,《史记·平准书》云:"彭吴贾灭朝鲜,置沧海之郡。"《汉书·食货志》云:"彭吴穿秽貊、朝鲜,置沧海郡。"这位商人在与秽族交易中,在使南间王内服方面发挥了决定性作用。为牵制日益强势的卫氏朝鲜,汉武帝在秽地(今朝鲜江原北道一带)设苍海郡。

苍海郡应是东濊,即"东夷薉君"之地。史载:"彭吴穿秽貊、朝鲜,置沧海郡,则燕齐之间靡然发动。"⑤当年,彭吴越过秽貊、朝鲜到达之地,必是东濊无疑。《三国史记·地理志》引《古今郡国志》云:"今新罗北界溟州,盖秽之古国。"东濊大体位于今朝鲜东海岸江原道一带。朝鲜《新增东国舆地胜览》江原道江陵大都护府条有明确

---

① 《汉书·卷六·武帝纪》元朔元年条在记述"秋,匈奴入辽西,杀太守……遣卫青"等将军出征后,云:"东夷薉君南闾等口二十八万人降,为苍海郡。"但是,《史记·平津侯列传》称:"元朔三年,张欧免,以(公孙)弘为御史大夫。是时,通西南夷,东置沧海,北筑朔方之郡。弘数谏以为罢敝中国以奉无用之地,愿罢之。"(南朝·宋)范晔《后汉书·卷八十五·东夷传》也说:"元朔元年,濊君南闾等畔右渠,率二十八万口诣辽东内属。武帝以其地为苍海郡,数年乃罢。"比较三者文字,汉书所记元年条当为苍海郡始建之年。
② 《史记·卷三十·平准书》。
③ 《史记·卷一百二十九·货殖传》。
④ 《史记·卷三十·平准书》。
⑤ 《汉书·卷二十四·食货志》。

记载。① 对此,立于今韩国春川的"彭吴碑"可为佐证。李氏朝鲜文人李韶九著《朝鲜小记》说:"汉武帝使彭吴通苍海,今彭吴碑尚在春川府南十里。"②柳德恭(1748—1807)著《四郡志·古迹》亦云:"春川府旧传有汉彭吴通貊碑。"但是,不久又因此地与汉朝往来为卫氏朝鲜所隔,鞭长莫及,治理不便,为集中对付匈奴而经营朔方,汉武帝(公元前 140—前 87 年在位)遂于元朔三年(公元前 126 年)春,接受公孙弘的建议,"罢苍海郡"③。

三、"杀何"事件与卫氏朝鲜的灭亡

西汉元封二年(公元前 109 年),汉使涉何奉命至平壤,"谯谕右渠"王。但是,右渠王"终不肯奉诏"④。这使涉何十分恼怒,遂于归途使人在边界的浿水之上,杀死了护送者朝鲜裨王长;汉武帝非但没有追究涉何的责任,反誉之为"美",并任命他为辽东东部都尉。派与朝鲜有怨隙的官员到双方边界任职,是一种相当严重的警告措施,足见汉室帝王对卫氏朝鲜右渠王行径的忍耐已到了极点。

卫氏朝鲜右渠王非但不收敛其行为,反而"发兵""逾徼"袭劫辽东⑤,击杀涉何。"杀何"事件⑥最终导致汉武帝彻底放弃对卫氏朝鲜的传统政策。元封三年(公元前 108 年)秋,汉武帝遣大军由水陆两路进攻朝鲜:水路由楼船将军杨仆从齐(山东登州)率兵 5 万,渡渤海抵大同江口;陆路由左将军荀彘统率出辽东,成合击之势。右渠王亦调兵遣将,凭险据守。汉军占明显优势,却因两军统帅各自

---

① 《新增东国舆地胜览》卷四十四江原道"建置沿革"条称"本濊国(一云铁国,一云蘂国),汉武帝元丰二年,遣将讨右渠定四郡时,为临屯";"古迹"条云"沧海郡(汉武帝元朔五年,濊君南间畔朝鲜,诣辽东内附,以其地为沧海郡,数年乃罢。)……濊国古城(在邑城东。土筑,周三千四百八十四尺,今废。)"
② (朝鲜)李韶九撰:《朝鲜小记》,小方壶斋舆地从钞本(光绪铅印)。
③ 《汉书·卷六·武帝纪》元朔三年条。
④ 《史记·卷一百一十五·朝鲜列传》。
⑤ (汉)桓宽:《盐铁论·卷七·备胡》记有:"朝鲜逾徼,劫燕之东地。"
⑥ 《史记·卷一百一十五·朝鲜列传》。

为战,不能形成合力,初战败绩。先是,左将军部将卒正多抢先率辽军发动进攻,结果败散,多依军法问斩。随后,楼船将军杨仆率山东水军7000人进抵朝鲜都城王俭。右渠王守城不出,待探知汉军不多,便出城迎击。杨仆败走,逃至山中,十数日方重新集结成军。左将军所部与朝鲜浿水西军交战,也未取胜。

鉴于军事上的失利,汉武帝遂改变策略,派卫山出使朝鲜,以借大军压境之兵威逼劝诱右渠王降服。右渠王见卫山,表示"愿降",并称此前抵抗是怕被两位将军谋杀,"今见信节,请服降",遂派太子入朝谢恩,献马匹五千并馈赠军粮。但是,或许出于上次裨王被杀之教训,太子随身带了万余卫兵。及太子一行渡浿水,使者卫山与左将军荀彘疑其有诈,便对太子说,既以降,何须带兵入朝?太子随即亦生疑,遂不渡浿水返回王俭城。卫山回朝如实禀报,被汉武帝处死。

此时,左将军击破了朝鲜浿水上军的防卫,引兵直趋王俭城下,包围其城的西北。楼船将军亦率水军往会,包围其城南。但是,由于汉军缺乏统一指挥以及右渠王坚守城池,战斗持续数月也未有进展。水军因前有失败之余悸,惧怕战争,主张以和解的方式劝右渠王投降,而左将军则连续发动进攻,坚持以武力攻取王俭城。于是,朝鲜大臣派人与楼船将军暗中来往,商讨和约。左将军曾多次与水军约期会战,均因杨仆忙于招降右渠王而未如期赴约。于是,左将军也派人前去招降,右渠王不肯,只想降服于楼船将军。这引起左将军荀彘的猜疑,怀疑楼船将军有叛汉之心,也不敢轻易进攻。汉军将领的矛盾及两军步调的不一,使战事毫无进展。于是,汉室朝廷续派济南太守公孙遂督战。公孙遂偏听荀彘之说,以邀楼船将军至左将军军营议事为名诱捕杨仆,并将水军的指挥权交于荀彘。汉军的整合,加强了对王俭城的进攻。这时,朝鲜相路人、韩阴、参及将军王唊等纷纷降汉。公元前108年,尼溪相参使人杀右渠王投降汉军。但是,王俭城依然未被攻陷,右渠王的大臣成巳仍旧拒降。

左将军让右渠王之子长和路人之子最告谕卫氏朝鲜百姓,杀成已,王俭城陷落。

至此,卫氏朝鲜灭亡。从周武王十一年(公元前1045年)箕子受封到此时,上古受封之朝鲜王国存在共计937年。

汉武帝灭卫氏朝鲜后,汉朝在卫氏朝鲜故地设置了乐浪、玄菟、真番、临屯等郡县,总称"汉四郡"。四郡直属汉室管辖,郡设都尉,县设县令,其官员及其随员改由中央委派;卫氏朝鲜降臣皆封侯,尼溪相参为潃清侯,韩阴为秋苴侯,唊为平州侯,最为温阳侯。于是,朝鲜半岛北部古代王国的疆域完全正式编入以中原王朝为中心的郡县体系,域内空前繁荣,一片升平,此所谓"异物内流则国用饶,利不外泄,则民用足矣"①。"朝鲜……从此渐渐中国化之后,无形中成为中国本体的一部或中国文化重要的附庸。"②

西汉灭卫氏朝鲜、开郡县是汉武帝从国家安全的全局出发对边疆政策的重大调整,这一措施斩断了汉朝最大威胁的匈奴的"左臂"③,巩固了汉朝的东部版图,维系了朝鲜半岛与中原的传统关系,维护了东北亚的安全与稳定,对整个地区诸民族的文化发展和社会进步有积极意义。

第四节　半岛中北部的"东夷小国"

一、真番

大量史料表明,在古代朝鲜半岛的北部地区,存在着与上古朝鲜王国为邻的真番、临屯等古族、古国。《史记·朝鲜列传》下《索

---

① 钱穆:《秦汉史》,大中国出版社,1969年,第136页。
② 雷海宗:《中国史纲要》,天津:天津人民出版社,2016年,第90页。
③ "武帝雄才大略,非不深知征伐之劳民也,盖欲复三代之境土。……盖舳舻千里,往来海岛,楼船戈船,教习水战,扬帆而北,慑屦朝鲜,一也。扬帆而南,威振闽越,二也。朝鲜降,则匈奴之左臂自断,三也。"(清)吴裕垂:《史案》。

隐》注曰：真番、临屯为"东夷小国，后以为郡"。

真番的历史相当久远。《史记·货殖列传》称："夫燕亦勃、碣之间……东绾秽貉、朝鲜、真番之利。"同书《朝鲜列传》开卷又说："自始全燕时，尝略属真番、朝鲜，为置吏，筑障塞。"说明早在中原战国时期，真番已经相当富裕，是燕之东方贸易之邦；后来在燕全盛期，又和朝鲜一起成为其附庸，其具体时间大概在燕昭王时期，燕将秦开进攻箕子朝鲜之西方"取地二千余里"之后。

西汉时期（公元前202—公元8年），真番曾经与中原汉王朝保持着朝贡关系。卫满朝鲜兴起后，真番和其他朝鲜半岛小国则遭朝鲜"侵降"和"役属"。《史记·朝鲜列传》曰：卫满"稍役属真番、朝鲜蛮夷"。因朝鲜阻挠，"真番旁众国欲上书见天子，又拥阏不通"[①]。《三国遗事》也说："真番、辰国欲上书见天子，雍阏不通。"[②]卫氏朝鲜此种蛮横行为成了汉朝征讨朝鲜的理由之一。由此看来，真番的位置当在卫氏朝鲜之南无疑。

不过，东汉学者应劭对《史记·朝鲜列传》及《汉书·地理志下》玄菟郡条的注释引起了混乱。[③]据此，日本学者那珂通世、白鸟库吉等主张真番的位置在朝鲜以北，即所谓"北说"；我国学者张博泉等大体也持此说[④]。其实，此注语义含混，似说玄菟乃真番、朝鲜一类的胡国[⑤]，不足为凭。至于近人申采浩据唐代司马贞之《史记索隐》所谓"如淳云：'燕尝略二国以属己也'"，称："真番正是'辰、卞'两韩

---

① 《史记·卷一百一十五·朝鲜列传》云："会孝惠、高后时，天下初定，辽东太守即约满为外臣……以故满得兵威财物，侵降其旁小邑，真番、临屯皆来服属，方数千里。传子至孙右渠，所诱汉亡人滋多，又未尝入见。真番旁众国，欲上书见天子，又拥阏不通。"

② 《三国遗事·卷一·纪异二》魏（卫）满朝鲜。

③ 前者云："玄菟本真番国"，后者曰：故真番，朝鲜胡国"。

④ 详见张博泉：《真番郡考》，《北方文物》1985年第4期；孙进己、王绵厚主编：《东北历史地理》，哈尔滨：黑龙江人民出版社，1988年，第269—273页。

⑤ 其原文是"玄菟郡（武帝元封四年开。高句骊，莽曰下句骊。属幽州。应劭曰：'故真番，朝鲜胡国'）户四万五千六……"。

的联合国"①之说,更是无稽之谈。有学者以《史记·朝鲜列传》曰:
"自始全燕时,尝略属真番朝鲜,为置吏,筑障塞",误以为有"真番障
塞",认为"真番郡治大约位于中俄交界地区"。此论是对引文的误
解,"障塞"位于辽东与朝鲜、真番之间,这是推论的立足点的错误。

《汉书》注引《茂陵书》称:"真番郡治雪县,去长安七千六百四十
里。"②又据《后汉书·郡国志》,乐浪郡,即王俭城,位于"雒阳东北五
千里"。洛阳距京兆九百五十里,加上五千里为五千九百五十里,而
真番远其七百余里。由此可见,真番在朝鲜以南而不在王俭北。早
在19世纪末20世纪初,清末著名学者杨守敬即持此论③,即所谓
"南说"。韩国学者李丙焘、日本学者稻叶岩吉,以及我国历史学家
金毓黻(1887—1962)④、谭其骧(1911—1992)等均认为真番在朝鲜
之南。稻叶岩吉比定真番的具体位置在今忠清道一带,谭其骧的
《中国历史地图集》参考李丙焘的《真番郡考》,则比定在今朝鲜半岛
的慈悲岭以南的黄海道和京畿道的一部分。⑤

二、临屯与东濊

作为"东夷小国",临屯史书记载仅见于《史记·朝鲜列传》,其
中称卫满凭借汉室的支持,"侵降其旁小邑,真番、临屯皆来服属"。
可知临屯原来是独立于卫氏朝鲜的政治势力。从后来汉设临屯郡
的地区看,可知其具体位置约在今江原道一代,与东夷秽君南间之
故地邻近。《汉书》注引《茂陵书》云,"临屯郡治东暆县,去长安六千
一百三十八里",较之真番郡近一千五百余里。《新增东国舆地胜

---

① [韩]申采浩:《朝鲜上古文化史》,见丹斋申采浩先生纪念事业会编《丹斋申采浩全集》
上,汉城:萤雪出版社,1987年,第186页。
②《汉书·卷六·武帝纪》元丰三年夏条注。
③ 详见杨守敬:《晦明轩稿》,邻苏园刻本,清光绪二十七年(1901)。
④ 金毓黻:《东北通史》上编,社会科学战线杂志社翻印,1980年。
⑤ 谭其骧主编:《中国历史地图集释文汇编·东北卷》,北京:中央民族出版社,1988年,
第50页。

览》江原道"江陵大都护府"条称："[郡名]濊国,临屯。"同条"云锦楼"下有注云："徐居正记:'江陵府,本濊国之遗虚,汉置郡为临屯。'"临屯国故地,系单单大岭(今大关岭)以东乐浪东部都尉的辖地,江陵府濊国遗墟定是临屯之政治中心,其辖地大约包括今江原道和咸镜道的部分地区。当然,学界也有不同见解。[①]

　　临屯的主体民族为濊人(亦称秽人)。如前所述,濊人是一个相当广大的族群。《后汉书·东夷传》说:"夫余国,在玄菟北千里……地方二千里,本濊地也。"《三国志·乌丸鲜卑东夷传》也说:"汉时……其印文言'濊王之印',国有故城名濊城,盖本濊貊之地,而夫余王其中。"与古代中国东北夫余之濊王统治地区相对应,位于古临屯的濊人,是为东濊。《三国志·乌丸鲜卑东夷传》云:濊北与"沃沮接,东穷大海,今朝鲜之东皆其地也。户二万。"东濊社会已经开始阶级分化,但尚未形成国家,实行习惯法。"无大君长,自汉以来,其官有侯邑君、三老统主下户……其俗重山川,山川各有部分,不得妄相涉入。同姓不婚……其邑落相侵犯,辄相罚责生口牛马,名之为责祸。杀人者偿死。"其经济已经有所发展,"有麻布,蚕桑作绵。晓候星宿,豫知年岁丰约。不以珠玉为宝……其海出班鱼皮,土地饶文豹,又出果下马"。同所有处于氏族社会的人类有出于淳朴的自然主义及无知而产生的自然崇拜一样,濊人崇天拜虎,"常用十月节祭天,昼夜饮酒歌舞,名之为舞天,又祭虎以为神";行同态复仇法,"杀人者偿死"。

　　"东濊"之称出现较晚,就笔者所见,其最早见于《三国志·乌丸鲜卑东夷传》,其中"濊传"结尾部分称:"正始六年,乐浪太守刘茂、带方太守弓遵以领东濊。"

[①] 学术界也有其他见解,如丁若镛认为临屯郡位于今京畿道的西部地区,在列水(今韩国汉江)流域的临津县(见其《我邦疆域考》的"临屯考");李丙焘则根据《汉书·武帝纪》臣瓒所引《茂陵书》所谓临屯治所东暆县与高句丽时代泉井郡属县东墟县近似,认为临屯郡在今朝鲜咸镜南道的德源县。

秽君南间统治下的地区是东濊的一支。公元前 82 年,汉罢临屯郡,以其地并入乐浪郡,"后以境土广远,复分领东七县,置乐浪东部都尉"。东汉建武六年(公元 30 年),"省都尉官,遂弃领东地,悉封其渠帅为县侯,皆岁时朝贺"①。此后,东濊遂成为乐浪郡治理下的自治县。

三、东沃沮

东沃沮位于今咸镜道高原、永兴至镜城以南的地区。《三国志·乌丸鲜卑东夷传》专为东沃沮作传,其文曰:东沃沮在"盖马大山之东,滨大海而居。其地形东北狭,西南长,可千里,北与挹娄、夫余,南与濊貊接。户五千,无大君王,世世邑落,各有长帅"。东沃沮的活动区域大致位于今朝鲜的咸镜北道、咸镜南道一带。东沃沮常简称为沃沮,又称南沃沮;与其相对应,还另有北沃沮,又名"置沟娄,去南沃沮八百余里"②,其活动区域大致位于图们江流域。

东沃沮"土地肥美,背山向海,宜五谷,善田种";"国小",国内产貂布、鱼、盐、海中食物;"其葬作大木椁,长十余丈,开一头作户。新死者皆假埋之,才使覆形,皮肉尽,乃取骨置椁中。举家皆共一椁,刻木如生形,随死者为数。又有瓦镉,置米其中,编县之于椁户边"③。瓦镉,即瓦鬲,一种容器。《三国志·乌丸鲜卑东夷传》还引《魏略》曰:"其嫁娶之法,女年十岁,已相设许。婿家迎之,长养以为妇。至成人,更还女家。女家责钱,钱毕,乃复还婿。"这些虽是父家长制确立的根据,也仍有母系社会的遗风。

东沃沮是相对独立的族群,到卫满时期,始附属于朝鲜。汉武帝灭卫氏朝鲜,分其地为四郡,"以沃沮城为玄菟郡。后……沃沮还属乐浪"。东沃沮在郡县时代虽受乐浪铁器文化的影响,终因"国

---

① 《后汉书·东夷传》。
② 《后汉书·东夷传》。
③ 《三国志·乌丸鲜卑东夷传》。

小,迫于大国之间",又东临大海,未能形成国家。① 李朝末学者丁若镛认为东沃沮即后来《三国史记》频繁出现的靺鞨②,《北史·勿吉传》称:"勿吉国在高句丽北,一曰靺鞨……即古肃慎氏也。"其语源出于肃慎语 weji(窝集),丛林之意③。公元 3 世纪后,作为族群,沃沮在古文献上消失,只留下"沃沮道""沃沮故地"之类的地名。

第五节　汉四郡的变迁与汉文化 在朝鲜半岛的辐射

一、汉郡县的方位与其历史变迁

公元前108年,讨伐卫氏朝鲜的战争一结束,汉武帝立即于其管辖的疆域实行中原已有的郡县制度,分别设置乐浪、临屯、真番三郡;至此,汉朝直辖疆土"西自武威,东尽玄菟及乐浪"④,或曰"东至乐浪,西至敦煌",幅员万里⑤。翌年,又以原隶属于卫满朝鲜的沃沮地为玄菟郡,朝鲜半岛进入"汉四郡"时期。汉四郡的设置意味着中原王朝开始对朝鲜半岛北部地区实行直接治理。

史书对三郡或四郡有如下各条:《汉书·武帝纪》元封三年夏条称,"朝鲜斩其王右渠降,以其地为乐浪、临屯、玄菟、真番郡"。《汉书·五行志》又说,"先是,两将军征朝鲜,开三郡"。而《汉书·地理志》只记乐浪郡和玄菟郡,并在玄菟郡下加注:"武帝元封四年开"。这些记述看似矛盾,其实《汉书·武帝纪》是说总的情况,后者则分别论及汉三郡的成立与汉四郡演变的过程。

---

① 《三国志·乌丸鲜卑东夷传》。
② （朝鲜）丁若镛:《大韩疆域考》;董万崙:《后汉书东沃沮传考证》,《世界历史》1989 年第 3 期。
③ 金毓黻:《东北通史》上编。
④ 《后汉书·卷二十·第十祭遵传从弟肜》。
⑤ 《潜夫论·卷三·浮侈第十二》。

"汉四郡"的位置是明确的,只因《汉书·地理志》玄菟郡的注解释不一,引起一定混乱。前已指出,《汉书》注引《茂陵书》明确记载,"真番郡治霅县,去长安七千六百四十里,十五县"。以里数计,真番郡当位于今韩国首都首尔的东北方。15县中今只知7县,即霅县、带方、列口、长岑、提溪、合资、海冥。《汉书·昭帝纪》记载:始元五年六月,"罢(南越)儋耳、真番郡"。之后,真番郡属县尽并入乐浪郡,霅县遂为乐浪南部都尉治所昭明县(位于今黄海北道信川郡北西湖里)。

临屯郡所在方位不存在争论。据《茂陵书》,"临屯郡治东暆县,去长安六千一百三十八里,十五县"。《新增东国舆地胜览》江原道江陵大都护府条称:"郡名"为"濊国,临屯";同书"云锦楼"条下有注云:"徐居正记:'江陵府,本濊国之遗墟,汉置郡为临屯。'"以里程计之,当在江陵。临屯郡何时撤销不见文字记载,学界一般认为与真番郡同时,故定在公元前82年。临屯郡撤销后,并入乐浪郡者7县,即东暆县、不而、华丽、邪头昧、前莫、蚕台、夫租(沃沮)。

居汉郡县中枢地位的乐浪郡因其建于"古朝鲜"王国政治中心故地,位置明确,不存在争议。其郡治的具体方位在浿水(大同江)之南,今平壤市乐浪区土城里,俗称"乐浪丘"。这里是古乐浪郡的首县朝鲜县的所在地,也是乐浪郡的治所。乐浪郡地域较广,北至清川江,南抵礼成江,是汉朝最大的郡之一,计25县。这个数字包括后来合并进来的其他郡的县,其中南部都尉所辖的7县原属真番郡,东部都尉所管7县原属临屯郡;其余11县系原乐浪郡,即朝鲜、论邯、浿水、黏蝉、遂成、增地、驷望、屯有、镂方、浑弥、吞列。西汉末年,王莽篡位建立新朝,乐浪郡一度改名为乐鲜郡。东汉初,光武帝初定中原,郡人王调叛汉,杀太守刘宪,自封为大将军乐浪太守。建武六年(公元30),东汉派王遵为太守,恢复了汉室对乐浪的统治[1];

---

[1]《后汉书·卷一百六·王景传》。

为便于治理,遂分东部 7 县为东部都尉所,以土著渠帅为县侯,实行间接统治。

玄菟郡有第一玄菟郡和第二玄菟郡之说。《后汉书·东夷传》东沃沮条称:"武帝灭朝鲜,以沃沮地为玄菟郡。后为夷貊所侵,徙郡于高句丽西北,更以沃沮为县,属乐浪东部都尉。"沃沮地广人稀,其郡治具体位置当在今朝鲜咸镜南道咸兴市附近,此即目前学界所谓第一玄菟郡,当时似只辖一县。该郡是汉四郡中最小的一个。汉昭帝元凤六年(公元前 75),玄菟郡受新兴起的高句丽势力的压力,其治所迁移到辽东境内的兴京地区,而把其在朝鲜半岛北部的故地划归乐浪郡管辖。① 此乃学界所谓的第二玄菟郡,这个侨置于辽东地区的玄菟郡辖高句丽、西盖马、上殷台 3 县,其地域、民族与朝鲜半岛无关。② 此后,汉四郡在朝鲜半岛仅剩乐浪一郡。

四郡合于乐浪时,乐浪郡地广势强,"自单单大领已东,沃沮、濊貊悉属乐浪。后以境土广远,复分领东七县,置乐浪东部都尉"③。其辖境应该包括今朝鲜平壤市、平安南道、黄海南道、黄海北道、咸镜南道及韩国京畿道和江原道部分地区,不仅在政治、经济以及文化诸方面对周边异族政体形成强大的辐射,且肩负代替中央与半岛诸国、诸韩联络、接洽的使命④;"东部都尉"系一种特别准行政区。

乐浪郡在朝鲜半岛存续达四百多年。其间,中国大陆之上经历了数度王朝更替,从西汉末年王莽建立新朝,到东汉建立,之后又经历三国、两晋南北朝、十六国之分裂动乱时期。中国古代史籍并无乐浪郡历史的系统记载,参考高丽王朝文人金富轼的《三国史记》新罗与百济本纪的有关记载,考究《汉书》的某些记述,可大体勾勒出

---

① 《汉书·卷七·昭帝纪》元凤六年春正月条云:"募郡国徙筑辽东玄菟城。"《三国志·东夷传》东沃沮条云:"以沃沮城为玄菟郡。后为夷貊所侵,徙郡句丽西北,今所谓玄菟故府是也。沃沮还属乐浪。"
② 详见《汉书·卷二十八·地理志》。
③ 《后汉书·卷八十五·濊传》。
④ 参考周振鹤:《西汉政区地理》,北京:人民出版社,1987 年,第 207—209 页。

它的历史概貌。

汉成帝河平元年(公元前28)春,乐郎郡太守曾派兵进犯新罗,然而见其"边人夜户不启,露积被野",知其为"有道之国",而引兵还国,此亦足见对外其欲行善邻政策。然而,此举反被新罗实权者瓠公理解为对新罗的"畏怀"①,从而引起双方关系不断紧张。汉平帝元始四年(4),乐浪郡与新罗失和,发兵"围金城数重",见新罗遇国丧,不愿乘人之危而退兵。新莽天凤元年(14),乐浪乘新罗发六部劲兵抵抗日本倭船扰边"内虚"之时,进攻新罗金城。及遇流星坠营,惧退,"屯于阏川之上,造石堆二十而去"。新罗追兵见阏山石堆知其众,也止退。

百济立国,实为靠牺牲乐浪郡的疆土发展而来。据丁若镛考证,"温祚立国,即今汉阳之地,而谓之带方故地,则洌水以北,即古乐浪南部临屯之地也"②。"洌水,今谓汉水",即汉江也。因此,乐浪与百济的关系极其不稳定。百济始祖温祚王四年(公元前15),温祚主动"遣使乐浪修好"。又四年,为防不断来犯的靺鞨人,百济于其北境"筑马首城,竖瓶山栅"。乐浪太守不悦,遣使告曰:"顷者,聘问结好,意同一家。今逼我疆,造立城栅,或者其有蚕食之谋乎?若不渝旧好,隳城破栅,则无所猜疑。苟或不然,请一战以决胜负。"百济不从,由是双方失和。后三年,"乐浪使靺鞨袭破瓶山栅,杀掠一百余人"。由此看来,此时乐浪郡势力已强大到足以号令靺鞨为其对外征伐的程度。百济为阻塞乐浪、靺鞨犯边之路,遂又"设秃山、狗川两栅"③。又三年,为"图久安之计"而"迁都"汉南,温祚王十七年(2)春,乐浪又进攻百济,"焚慰礼城"。百济不甘示弱,于次年大败靺鞨后,"欲袭乐浪牛头山城",然而中途"遇大雪,乃还"④。此

---

① 《三国史记·卷一·新罗本纪第一》始祖赫居世居西干三十年四月、三十八年春二月条。

② (朝鲜)丁若镛:《与犹堂全书·地理集第一卷·疆域考其一·带方考》。

③ 《三国史记·卷二十三·百济本纪第一》温祚王八年春二月条,十一年夏四月条。

④ 《三国史记·卷二十三·百济本纪第一》温祚王十七年春、十八年冬十月条。

后,虽屡见鞨鞨人与百济人相互攻防拉锯,但直至百济古尔王时代(公元234—285年在位),两个多世纪不见乐浪与百济、新罗有何交往。

公元20—22年(新莽地皇年间),已经衰败的辰韩首领右渠帅,闻乐浪土地美,人民饶乐,亡欲来降。此之辰韩该是赫居世作为"未建国号"新罗总王所谓"南韩"①的一部分。据《魏略》载,辰韩右渠帅廉斯鑡"出其邑落",遇见一名叫户来的汉人,他是"为韩所击得,皆断发为奴"的一千五百人中的一员。廉斯鑡携户来等千人投奔乐浪。他经含资县与乐浪郡太守取得联系后,受命重返辰韩,要求其归还剩余的五百人。于是,"鑡时晓谓辰韩:'汝还五百人,若不者,乐浪当遣万兵乘船来击汝。'辰韩曰:'五百人已死,我当出赎直耳。'乃出辰韩万五千人,弁韩布万五千匹,鑡收取直还。郡表鑡功义,赐冠帻、田宅,子孙数世,至安帝延光四年时,故受复除。"②

公元1世纪20年代,随着中原王朝的反复更迭,朝鲜半岛亦政局动荡。地皇四年(23)九月,新朝灭亡;其后三年,东汉立。此后,乐浪郡大体维持稳定。东汉末年,皇权削弱,政局混乱,延平元年(106),安帝刘祐(106—125年在位)作为13岁的少年继位,太后秉政,宦官当道,朝廷无力顾及其东方郡县,乐浪郡开始走下坡路。尽管如此,乐浪郡也没有发生《三国史记》所谓的亡国,其所记之高句丽王子好童设计亡乐浪③说中的"乐浪王崔理"是另有所指。查中国古代史书,历任乐浪太守仅15人,以其在任时期的先后排序,他们是刘宪、王调、王遵、吴凤、张岐、凉茂、鲜于嗣、刘茂、张统、裴嶷、鞠彭、餘句、游鳝、赵隗、慕遗④,其中并无名叫崔理者。王莽新朝时期乐浪郡"土人"王调杀朝廷命官乐浪太守刘宪后,其东部都尉所辖夫

---

① (朝鲜)丁若镛:《与犹堂全书·地理集第一卷·疆域考其一·辰韩考》。
②《三国志·卷三十·韩传》注引《魏略》。
③《三国史记·卷十四·高句丽本纪第二》大武神王十五年夏四月条。
④ 赵红梅:《乐郎郡太守考》,《通化师范学院学报》2010年第01期。

租县(今朝鲜咸兴一带)某一土著酋长乘机自称"乐浪王",其统治的实"属乐浪郡的小国"①,此人应该就是"乐浪王崔理"。

东汉桓灵二帝时期(147—189),韩濊势力抬头,乐浪郡内不少土著居民南移韩地,使得屯有县以南大片土地荒芜。公元184年黄巾起义爆发后,东汉的统治开始瓦解,献帝初平年间(190—193)初为"玄菟小吏"的公孙度(150—204)遂崛起为辽东太守,他假借汉室名义,"东伐高句丽,西击乌丸,威行海外"②,形成控制乐浪的强大的割据势力。建安(196—220)中,其子公孙康于204年"分屯有县以南荒地为带方郡"③,派公孙模、张敞讨伐韩濊,召回流民。

带方初为乐浪郡属县,位于古之带水,今之临津江入海口,汉四郡设立之初,属临屯郡,至始元年合于乐浪郡。西汉成帝鸿嘉三年(公元前18年、温祚王元年),其南界被刚立国的百济占据。④ 带方郡治为带方县(今朝鲜黄海北道凤山郡沙里院),辖7县。此后,汉江以北地区,进入汉二郡时期。

233年,魏明帝因曾接受被孙吴政权封为燕王的公孙渊"斩送孙权所遣张弥、许宴首,以渊为大司马乐浪公"⑤,乐浪成为封国。于是,乐浪郡再度被纳入中原王朝的"封建"体系⑥。

景初二年(238),魏明帝"大兴师旅,诛渊,又潜军浮海,收乐浪、带方之郡,而后海表谧然,东夷屈服"⑦。公孙氏子孙三代(189—238)割据势力终结后,曹魏在辽东改设东夷校尉,东方郡县收归幽州刺史管辖。⑧ 西晋延续了这一管理体系。245年,"乐浪太守刘

---

① [韩]尹钟永:《国史教科书风波》,第62页。
②《三国志·卷八·公孙度传》。
③《三国志·卷三十·韩传》。
④ 参看《北史·卷九十四·百济传》。
⑤《三国志·卷三·魏明帝纪》青龙元年十二月条。
⑥ 参看王安建:《开建五等——西晋五等爵制成立的历史考察》,新北:花木兰出版社,2009年,第54—63页。
⑦《三国志·卷三十·东夷传序》。
⑧ 景初年间,以辽东、昌黎、玄菟、带方、乐浪五郡为平州;不久,改为幽州,至276年复使上述五地还为平州。

113

茂、带方太守弓遵，以领东濊属句丽，兴师伐之，不耐侯等举邑降"。
后两年，魏齐王下诏，封其为不耐濊王。此后，不耐濊"四时诣郡朝
谒。二郡有军征赋调，供给役使，遇之如民"。自此，乐浪得以收复
"单单大岭……自领以东七县"①。单单大岭的方位应在今朝鲜半岛
中部灭恶山脉、马息岭山脉与广州山脉之间的丘陵地带。

魏齐王芳正始八年（247），幽州刺史毋丘俭"以高句骊数侵叛"
而破其都城丸都，东川王败退南沃沮，遂"筑平壤城"。高句丽日渐
向朝鲜半岛发展，使昔日汉地辽、浿、带的疆域驿亭连通的局面终结
而面临越海沟通的现实，迫使乐浪郡必须独立面对土著势力消长所
带来的各种压力。

此前，就在毋丘俭与乐浪太守等伐高句丽之时，百济古尔王十
三年秋"乘虚遣左将真忠，袭取乐浪边民"。于是，乐浪太守刘茂大
怒，古尔"王恐见侵讨，还其民口"②。足见当时乐浪郡在朝鲜半岛的
分量之大。此后，百济与相邻的带方郡发展为姻亲关系，即古尔王
子责稽娶"带方王女宝果为夫人"。286年顷，责稽继王位，此时，高
句丽进攻带方郡，带方求援百济。百济以"'带方我舅甥之国，不可
不副其请'，遂出师救之，高句丽怨"。其在位十三年后，责稽王为来
袭的"汉与貊人"战斗，"为敌兵所害"。此处"汉"人不知所指，从后
来其子汾西王为复仇于304年"潜师袭取乐浪西县"，汾西王又"为
乐浪太守所遣刺客贼害，薨"③看，或许与乐浪郡有关。

综合分析，前所谓百济纪年是不准确的。责稽王（286—297年
在位）与汾西王（298—303年在位）均为受高句丽控制的"汉与貊人"
以及"乐浪太守所遣刺客"所害，其继任者比流王（304—344年在位）
理应复仇，与高句丽继续战争。奇怪的是在其当政的四十年间，比

---

① 《三国志·卷三十·濊传》。
② （高丽）金富轼的《三国史记·卷二十四·百济本纪》古尔王十三年秋八月条的记载与
陈寿《三国志》记载的伐高句丽的主体人物有不同，前者称："魏幽州刺史毋丘俭与乐浪
太守刘茂、朔方太守王遵伐高句丽"，金富轼误把带方太守弓遵为朔方太守王遵。
③ 《三国史记·卷二十四·百济本纪第二》汾西王七年二月春二月条。

流王却没有任何动作，而近肖古王(346—375 年在位)以后，百济与高句丽却连年战争。足见，《百济本纪》纪年不可信。至于《新罗本纪》所记，更不足为凭。其所谓乐浪、带方二郡"归服"，只能理解为一部分人或某些县投奔到新罗。实际上，313 年，高句丽进攻乐浪郡，"虏获男女二千余口"，此时虽已经控制了乐浪郡，并于次年进攻带方郡，但似未得手。① 由于百济的援助，高句丽军队战败，双方为争夺带方郡的战争继续进行。但是，次年秋，日益强大的高句丽又"南侵带方郡"。此后，二郡日渐被高句丽控制，并逐渐消失于历史。

二、汉郡县的政治体制与乐浪郡的历史影响

在古代中国汉、魏、晋各代的属郡中，乐浪郡是其中较大且在今日中国境外的属郡。两汉之际，其辖境应该包括今朝鲜平壤市、平安南道、黄海南道、黄海北道、咸镜南道及韩国江原道部分地区。由于其所在的地理位置和存续的时间之长，其对整个朝鲜半岛的影响不可低估。

位于朝鲜半岛的乐浪郡②，在其存在的四百多年间，属中原王朝历史范畴，其文化上自然亦属华夏文化，其社会发展程度应与中原不相上下。乐浪历史上涌现出不少国家栋梁干才。例如，东汉建武初年曾协助乐浪太守王遵恢复秩序的乐浪三老王闳之子王景(约30—85 年，字仲通)，就特别出众，他"少学易，遂广窥众书，又好天文术数之事，沈深多伎艺……景以为六经所载，皆有卜筮，作事举止质

---

① 《资治通鉴·卷八八·晋纪十》愍帝建兴元年(癸酉、313)条称："辽东张统据乐浪、带方二郡，与高句丽王乙弗利相攻，连年不解。乐浪王遵说统帅其民千余家归庵，庵为之置乐浪郡，以统为太守，遵参军事。"辽东人张统是乐浪、带方二郡最后一任太守。他在与以丸都(今吉林省集安)为郡城的高句丽争夺二郡时失利，投靠了慕容庵。后者在辽西侨置另一个乐浪郡，这已经不是原来意义上的乐浪郡。
② 西晋建兴元年(313)初，据有乐浪、带方二郡的张统不敌高句丽与百济的侵袭，率千余家内迁，而被前燕武宣帝慕容庵(269—333)为其在辽西侨置乐浪郡(见《资治通鉴·卷八十八》建兴元年条)；之后，东魏天平四年(537)又于营州侨置乐浪郡，后两者皆属乐浪郡。见施和金编：《北齐地理志·卷一·河北地区上》，北京：中华书局，2008 年，第133—134 页。

于蓍龟。而众书错糅,吉凶相反,乃参纪众家术数文书,冢宅禁忌堪舆日相之属,适于事用者,集为《大衍玄基》云";他还"沈深多伎艺",善于治水,并因"修汴渠"、治理黄河,使其 800 年无患,教民垦田有功,受到东汉皇帝的重用,《后汉书》还特为他作传。

乐浪等郡县的管理体系和统治制度,似与中原郡县的体制有别。目前虽没有发现其政治制度的直接资料,但是经过仔细分析现有的旁证材料,尚可窥知其基本概况。东汉初,乐浪郡"土人王调杀郡守刘宪,自称大将军"。建武六年(30),光武帝派太守王遵将兵进击,王遵得到王景父亲的支持。史书在论及此事时,称王景"父闳,为郡三老……闳与郡决曹史杨邑等共杀调迎遵,皆封为列侯";《后汉书·东夷传·东沃沮》云:"至光武罢都尉官,后皆以封其渠帅为沃沮侯。"《三国志·东夷传》更云:"其后皆以其县中渠帅为县侯,不耐、华丽、沃沮诸县皆为侯国。夷狄更相攻伐,唯不耐濊侯至今犹置功曹、主簿诸曹,皆濊民作之。沃沮诸邑落渠帅皆自称三老,则故县国之制也。"同书又说:"诸韩国臣智加赐邑君印绶,其次与邑长。其俗好衣帻,下户诣郡朝谒,皆假衣帻,自服印绶衣帻千有余人。"同卷"高句丽"条也有类似记载,称"汉时赐鼓吹技人,常从玄菟郡受朝服衣帻,高句丽令主其名籍。后稍骄恣,不复诣郡,于东界筑小城,置朝服衣帻其中,岁时来取之,今胡犹名此城为帻沟溇。沟溇者,句丽名城也";其"濊"条亦说:"自汉已来,其官有侯、邑君、三老,统主下户。"朝鲜半岛东部秽民区,自单单大山岭以西属乐浪郡统领,其以东七县"自领",设都尉主其政务;"后省都尉,封其渠帅为侯";其不耐侯又称"不耐濊王"。土著官员须"四时诣郡朝谒",乐浪、带方"二郡有军征赋调,供给役使,遇之如民"。

上述记载可知,乐浪与带方二郡的体制大体分为两个系统。直辖地区基本与中原郡县制度相同,郡设太守、都尉、监御史、郡决曹史等职。土著地区,初也大体与内地同,设县令、功曹、主簿诸曹,对郡县有功者还封侯赐爵;在改为间接治理后,则以其县为侯国,任命其酋长或"王"为县国三老、侯或邑君、邑长,并给予"印绶"与"衣帻",大的部落酋长或"王",还要由朝廷颁赐"朝服"。不过,这些地区即使于设置县令期间,其原有的统治体系也基本上得以维系,只是其首领须"四时朝谒",并穿戴所赐的袍服和印绶,以此作为对中原朝廷忠诚的标志。同时,各县与侯国必须贡纳租赋,遇有军事行动,则"军征赋调,供给役使"。可知,这些郡县尽管在政治上较其他郡县宽松,但在经济与军事上的义务和它们没有什么大的不同。

广义的乐浪文化属古代中国汉魏晋文化系统。在两汉中央政权的有效管理下,乐浪文化发展到了相当的水平。乐浪四个多世纪的存续历史奠定了朝鲜半岛诸王国与大陆之上中原王朝的封贡关系,中华之名物、典章制度不断向整个半岛扩散,以至形成农业发展,工艺发达,经济兴旺,都市繁荣的升平景象。长期的富裕和平的生活,亦使乐浪社会贫富分化,上层普遍弥漫奢侈、厚葬之风。结果,随着中原地区政局的动荡,乐浪开始衰落,最后因其治下的高句丽势力的崛起而消亡。

乐浪郡所创造的丰富、灿烂的文化,在朝鲜半岛的历史发展中留下不可磨灭的印记。当乐浪、带方二郡处于高度发展的封建社会,其周边社会尚处于由青铜器时代向铁器时代过渡的时期。汉魏统治者通过授予土著君长和渠帅印绶、衣帻和爵位,与之建立朝谒、朝贡和役使的政治经济关系,对周边社会产生了巨大的影响。庆尚南道金海贝冢出土的铁斧、铁片、货泉和碳化的米粒;庆尚南道义昌茶户里遗址出土的铁制农具、青铜器、漆器高杯和毛笔[①];庆尚北道永川郡琴湖面渔隐洞遗址出土的小型铜镜和青铜饰具,尤其是其中有带"见日之光,天下大明"铭文的白铜日光镜等文物;1936 年,在济州山地港熔岩下出土的五铢钱、货泉、大泉五十、货布等古币与青铜仿制镜等,雄辩地证明了乐浪文化,或者说古代中国汉魏文化通过

---

① [韩]李健茂:《义昌茶户里遗迹发掘进展报告》,《考古学志》1989 年第 1 期。

二郡对洛东江流域的狗邪国(后为驾洛国)和骨伐(骨火[切也火郡])①,以及对当时被称为"州胡"②的耽罗国的巨大影响。古文献称:韩"北方近郡诸国,差晓礼俗,其远处直如囚徒奴婢相聚"③。这也表明乐浪文化的辐射已经打破了三韩原始文化在朝鲜半岛的独占地位,对朝鲜半岛南部的社会发展产生巨大的推动作用。

乐浪文化主要反映在大量出土文物上,如有铸造"半两"钱的3个钱范,这表明乐浪地区的"半两"钱是在当地铸造的;其他出土文物中有不少是当地制造的,如瓦当、陶器等。从发展的观点看问题,乐浪文化亦应视为中国大陆与朝鲜半岛的古代民族共同创造的文化。因此,乐浪文化不仅是汉文化的延伸,更是这个地区所有民族创造的文化,即以汉文化为主体融合了当地土著文化的相对独特的文化。另外,还应当强调乐浪郡在被并入高句丽之后,其居民除部分迁往中原外④,其留在原地的汉郡县遗民仍然坚持着汉文化的传统,且继续推动了后者文化的前进。

乐浪郡在历史上消失以后,其文化仍然持续了大约一个多世纪。20世纪日本占领朝鲜时期,考古学界在乐浪地区发现了乐浪郡被攻占后烧制的、带有纪年的铭文砖墓,其铭文所载年代有:西晋愍帝建兴四年(316),东晋明帝泰(太)宁五年(实为成帝咸和二年,327)、成帝咸和十年(实为咸康元年,335)、康帝建元三年(实为穆帝永和元年,345)、穆帝永和八年(352)、安帝元兴三年(404,该铭文还有"元兴三年三月王君造"字样)等。

值得注意的是,上述铭文所载年代中有三个年号都延长了一

① 骨伐乃新罗助贲尼师今七年二月(236)骨伐国王阿音夫率众降于新罗,以其地为切也火郡,见《三国史记·新罗本纪》助贲尼师今七年条与同书《地理志》。
②《三国志·卷三十·韩传》。
③《三国志·卷三十·韩传》。
④ 据《魏书》记载,北魏世祖太武帝延和元年九月曾"徙营丘、成周、辽东、乐浪、带方、玄菟六郡民三万家于幽州,开仓以赈之"(《魏书·卷四·世祖纪》)。此记载已为考古资料所证实,见张然:《北京发现罕见墓葬群1名墓主人来自"朝鲜县"》,《京华时报》,2015年3月17日。

年,这是乐浪郡并入高句丽后,因交通阻塞,信息往来滞后所致。其中也有的是因墓葬在前,改元在后,依习惯计算,就多了一年的。这些现象反映了一个事实,即在高句丽占领乐浪郡后,在法理上,那里的土地和人民依然是西晋,乃至南北朝朝廷的疆土和臣民。因为,早在公孙渊称霸辽东之时,魏明帝通过封其为"大司马乐浪公"[①],而把乐浪郡纳入曹魏的封贡体系,而且,即使在南北朝时期,在侨置乐浪之外还把朝鲜半岛之乐浪郡置于其法理的疆域之内。被前燕追封为高祖的慕容廆(269—333)在向东晋朝廷请封燕王封号的奏章中称:"今燕之旧壤,北周沙漠,东尽乐浪,西暨岱山,南极冀方,而悉为虏庭,非复国家之域。将佐等以为宜远遵周室,近准汉初,进封廆为燕王,行大将军事,上以总统诸部,下以割损贼境。"[②]燕王慕容儁(319—360)称帝后,则封去朝谒的高句丽故国原王钊(331—370,又名斯由)为营州诸军事、征东大将军、营州刺史、乐浪公。[③]

　　1945年朝鲜半岛光复后,朝鲜先后公布了冬寿墓和幽州刺史镇墓壁画,前者于黄海南道安岳郡柳雪里,被列为安岳3号墓,墓志铭显示年代为东晋永和十三年(高句丽故国原王二十七年,357),后者位于平安南道大安市德兴里,被认为属公元360年前后出走大同江流域,最后作为东晋辽东太守使持节东夷校尉而亡故于朝鲜半岛的官员。[④] 上述史实足以显示出乐浪文化的持久影响力。

　　冬寿墓与幽州刺史墓自朝鲜社会科学院考古研究所分别于1949年和1976年发现与发掘以来,其文化属性一直是学界关注的焦点。在发掘的当时,前者称安岳3号墓,被以孙永钟为代表的朝

---

① 《三国志·卷三·魏明帝纪》青龙元年十二月条。
② 《晋书·卷一百八·慕容廆》。
③ 《三国史记·卷十八·高句丽本纪第六》故国原王二十五年冬十二月条;《晋书·卷一百十·慕容俊》。
④ 孙泓:《幽州刺史墓墓主身份再考证》,《社会科学战线》2015年第1期,第117—126页。

鲜学者视为高句丽美川王或故国原王的"王陵"①。以金元龙为代表的韩国考古学家从其墓葬形制与墓室结构、壁画人物服饰及器物等诸方面判断,认为其属汉代典型的砖室墓,与高句丽之石室积石墓不同②,墓室南北排成一列,前方羡道前室左右设有耳室,后面为两边宽敞呈四角形的内室。前室东西两室均有壁画,西室西壁壁画为墓主画像,帷帐内安坐着威严的墓主,其下方在称作"帐下督"的武官头上有墨书铭,其文字是:

> 永和十三年十月戊子朔二十六日癸丑,使持节、都督诸军事、平东将军、护抚校尉、乐浪相昌黎玄菟带方太守、都乡侯幽州辽东平郭都乡敬上里冬寿字,年六十九薨官。

安岳 3 号墓主亡于 357 年(高句丽故国原王二十七年),美川王早在其三十二年(332)已经亡故,《三国史记》明文记载其"葬于美川之原"③,不可能在 25 年后再移葬在远离其国都的黄海道。于是,主张安岳 3 号墓为高句丽王陵者遂于 1990 年改称其为故国原王陵。但是,故国原王虽战死在平壤,但是为维护王权,斯由也只能于 372 年葬于"故国之原"④,而不可能提前 15 年葬于异域带方郡之新土。

再者,墓主壁画画像左方画有皇帝授予使臣的"汉节",这是高句丽不曾有的中原官员特有的作为节信的节杖。墓主衣着冠帽也不同于高句丽,画像显示墓主头戴黑色帻冠,而不是如史书记载的高句丽王戴"白罗"冠⑤。因此,安岳 3 号墓应该是虽然遭到势力南

① [韩]孔秉九(공석구):《安岳 3 号坟墨书铭考》(〈안악 3 호분 묵서명에 대한 고찰〉),《历史学报》121,1990 年。
② [韩]尹钟永:《国史教科书风波》,第 66 页;《先史•高句丽研究的转机期待——美川王陵安岳第三号古坟》(〈先史•高句丽研究의 전기기대——美川王陵安岳第三古坟〉),《东亚日报》,1981 年 11 月 18 日,第 11 版。
③《三国史记•卷十七•高句丽本纪第五》美川王三十二年春二月条。
④《三国史记•卷十八•高句丽本纪第六》故国原王四十一年冬十月条。
⑤《旧唐书•高(句)丽传》称:高句丽"衣裳服饰,唯王五彩,以白罗为冠,白皮小带,其冠及带,咸以金饰。官之贵者,则青罗为冠,次以绯罗,插二鸟羽,及金银为饰,衫筒袖,袴大口,白韦带,黄韦履。"

下的高句丽的控制,但尚未灭亡的带方郡太守冬寿的坟墓。

　　幽州刺史镇墓壁画也有墨书铭记和榜题,其文字显示墓主乃"信都县都乡中甘里释加(迦)文佛弟子□□氏镇仕"①,依据我国学者的"镇"乃乐浪遗民机构之解②,此墓主应是信都县都乡中甘里村释迦文佛弟子复姓某某氏镇之仕。榜题记其年七十七薨,为永乐十八年。永乐是高句丽广开土王年号③,其十八年为公元408年,即后燕建始二年,鉴于后燕慕容氏政权频繁更换年号④,远离故土的墓主家族只好使用高句丽年号。朝鲜学者认为信都是朝鲜平安北道嘉州的古名⑤,断定墓主乃高句丽人,而"新都"作为地名在朝鲜半岛,是王氏高丽时期的事。实际上,此"信都"是中国古地名,它始于西汉,经晋朝而迄于后燕,是古代中国冀州的属县,晋时属安平国。⑥

三、汉四郡文化遗址与乐浪文化的历史地位

　　汉四郡的设立,使朝鲜半岛的民族格局发生了重大变化。随着乐浪等郡县在大同江流域的设立,中原地区的官吏、商人及移民不断涌入这一地区,语言与文化的汉化进程进一步加快。汉扬雄的《方言》视朝鲜半岛大同江流域与辽东半岛、河北北部为同一个方言

---

① 据朝鲜与韩国公布的书刊(朝鲜社会科学院、朝鲜画报社刊《德兴里高句丽壁画古坟》,韩国古代社会研究所、徐永大编《德兴里古坟墨书铭》)记载,该古墓墨铭共计605字,其中可判读者560字,书于前室北壁甬道上方者为14行154个字,其前7行最为重要,它们是:"□□郡信都县都乡中甘里　释加文佛弟子□□氏镇仕　位建威将军①小大兄左将军　龙骧将军辽东太守使持节　东夷校尉幽州此事镇　年七十七薨焉永乐十八年　太岁在戊申十二月辛酉朔二十五日……"
② 刘永智:《幽州刺史墓考略》,《历史研究》1983年第2期。
③ 朝鲜科学院历史研究所编:《朝鲜史年表》附录二·年号一览表·朝鲜年表,平壤:朝鲜劳动党出版社,1957年。
④ 后燕王朝(384—409)从世祖慕容垂建国到灭亡的景宗慕容云的25年间换了九个年号。
⑤ 《高丽史·卷五十八·地理三》博州条。
⑥ 《晋书·卷十四·地理志上》冀州条。

区便是这一趋势的证明。① 因此,乐浪郡在文化上与朝鲜半岛其他
地区差异明显,即所谓"胡汉稍别"②。同时,由于乐浪郡的特殊地理
位置,它发挥着向南部及其边远地区传播先进文化的桥梁作用,从
而促进了半岛内部民族的融合进程。

　　20 世纪初,日本军国主义者为永远霸占朝鲜半岛做准备,东京
曾派遣了一批御用学者对朝鲜半岛进行"古迹调查"。1909 年,关野
贞、荻野由之、今西龙等通过对大同江南岸的平壤地区的 3 座古砖
墓发掘,首次发现了乐浪文化遗存。吞并朝鲜后,日本总督府派遣
"古迹调查委员"有组织地开始进行发掘调查,1910 年关野贞等发掘
了 2 座砖室墓。次年,谷井济一发掘了"带方太守张抚夷墓"。1913
年,今西龙、谷井济一调查了平壤大同江南岸土城里遗址,首次发现
乐浪文化木椁墓。1916 年,他们在那里发掘了 4 座木椁墓和 6 座砖
室墓。在此期间的考古发掘成果,在 1915—1927 年间陆续发表。③
1923 年、1924 年连续对乐浪文化进行发掘调查,并在乐浪丘的古墓
里发现了带铭文的漆器。1925 年,东京帝国大学原田淑人博士④等
发掘出著名的王旰墓。⑤ 1930 年,他们又对平壤市乐浪区大同面梧
野里的乐浪古墓做了调查。1931 年,日本"朝鲜总督府"成立的"朝
鲜古迹研究会"把乐浪古墓作为主要研究任务。同年,他们发掘的

---

① 扬雄著《方言》原本虽未流传下来,幸经东晋郭璞撰《方言注》(涵芬楼四部丛刊本)得以
保存下来。严耕望(1919—1996)据此整理古代中国"方言"地理区,把朝鲜半岛北部方
言归之为"燕国北部与朝鲜北部"区,见严耕望:《扬雄所记先秦方言地理区》,载《严耕
望史学论文选集》,北京:中华书局,2006 年,第 60—79 页。
② 《三国志·卷三十·濊传》。
③ 日占时期"朝鲜总督府"编:《朝鲜古迹图谱》,1915 年;[日]关野贞、谷井济一等:《古迹
调查特别报告第四册:乐浪郡时代的遗迹》,"朝鲜总督府"刊行,1927 年。
④ 原田淑人(1885—1974),日本著名考古学家,日本东洋考古学开创者之一,1908 年东京
帝国大学文科大学史学科毕业后,专攻中国的风俗史、服饰史。1918 年任日本"朝鲜总
督府"古迹调查委员,其后在平壤市郊发现了汉乐浪郡遗址和王旰墓。1925 年以后,在
中国参加"东亚考古学会"的活动,1947 年任日本考古学会会长,1957 年曾率团来华访
问,其主要著作有:《东亚古文化研究》(1941 年)、《东亚古文化论考》(1962 年)、《东亚
古文化说苑》(1973 年)等。
⑤ [日]原田淑人、田泽金吾:《乐浪——五官掾王旰之坟墓》,东京:刀江书院,1930 年。

南井里 116 号古墓,首次出土了绘有彩画的漆箧,该墓被命名为"彩箧冢"。1932 年,日本小场恒吉、榧木杜人等学者发掘了贞柏里第 127 号古墓,发现墓主人是乐浪太守副官王光,后命名此墓为"乐浪王光墓"。[①] 1934 年、1935 年和 1937 年,"朝鲜古迹研究会"对乐浪地区进行了更广泛的调查,在平壤市乐浪区大同江面土城里土城,发现了许多乐浪郡时期的遗物,其中包括古砖、瓦当、铜镞、封泥等重要文物。

起初,日本的一些人并不愿承认它们是乐浪文化,后来出土文物中的铭文有乐浪郡的标志,加上有著名学者参加发掘和研究,其主流社会才接受了这个事实。[②]

考古发掘调查所确认的乐浪文化遗存分布于其管辖的广大区域,其范围北至清川江,南至载宁江中上游,西抵黄海,东达龙兴江(古泥河)流域。乐浪文化墓葬主要集中于平壤市周边地区、平安南道的大同江下游地区和黄海南北道的载宁江流域,清川江流域仅在平安北道博川郡德星里发现数例乐浪文化砖室墓,龙兴江流域只在咸镜南道金野郡所罗里土城附近发现数座乐浪文化木椁墓。

乐浪、带方郡县治址附近的古墓,通称乐浪古墓。平壤市大同江南岸地带是乐浪文化墓葬的最大分布区,那里发现了数千座密集的乐浪古墓群,其中包括梧野里墓群、贞柏里墓群、石岩里墓群、南井里墓群等。同时,大同江北岸的平壤市区及平安南道南部地区,也分布着相当数量的乐浪文化墓葬,如平安南道江西郡台城里墓群等。

乐浪郡治址系平壤市南郊土城里,它位于大同江南岸隆起的台地上,地形高低起伏不平,东西约长 709 米,南北约长 600 米,面积约 40 万平方米,是个小城市的规模。1935 年、1937 年,首先在土城城

---

① 日本"朝鲜古迹研究会"编撰:《古迹调查报告第二册:乐浪王光墓》,日本"朝鲜古迹研究会"刊印,1935 年。
② [日]梅原末治、藤田亮策编著:《朝鲜古文化综鉴》,东京:养德社,1946 年,序言。

址东部发现柱础石、甬道、井和下水道等建筑遗迹。城址内出土的
遗物相当丰富,历年采集所得的有砖瓦、封泥、陶器和铜铁器等。除
瓦当上有常见的云纹外,还发现有"乐浪礼官""乐浪富贵"等铭文的
封泥,除"乐浪太守章"和"乐浪大尹章"之外,朝鲜等 23 县的县令、
长、丞、尉的官印都有发现,充分证明这里曾经是当时乐浪郡治址。

　　土城遗址本身是历史的见证,也是了解乐浪郡文化的一个重要
方面。据日本学者的调查与研究,已经清楚了解到六座土城遗址。
除乐浪郡治址外,其他郡县治址的土城如下。

　　粘蝉县治址在平安南道龙冈郡海云面于乙洞土城。《新增东国
舆地胜览》于乙洞古城条注曰:"在县西十九里,土筑,周一千二百十
二尺,高五尺。"经实地勘察,此土城筑于台地上,呈长方形,直径为
150.65 米,较乐浪郡治所小许多。城内出土了乐浪时代的瓦片①;
在土城附近的东北方向约 485 米的地方发现有一块碑碣,名为"汉
平山君神祠碑"。碑身高约 1.33 米,宽 1.1 米,属花岗岩小碑。此碑
文字为隶书体,碑面泐蚀不重,可以辨认,其全文是:

　　　　　□□□年四月戊午粘蝉长□□
　　　　　□建丞属国会陵为□□□
　　　　　□神祠刻石辞曰
　　　　　□平山君德配代嵩承天出□
　　　　　□佑粘蝉兴甘雨惠闰土田
　　　　　□□寿考五谷丰成盗贼不起
　　　　　□□蜇藏出入吉利咸受神光②

　　此碑系粘蝉县令所建,祝愿其地"五谷丰成,盗贼不起"等平民
关心的主要事项。③ 首行泐蚀的三字被判读为"元和二",即东汉章

---

① [日]关野贞、谷井济一等:《古迹调查特别报告第四册:乐浪郡时代的遗迹》,1927 年,第
　239 页。
② 刘喜海辑录,刘承干校订:《海东金石苑补遗》,嘉业金石丛书希古楼刊本。
③ 该碑首行多一字,据此有人认为是伪品。

帝元和二年(85),是朝鲜境内现存最古老的碑石。

带方郡治址系黄海道凤山郡(今朝鲜黄海北道沙里院市凤山区)文井面唐土城。《新增东国舆地胜览》卷四十一在凤山郡古迹条下注曰:"在郡西十二里,土筑,周四里,高二十四尺。"发掘显示该土城略呈长方形,东西556米,南北730米。城址内出土有货币和东汉到西晋的带纪年的砖,如汉灵帝光和五年(182)、泰始七年(271)、泰始十年(274)等年号。在沙里院驿东南二三里的地方发现的方台封土墓提供了宝贵的研究资料。墓室为砖壁,玄室入口有长长的羡道。砖的长侧面和短侧面上有三组文字,在A组的短侧面刻有"使君带方太守张抚夷砖"的铭文;在C组的长侧面有三行铭文,首行为"太岁在戊,渔阳张抚夷砖",二行为"太岁申,渔阳张抚夷砖",三行为"八月二十八日造砖,日八十石酒"。借助上述文字可确知墓主是渔阳出身的带方太守张抚夷,这也为确定带方郡治址提供了证据。铭文中的戊申(228年、288年),一般认为系第二个戊申,即西晋武帝太康九年。东汉献帝建安(196—220)中期建立的带方郡管辖范围内有今黄海道安岳郡出土的"太康九年""元康五年"的铭文砖。

带方郡昭明县治址系黄海南道信川郡土城里。1928年6月,在信川郡北部面西湖里出土了带有"太康四年三月,昭明,王长造"的铭文砖;在"昭明"砖出土地以北约八九里的地方,发现了乐浪时代的瓦片,据此断定这里是昭明县故址。《新增东国舆地胜览》卷四十二信川郡驿院条下有"土城院",其下注曰"在郡北十五里"。经勘测,该城呈长方形,东西长500米,南北宽200米。信川郡还出土了"太康四年""太康七年""建武十六年""嘉平二年""泰始四年""咸宁元年""太安二年"以及"永嘉"年号的铭文砖。同时,还有带方郡被并后"咸和十年"(334)"建元三年"(345)"永和八年"(352)的铭文砖出土,说明带方郡被占据后,残留的汉人还在使用中原王朝年号。

长岑县治址在黄海南道信川郡凤凰里,这里发现了"守长岑县王君,君讳乡,年七十三,字德彦,东莱黄人也。正始九年三月廿日,壁师王德造"的长篇铭文,表明了长岑县故址的所在。咸镜南道永兴郡永兴所罗土城为沃沮县治址。其他尚有同期的土城遗迹,只是直接证据不足,难以肯定其所属县治。

乐浪墓葬以乐浪郡治址南面的墓群最为有名,据 1945 年以前的调查统计,这里有木椁墓 466 座、砖室墓 926 座。此后,朝鲜考古学者又在这一区域发掘了乐浪墓葬 2600 余座,其中木椁墓 1050 余座,砖室墓 1000 余座,瓮棺墓 600 余座。这里墓葬多为方台形坟丘,或称方台封土墓。正式发掘的 50 余座墓显示墓葬的结构主要为木椁墓和砖室墓两种。木椁墓是带墓道的土坑竖穴,其底部与四壁用厚木板制成长方形箱式椁室,有单室和双室之分,一般容纳两棺,也有一棺或多棺者,随葬品排列在棺椁之间。椁室与圹之间填以玉石或碎石,其缝隙用木炭填充;顶盖也以木料架起,然后用土逐层夯实,起方台圜丘,大者直径达 10 米。砖室方台封土墓为穹隆顶,墓室入口为拱形,有单室和双室之分,后者前室两侧往往附有耳室。墓室内一般容纳两棺。墓砖表面都有花纹,有的还有铭文。

以上两种方形封土墓出土了大量的贵重文物。王光墓和彩箧冢不仅造型典型,而且出土文物非常具有代表性。王光墓为单室双棺,出土的木印上刻有"乐浪太守椽王光之印"。彩箧冢位于平安南道大同郡南串面南井里,是双室三棺墓,其中出土有以孝子传为题材的人物彩画漆箧;一同出的一枚木简上书有"缣三匹,故吏朝鲜丞田肱谨遣吏再拜祭",表明墓主也是乐浪郡的官吏。其随葬的漆箧非常精美,四面绘有彩色的商山四皓、高士郑子真、义仆李次孙和孝子丁兰的人物画像,人物由朱、褐、橘黄、黄绿多种色线勾勒,线条清晰,用笔遒劲,色彩厚重。每幅画像榜有题字,长侧面是:"丁兰,木支人""孝孙""孝妇""李善""善大家""侍郎""郑真";上短侧画书写"侍郎""侍者""纣帝""伯夷";另一长侧面立像旁书作"孝妇""渠孝子""侍郎""魏汤""汤父""令老""令妻""令女""青郎",短侧面书作"孝惠帝""南山四皓""大里黄公"。在另外两个区间的人物像旁题有"皇后""美女"与"吴王""侍者"之字。箧盖上有人物像与文字,纹带较窄,多为略笔。表面中心有漆边区,与此处同部位另附有细长的四叶座金具,因锈斑遮盖了画面,文字仅可认出"皇帝""神女"四字①。

这些古墓出土的漆器品种甚多,其中包括漆杯、盘、勺、壶、砚、案、枕、镜奁、栉、笄等,器面多用红、黄、绿三色,绘有人物、动物及各种图案,笔致精巧,几乎每件都称得上艺术品。漆器有表明制作产地的铭文,如"广汉郡""蜀郡"等文字。有一件西汉哀帝建平年间(公元前6—前3)的漆盘,在器物口沿下方针刺有如下铭文:"建平四年,蜀郡西工造乘舆汈黄扣饭盘,容一斗。髹工壶、上工武,铜扣黄漆工禁,画工谭、汈工众、造工矢造。护工卒史嘉、长辛、守丞合、掾谭、令使宗主。"底面中心部位刺有"大官"大字。另一件出土于王光墓的漆盘,有朱漆书写的"利王"二字。平壤市附近出土的刻画漆耳环也有铭文,原文是:"□□□年,蜀郡西工造□□□□□纻羹棓。髹工首、画工戎、汈工间造。护工卒史槫、长孝、丞德、□贺、令史白主。"文中"造"以下缺5字,据其他漆器铭文推断应为"乘舆髹汈画",而接近末尾的缺字应为"掾"。此器的纪年不明,据其他大量的漆器纪年,似应属于西汉时期。另一件有纪年的漆耳杯也出土于平壤附近,此器上有19字的铭文,全文是:"绥和元年,供工熹造,掾临主、守石丞何、首令凤省。"绥和为西汉成帝年号,其元年为公元前8年。东汉明帝永平年代的漆耳环,出土于平壤乐浪区贞柏里第200号墓,其铭文为:"永平十一年,蜀郡西工造乘舆侠综量一升入合杯。素工武、髹工戎、染工翁、汈工堂、造工代、护工掾封、长丰、丞嵩、掾羽、令史疆主。"此器内底还有朱漆描绘的"利程"二字,"程"是墓主

---

① 日本"朝鲜古迹研究会"编:《古迹调查报告第一册:乐浪彩箧冢》,日本"朝鲜古迹研究会"刊印,1935年。

的姓。"永平十一年"是公元 68 年。王盱墓出土的漆木六壬①栻盘具有特别的意义,天盘中央绘有北斗七星,其外围分三层绘有十二神将、天干地支和二十八宿。② 铜器也有带铭文的,其中以平壤市乐浪区蚀岩里 1 号墓出土的带"秦始皇廿五年"纪年铭文的铜戈最有名。此戈系白铜制成,援为两刃突锋,胡为片刃,十分锐利。其一侧为秘的突带,有三穿,内由胡的上端伸出,中心附有长方形的穿,似为系英饰用。刃部如同磨制一样,非常锋利,因已有磨痕,可知铸造后已经使用过。内的中心部位铸有一"上"字,其右面刻有"洛都武"三字;内的另一面刻有三行文字,第一行是"廿五年季上郡守□",第二行是"高奴工师灶",第三行为"丞申工曳薪让"。铭文的"上"字,即"上郡"的省文,"洛都"即为"洛都县","武"乃"武库"的省略。"廿五年",一般认为是秦始皇廿五年。这就是说,此戈是秦始皇二十五年在上郡制造并藏于上郡武库内,后来又曾存于洛都县的武库。1923 年 10 月,日本关野贞在平壤市平壤中学陈列棚中见到此器。同时,还发现了永光三年的铜钟,其铭文的第一行是"孝文庙铜钟容十升",第二行为"重卅斤",第三行是"永光三年六月造"。"永光"乃西汉元帝的年号,其三年为公元前 41 年。

铜镜的铭文最多。乐浪郡遗址出土的铜镜达 500 余面,而且大

---

① 所谓六壬是因五行以水为首,在十天干中,壬和癸分别为阳水和阴水,舍阴取阳,故名为"壬";而在六十甲子中壬共有六个,故名"六壬",六壬为古传三式之一。其栻盘由天盘(圆形)和地盘(方形)组成。其中天盘的运用,有着严格的天文依据,即日躔宫次和月将的起用。

② 据《古文字研究》第十一辑罗福颐著《汉栻盘小考》和《考古学报》1985 年第 4 期严敦杰著《式盘综述》里的记载,目前存世的汉代六壬栻盘共有六件,其中木质的两件现均在日本,一件仅存天盘的一小部分,出土于乐浪彩箧冢石岩里 201 号墓,见于 1934 年小仓显夫所著《乐浪彩箧冢》;另一件天地盘均残,已破损不堪,出土于乐浪王盱墓,见于 1930 年原田淑人等编著的《乐浪——五官掾王盱之坟墓》。小仓显夫所著《乐浪彩箧冢》提到的木胎糅漆六壬栻盘,同墓出土有新莽始建国元年(公元 9 年)漆器,故而可认为此木栻是新莽时期或东汉初年时物品。它的主要特点是在天盘上北斗七星外圈分为三层,第一层为十二神将,第二层为天干地支,第三层为二十八宿。原田淑人等编著的《乐浪——五官掾王盱之坟墓》提到的木胎糅漆六壬栻盘,出土于乐浪王盱墓,同墓出土有永平十二年(公元 69 年)漆器,故而可认为此木栻是东汉明帝末年或章帝前后物品。

部分都有铭文。其中具有代表性的有:(1)平壤市乐浪区贞柏里古墓出土的方格四乳叶纹镜,铭文为"见日之光,天下大明";(2)四虬十二弧纹镜,其铭文为"长宜子孙";(3)王光墓出土的冻冶铅华内行花纹镜,其铭文为"冻冶铅华清而明,以之为镜宜文章,延年益寿辟不羊,与天毋亟如日光,长乐未央";(4)平壤市石岩里古墓出土的居摄元年内行花纹镜,其铭文为"居摄元自有真,家当大官粢常有陈、里之冻吏为贵人,夫妻相喜,日益亲善","居摄"是孺子婴的年号,元年为公元6年;(5)平壤市附近古墓出土的兽钮兽首镜,其铭文是"延禧七年七月壬午,吾造作尚方明镜,幽陈三冈,买人大富师命长,"在卷形图内又有"长宜子孙"的附铭,延熹是东汉桓帝的年号,其七年是公元164年;(6)平壤市附近古墓出土的方格规矩四神镜,是件出色的艺术品,其铭文多达63个字,即"新有善铜出丹阳,冻冶银锡清而明,尚方御竟大毋伤,巧工刻之成文章,左龙右虎辟不羊,朱鸟玄武顺阴阳,子孙备县居中央,常保二亲乐富昌,寿敝金石如猴王";(7)平壤市贞柏里第2号墓出土的青盖蟠龙四灵三瑞镜,其铭文是"青盖蟠龙四灵三瑞竟大毋伤,巧工刻之成文章,左龙右虎辟不羊,朱鸟玄武顺阴阳,常保二亲乐富昌,寿敝金石如猴王"。

墓砖的铭文也很多,其中仅有明确纪年者就有30余块。黄海北道沙里院市凤山区文井面唐土城内出土有东汉灵帝光和五年(182)的铭文砖,其文字是"光和五年韩氏造牢",小面还有"之寿"二字。平壤市乐浪区土城里土城出土的东汉献帝兴平二年(195)铭文砖,文字为"兴平二载四月贯氏造郭",砖端还有"□张孟陵"四字。黄海南道安岳郡安岳邑附近古墓群出土的含资王君墓铭砖,其全文是"逸民含资王君砖"。日本学者据此认为带方郡的含资县就在其附近。此外,"嘉平二年""甘露□年""景元元年""泰始""元康""太康"等年号的铭文砖还有很多。

平壤市乐浪区土城里土城出土了许多其他的属于乐浪郡的遗

物,其中主要有瓦当、封泥、古印等。乐浪郡的瓦当造型很有特点,中心圆形突起,向四方伸出四条线,将瓦当分成四个区,一区一字,如写成"乐浪礼官""大晋元康"等字样。此等瓦当的铭文也证明此处为西汉至西晋的乐浪郡治。

封泥是乐浪郡的主要出土文物。当时官方传递书信和竹书,要用绳子捆扎,然后用泥封住绳扣并压印上印章,遗留下来的印泥便是封泥。封泥上都留有当时官吏所压印的印记。据统计,在发现的封泥中,显示乐浪郡郡级官职的印记有 21 个,郡以下县邑官职者 108 个。在乐浪区土城发现的封泥上有"乐浪太守章""乐浪大尹章""□邯长印""朝鲜令印""朝鲜右尉""遂城右尉""昭明丞尉""浿水□印""浿水丞印""含资□印""遂城长印""增地长印""长岑长印""屯有令印""镂方长印""镂方右尉""提奚丞印""提奚长印""浑弥长印""东暆长印""不而长印""蚕台长印""邪头昧宰印""夫租丞印",等等。乐浪郡 25 县中的 23 县之令、长、丞、尉、宰等职的官印都有封泥发现,只有屯列、华丽二县的封泥没有被发现。

私印封泥也有发现,如"为颍印信""王超印信""高讪私印""天帝黄神"以及凤凰图形的"万岁"印等。

乐浪郡的古墓还出土了许多印信。一方铜印上面刻有"韩苑君印"四字,另一方兽钮铜印,印文是"王寿私印"。平壤市石岩里第 219 号墓出土了一枚银印,印文是"王根印信";石岩里第 9 号墓出土了一枚印文为"永寿康宁"的玉印。另一块狮子钮子母印,刻有收受子印的内巢,但子印缺失,印文为"王挑印信"。王光墓出土了"王光"木印与"王光"两面木印,后者一面刻有"臣光",另一面刻有"乐浪太守掾王光之印"。石岩里第 204 号墓之王盱墓也出土了一块两面木印,一面为"王盱印信",另一面为"五官掾王盱印"。[1]

---

① [日]田村晃一:《楽浪郡地域出土の印章と封泥——「馬韓の文化」への反論》,《考古學雜誌》62 - 2,1976 年。

　　乐浪郡遗址还出土了大量的货币，其分布远达三韩地带。史家一般认为三韩仅是乐浪郡的羁縻地区，对《三国志》所谓"乐浪本统韩国"与"二郡遂灭韩"①的记述，多持怀疑态度。但是，地下出土的文物资料却印证着西晋著名史学家陈寿收集史料所做的记述。汉朝的货币五铢钱、货泉、小泉直一、大泉五十、货布等均有出土。在庆尚南道金海邑会岘里贝冢中，出土货泉1枚，济州岛山地港出土了五铢钱4枚、货泉11枚、大货五十12枚、货布1枚。

　　乐浪郡古墓出土的货币以五铢钱最多，其次是新莽时期铸造的大泉五十与货泉，半两钱、小泉直一、货布较少。平壤市石岩里第120号椁墓出土的五铢钱达200枚。平壤市附近出土的五铢缗是用苎麻将数十枚五铢钱串在一起的。平壤市乐浪区土城里土城出土半两钱2枚，那里还出土了半两钱范3个。

　　若干土城遗址的发现和大量的古墓群的存在，尤其在乐浪郡古城和举世闻名的汉人方台封土古墓群中出土了那么多令人信服的文物，印证了文献关于乐浪郡设治之地是卫满朝鲜所都之地，临屯郡设治于临屯旧地，真番则设在真番故地的记载；证明平壤市乐浪区土城里土城址，就是古乐浪郡的郡治，带方郡治位于黄海北道首府沙里院市凤山区。

　　出土文物之铭文有许多在乐浪郡设置后的中国历代帝王的年号，其中包括西汉宣帝地节、元帝永光、成帝绥和、哀帝建平、孺子婴居摄，东汉光武帝建武、明帝永平、桓帝延熹、灵帝光和、献帝兴平，魏嘉平、甘露、景元，及西晋泰始、太康、元康等，其年号一代接一代，几乎没有间断。汉武帝元封三年设置乐浪郡后的西汉的六代皇帝年号，除平帝外，都能在乐浪郡出土的文物铭文中找到。这些都雄辩地证明：乐浪郡自设治之日起，即以平壤为中心，始终未曾移动。

　　乐浪郡文化遗存还生动地说明，乐浪郡在归入高句丽后，由于

---

①《三国志·卷三十·乌丸传》等。

高句丽本身臣属于中原王朝,在法理上那里依然是古代中国的极东之地,"国之东界",加上其高度发达的文化的性质,乐浪遗民仍然在相当长的时间里保持着自己的文化传统。如果把乐浪郡被占领的时间定在建兴元年(313),则在乐浪郡遗址中发现有建兴四年、泰(太)宁五年、咸和十年、建元三年、永和八年、元兴三年的属于乐浪文化的文物,以及十六国后赵太祖建武九年、十六年等铭文砖,说明他们在高句丽的统治下仍然使用中原王朝的纪年。乐浪遗民的墓葬,有的就标有"遗民"的名号,如"逸民含资王君砖"等。从冬寿墓与幽州刺史墓的墓志铭看,乐浪郡被占据以后,以平壤为中心的地带仍然是汉族人聚居的地区。高句丽占领这个地区后,沿袭了乐浪郡对其辖地少数民族的统治方法。据记载,高句丽对东沃沮的统治是:"复置其中大人为使者,使相主领,又使大加统责其租税。"①高句丽统治其占领的乐浪郡,似亦用此方法。冬寿墓主人全是汉官职名,幽州刺史墓主人"□□镇仕",说明乐浪遗民有着自己的自治机构,而此墓主人是汉安平国信都县人,其官爵名除有一个不明的"比小大兄"或"国小大兄"是高句丽的官爵外,其他均是汉官爵。

---

① 《三国志·卷三十·东沃沮传》。

第三章 列国体制下的朝鲜半岛

第一节 南方诸韩

一、韩与辰国

古文献有关"韩"来历的记载相当模糊。此之称谓最早见于《山海经·海内东经》,其文曰:"都州在海中,一曰郁州。韩雁在海中,都州南。"据考证,都州在今连云港附近。① 郝懿行《山海经笺疏》注曰:"韩雁盖三韩古国名。"《淮南子·时则训》曰:"东方之极,自碣石山过朝鲜,贯大人之国,东至日出之次,博木之地,青土树木之野。"碣石在乐浪遂成县,而"大人之国"自然是在朝鲜半岛南部的韩。《三国志·韩传》在谈到弁辰时,称"其人形皆大"便是其证。又据《逸周书·王会解》,在朝鲜半岛南部活动的族群还有"扬州""解""俞人""周头""青丘""黑齿"等,他们都应是派员参加"成周之会"与"韩侯入觐"朝周的诸韩。

古文献还显示,周代有二韩:一为姬姓之韩,受封于武王之世,其后为晋所并;二为武穆之韩,其先祖封自周成王之世,至西周末季

①《水经注·卷三十·淮水》云:"东北海中,有大洲,谓之郁州。"崔琰《述初赋》言:郁州者,故苍梧之山也。据此知之在江苏连云港一带。

尚存。国在《禹贡》冀州之北，地近燕，即《诗经·大雅·韩奕》的韩
侯，其文曰："王锡韩侯，其追其貊，奄受北国，因以其伯。"《郑笺》称：
"其后追、貊也为猃狁所逼，稍稍东迁。"此韩侯，其后裔总领追、貊，
为北方伯。自西周中后期开始，他们与生活在北方蒙古高原上的貊
系部族一起，在强大的犬戎人的进逼下，渐渐向东、向南迁徙。约在
西周末春秋初，其中的一支南迁进入朝鲜半岛的南部地区，与更早
生活在这个地区的土著形成最初的韩人。故颜师古说："貉在东北
方，三韩之属皆貊类也。"卫氏朝鲜建立后，箕氏朝鲜王准"将其左右
宫人走入海，居韩地，自号韩王"；"其子及亲留在国者，因冒姓韩氏。
准王海中，不与朝鲜相往来"。后汉王符在《潜夫论》中论及武穆之
韩侯时曰："昔，其国也近燕，故诗云：'普彼韩城，燕师所完。'其后韩
西亦姓韩，为魏满所伐，迁居海中。"清汪继培的《潜夫论笺》在其下
加注："按，韩西盖即朝鲜。'朝'误为'韩'，'西'即'鲜'之转。故，尚
书大传以'西方'为'鲜方'。"①这应是指亡国的箕子朝鲜后裔箕氏，
冒姓韩氏，由海路移居汉江以南，它不仅从一个侧面反映了以韩人
为主体的南部居民与"古朝鲜"遗民、汉人相融合的过程，而且说明
自西周以来，中国大陆的居民在不断地向朝鲜半岛移动的事实。

"韩"族最早出现的古国是位于半岛南部的"辰国"，其具体的迄
止年代不详，可考者应不早于公元前1世纪。

辰国之名，最早见于《汉书·朝鲜传》，文中说，卫氏朝鲜传至右
渠王时，"真番、辰国欲上书见天子，又雍阏弗通"。据此可知，辰国
在公元前2世纪末已经具有能派遣使臣交通汉朝的能力。尽管《史
记》在说到此事时，只用"真番旁众国"，说明当时的辰国并不重要，
似仅为后来出现的三韩中的一支辰韩的前身。对此，《三国志·韩
传》载："辰韩者，古之辰国也。"朝鲜末年大学问家丁若镛根据《后汉
书》的有关记载，认为"辰韩者，秦韩也，秦人之东走者也"。他进而

---

① (汉)王符：《潜夫论笺校正》，北京：中华书局，1985年，第449页。

解释说:"秦人初来,凡君长皆谓之臣王,谓中国别有君王也。其初三韩通称臣王。而其中唯岭南为臣韩者,秦人居之也。辰者臣也。右渠之时,臣民逃难,亦至岭南。故东史谓之朝鲜遗民。"①这些"秦人"实乃华裔韩人,即居住在中国辽东和朝鲜半岛的"华夏族集团"②,卫氏朝鲜末代王右渠王在位时,朝鲜相历溪卿等出走之二千户所向之地,即南下岭南,故《魏略》曰"东之辰国"。

此种论断虽与蒙文通(1894—1968)先生的见解不同,但基本意思是说辰韩的主体是殷商之后人。他在1958年问世的《周秦少数民族研究》一书中论及古代中国东北貊移动方向时指出:"辰之名,古未他见,而国则最古。考左氏以宋为大辰之虚……大辰比于祝融尔吴,则亦有国者之号,宋鲁亦曰商鲁(吴语),商而曰辰亦犹参辰之即参商乎!"③称其为诸韩中"国则最古"者,可也;若视之为朝鲜半岛之"最古",谬也。

这个位于真番旁的辰国因受右渠王的"雍阏",使之觐见"天子""弗通",足见其具体方位在今黄海道的真番以南的"韩地"。裴松之在引《魏略》作注曰:"初,右渠未破时,朝鲜相历溪卿以谏右渠不用,东之辰国,时民随出居者二千余户,亦与朝鲜贡蕃不相往来(贡疑为真)。"辰韩既在马韩之东,说"东之辰国"也就很自然的了。这个区位与《山海经》所谓盖国的位置相当。④

辰国大概建国于公元前3世纪。关于辰国的社会结构,因史料的阙如,不得而知。所谓"尽王三韩之地"的辰王,可能就是整个部落联盟的首领,由月(目)支国渠帅世袭。《史记·朝鲜传》说"辰王欲上书见天子",这个辰王就是月支国的"长帅",辰国各部长帅称

① (朝鲜)丁若镛:《与犹堂全书·地理集第一卷·疆域考其一·辰韩考》。
② 董万崙:《华夷、华夏、汉人在东方》,《北方文物》2001年第4期。
③ 蒙氏所谓"大辰之虚"的引文,出自《左传》昭公十七年条。查其原文知"大辰"实指大火星,其文所论是讲十二星辰的位置,而非什么国名。《尔雅·释天》曰:"大辰,房心尾也。"
④《山海经·海内北经》载:"盖国在钜燕南,倭北,倭属燕。"盖国大体上与辰国位置相当。

"臣智"。从其与汉朝建立朝贡关系而独立于卫氏朝鲜看,辰国定有相当实力,加上不断有来自"古朝鲜"的"遗民"和中国大陆的移民的流入,大量吸收发达的汉文化,使得铁器文化在汉江以南广泛传播开来。属于公元前1世纪忠清南道唐津郡合德邑以素素里遗址为中心半径20公里内出土的青铜短剑、青铜镜、铁斧、铁凿、琉璃管玉等遗物①,扶余郡合松里土圹石椁墓出土的铜铎、细形铜剑、铜戈、细纹镜、铁斧等遗物,金海贝冢出土的碳化稻米等考古遗存,不仅说明当时的辰国金属工具已经普及,开始稻作,而且从出土这些初期铁器的墓制形式基本属于大同江流域的土圹墓类型,而不同于公元1世纪以后马韩人的"周沟墓"等因素看,这些遗址具有"外来"文化属性②。

综合各种资料,辰国的主体民族是韩人,而统治者似是具有高度文化的"外来"流入民。至迟于公元前1世纪初,随着韩人社会的进步与新的聚合,辰国最终分裂为三大系统。

二、马韩、辰韩、弁韩

大约在公元前2世纪末、前1世纪初,在辰国疆域及其以南地区形成马韩、辰韩与弁韩三股势力。《后汉书·东夷传》说,"韩有三种:一曰马韩,二曰辰韩,三曰弁韩……皆古之辰国也",共七十八国。三韩中,马韩在西,其北与乐浪,南与倭接;辰韩在东,北与濊貊接;弁韩在辰韩之南,其南亦与倭接。

《三国志》称马韩"凡五十余国",其所列国名五十五国,去除重名的卑离国,实为五十四国,其中的月支国曾是辰王的治所。据当代学者考证,五十四国中有十二国应为辰韩,它们是:爰襄国、牟水

---

① [韩]李健茂:《唐津素素里遗址出土文物》(《唐津素素里유적출토 일괄유물》),韩国考古美术史研究所编:《考古学志》3,1991年。
② [韩]金贞培编著:《韩国古代史入门 第1卷——韩国文化的起源与国家形成》,第262页。

国、桑外国、小石索国、大石索国、优休牟涿国、臣濆活国、伯济国、速
卢不斯国、古离国、怒蓝国、咨离牟卢国；所属不详者有九国，即日华
国、古诞者国、素谓干国、古爰国、古蒲国、内卑离国、感奚国、一离
国、一难国；其余三十三国属马韩，它们是：月（目）支国、卑离国、占
离卑国、臣衅国、支侵国、狗卢国、卑弥国、监奚卑离国、致利鞠国、冉
路国、儿林国、驷卢国、万卢国、辟卑离国、臼斯乌旦国、不弥（不密
支）国、支半国、狗素国（疑为伪名）、捷卢国（似系素捷卢国之误）、牟
卢卑离国、臣苏涂国、莫卢国、古腊国、临素半国、臣云新国、如来卑
离国、楚山涂卑离国、狗奚国、不云国、不斯濆邪国、爰池国、干马国、
楚离国。

　　由此可知，确如史料所云，"马韩最大"，而且早在辰国时代，诸
部落"共立其种为辰王"，"尽王三韩之地"。但是，鉴于其"都（目）支
国"位于面向中国大陆，且近箕氏朝鲜王俭的今忠清南道古月支国
地区，这里自古都是"朝鲜遗民"和大陆"亡人，避苦役，适韩国"必经
之地。马韩不仅要"割东界地与之"，成辰韩，而且早在公元前 3 世
纪前后，被国破南逃的朝鲜王箕准"攻破"，直至成为其王的"准
后灭绝"。[1]

　　据《三国志》，在马韩之东的今庆尚南、北道的辰韩，"始有六国，
稍分为十二国"。"弁辰亦十二国，又有诸小别邑……弁、辰韩合二
十四国，大国四五千家，小国六七百家，总四五万户。"但文献实列二
十六国，即：已柢国、不斯国、弁辰弥离弥冻国、弁辰接涂国、勤耆国、
难弥离弥冻国、弁辰古资弥冻国、弁辰古淳是国、冉奚国、弁辰半路
国、弁（辰）乐奴国、军弥国（弁军弥国）、弁辰弥乌邪马国、如湛国、弁
辰甘路国、户路国、州鲜国（马延国）、弁辰狗邪国、弁辰走漕马国、弁
辰安邪国、马延国、弁辰渎卢国、斯卢国、优由（中）国。由于弁辰杂

---

[1]《后汉书·卷八十五·三韩》称："辰韩，耆老自言秦之亡人，避苦役，适韩国，马韩割东
　　界地与之……初，朝鲜王准为卫满所破，乃将其余众数千人走入海，攻马韩，破之，自立
　　为韩王。准后灭绝，马韩人复自立为辰王。"

居,史籍把它们的国名混在一起叙述,不易分辨所属。原文中有十国冠有"弁辰"者,当属弁韩;另外有带"弁"字头者的两国,也应该属弁韩。原文所列国名二十六个,有两个马延国和似重的军弥国、弁军弥国,应属笔误,去除其中的两国,恰好二十四国。①。

辰韩十二国的共主称辰王,《三国史记》的作者金富轼为《新罗本纪》作按,指出:"新罗朴氏、昔氏皆自卵生,金氏从天入金柜而降,或云乘金车,此尤诡怪不可信。然世俗相传,为之实事。政和中,我朝遣尚书李资谅,入宋朝贡,臣富轼以文翰之任辅行。诣佑神馆,见一堂设女仙像。馆伴学士王黼曰:'此贵国之神,公等知之乎?'遂言曰:'古有帝室之女,不夫而孕,为人所疑。乃泛海抵辰韩生子,为海东始主。帝女为地仙,长在仙桃山,此其像也。'臣又见大宋国信使王襄祭东神圣母文,有'娠贤肇邦'之句。乃知东神则仙桃山神圣者也。"②新罗故都庆州西确有自古被称为"西岳"的新罗王陵所在地仙桃山。而帝女泛海东渡肇邦的传说印证了辰韩的始祖来自中国大陆之说。

《三国志》载:"辰王常用马韩人作之,世代相继,辰王不得自立为王。"该书注引《魏略》说:"明其为流移之人,故为马韩所制。"③诚如其耆老所言,辰韩是秦人避役而来居者,他们的到来进一步促进了当地韩人与外来移民的融合,从而形成一个新的族群。不过其文化虽然先进,却"为马韩所制",辰王常"用马韩人作之"。由于大量华夏"流移"民的到来,朝鲜半岛南部由较单一的韩人辰国群体,变为马、辰、弁三韩群体并存的局面;也正是由于此种原因,虽然最早从辰国分离出来的是马韩,可最早与汉四郡乃至汉王朝发生关系者却是辰韩。

汉朝直辖区及华夏移民向朝鲜半岛南部"流移",是一个持续不断的过程。卫满朝鲜相历溪卿东走辰国时,带走了二千余户。同

---

① 参考简江作:《韩国历史》,第51—56页。
②《三国史记·卷第十二·新罗本纪第十二·敬顺王纪》尾"论曰"。
③《三国志·卷三十·弁辰》。

时,王莽地皇时(公元 20—23 年),懂汉语的辰韩右渠帅廉斯鑡出降汉乐浪郡时带走"为韩所击得,皆断发为奴"的户来等千名"汉人"的记事①,既说明进入韩人社会的"流移"人中,被三韩掠来的人群占有相当比例,也表明半岛的如乐浪郡之汉人社会亦有大量的韩人的融入。上述事件生动反映了公元前后汉人与韩人融合交流的史实。

三、三韩的社会、经济与文化

三韩之"国"合计共七十八,规模大小不一,大者户万,小者仅数千家,分布在南部地区的山海间,面积方圆约"四千里"。这些"国"的社会发展水平并不一致,多数为部落联盟,小者可能还是单个部落。每个"国",实际上只是个人口集聚的邑落,大者相当于古代中国之城邑,近乎古希腊初期之城邦,尚未达到建立国家的水平,其疆域也仅限于都邑之城区及其近郊,其范围直径一般不会超过 30公里。

关于三韩的社会状况,史书有比较清楚的记载。辰韩"有城栅。其语言不与马韩同,名国为邦,弓为弧,贼为寇,行酒为行觞,相呼皆为徒,有似秦人,非但燕、齐之名物也。名乐浪人为阿残……今有名之为秦韩者",并有如渠帅之类的头领。其"土地肥美,宜种五谷及稻,晓蚕桑,作缣布,乘驾牛马。嫁娶礼俗,男女有别。以大鸟羽送死,其意欲使死者飞扬。国出铁,韩、濊、倭皆从取之。诸市买皆用铁,如中国用钱,又以供给二郡。俗喜歌舞饮酒。有瑟,其形似

---

① 《魏略》曰:"王莽地皇时,廉斯鑡为辰韩右渠帅,闻乐浪土地美,人民饶乐,亡欲来降。出其邑落,见田中驱雀男子一人,其语非韩人。问之,男子曰:'我等汉人,名户来,我等辈千五百人伐材木,为韩所击得,皆断发为奴,积三年矣。'鑡曰:'我当降汉乐浪,汝欲去不?'户来曰:'可。'(辰)鑡因将户来(来)出诣含资县,县言郡,郡即以鑡为译,从芩中乘大船入辰韩,逆取户来。降伴辈尚得千人,其五百人已死。鑡时晓谓辰韩:'汝还五百人。若不者,乐浪当遣万兵乘船来击汝。'辰韩曰:'五百人已死,我当出赎直耳。'乃出辰韩万五千人,弁韩布万五千匹,鑡收取直还。郡表鑡功义,赐冠帻、田宅,子孙数世,至安帝延光四年时,故受复除。"

筑,弹之亦有音曲。儿生,便以石压气头,欲其褊……男女近倭,亦文身"。前引《魏略》所谓户来等上千汉人被掠"断发为奴"证实,辰韩存在着相当规模的以外族人为奴的制度。考古学资料显示,公元2世纪中叶以后,辰韩地区墓葬发生变化,由原来的木棺墓演变为乐浪郡式的土圹墓,并出现了炉形陶器和叫作台附壶的新器种①。铁器的代表性文物铁斧,由板状型而发展为棒状型;公元2世纪中叶以后,环头大刀、带把的铁镞、长形铁剑等武器相继出现。这表明,辰韩是个即将进入文明社会的部落联盟体。

弁韩除有十二国,"又有诸小别邑,各有渠帅,大者名臣智,其次有险侧,次有樊秖,次有杀奚,次有邑借";"亦有城郭。衣服居处与辰韩同。言语法俗相似,祠祭鬼神有异,施灶皆在户西……衣服洁清,长发。亦作广幅细布。法俗特严峻。"公元2世纪中叶后,弁韩墓葬也发生与辰韩类似的变化。

三韩中,"马韩最大","其俗少纲纪,国邑虽有主帅,邑落杂居,不能善项制御。无跪拜之礼。居处作草屋土室,形如冢。其户在上,举家共在中,无长幼男女之别。其葬有椁无棺,不知乘牛马,牛马尽于送死。以璎珠为财宝,或以缀衣为饰,或以悬颈垂耳,不以金银锦绣为珍。其人性强勇,魁头露紒,如炅兵,衣布袍,足履革蹻蹋"。"常以五月下种讫,祭鬼神,群聚歌舞,饮酒昼夜无休。其舞十人俱起相随,踏地低昂,手足相应,节奏有似铎舞。十月农功毕,亦复如之。信鬼神,国邑格立一人主祭天神,名之天君。又诸国各有别邑,名之为苏涂。"苏涂者,"立大木,悬铃鼓,事鬼神。诸亡逃至其中,皆不还之,好作贼。其立苏涂之义,有似浮屠,而所行善恶有异"。浮屠乃佛塔,"似浮屠"即类佛塔,此乃指各部落皆有树立用于"事鬼神"的悬挂"铃鼓"的大木杆的空地,鉴于那里的神圣性,任何

---

① [韩]慎京哲(신경철):《三韩时代的东莱》,载《东莱区志》,1995年;[韩]崔钟奎(최종규):《三韩考古学研究》,汉城:西京文化社,1995年。

逃到那里的人,都将获得人身安全,故而善恶难辨,"好作贼"。此处自然亦是"祭鬼神,群聚歌舞"之场所。

马韩境内诸国的发展水平不一,大多"散在山海间,无城郭",也有"国中有所为及官家使筑城郭"者,其北方临近汉郡县者"差晓礼俗",以远地区基本尚未摆脱原始状态。

马韩地区尽管在墓室遗址中也出土了具有典型性的鸟足文、锯齿纹陶器和短颈壶等遗物,但是,资料不多,又缺乏研究,能够补充的东西十分有限。

第二节　半岛形成三国鼎立与列国并存新格局

传统上,有关半岛古代史的著作只讲新罗、百济、高句丽"三国"的历史,并无"列国"的提法,皆因史家"忽视或无视伽倻"和耽罗国的存在。为还原纪元后半岛五百年历史的本来面貌,本书称这个时期为三国鼎立与列国并存的时期,或列国时代。

一、新罗建国与其发展

《三国史记》开篇《新罗本纪第一》开头称:"始祖姓朴氏,讳赫居世。前汉孝宣帝五凤元年甲子四月丙辰(一曰正月十五日)即位,号居西干,时年十三,国号徐那伐。"前汉孝宣帝五凤元年是公元前57年,"居西干"是辰韩人对"王"或"贵人"的称谓。也就是说,这一年在朝鲜半岛的南部出现了以朴赫居世为首领的古代国家。39年后,徐那伐另一个王姓始祖昔脱解诞生;公元65年,金姓王族始祖金阏智诞生于白鸡啼鸣的"始林树间"。于是,国王脱解尼师今"改始林名鸡林,因以为国号"。公元307年(基临尼师今十年),改国号新罗,并成为朝鲜半岛的主要国家之一。

作为新罗母体的徐那伐是辰韩"十二国"之一的斯卢①，它兴起于朝鲜半岛的东南部，都金城（今韩国庆州）。约公元前4世纪，生活在这一带的山谷间的"朝鲜遗民"，组成"辰韩六部"，史称"六村"：阏川杨山村、突山高墟村、觜山珍支村（亦称干珍村）、茂山大树村、金山加利村、明活山高耶村。徐那伐所在的金城地区是远离战乱纷争的中国大陆和半岛北方的地带，是大陆遗民与"朝鲜遗民"集中区，构成所谓弁辰与辰韩"杂居"地区。正如新罗建国三十八年后，新罗瓠公对马韩王所言："此前中国之人，苦秦乱，东来者众。多处马韩东，与辰韩杂居，至是寖盛，故马韩忌之有责焉"②。

《三国史记·新罗本纪》云：先是高墟村长苏伐公，望杨山之箩井旁林间，有马跪而嘶叫。遂往而视之，忽不见马，只有一大卵。剖开此卵，内出一婴儿。苏伐公收养在家，及年十余岁，体貌非常，"歧巍然夙成"。六村人以其生神异，共推他为王，称居西干（贵人）。辰人谓瓠为朴，以其出之大卵如瓠故，以朴为姓，讳号赫居世，是为新罗始祖。此即新罗始祖朴（赫居世）神话，它与随后出现的大卵置椟浮于海生昔（脱解）神话及金（阏智）"出于鸡林"的始祖神话一起，组成新罗建国神话。这是一组异质文化集团共存于一个统一体的建国神话，反映了新罗发展为国家的初始状态，反映了新罗社会各部族融合、统一的过程，其年代较半岛其他古国建国神话更为原始。

"徐那伐"（서나벌），亦称"徐罗伐"，其原意是上都，后来演变为国都之意。李氏朝鲜的国都汉城就使用过"徐远""徐郁"等称谓，今

---

① 鉴于"弁辰与辰韩杂居，城郭衣服皆同"，中国古籍有误认为新罗出自弁韩，如《旧唐书》《新唐书》和《新五代史》均称：新罗乃弁韩苗裔或"遗种"。
② 《三国史记·卷一·新罗本纪第一》赫居世居西干三十八年春二月条。

韩国的首都改称首尔(서울,Seoul),就源于此。① 六村的统一,带来弁韩于公元前 39 年"以国来降"。其始祖朴赫居世二十一年,筑京城,号曰金城;又十八年后,新罗因崛起于弁韩地区,使马韩的"属国""比年不输职贡、事大之礼",挑战马韩的权威。②

新罗王位初为世袭,赫居世传子南解次次雄(慈充)。南解王王三年,新罗立"始祖赫居世庙",四时祭祀,以当时法规,"以亲妹阿老主祭"③。这表明,当时新罗母系社会的遗风仍旧盛行,尚处于国家形成之过程中。其二十一年秋,南解将死,对子儒理、婿脱解说:"吾死后,汝朴、昔二姓,以年长而嗣位焉。"其后,金姓勃起,"三姓以齿长相嗣,故称尼师今。"④

公元 32 年春,新罗六村发展为六部,即六个行政区,遂"改六部之名,乃赐姓":杨山部为梁部,姓李;高墟部为沙梁部,姓崔;大树部为渐梁部(一云牟梁),姓孙;干珍部为本彼部,姓郑;加利部为汉祇部,姓裴;明活部为习比部,姓薛。同时,完善国家机器,设官制十七等从伊伐飡到造位⑤。公元 57 年,62 岁高龄的"年长且贤"的昔脱解继任第四代国王。王位开始由朴、昔二姓交替,新罗建国告一段落。

昔氏始祖昔脱解神话的情节大体与朴氏赫居世神话同。据《三

---

① 参考金富轼撰《三国史记》上(李丙焘译注,汉城:乙酉文化社,1995 年)第 31 页注 3:"徐那伐,《三国遗事》作许罗伐,或写作徐伐、徐耶伐。徐那、徐罗、徐耶和斯卢、斯罗、新罗都是一种语音异写。徐、斯、新以及苏伐的苏字,都是 sos(高、上)的音写;那、罗、耶、卢则是 nala(国)的古语,合起来就是上国的意思。伐和弗、火(bul)、卑离、夫里等字眼,都是东方古语里城邑、都市的意思。由此,徐那伐本意即上国邑(首都)。现代语的 Seoul(今译首尔)就是从徐那伐一名略译徐伐(Sebuol)转变而来的。"
② 《三国史记·卷一·新罗本纪第一》赫居世十九年与三十八年条。
③ 《三国史记·卷三十二·杂志第一》祭祀条。
④ 《三国史记·卷一·新罗本纪第一》儒理尼师今立条。
⑤ 据《三国史记》载儒理王九年置十七等,一曰伊伐飡,二曰伊尺飡,三曰迊飡,四曰波珍飡,五曰大阿飡,至此,以上官职惟真骨受之;六曰阿飡,七曰一吉飡,八曰沙飡,九曰级伐飡,十曰大奈麻,十一曰奈麻,十二曰大舍,十三曰小舍,十四曰吉士,十五曰大乌,十六曰小乌,十七曰造位。依据骨品制原则,四头品只可升至第十二等级的大舍,五头品可升至六等级的阿飡,真骨无限,可升至一等伊伐飡。

国史记》,"脱解本多婆那国所生也。……初,其国王娶女国王女为妻。有孕七年,乃生大卵"。多婆那国王以为不祥,欲弃之,其女不忍,以帛裹卵并宝物置于柜中,浮于海,任其所往。"初至金官国海边,金官人怪之不取。"又至辰韩阿珍浦口,时有海边老母,邑绳引系海岸,开柜见一小儿在内,遂领养之。"及壮,身长九尺,风神秀朗,知识过人。或曰:'此儿不知姓氏,初柜来时,有一鹊飞鸣而随之,宜省鹊字以昔为氏。又解韫柜而出,宜名脱解。'"

朴、昔两氏交替执掌王位的局面延续至第十三代王,新罗国王改由金氏味邹(362—284 年在位)继任尼师今。人们注意到浮柜初到之地是金官国,《驾洛国记》有琬夏国王子脱解欲夺金官国王位的故事;而《三国遗事》卷一解脱王条又有其自言"我本龙城国人(亦云正明国,或云琬夏国,琬夏或作花厦国。龙城在倭东北二千里)"的记载。联系中国《通典·边防一·新罗》在论及"魏将毋丘俭讨"高句丽,事后"留者遂为新罗焉"的事迹时称:"故其人杂有华夏、高丽、百济之属,兼有沃沮、不耐、韩、濊之地。"①考虑到前记新罗始祖"六村"居民皆为"朝鲜遗民"的史实,上文所谓琬夏定是华夏之误无疑。

金氏始祖神话说,公元 65 年春三月,王闻城西始林有鸡鸣,派人查视,见"有金色小柜挂树枝,白鸡鸣于其下,……取柜开之,有小儿在其中,姿容奇伟。……乃收养之。及长,聪明多智略,乃名阏智,以其出于金柜,姓金氏"。遂改始林为鸡林,并"因以为国号"。体现辰韩—新罗系统的建国过程的朴、昔、金三姓始祖神话,尽管反映了新罗建国的多元氏族体系,但其主体与风格则皆为始祖卵生,或卵生变形金柜说,与以兽族天降神话为特点的北方坛君神话截然不同,反映了半岛南方与北方的古代土著居民文化传统的区别,其

---

① 《通典·边防一·新罗》称:"新罗国,魏时新卢国焉,其先本辰韩种也……魏将毋丘俭讨高丽,破之,奔沃沮。其后复归故国,留者遂为新罗焉,故其人杂有华夏、高丽、百济之属,兼有沃沮、不耐、韩、濊之地。"此处之琬夏,拟为华夏之讹用。

文化传统更接近中国大陆。

　　据《三国史记》,356 年,昔氏宗统的讫解尼师今薨,无子嗣,金姓出身的仇道葛文王①之孙——奈勿尼师今继承王位。新罗金氏王族的始祖是学术界争论不休的问题。据《三国史记》新罗本纪味邹尼师今纪,金氏先祖乃生于鸡林的阏智,阏智生势汉,势汉生阿道,阿道生首留,首留生郁甫,郁甫生仇道,就是说金家王族始祖应该是先祖金阏智之子金势汉(或热汉)。现存的新罗《文武王陵碑》《兴德王陵碑》《真澈大师塔碑》《真空大师塔碑》的碑文有所谓"星汉""金星汉""星汉王"与"太祖星汉王"的文字,《文武王陵碑》与《兴德王陵碑》碑文还称星汉王是文武王的 15 代祖,兴德王是他的 24 代孙。庆州金氏与新罗金氏族谱以及《三国史记·味邹尼师今》篇只简略地提及"势汉"或"圣汉"。韩国学界有把"星汉"与金阏智视为同一人者,也有把其比作金阏智之子势汉者。而《文武王陵碑》碑文中还有"星汉"与"秺侯金日磾"前后相连文字,据此有人把"星汉"视为秺侯金日磾第 7 代孙。② 中国西安发现的《大唐故金氏夫人墓铭》称"金氏始祖秺侯金日磾",《汉书·霍光金日磾传》称"金日磾字翁叔,本匈奴休屠王太子",其母"阏氏",汉武帝获休屠王祭天金人,因以赐之金姓,并遗诏令霍光与金日磾辅佐太子、封爵为秺侯③。学界以为秺侯金日磾乃金氏王族的祖先,而朝鲜半岛金氏族谱不见记载,并

----

① 葛文王是新罗追封王族朴、昔、金氏集团之相关族长或家系首领的称号,葛文王之妻称"妃",享有与王相似的尊荣。此封号的意义随时代发展而不同。最初,朴氏王时代的葛文王主要是王妃之父,目的在于扩大王权的支持基础而对王妃家族关照;其后,昔氏王时代追封此前未能登上王位的在位王的生父,或外祖父为葛文王,意义在于在加强以国王父亲为中心的昔氏集团的同时,将王权的支持基础扩大到母系集团;此后,讷祗麻立干(417—458 年在位)以后,实行王位父子相续之法,因之而不能继承王位的国王之弟被封为葛文王,这本身意味着王族集团的分支化进程的加快,也是确保王族金氏集团王权的措施;最终,新罗中期以后,随着国王专权倾向的加强,葛文王失去了其存在的意义,但到其后期,又有过一次追封,其意义在于当时真骨各集团间围绕王权的争夺导致王权削弱的情况下,加强对王权的支持。

② 维基百科(韩国위키백과)"星汉(新罗)"条,https://ko.wikipedia.org/wiki/%EC%84%B1%ED%95%9C_%28%EC%8B%A0%EB%9D%BC%29。

③ 《汉书·卷六十八·霍光金日磾传》。

不被承认①。

  鉴于新罗社会之基础乃有相当文化发展的"朝鲜遗民",其立国之初国王便"巡抚六部","劝督农桑,以尽地利"。国家处处呈现"人事修,天时和,仓庾充实,人民敬让"的景象,以致发生乐浪东部都尉"将兵"犯境时,"见边人夜户不扃,露积被野,相谓曰:'此方民不相盗,可谓有道之国。吾侪潜师而袭之,无异于盗,得不愧乎!'乃引还"②。至第三代儒理王时,新罗已经能"制犁耜及藏冰库,作车乘。"③

  随着国力的强大,新罗加快了兼并周边小国的过程,到婆娑尼师今二十九年(108)止,先后兼并乐浪郡南部地区,征服了尸山国、居柴山国、音汁伐国、悉直国、押督国、比只国、多伐国、草八国诸国。地域的扩大,要求其治理体系的扩大。脱解尼师今于其十一年(67)便"以朴氏贵戚,分理国内州郡,号为州主郡主"④。2世纪初,新罗继续进行扩张。阿达罗尼师今(154—183年在位)时,新罗先后于165年、167年两度与另一强邻百济争夺汉水一带的领土,均取得胜利。至此,新罗不仅几乎占领了辰韩与弁韩的全部土地,而且也夺得了马韩的部分疆域。⑤

  4世纪末,新罗的发展受到了来自日本的倭和与倭"通好"的百济的威胁。新罗为了打破其北边靺鞨、西境百济与伽倻的联盟,以

---

① ［韩］李基东:《新罗太祖星汉的问题与兴德王陵碑的发现》(《新羅太祖星漢의問題와興德王陵碑의發見》),《大邱史学》1978年第15—16集。
② 《三国史记·卷一·新罗本纪第一》始祖赫居世西干十七年、三十年、三十八年各条。
③ 《三国遗事·卷一·纪异第一·第三弩礼王》。
④ 《三国史记·卷一·新罗本纪第一》脱解尼师今十一年春正月条。
⑤ 学者或许注意到上述出现的被征服的诸国均见于《三国史记》,而并不见于《三国志》所列弁辰、辰韩国家名单,其中原因或许与所据语言有关,或是列国中的"诸小别邑",有待进一步研究。

及东方倭的包围,奈勿王于其二十六年(381)遣使前秦"贡方物",①
开始被纳入与以中原王朝为中心的奉贡体系;次年,新罗接待高句
丽来使,送太子实圣为质,与高句丽结盟。这一年,还发生了所谓
"与百济缔结了军事同盟的'大和国家联军'入侵朝鲜"任那事件。②
结果,393年,新罗与高句丽联军击败了来自大和的入寇。据《新罗
本纪》载,是年倭兵围攻新罗金城,"五月不解,将士皆请出战,王[奈
勿尼师今]曰:'今贼弃舟深入,在于死地,锋不可当。'乃闭城门,贼
无功而退。王先遣勇骑二百,遮其归路。又遣步卒一千,追于独山,
夹击大败之,杂获甚众","大败"倭兵。③ 395年,又取得击退靺鞨侵
边的胜利。很长一个时期内,倭一直是新罗安全的重要威胁,但是
始终没有长期占领过半岛内南部的"任那",也没有"征服百济国、新
罗国",更无《日本书纪》所虚构的"任那日本府"。④

《好太王碑》⑤说:九年己亥(399)"王巡下平壤,而新罗遣使白王
云:倭人满其国境,溃破城池,以奴客为民,为王请命。太王□慈,
矜其忠诚,□遣使还告,告以密计"。翌年,好太王"教遣步骑五万,
住(往)救新罗。从男居城至新罗城,倭满其城。官军方至,倭贼退。
拔新罗城盐城,倭贼大溃,城内十九,尽拒随倭"⑥。

---

① 《三国史记·卷三·新罗本纪第三》奈勿王二十六年春夏条称:"遣卫头入苻秦,贡方
物。"奈勿王二十六年是381年;而清汤球编《三十国春秋辑本》之车频《秦书》则称:"苻
坚建元十八年,新罗国王楼寒遣使卫头献美女。国在百济东,其人多美发,发长丈余。"
(《御览》三百七十三,又七百八十一)建元十八年,乃382年,与前记多一年。
② 冯玮:《日本通史》,第43页。
③ 《三国史记·卷三·新罗本纪第三》奈勿尼师今三十八年条。
④ 曹中屏:《任那"官家"与朝、日关系》,《南开学报(哲学社会科学版)》1984年第3期,第
68页。
⑤ 好太王统治时期,是高句丽国家政治、经济、军事力量空前发展的时期。好太王死后被
谥为"国冈上广开土境平安好太王",其子长寿王于义熙十年(414)在好太王陵处竖起
一座碑。其四面环刻的碑文为汉字隶书,共1775字,除去裂隙、剥落损失者,目前尚存
1590字左右。碑文记述了高句丽起源和建国的神话传说,记录了好太王一生的战争功
业,以及守墓烟户的摊派情况和制度。好太王碑是研究高句丽国家的形成和发展历史
的极为重要的资料,是中华民族碑刻艺术宝库中不可多得的珍品。
⑥ 《国冈上广开土境平安好太王碑》九年、十年条。

401年,奈勿尼师今把王位传给阏智嫡孙金实圣,标志了新罗建国初期实行的王位由王族三姓年长者继承、经贵族"和白"会议推举正式成为国王的军事民主制度开始瓦解。"和白"会议制是其氏族共同体的一种遗制。《隋书》称,新罗"有大事,则聚群官,详议而定之"。《新唐书》亦说:"事必与众议,号和白,一人异则罢。"这种一票否决的制度,是对王权的巨大约束。

5世纪,新罗的经济已有相当的发展。由于新罗产铁,冶铁业比较发达,使得铁器广泛应用于农业生产。据考古资料,庆州和昌宁地区的古墓中出土有铁耙、小铁锄、铁锨、铁镰等劳动工具。农业的发展促进了贸易的活跃,其铁器不仅被运至汉乐浪郡、带方郡交易,而且还远输倭国日本。在国内贸易上,铁已经开始充当交易的货币。同时,新罗已大量奴役战俘,使用奴婢和部曲。新罗的统治者是以国王为首的贵族官僚,其内部实行骨品制,统治者根据出身被划分为"圣骨、真骨、六头品、五头品、四头品"五个等级,并据此制定出其担当不同的国家官职的最高限度。

417年五月,王族内部矛盾激化,先王奈勿王子讷祇,弑在位王实圣尼师今,"自立"为王。自此,国王的称号由"尼师今"改为"麻立干"。新罗著名学者金大问云:"麻立者,方言谓橛也。橛谓诚操,准位而置,则王橛为主,臣橛立于下,因以名之。"①麻立干称谓的确立,标志着国王与臣属的上下关系进一步深化,王权得到进一步伸张。458年秋八月,讷祇麻立干薨,其长子慈悲继位麻立干。458年春,慈悲麻立干薨,其长子照知继任麻立干。照知麻立干九年(487)春,王置神宫于"始祖初生之处"奈乙;"始置四方邮驿,命所司修理官道"②;其十二年,又"初开京师市肆,以通四方之货"。王位父子相继或传嫡孙是古代国家形成、新罗从部族联盟体制向国王集权政治形

①《三国史记·卷三·新罗本纪第三》讷祇麻立干条。
②此说与《三国史记·卷三十二·杂志第一·祭祀》所谓"第二十二代智证王于始祖诞降之地奈乙创立神宫"不同。

态转变的标志性事件。这个时期建筑的巨大王墓——新罗金冠塚、皇南大塚、瑞凤塚,便是王权发达的佐证。新罗王权的加强为其参与半岛列国争霸和崛起奠定了坚实的基础。

二、百济建国及济罗百年战争

百济建国始祖说法不一,温祚王说称:"其父邹牟,或云朱蒙,自北扶余逃难,至卒本扶余。"朱蒙妻扶余王女,生二子,名沸流、温祚,并于扶余王薨后继位。及朱蒙于北扶余所生儿子"来为太子","沸流、温祚恐为太子所不容,遂与乌干、马莉等十臣南行,百姓从之者多。遂至汉山,登负儿狱,望可居之地,沸流欲居于海滨"。十臣力谏于河南之地作为国都。"沸流不听,分其民归弥邹忽以居之。温祚都河南慰礼城,以十臣为辅翼,国号十济……沸流以弥邹,土湿水碱,不得安居。归见慰礼,都邑定鼎,人民安康",而沸流"惭愧而死,其民皆归慰礼。后以来时百姓乐从,改号百济。其世系与高句丽同出扶余,故以扶余为氏"。[①] 此说认为百济是扶余族的一支,自高句丽南下,公元前18年在汉江流域建国。此说得不到其他任何佐证,其伪托成分甚浓。其他如始祖沸流说[②]、"始国于带方"之仇台说[③]

---

① 《三国史记·卷二十三·百济本纪第一》始祖温祚王正文;《三国史记·卷三十七·志第七·地理四》百济条所引《古典记》和《三国遗事卷二·纪异二》南扶余、前百济条,以及《海东高僧传》卷第一释摩罗难陀的记述与《三国史记》百济本纪正文记载雷同。

② 《三国史记·卷二十三·百济本纪第一》始祖温祚王正文后称"一云始祖沸流王,其父优台,北扶余王解扶娄庶孙,母召西奴,卒本人延陁勃之女,始归于优台,生子二人,长曰沸流,次曰温祚。优台死,寡居于卒本,后朱蒙不容于扶余,以前汉建昭二年春二月南奔,至卒本,立都号高句丽,娶召西奴为妃,其于开基创业,颇有内助,故朱蒙宠接之特厚,待沸流等如己子。及朱蒙在扶余所生礼氏子孺留来,立之为太子,以至嗣位焉。于是,沸流谓弟温祚曰:'始,大王避扶余之难逃归至此,我母氏倾家财,助成邦业,其勤劳多矣。及大王厌世,国家属于孺留,吾等徒在此,郁郁如疣赘。不如奉母氏南游卜地,别立国都'。遂与弟党类,渡浿、带二水,至弥邹忽以居之。"

③ 唐代令狐德棻撰写的《周书·卷四十九·百济传》称:"百济者,其先盖马韩之属国,扶余之别种。有仇台者,始国于带方。……又每岁四祠其始祖仇台之庙。"

以及始祖都慕说①,亦均不可信。其实,百济乃由马韩五十四国中的伯济国发展而来。

建国之初,百济常常受到来自北方乐浪与靺鞨人的侵袭。公元前6年(温祚王十三年)五月,王宣称:"国家东有乐浪,北有靺鞨,侵轶疆境,少有宁日……必将迁国。"八月,王"遣使马韩,告迁都"。②次年春正月,"迁都"南汉山城。③ 其当时的疆域,"北至浿河,南限熊川,西穷大海,东极走壤。"④

百济初年,其社会发展程度决定其对外战争的目的之一是掠夺人口。据记载,温祚王二十二年秋,王"猎斧岘东,遇靺鞨贼,一战破之,虏获生口,分赐将士"⑤。温祚王二十六年(8)冬十月,百济出兵马韩,"遂并其国邑";次年初夏,降服圆山、锦岘二城,百济日益强大。从文献频频出现的狩猎记录看,此时,狩猎似仍旧是百济人获取生活资料的重要手段,但农业也已相当发展。公元33年,百济已经开始种植稻谷⑥。多娄王三十六年(63),百济拓地至娘子谷城,"遣使新罗请会",开始向劲敌显示力量。在遭到对方拒绝后,百济连年发兵进攻新罗的娃山城(今韩国忠清北道报恩地区)和狗壤城,从而拉开了百济、新罗两强争夺南方霸权战争的序幕。多娄王四十八年(75)冬十月,百济攻克娃山城,但是不足一年此城又为新罗所收复。己娄王时期(77—127),百济连年发生日食、地震、大旱、飓风、陨霜、雨雹和靺鞨人的入侵,国家经济十分困难,以至出现"年饥

---

① 日本《续日本纪·卷四十》延历八年十二月条称:"皇太后,其百济远祖都慕王者,河伯之女感日精而所生,皇太后即其后也,因以奉谧焉。"《续日本纪·卷四十》左京诸蕃下百济条云:"百济国都慕十八世孙武宁王……";同书河内诸蕃百济条云:"河内连,出自百济国都,慕王男阴太贵首王也。"
② 《三国史记·卷二十三·百济本纪第一》温祚王十三年夏五月条。
③ 《东国舆地胜览·卷六》广州牧条载,广州牧"本百济南汉山城,始祖温祚王十三年,自慰礼城移都之"。
④ 《三国史记·卷二十三·百济本纪第一》温祚王十三年八月条。
⑤ 《三国史记·卷二十三·百济本纪第一》温祚王二十二年秋九月条。
⑥ 《三国史记·卷二十三·百济本纪第一》多娄王六年二月"下令国南州郡,始作稻田。"

民相食"的惨象①。于是,百济无奈之下对新罗采取缓和政策,于己娄王二十九年和三十七年两度遣使新罗请和并得到新罗的谅解,双方关系已和好如初。己娄王四十九年(126),新罗遭到靺鞨人的"侵掠,移书请兵",百济遂遣五将军率部救援。结果,因有共同的敌人靺鞨势力的威胁,持续60多年的济罗战争告一段落。

但是,双方友好相处、共同对付靺鞨人骚扰的局面仅维持了39年,又开始了新一轮的摩擦和战争。155年,"新罗阿飡吉宣谋叛事露来奔。罗王移书请之,不送。罗王怒,出师来伐。诸城坚壁自守不出。罗兵绝粮而归"②。167年秋七月,百济"潜师袭破新罗西鄙二城,虏获男女一千而还。八月,罗王遣一吉飡兴宣领兵二万,来侵国东诸城。罗王又亲率精骑八千继之,掩之汉水。王度罗兵众不可敌,乃还前所掠"③。

此历时百年的济罗战争,双方均无大的斩获。古尔王五十三年(286)春正月,百济"遣使新罗请和"。当时,新罗正遭受倭人的侵扰,故同意罢兵。

济罗关系中出现转机的因素,依然是所谓来自靺鞨的威胁,而实际反映的则是百济与汉二郡的关系。据《三国史记·百济本纪》记载,公元1世纪上半期及之前,百济与靺鞨曾发生过13次战争和摩擦,其中始祖温祚王二年条称,"王谓群臣曰:'靺鞨连我北境,其人勇而多诈,宜缮兵积谷,为拒守之计'";其三年秋九月条称"靺鞨侵北境";八年春二月条亦称"靺鞨贼三千来围慰礼城(今韩国首尔市汉江南梦村土城)……秋七月,筑马首城,竖瓶山栅。乐浪太守使告曰:'倾者,聘问结好,意同一家,今逼我疆,造立城栅,或者其有蚕食乎?……由是,与乐浪失和"。其十年冬十月,"马韩寇北境";十一年夏四月,"乐浪使靺鞨袭破瓶山栅,杀掠一百余人"。百济连续

---

① 《三国史记·卷二十三·百济本纪第一》己娄王三十二年条。
② 《三国史记·卷二十三·百济本纪第一》盖娄王二十八年冬十月条。
③ 《三国史记·卷二十三·百济本纪第一》肖古王二年七、八月条。

两年遭到乐浪或"乐浪使靺鞨"的进攻，迫使百济于温祚王十三年"秋七月，就汉山下，立栅，移慰礼城民户"；"十四年春正月，迁都"。而十七年春，乐浪又来侵，"焚慰礼城"。从所谓"乐浪使靺鞨"侵袭百济的记述看，实是百济不断靠"蚕食"乐浪郡疆域，使后者派遣从属于乐浪郡的靺鞨的结果。百济与乐浪争夺中间领土的斗争，愈演愈烈。

多娄王时期（22—77），百济与乐浪继续在百济的"北鄙"地区的马首城、高木城昆优、瓶山栅、牛谷城等地多次进行争夺战。公元30年秋，靺鞨重兵"攻陷马首城，放火烧百姓庐屋。冬十月又袭瓶山栅"。两年后，恢复了被汉室剥夺的王号的高句丽大武神王（18—43年在位）公然于37年发动了对乐浪郡的袭击，并"灭之"。这自然要受到东汉的惩罚。据记载，公元44年秋，"汉光武帝遣兵渡海，伐乐浪，取其地，为郡县，萨水已（以）南属汉。"①东汉重新恢复了中原王朝在乐浪的建制。就是说，乐浪郡恢复了对萨水（今朝鲜清川江）以南至汉江之间与百济、新罗接壤之土地。不过，此时的乐浪在北有离心力日渐增强的高句丽、南有不同文化传统的百济和新罗的相夹中生存，不仅不再构成对百济的严重威胁，相反成了上述三强蚕食和争夺的对象。所以，在乐浪郡被高句丽占据的7年里，而且在其重建的初期，也未曾有过一次靺鞨人对百济的入侵。公元55年秋，靺鞨虽曾对其"北鄙"发动过侵袭，但在次年春多娄王"筑牛谷城以备靺鞨"②后，靺鞨入寇的情况很少发生，其威胁主要来自东南方的新罗。足见此前与此后进攻百济的靺鞨人实际上是乐浪郡指使的其东部都尉治下的秽人或其境内过着游牧生活的女真人的祖先③。

这期间，百济经济有了长足的发展。今韩国京畿道杨州郡发现过炼铁作坊房址，出土有铁斧、小铁刀、铁镞和铁渣等遗物；加平郡

---

① 《三国史记·卷十四·高句丽本纪第二》大武神王二十七年秋九月条。
② 《三国史记·卷二十三·百济本纪第一》多娄王二十九年二月条。
③ 靺鞨是生活在中国东北和朝鲜半岛北部的古代民族，是古肃慎、挹娄、勿吉的后裔，其于南北朝时期发展为白山、粟末、拂涅、伯咄、安车骨、号室、黑水等七部。

还出土过两个铁块与冶铁炉。这些发现说明百济社会已经开始使
用铁器工具从事生产活动。铁器的使用促进了农业生产的发展。
百济实行重农政策,国王常"巡抚部落,务劝农业"①,"发使劝农桑",
出政令推广新耕作技术。多娄王六年(23)二月,百济王"下令国南
州郡,始作稻田"②。

　　经济的发展增强了国家的实力,扩大了影响,以致引起北方带
方郡对百济战略的调整。《北史》在论及百济与带方郡关系时称:百
济"始立国于带方故地。东汉辽东太守公孙度以女妻之,为东夷强
国"③。公孙度初为玄菟郡小吏,后逐步晋升为尚书郎、冀州刺史;东
汉献帝初平元年(190),董卓乱政④,"同郡徐荣为董卓中郎将荐度为
辽东太守",公孙度遂趁势东伐高句丽,威行海外,"自立为辽东侯、
平州牧"⑤。建安(196—220)中,其子公孙康于209年破高句丽、伐
韩濊,控制乐浪,并分吞有县以南荒地为带方郡。公孙度以女嫁百
济王之时,当为190年后。此百济王应是肖古王(165—213年在
位),《三国史记·百济本纪》责稽王(286—297年在位)条有"先是,
王娶带方王室女宝果为夫人,故曰'带方我舅甥之国'"。

　　责稽王元年(286),高句丽进攻带方郡,百济因应带方请出师救
援,与高句丽结怨。为备高句丽的"侵寇",百济遂筑阿且城和蛇城
(位于今首尔汉江北岸松波区风纳洞72—1番地一带的风纳里土
城)。同时,由于受到高句丽和新罗的牵制,百济在半岛西南地区的
扩张也不顺利,资料显示,直到西晋武帝太熙元年(290),马韩不仅
存在,而且还"诣东夷校尉何龛上献"⑥。298年秋,高句丽使其控制

①《三国史记·卷二十三·百济本纪第一》温祚王十四年二月条。
②《三国史记·卷二十三·百济本纪第一》多娄王六年二月条。
③《北史·卷九十四·百济传》。
④《资治通鉴·卷五十九·孝灵皇帝下》。
⑤《三国志·卷八·公孙度》。
⑥《晋书·卷九十七·马韩》。

的乐浪人和貊人进攻百济,责稽王率兵抵御,结果战败身亡。① 汾西王七年(304),百济"潜师袭取乐浪西县",结果汾西王被与高句丽关系密切的乐浪郡太守所遣刺客杀害。

公元3世纪末4世纪初,百济虽有先后两位国王战死和遇害,但并不意味着它由此一蹶不振。由于在经略南方和东、北两个方向进行对外战争的过程中,百济国家的政治体制得到发展,百济在内政外交诸方面均有极佳表现。多娄王时期,国家似已经在南北东西四部之外设立郡县。公元37年,百济在右辅之外,增设左辅一职。古尔王时代(234—285年在位),百济进一步完善官制,强化国家机构。260年春正月,古尔王开始定官爵制度,置六佐平并为一品,分管国家各行政事务:内臣佐平掌宣纳事、内头佐平掌库藏事、内法佐平掌礼仪事、卫士佐平掌宿卫事、朝廷佐平掌刑狱事、兵官佐平掌外兵马事;又置达率二品,恩率三品,德率四品,扞率五品,奈率六品,将德七品,施德八品,固德九品,季德十品,对德十一品,文督十二品,武督十三品,佐军十四品,振武十五品,克虞十六品。以上总称六佐平十六品官爵,表明百济官制已经具有文武区分的观念。同年二月,更行服色,"令六品已(以)上服紫,以银花饰冠。十一品已(以)上服绯,十六品已(以)上服青"②。《三国史记》职官志曰:"高句丽、百济职官,年代久远,文墨晦昧。是故不得详悉,今但以其著于古记及中国史书者,为之志。"《北史·百济》传记载更详,称"官有十六品,左平五人,一品;达率三十人,二品;……六品已上冠饰银华。将德七品,紫带。施德八品,皂带。固德九品,赤带。季德十品,青带。对德十一品、文督十二品,皆黄带"。十三品以下,"皆白带。自恩率以下,官无常员。各有部司,分掌众务。内官有前内部、谷内部、内原部、外原部、马部、刀部、功德部、药部、木部、法部、后宫部。外官有司军部、司徒

---

① 《三国史记·卷二十四·百济本纪第二》责稽王十三年秋九月条。
② 《三国史记·卷二十四·百济本纪第二》古尔王二十七年春正月条。

部、司空部、司寇部、点口部、外舍部、绸部、日官部、市部。长吏三年一交代。都下有方,分为五部,曰上部、前部、中部、下部、后部,部有五巷,士庶居焉。部统兵五百人。五方各有方镇一人,以达率为之,方佐贰之。方有十郡,郡有将三人,以德率为之。统兵以一千一百人以下七百人以上"。但查之诸史,惟《周书·异域·百济传》稍详,较之《北史》所不同者,称"六品已上,冠饰银华,德率七品,紫带;使德八品,皂带;固德九品,赤带;季德十品,青带";十一、十二品,皆黄带;十三品至十六品,皆白带。但其中所谓"内掠部、外掠部"之说肯定有误。2008年韩国国立文化财研究院在忠清南道扶余双北里出土的木简中发现了"外椋卩"的字样,此应该与《三国史记》之"外原部"和《周书》的"外掠部"属同一个机构。从尊重文献出发,《三国史记》所谓"外原部",应该是"外廪部"之简写。扶余双北里出土的木简中还有书有"佐官贷食记"文字的木简,这种"佐官"应系不入品级的小官吏,故不见记载。

百济起初仅以王族成员为右辅掌管军事,其后在对马韩进行征服战争的过程中,先后把解、真、屹等地方势力编为国家之"部",以巩固其王国地位;古尔王以后,百济通过拜真忠为最高行政官,实现了王室与真氏势力的紧密结合,加强了王权,开启了百济贵族社会的成长过程。国家实力得到加强亦增强了其区域地位。古尔王末年,百济进一步密切了与倭的联系,加强了对其的文化影响力。据日本文献记载,应神十六年(285),应日本的邀请,百济博士王仁(和名为和迩吉师)渡海向日本传授中国儒家经典,赠《论语》10卷,《千字文》1卷,并滞留日本讲学,为皇太子师,被尊为"书首"始祖。①

---

① 《日本书纪·卷十》应神纪称:"十五年秋八月壬戌朔丁卯,百济王遣阿直岐,贡良马二匹,即养于轻阪上厩。因以阿直岐令掌饲。故号其养马之处曰厩阪也。阿直岐亦能读经典,即太子菟道稚郎子师焉。于是天皇问阿直岐曰,如胜汝博士亦有耶? 对曰,有王仁者,是秀也。时遣上毛野君祖荒田别、巫别于百济,仍征王仁也。其阿直岐者,阿直岐史之始祖也。十六年春二月,王仁来之。则太子菟道稚郎子师之,习诸典籍于王仁莫不通达。所谓王仁者,是书首等之始祖也。"再者,日本《古事记》中卷应神天皇二十年己酉条称:"又,科赐百济国,若有贤人者,贡上。故受命以贡上人名和迩吉师。即《论语》十卷,《千字文》一卷,并十一卷,付是人即贡进。(此和迩吉师者,文首等祖。)"

随着古尔王政治改革的推进和国家地位的提高,百济社会经济亦有巨大进步,水稻的种植是百济的农业经济长足发展的重要标志。242 年,古尔王下令"国人开稻田南泽"①,说明最初水稻主要是在天然水源形成的湿地水田里种植。比流王(304—344 年在位)、契王(344—346 年在位)时期,百济于温阳地区筑温井城,开始经略熊川以南之地。于是,百济已开始利用人工灌溉工程。330 年,百济修建了规模很大的水库碧骨池②。同时,从《三国史记·百济本纪》中有关"给谷""无麦""杂菽"等记述看,百济当时不仅已经广泛种植水稻而且还有小麦、谷物、豆类等杂粮的生产。

近肖古王(346—375 年在位)"有远识",是个有作为的国王。他对内发展经济文化事业,遂"得博士高兴,始有书记";对外一方面报聘新罗,遣使入晋朝贡,主动接受中原王朝文化。同时,"筑城于青木岭",加强国防,集中力量向带方故地发展,应对高句丽的南下威胁。369 年秋九月,"高句丽王斯由帅步骑二万,来屯雉壤,分兵侵夺民户。王遣太子以兵径至雉壤,急击破之,获五千余级",并向北追击,至于水谷城之西北还。两年后,高句丽复举兵来袭,近肖古王闻讯,"伏兵于浿河上,俟其至,急击之,高句丽兵败北"。是年冬,"王与太子帅精兵三万侵高句丽,攻平壤城,丽王斯由战拒之,中流矢死,王引军退。移都汉山"。375 年,高句丽攻陷百济北鄙水谷城。近肖古王遣将举兵多次进行反攻,均"以荒年不果"。③ 是年冬,近肖古王薨,太子继位,是为近仇首王(375—384 年在位)。近肖古王末年,王位父子继承制度的确立,使王权得到巩固。

尽管近肖古王确系百济有建树的国王,但并不是像韩国 1982年度和 1990 年度国家核定《高中国史教科书》根据《宋书》一条错误

---

① 《三国史记·卷二十四·百济本纪第二》古尔王九年二月条。
② 《三国史记·卷二·新罗本纪第二》讫解尼师今二十一年所记之"始开碧骨池,岸长一千八百步"。当时,新罗的疆域尚未达到此地,显然这是误记。
③ 《三国史记·卷二十四·百济本纪第二》近肖古王元年、二十一年、二十四年、二十六年、二十七年、二十八年、三十年条。

记载所认为的那样,在 4 世纪中叶"其支配势力进入到辽西、山东之地"①。《宋书·卷九十七·列传第五十七·夷蛮》在论及百济时,首句曰:"百济国,本与高骊俱在辽东之东千余里,其后高骊略有辽东,百济略有辽西。百济所治,谓之晋平郡晋平县。"显然,这里的"辽西"是浿西之误,辽西自古没有晋平的地名,此地当在浿水以西的某地,或许更南的晋州地方便是证明。

近仇首王继位第二年冬,高句丽进攻百济北鄙。其三年十月,近仇首王将兵三万进攻高句丽平壤城;这次出兵不仅未达到战略目的,反而招致高句丽的报复。其子枕留王在位仅一年亡故,近仇首王仲子辰斯王(385—392 年在位)也有作为,于其即位的第二年便采取断然措施,"发国内人年十五岁以上,设关防,自青木岭,北距八坤城,西至于海",使是年秋,高句丽的进犯无功而返。辰斯王五年、六年,百济连续两次进攻高句丽南鄙,攻占其都坤城,取得虏获 200 名战俘的胜利。其 392 年秋七月,高句丽广开土王率兵 4 万大举进攻百济的北鄙,陷石岘等十余城;辰斯王闻新丽王善用兵,遂"不得出拒,汉水北诸部落多没焉";冬十月,百济又失关弥城。次年,新王阿莘王(392—405 年在位)以关弥城为百济"北鄙之襟要"之地,任命沉毅有大略的真武为左将,领兵 1 万,攻略高句丽南鄙。真武身先士卒,以冒矢石,意在收复石岘(今韩国京畿道西北开丰郡)等五城,以解国王"雪耻"之痛。济、丽两军在关弥城展开激烈的争夺战,最后由于丽兵婴城固守,济军粮道不继而退兵。阿莘王三年秋,济军又与高句丽战于水谷城下,广开土王亲率精兵 5000 迎战,结果百济战败。395 年八月,百济又伐高句丽,丽王率兵 7000 列阵于浿水之上拒战,济军大败,死者达 8000 人。是年冬十一月,阿莘王为雪耻而亲率兵 7000 北伐,至青木岭,遇大雪,"士卒多冻死",遂回军汉山城。397 年,阿莘王做出新的战略选择,即一方面"与倭国结好,以太

---

① [韩]尹钟永:《国史教科书风波》,第 305 页。

子腆支为质";同时,阅兵于汉水之南,并筑双岘城,加强战备。七年秋,阿莘王再次出兵高句丽,然而兵至汉山北栅,适逢陨石坠落营中,以为不祥,"乃止"。但是,百济仍不甘心,次年八月,"王欲侵高句丽。大征兵马"。结果,"民苦于役,多奔新罗,户口衰减"①。按《三国史记》的记载,百济与高句丽间争夺带方故地的战争,至此告一段落。

《好太王碑》对此也有记述。碑文称好太王高谈德即位为辛卯年(391年),卒于412年,而《三国史记》说广开土王即位于壬辰年(392年),较前者晚一年。其碑文内容,《三国史记》高句丽与百济本纪均无记载。但是,该书记载了辛卯年秋,广开土王亲率兵4万攻取百济石岘等十余城,后又攻拔关弥城。还说十月百济"王田于狗原,经旬不返。十一月,薨于狗原行宫"②。碑文载高句丽取城的顺序是"关弥城"在第六位,"阿旦城"在第九位,均在"十余城"之内。"阿旦城",《百济本纪》作"阿且城","且"似为"旦"之误。阿莘王二年,百济想收复石岘等五城,先围关弥城,但无功而返。其三年,百济与高句丽战于水谷城下,又"败绩"。此城亦应在高句丽夺取的"五十八城"之内。次年,百济还有一次与高句丽战于浿水之上,百济复大败,"死者八千人"。此后,百济想要报复,均未取得胜利。由此可知,《好太王碑》所谓"六年丙申"高句丽进攻百济,乃是广开土王元年至四年的战果总结,是百济遭到彻底失败,人民"多奔新罗,户口衰减"之时。但是,百济不甘心失败。阿莘王六年(397),百济决定联倭抗丽拒罗。《好太王碑》说:"九年己亥(399)百残违誓,与倭和通。"③据《三国史记》,阿莘王十一年,百济"遣使倭国求大珠";十二年,"倭国使者至,王迎劳之特厚。秋七月,遣兵侵新罗边境"④。

---

①《三国史记·卷二十五·百济本纪第三》阿莘王六年、七年、八年条。
②《三国史记·卷二十五·百济本纪第三》辰斯王八年条。
③[日]水谷悌二郎释文:《好太王碑考》,《书品》1959年第100号。
④《三国史记·卷二十五·百济本纪第三》阿莘王十一年、十二年条。

这些记载,证明《好太王碑》所载不虚。

4世纪末5世纪初,百济行政制度进一步发展。首都五部、五巷与地方五方得到完善。地方五方,中以古沙城(今韩国全罗北道古阜),东以得安城(今韩国忠清南道恩津),西以刀先城(今地不详),南以久知下城(今地不详),北以熊津城(今韩国忠清南道公州)为中心,统辖其他城邑。每方辖若干郡(约六至十郡),设方镇一人、方佐二人、郡将三人。

有关百济疆域的记载韩国学界有了新的认识,他们根据文献史料与考古资料认为,3世纪百济疆域还局限于今京畿道地区,4世纪后半期的近肖古王时代,百济的疆域北起于黄海道南部,南迄于锦江流域。《日本书纪》称,百济的汉城时代,其国土已经囊括全罗南道地区,但2000年以后韩国的考古资料表明,百济并未能占领全部半岛西南地区,直至6世纪中期为止,马韩依然作为一个独立政权存在于全罗南道①。

尽管如此,由于百济疆域位于朝鲜半岛的西南部,濒临黄海,在东亚交通上,处于能够掌半岛、西通古代中国和南邻日本的有利区位,其商业比较发达,对外比较开放,在很长时间里起到了向日本列岛传播中华文化的桥梁作用。

三、高句丽政治中心东移朝鲜半岛

东晋(317—420)末年,在匈奴、鲜卑、羯、氐、羌、高句丽北方少数民族和西南巴氐族以及汉族建立的多个地方政权中,鲜卑人建立的北魏日渐强大,生活于玄菟郡内的高句丽势力,开始将其政治中心移向朝鲜半岛大同江下游,参与半岛争霸。

---

① 2015—2016年,于全罗南道内陆的罗州市潘南面古坟群中发现的大型瓮棺古坟群与和顺郡绫州面千德里怀德古坟群中,1号、2号古坟形态呈平面四角形,3号古坟位于土丘的最高处呈圆形,韩国考古学界认为这些古坟属马韩方台形古坟。《全罗道历史故事31——隐藏了马韩秘密的番南古坟》(《전라도 역사이야기-31,마한의 비밀을 간직한 潘南古坟》),韩国光州《南道日报》,2018年2月18日。

《三国史记》作者说，"高句丽自秦汉之后，介在中国东北隅，其北邻皆天子有司"①；"高句丽始居中国北地，则渐东迁于浿水之侧"②。427年，高句丽的政治中心由今中国境内的国内城（今吉林省集安市），"移都平壤"③。至此，朝鲜半岛正式形成新罗、百济、高句丽三个主要王国并存的格局，进入列国时代。

中国古文献称：高句丽，史书曰"句骊""高句骊"，简称"高骊"（如《魏书》），因后来王氏高丽建都于开城，为加以区别，史家乃沿用旧名称作高句丽或"高氏高丽"。史书称"辽山、辽水所出"④，本为今辽宁省东北部和吉林省东南部鸭绿江与浑江流域的深山大谷之中的一个族群聚居区。"高句骊"初既非国名，又非族名，乃是地名，是"高城"（山城）的意思，即汉四郡之玄菟郡的高句骊县，亦即《逸周书·王会篇》中的"高夷"、《魏略》中的"高离之国者"⑤。从史书的各种称谓看，高句丽实由两个词结合而成。"高"源自"貊"。⑥ 发现于今蒙古国的《阙特勤碑文》突厥文本中把"高句丽"写成"Bok-li"，在突厥文中，B音与M音可以互换，Bok-li等于Mok-el，即是铭文汉文本中的"日出之方的莫离人"，亦即"貊人"。敦煌文书中藏文本称"高句丽"为Muglig，而唐代礼言撰《梵语杂名》与唐僧怛多蘖多、波罗瞿那弥舍沙集《唐梵两语双对集》均称"高（句）丽"为Mukuri，汉译为"亩俱理"，语音近"貊"。岑仲勉据以为碑文之"Bok-li"既是高句丽。《后汉书》说"句骊一名貊耳"，也证明此说可信。由新罗末年著名学者崔致远撰写的现保存于韩国成均馆大学博物馆的《凤岩寺智

---

① 《三国史记·卷二十二·高句丽本纪第十》终结"论曰"。
② 《三国史记·卷三十七·地理志四·高句丽》。
③ 《三国史记·卷十八·高句丽本纪第六》长寿王十五年条。
④ 《汉书·卷二十八·地理》高句骊条。
⑤ 《三国志·卷三十·东夷》夫余条言：玄菟郡库房玉匣，内有玉璧珪，"其印文言濊王之印，国有故城名濊城，盖濊貊之地，而夫余王其中，自谓亡人，抑有似也"；其下有小字注释称："《魏略》曰：旧志又言：昔北方有高离之国者。"
⑥ 有关高句丽的语源说法甚多，有人统计其说法足有10余种，见孙进己：《仰俯集》，北京：社会科学文献出版社，2013年，第193—195页。

证大师寂照塔碑》(全称《大唐新罗国故凤岩山寺教谥智证大师寂照
之塔碑铭并序》)有"当东表鼎峙之秋,有百济苏涂之仪若甘泉金之
祀阙后,西晋昙始①之貌,如摄腾东入"的字句,表明新罗人视高句丽
人为貊人。其实,至少唐代的高句丽人亦自称为貊人。当时,定居
在唐朝的高句丽泉男生之子泉献成于大足元年(701)所立墓志写
道:"君讳献成,其先高句骊国人也……公卿襄公嫡子也。生于小貊
之乡,早有大成之用,地荣门宠,一国罕俦。"②

记载显示,高句丽初为居于远离鸭绿江之古代中国内地山区的
部落。汉初,"武帝灭朝鲜,以高句骊为县,使属玄菟"③。因此,昭帝
始元五年(公元前82年),汉徙玄菟郡郡治于高句骊县(今中国辽宁
省抚顺新宾县一带)。与箕子朝鲜一样,高句丽的主体民众也是"貊
人"④,高句丽人只不过是他们的统治者。

依照高句丽的建国神话,《好太王碑》与集安《冉牟墓志》曰其始
祖为邹牟⑤。《汉书》称汉"驹"⑥。北齐魏收的《魏书·高句丽传》
称:高句丽者"自言先祖朱蒙",其母河伯女,"为夫余王闭于室中,为
日所照,引身避之,日影又逐"而照之,遂有孕,生一卵,大如五升,扶
余王弃于猪、狗,皆不食,又弃之于路,"牛马避之",复弃之荒野,"众
鸟以毛茹之"。扶余王欲剖之,"不能破,遂还其母"。母用衣物包
裹,"置于暖处,有一男破壳而出。及其长也,字之曰朱蒙,其俗言朱
蒙者,善射也"。扶余君臣以其"非人所生",排斥、刁难,甚至欲害
之,其母惜之,要他远逃,适之"四方"。于是,朱蒙与乌引、乌违二人

① 此处崔致远误将东晋刘宋时代僧人昙始写成西晋。
② 周绍良主编:《唐代墓志汇编》(上),上海:上海古籍出版社,1992年,第984页。
③《后汉书·卷八十五·高句骊》。
④《汉书·卷九十九·王莽传》。
⑤ 被列入联合国教科文组织《世界文化遗产名录》的高句丽墓葬集安冉牟墓的前室正壁
梁枋上有墨书题记,全文800余字,可辨识者350余字,隶书体,是受过冉牟先世恩
惠的奴客牟头娄(其先祖曾官至"大兄")为主人撰写的墓志。全文记述高句丽建国神
话和牟头娄在外供职,未能赴丧,不忘冉牟之恩德等,其文开头称:"河伯之孙,日月之
子,邹牟圣王,元出于北扶余,天下四方,知此国郡(君)最圣德。"
⑥《汉书·卷九十九·王莽传》。

"弃夫余，东南走"，遇一大水，欲渡无桥，恐为追兵所迫，乃告水曰："我是日子，河伯外孙。今日逃走，追兵垂及，如何得济？"于是，"鱼鳖并浮，为之成桥，朱蒙得渡，鱼鳖乃解，追骑不得渡。朱蒙遂至普述水，遇见三人"，一人着麻衣，一人着衲衣，一人着藻衣，与朱蒙"至纥升骨城，遂居焉，号曰高句丽，因以为氏焉"。

《好太王碑》也有类似记载[①]，问世较晚的《三国史记》则与上述记载有所区别，称高句丽始祖为"东明圣王，姓高氏，讳朱蒙"，说扶余王名金娃，得一女，乃河伯女名柳花，与"天帝子解慕漱"私之，生朱蒙；但其建国神话的结尾部分则称："《魏书》云'至纥升骨城，观其土壤肥美，山河险固，遂欲都焉。而未遑作宫室，但结庐于沸流水上居之，国号高句丽，因以高为氏。'"[②]此等记述中的一些情节似抄袭《史记·周本纪》周族始祖后稷弃的记述，与东汉王充《论衡·吉验篇》有关"北夷橐离国王侍婢"生东明建扶余国的神话雷同，故不足为信。而"朱蒙"之词义"善射"说，虽与高句丽族"习战""好弓"有关，但其名字和姓氏均由诸如《山海经·海内经》高辛氏"帝俊赐羿彤弓素矰"、《世本》之"牟夷作矢"[③]等中国典籍记述的神话附会而来。总之，上述文献与碑刻和墓志有关高句丽建国神话虽多少有一些出入，但却有一个共同的特点，即始祖卵生说，这应与中原玄鸟生商、女修吞燕卵生秦先祖之神话属于一个神话系统。

综合以上史料，可认为：邹牟（朱蒙）乃高句丽之始祖，而非东明王。朱蒙与其两位同伴在离开扶余向其目的地进军的中途遇到的三位伴侣，应是高句丽初建时的五部，即涓奴部、桂娄部、绝奴部、顺奴部和灌奴部。纥升骨城位于辽宁省桓仁县五女山城，即高句丽最早的"国都"。《魏书》所说的纥升骨城，即《三国史记》所说之卒本川，即所谓卒本扶余，其建城年代为公元前37年。琉璃明王二十二

---

① 耿铁华：《好太王碑新考》，长春：吉林人民出版社，1994年，第161页。
② 《三国史记·卷十三·高句丽本纪第一》始祖东明圣王条。
③ （清）王谟辑：《世本四种·作篇》。

年(3),由纥升骨城迁至尉那岩城与国内城(今中国吉林省集安市)。

应该指出,《三国史记》高句丽本纪的记述,不仅其始祖建国,就连包括琉璃王、大武神王、闵中王在内的前四代国王的事迹,均具有很多传说神话色彩,如大武神王得"不待火自热"的神鼎、好童智取崔氏乐浪的故事、闵中王"葬于石窟"等事迹,其历史真实性有待进一步与其他有关资料印证、考察。

从王统上论,高句丽始祖朱蒙与东扶余王解夫娄(其从者称"天帝子解慕漱")的关系是通过其第二代王金蛙联系起来的,解夫娄实与高句丽无关。而一然和尚在作《三国遗事》高句丽传时称:"《坛君记》云产子名夫娄,夫娄与朱蒙异母兄弟。"此说,更是把辈分都搞乱了,不可信。①新罗僧无极撰《东事古记》所说:"中国唐尧时,有檀君者,立国于今平壤,号曰朝鲜。言东方之地,受朝日光鲜也。子解夫娄,与于涂山之会。传至商武丁时乃绝。或曰:北徙而为濊也。"所谓新罗僧无极并不见记载,其《东事古记》应属伪作,不足为凭。至于所谓作为帮助古代中国治水的"苍水使者",檀君遣其子"夫娄西行",向夏禹传授"三神五帝教之五行与治水方法"之说②,更属狂人的呓语,无稽之谈,无须论及。

综合以上各种文献资料的考察,朱蒙系高句丽的始祖勿疑,而东明王是扶余国的始祖。扶余国是公元前2世纪至公元494年存在于今中国东北境内的少数民族政权,是古代边疆地区的属国。唐初历史学家颜师古在注释武帝元狩三年置来降匈奴人"五属国"时,称:"凡言属国者,存其国号而属汉朝,故曰属国。"③有关它的记载最早见于《史记·货殖列传》,称:"夫燕亦勃、碣之间一都会也。南通齐、赵,东北边胡。上谷至辽东,地踔远,人民希……北邻乌桓、夫

①《三国遗事·卷一·纪异一·高句丽传》。
②[韩]申采浩:《朝鲜上古史》,第81—82页,见丹斋申采浩先生纪念事业会编:《丹斋申采浩全集》上,第45—46页。
③《汉书·卷六·武帝本纪》元狩三年冬十月条。

余,东绾秽貉、朝鲜、真番之利。"《汉书·地理志》也有类似记述。《后汉书·夫余传》称,"夫余国,在玄菟北千里。南与高句丽,东与挹娄,西与鲜卑接,北有弱水,地方二千里,本濊地也",出自北夷索离国。扶余国始祖"名曰东明",其母乃索离王的侍妾,其出生、成长神奇,"王忌其猛,复欲杀之"。东明遂南走,"因至夫余而王之焉"①,故其国称扶余。王莽新朝期间(8—23),臣属与汉王朝的扶余一度随秽貉反;东汉延光元年(122)春,扶余王子尉仇台奉命救汉郡县玄菟,"击高句骊、马韩、秽貉,破之,遂遣使贡献"②。显然,扶余在文化和政治上与高句丽、韩秽非属一系。高句丽受中原文化影响似甚于扶余,此可从其自称是颛顼、帝喾之"苗裔"③得到印证。

高句丽"其人性凶急,有气力,习战斗,好寇钞"④。高句丽建国的过程也是不断进行战争、扩张的过程,先后征服、吞并了其附近的松让、荇人、东沃沮、梁貊、鲜卑、黄龙、盖马、藻那、朱那、曷思等部落。太祖王四年(56),高句丽"拓境东至沧海,南至萨水(今朝鲜清川江)",成为隶属于中原王朝的地跨中国大陆和朝鲜半岛的王国。

此前,王莽时代初期,为"伐胡","莽发高句骊兵",高句丽侯不肯奉诏,管理高句丽的"郡强迫之。皆亡出塞,因犯法为寇"。于是,王莽遂诏大将军严尤斩高句骊侯驺,并"更名高句骊为下高骊"⑤。东汉初,高句丽遣使朝贡,光武帝遂"复其王号"⑥。东汉建安间,"中国大乱,汉人避乱来投者甚多"⑦。三国时代(220—280),高句丽执行远吴亲魏的政策。东川王中期,忧位居竟然于236年秋斩吴王孙权来使,"传首于魏"⑧。随后,高句丽又助魏讨伐辽东公孙渊,借以

---

① 《后汉书·卷一百十五·东夷·夫馀》。
② 《后汉书·卷五·孝安帝纪》延光元年春二月条。
③ (朝鲜)高丽人:《朝鲜史略》;《晋书·卷一百二十四·载记第二十四·慕容云》。
④ 《后汉书·卷八十五·高句骊》。
⑤ 《汉书·卷九十九·王莽传中》。
⑥ 《后汉书·卷八十五·高句骊》。
⑦ 《三国史记·卷十六·高句丽本纪第四》故国川王十九年条。
⑧ 《三国史记·卷十七·高句丽本纪第五》东川王十年、二十一年条。

在辽东扩张势力。结果，遭遇灭顶之灾，王城丸都遭毋丘俭屠城。鉴于丸都"不可复都，筑平壤城。移民及庙社"。从此，高句丽更日益关注对朝鲜半岛的经营。300年秋，乙弗被群臣"奉迎"为美川王。乙弗勤于朝政，国力日渐恢复。但高句丽在与慕容廆争战中，终不能占据上风，不得不向其"求盟"①。334年，高句丽"增筑平壤城"②。

同时，高句丽并未放弃与崛起的另一支少数民族政权慕容鲜卑在辽西的争夺。3世纪末，慕容廆曾两度与高句丽在鸡林、故国原发生战争。东晋咸康（335—342）末年，慕容皝（297—348）立国，被东晋封为燕王，史称前燕（337—370）。342年，燕王出兵攻陷高句丽都城，"发美川王墓，载其尸，收其府库累世之宝，虏男女五万余口，烧其宫室，毁丸都城而还"③。次年，故国原王遂"遣其弟称臣入朝于燕，"并"移居平壤东黄城"，"遣使如晋朝贡。"④臣服于前燕的高句丽王被册封为营州诸军事、征东大将军、营州刺史、乐浪公、高句丽王。

前燕灭亡后，高句丽遂于其第二年（372）与占据了中原并主动向其"遣使及浮屠顺道送佛像经文"的前秦建立臣属关系⑤。对此，高句丽立即"遣使回谢，以贡方物"，并积极进行内政改革，"立太学，教育子弟"，颁布"律令"。接着，高僧阿道也前来传教。高句丽遂建肖门寺以安置顺道，建伊佛兰寺以安置阿道，弘扬"佛法"⑥。

高句丽王位制度与新罗、百济不同，实行的是父子相继与"兄老弟及"的结合体制。其国家统治机构大体完备，国王是最高统治者，下设左右辅，直接掌管国家军政大权。国初分五部，即桂娄部、涓奴

---

① 《三国史记·卷十七·高句丽本纪第五》美川王二十年十二月条。
② 《三国史记·卷十八·高句丽本纪第六》故国原王四年秋八月条。
③ 《三国史记·卷十八·高句丽本纪第六》故国原王十二年条。
④ 《三国史记·卷十八·高句丽本纪第六》故国原王十二年十一月条；十三年春二月与秋七月条。
⑤ 学界一般认为372年是佛教传入高句丽之始，也有学者根据《高僧传》中支道林（314—366）和高丽道人书的记载，认为"高丽道人"是当时高句丽地区的佛教徒，在366年前，高句丽已经接受了佛教。见温玉成：《集安长川一号壁画墓》，《北方文物》2001年第1期，第32—38、70页。
⑥ 《三国史记·卷十八·高句丽本纪第六》小兽林王二年、三年与五年条。

部、顺奴部、绝奴部、灌奴部,其中桂娄部高于其他四部,由国王直接管理。但是,高句丽始终没有颁布成文法。《后汉书》说:"无牢狱,有罪,诸加评议便杀之,没入妻子为奴婢。"①

面对统一中国大陆北方的强势政权前秦(350—394),高句丽在继续虎视辽东的同时,日益将发展的方向指向朝鲜半岛。375—376年,高句丽先后"攻百济水谷城",犯其"北鄙"。但是,其南进政策并不顺利。377年,百济进行反攻,于是年冬攻打平壤城。淝水之战(383)后,中国大陆北方再次陷入分裂局面。高句丽遂乘机作乱辽东。385年,后燕(384—407)王慕容垂命带方郡守佐,镇守龙城,加强辽东与朝鲜半岛北部的战略联系。是年夏六月,故国壤王发兵四万袭辽东,"遂陷辽东、玄菟,虏男女一万口而还"。冬十一月,后燕辽西王慕容农率重兵还击,遂"复辽东、玄菟二郡"②。

故国壤王末年,高句丽为加强王权,"命有司,立国社,修宗庙"。③ 391年广开土王谈德即位(392—413年在位),他继位伊始便南攻百济,北伐契丹,并迟至其九年,即399年正月才"遣使入燕朝贡",行君臣之礼。后燕中宗昭武帝慕容盛(373—401)以高句丽王"礼慢,自将兵三万袭之……拔新城、南苏二城,拓地七百余里"④。此后,双方虽又有较量,高句丽均处于守势⑤。407年春,汉人冯跋建立的北燕取代后燕,广开土王"遣使北燕",表示臣服。长寿王巨连时期(413—491年在位),高句丽先后遣使"入晋奉表"和"入魏朝贡"。439年,北魏太武帝拓跋焘(408—452)统一北方,建立了第一个北朝政权,高句丽在大陆扩张的势头被完全遏制。就是这一年,

---

① 《后汉书·卷八十五·高句骊》。
② 《三国史记·卷十八·高句丽本纪第六》故国壤王二年条。
③ 《三国史记·卷十八·高句丽本纪第六》故国壤王九年春条。
④ 《三国史记·卷十八·高句丽本纪第六》广开土王九年条。
⑤ 广开土王九年燕攻高句丽,拔两城,拓地七百里;十一年、十三年两次攻燕,仅一次获小胜;十四年、十五年燕两次攻高句丽辽东城和木底城,未克"而还"。

高句丽两度"遣使入魏朝贡"。[①] 此后,高句丽入魏使节不绝于道,以至"贡使相寻,岁致黄金二百斤、白银四百斤"[②]。而此前,早在427年,高句丽长寿王在稳定辽东、修好北魏的基础上,就迁都平壤,用心经营南进政策。此时,巨连不仅以后燕所授平州牧和"辽东、带方二国王"[③]代为行使对玄菟、乐浪、带方和辽东等汉晋所辖郡县的治理,并将其势力扩展到临津江、汉江流域,而且以北魏"都督辽海诸军事征东将军领护东夷中郎将辽东郡开国公高句丽王"的头衔[④],名正言顺地在辽海行使"军事"权利,迅速地占据了曾属于中原王朝疆域的汉江以北的大片土地。此后经文咨明王、安藏王、安原王、阳原王至平原王高汤(559—589 年在位),一代代对中原王朝和北方政权"岁遣使朝贡不绝"[⑤],因而,从法理上讲,此时高句丽控制的包括在朝鲜半岛的领土在内的地域,应属中原朝廷的王土。

四、伽倻诸国

在半岛形成土著的新罗、百济和外来的高句丽三大政治势力的同时,在南部的洛东江流域还存在着一个由弁韩发展起来的伽倻城邦国家联盟驾洛国(42—532)。

驾洛国又称伽倻(加耶)国,即本伽倻,亦名金官国[⑥]、加落、加罗和加良。同新罗、百济、高句丽一样,伽倻也是在朝鲜半岛占有广阔领土的王权国家。《三国史记·金庚信》传,有驾洛国世祖首露王于东汉光武帝建武十八年(42)"至驾洛九村"建国的记事[⑦]。《三国遗

---

① 《三国史记·卷十八·高句丽本纪第六》长寿王二十七年条。
② 《北史·卷九十四·列传八十二·高丽传》。
③ 《梁书·卷五十四·诸夷传·高句丽》。
④ 《三国史记·卷十八·高句丽本纪第六》长寿王元年、二十三年条。
⑤ 《隋书·卷八十一·列传四十六·高丽传》。
⑥ 韩国学界认为,驾洛国是以金官城邦为中心的伽倻联盟最初的名称,该联盟解体后,驾洛国更名为金官伽倻。此后的伽倻指以大伽倻为中心的第二个伽倻联盟。
⑦ 《三国史记·卷四十一·列传第一·金庚信上》。

事·卷二·驾洛国记》①详细地记述了驾洛开国神话,即所谓紫绳自天垂地,降金合,"六卵化为童子"的六伽倻诞生的故事。

《三国史记》列传第一云:"金庚信,王京人也;十二世祖首露,不知何许人也。……其子孙相承,至九世孙仇亥,或云仇次休,于庚新为曾祖。罗人自谓少昊金天氏之后,故姓金。庚信碑亦云:'轩辕之裔,少昊之胤。'则南加耶始祖首露与新罗同姓也。"据此,可知驾洛国族群有着浓厚的前述"嵎夷"少昊族,即《山海经》所谓的"少昊之国"的移民成分,反映了古代金海一带的土著文化与海洋、大陆文化交汇的情景,进一步反证了《人类文明史》的判断:釜山的东三洞文化"从早期开始受到东海岸而且随后又受到西海岸的影响",而且"两种文化的源头在这里混合或整合"②。

伽倻国家是一个有若干城邦王国组成的部落联盟。《三国遗事》卷一"五伽耶"条称:有"阿罗(一作耶)伽耶(今韩国庆尚南道咸安)、古宁伽耶(今韩国庆尚北道咸昌)、大伽耶(今韩国庆尚北道高灵)、星山伽耶(今京山,现在的韩国庆尚北道的星洲,一云碧珍)、小伽耶(今韩国庆尚南道固城)";并说"本朝史略云:太祖天福五年庚子改五伽耶名:一金官(为金海府),二古宁(为加利县),三非火(今昌宁,恐高灵之讹),余二阿罗、星山(同前星山或作碧珍伽耶)"。同时,该条注云:"按驾洛记赞云:垂一紫缨,下六圆卵,五归各邑,一在兹城。则一为首露王,余五各为五伽耶之主。金官不入五数当矣。而本朝史略并数金官而滥记昌宁误。"③准确地说,伽倻联盟国家除首露的金官伽倻(金海)外,还包括大伽倻(今高灵)、星山伽倻(今星

---

① 据《三国遗事》,《驾洛国记》为王氏高丽文宗(1016—1083)朝、辽大康年间(1075—1084)金官(庆尚道金海)州知事文人所撰。

② UNESCO, *History of Humanity*, *Vol. 2：From the Third Millennium to the Seventh Century B.C.*, Volum Ⅱ, pp. 415.

③《三国遗事·卷一·纪异一·五伽耶》。

州)、阿罗伽倻(今咸安)、古宁伽倻(今咸昌)①和小伽倻(今固城)等
五伽倻。金官伽倻是在驾洛国灭亡后古代中国后晋天福年间
(936—944)出现的名称,应该说驾洛国与五伽倻一起合称六伽倻。
《三国遗事》作者一然称,首露建国,"国称大驾洛,又称伽耶国";又
说"金官国亦名驾洛国"②。驾洛国应该既指金官国,又泛指六伽
倻③。不过,从《三国史记》关于"浦上八国"④和于勒十二曲⑤的记事
以及日本史料⑥看,实际上,六伽倻联盟至少包括十来个大小不等的
伽倻国。韩国大伽倻博物馆在上述六伽倻外,又增加非火伽倻(今
昌宁),合称七伽倻。

　　辽大康年间(1075—1084)高丽金官州知事撰写的《驾洛国记》
说,其国家疆域,"东以黄山江(洛东江),西南以沧海,西北以地理
山,东北以伽耶山,南而为国尾。"《高丽史》也说其"四境;东以黄山
江,东北至伽倻山,西南际大海,西北界智异山"⑦。但是,迄今在洛
东江中下游发掘的伽倻系统的遗址表明,上述记载的伽倻疆域并不
准确。考古学资料明确显示,伽倻国家的疆土占据了洛东江东西两
岸的广阔地域。

　　伽倻国家由弁韩十二国发展而来,而狗邪韩国应是驾洛国的前
身。《三国志》载:"倭人在带方东南大海之中,依山岛为国邑。旧百

①朝鲜王朝宣祖二十五年(1592),咸昌县监李国弼发现在一陵墓下面埋的墓碑上写着
　　"古宁伽耶王陵"。于是,确定此墓为古宁伽倻太祖王陵。肃宗二十八年(1712)遵照王
　　命,建立了墓碑和石材建筑。"古宁伽耶王陵"位于咸昌附近,1971 年被定为咸昌城市
　　保存地区,1979 年被定为地方文物 26 号传古宁伽耶王陵。
②《三国遗事·卷二·驾洛国记》金官城婆娑石塔条。
③《三国遗事·卷三·塔像第四》金官城婆娑石塔条。
④据学者考证,浦上八国知其名者仅有五国,它们是:骨浦国(今韩国昌原市)、漆浦国(今
　　韩国咸安郡漆原县)、古史浦国(亦作古自国,即弁韩的古资弥冻国,六伽倻中的小伽
　　倻,今韩国固城郡)、史勿国(今韩国庆尚南道泗川市)、保罗国(即马韩的不弥国,今韩
　　国全罗南道罗州)。
⑤于勒受命嘉实王作十二曲,现仅存曲目,曲谱已失传;十二曲目为:下加罗都、上加罗
　　都、宝伎、达已、思勿、勿慧、下寄物、狮子伎、居烈、沙八兮、尔赦、上奇物。以上十二曲
　　目,其中九曲与当时地名有关。
⑥据《日本书纪·钦明纪》,6 世纪中叶,伽倻地区出现有十几个国家。
⑦《高丽史·地理志二》金州条。

余国,汉时有朝见者,今使译所通三十国。从郡至倭,循海岸水行,历韩国,乍南乍东,到其北岸狗邪韩国,七千余里,始度一海,千余里至对马国。"①众所周知,狗邪国并未出现在《三国志》韩国条所列三韩五十五国中,而是在倭国条内,这可能因为当时金官伽倻与对岸的倭关系密切的缘故。720年(日本养老四年)编撰的《日本书纪》有所谓日本崇神、垂仁天皇年间加罗任那王子弥摩那"归化"之说②。《好太王碑》第二面有"任那加罗从拔城"的文字。中国史书《宋书》,《南齐书》,《梁书》之蛮夷、东夷传均出现与倭相联系的"任那"或"任那加罗"的地名。上面出现的地名就其方位而言,应该就是伽倻国家中的某个或某些国家。但是,无论如何,那里都不可能如《日本书纪·卷第十七》继体天皇六年冬十二月条所谓的倭在朝鲜半岛域内设置任那"官家"(任那日本府)之说③。

伽倻联盟的历史大体可分为两个时期:前期(公元1世纪至5世纪中期)指以位于今釜山、金海地区的驾洛国为中心的伽倻联盟存在时期,后期(5世纪末以后)指以位于今庆尚北道高灵郡及其西部山岳地带的大伽倻为首组成伽倻王国存在的时期。

《驾洛国记》有驾洛国十代国王的世系录,称首露王"寿一百五十八岁",御国百年以上,此说虽不如坛君"御国一千五百年"那样荒诞,但同样不可信。第二代国王世祖居登"治三十九年",而他是在比其父首露王大24岁的母亲许黄玉50岁时出生的,其母死于汉灵帝中平六年(189),寿一百五十七;25年后,其父让位时,居登的年龄应该已经到了一百三十二岁。显然,这是高丽文宗时期《驾洛国记》作者根据传说故意把首露王的统治时间提前造成的结果。《朝鲜全

---

① 《三国志·卷三十·倭》。
② 《日本书纪·卷第六》垂仁天皇二年条。
③ 参见曹中屏《任那"官家"与朝、日关系》,又据韩国《朝鲜日报》报道,2010年3月,在第二期韩日历史共同研究委员会上,韩日两国学者一致认为公元4—6世纪倭国向伽倻派军队设政治机构"任那日本府"的说法纯属虚构。

史》认为,这些"伽倻国王们的统治时间至少可以减少两个甲子"①。
首露王时期只能视为伽倻国家的传说时代。金官伽倻年代"历数"
铭文说:"中朝累世,东国分京。鸡林先定,驾洛后营。"②驾洛国成立
的时间应该晚于新罗。

　　《三国遗事》纪异第一称:新罗二代王南解王(4—24年在位)时,
"驾洛国海中有船来泊,其国首露与臣民鼓噪而迎,将欲留之,而舡
乃飞走,至于鸡林东下西知村阿珍浦"③。新罗第四代王脱解尼师今
出生神话说:始祖赫居世在位39年(前19年),脱解之前身"大卵",
曾置于柜中,漂"至金官国海边,金官人怪之不取"。④ 公元77年,新
罗"阿湌吉门与伽耶兵战于黄山津口"。⑤ 婆娑尼师今时期,其南邻
伽倻于公元94、96年,连续进攻新罗新建城堡马头城(原属驾洛
国),袭击其南鄙;97年,新罗派大兵伐伽倻,迫使其国主"请罪"。⑥
上述记事说明,伽倻建国虽晚于新罗,但在公元初,伽倻已经名噪一
时,而且已经成为新罗不可忽视的邻国。

　　在首露王代末年,或至少从建安四年(199),其第二代王居登王
即位起,驾洛国已经进入比较发达的文明社会,并成为伽倻国家联
盟的盟主。《驾洛国记》说,"开辟之后,此地未有邦国之号,亦无君
臣之称",只有"我刀干、汝刀干、彼刀干……神鬼干等九干者。是酋
长领总百姓,凡一百户,七万五千人。"建国初,在酋长九干的主持
下,"众庶二三百人集会"于龟旨峰,推举首露为王。从首露于山边
幔殿,率"有司"朝臣出迎王后与王后有若干随行"侍从媵臣",以及
遴集"军夫"守护所携宝货和入宫后"其所载珍物,藏于内库"看,当

---

① 朝鲜社会科学院编:《朝鲜全史》第四卷,曹中屏、王玉林译,中国朝鲜历史研究会,1985
　　年,第332页。
②《三国遗事·卷二·驾洛国记》。
③《三国遗事·卷一·纪异二·第四》脱解王条。
④《三国史记·卷一·新罗本纪第一》脱解尼师今立条。
⑤《三国史记·卷一·新罗本纪第一》脱解尼师今二十一年秋八月条。
⑥《三国史记·卷一·新罗本纪第一》婆娑尼师今八年秋七月、十五年春二月、十七年九
　　月、十八年春正月条。

时金官伽倻已经具备国家的雏形。所谓酋长九干,实乃氏族贵族,建国初,他们拥有推选国王的权力。但是,随着王权的加强,九干会议的职能遂由评议机构逐渐演变为国家的行政机构。大约在第一代首露王统治中后期,驾洛国以改变居"庶僚之长"的"九干"的称谓为起点,"革故鼎新,设官分职","取鸡林职仪,置角干、阿叱干、级干之秩。其下官僚,以周判汉仪而分定之"①。经过改革,国家官职和社会身份逐渐完备。驾洛国的官制基本上采纳了新罗的位级制,文献中除出现上述官位外,在国王系谱中还出现泉府卿、宗正监、司农卿、大阿干、角干、沙干等"级干"的官职。驾洛国的"级干",十分接近新罗的"级飡"。级干以下的官僚,一尊古代中国周、汉的制度。泉府卿和司农卿是管理税赋、掌管钱谷一类的中央官府的大臣,而宗正卿是负责王室事务的最高官员,说明当时的中央机构已经相当严密,各个衙门有着细致的分工。坐落于四望山岳的王京,"筑置一千五百步周回罗城,宫禁殿宇及诸有司屋宇,虎(武)库仓廪之地";在与欲夺其王位的琓夏国王子"脱解"②较量中,首露王具有"急发舟师五百艘"的实力,说明驾洛国王城不仅有鳞次栉比的宫殿和官衙屋宇,而且还有储藏武器的库房,以及庞大的舰队;而有关管理王室财务的内库记载,是管理国家财政的国库与国王内库的分离、国家机构发展成熟的标志。

驾洛国与其他伽倻国家的关系,可从其与乘岵国的关系,窥知一斑。据《驾洛国记》,"乘岵国乃辇下国",即驾洛国京城近处的一个小国。首露王派九干去乘岵国迎亲和事毕后来船、篙工楫师"令

---

① 《三国遗事·卷二·驾洛国记》。

② 《三国遗事·卷二·驾洛国记》称:"忽有琓夏国含达王之夫人妊娠,弥月生卵,卵化为人,名曰脱解,从海而来……悦焉诣阙,语于王云:'我欲夺王之位,故来耳。'"脱解是新罗第四代王,《三国史记》关于新罗昔氏王族诞生神话,说脱解为多婆那国王子,卵生。《文献通考·卷三百二十六·四裔考三》称:"新罗国,魏时新卢国焉,其先本辰韩种也……魏将毋丘俭讨高丽,破之,奔沃沮。其后复归故国,留者遂为新罗焉,故其人杂有华夏、高丽、百济之属,兼有沃沮、不耐、韩、濊之地。"此处之琓夏,似为华夏之讹用。

归本国"的事实,说明驾洛国控制着联盟内的各个小国的国内事务。

伽倻国家的社会发展程度是一个尚需进一步研究的问题。总体上看,其社会结构与新罗大同小异。上层是以国王、九干为首的各级官僚和贵族,国人是其中间阶层,称为"下民"的良人和各种奴婢居于社会的下层。奴婢中除种田的外居奴婢外,还有不少率居奴婢。据《三国史记》载,音汁伐国(位于今韩国庆尚北道蔚珍郡)与悉直谷国(位于今韩国江原道三陟市)争疆,请新罗王婆娑尼师今决断,婆娑尼师今觉难,遂与"年老多智识"的伽倻首露王议,首露王判所争之地属音汁伐国。于是,婆娑尼师今"命六部会飨首露王。五部皆以伊飡为主,唯汉祇部以卑位者主之。首露怒,命奴躭下里杀汉祇部主保齐而归。"①伽倻奴婢处于社会最底层,遭受非人的待遇。从驾洛国宫廷的奴婢状况,可窥知其一斑。首露王区别对待安置王后的随从人员,媵臣"人各以一房安置,已下臧获各一房五六人安置。"《驾洛国记》称:"其余臧获之辈,自来七、八年间,未有兹子生,唯抱怀土之悲,皆首丘而没。"王妃身边的奴婢况且五六人同住一室而不能组织自己独立的家庭,其他家庭的奴婢的处境就更加悲惨。

洛东江流域土地肥沃,自古是一个"凿井而饮、耕田而食"的农业地区,其中尤以星山、高灵、合川等伽倻国适于种植水田。② 同时,这个地区有着丰富的铁矿资源,较早地进入了铁器时代③,并借其与外海连通的自身区位优势发展中介贸易,向百济和日本出口大量的

---

① 《三国史记·卷一·新罗本纪第一》婆娑尼师今二十三年秋八月条。
② 《择里志·生利》篇说:"国中最沃之土,惟全罗道南原求理、庆尚道晋州星州等处,水田种一斗,最上者,收一百四十斗;此者,收百斗;最下者,收八十斗。"(朝鲜)丁若镛撰《朝鲜八域志》称:"星山、高灵、合川等乃古伽倻国,三邑水田甚沃。"
③ 韩国考古学界把包括伽倻文化圈在内的韩国南部地区的铁器文化分为四期:一期的特点是在公元前2世纪,社会尚处于青铜器时代,但铁器已经开始流入;二期,公元前2世纪末或公元1世纪初已经开始进入铁器时代,使用硬质陶器,使用棺椁墓和石棺墓;三期,进入完全意义上的铁器时代,铁器用具和装饰性器具增多,使用瓦质陶器,继续使用棺椁墓;四期,铁器时代繁荣期,墓葬进入木棺墓时代,墓葬出土铁器增多,贝层出土灰青色硬质陶器,时代在公元2世纪中、3世纪。公元3世纪下半期,这个地区进入考古学上的古冢古墓时代。

铁矿石、铁盔和铁制兵器,更同接壤的新罗互通有无,甚至与汉之郡县乃至中原王朝保持了一定贸易往来。《驾洛国记》关于王后许黄玉所带之"汉肆杂物,感(咸)使乘载,徐徐入阙"的记载,表明当时驾洛国的上层贵族的库房藏有大量购于中国大陆市场的货物。公元2世纪初,金官伽倻依仗拥有的财富和实力,不断吞并周边小国,扩张领土,威胁新罗南鄙,以致新罗王祗摩尼师今不得不连年亲率大军与伽倻争战。祗摩尼师今四年(115)春二月,伽倻进攻新罗南境;七月,新罗王"亲征伽耶,帅步骑,度黄山河。伽耶人伏兵林薄,以待之。王不觉直前,伏发围数重。王挥军奋激,决围而退"。次年秋,祗摩尼师今复帅精兵万人进攻伽倻,"伽耶婴城固守,会久雨乃还"。①

不过,驾洛国垄断朝鲜海峡的海上贸易的霸权行为,引起众多伽倻国家的不满。3世纪初,为反对驾洛国对海上贸易的控制,南部海岸众伽倻举行反叛,组成进攻盟主驾洛国的八国集团,即所谓的"浦上八国谋侵加罗"。②驾洛国不敌浦上八国,遂派王子求救新罗。奈解尼师今于209年秋,遣太子于老和伊伐飡利音"将六部兵往救之,击杀八国将军,夺所虏六千人还之"③。新罗名将勿稽子也参加此战役;后三年,骨浦、柒浦和古史浦三国进攻竭火城,新罗帅兵出救,大败三国兵,然因"不能以致命忘身闻于人",而"被发携琴,入师彘山不反"的故事成为朝鲜古史的奇闻。④驾洛国在新罗的支援下,虽然取得了对八国集团的胜利,但经过这次战争,元气大伤。212年春,伽倻王子作为人质被送往新罗。同时,高句丽与百济间的争战也全面展开,以致高句丽的军队前进到洛东江流域。这期间,伽倻曾一度与日本的倭发展紧密关系,并对新罗进行骚扰。399年,伽倻

① 详见《三国史记·卷一·新罗本纪第一》祗摩尼师今四年、五年条。
② 八国中只留下五国的名字,即骨浦国、柒浦国、古史浦国、史勿国(古自国)、保罗国(马韩之不弥国)。
③《三国史记·卷二·新罗本纪二》奈解尼师今十四年秋七月条。
④《三国史记·卷四十八·列传第八·勿稽子》。

铁骑军联合倭军在新罗主要港口蔚山登陆北上,威胁新罗首都徐罗(那)伐,以致"倭人满其国境,溃破城池",奈勿尼师今遂遣使请高句丽救援。广开土王十年庚子(400),高句丽以"步骑五万,往救新罗。"于是,倭军溃败,伽倻军仅以一万五千人退至从拔城。① 在新罗中上层陵墓庆州壶玗冢出土带有"广开土好太王"字样的高句丽青铜器皿是这一事件的佐证。经此战役,驾洛国遭到致命打击,伽倻联盟开始动摇。5世纪中,为加强其联盟的向心力,"兼以镇南倭",驾洛国疏远与倭的关系,并于其第八代铚知王二年壬辰(452)建"金官虎溪寺婆娑石塔",又建"许皇后寺"。《三国遗事》称,此塔乃首露王后"自西域阿逾陁国所载来";"塔方四面五层,其雕镂甚奇,石微赤斑色,其质良脆,非此方类也"②。但是,驾洛国伽倻联盟终究难免解体的命运。此后,远离战争旋涡、位于高灵地区的大伽倻在联盟中的势力开始上升,并最终取代了驾洛国的地位。

5世纪中叶,驾洛国伽倻联盟日渐衰落,位于高灵的弁韩半路国③,以伽倻山下冶炉县铁矿开采为契机,在大伽倻的名号下不断壮大,向全罗道东部的己文(今韩国南原郡、任实郡)、达巳(今韩国丽水市)、勿慧(今韩国光阳市)、娑陀(今韩国顺天市)发展,迅速控制了贯通全罗道东部山岳地带的蟾津江流域,掌握了向高句丽出口玉石④的产地,占有了便于与中原王朝交通的多沙江。5世纪末,高句丽和百济争夺朝鲜半岛霸权的战争连年不断,同时新罗与隔海相望的倭的压力也日渐加大。在这种形势下,以大伽倻为首的新的伽倻联盟形成。为维护独立,大伽倻首先遣使南朝。479年,大伽倻国王荷知(伊珍阿豉王)的使臣携贡品出使南齐,高帝萧道成下诏,授伽

---

① 《好太王碑》九年己亥、十年庚子条。
② 《三国遗事·卷三·塔像第四》金官城婆娑石塔条。
③ 《日本书纪》把高灵的伽倻国写作伴跛国。《三国史记》把半路国比定在星州,称此为星山伽倻的前身。但是,在考古学上,星州郡接近新罗文化圈,很可能是把伴跛国误写为半路国。
④ 高句丽以来自大伽倻的玉与北魏进行贸易。

俟国王为"辅国将军、本国王"。① 在此基础上,嘉实王为了加强联盟的向心力,令在琴谷教授音乐的于勒,在宫中仿效来自古代中国的筝规范联盟各国的音乐,使"诸国方言各异声音"归为一。② 嘉实王想通过统一伽倻国家的音乐,集结伽倻联盟的力量。此后,大伽倻逐渐得到发展。481 年春,高句丽大军南下夺取新罗北部狐鸣等 7 城,并进军弥秩夫。此时,伽倻军与百济作为"援兵"参加了对高句丽的战争,于泥河西击溃敌兵,显示了伽倻的国力。③

6 世纪初,百济"为高句丽所破,衰弱累年"。大伽倻乘机得到发展,伽倻历史进入其鼎盛期。521 年冬,百济武宁王"遣使入梁朝贡";同年十二月,梁高祖册封百济王为"使持节都督百济诸军事宁东大将军"。百济借机将自己的势力推至全罗南道南部,并于次年夺取了蟾津江河口的大伽倻的外港多沙津。为对抗百济的东进,大伽倻异脑王遣使新罗请婚。是年三月,法兴王以伊汝比助之妹嫁与伽倻王。④ 但是,百济、新罗对大伽倻的压力并未解除,而且其南部的疆域逐渐缩小。于是,联盟中的一些小国开始动摇,再次出现向驾洛国靠拢的趋势。

驾洛国伽倻联盟解体后,金官伽倻一度降为附属于大伽倻的小国。但是,当后来大伽倻联盟开始衰落时,金官伽倻开始向新罗靠拢。496 年,向新罗"送白雉"就是它讨好对方的标志。⑤ 不过,五六世纪之交,新罗日益受到高句丽与倭的夹击。497 年,高句丽攻陷牛山城;500 年,"倭人攻陷长峰镇"。于是,金官伽倻趁机开始恢复力量。然而,新罗并没有给金官伽倻以复兴的机会。529 年,新罗军主异斯夫凭借实力强行以金官伽倻的多多罗为基地,对高句丽和与倭

①《南齐书·卷五十八·东南夷》。
②《三国史记·卷三十二·杂志一·乐》。
③《三国史记·卷三·新罗本纪第三》照知麻立干三年三月条。
④《三国史记·卷四·新罗本纪第四》法兴王九年三月条。
⑤《三国史记·卷三·新罗本纪第三》照知麻立干十八年二月条。

结盟的百济展开军事行动。① 结果,在这种军事的高压下,532 年"金官国主金仇亥与妃及三子","以国帑宝物来降",金官伽倻并于新罗。②

同样,大伽倻联盟终未能发展成为如新罗、百济、高句丽那样的中央集权国家,加以处于新罗、百济两强的夹缝间,大伽倻联盟的处境日益艰难。同时,伽倻内部矛盾加剧,一些如于勒等有影响的人物开始投向新罗。562 年秋,新罗将军异斯夫、斯多含奉命领兵攻占大伽倻都城,伽倻国家联盟遂亡。"大伽倻国自始祖伊珍阿豉王(一云内珍朱智)至道设智王,凡十六世,五百二十年。"③

五、耽罗

朝鲜半岛最大的岛屿济州岛还存在一个历史比伽倻国家更长久的古国耽罗。耽罗国一词最早见于中国史籍《旧唐书·刘仁轨传》。《新唐书·流鬼传》有较详记载,称"有儋罗者,其王儒李都罗","居新罗武州南岛上,俗朴陋,衣犬豕皮,夏居革屋,冬窟室,地生五谷,耕不知用牛,以铁齿杷土"。《唐会要》也有类似记载,称"耽罗,在新罗武州海上,居山岛上,周回并接于海,北去百济可五日行。其王姓儒李,名都罗。无城隍,分作五部落。其屋宇为圆墙,以草盖之。户口有八千。有弓刀楯鞘。无文记。唯事鬼神。常役属百济"。

耽罗有多种称谓,《后魏书》称"涉罗",《北史》《隋书·百济传》称"聃牟罗国",《新唐书》称"儋罗",其他还有"耽浮罗""托罗""屯罗""乇罗"等记载,这些皆为耽罗国。

《三国遗事》有所谓"海东安宏记"乇罗列"九韩"第四的记述④。

---

① 维基百科(韩国위키백과)"金官伽耶"条,https://ko.wikipedia.org/wiki/%EA%B8%88%EA%B4%80%EA%B0%80%EC%95%BC。
② 《三国史记·卷四·新罗本纪第四》法兴王十九年条。
③ 《高丽史·卷五十七·地理志二》高灵郡条。
④ 《三国遗事·卷一·纪异一》马韩条。

据李朝学者韩致奫(1765—1814)考证,"东国方音,称'岛'为'剡'(섬),称'国'为'罗罗','耽''涉''儋'皆为'剡'"的谐音,"耽罗"即"岛国"之意。[①]

耽罗国,古称州胡,又称瀛洲。对于州胡,《后汉书·东夷传》与《三国志·魏志·东夷传》均有记载,称:"马韩之西南岛上有州胡国,其人短小,髡头衣韦,衣有上无下。好养牛豕,乘船往来,货市韩中。"1928年,在济州市山地港附近工地的溶岩下,偶然发现了中国汉代的货币五铢钱、货泉大泉五十和货布,表明早在公元1世纪初,这里就与中国大陆有活跃的贸易往来,证实了中国文献记载的准确性。耽罗国也有自己的建国神话。据《高丽史·地理志》载,耽罗

> 古记云:太初,无人物,三位神人从地耸出(其主山北麓,有穴,曰毛兴是其地也):长曰良乙那,次曰高乙那,三曰夫乙那。三人游猎荒僻,皮衣肉食。一日见紫泥封藏木函,浮至于东海滨,就而开之,函内又有石函。有一红带紫衣使者随来,开石函,出现青衣处女三及诸驹犊五、谷种。乃曰:我是日本国使也,吾王生此三女。云西海中岳降神子三人,将欲开国而无配匹,于是,命臣侍三女以来,尔宜作配,以成大业。使者忽乘云而去。三人以年次分娶之。就泉甘土肥处,射矢卜地。良乙那所居曰第一都,高乙那所居曰第二都,夫乙那曰第三都。始播五谷,且牧驹犊,日就富庶。至十五代孙高厚、高清、昆弟三人造舟渡海至于耽津。盖新罗盛时也。于时,客星见于南方。太史奏曰:异国人来朝之象也,遂朝。新罗王嘉之,称长子星主(以其动星象也),二子曰王子(王令清出胯下,爱如己子,故名),季子曰都内。邑号曰耽罗,盖以来时初泊耽津故也……自此,子孙蕃盛,敬事国家,以高为星主,良为王子,夫为徒上。后

[①] (朝鲜)韩致奫:《海东绎史》。

又改良为梁。①

这是说,耽罗国初期主要有来自"三姓穴"的高、梁、夫三大氏族部落构成。

建国初期,耽罗与新罗关系密切。4世纪末,耽罗实际上成为新罗的藩属。391—396年,百济在与高句丽的战争中连连失利,遂夺取耽罗作为补偿。然而,这时"与倭国结好"的百济却受到倭的侧翼打击。据日本史料所载《百济记》,397年春,"阿花王立,无礼于贵国。故夺我枕弥多礼及岘南、支侵、谷那东韩之地"②。枕弥多礼是耽罗国,它当时被百济视为自己的势力范围。

百济文周王二年(476)四月,耽罗国遣使"献方物",百济王"拜使者为恩率"③。恩率是百济二品官员,足见百济对耽罗的重视。不久,耽罗出现疏远百济的趋势。498年秋八月,百济东城王"以耽罗不修贡赋亲征,至武珍,耽罗闻之,遣使乞罪,乃止"。百济威德王时期(554—598),耽罗"臣属",其国"以佐平为官号"。《新唐书》载,龙朔元年八月,耽罗国遣使唐朝朝贡。唐高宗龙朔元年,是661年,即唐罗联军灭亡百济的第二年。百济既灭,耽罗国主佐平徒冬音律遂于是年降服于新罗,为其"属国"④。1105年(高丽肃宗十年)被降为郡县,耽罗国家不复存在。

第三节　新罗、百济、高句丽三强争霸

一、三国开始角逐半岛

早在4世纪初,高句丽势力已经深入到朝鲜半岛腹部。313、

---

① 《高丽史・卷五十七・地理志二》耽罗县条。
② 《日本书纪》应神天皇八年春三月条。
③ 《三国史记・卷二十六・百济本纪第四》文周王二年夏四月条。
④ 《三国史记・卷六・新罗本纪第六》文武王二年二月条。

314年，高句丽先后吞并了晋朝的乐浪、带方二郡；381年秋，广开土王"南伐百济，拔十城"，与百济在溴水之滨展开激战。但是，383年淝水之战后，后燕（384—407）崛起于北方，对高句丽频繁发动攻击，高句丽无暇他顾。朝鲜半岛只有新罗和百济在南部进行着激烈的角逐。

在北魏（386—534）即将统一古代中国北方的背景下，高句丽长寿王十五年（427）迁都平壤城。从历史的长河看，这意味着其政治中心的转移和区域地位的变化。高句丽重心的南移，使朝鲜半岛形成高句丽、百济、新罗三足鼎立格局，争夺霸权的战争成为常态。

但是，高句丽在名分上始终与中原王朝保持着臣属关系。自儒理王三十一年（12）王莽使高句丽王"更名……下句丽侯"之日起，高句丽一直向中原统一王朝和分裂后的北朝朝廷称臣。但是，迁都平壤后，由于其政治中心转移到大同江下游地区，并参与朝鲜半岛的争霸战争，在其维系与中原朝廷的奉贡关系的同时，亦自然成了朝鲜半岛的古代王国，也可以视为朝鲜半岛古代历史的一部分[1]。

在其迁都之前，高句丽执行西袭辽东南向朝鲜半岛的扩张政策。为确保其两向战略的成功，其在大陆和半岛推行灵活的远交近攻方针。在半岛，高句丽远交新罗，近攻百济和乐浪、带方二郡；在大陆，近则"寇辽东"，远则交襄国，"遣使后赵石勒，致其楛矢。"[2]

为在半岛争霸中取得中原王朝的支持，面对北朝北魏统一北方长期存续，而南朝发生宋、齐、梁交替的变局，高句丽不断调整对南北朝的政策。长寿王自其十三年（425）遣使北魏以来，双方关系发展紧密，至其二十三年夏，世祖立即答应巨连"请国讳"，"使录帝系及讳"，还遣使"拜王为都督辽海诸军事征东将军领护东夷中郎将辽东郡开国公高句丽王。"但是，次年因发生燕王冯弘投奔高句丽事

---

① 曹中屏：《有关历史上中韩关系的思考》，韩国《仁荷大学新闻》，1993年3月29日；《对韩国古代史研究中若干问题的思考》，《东北亚学刊》2006年第2期。

② 《三国史记·卷十七·高句丽本纪第五》美川王二十一年、三十一年条。

件,两国关系旋即恶化。所以,尽管当时在朝鲜半岛,高句丽、新罗之间虽也有冲突和战争,但并未因此改变高句丽、百济间的争夺主导权的斗争是其矛盾主要方面的性质。

5世纪初的25年中,百济史经历了其对外政策的重点由亲倭到事南朝的转变。责稽王(286—298年在位)初年,因高句丽伐带方郡时王"出师"相救,高句丽一直是百济的最大威胁。自阿莘王(392—405年在位)始,面对高句丽强大攻势及与新罗的不和,百济执行事大南朝与联倭的对外政策。393年秋,阿莘王对左将真武曰:"关弥城者,我北鄙之襟要也,今为高句丽所有,此寡人之所痛惜",令其率兵一万,"意复石岘等五城"。但是,由于高句丽婴城固守,真武无功而返。次年,双方战于水谷城下,百济战败。其四年(395)秋、冬又与高句丽战,结果,两战皆败。两年后,阿莘王决定"与倭结好,以太子腆支为质"[1]。此后,百济与倭通使频繁,优渥倭使。后来,在倭为人质的腆支(又名映)与其季弟碟礼争夺王位的斗争中,也是靠倭王派军队"卫送"而登上王位。腆支王三年(407),王庶弟余信及解须、解丘等王戚被封为内臣、内法、兵官佐平;次年,余信被封为上佐平,并被委以军国政事。上佐平是六佐平之上的最高官职,若今之宰相,掌管国家的一切权力,辅佐国王。尽管腆支王(405—420年在位)愈加亲近倭人,却亦为牵制高句丽,较其父亲更愿对中原朝廷尽事大之礼。东晋义熙十二年(416年,百济腆支王十二年),"东晋安帝遣使,册命王为使持节都督、百济诸军事、镇东将军百济王"[2]。

《三国史记》对百济第19代王久尔辛王(420—426年在位)的事迹毫无记述。以其子毗有王四年(430)有所谓"宋文皇帝以王复修职贡,降使册授先王(腆支王)映爵号"之记事看,久尔辛王大概中断了对南朝的朝贡关系。但是,《宋书》武帝纪有永初元年七月封"镇

---

①《三国史记·卷二十五·百济本纪第三》阿莘王六年夏五月条。
②《三国史记·卷二十五·百济本纪第三》腆支王十二年条。

东将军百济王扶余映进号镇东大将"的所谓"甲辰诏"①。永初元年是久尔辛王元年,腆支王映已经死亡,其中原因有待推敲。

《三国史记》正文称毗有王是久尔辛王长子(注释又说或是腆支王庶子),为"人所推重",即位伊始,便立即"巡抚四部,赐贫乏谷有差。"看来,久尔辛王末年,百济政坛一定发生了重大变故,以至于史书毗有王元年条记载为"久尔辛王薨,即位"。百济政权的更替,引起倭人的高度关注,竟于毗有王二年初,派出"从者五十人"的大规模使团访问百济。然而,日益恢复元气的百济,决意摆脱倭人的控制,遣使刘宋朝贡,"用宋元嘉历,以建寅月为岁首",同时遣使新罗,既送良马,又送白鹰。百济的和解态度,立即得到对方的积极响应,"新罗报聘以良金、明珠",双方关系得到明显改善。

5世纪上半叶,百济国力与王权衰弱,从腆支王到盖卤王,王位频繁交替,而且史书对其业绩也鲜有记载,乃至到国力得到发展的盖卤王(455—475年在位)时期,宋孝武帝的表文曰:"臣国累叶,偏受殊恩,文武良辅,世蒙朝爵。行冠军将军右贤王余纪等十一人,忠勤宜在显进,伏愿垂愍,并听赐除。"于是,国内实权者行冠将军右贤王余纪、行征虏将军左贤王余昆、行征虏将军晕垃、行建武将军于西和余娄等十一人分别获得相应的册封,上起辅国将军,下至建武将军,各得其所。② 依《通典》"职官"辅国将军为三品,仅次于盖卤王获得宋授予的使持节、都督百济将军事、镇东大将军、百济王的二品爵位。当然,盖卤王上述行动也表明百济开始扭转在对外关系上的被动局面。其十五年(469),调整此前主要向南朝称臣的一边倒政策,开始发展与北朝的关系。472年,百济遣使朝魏,上表献忠,称高句丽王巨连"有罪,国自鱼肉,大臣彊族,戮杀无已,罪盈恶积,民庶崩离,是灭亡之期,假手之秋也。……高句

①《宋书·卷三·武帝纪下》永初元年七月甲辰条。
②《宋书·卷九十七·百济国》。

丽不义,逆诈非一,外慕隗嚣藩卑之辞,内怀凶祸豕突之行,或南通刘氏,或北约蠕蠕,共相唇齿,谋凌王略",并兵共伐,愿为"乡导"。但是,北魏并未从其"乞师",百济"怨之,遂绝朝贡。"盖卤王对中原王朝的机会主义政策,后果严重。高句丽为了集中力量对付百济,长寿王必须缓和因 436 年接纳北燕亡国之君冯弘恶化了的与北魏的关系①。大约经过 10 年的努力,高句丽与北魏的关系恢复如初,以致出现"至此(472)以后,贡献倍增,其报赐亦稍加"②的局面。

5 世纪初,新罗羽翼未满,为避免遭受陆上高句丽与海上的倭的入侵,曾于先王奈勿尼师今时代"以高句丽强盛"而质于高句丽的实圣尼师今(402—417 年在位)③不得不在其即位年主动"与倭国通好,以奈勿王子未斯钦为质"后,再"以奈勿王子卜好质于高句丽"。④ 417 年,"反弑王自立"的讷祇麻立干(417—458 年在位)一改前王对高句丽与倭之屈从政策,于即位的次年即迎"王弟卜好,自高句丽与堤上奈麻还来";又设法使"王弟未斯钦自倭国逃还"⑤。5 世纪中叶,鉴于高句丽展现的南进态势,新罗开始与百济建立起了长达一个多世纪的联合抗击高句丽的结盟关系,直至其国力提升。这一百多年可视为高句丽、百济、新罗在半岛争夺霸权战争的第一阶段,参战的主角是高句丽与百济。

此期间,新罗主要应对来自海路的倭人的频发入侵,有意改善与百济的关系,警惕北方的高句丽,尽可能避免两面受敌。讷祇麻立干三十四年(450)秋,高句丽边将在悉直之原狩猎,新罗何瑟罗城主三直"出兵掩杀之"。这原本是场误会,高句丽则以

---

① 据《魏书》卷四、卷五世祖纪与高宗纪以及《三国史记·卷十八·高句丽本纪六》长寿王二十六年至六十年有关条目记述,在 436—462 年的四分之一世纪里,高句丽与北魏间只有两三次使臣往来。
②《三国史记·卷十八·高句丽本纪六》长寿王六十年条;《魏书·卷一百·高句丽》。
③ 奈勿尼师今曾于其三十七年(392)"送伊湌大西知子实圣为质"。见《三国史记·卷三·新罗本纪第三》奈勿尼师今三十七年春正月条。
④《三国史记·卷三·新罗本纪第三》实圣尼师今元年三月、十一年条。
⑤《三国史记·卷三·新罗本纪第三》讷祇麻立干二年正月、是年秋条。

此为借口,兴师进攻新罗的西陲,至新罗讷祗麻立干"卑辞谢之",高句丽才肯撤兵。[①] 454 年秋,高句丽又进攻新罗的北边;翌年冬,长寿王发兵进攻百济,新罗遂出兵救援。468 年春,高句丽与靺鞨联军袭击新罗北边悉直城。或出于战略同盟之主动配合,次年秋,百济出兵攻击高句丽的南鄙。面对长寿王展现的不依不饶的新攻势,新罗采取措施加强了北方的边防。慈悲麻立干(458—479 年在位)首先于其十一年秋征何瑟罗人修筑泥河城;接着,又于 470、471、473、474 年,修筑三年山城、芼老城、明活城、一牟城、沙尸城、广石城、沓达城、仇礼城、坐罗城等城池。这期间,新罗并无任何战事,《日本书纪》关于日本雄略天皇(418—479)八年(464 年,新罗慈悲麻立干七年、高句丽长寿王五十二年)新罗人杀高句丽守新罗驻军及新罗请兵日本任那府的记事[②],完全不见半岛文献记载,不足为凭。据《三国史记》,464 年,新罗、高句丽间并无纠纷和冲突,除四年后曾以靺鞨兵进攻新罗悉直城外,其余有限的几次战事大都与援助百济有关。

475 年秋,改善了与北魏关系的长寿王率兵三万,长驱直入,围攻百济王都汉城,盖卤王紧闭城门不敢出战。丽军则兵分四路夹攻,并乘风纵火焚烧城门;城内人心危惧,"王窘不知所措,领数十骑,出门西走。丽人追而害之"。等到新罗援兵到达时,丽军已虏获男女八千而去。此次战前,高句丽做足了准备,事前暗中派浮屠道琳潜入百济,劝说盖卤王大兴土木,"作宫室、楼阁、台榭……又取大

石于郁里河,作椁以葬父骨。缘河树堰,自虵城之东,至崇山之北。是以,仓庾虚竭,人民穷困,邦之阽杌,甚于累卵"。结果,在强敌面前,正如盖卤王当时对其子文周所言,百济"民残而兵弱,虽有危事,谁肯为我力战?吾当死于社稷,汝在此俱死,无益也,盍避难以续国系焉"①?于是,太子汶州尊父王命求救于新罗,虽得兵一万而回,然已无济于事,城破王死,大势已去。汶州遂继王位,是为文周王。②是年冬十月百济"移都于熊津"(今韩国公州),开启其熊津时代。

二、百济中兴、新罗改革与济罗联盟解体

475—539 年,为百济的"熊津时代"。5 世纪末叶,高句丽的领土向南已扩张到竹岭、乌山、牙山湾一线,继续对百济的生存形成压力;而遭到重创的百济虽亟待中兴,却碍于权臣当道,王权与国力得不得伸张。开"熊津时代"的文周王(475—477 年在位),"初,毗有王薨,盖卤嗣位,文周辅之,位至上佐平",有过管理国家的经历。其与治国无方,以致最后遭百济叛臣、高句丽将桀娄、万年等"三唾之,乃数其罪,缚送于阿且城下戕之"的盖卤王不同,能"爱民,百姓爱之"。但是,受国内望族权贵的牵制,"性柔不断",以致错误地任命属大姓"八族"之一的实力派人物解仇为兵官佐平。其在位第三年秋,"解仇擅权乱法,有无君之心,王不能制",最后于狩猎途中,为"解仇使

①《三国史记·卷二十五·百济本纪第三》盖卤王二十一年条。
②《日本书纪·卷十四》雄略天皇二十一年(477)春三月条,自注文周王为"汶洲王,盖卤王母弟也"。其同卷二十年冬条注引《百济记》云:"盖卤王乙卯年冬,狛大军来,攻大城七日七夜,王城降陷,遂失慰礼城,王及大后、王子等皆没敌手。"依此而论,文周王似为盖卤王之母弟。此说未必可信。《三国史记》不仅"百济本纪"乙卯年条详细地记载了慰礼城失陷过程中文周王与盖卤王的关系及其继位的情景,而且其"新罗本纪"乙卯年亦称:"秋七月,高句丽巨连亲率兵攻百济。百济王庆遣子文周求援,王出兵救之。未至,百济已陷,庆亦被杀。"同书"高句丽本纪"乙卯年条也只说:"九月,王帅兵三万,侵百济,陷王所都汉城,杀其王扶余庆,虏男女八千而归。"未涉及文周。以上三种本纪基本史实一致,尽管某些情节有所出入,可相互印证补充,不应成为否定盖卤与文周间的父子关系的理由。日本史料上述记述均为其下文"任那日本府"(所谓日本天皇赐文周王"任那国下哆呼唎县之别邑""久麻那利")说立论作铺垫。

盗害之"，死于非命。其长子壬乞年幼继位为三斤王(477—479 年在位)，也不得不把"军国政事一切委于佐平解仇"①。结果，戊午年春，解仇与燕氏首领恩率燕信等"据大豆城叛"。最后，被勤王的戚族首领佐平真男与德率真老领兵镇压。对此怪异现象，《三国史记》作者金富轼"论曰：春秋之法，君弑而贼不讨，则深责之，以为无臣子也。解仇贼害文周，其子三斤继立，非徒不能诛之，又委之以国政。至于据一城以叛，然后再兴大兵以克之。所谓履霜不戒，驯致坚冰，荧荧不灭，至于炎炎，其所由来渐矣"。《隋书》百济传在回顾以往历史时称，5 世纪上半叶，百济"行宋《元嘉历》，以建寅月为岁首。国中大姓有八族。沙氏、燕氏、刕氏、解氏、真氏、国氏、木氏、苩氏"②。然而在南朝宋大明二年(458)盖卤王向孝武帝请封的十一人名单中有八人是王姓余氏。因此，百济王权虽然不断受到大姓"八族"的挑战，但最终还是控制在王族手中。

北魏太和三年冬，东城王(479—501 年在位)牟大③即位；自此，百济王政日渐稳定，农业得到发展，以致出现"大有年"④特大丰收年。

东城王"胆力过人，善射，百发百中"。他巡幸汉山城，"抚问军民"，筑牛头城、沙岘城、耳山城，加强防御，阅兵于宫南，鼓舞士气；一方面遣使南齐，"请内属"，另一方面请婚新罗，娶其伊湌比智之女为妃，通过联姻密切和加强与新罗的同盟关系，并出兵援救被高句丽围困的新罗。494 年秋八月，高句丽攻百济雉壤城(今朝鲜黄海南道白川)，东城王遣使新罗请援，新罗王命将军德智帅救兵来援，丽兵未能得手。

---

① 《三国史记·卷二十六·百济本纪第四》文周王四年秋八月与三斤王条。
② 《隋书·卷八十一·百济》。
③ 《三国史记》于文周王本纪后注曰："册府元龟云：南齐建元二年，百济王牟都遣使献……又永明八年，百济王牟大遣使上表……袭亡祖父牟都为百济王"——而三韩古记无牟都为王之事。又按：牟大，盖卤王之孙，盖卤第二子昆支之子也，不言其祖牟都，则齐书所载不可不疑。"
④ 《三国史记·卷二十六·百济本纪第四》东城王十一年秋条。

500 年,新罗照知麻立干薨,其子嗣、奈勿尼师今曾孙智大路继位,是为第 22 代王,但仍称麻立干。503 年冬,智证麻立干从"群臣上言",开始使用王号①。《三国史记》于此论曰:"新罗王称居西干者一,次次雄者一,尼师今者十六,麻立干者四。"②以此为起点,至文武王时期(661—681 年),新罗自上而下开始了历时 180 年的"百年改革运动"。

改革始于 502 年,是年春,智证麻立干"下令,禁殉葬。前王薨则殉以男女各五人,至是禁焉"。同时,"分命州郡劝农,始用牛耕"③。麻立干称王后,新罗王权得到加强,国家的改革向纵深发展。504 年,国王令制定并颁行"丧服法",并"征役夫,筑波里、弥实、珍德、骨火等十二城";次年,国王又仿中原王朝郡县制度,"亲定国内州郡县。置悉直州,以异斯夫为军主,军主之名始于此"。同时,还命各地官员在其辖区内"藏冰",行"制舟楫之利"。行政制度的改革、国家法制化进程的推进,削弱了地方贵族势力,加强了王权,解放了生产力,促进了农业的发展,繁荣了经济。509 年,国家在"初开京师市肆"④的基础上,又"置京都东市"。随着国家经济和整体实力的提高,其领土扩张欲也不断增长。512 年夏,何瑟罗(今韩国江陵)州军主伊飡异斯夫设计迫使国人"愚悍"的于山国(郁陵岛)归降⑤。为适应不断扩大领土的治理的需要,新罗在王都京城以外的地方行"小京"制度,于 514 年春"置小京于阿尸村"(今韩国义城郡安溪面)。同年秋,智大路薨,"谥曰智证",新罗始行谥号法。

---

① 《三国史记·卷四·新罗本纪第四》智证麻立干四年十月条记有:"群臣上言:'始祖创业已来,国名未定,或称斯罗,或称斯卢,或言新罗。臣等以为新者德业日新,罗者网罗四方之义,则其为国号宜也。又观自古有国家者,皆称帝称王,自我始祖立国,至今二十二世,但称方言,未正尊号,今群臣一意,谨上号新罗国王。'王从之。"
② 《三国史记·卷四·新罗本纪第四》智证麻立干卷头语"论曰"。
③ 《三国史记·卷四·新罗本纪第四》智证麻立干三年春三月。
④ 《三国史记·卷三·新罗本纪第三》照知麻立干十二年三月条。
⑤ 据史书记载,"伊飡异斯夫为何瑟罗州军主,谓于山人愚悍,难以威来,可以计服。乃多造木偶师子,分载战船,抵其国海岸。诳告曰:'汝若不服,则放此猛兽踏杀之。'国人恐惧,则降"。见《三国史记·卷四·新罗本纪第四》智证麻立干十三年六月条。

　　法兴王(名原宗,《册府元龟》与《梁书·新罗传》称"王姓募名秦",514—540年在位)时期,新罗改革的势头有增无减。517年,新罗始设兵部,并于次年增设株山城;520年,"颁布律令,始制百官公服朱紫之秩"①。521年(梁武帝普通二年、法兴王八年),王随百济使遣使于梁,贡献方物;次年,"加耶国王遣使请婚,王以伊飡比助夫之妹送之"②。527年,新罗肇行佛法。讷祇麻立干(417—458年在位)时,"沙门墨胡子自高句丽至一善郡,郡人毛礼于家中作窟室安置","梁遣使赐衣着香物"。新罗君臣不知香为何物、何用,墨胡子不仅一一告之,而且经焚香发愿,治愈了"病革"的王女。信众日增,法兴"王亦欲兴佛教"。于是守旧大臣"喋喋腾口舌"非难,佛法不能行。最后,经"近臣异次顿"以死相争③,新罗始"不复非毁佛事"。佛教的兴起,影响到社会风习的改变。528年,国家颁布法律,"下令禁杀生",并"命有司修理堤防",完善国家水利设施。同时,国家机构进一步加强。531年,国家增设类似宰相的"上大等"一职,以伊飡哲夫为"上大等总知国事"。这样,经过30年的政治、经济与社会文化改革,新罗国力得到明显增强。532年,金官国主"来降",新罗开始称霸半岛东南。536年,新罗始创本国的年号,"云建元元年"④,以显示其国家自信。法兴王二十七年(540)秋七月薨,其弟葛文王"立宗之子"彡麦宗(深麦夫)为王,即真兴王。立宗之子,王位继承的宗统意识,以及此前反映同族之亲族意识的丧葬法的实施,表明新罗土著的血统体制已开始逐步为儒家的宗法体制所取代。

　　同时,百济也呈现复兴趋势。此前,百济在经历失国都汉城、盖

①《三国史记·卷四·新罗本纪第四》法兴王七年春正月条。
②《三国史记·卷四·新罗本纪第四》法兴王十五年条。
③据《三国史记·卷四·新罗本纪第四》法兴王十五年条记事,当时,法兴王面对众臣反对,独有异次顿力主兴道并奏"请斩小臣以定众议"的局面,乃"曰:'众人之言牢不可破,汝独异言,不能两从。'遂下吏将诛之。异次顿临死曰:'我为法就刑,佛若有神,死必有异事。'及斩之,血从断处涌,色白如乳。众怪之。不复非毁佛事"。
④《三国史记·卷四·新罗本纪第四》法兴王二十三年条。

卤王被杀之后,国力大伤,被迫退守西南一隅。进入 6 世纪,经文周王、三斤王、东城王三世的东聘新罗、南通倭、北抵高句丽、西事南朝,设关防、固城池的努力,迎来武宁王(501—523 年在位)的复兴时代。武宁王斯摩(或云隆)"仁慈宽厚,民心归附",即位伊始,对内亲率兵马成功平佐平苫加叛乱加强王权,对外接连两年发兵袭击高句丽的水谷城和高句丽边境,并于第三年"击退"靺鞨人对其高木城的进攻。[①] 于是,至其末年,"百济更为强国"[②]。武宁王二十一年(521),梁高祖下诏,曰:"行都督百济诸军事、镇东大将军、百济王余隆,守藩海外,远修贡职,乃诚款到,朕有嘉焉。宜率旧章,授兹荣命,可使持节都督百济诸军事宁东大将军。"此等封号,不仅见于《三国史记》百济本纪,而且也为 1971 年 7 月在忠清南道公州松山里古坟群发现的刻有"宁东大将军"铭文的东宁王碑所印证[③],而且亦为武宁王至圣王(523—554 年在位)时期,百济呈现出的一派中兴景象所证明。

此间,百济常遣使南朝进贡,与宋、齐、梁、陈各代帝王均保持着良好的君臣关系。早在南朝建立前的东晋义熙十二年(416),晋安帝即以"百济王余映为使持节、都督百济诸军事、镇东将军"。420年,宋武帝践祚,百济王复"进号"为镇东大将军[④]。450 年,毗有王遣使南宋献方物,并"私假台史冯野夫西河太守,表求《易林》、《式占》、腰弩,文帝并与之"。南齐文人王融(467—493)《上疏请给虏书》称,诏书言,《易林》《式占》属秘阁图书,"例不外出",而"腰刀"之类的军器依例亦不外授,而刘宋皇帝皆与之,足见百济在南朝的统治者眼中地位之重要。502 年,南梁取代南齐;20 年后,"为高句丽

①《三国史记·卷二十六·百济本纪第四》武宁王元年、二年、三年条。
②《梁书·卷五十四·百济》。
③ 详见[韩]李丙焘:《关于百济武宁王陵出土的志石》(《百濟武寧王陵出土誌石에대하여》),《学术院论文集(人文社会版)》11,1972 年。
④《宋书·卷三·武帝纪下》永初元年七月戊戌条;《南史·卷七十九·百济》。

所破,衰弱累年"的百济已"累破高句丽……更为强国"①。521 年,"梁武帝诏隆武宁王隆为使持节、都督百济诸军事、宁东大将军、百济王。"②523 年,其子明秾继任王位和南梁赐予的封号,因其"知识英迈,能断事","国人称为圣王"。529 年、541 年,明秾"累遣使献方物,并请《涅槃》等经义、《毛诗》博士并工匠画师等,并给之。"③

圣王时期(523—554 年在位),百济与新罗虽偶有冲突,但其外来威胁主要是高句丽。529 年冬,百济与来犯的高句丽战于五谷之原,百济败绩,"死者二千余人"。538 年,百济移都所夫里(一云泗沘),国号南扶余。扶余位于锦江下游,锦江流域土地肥沃,气候适宜,物产丰富,为百济的复兴提供了有利条件,也激发了其统治者振兴国家的决心。540 年,百济进攻高句丽的牛山城。次年,圣王遣使入梁"请毛诗博士、涅盘等经义并工匠、画师等"④,发展文化事业。同时,百济遣使新罗"请和",圣王与真兴王使济、罗同盟再次得到确认。⑤

6 世纪初,百济地方发展为 22 个中心郡城,称"檐鲁"⑥。随着百济国势的增强和新罗崛起起于东南方,高句丽的势力相对受到抑制和削弱,其在半岛的地位亦随之有所下降。北魏正始年间(504—508),对北魏曾经是国之"地产土毛,无愆王贡"的高句丽,由于西"夫余为勿吉所逐,涉罗为百济所并",以致造成上述两地所产之黄金和珂"二品"的"昔方贡之愆","瓶罄罍耻"⑦。加以,安臧王(519—531 年在位)改专事北魏为两边下注,向南北朝同时称臣的事大政

---

① 《三国史记·卷二十六·百济本纪第四》武宁王二十余年冬十一月。
② 《南史·卷七十九·百济》。
③ 《南史·卷七十九·百济》。
④ 《三国史记·卷二十六·百济本纪第四》圣王十九年条。
⑤ 《三国史记·卷四·新罗本纪第四》真兴王二年春三月条。
⑥ 《梁书·卷五十四·百济》:"百济者……号所治城曰固麻,谓邑曰檐鲁,如中国之言郡县也。其国有二十二檐鲁,皆以子弟宗族分据之。"
⑦ 《魏书·卷一百·高句丽》;《三国史记·卷十九·高句丽本纪第七》文咨明王十三年四月条。

策,最后导致北魏与南梁对其信任的缺失。无论是魏孝文帝还是齐帝均策其父文咨王(罗云王)为"使持节",安臧王兴安却无此头衔。相反,521年夏,与其同期的百济武宁王,在向南梁上表其"累破高句丽"之战绩后,南梁高祖发诏嘉奖百济王"守籓海外,远修贡职,乃诚款到","宜率旧章,授兹荣命,可使持节都督百济诸军事宁东大将军"①。

　　但是,圣王计划收复汉江流域失地之路并不平坦。首先,540年秋,百济发动的进攻高句丽牛山城的战役没有获得成功。548年春,高句丽发动反攻,以濊兵六千进攻汉北独山城,由于百济求得新罗三千大军的支持,取得"杀获甚重"②的战果。两年后,550年(圣王二十八年)春,百济将军达已领兵万人攻取高句丽占领的道萨城(今韩国忠清南道天安或忠清北道槐山);同年三月,高句丽阳原王派兵围攻百济金岘城(今韩国忠清南道全义或忠清北道镇川)。这时,本来相约共同北伐的新罗真兴王却乘丽、济两国兵疲出兵"乘间取二城"。③ 随之,朝鲜半岛态势骤变。④

　　551年,新罗命居柴夫等进攻高句丽,乘胜夺取十郡。553年,又取百济的东北鄙,置新州,以阿飡武力为军主。是年冬,百济王以其女为真兴王小妃以挽救罗、济联盟的努力失败。于是,济王明秾与加良进攻新罗管山城(今韩国忠清北道沃川)。管山城战斗是半岛三国争霸战争中最惨烈的战争,初战,新罗失利,新州军主金武力以州兵赴战,裨将高于都刀斩杀圣王及四佐平,百济士卒近三万人马全部覆没⑤。于是,高句丽丧失了在汉江流域的优势;同样,百济

①《三国史记·卷二十六·百济本纪第四》武宁王二十一年条。
②《三国史记·卷四·新罗本纪第四》真兴王九年二月条。
③《三国史记·卷十九·高句丽本纪第七》阳原王六年三月条。
④ 参考[韩]卢泰敦:《关于高句丽的汉水流域丧失的原因》(〈高句麗의 漢水流域 喪失의 原因에 대하여〉),韩国史研究会:《韩国史研究》1976年13辑,第29—57页。
⑤《三国史记·卷二十六·百济本纪第四》圣王三十二年条记载不同,称:"王欲袭新罗,亲帅步骑五十,夜至狗川。新罗伏兵发与战,为乱兵所害,薨。"

收复汉江流域失地的计划随之破产,济罗关系彻底破裂。

三、四国体制①终结与隋丽战争

6 世纪中期,伽倻国家的生存受到严重威胁,朝鲜半岛的政治地图与政治格局发生重组。521 年,仇冲王继承驾洛国王位;524 年,新罗法兴王(原宗)巡视南部新拓之地,伽倻王前来与其会盟,两国关系进一步得到加强。531 年,百济进攻安罗;新罗亦随即攻击卓淳、喙己吞。迫于形势压力,金官国主金仇亥及其三个儿子等王族"以国帑宝物来降"。金仇亥受到新罗王的厚待,本人被授位上等,以本国食邑,其小儿子武力被赐角干②。新罗吞并金官伽倻意味着百济东进的战略目标完全破产。此前,大伽倻也开始向新罗靠拢。516 年五月,百济的东进目标指向位于蟾津江河口的大伽倻外港多沙津方向;522 年秋,百济攻占多沙国。为对应这种局势,大伽倻与新罗联姻成立。但是,新罗国王与金官伽倻王会盟后不久,529 年,因发生大伽倻放逐"变服"新罗侍从的事件,新罗与大伽倻间的联姻同盟走向破裂。553 年,新罗攻占百济"东北鄙,置新州"。圣王大怒,遂联合大伽倻进攻新罗管山城。不幸,百济军夜至狗川(今韩国沃川附近)遇伏击,圣王战死。562 年九月,新罗以"加耶叛"为由,异斯夫与斯多含奉命讨伐大伽倻。"斯多含领五千骑先驰入栴檀门,立白旗,城中恐惧,不知所为。异斯夫引兵临之,一时尽降。"③异斯夫传称,其"袭居道权谋,以马戏误加耶"取其国④;而斯多含所领之

---

① 由于金富轼的《三国史记》仅把新罗、高句丽、百济的历史辑为一书,而排挤伽倻,长期以来,汉四郡后至统一新罗的历史被错误地称作三国时期。伽倻的历史直到近代初期才受到实学派学者的重视,现在应该给予纠正。

② 武力之孙金庾信后来成为新罗统一三国的功臣。

③《三国史记·卷四·新罗本纪第四》真兴王二十三年九月条。

④《三国史记·卷四十四·列传第四》居道传称,脱解尼师今"时,于尸山国、居柒山国介居邻境,颇为国患。居道为边官,潜怀并吞之志,每年一度集群马于张吐之野,使兵士骑之,驰走以为戏乐……两国人习见之,以为新罗常事,不以为怪。于是,起兵马袭其不意,以灭二国"。

兵多系追随他的花郎徒①。《日本书纪》钦明天皇二十三年条有新罗征讨、灭亡任那的记事,其注云:此次被消灭的有加罗、安罗、斯二岐、多罗、率麻、古嵯、子他、散半下、乞飡、稔礼十国。这里的"讨灭"任那,其事件的情节和时间与真兴王灭亡大伽倻一致,此十国应属大伽倻联盟的成员国。至此,朝鲜半岛四国体制宣告终结,新罗、百济与高句丽三国的争霸战争进入新阶段。

面对半岛力量对比的新变化以及北朝上北魏(386—534)日趋衰微和南朝南梁(502—557)日益强盛,立足于参与半岛争霸的战略需要,高句丽调整了对南北朝的政策,更加积极地发展与南梁的关系,以削弱南朝对其南方劲敌的支持。据《三国史记》资料统计,安臧王时代(519—531),十一年间,高句丽在5次遣使南北朝中,出使北魏仅有1次,同其前代王频繁向北魏朝贡的情况大为不同。

6世纪下半叶,新罗沿东海海岸向北大力推进,556年于安边设比列忽州(又名碑利城),其势力一度达到咸兴平原。新罗此类扩张势头为树于昌宁、北汉山、黄草岭、摩云岭的四个"巡狩管境碑"而得到证实。

新罗的快速扩张使百济不再与高句丽接壤,新罗成了百济重要的争夺对手,新罗的西北边境成为百济的重要攻击目标。新罗利用高句丽与百济在汉江中游激烈争夺而疲劳之际,于550年春派兵攻占了百济占领的高句丽的道萨城和高句丽占领的百济的金岘城;接着又"乘胜"取高句丽的"十郡"②。555年冬,真兴王(540—576年在位)"巡幸北汉山"③。此前一年,554年,威德王昌继位伊始即挫败高句丽对其熊川城的进攻;561年秋,百济遣兵侵掠新罗边鄙,新罗兵出击,损伤千余人④。577年冬,百济再次进攻新罗西边州郡,新

---

① 详见《三国史记·卷四十四·列传第四·斯多含传》。
②《三国史记·卷四·新罗本纪第四》真兴王十二年条。
③《三国史记·卷四·新罗本纪第四》真兴王十六年冬十月条。
④ 见《三国史记·卷二十七·百济本纪第五》威德王八年条。但是,《三国史记·卷四·新罗本纪第四》真兴王二十三年条有此纪事,较前者晚一年。

罗王出师拒战,于一善北打破百济军,斩获 3700 级。次年秋七月,新罗夺取百济的阙也山城。至此,新罗从其所在的小白山脉东南的岭南本部出发,至 568 年前的某一时期,其疆域北抵今朝鲜咸镜南道的利原和端川,向南一直扩展到金官伽倻与大伽倻的领地,占据了汉江与洛东江流域的肥沃土地。于是,新罗以北汉山为依托,占有朝鲜半岛西海岸的港口重镇唐恩(今韩国仁川南阳一带)①,以国原为小京,初显势将控制南部半岛的霸气。

战事连连失利后,百济加紧巩固国防。579 年,百济筑熊岘城、松述城,以梗蒜山城、麻知岘城、内利西城之路。同年新罗发生王位更替。真平王(579—632 年在位)即位初年,主要致力于内政改革,进一步加强与隋、唐的关系。罗、济间的争夺暂时有所缓和。

6 世纪中叶,雄踞中国大陆北方的北魏王朝鲜卑统治上层腐化、衰落,在各族人民的大起义中分裂为东魏和西魏,不久东魏(534—550)为北齐(550—577)所取代。556 年,西魏被后来最终统一了北方的北周(557—581)所取代。581 年,辅佐北周八岁登基的末代皇帝的大臣杨坚自立为帝,建立了隋朝(581—618),结束了古代中国长达近三个世纪的分裂局面。590 年,高句丽平原王(559—590 年在位)闻与其保持着紧密关系的南陈的灭亡,"大惧,理兵积谷,为据守之策"。所以,隋文帝在赐丽王玺书时,对其发出警告,责其"虽称藩附,诚节未尽"。② 接受隋文帝册封为上开府仪同三司、袭辽东郡公的继任者婴阳王(590—618 年在位)继续加紧备战,秘密推进"私通使启民"可汗(? —609 年),与东突厥勾结,牵制隋朝,并与和日本倭有紧密关系的百济结盟,攻击新罗,致使东北亚的区域关系变得异常复杂而紧张。

598 年,"藩礼颇阙的"婴阳王以万余骑的靺鞨兵力进攻辽西,被隋营州总管韦世冲击退。隋文帝闻而大怒,决定对丽用兵,以恢复东

①《三国史记·卷三十五·地理二》唐恩郡条。
②《三国史记·卷十九·高句丽本纪第七》平原王三十二年条。

亚秩序。是年二月,命汉王杨谅、王世积并为元帅,率水陆大军三十万进行讨伐,并下诏罢黜元之官爵。隋军由临榆关出发,而因"时馈运不继,六军乏食",而后又遇疾疫,士气低落;由周罗睺统率的水军"自东莱泛海,趣平壤城",亦遭遇风暴,船多漂没。于是,水陆两路大军未及交战,即已损失惨重,只好中途撤军。婴阳王亦惧,遂遣使谢罪。同年九月,百济威德王昌"闻隋兴辽东之役,遣使奉表,请为军导"。鉴于隋丽间军事行动已经停止,隋文帝没有接受百济的建议。隋军中途受挫罢兵,百济乘机收复失地的军事行动不但彻底夭折,而且招来灾祸。高句丽婴阳王"颇知"百济之计,便出兵侵掠其边境。① 经此打击,不仅威德王随后亡故,而且其后继者惠王、法王也相继死亡。高句丽借此,进行报复,发兵"侵掠"百济的国境地带。

600年,武王璋继承百济王位。其三年秋,百济进攻新罗的阿莫山城。新罗王遣精兵数千骑拒战,百济大败。新罗遂乘机于边境筑小陁、畏石、泉山、瓮岑四城,"侵逼"百济疆境。武王大怒,命佐平解仇率步骑四万进攻新罗新四城。新罗将军干品、武殷领兵迎战,百济军不利,引兵退至泉山西大泽中,设下伏兵。武殷乘胜领甲卒一千,追至大泽,伏兵发,武殷坠马,罗兵处于险境。但是,新罗军士气高昂,武殷子贵山高呼"士当军无退!"以马授父,与另一小将箒项挥戈力战以死。受此激励,新罗军竭力奋战,战胜济兵,"解仇仅免,单马以归"②。

607年初,百济遣使如隋,要求讨伐高句丽,新罗也命圆光大师请隋出兵高句丽。高句丽虽惧隋军之征讨,却继续攻击百济和新罗,是年五月,进攻百济松山城,袭击石头城;次年春又对新罗的北部边境大肆掳掠,并攻占其牛鸣山城。于是,611年,新罗真平王遣使入隋,"奉表请师,隋炀帝许之";接着,百济也遣使国智牟请军期。隋炀帝不仅十分喜悦,厚赏来使,而且派遣尚书起部郎席律,"诣百

---

① 当时百济与高句丽边境并不相连,此次军事行动应该是由海路进行。
② 《三国史记·卷二十七·百济本纪第五》武王三年秋八月条。

济,告以期会"①,并"令觇高丽动静"②。大业八年(612)正月,隋炀帝发颁诏书。指称:"高丽小丑,迷昏不恭,崇聚勃、碣之间……不胜其弊。回首面内,各怀性命之图,黄发稚齿,咸兴酷毒之叹,省俗观风,爰届幽朔,吊人问罪,无俟再驾。于是亲总六师,用申九伐。拯阙陷危,协从天意,殄兹逋秽,克嗣先谟。"隋以六路大军113万以上的兵力进攻高句丽,其先遣部队直逼平壤,但迫于军粮不济,只好撤军。当隋军半渡萨水(清川江)之际,遭乙支文德将军指挥的丽军的袭击,隋军溃,九支部队30.5万人仅一支2700人独全③,此即所谓著名的"萨水之战"。其时璋虽"严兵于境,声言助隋,实持两端"④。

次年春,隋炀帝再次亲征高句丽。四月,宇文述与杨义臣部向平壤进发,王仁恭率劲骑一千进军辽东,被阻于新城。然而,当辽东城即将陷落之际,因发生礼部尚书杨玄感叛乱而中途罢兵。614年,隋已"天下大乱",炀帝仍进行第三次东征,隋将来护尔帅师渡海,至卑奢城,大破丽军,直逼平壤城。婴阳王惧,"遣使执叛臣斛斯政,诣辽东城下,上表请降"。炀帝见状撤兵。此后,因高句丽王拒绝入朝觐见,炀帝仍想征伐高句丽,因政权将失而未果。

此后,百济虽然利用地区形势的变化一度取得对新罗的暂时胜利,但总体上在济、罗在争夺南方霸主地位的斗争中处于劣势。纵观百济的历史,百济的疆域一直局限于大同江以南。中国史书《宋书·百济传》关于所谓"百济略有辽西。百济所治之晋平郡晋平县"的记载,则系误把"浿西"写成"辽西",把"晋平壤郡、平壤县"写成"晋平郡晋平县"⑤。

---

① 《三国史记·卷十八·高句丽本纪第八》婴阳王二十三年条。
② 《隋书·卷八十一·东夷·高句丽、百济传》。
③ 《隋书·卷四·隋炀帝下》大业八年条;《三国史记·卷二十·高句丽本纪第八》婴阳王二十三年条。
④ 《三国史记·卷二十七·百济本纪第五》武王十三年条。
⑤ 刘永智:《"百济略有辽西"辩》,《学术研究丛刊》1983年第4期;刘子敏:《驳〈百济略有辽西〉记事初探》,《延边大学学报(社会科学版)》2001年第1期。

第四节　高句丽、百济、新罗国力的消长与
百济、高句丽的灭亡

一、新罗国势兴旺与花郎徒的崛起

　　控制了汉江出海口的新罗与南北朝的文化交流更趋活跃，其民族文化内涵日益丰富。549 年，新罗游学僧觉德陪南梁使臣护佛舍利至新罗；551 年春，新罗命于勒制曲，乐名伽倻琴。6 世纪下半叶，新罗连年遣使南陈（557—589）、北齐（550—577），引进释氏经纶 1700 余卷。在这种政治文化背景下，八关筵与花郎徒应运而生。真兴王三十三年（572）冬十月二十日，国家设八关筵会为战死士卒超度，向佛祖祈愿国泰民安。此制至高丽时期，发展为护国之斋会。在儒学与佛教文化输入、半岛争霸的历史背景下，一个崇尚武功的新贵群体——花郎徒在新罗形成。据载，真兴王三十七年（576），新罗"始奉源花"①。"源花"是新罗花郎制度的最初形态，花郎则是新罗出身于贵族的青少年团体。作为一个特殊集团，花郎徒是由以村落或部族单位的同年龄群体演变而来。其前身"源花徒"，由年轻"美女"组成，因"徒人失和而罢"；后始由"美貌男人"改组为"花郎"。至于诞生具体时间，史书并无明确记载。《三国史记》说"其后"，而《三国遗事》则说"废原花累年……更下令选良家男子有德行者，改为花郎"，并在文中加注曰："国史真智王大建八年庚申始奉花郎，恐史传乃误。"②此处所谓大建八年，乃南陈太建八年之误，应为公元 576 年，即真兴王三十七年。但是，《三国史节要》则称："梁大同六年，新罗法兴王二十七年，真兴王元年……新罗王选容仪端正童男，

①《三国史记·卷四·新罗本纪第四》真兴王三十七年春条。
②《三国遗事·卷三·塔像第四》弥勒仙花条。

号风月主,求善士为徒众,以砺孝悌忠信。"①再者,依《三国史记》年方十七的花郎将斯多含于 562 年秋九月率兵进攻伽倻。看来,所谓"始奉源花",应为真兴王中期。554 年,新罗"击杀"进攻管山城的百济圣王,国威大振。新罗自与中原王朝通使以来,努力吸收汉文化,积极变革,其国情"亦犹中国";②而真兴王又事大忠诚,外交灵活,既遣使北齐,又使陈贡方物;既获得北齐"使持节东夷校尉乐浪郡公新罗王"的称号,又得到南陈官方赠送的"释氏经纶千七百余卷"。随着新罗国势膨胀,版图与人口增加,对外战争频发,国家需要更多人才为其效力。于是,因在三大国中其与外界接触较晚,而更多保留原始的巫教以及或许从乐浪汉文化中接受的"仙灵"信仰③,这与新近传入的儒学与佛教文的融合,造成了以"一心奉佛"的国王为首的"天性风味、多尚神仙"的"风月道"④社会风气。结果,在国王的号召下,花郎徒制度得到发扬。

当时,新罗一些年龄相近的年轻人,"徒众云集,或相磨以道义,或相悦以歌乐,娱游山水,无远不至"。平时,他们或与僧侣共同生活,以弥勒化身自誉,以新罗高僧圆光的"世俗五戒:一约事君以忠,二曰事亲以孝,三曰交友以信,四曰临战无退,五曰杀生有择"⑤为轨,讲经论道,实现精神超越;或游历名山大川,寻幽访圣,锤炼意志,修身养性;或演习武艺,磨炼筋骨,强健体魄;或相聚歌舞,颂扬和平,陶冶情操。而于非常时期,则投入军旅,保卫国家。花郎徒不仅深受护国宗教佛教影响,而且他们在作花郎徒期间或在此之后,

---

① 《三国史节要·本纪卷六》庚申年风月条。
② 《三国史记·卷二·新罗本纪第二》奈勿尼师今二十六年条。
③ 《三国史记·卷三·新罗本纪第三》实圣尼师今十二年条云:"秋八月,云起狼山,望之如楼阁,香气郁然,久而不歇。王谓:'是必仙灵降游,应是福地。'从此后禁人斩伐树木。"
④ 《三国遗事·卷三·塔像第四,弥勒仙花》。
⑤ 《三国史记·卷四十五·列传五》贵山条。

更习读《孝经》《曲礼》《尔雅》《文选》①等"九经"②儒家经典，以超越部族，树立新的社会伦理规范和国家精神。故崔致远《鸾郎碑序》曰："国有玄妙之道，曰风流。设教之源，备详仙史，实乃包含三教，接化群生，且如入则孝于家，出则忠于国，鲁司寇之旨也。处无为之事，行不言之教，周柱史之宗也。诸恶莫作，诸善奉行，竺乾太子之化也。"③换句话说，所谓"玄妙之道"就是儒道释三教的新罗化，由于它具有以仲尼鲁司寇教诲之忠孝美德、宗柱下史老子无为无不为之"道法自然"与释迦去恶行善之教化的"接化群生"功能，"故金大问《花郎世记》曰：'贤佐忠臣从此而秀，良将勇卒由是而生'"。这种使贵族青年"类聚群游，以观其行义，然后举而用之"④的法自然、不拘一格地通过道义的磨炼与歌乐审美的育人方式，对长期生活在中原王朝、饱受儒家文化熏陶的崔致远来说当然属于"玄妙之道"，可谓"风流"。

新罗的花郎徒中涌现出一大批如斯多含、金庾信、官昌等良臣、勇将。斯多含出身真骨，被"奉为花郎"时，其随徒众上千人。其时年仅十五六岁，出于本人苦苦恳求，国王任命斯多含为贵幢裨将。他遂率麾下兵，一举击灭伽倻，事后还拒领国王的巨赏，并践约与死友共亡。金庾信，"加耶始祖首露"之后，万弩郡太守舒玄之子，"十五岁为花郎，时人洽然服从，号龙华香徒"。在深山大川为国祈祷得道，与高句丽、百济战，屡建奇功，官拜上将军、押梁州军主、平壤郡开国公，出将入相，为列国统一建立了丰功伟业。生前，他加封爵位为太大角干；死后，又被追封为兴武大王。官昌，"新罗将军品日之子，仪表都雅，少而为花郎，善与人交。年十六，能骑马弯弓"。曾两度杀进百济阵营，以战死敌阵，鼓舞士气，大败敌军。所以，金大问

---

① 《三国史记·卷四十六·列传六》强首条。
② 此应为隋唐之"九经"。隋炀帝以"明经"科取士，唐承隋制，规定"三礼"(《周礼》《仪礼》《礼记》)、"三传"(《左传》《公羊传》《谷梁传》)，连同《易》《书》《诗》，称为"九经"。
③ 《三国史记·卷四·新罗本纪第四》真兴王三十七年春条。
④ 《三国史记·卷四·新罗本纪第四》真兴王三十七年春条。

《花郎世记》说:"资佐忠臣,从此而秀;良将勇卒,由是而生。"而《三国遗事》在论及真兴王时所谓"王又念欲兴邦国,须先风月徒",是说,新罗欲要国家强盛,须先靠新兴之花郎徒。于是,在新罗统一半岛的战争中以金庾信为代表的新贵崛起,并组成由他们统帅的军事武装。

新罗军队由九幢、六亭构成,幢是保卫中央的军团,亭是地方军。各幢和亭的指挥官大都来源于贵族子弟或花郎徒。同时,作为整体,花郎徒还是辅助王京中央军的准军事组织。因此,花郎徒对国家的稳定和统一新罗的实现起到了不可替代的推动作用。6世纪90年代末,随着隋王朝统一大业的完成,东北亚逐步出现了隋在半岛内与新罗联手与高句丽和百济对决,在半岛外北与突厥、南与倭国对抗的格局。真平王继续推进新罗的政治改革,先后设置相当于吏部的位和府与船府署,充实掌管贡赋的调府、礼部和领客府等机构,强化王权。

真平王(579—632年在位)末年获得大陆中原王朝帝王的册封具有重要意义。早在4世纪下半叶,新罗已加入东亚封贡体系,但史书并不见中原王朝帝王对新罗王册封的记录。564年,新罗遣使北齐朝贡,次年春,北齐武成帝(537—569)下诏"以王为使持节、东夷校尉、乐浪郡公、新罗王"。在首次获得北朝赐予的一等品爵的同时,从第二年起又连年遣使南朝贡方物。594年,隋文帝(541—604)诏拜真平王为上开府乐浪郡公新罗王。此后,新罗入隋使节与入隋求法僧不绝于道。613年,隋使王世仪在新罗皇龙寺设百高座,邀在隋求法11年的高僧圆光等法师说经。618年,乘隋末农民大起义之势起兵反隋的关陇贵族集团建立的唐朝(618—907),给新罗吸收中华文化以新的动力。唐、罗关系进入新阶段。621年,新罗遣使大唐,朝贡方物;唐遣通直散骑常侍庾文素回访新罗,"赐以玺书及画、屏风、锦彩三百段"。624年,"唐高祖降使,册王为柱国乐浪郡公新罗王"。于是,真平王白净成为唐在半岛最受信赖的属臣,以至在真平王亡故时,唐太宗下诏"赠左光禄大夫,赙物段二百"。640年,即善德王"九年夏五月,王遣子弟于唐,请入国学。是时,太宗大征天下名儒为学官,数幸国子监,使之讲论,学生能明一大经已上,皆得补官。增筑学舍千二百间,增学生三千二百六十员。"①唐、罗关系与文化交流空前加强。

于是,从唐、罗双方互遣使至660年唐、罗联合开始对丽、济用兵的40年间,罗、唐间的使臣往来与民间文化交往达35次之多。648年,新罗伊湌金春秋奉派出使朝唐,"请诣国学,观释奠及讲论。太宗许之,赐御制《温汤》及《晋祠碑》和新撰《晋书》",并在允其请兵的同时,许新罗"改其章服,以从中华制"②。634年春正月,新罗"始服中朝衣冠";真德王四年(650)六月,"王织锦作五言太平颂,以献唐皇",并奉行唐号。新罗如此诚事大唐,虽主要出于汲取悠久之中华文明以滋润发展自身文化的目的,更要密切与唐的关系以兹提升王权,并得以在三国争霸中借力于唐。正如《三国史记》作者金富轼针对真德王所论:"三代更正朔,后代称年号,皆所以大一统,新百姓之视听者也。是故,苟非乘时并起,两立而争天下,与夫奸雄乘间而作,觊觎神器,则偏方小国,臣属天子之邦者,固不可以私名年。若新罗一意事中国,使航贡篚相望于道,而法兴自称年号,惑矣。厥后承愆袭缪,多历年所,闻太宗之诮让,犹且因循至是,然后奉行唐号。虽出于不得已,而抑可谓过而能改者也。"③

654年,"唐帝授以特进"权位的新罗真骨出身的金春秋被推上王位,称太宗武烈王(654—661年在位)。这是一个划时代的事件,标志着新兴封建贵族的崛起,旧的骨品制度发生动摇。骨品制是一种按照血缘关系划分身份的社会等级制度,关系到官吏的政治地位的高低和特权的大小。按照旧制,新罗的上层社会分为圣骨、真骨、

①《三国史记·卷五·新罗本纪第五》善德王九年五月条。
②《三国史记·卷五·新罗本纪第五》真德王二年冬条。
③《三国史记·卷五·新罗本纪第五》真德王四年"论曰"。

六头品、五头品、四头品等。圣骨为第一骨,系双亲皆为王族者。真骨是第二品,指双亲一方为王族和具有一品至五品官爵的贵族。六头品至四头品的贵族可授六品至十七品的官爵。

代表新兴贵族的武烈王即位伊始就"命理方府令良首等详酌律令,修定理方府格六十余条"。以此为起点,新罗的改革达到高潮。一系列改革的实施,改善了新罗的政治环境,增强了新罗的综合国力,唐朝官吏所谓新罗"颇知书记,有类中华"的赞美,"是确保唐朝在朝鲜半岛三国争霸中,最终站在新罗一面的重要条件。这是文化的力量"①。

不过,"尽管新罗统治者努力将其王国转变成唐帝国的翻版,但他们并没有使儒家思想成为官方的意识形态。在中国,儒学与通过国家考试制度选拔未来官员的做法紧密地联系在一起,原则上每个读书男子都可以参加考试。因此,至少在理论上,它是基于'自由竞争'理想,不考虑出身。而早期朝鲜社会的基础是世袭贵族制度,其最高等级的成员垄断了所有的高位,较低的位置则保留给较低的贵族。显然,这种社会的统治阶级不会很喜欢儒家思想。所以,尽管从中国借鉴了所有的制度,包括中央、地区和地方政府机构,但儒家的影响仍然很有限"②。而且,在唐中期安史之乱后,新罗改变了以往尊唐之态度,以致出现所谓"新罗闻中国丧,不时遣,供馈乏"③之局面。

二、百济转变国家战略及国运日趋衰落

7世纪,古代中国出现的空前统一的政局,对长期动荡的东北亚产生了积极的影响,加速了朝鲜半岛统一的进程。

---

① 曹中屏:《统一新罗在韩民族发展史上的地位》,载中国朝鲜史研究会编:《朝鲜·韩国历史研究》第十辑,延吉:延边大学出版社,2008年,第86页。
② [比]S.J.德拉埃等编著:《人类文明史 第3卷 公元前7世纪至公元7世纪》,第492—494页。
③《新唐书·卷二〇一·列传第一百二十六·文艺上·元义方》。

阿莫山城战役失利后，百济武王仍不思改革，继续穷兵黩武，企图北借隋、丽矛盾，收复失地，南借联倭进攻新罗壮大自己。结果，百济屡战屡败，国力日趋虚弱。616年秋，百济进攻新罗母山城。新罗不甘示弱，618年，新罗北汉山城主边品领兵八千，从百济军手中夺回了椵岑城。这一年，中国大陆之上发生了王朝更迭，隋王朝（581—618）在席卷全国的农民大起义中崩溃，一个富有生机的唐王朝取而代之。半岛三国争相遣使如唐朝贡，以求在争夺半岛霸权的斗争中，唐王朝的天平能够向己方倾斜。武王璋二十二年（621）冬，百济遣使入唐献果下马；接着又于二十五年春正月、秋七月，二十六年冬十一月，二十七年连续遣使朝贡；作为回应，唐高祖册封璋为带方郡王百济王。然而，百济却在此时改变了攻击方向。623年秋，百济袭击新罗的勒弩县；次年十月，又兵围拔其速含、樱岑、歧岑、烽岑、旗悬、冗栅等六城，新罗级飡讷催集合烽岑、樱岑与旗悬三城兵坚守死战，最终失守，百济的计谋得逞。受此战役获胜的鼓舞，百济开始了联丽攻罗的战略转变。

据《三国史记·高句丽本纪》载，高句丽荣留王九年（626），"新罗、百济遣使于唐，上言：'高句丽闭道，使不得朝，又屡相侵掠。'帝遣散骑侍郎朱子奢，持节谕和。王奉表谢罪，请与二国平"。《百济本纪》也有类似记载。唐高祖遂遣使来谕百济和高句丽，以"平其怨"①。照此记述，高句丽应该是新罗、百济的共同敌人，百济的主要威胁是高句丽。但是，百济却取联丽攻罗的下策。是年八月，百济派军队攻击了新罗的王在城，俘虏并杀害了其城主东所；次年秋七月，又拔新罗西鄙二城，掠男女三百余口；接着，又动员大量兵力，屯于熊津，准备大举攻罗，收复失地。真平王闻讯便向唐皇告急。百济武王见状，未敢贸然出兵。同年八月，唐太宗致诏书于百济，内称："新罗王金真平，朕之蕃臣，王之邻国。每闻遣师，征伐不息，阻

①《三国史记·卷二十七·百济本纪第五》武王二十七年条。

兵安忍,殊乖所望。朕已对王侄福信及高句丽、新罗使人,具敕通和,咸许辑睦。王必须忘彼前怨,识朕本怀,共笃邻情,即停兵革。"但是,百济王"虽外称顺命,内实相仇如故"①,我行我素,继续发动对罗战争;此后的九年间,百济武王对新罗发动了四次进攻,其中有的旷日持久,规模相当大。同时,百济大兴土木,王室奢侈无度。此时修建了规模宏大的王兴寺,建有供国王行香乘船入寺的"彩饰壮丽"的水道,还"穿池于宫南,引水二十余里,四岸植以杨柳,水中筑岛屿,拟方丈仙山"。于是,"王率左右臣僚,游燕于泗沘河北浦。两岸奇岩怪石错立,间奇花异草,如画图。王饮酒极欢,鼓琴自歌,从者屡舞。时人谓其地为大王浦"②。637年春,王都连续发生两次地震后,不顾人民死活的武王仍旧携嫔妃在宫池里"泛舟"嬉戏。

641年,百济末代王义慈王继位,义慈王继续执行联丽攻罗的政策。643年冬,百济、高句丽两国实现和亲,正式形成济丽同盟。

百济末代统治者在关键时刻外失信于唐朝,内不勤政、不关心民间疾苦,这样一个处处失道的国王,必然使其国家在争夺半岛统一霸主的斗争中处于劣势,加以战略决策选择的失误,最后坠入灭亡之渊。

三、高句丽由盛转衰

早在广开土王时代(391—413),高句丽已经占领了西起辽河,北至松花江,南抵礼成江,东达日本海的广阔区域。但是,在国家的政治中心仍处于鸭绿江左岸国内城的狭小的山间地域的条件下,高句丽很难有更大的作为和影响,而新都平壤,自古便是朝鲜半岛的政治、经济和文化中心,这里位于大同江下游,气候适宜,土地肥沃,物产丰富,非常有利于其区域交往和政治、军事、经济、文化的发展。

①《三国史记·卷二十七·百济本纪第五》武王二十八年条。
②《三国史记·卷二十七·百济本纪第五》武王三十五年、三十七年条。

　　高句丽是一个靠连年的战争支撑其发展、壮大和存在的国家。史料显示,高句丽对外战争始终以掠夺土地和大量人口为目标。例如475年秋,长寿王对百济的用兵,一次就虏获男女八千人。高句丽后期,这种倾向也无大变化。608年二月,婴阳王入侵新罗北境,虏获男女八千人之多;在对隋的战争中,其掳掠"华人"甚至"数至万余"。① 475年秋九月,高句丽攻陷百济都城汉城,杀国王扶余庆,虏获男女八千人而还。高句丽通过这次战役将其版图向南扩张到西起牙山湾,经鸟岭、竹岭,东抵东海一线。

　　这个时期,高句丽的国家机器已经相当完善。据《三国史记》转述,《册府元龟》云:"高句丽,后汉时其国置官,有相加、对卢、沛者、古邹大加(高句丽掌管宾客之官,如大鸿胪也)、主簿、优(一作于)台、使者、皂衣、仙人"。② 至新大王(165—178年在位)时,高句丽就在国王之下设有掌握国家一切军政大权的国相。著名高句丽战略家明临答夫是其第一任国相。北周(557—581)时,其"大官有大对卢,次有太大兄、大兄、小兄、意俟奢、乌拙、太大使者、大使者、小使者、褥奢、翳属、仙人并褥萨凡十三等,分掌内外事焉。其大对卢则强弱相陵,夺而自为之,不由王署置也"③。至隋唐时代,国相一职已由大对卢取代。《新唐书》云,高句丽"官凡十二级,曰大对卢,或曰吐捽,曰郁折,主图簿者,曰太大使者,曰帛衣头大兄;所谓帛衣者,先人也,秉国政,三岁一易……曰大使者,曰大兄,曰上位使者,曰诸兄,曰小使者,曰过节,曰先人,曰古邹大加。其州县六十。大城置偈萨一,比都督;余城置处闾近支,亦号道使,比刺史。有参佐,分干。有大模达,比卫将军;末客,比中郎将。"在大对卢下,中央有内评和外评,内评负责辅佐和保卫国王,外评肩负处理国家政务。但是,自高句丽移都平壤城以来,历任国王均不注意内政改革,其史书

---

① 《三国史记·卷二十·高句丽本纪第八》荣留王五年条。
② 《三国史记·卷四十·杂志第九·职官下》。
③ 《周书·卷四十九·列传四十一·异域·高丽》。

竟无一条记述。在占领朝鲜半岛北部文化发达地区后,并不见其进行必要的内政改革。因此,隋唐政治家、外交家,曾任隋朝黄门侍郎的裴矩担忧"冠带之境"的高句丽要沦为"蛮貊之乡"①。

5世纪末至6世纪,中原王朝分裂之后,南北方政权不断发生变化,新王朝相继组合。长寿王六十七年,南齐取代刘宋(420—479)。次年,高句丽作为北魏之"藩臣"除继续保持此传统关系外,又"越境外交""朝聘南齐",被太祖萧道成"进号"为骠骑大将军。494年,高句丽北迫使"夫余王及妻孥以国来降",南与新罗、百济"战于萨水之原"。不久,南梁(502—557)建国。504年,高句丽遣使入魏,以"小国系诚天极,累叶纯诚,地产土毛,无愆王贡。但黄金出自夫余,珂则涉罗所产。今夫余为勿吉所逐,涉罗为百济所并……二品所以不登王府,实两贼是为",混淆视听,使得对辽东与半岛局势并不甚明的北魏世宗答称:"昔方贡之愆,责在连率。卿宜宣朕志于卿主,务尽威怀之略,揃披害群,辑宁东裔。使(夫余、涉罗)二邑还复旧墟,土毛无失常贡也。"②于是,高句丽遂于文咨明王二十一年秋向百济发动大规模入侵,相继攻陷加弗、圆山二城。534年,东魏立,安原王(531—545年在位)在维持与南梁臣属关系的同时,遣使东魏朝贡。阳原王六年(550),"遣使入北齐朝贡",并获相应册封。其末年,高句丽明显出现衰败征兆,史书曰:555年冬十月,"虎入王都","太白昼见"。557年,南陈立,平原王(讳阳成,《周书》作汤,559—590年在位)三年遣使入陈朝贡;同年,西魏权臣宇文泰叛而创建北周。577年,北周灭北齐,大陆北方实现统一。高句丽遂于是年遣使入周朝贡。581年,北周上国柱、大司马杨坚受禅让代周称帝,改国号隋。当时,不愿见中原王朝大一统的平原王虽亦于是年十二月"遣使入隋朝贡",但是及至590年,闻隋灭南陈,平原王阳成"大惧,理兵积

①《隋书·卷六十七·列传第三十二·裴矩》。
②《三国史记·卷十九·高句丽本纪第七》文咨王十三年夏四月条。

谷,为拒守之策"。① 隋文帝遂下诏书,对平原王"虽称藩附,诚节未尽"的行为严加斥责,令速改正"自新"。阳成"得书惶恐",不久死亡,其子高元即位,是为婴阳王(590—618 年在位)。598 年,婴阳王高元率靺鞨万余骑,寇辽西,为营州总管韦世冲击退。隋文帝大怒,命汉王杨谅、王世积并为行军元帅,将水陆大军三十万讨伐,并下诏黜其爵位。夏六月正值汛期,大军一出临渝关,便遇淫雨水潦,"馈运不继,六军乏食……复遇疾疫"②。水军总管周罗睺"自东莱泛海趣平壤城,遭风,船多飘没,无功而还"③。"及次辽水,元亦惶惧,遣使谢罪。上表称'辽东粪土臣元'云云。上于是罢兵,待之如初。"仁寿四年(604)隋文帝驾崩,其中子炀帝继位,高昌王、突厥启民可汗俱"诣阙贡献。于是,征元入朝。元惧,藩礼颇阙"④。大业三年(607),隋炀帝(569—618)于榆林启民可汗帐内发现高句丽使臣与高句丽王长期不朝十分不快,"谓高丽使者曰:'归语尔王,当早来朝见。不然者,吾与启民巡彼土矣'"⑤。婴阳王虽惧,却我行我素,并是年五月进攻百济,"虏男女三千而还"。次年春又袭新罗北境,虏获八千人,并拔新罗牛鸣山城。

　　大业七年(611),隋炀帝决意对高句丽用兵。春正月,炀帝下诏列举高句丽"迷昏不恭,崇聚勃碣之间,荐食辽濊之境"等各种罪孽,令左军十二军出镂方、长岑各道,右军十二军出黏蝉、函资,总集平壤,总兵力达"凡一百十三万三千八百,号二百万"。⑥ 二月,隋军至辽河临水布阵。高句丽军阻水据守。隋军造浮桥渡水,两军战于东岸。高句丽军败走,隋军进围辽东城。高句丽兵出战皆不利,乃婴城固守。五月,来护尔率江淮水军浮海先进;六月,隋水军入浿水,

---

① 《三国史记·卷十九·高句丽本纪第七》文咨王十三年夏四月条。
② 《隋书·卷八十一·列传第四十六·东夷·高丽》。
③ 《隋书·卷六十五·列传第三十·周罗睺》。
④ 《隋书·卷八十一·列传第四十六·东夷·高丽》。
⑤ 《隋书·卷四·帝纪第四·炀帝纪上》。
⑥ 《三国史记·卷二十·高句丽本纪第八》婴阳王二十三年春正月条。

及至平壤城下,遇丽伏兵,战而大败。汇集于鸭绿水西岸之各类隋军,人马皆待百日给养行军,"才行及中路,粮已将尽"。及与丽军战于萨水,高句丽大臣乙支文德以疲劳战术迫使隋军后撤。秋七月,"至萨水,军半济",丽军自后击其后军,右屯卫将军辛世雄战死,诸军俱溃。结果,"九军到辽,凡三十万五千。及还至辽东城,唯二千七百人。资储器械巨万计,失亡荡尽"①。"是行也,唯于辽水西拔贼武厉逻,置辽东郡及通定镇而还。"两年后,613年,隋炀帝再次亲征高句丽,"敕诸军以便宜从事。诸将分道攻城,贼势日蹙,会杨玄感作乱,帝大惧,即日六军并还"②。与杨玄感共谋的兵部侍郎斛斯政叛逃高句丽,致隋殿军遭到追击,数千人被屠。614年,隋炀帝不顾连年征战给百姓造成的巨大负担,又发天下兵征高句丽,而早已遍地烽火的农民起义已成燎原之势。"所征兵多失期不至",高句丽亦感困弊,率师渡海的来护儿大破举国来战的高句丽军,克奢卑城,"将趣平壤。高元震惧,遣使执叛臣斛斯政诣辽东城下,上表请降。帝许之,遣人持节诏护儿旋师"③。

618年秋,婴阳王薨,其异母弟建武继位,是为荣留王(618—642年在位)。是时,起兵于太原已攻克长安的李渊,称帝建立唐朝。建武于其继位的次年春二月即遣使如唐朝贡,以缓和对外关系。唐高祖遂于武德五年(622)下诏书示好,称:"今二国通和,义无阻异。在此所有高句丽人等,已令追括,寻即遣送。彼处所有此国人者,王可放还,务尽绥育之方,共弘仁恕之道。"于是,高句丽全部送还丽隋战争中虏获的"华人""数至万余"④。此后,高句丽频繁遣使如唐,"请班历","以天尊像及道法,往为之讲老子。王及国人听之"⑤。婴阳王末年"动众筑长城",东北起自扶余城,东南至海,全长千余里,历

① 《三国史记·卷二十·高句丽本纪第八》婴阳王二十三年春正月条。
② 《隋书·卷八十一·列传四十六·东夷·高丽》。
③ 《隋书·卷六十四·列传二十九·来护儿》。
④ 《三国史记·卷二十·高句丽本纪第八》荣留王五年条。
⑤ 《三国史记·卷二十·高句丽本纪第八》荣留王七年、八年条。

时十六年于荣留王十四年春二月"毕功"①。荣留王二十四年(641),遣王子弟入唐,请入国学。次年(642)年冬十月,负责"监长城之役"的西部大人渊盖苏文(603—666)弑建武王,立其弟大阳王之子藏为王,并取消大对卢,新设莫离支官职,自称大莫离支。大莫离支职位权限极大,可掌控中央和地方的一切军政大权,而且世袭。渊盖苏文专权,把高句丽引向灭亡的深渊。

四、唐丽战争与百济灭亡

唐朝初年,朝鲜半岛三国间的战争连年不止,并出现高句丽、百济与日本的倭联合进攻新罗的形势。642年春,以倭王同时接待百济、高句丽使臣为标志,倭、丽、济反新罗联盟宣告成立。同年仲夏,百济义慈王亲率兵攻陷新罗西部猕猴等四十余城;八月,又派将军允忠领兵万人攻占新罗大耶城,杀城主品释与其妻、金春秋之女,生获男女千余人;同时,又与高句丽联合欲取党项城,"以绝新罗归唐之路"。新罗善德女王立即"遣使告急于太宗"。是年冬,新罗王为伐百济,以报大耶之役,派金春秋使丽请兵②。此时,已成为掌握高句丽大权的渊盖苏文,坚持要新罗"还竹岭西北之地",金春秋不允,被囚于别馆,至金庾信领兵入高句丽南境,金春秋方被放还。③

渊盖苏文顽固坚持抗唐、连济攻罗的政策。贞观(627—649)中,唐"营州都督张俭奏高丽东部大人泉盖苏文弑其王武",亳州刺史裴庄即奏请出兵讨伐,唐太宗因"山东凋弊",未能"用兵"。④ 此时,百济出于收复失地的企图,继续推进联丽政策。于是,新罗遣使入唐请兵,称:"高句丽、百济侵凌臣国,累遭攻袭数十城,两国连兵,期之必取。将以今兹九月大举,下国社稷必不获全。谨遣陪臣归命

---

① 《三国史记·卷二十·高句丽本纪第八》荣留王十四年条。
② 《三国史记·卷五·新罗本纪第五》善德王十一年条。
③ 《三国史记·新罗本纪》中,百济义慈王举兵、济丽联合欲取党项城与百济攻陷大耶城三件事,均载在善德王十一年,而《百济本纪》将上述三件事分作两年,后者系误书。
④ 《资治通鉴·卷一百九十六》。

大国,愿乞偏师,以存救援。"唐太宗当面提出"三策"攻罗使选择,"使人但唯而无对,帝叹其庸鄙,非乞师告急之才也"①。唐、罗虽未就援助方式达成协议,但唐太宗很重视新罗的要求,特派司农丞相里玄奖为调解大使,"赍玺书赐高句丽",要求丽、济两国"宜即戢兵,若更攻之,明年当出师击尔国矣"。但是,渊盖苏文坚决拒绝调停,宣称:"高句丽、新罗怨隙已久……新罗乘衅夺高句丽五百里之地,城邑皆据有之,非返地还城,此兵恐未能已!"②是年九月,新罗大将军金庾信领兵伐百济,夺取七城,济罗战争又起,唐太宗的调解完全归于失败。

644年十一月,唐太宗决定率师亲征高句丽,昭示天下:"高丽莫离支盖苏文弑逆其主,酷害其臣,窃据边隅,肆其蜂虿。朕以君臣之义,情何可忍? 若不诛剪遐秽,无以征肃中华。"③次年春,右屯卫兵曹参军蒋俨奉命出使高句丽,渊盖苏文竟将其囚于"窟室","胁以兵刃"。④ 夏五月,唐之东征水军以张亮为平壤道行军大总管,率兵四万、战舰五百艘,自登州渡海,于辽东半岛登陆,攻陷卑沙城(今辽宁省大连北);陆军以李世绩为辽东道大总管,率步骑精兵六万,直趋辽东;同时,唐太宗亲率御林军二十万殿后。新罗亦发兵三万助战。然而,百济乘虚袭取新罗国西七城。

唐军首战告捷,先后攻取了盖牟、辽东等数城,并进围安市城(海城),虽于城下击败来援十五万鞨鞨军,迫使高句丽将军高延寿、高惠真投降,但安市守军抵抗顽强,唐军苦战三个月至深秋仍不能下,只好撤军。但是,高句丽也受到沉重打击,辽东重镇战略地位受到影响,其三十万常备军仅于安市城外一战就损失半数。

贞观二十一年、二十二年,唐太宗又两次征讨高句丽,两者虽都

---

①《三国史记·卷五·新罗本纪第五》善德王十二年条。
②《三国史记·卷五·新罗本纪第五》善德王十三年条。
③《册府元龟·卷一百十七·亲征第二》。
④《旧唐书·卷一百八十五上·列传第一百三十五上·蒋俨》。

有斩获,但远未达到战略目的。第三年,唐太宗决定动员三十万大军进攻高句丽,强迫四川一带人民造大船,引起邛(崃)、眉(山)、雅(安)三州獠人的武装起义,更遇其本人病逝,此次讨伐夭折。隋唐发动的多次对高句丽的战争规模不为不大,但均以失败告终,这更使高句丽无视中原王朝的存在,而渊盖苏文的残暴专横肆无忌惮,也助长了其盟友百济的野心。

641年即位的百济义慈王"事亲以孝,与兄弟以友,时号海东曾子"。但是,他顽固地继承了武王联合高句丽进攻新罗的路线。在首次唐、丽战争中袭击派兵配合唐军的新罗得手后,当唐丽双方息战之时,他又挑起战火,使济、罗间的战争更加激烈。648年春,百济将军义直即上年进攻新罗失利后,重整旗鼓再次进攻新罗西鄙;初战,百济连陷腰车等十余城,新罗押都州都督金庾信指挥的勇士兵分三路进行夹击,大败百济军,"杀之几尽"。同年,真德女王派金春秋及其子金法敏赴长安"借天兵剪除凶恶"。649年,唐高宗李治(628—683)继位。是年六月,新罗遣使如唐,"告破百济之众"。① 真德女王还自"织锦作五言太平颂",赠唐高宗。651年,鉴于济、罗战争愈演愈烈,唐高宗以为新罗奏书所言"乞诏百济,令归所侵之域。若不奉诏,即自兴兵打取。但得故地,即请交和",言之有理,遂降玺书与义慈曰:"王所兼新罗之城,并宜还其本国,新罗所获百济俘虏,亦遣还王。然后解患释纷韬戈偃革,百姓获息肩之愿",最后警告说:"王若不从进止,朕已依法敏所请,任其与王决战……王可深思朕言,自求多福,审图良策,无贻后悔。"②654年春,义慈王却在遭遇"大旱,民饥"之际,于八月"与倭通好"。唐高宗不愿看到济、倭联合的前景,遂于是年十二月借倭遣使献琥珀玛瑙之时,降书与倭云:

---

① 据《三国史记·卷五》相关载,649年秋,百济将军殷相攻陷新罗七城。新罗将军金庾信等出战,经旬不得解围,遂进屯于道萨城下。金庾信知"百济人来谍",而"佯不知","乃使徇[巡]于军中曰:'坚壁不动,明日待援军然后决战。'谍者闻之,归报殷相。相等谓有加兵,不能不疑惧。"新罗军遂进击,大获全胜。
② 《三国史记·卷二十八·百济本纪第六》义慈王十一年条。

"王国与新罗接近，新罗素为高丽、百济所侵。若有危急，王宜遣兵救之。"①显然。高宗表现出对百济的极端失望。但是，义慈王仍执迷不悟，两年后的乙卯年(655)春，一方面，"修太子宫极奢丽，立望海亭于王宫南"②；又联合高句丽、靺鞨攻破新罗30余城，试图乘武烈王金春秋继位初立足未稳之际，雪道萨城之耻。新罗无奈，立即遣使大请唐兵。

660年三月，唐高宗遣左卫大将军苏定方为神丘道行军大总管，新罗王子金仁问为副总管，率左卫将军刘伯英、右武卫将军冯士贵、左骁卫将军庞孝公，统兵十三万进攻百济，并敕新罗王为嵎夷道行军总管，将其国兵五万，由太子法敏，大将军金庾信，将军品日、钦纯等统领为之声援。苏定方自莱州出发，舳舻千里，顺流东下。六月二十一日，金法敏领新罗兵船百艘于德物岛与唐军约定于七月十日会师。七月九日，新罗军进军至百济边界黄山(连山)之原，与百济军接战，四战皆不利。但以花郎道精神武装的将士，"慷慨有死志，鼓噪进击，百济众大败"。百济王子使者移书唐将，"哀乞退兵"③。但是，百济大势已去，为时已晚。十二日，联军开始围攻百济都城所夫里。次日，义慈王率左右乘夜出逃，王子隆与大佐平千福等出降，王都陷落。十八日，退保熊津城的义慈王在其大将祢植的迫使下来降。结果，"太子隆并与诸城主皆同送款，百济悉平"。④ 苏定方以百济王及太子孝、诸王子及大臣、将士八十八人、百姓一万两千八百零七人送至长安。

百济灭亡后，唐在原百济地设熊津、马韩、东明、全涟、德安五都督府，统各州县，由百济"渠长"出任都督、刺史、县令等职。派郎将刘仁愿驻守百济都城，以左卫郎将王文度为战略要地熊津都督，以

①《唐会要·卷九十九》倭国条。
②《三国史记·卷二十八·百济本纪第五》义慈王十五年春二月条。
③《三国史记·卷五·新罗本纪第五》武烈王七年七月九日条。
④《旧唐书·卷八十三·列传第三十三·苏定方》。

抚余众;王文度渡海死后,刘仁轨代行其职。八月二日,新罗王金春秋与苏定方举行劳军酒宴,新罗则使义慈王"行酒,百济佐平等群臣莫不呜咽流涕"①。是日,又斩杀叛将毛尺、黔日,并肢解后者尸体,投于江中。这种极端虐俘以及某些唐军统帅下之新罗军官"纵兵劫掠,丁壮者多被戮"②之行为,致百济余部拒绝投降,百济僧道深、武王从子福信率众据周留城以叛,并遣使倭国救援,造成严重后果。

在征服百济的主战场的战斗结束后,唐罗联军立即开始了针对高句丽的战争。高句丽在联军攻打百济时,为策应百济的抵抗,曾于660年十一月一日攻击新罗重镇七重城,并致新罗军主匹夫战死。在百济战场,次年三月,唐罗联军与百济叛军鏖战于熊津城。唐高宗遂起用刘仁轨为带方州刺史,率王文度旧部联合新罗军夹击百济叛军,救援困于熊津的留镇郎将刘仁愿。百济叛军立两栅于熊津江口,迎战来援之唐罗联军。"仁轨御军严整,转斗而前",与新罗兵形成合击之势,叛军"退走入栅,阻水桥狭,坠溺及死者万余人"。"福信等乃释都城之围,退保任存城,新罗人以粮尽引还。"③

是年五月,高句丽将军恼音信与靺鞨将军生偕联合进攻新罗述川城,不下,移攻北汉山城,城内男女二千八百人在城主的激励下,坚守20日,保住了城池。同年六月,唐高宗"已遣苏定方领水陆三十五道兵,伐高句丽,遂命王举兵相应。"于是,正置办其父丧事的金春秋,遵"皇帝敕命",以金庾信为大将军,金仁问、真珠、钦突为大幢将军,天存、竹旨、天品为贵幢总管,几乎动员全国的军事力量,立即投入对高句丽的战争。然而,向平壤进发的新罗军队被占据瓮山城的百济人"遮路,不可前"④;此后,虽经苦战攻克了瓮山城和雨述城,但时至十月末,冬季来临,新罗遂暂时休兵。

①《三国史记·卷五·新罗本纪第五》武烈王七年八月二日条。
②《旧唐书·卷一百九·列传第五十九·黑齿常之》。
③《三国史记·卷二十八·百济本纪第六》义慈王二十年条。
④《三国史记·卷六·新罗本纪第六》文武王元年条。

五、根绝半岛倭人势力的白江口战役

在唐罗联军的占领区,反叛的百济人在倭人侵略势力的支援下进行了相当顽强的抵抗。

据日本史料,661年秋,曾质于倭、出使过唐,并统率过军队的百济武王侄扶余福信(日文名鬼室富信),联合盘踞于任存城(大兴)的浮屠道琛,迎自倭归来的故王子扶余丰为王。结果,百济"西部皆应",黑齿常之与别部将沙咤相如等亦应福信,并乘势围攻泗沘、熊津,对唐罗联军造成巨大压力,使平定百济残余的战争持续达两年之久。

前文多次提及日本列岛的倭人长期骚扰朝鲜半岛南部沿海地区,不断以对马岛为基地发动对伽倻、新罗和百济的领土侵袭。倭原本系东夷的一支,即古代日本人。《后汉书·卷八十五·倭》传称:"倭在韩东大海中,依山岛为居,凡百余国。自武帝灭朝鲜,使驿通于汉者三十许国,国皆称王,世世传统。其大倭王居邪马台国。"先秦古籍《山海经·海内北经》在论及朝鲜半岛的"盖国"时称:"盖国在钜燕南,倭北。倭属燕。"据《后汉书·卷八十五·倭》传载,后汉建武中元二年(公元57年)倭奴国大夫来华奉贡朝贺,光武帝赐以印绶。18世纪末,日本志贺岛出土,而后为福冈藩主黑田家收藏的一枚刻有"汉委奴国王"的金印,[1]可知此倭国当在靠近朝鲜半岛的日本九州一带。据《三国志·卷三十·倭人》传载,魏景初、正始年间(237—248),倭国女王卑弥呼遣使诣带方郡,"求诣天子朝献",郡守刘夏遣使护送至京都;其后,太守弓遵遣使"奉诏书印绶,诣倭国,拜假倭王,并赍诏赐金帛、银罽、刀、镜、采物,倭王因使上表,答谢恩诏"。倭人诸小国在通过带方郡与中原王朝通使的同时,也与

---

① [日]武光诚:《耶马台国和大和朝廷》(『邪馬台国と大和朝廷』),东京:平凡社,2004年,第25页。

朝鲜半岛上列国发生交往。九州地区高冢式"大和"古坟出土的中国三国时代的镜子与奈良石上神宫发现的带有"泰和四年"（公元369年）字样的百济"七枝刀"，证明日本九州与近畿地区的日本各小国均与朝鲜半岛上的汉郡县和韩系列国有着紧密的关系。但是，这种关系的性质，一直以来是学界争论不休的问题。

720年问世的《日本书纪》（以下简称《书纪》）神功摄政时期记事称：大和为打通百济赴倭"朝贡"道路遣使百济国，百济所献贡物为新罗所夺，大和遂出兵朝鲜，破新罗，"平定"加罗七国，与百济近肖古王会盟，使百济永为大和"西藩"，最后百济使臣赴大和，"献七支刀"。一些日本学者认为这个"七支刀"就是奈良石上神宫的"七支刀"[1]，并引证其铭文中的"宜供□供侯王"的文字认定是百济奉献给倭王的"献上"品；朝鲜学者则有不同解释，认定："七支刀表明倭王是百济的臣下地方王。"[2]与上述"上献说""下赐说"不同，日本学者神保公子与佐伯有清认为上述文字是一种"吉祥语"，是表示友好的"向尊敬的侯王致敬"的文字，主张友好往来说。"事实上，这个时期朝鲜、日本出土的金石器铭文中，还找不到'侯王'表示君臣身份关系或官爵政治关系的先例。近年来发现的朝鲜平安南道德兴里高句丽古坟的墓志铭'富及七世子孙番昌仕宦日迁位侯王'和日本出土的三角缘神兽镜之'君宜高官'[3]，都是象征性的祝福语言，而非表示有关官秩和身份制度的文字。所以，通观七支刀铭文……基本上都是吉祥佳话。它无论出自何时，都不是授受两方的从属关系的表述，而是双方友好往来的象征。"[4]

① ［日］佐伯有清："古代史专题"《七支刀与广开土王碑》[『七支刀と広開土王碑』（古代史演習）]，东京：吉川弘文馆，1977年，第2页。
② ［朝］金锡亨：《古代朝日关系史——大和政权任那》（『古代朝日関係史—大和政権と任那』），东京：劲草书房，1974年，第240—241页。
③ ［日］铃木靖民：《四世纪后半期百济与日本的关系》（「四世紀後半の百済と日本の関係—七支刀銘を中心として」），载日本《历史公论》第8卷第4号，1982年，第55页。
④ 曹中屏：《任那"官家"与朝、日关系》，《南开学报（哲学和社会科学版）》1984年第3期，第70页。

　　据日本坂本太郎等教授考察,《书纪》神功纪有关与朝鲜关系的
记事的年代,"被提前了两个干支。"①照此,《书纪》有关神功二次"征
韩"之说与百济近肖古王在位的时间(346—375)就吻合了。但即使
如此,也找不到有关公元 4 世纪中叶大和政权征服朝鲜半岛南部的
任何足以自圆其说的根据。更不像某些研究日本史的学者所云,
"公元 4 世纪初……'大和朝廷'成为中央政府的基本过程"是在
"'大和国家联军'入侵朝鲜",击败了'新罗国',占领了半岛南部的
'任那'。公元 391 年,'大和国家联军'继续征服百济国、新罗国后,
与高句丽进行了战争"②的进程中实现的。《书纪》神功皇后摄政四
十六年条和四十七年条的记事,实际上是说百济势力由汉江流域已
经扩展到半岛中南、西南部地区,要求发展与日本列岛关系,以及大
和使者到百济"慰劳其王",百济王以珍宝"币尔波移"回赠的史实③。
神功摄政四十七年条关于贡物被夺的故事,则反映了半岛南部罗、
济争霸以及它们与倭通使、发展朝贡贸易的情况。至于一向被视为
确定大和政权统治半岛南部的神功皇后四十九年条④,则问题更多,
其中所谓大和将军荒田别、鹿我别的事迹很有问题。据《书纪》应神
天皇十五年八月条记载,荒田别是上野(今日本群马县)国造上毛野
君的祖先⑤。据考证,上毛野君本人"直到进入 6 世纪,或大化年间

---

① ［日］坂本太郎、家永三郎、井上光贞等校注:《日本书纪》上卷(补注)(『日本書紀
　上』),东京:岩波书店,1978 年,第 608 页。
② 冯玮:《日本通史》,第 43 页。
③ 《日本书纪·卷九》神功皇后摄政四十六年春三月条。
④ 《日本书纪·卷九》神功皇后四十九年条称:"四十九年春三月,以荒田别、鹿我别为将
　军,则与久氐等共勒兵而度之,至卓淳国,将袭新罗。时或曰:兵众少之,不可破新罗。
　更复,奉上沙白、盖卢,请增军士。即命木罗斤资、沙沙奴跪(是二人,不知其姓人也。
　但木罗斤资者,百济将也)领精兵与沙白、盖卢共遣之。俱集于卓淳,击新罗而破之。
　因以平定……加罗七国。仍移兵,而回至古奚津,屠南蛮忱弥多礼,以赐百济。于是,
　其王肖古及王子贵须,亦领军来会。时比利、辟中、布弥支、本古四邑自然降服。是以,
　百济王子及荒田别、木罗斤资等共会意流村……唯千熊长彦与百济王至于百济国,
　登辟支山盟之。复登古沙山,共居磐石上。时百济王盟曰:……自今以后,千秋万
　岁,无绝无穷,常称西藩,春秋朝贡。"
⑤ 《日本书纪·卷十》应神天皇十五年八月条。

为止,尚未臣服于(大和)朝廷"①,其祖先怎么可能在 4 世纪中叶被派去"征韩"?而且,把卓淳写成倭兵的集结地也不合理。卓淳国是伽倻诸国中最北端的小国,倭兵在此待命,"从地理上说太不自然"。正如日本学者所说:"《日本书纪》的编撰者……从以日本为中心的《日本书纪》的立场出发,改写了以百济为中心的《百济记》。"②实际上,神功皇后四十九年条反映了百济王权向马韩残部扩土,以及联合大和或雇佣倭兵与新罗争夺卞韩、伽倻各部的情景。不过,这两件事并不发生在同一时期。近肖古王"降服"西部"四邑"(今韩国忠清南道、全罗南北道)(369)在前,百济将军木罗斤资等联合大和倭"击新罗","平定"加罗七国在后,只是木罗斤资不是近肖古王的将军,而是毗有王时代的人物。从各方面的史料看,百济在开辟新疆域的过程中,可能与倭建立了某种关系,但绝非是对倭"常称西藩"式的隶属关系。神功皇后四十九年条所谓"百济将"与大和人沙沙奴跪的军事行动,应该属于下一个时期。4 世纪下半叶,大和倭王在对内进行统一战争的同时,不断发动对朝鲜半岛东南沿海的掠夺战争。但是,4 世纪末,据《好太王碑》辛卯年条,391 年,倭兵在百济"招倭侵罗"的战争中,被高句丽击败③。"渡海破"的发动者,不是高句丽,而是倭。但是,日本学者把《书纪》应神天皇三年纪角宿祢征百济的记载与碑文辛卯年相联系,则是错误的。《书纪》所谓纪角宿祢"立阿花为王"的故事,是对《三国史记·百济本纪》腆支王元年条的有关其"质于倭国"、父王薨,其季弟碟礼杀摄政仲弟训解,在国人的支持与"卫送"倭兵协助下继位百济第 18 代国王情节的附会。从

---

① [日]坂本太郎、家永三郎、井上光贞等校注:《日本书纪》上卷(补注),第 586 页;《日本书纪·卷十八》安闲天皇元年润十二月条。

② [日]上田正昭:《日本历史 2　大王世纪》(『日本の歴史 2—大王の世紀』),东京:小学馆,1977 年,第 187—188 页。

③ 参看[韩]郑寅普:《广开土境平安好太王陵碑文释略》,载《庸斋白乐濬博士还甲纪念国学论丛》,汉城:延世大学出版社,1955 年;[朝]朴时亨:《广开土王陵碑》,平壤:朝鲜社会科学院出版社,1966 年。

《好太王碑》全文看,391 年以来,尽管倭对高句丽所谓的"属民"百济进行了袭击,百济仍认为其主要威胁来自北方,故主动与倭联手应对高句丽。在高句丽看来,百济与倭联合的背叛,等于倭的"臣民"。所以,好太王于 396 年"躬帅讨伐",迫使百济与倭断交,并对高句丽立誓"永为奴客"。其实,这里的"臣民",与碑文中的其他所谓"属民""百残"一样,均是极而言之,反映了高句丽对百济的仇视和轻蔑。正如百济不曾是高句丽的"属民"一样,百济也从不是倭的"臣民"。但是,倭却利用半岛三国争雄之机,勾结百济侵略新罗,以至于"倭人满其国,溃破城池"。好太王遂于 399 年"巡下平穰",并于十年庚子(400)派五万步骑"往救新罗"。结果,"倭败退"。此景与《三国史记·朴堤上》的记述近似。其文曰:"百济人前入倭,谗言新罗与高句丽谋侵王国,倭遂遣兵逻戍新罗境外。会高句丽来侵,并擒杀倭逻人。"但是,当时入侵朝鲜半岛的倭,未必都是大和的倭。据旗田巍考察,倭对新罗的袭击有较明显的季节性。在其发动的 36 件袭击事件中,发生在夏季者 23 件。《三国史记·新罗本纪》实圣尼师今七年(404)条说:"王闻倭人于对马置营,贮以兵革资粮,以谋袭我。"山尾幸久认为:"以'对马岛'为兵站基地的海贼,是北九州的'倭人'。"[1]《好太王碑》永乐十四年(404)条说,"倭不轨侵入带方界",遇高句丽主力,"溃败斩煞无数"。《三国史记·新罗本纪》所载405 年、407 年记事的"倭兵""倭人",该是高句丽军队打击的对象。他们都是以对马岛为基地的海盗流寇,其"渡海"的目的不是以占领土地为目的的政治性质的征服战争,而是以掠夺财物、人口为目标的袭击。至少在 5 世纪初叶前,倭不曾在日本列岛以外占据过任何土地,也不会有什么海外殖民地,更不曾在朝鲜半岛设立什么"任那日本府"。

---

[1] [日]山尾幸久:《关于任那日本府和倭:评井上秀雄先生的最新研究》(『任那日本府と倭について—井上秀雄氏の近業によせて』),转引自日本《历史公论》第 8 卷第 4 号,1982 年,第 68 页。

　　"任那日本府"之说，源于《日本书纪》关于任那"官家""任那国司"等记述。在日语境里，"官家"同"屯仓""屯家"的训读完全一致，其基本意思是指大和朝廷直辖领地。《书纪》卷十七继体天皇六年(512)冬十二月条关于置任那"官家"的记载，被《书纪》卷九神功皇后摄政前纪仲哀天皇九年(200)十月条所记所谓第一次"征韩"未置任那"官家"所否定。对此，朝鲜学者曾有深入论述①。《书纪》雄略天皇七年条记有吉备上道臣田狭被天皇任命为"任那国司"，而后夺其妻的事件，文献未明记此是否为大和政府首次任命，但却是日本古文献有关"任那国司"的初次记载。既然已经向任那派遣了地方行政官"国司"，作为任那官厅的"官家"的存在就不言而喻了。但是，《书纪》该条记事下附注却称：田狭不是被任命为任那国司，而是被雄略天皇杀害了，足见《书纪》作者本人也不相信"任那国司"的存在。其实，5世纪和6世纪初，日本的政治制度尚不存在国司之职。国司是大和律令国家的地方官，其作为一种官职最早见于604年圣德太子制定的《宪法十七条》。此前，《书纪》出现"国司"一词的唯一例外，是仁德天皇六十二年条的一个不记姓名的远江"国司"上书。如果说，仁德天皇是《宋书》上的倭王赞，那么这位远江"国司"，就是5世纪上半叶的人物。据《隋书·卷八十一·倭》传，直到开皇年间(581—600)，日本全国仍有120个"犹中国牧宰"的"军尼"。日本学者认为，"军尼"就是"国造"，每一国造治理一个"国"，下属10个伊尼翼②，即"稻置"③。"国造"与"稻置"是日本氏族制度发展的产物，是地方土著豪族。初期，即使在设"屯仓"的地区，大和朝廷依然委

①　[朝]姜寅凤：《关于日本当局捏造初期朝日关系史的罪行》(《일본 당국이 초기 조일 관계를 조작한 범죄에 관하여》)，《历史科学》1983年第1期。

②　《隋书·卷八十一·倭》称："倭王以天为兄，以日为弟……无城郭，内官有十二等，一曰大德，次小德……员无定数，有军尼一百二十人，犹中国牧宰，八十户置一伊尼翼，如今里长也，十伊尼翼一军尼。"

③　[日]直木孝次郎：《日本历史2　古代国家建立》(『日本の歴史 2 古代国家の成立』)，东京：中央公论社，1978年，第87—88页。

任原来的"国造"充当其管理者。日本史学家说:"在5世纪到6世纪期间,建立了以国造制为基础的新的统治体制。"①既然在整个5世纪,全国地方豪族均称"国造",怎能设想一个不记名的远江豪族使用"国司"称号呢!显然,这里的"国司"是"国造"之误。因此,当时,大和朝廷不可能破例向朝鲜半岛派遣名为"国司"的地方官。所以连《任那兴亡史》的作者本人也不得不承认"日本府"的"府"字是后人"附加"的,历史上并不存在"类似近代朝鲜总督府式的行政官厅"②。

鉴于百济长期采取连倭政策,而且福信也曾质于倭,刚刚实现"大化革新"的倭见百济遗民求援,便立刻出动一支舰队支援。根据日本方面的史料,早在大化年间(645—650),日本新政府就向朝鲜半岛派出使臣,试图干预三国关系;齐明(655—661)、天智(661—670)年间,日本国内皇族与贵族、地方豪族间矛盾重重,政变与反叛甚嚣尘上。在日本皇室宫闱争夺中取胜的宝皇女登上皇位,史称齐明天皇,她在657年成功镇压了史称"有间皇子之变"的叛乱后不久,试图通过发动对外战争,转移国内视线,巩固权力。就在百济被唐罗联军攻灭的当年,即日本齐明六年十月,百济佐平鬼室富信向日本乞师请救,并请质于倭的王子扶余丰璋回国。齐明女皇遂"诏曰:'乞师请救,闻之古昔。扶危继绝,着自恒典。百济国穷来归我,以本帮丧乱,靡依靡告。枕戈尝胆,必存拯救。远来表启。志有难夺。可分命将军,百道俱前'"③。次年(661)年初,齐明天皇与中大兄皇子发动渡海"西征",然齐明天皇因旅途染病不治而亡。八月,中大兄皇子监国,令先遣队与辎重先行渡海。

662年正月,新即位的天智天皇向百济运送大量物资,其中包括箭 10 万支以及大量的丝绵、布匹、皮革、稻种等战略物资①,摆出大举进行军事干涉的架势。三月,唐军"破高(句)丽于苇岛,又进攻平壤城,不克而还"②。五月,倭派大将军大锦中阿昙比逻夫连等"率船师一百七十艘,送丰璋等于百济国。宣敕,以丰璋等使继其位。又予金册予富信,而扶其背,褒赐禄爵。稽首受勅,众为流涕"③。同时,于日本本土修缮兵甲,各具船舶,储设军粮,"随时准备渡海作战"。④ 七月,唐军发动攻势,一连攻克熊津东之支罗城,拔尹城、大山、沙井等栅,并乘胜与新罗军攻取真岘城,打通"新罗运粮之路"。同时,唐高宗诏右威卫将军孙仁师为熊津道行军总管,发齐兵七千,支持在济唐罗联军。在唐罗联军新的攻势下,百济抵抗力量上层内部矛盾突显,彼此猜忌,互相厮杀。"福信凶暴,残虐过甚,余丰猜惑,外合内离。"⑤先是,福信杀道琛;后福信专权与新王扶余丰不和,福信佯称有病,卧床不起,欲待丰问病时将其杀害;扶余丰发觉后,便率亲信除去福信,并遣使往高句丽、倭,请兵以拒官军。天智三年(663)三月,倭增派上毛野君雅子部两万七千人向新罗方向进攻;六月,倭兵取沙鼻、岐奴江二城。是时,孙仁师从中路破敌与刘仁愿会师。鉴于战斗已进入关键时刻,新罗王金法敏亦于七月中旬亲率大军西进。由此,唐军"兵势大振。于是,仁师、仁愿及新罗王金法敏帅陆军进,刘仁轨及别帅杜爽、扶余隆率水军及粮船,自熊津江(今韩国锦江)往白江以会陆军,同趋周留城"。倭王天智亦增派第三批由庐原君臣部万人组成的援军。八月十三日,倭军舰只在熊津江入海口的白江口与唐水军相遇。于是,两国水军展开了东亚历史上第一次区域性海战。仁轨"四战皆捷,焚其舟四百艘,贼众大溃。扶余丰脱身而走,伪王子扶余忠胜、忠志等率士女及倭众并降,百济诸城

① 《日本书纪·卷二十七》天智天皇元年春正月条。
② 《旧唐书·卷四·本纪第四·高宗上》高宗(龙朔)二年三月癸丑条。
③ 《日本书纪·卷二十七》天智天皇元年五月条。
④ 冯玮:《日本通史》,第 68 页。
⑤ 《旧唐书·卷八十四·列传第三十四·刘仁规》。

皆复归顺"①；被焚倭舟与战死之倭兵者"烟焰灼天，海水为丹"②。这场中日之间在朝鲜半岛进行的战争，史称"白江口之战"。

与中方史料将这场战争记述为由水战和陆战两部分组成不同，日方的史料则仅记水战，其文曰："秋八月戊戌（17 日），大唐军将率战船一百七十艘，阵列于白江村。戊申（27 日），日本船师初至其王城，日本诸将与百济者，与大唐船师合战。日本不利而退，大唐坚阵而守。己申（28 日），日本诸将与百济王不观天象，而相谓之曰：'我等争先，彼应自退。'更率日本乱伍中军之卒，进打大唐坚阵之军。大唐便自左右夹船绕战，须臾之际，官军败绩，赴水溺死者众，舻舳不得回旋。朴市田来津仰天而誓，切齿而嗔杀数十人，于焉战死。是时，百济王扶余丰与数人乘船逃去高丽。"③

白江口之战具有重要历史意义。倭国一直是新罗的外患。据不完全统计，至照知麻立干（479—500 年在位）末年"倭人攻陷长峰镇"④的五个半世纪里，日本进犯新罗达 28 次。经此次白江口战役，倭军遭到致命打击，使日本入侵势力彻底退出朝鲜半岛近 700 年，为新罗统一提供了有利的区域环境；经此战役，日本痛感大唐之强盛，甘心以唐为师，重新开始停顿了 23 年的遣唐使派送，使每两年一次的派遣成为惯例。670 年，其"遣使贺平高丽。后稍习夏音，恶倭名，更号日本"⑤。白江口之战的胜利结束，意味着百济遗民抵抗运动的最后终结，标志着百济的彻底灭亡。对此，日本史书称："百济州柔城始降于唐。是时，国人相谓之曰：'州柔降矣，事无奈何。百济之名，绝于今日！'"⑥

白江口之战后，665 年，唐朝放还扶余隆出任熊津都督府都督，

---

① 《旧唐书·卷一百九十九上·列传第一百四十九上·东夷·百济》。
② 《三国史记·卷二十八·百济本纪第六》义慈王二十年条。
③ 《日本书纪·卷二十七》天智天皇二年秋八月条。
④ 《三国史记·卷三·新罗本纪第三》照知麻立干二十二年春三月条。
⑤ 《新唐书·卷二百二十·列传第一百四十五·东夷·日本》。
⑥ 《日本书纪·卷二十七》天智天皇二年秋八月条。

扶余隆在唐带方州刺史刘仁轨的主持下,以百济都督的名义与新罗国王金法敏在百济故地熊津城,刑白马以盟。

六、高句丽灭亡及三强争霸终结

新罗文武王二年(662),唐罗联军对高句丽的战争暂时停顿下来。是年春二月,新罗王命金庾信等九将军护送二千余辆的车队,运送米四千石、租二万二千余石至平壤前线,支持正在包围高句丽首都平壤城的唐军。本来,唐罗联军计划一鼓作气攻下高句丽,结束半岛统一战争。但是,二月一日正当唐罗军队会师之际,忽降大雪,"人马多冻死"。苏定方等虽得军粮,也无法坚持,只得解围撤军,新罗军"亦还渡果川",于破高句丽追兵后返回新罗。此后四年间,新罗虽曾在664年秋攻占了高句丽的突沙城,唐罗与高句丽之间基本上维持和平状态。当百济问题彻底解决之后,特别是在高句丽发生内讧以后,形势发生了根本性变化。

宝藏王二十五年(666),高句丽遣王子福男入唐,陪侍唐高宗祭泰山,唐丽关系有所缓和。但是,是年二月,新罗文武王"以既平百济,欲灭高句丽,请兵于唐。"①其时,渊盖苏文死,"其子男生代为莫离支,与其弟男建、男产不睦,各树朋党,以相攻击。男生为二弟所逐,走据国内城死守,使其子献诚诣阙求哀。(高宗)诏令左骁卫大将军契苾何力率兵应接之"②。

是年冬十二月,唐以李绩、薛仁贵等率兵五十万进攻辽东,新罗将军金仁问率兵二十七万夹击高句丽。高句丽重臣渊净土以十二城降新罗。668年二月,唐军拔扶余城,其他三十余城皆降。男建以兵五万袭扶余,李绩于萨水破敌兵,并进而拔大行城与刘仁愿部实现会师。六月,唐增派刘仁轨为辽东道副大总管以辅佐辽东道行军

①《三国史记·卷六·新罗本纪第六》文武王六年春二月条。
②《旧唐书·卷一百九十九上·列传第一百四十九上·东夷·高丽》。

大总管兼安抚大使李绩。新罗则以大角干金庾信为大幢总管,角干金仁问、钦纯等 29 位大将,率一善州等七郡及汉城州兵马赴会唐兵。九月二十一日,唐罗联军实现对平壤城的围合。高句丽宝藏王遣泉男产率首领百人投降,李绩以礼相待。惟男建执意不降,"闭门拒守,频遣兵出战,皆败"。① 男建委军权于浮屠信诚,但信诚与小将乌沙、饶苗等暗中做唐罗军的内应;于是,五日后,城门洞开,联军蜂拥而进,男建自刺不死,唐军遂执王及男建等。至是,高句丽灭亡,时为 668 年高句丽宝藏王二十七年九月。

高句丽灭亡后,唐朝遂分高句丽五部、百七十六城、六十九万户,为九都督府、四十二州、百县,置安东督护府于平壤以统理;以右威卫大将薛仁贵为首任督护,"擢酋豪有功者授都督、刺史、令,与华官参治"②。唐军携宝藏王、王子、泉男产、泉男建等 20 余万人返回长安。十月二十二日,文武王论功行赏;十一月五日,返回新罗的文武王率臣僚朝谒"先祖庙"。至此,朝鲜半岛三国纷争的时代终结。

新罗要统一朝鲜半岛,而隋唐要实现包括辽东等地区的全国大一统,都对横跨大陆与朝鲜半岛的高句丽持有敌视态度,在建立反高句丽战线上有着共同基础,唐罗反丽联盟具有绝对的优势,高句丽虽也有与百济,甚至包括倭的联合战线,但各自目标不同,而且高句丽莫离支专权,内部分裂,终被各个击破,未能逃脱灭亡的命运。高句丽灭亡后,除新罗"所虏七千人京"③外,其遗民大部留在原地,后来成为渤海国的臣民④,惟以岑大兄为首的残余势力拥立高句丽

---

① 《三国史记·卷二十二·高句丽本纪第十》宝藏王二十七年九月条。
② 《新唐书·卷二百二十·列传第一百四十五·东夷·高丽》。
③ 《三国史记·卷六·新罗本纪第六》文武王八年十一月五日条。
④ 唐所收六十九万户中包括许多非高句丽族户。高句丽族户大体在十五万左右,其流向,学者们认为有四个方面:迁居中原各地,投入新罗,投奔靺鞨(渤海),散入突厥。我国学者最近研究成果表明,高句丽灭亡时,高句丽族人约有七十万人。迁居中原各地近三十万人,投归新罗者约十万人,投奔靺鞨(渤海)者在十万以上,散奔突厥者约万人,这样以上四项合计为五十多万人,加上散居辽东等地的"遗人"及战死者,总数与高句丽族人数基本一致。投入新罗、留居半岛的约十万余高句丽族人融入半岛当地民族,其余大多数都融入汉民族之中。

王外孙安胜为高句丽王;670 年,安胜率四千余户投奔新罗,文武王遂将其安置在金马渚(益山);674 年,新罗册安胜为报德王;680 年,文武王"以金银器及杂彩百段,赐报德王安胜,遂以王妹妻之"①。神文王三年(683),复封安胜为苏判,赐姓金氏。于是,以安胜为首的这些高句丽人逐渐成为新罗的臣民。

　　被执押的高句丽君臣和民户,唐王朝均做了适当的任用和安置。唐高宗"以藏素胁制,赦为司平太常伯,男产司宰少卿",男生、信诚等为大将军、光禄大夫等内藩官爵。总章二年(669),移三万八千三百户于江、淮之南及山南、京西诸州,平高句丽降将剑牟岑反叛;677 年,授藏辽东都督、朝鲜郡王,"还辽东以安余民"②。但是,不久,藏勾结靺鞨谋反,遂流藏于邛州,遣其人于河南、陇右。其后,高句丽"余众不能自保,散投新罗、靺鞨,旧国土尽入于靺鞨,高氏君长遂绝"③。

七、新罗发动"统一"战争与"开元乙亥界约"

　　唐罗对济、丽战争结束后,唐朝在原百济境内扶持百济重建的行动,带有牵制新罗在东亚过分膨胀的动机,而在旧高句丽领土上所采取的措施则是唐高宗因袭中国历代王朝视高句丽统治区域为传统中国领土之观念的结果。

　　自周代以来,尽管对这个地区的管理方式不一,但历代王朝都认为高句丽人生活的地区是古代中国的传统疆域。隋朝政治家裴矩认为"高丽之地,本孤竹国也。周代以之封于箕子,汉世分为三郡,晋世亦统辽东。今乃不臣,别为外域,故先帝疾焉,欲征之久矣"④。唐太宗亦认为:"辽东旧中国之有,自魏涉周,置之度外。隋

①《三国史记·卷七·新罗本纪第七》文武王二十年三月条。
②《新唐书·卷二百二十·列传第一百四十五·东夷·高丽》。
③《通典·卷一百八十六·高句丽》。
④《隋书·卷六十七·列传第三十二·裴矩》。

氏出师者四,丧律而还,杀中国良善不可胜数。今彼弑其主,恃险骄盈,朕长夜思之而辍寝。将为中国复子弟之仇,为高丽讨弑君之贼。今九瀛应大定,唯此一隅,用将士之余力,平荡妖寇耳。然恐于后子孙或因士马强盛,必有奇决之士,劝其伐辽,兴师遐征,或起丧乱。及朕未老,欲自取之,亦不遗后人也。"①这里的所谓"旧中国之有""九瀛大定,唯此一隅",显然反映了唐最高统治者视高句丽地区为古代中国固有的传统领土,消灭叛逆的高句丽是完成"九瀛大定"的一项特殊使命。同时,如前所述,高句丽自存在以来,始终都将自己定位为接受中原王朝册封,向中央朝廷纳贡、纳质,并行宿卫的边疆政权,即使在南北朝时期,自东晋、南朝宋,以至于南朝齐、梁,北朝后魏、后周,其主无不接受南北朝的封爵②。例如,628年,高句丽王遣使长安,"上封域图"③,表明其统治者对高句丽乃中华疆域的认同。因此,在唐统一高句丽后,大批高句丽人,如泉男生、高仙芝、王毛仲、王思礼、李正己等,以一种大一统的归属感,作为大唐的一员,为巩固、壮大、维护唐朝的统一,驰骋疆场,建功立业,彪炳青史。

唐朝对新罗长期觊觎百济领土的扩张意欲和能力估计不足,对有关百济疆域的处理过于乐观。随着唐罗针对百济、高句丽的共同目标的消失,唐罗在战后处理政策上的矛盾日益尖锐。670年春,新罗撕毁"刑白马以盟"之"金书铁契"④,"擅取百济土地、遗民"。唐高宗大怒,新罗来使良图遭扣,死于狱。是年三月,新罗沙湌薛乌儒与高句丽降将高延武各率精兵一万渡鸭绿江袭击唐守卫辽东的靺鞨兵,唐罗联盟解体。七月,新罗更攻取唐熊津都护府管下的八十余城;次年春,新罗以发兵进攻百济都城熊津为信号,向唐之驻军发动全面进攻。

---

① 《册府元龟·卷一百十七·亲征二》。
② 《通典·卷一百八十六·高句丽》。
③ 《旧唐书·卷一百九十九上·列传第一百四十九上·东夷·高丽》。
④ 《新唐书·卷二百二十·列传第一百四十五·东夷·百济》。

在唐罗联盟破裂并发生冲突之际,罗日关系开始向改善方向转变。668年,为防其腹背受敌,文武王金法敏派沙喙汲飡金东严出使倭国。天智天皇借机馈赠大角干金庾信船一艘,赠文武王调船一艘,交金东严带回国。唐罗开始交战后,新罗更密集遣使日本。据日本文献记载,671年六月,"新罗遣使进调,别献水牛一头,山鸡一只"①;是年秋七月于大唐总管薛仁贵忙于"寄书"新罗王金法敏劝其"惕然惊惧"时,新罗已经夺取了百济都城泗沘,作为所夫里郡治所②。十月,新罗复遣沙飡金万物进调,日本亦不失时机地予以贿赂、拉拢。同年十一月,左大臣苏我赤兄等五大臣特"赐新罗王绢五十匹、絁五十匹、绵一千斤,韦一百枚"③。

672年春,文武王克"百济古省城"。六月,即使日本发生"壬申之乱"④之际,天武天皇也不忘宴请是年冬来祝贺天武朝建立的新罗使臣金押实,并以"船一只赐新罗客"⑤。673年夏闰六月,"新罗遣韩阿飡金承元、阿飡金祇山、大舍霜雪等贺腾极",并"遣一吉飡金萨儒、韩奈末金池山等,吊先皇丧"⑥。所有这些行动皆为牵制唐朝。

674年初,文武王接纳高句丽遗民,继续在百济故地扩张。唐高宗遂削文武王爵,立在唐宿卫金仁问为新王,命刘仁轨为鸡林道大总管,在李弼、李谨行的协助下,"发兵穷讨。"⑦

文武王十五年(675)春二月,李谨行统率的二十万唐军迅速占领了七重城。文武王遂"遣使,入贡且谢罪"。高宗亦趁势赦免金法敏,"复王官爵。金仁问中路而还,改封临海郡公"⑧。鉴于唐不断施加的政治、军事高压,文武王更加注重发展与日本的关系,并即刻派

①《日本书纪·卷二十七》天智天皇十年条。
②《三国史记·卷七·新罗本纪第七》文武王下十一年秋七月条。
③《日本书纪·卷二十七》天智天皇十年条。
④ 日本大海人皇子与大友天皇争夺皇位之乱,以大海人夺取皇位而终。
⑤《日本书纪·卷二十八》天武天皇元年条。
⑥《日本书纪·卷二十八》天武天皇二年条。
⑦《新唐书·卷二百二十·列传第一百四十五·东夷·新罗》咸亨五年条。
⑧《三国史记·卷七·新罗本纪第七》文武王十五年条。

王子忠元赴日本"进调"。

同年秋七月,日本亦遣小锦上大伴连国麻吕等回访新罗,罗日关系得到进一步加强。同年九月,李谨行在买肖城(扬州古邑)战役中溃败。次年,薛仁贵的水军又败于锦江下游的技伐浦。是年末,唐罗停战。677 年,唐朝决心迁安东都护府于新城,新罗完全控制了浿江以南的土地。735 年乙亥,唐朝以《开元乙亥界约文书》"敕赐浿江以南地"的方式承认了这个事实;《新增东国舆地胜览·卷五十一·平安道》称:平壤府的山川"大同江,在府东一里。一名浿江"。这样,新罗实现了朝鲜半岛大同江以南地区的统一。

统一新罗的出现为半岛主体居民形成统一的民族奠定了政治基础。在"古朝鲜"存在的历史时期,只能是朝鲜半岛南部诸民族融合的初始阶段,最初的"国"实乃一些不同部族的联合体。而新罗、高句丽、百济、伽倻之"诸国",是生活地域不同、有着不同的经济生活和使用不同语言及有各自历史文化背景、彼此不相统属的、各自独立的社会或政治共同体。高句丽自当别论,就新罗、百济与"三韩"的关系而言,它们也均闭口不言自己是三韩的后裔。史书显示,在朝鲜半岛的列国时代,各国国人称对方为"百济人""丽人""罗人"和"伽倻人",彼此间完全不存在任何的同族归属感,说明当时争霸的三国并非一个统一的民族。

显然,与中国大陆上的有着共同地域的统一汉王朝分裂为魏、蜀、吴三国不同,在此之前,朝鲜半岛上的三个历史存续较长的国家,即所谓"三国"各自都是从"超越部族限制开始"发展自己的古代文化的[1],它们相互间不仅没有共同的族体性格和族属意识,即使在其一国内的人群也不完全具有共同的民族性格。例如,高句丽建国初期,其活动舞台基本上局限于中国大陆,即使其重心转移到朝鲜半岛以后的鼎盛时期,在其控制的疆域内也没有发展成一个具有共

---

① [韩]李元淳、崔柄宪、韩永愚:《韩国史》,第43页。

同文化的政治实体。"高(句)丽全盛之日,二十一万五百八户"①,其域内,除高句丽人外,处于半农半牧、文化落后的契丹族、靺鞨族等其他族群就占有不小比重。在马韩地区成长起来的百济,虽然接受了乐浪文化和古代中国南朝文化的影响,并"担当了初期把文化传给日本的角色",但终究没有发展出自己独有的文化。新罗境内在其统一前的全盛期,新罗人的主体是由古新罗国人、伽倻国人、耽罗国人、古乐浪郡人②等族群组成,那时也同样没有发展成具有共同文化的政治单位。它们相互间的战争只是为了扩张领土,攻城略地,掳掠人口,并无"统一"半岛的战略意识。即使在"平百济"后新罗参与的"刑白马而盟"的"盟文"中亦称:"然怀柔伐叛,前王之令典,兴亡继绝,往哲之通规。……故立前百济大司稼正卿扶余隆为熊津都督,守其祭祀,保其桑梓,依倚新罗,长为与国,各除宿憾,结好和亲,各承诏命,永为藩服。"③"一统三国"之说首次见于历史文献乃是辛未(671)年出于被扣在唐的金仁问的陪臣——新罗翰林郎朴文俊之口④。此后,691年春,唐中宗遣使新罗斥责其使用太宗庙号,神文王在群臣议论时的答语中才首次使用此说法。⑤

　　新罗的社会发展较其他两国为迟,由于早期与中国大陆的联系受阻,其固有文化底蕴厚重,待与中原王朝发生直接通使后,在迅速吸收发达文化的影响下,其自身文化发展较具有民族的特色,富有个性。因此,由新罗"一统三国",使朝鲜(韩)民族文化发展到一个新阶段。

---

① 《三国遗事·卷一·纪异一·高句丽》。
② 《三国史记·卷六·新罗本纪第二》基临尼师今二年三月条曰:"乐浪、带方两国归服。"
③ 《三国史记·卷六·新罗本纪第六》文武王五年二月条。
④ "后年辛未……是时翰林郎朴文俊随仁问在狱中,高宗召文俊曰:'汝国有何密法再发大兵,无生还者?'文俊奏曰:'陪臣等来于上国一十余年,不知本国之事,但遥闻一事尔。厚荷上国之恩,一统三国。'"《三国遗事·卷二·纪异二》文虎(武)王法敏条。
⑤ 详见《三国史记·卷八·新罗本纪第八》神文王十二年春条。

第五节　列国时代的社会制度与文化

卫满朝鲜灭亡后,随着朝鲜半岛南方诸韩土著势力从部族国家向地域国家发展,兴起于中国东北地区的古代边疆政权高句丽的政治势力向半岛延伸,朝鲜半岛逐渐呈现若干政权林立的格局。传统史学一般遵循《三国史记》的史观,把所谓"古朝鲜"之后至统一新罗成立之前的历史时期称为"三国时期"或"三国时代"。但是,正如本书前两章所论,这不符合史实。因此,本书该称为"列国体制下"的历史时期。从这个意义上讲,这个时期亦可称为"列国时期"或"列国时代"。

一、社会经济制度

新罗、百济、高句丽是半岛列国时代疆域广大的三个国家,讲清楚这三个国家的社会经济制度则基本可勾画出整个半岛社会形态发展的实际状况。基于半岛各国历史背景的不同,其各自的社会形态也并不相同,概括起来,可认为它们的社会发展尚未脱离奴隶占有制,大体可分为两种类型,高句丽是大陆性的带有封建成分的家庭奴隶制社会,新罗、百济与驾洛诸国属半岛性的部民奴隶制社会。

高句丽早在进入半岛前其社会经济结构已基本定型,受发达的汉文化的影响,至迟在 3 世纪已经建立了复杂的爵位制度。据《三国志·魏书·东夷传》记载,高句丽王族,"其大加皆称古雏加",另有"小加",其头饰不与大加同,"着折风,形如弁",大加与小加表示身份,而另外还有沛者、优台丞、大主簿等爵位。例如,公元 169 年(新大王五年),"王遣大加优居、主簿然人等将兵助玄菟太守公孙度,讨富山贼"。封爵而有功者加官晋级并可食邑。此前,伯固继位翌年,对投案自首的无道的次大王遂成之太子邹安不仅予以赦免,还"赐狗山濑、娄豆谷二所"。而明临答夫(67—179)因铲除次大王而扶持新大王有功而被封"为国相,加爵为沛者",172 年冬,其与"汉军"战,有功,"王大悦,赐答夫坐原及质山,为食邑",并于"年百十三岁"亡故时,为其墓地"置守墓二十家"①。即封爵,又食邑,似乎是典型的封建制度的标志,其实这里的"食邑"之内涵并非如古代中国、欧洲中世纪的诸侯之采邑。其不接受"食邑"者,可换以"黄金"和"良马"②。这些"食邑"土地,大部属整体被奴役的征服地区。如西川王十一年(280),王第达贾击肃慎,"拔檀卢城,杀酋长,迁六百余家于夫余南乌川,降部落六七所,以为附庸"③。这些称为"所"的"附庸"地区,多半成为食邑的土地,那里的民户的地位与奴隶无异。

公元 4 世纪,高句丽已经是一个发展了的奴隶社会。考古资料证明,慈江道时中郡鲁南里和中江郡土城里都发现炼铁遗迹,有各种冶铁设备和铁渣的残迹。高句丽的战争是以掠夺"生口"为目的的,直到美川王时代(300—331),仍以掠人多少计算战果。据《好太王碑》载,当时,高句丽社会存在着买卖守墓人问题。碑文在论及"守墓人烟户"时写道:"国罡上广开土境好太王存时教言,祖王先王但教取远近旧民守墓洒扫吾虑旧民转当羸劣,若吾万年之后安,守墓者但取吾躬率所略来韩秽,令备洒扫如贰是以如教令取韩秽二百二十家虑,其不知法,则复取旧民一百十家,合新旧守墓户国烟二十,看烟三百,都合三百二十家。自上祖先王以来,墓上不安石碑,致使守墓人烟户差错。惟国罡上广开土境好太王,尽为祖先王墓上立碑铭,其烟户不令差错。又制守墓人,自今以后,不得更相转卖,虽有富足之者,亦不得擅买,其有违令,卖者刑之,买者制令守墓之。"这里所说的"烟户",是属于曾经被"转卖"的"下户"

①《三国史记·卷十六·高句丽本纪第四》新大王二年、八年、十五年条。
②公元前 9 年,琉璃王念扶芬奴以计破鲜卑,"赏以食邑……遂不受、王乃赐黄金三十斤、良马一十四"。见《三国史记·卷十三·高句丽本纪第一》琉璃王十一年夏四月条。
③《三国史记·卷十七·高句丽本纪第五》西川王十一年条。

或被俘的"韩秽"。这个规定不是一般地禁止奴隶买卖,而是为了保证守墓人数,不容许买卖守墓奴隶。当时,高句丽社会奴隶买卖相当普遍,而且还有价格规定。次大王(146—165年在位)初年,遂成放还汉人"生口",所定"赎直"的价格是"缣人四十匹,小口半之"①。实际上,其内部奴隶交易的价格应该较此更高。资料显示,直至4世纪末5世纪初,高句丽对外战争仍以掠夺人口为重要目的。好太王在位22年间,对外战争9次,虏获敌方男女人口八千五百余口,召回本国"陷没民一万"人,前者的下场基本如《好太王碑文》所记,"永乐五年……破其三部落六七百,当牛马群羊,不可称数"。《好太王碑》把被占领的新罗、百济的居民统称为韩秽"奴客"。

《三国志·魏书·东夷传》称:"其国中大家不佃作,坐食者万余口,下户远担米粱鱼盐供给之。"受奴役的东沃沮不仅政治上受高句丽"监领",交纳租税,供给貂布鱼盐,海中食物,而且"又送其美女为婢妾,遇之如奴仆"。参照《魏略辑本·翰苑》所引"下户给赋如奴",此处之"下户",就其阶级本质看,不是具有人身自由的"民",而属于"奴"。上文所谓答夫质山墓地"守墓二十家",本系新大王赐给答夫的两个"食邑"地中的一个,这二十家守墓人,亦应系《三国志》作者陈寿所称为的"下户"。

高句丽是个专制的奴隶王国,王族、准王族、五部首领之大加以及国家机构的官僚层是居于统治地位的奴隶主贵族,以国王为首的奴隶主可任意处死其身边服役之随从,像用于祭祀的牲畜。琉璃明王二十一年(公元2年),"郊豕逸,王使托利、斯卑追之,至长屋泽中,得之以刀断去脚筋。王闻之,怒曰:祭天之牲,岂可伤也!遂投二人坑中,杀之"。另一个国王解忧,"居常坐人,卧则枕人。人或动摇,杀无赦。臣有谏者,弯弓射之"。尽

---

① 《三国史记·卷十五·高句丽本纪第三》太祖大王卷末附《后汉书》云。

管这些仍属特例,也足见其统治者之残忍,高句丽社会是披着"食邑"外衣的奴隶制社会。

新罗与百济的社会发展程度略滞后于高句丽。但是,新罗与百济不同,鉴于其国家以"朝鲜遗民""六村"为基础,靠牺牲周边小国而迅速成长,其社会形态具有部民社会的奴隶制特点:国家体制在州郡之外,还有"乡""部曲""所"一类的建制。《新增东国舆地胜览》卷七骊州牧古迹条称:"今按新罗建置州郡时,其田丁户口未堪为县者,或置乡,或置部曲,属于所在之邑。高丽时,又有称所者……又有称处者,又有称庄者……右诸所皆有土姓吏民焉。"《高丽史·地理志》对晋阳"花开、萨川两部曲"注释曰"其长皆剃头,称为僧首"①。李氏朝鲜末年实学家丁若镛进而解释说:"乌合兽集,自成村落,名部曲。"②有学者统计,《新增东国舆地胜览》载大同江以南地区"古迹"条有"部曲"400余,"乡"600多个③。记载"部曲"与"乡"名称取"吏读式"标记者约占30%,而"汉式化"书写地名应在8世纪的统一新罗时期,其中大部分是在新罗景德王(742—765年在位)时期,即九州制度确立之时。由此可知,上述"部曲"与"乡"的60%是在新罗进行统一战争时期,即在对外扩张中一些被征服者集体化为奴隶的人,或为受压制的部民。奴隶在一般州郡县的状况只有一些零星记载,据《三国史记》载,新罗第十四代王儒礼尼师今四年(287),"倭人袭一礼部,纵火焚之,虏人一千而去"。此"一礼部",有的版本将"部"以括号注以"郡"④,实为不妥,倭人不可能把一个郡以火焚之,应系"部曲"之省略。史料并无有关部曲形成的记载,《三国史记》有

① 《高丽史·卷五十七·地理二》晋州牧条。
② (朝鲜)丁若镛:《经世遗表·卷八·地宫修制·田制一十·井田议二》。
③ [朝]林建相:《关于三国的社会经济结构的几个问题——以各阶级相互关系为中心》,载朝鲜科学院历史研究所编:《关于三国时期的社会经济构成的论文集》,平壤:朝鲜科学院出版社,1958年,第87—88页。
④ 朝鲜科学院古典文献研究所编:《三国史记》(上),平壤:朝鲜劳动党出版社,1958年,第48页。

新罗真兴王二十三年所谓"论功,斯多含为最,王赏以良田及所虏二百口"。同书斯多含列传称"三百口"。当时敌对双方征战中,除争夺土地外,其出战的主要目的是掠夺人口。例如,新罗王阿达罗尼师今十四年(167)"秋七月,百济袭破国西二城,虏获民口一千而去。八月……王又率骑八千,自汉水临之,百济大惧,还其所掠男女乞和"①。这些被俘获的人口,大部分被授予其军事贵族。如此多的人口,自然会形成称作"部曲"或"所"的村落。除被征服者外,本国叛逆地区的民众亦降为被奴役者。例如,公元146年,"押督叛,发兵讨平之,徙其余众于南地"②。这些被徙迁之人,似属流放偏远地区负徭役者。其地位与奴隶无异。468年,慈悲麻立干"征何瑟罗人年十五已上,筑城于泥河"③。这些何瑟罗人均系被集团奴役的被征服者,是处于奴隶地位的部民。另外,随着原始公社解体,个体小农沦为债务奴隶者的数量亦应不少。《新唐书·新罗传》曰新罗"宰相家不绝禄,奴僮三千人,甲兵牛马猪称之。畜牧海山中,须食乃射,息谷米于人,偿不满,庸为奴婢"。

一般而言,在奴隶社会,奴隶主对其奴隶有生杀予夺的权力。因此,殉葬也是奴隶制度的重要标志。500年,照知麻立干薨,"殉以男女各五人"。智证麻立干三年,"下令,禁殉葬"④。新罗是典型的以骨品制为内涵的身份制国家,作为王族嫡统的圣骨和作为王族庶统的真骨,以及六头品至四头品的贵族是奴隶主,三头品至一头品者是平民,其余统统是称作奴婢的奴隶。

6世纪以后,新罗社会结构随食邑制的推行而有所变化。法兴王十九年(532),"金官国主……来降。王礼待之,授位上等,以本国为食邑"。但是,以其本国为食邑,授予来降国主,在当时仍属特例。

---

① 《三国史记·卷二·新罗本纪第二》阿达罗尼师今十四年条。
② 《三国史记·卷一·新罗本纪第一》逸圣尼师今十三年条。
③ 《三国史记·卷三·新罗本纪第三》慈悲麻立干十一年秋九月条。
④ 《三国史记·卷四·新罗本纪第四》智证麻立干三年春三月条。

但毕竟开了新罗把包括土地与人口在内的田邑作为世禄赐予其属卿的开始。以此为标志，新罗在走向统一半岛的征程中，亦开始了使半岛整个社会向封建社会转变的进程。

百济社会较新罗似稍落后，早期对所获战俘相当残酷。其建国初期，由于经常遭到靺鞨人的入侵，百济对所获靺鞨人取一概杀戮的政策。例如，公元前1年，温祚王率兵与靺鞨人战于七重河，"虏获酋长素牟送马韩，其余贼尽坑之"，全部活埋。几年后，百济学会了奴役战俘。温祚王二十二年，"王……猎斧岘东，遇靺鞨贼，一战破之，虏获生口，分赐将士"①。

百济的王族、十六品官吏与中国史书所谓"国中大姓有八族"②之百济八大家族，即沙氏、燕氏、刕氏、解氏、贞氏、国氏、木氏、苩氏，是其居于统治地位的奴隶主贵族，其下层为平民和俘获外族的奴隶。

以上所论侧重于列国时代高句丽、新罗、百济社会两个最基本社会成分贵族奴隶主与奴隶的情形，现在有必要集中讨论一下其社会占人口最多的"民"的属性。百济有近仇首王八年之"民饥，至有鬻子者，王出官谷赎之"；新罗有南解次次雄十五年之"蝗，民饥，发仓廪救之"；高句丽有闵中王二年之"国东大水，民饥，发仓赈给"。"民"虽处于社会的底层，却是解体了的前农村公社成员，是所谓"农者政本，食惟民天"③的国家赖以存在的基本成分。这些"民"或"百姓"，是土地国有制下的由农村共同体保证的"自由民"，受到国家的保护，但必须服兵役，以贡纳的方式负担国家的税赋，它不同于西欧中世纪的封建"地租"，而是如《周书》所谓，高句丽"赋税则绢布及粟，随其所有，量贫富差等输之"；百济，"赋税，以布绢丝麻及米等，量岁丰俭差等输之"。《隋书》记载了高句丽赋税差等情形，称："人

① 《三国史记·卷二十三·百济本纪第一》温祚王二十二年九月条。
② 《隋书·卷八十一·列传第四十六·东夷·百济》。
③ 《三国史记·卷一·新罗本纪第一》逸圣尼师今十一年条。

税布五匹,谷五石。游人则三年一税,十人共细布一匹。租户一石,次七斗,下五斗。"此类所谓"赋税"与"租户",是国家以人头与家户为计算基准所征收的贡物,而非如西欧以土地为对象征收的什一税。列国时代,半岛国家所征之赋税,是国王作为国家奴隶主代表向其保护的"民"与"百姓"征收的人头税或户税。同时,这些"民"与"百姓"还有义务担负国家工程之类的徭役。如,百济,温祚王四十一年之"发汉水东北诸部落人年十五岁以上,修营慰礼城";新罗,伐休尼师今四年之"下令州郡,无作土木之事以夺农时";高句丽,烽上王九年之"王发国内男女年十五已上,修理宫室"等。这些"民"与"百姓"虽不会如中世纪之农民束缚在土地上,但不能脱离公社村落(部落),否则将会冻饿而死,甚至王族也一样。如《三国史记》所记高句丽美川王乙弗即位前的经历:

> 初烽上王疑弟咄固有异心,杀之,子乙弗畏害出遁。始就水室村人阴牟家佣作,阴牟……使之甚苦……周年乃去,与东村人再牟贩盐,乘舟抵鸭渌,将盐下寄江东思收村人家。其家老妪请盐,许之斗许,再请不与。其妪恨恚,潜以屦置之盐中。乙弗不知,负而上道。妪追索之,诬以屦屦,告鸭渌宰。宰以屦直,取盐与妪,决笞放之。于是,形容枯槁,衣裳蓝缕,人见之,不知其为王孙也。①

二、汉文、史学与吏读文

《全球通史》的作者斯塔夫里阿诺斯教授引用"一位著名学者所说的,'文字不是一种深思熟虑后的发明物,而是伴随私有财产的强烈意识而产生的一种副产品'"②。在朝鲜半岛,无论是韩族系的新罗、百济,还是源于古代中国东北地区秽貊族系的高句丽,均使用中

---

① 《三国史记·卷十七·高句丽本纪第五》美川王卷首条。
② [美]L.S.斯塔夫里阿诺斯:《全球通史:1500年以前的世界》,吴象婴、梁赤民译,上海:上海社会科学院出版社,1996年,第122页。

国汉字作为表达与交流思想、传承文化的媒介,是这些王国用以编撰本族群史的工具,尽管其"民"中的一些人可能完全不懂一个汉字。汉字是表意象形文字,有意而无音,非常易于非说汉语的异族人掌握的文字。既然朝鲜半岛早已有经箕子朝鲜、汉郡县传承下来的汉字书写体系的存在,自然就使得韩族系文字的诞生大大滞后。

　　关于汉字传入朝鲜半岛的时间、路径不见记载。在半岛各国中,以其特殊的历史条件和政治地位,高句丽使用汉字最早,据《三国史记》载:公元 600 年,高句丽有史书《新集》五卷,它是"国初始用文字时",由太学博士李文真奉诏删节百卷《留记》而成①。高句丽之"国初"还算不上是朝鲜半岛的国家,而仅是作为汉四郡之一的玄菟郡一个县内的一个政治实体。当时,高句丽人所用文字,自然是汉字,这与汉四郡的教育制度有关,尽管史书并无这方面的记载。新罗、百济两国使用汉字也很早。新罗的《兜率歌》写于公元 28 年,125 年,新罗与百济已经使用书信交往②。《三国史记·百济本纪》近肖古王三十年条称:"《古记》云:'百济开国以来,未有以文字记事。至是,得博士高兴,始有《书记》。'"《书记》应是百济最早的史书。后来,据日本史料,百济博士王仁向倭传授中国古代儒家经典著作《论语》《千字文》。③ 2005 年 6 月 27 日,韩国鲜文大学考古研究所的专家宣布,他们在出土于仁川一处古代要塞遗址的木简残片上发现了《论语》片段。这块木简残片埋藏在要塞建筑底部,上面有用墨汁书写的汉字,其年代可以追溯到公元 3 至 4 世纪的百济时期。经初

---

① 《三国史记·卷二十·高句丽本纪八》婴阳王十一年条称:"诏太学博士李文真约古史为《新集》五卷。国初,始用文字时,有人记事一百卷,名《留记》,至是删修。"

② 《三国史记·卷二十三·百济本纪第一》已娄王四十九条云:"新罗为靺鞨所侵掠,移书请兵,王遣五将军救之。"

③ 据成书于公元 720 年的日本第一部正史《日本书纪》记载,应神天皇十五年百济使者阿直歧和博士王仁向大和朝廷献上《论语》十卷和《千字文》一卷。成书于 712 年的《古事记》也有类似的记载。日本古史纪年与中国史籍相符始于推古天皇十五年(607)小野妹子遣隋一事,此前 32 代(神武天皇至崇峻天皇)纯属口头传闻,那时既无文字,又无历法,不可能有精确的历史纪年,故关于将此事定为 405 年或 285 年二月的说法都不能成立。

步推测,这座要塞始建于公元前18年至公元475年间。此木简残片有可能是迄今为止朝鲜半岛发现的最古老的《论语》木简。① 百济的文学作品流传下来的只有寥寥数语的佐平成忠狱中的《临终上书》和佐平兴首答义慈王书。此前,新罗真兴王根据伊飡异斯夫"记君臣之善恶,示褒贬于万代"修国史的建议,于545年秋"命大阿飡居柒夫等,广集文士,俾之修撰"②。不过,这些史书均未留存下来。

列国保留下来的汉字碑文是汉字流传的确证,尽管作为列国系列的高句丽414年树立的"好太王碑"因出土于今中国境内可略而不计,1946年发现的庆州市路西洞140号古坟出土的5世纪初"广开土王壶杆"③,以及此前发现的四处的新罗真兴王巡狩碑[北汉山、昌宁郡(561年立,是韩国第33号国宝)、咸兴郡黄草岭(568年立)、利原郡磨云岭(太昌元年)]的碑文,均表明至少在5世纪初汉文已经在半岛广为流行。这时,半岛流行的汉字已经不是原来意义上的中国汉字,而是半岛诸民族使用的汉字。例如表示水田、稻田的"畓",表示用于攀登的木梯的"梯",都不是中国汉字,而是朝鲜文或韩文汉字。还有一些汉字在半岛人使用的文字里形未变而意发生变化,如"太"字,在半岛是"大豆"的意思,写作"豆太"。

由于汉字并非本民族的文字,半岛各国的人民表达自己思想、语言很不方便。于是,新罗等国的知识界借用汉字,创造了"吏读文",即用汉字音或意,标记本民族语言的书写体系。"吏读",亦称"吏头""吏吐""吏道",从广义上,指整个汉字借用表记法,就其本意是指官吏的文书,亦即吏札或吏书:以汉字音记录朝鲜语音者为借音法;以汉字意记录朝鲜语意者为借意法。吏读大体经过初期吏读、吏札、乡札等形态发展而来。④ 例如,新罗始祖名曰"赫居世居西

① 《韩国出土百济时期〈论语〉木简》,http://www.artchn.com,2005-06-28。
② 《三国史记·卷四·新罗本纪第四》真兴王六年秋七月条。
③ 1946年,韩国学者在庆尚北道庆州市路西洞140号古坟出土了带有"乙卯年,国罡上广开土好太王壶杆,十"文字、符号的瓷器。
④ 详见[朝]洪起文:《吏读研究》,平壤:朝鲜科学院出版社,1957年,第26—37页。

干”,“赫居世”是名,“居西干”为号,是贵族或国王的意思。在标记其地名、人名、官名等词汇的过程中,这种标记法逐渐发展成书写朝鲜语言文章的吏读。

初期吏读文并不使用吏吐的“吐”(토),而是“者”“之”“也”“哉”作助词,如新罗景德王年间所建葛项寺三层石塔之铭文“二塔天宝十七年戊戌中　立在之　娚姊妹三人业以　成在之”的“中、以、之”字皆属助词。吏札,即尹廷琦(1814—1879)在《东寰录》中论薛聪时所说,“又以俚语制吏札”。吏札,首先除成语、成句可使用汉语语序外,基本上使用吏读语序和吏读“吐”(토)。

566年,凿刻的《平壤城石》上的文字也是一个明显的例证。《平壤城石》第3号刻有如下文字:“丙戌十二月中汉城下后部小兄文达节自此西北行涉之。”其意思是:丙戌年十二月中,汉城下后部小兄,文达节(修建人)负责自此向北的城墙段。文中的“中”字,并非汉字的原意,而是相当于朝鲜语位格助词的标记,有期间的意思;“节”字亦非其原意,而是朝鲜语“修建者”之表意;“行涉之”,是“营造之”的意思。

乡札则除极少数例外,几乎全部使用吏读语序,而少数成语、成句以外的语汇全部采用汉字标记,“吐”较吏札更接近口语化,乡歌即属此种形式。如《处容歌》:

东京　明期　月良

夜　入伊　游行如可

入良沙　寝矣见昆

脚乌伊　四是良罗

二肹隐　吾下於叱古

二肹隐　谁支下焉古①

---

① 转引自[朝]洪起文:《吏读研究》,第32页。

处容是东海龙王之子，其歌意为："东京月色美好，赏玩夜深始归，举目望探卧榻，四足亲亲相偎。二足属于吾妻，另二足属于谁？"

吏读文的创造是朝鲜半岛古代人民智慧的结晶，对朝鲜半岛语言与文化的发展起到了推动作用，更是增强朝鲜（韩）民族黏合力的重要工具。三国中以新罗的吏读文最为发达，其用吏读文书写的诗歌流传至今。

三、伽倻古坟文化

伽倻文化集中反映在其古坟文化上。考古资料证实在其发展的早期阶段，即公元三四世纪，伽倻国家由三韩时代的木棺墓发展为木椁墓。这种墓穴一般还有置放随葬品的副椁。5世纪初，出现横穴式石椁墓，其石棺的规模和结构亦沿袭木棺墓和殉葬的传统；5世纪后期，竖穴式石椁墓的高冢圆坟开始流行，其中贵族的大型墓通常在主室周围附带有1—2个副椁。此类墓大型者一般沿山脊棱线建造，中小型者造于山的倾斜面。后来，竖穴式石椁墓还附有羡道，用以追加葬。

釜山福泉洞古墓群和高灵池山洞古墓群是伽倻最典型的文化遗存。位于釜山市东莱区福泉洞古墓群，分布在大炮山丘陵地带的山脊周围，总面积约45576平方米。已经发掘调查的150座古墓，以5世纪的竖穴式石椁墓最为典型。从这些墓室中出土了1万多件器物，其中陶器3000多件，铁器1000多件，装饰品和马具等物品4000多件。陶器以带底碟子、长颈缸最为丰富，其中尤以作为韩国国宝598号的马头角杯引人注目；装饰品以金铜冠和马具最突出；铁器中包括大量的小铁块，这既是制作其他小型器具的中间材料，又是用作货币代用品的交易媒介。众多铁螺丝刀、铁锤、铁凿子、磨刀石等制铁工具的出土，意味着伽倻制铁技术水平的高超和经济力量的提升。金海市望德里古坟群出土的4—5世纪伽倻人用以殉葬的鸭子形陶俑和碧玉手杖，为揭示驾洛国伽倻人的信仰和祭礼提供了实物资料。被认为是驾洛国伽倻王陵的大成洞古墓群,坐落于驾洛国建国神话有关的龟旨峰下面的低矮的丘陵上。这里发现了属于不同时期的伽倻木棺墓、木椁墓和竖穴式石椁墓,出土了大量贵重陪葬品。竖穴式石椁墓,无副椁者边长 3—5 米,带副椁者边长 6—7 米,高 3 米,其大型墓属金官伽倻王族。其材料除板制棺木外,其椁主要是用原木叠垒而成,随葬品包括大量的陶器、铁制农具、制铁工具、马具、板制铠甲,还有两三名殉葬者。出土文物中特别引人注目的包括来自中国北方草原的铜鍑、木芯包金属直柄马镫,以及被认为原产于日本的波形铜器、筒形铜器、玉制石镞,足见驾洛国伽倻存在过活跃的对外贸易。金海市礼安里三千浦勒岛古坟群是另一个主要伽倻文化遗存,那里出土了许多保存完好的古人骨骼,填补了研究这个时期古代人体质特征的空白。调查显示勒岛人男子身高 164.7 厘米,女子 150.8 厘米,而 12 岁以下者占古人骨骼总数的三十分之一,说明当时幼儿死亡率很高;而且,4 世纪初,30% 的伽倻人女子为褊头,符合《三国志·魏书·韩传》的记述:"儿生便以石厌其头,欲其褊,今辰韩人皆褊头。"

高灵地区分布着大伽倻古坟数百座,其中被认为是西大伽倻治所的池山洞古墓群经系统发掘、编号,其中较大型坟墓达 72 座。池山洞古坟群属 5 世纪前半叶,其中 32 号至 35 号古坟,系地下横穴式土圹坟,具有日本九州南部隼人古坟的风格;32 号坟出土了罕见的横矧板钉留短甲、横矧板留冲角付胄、头胄、肩甲等随葬品,还出土了被韩国定为第 138 号国宝的伽倻金冠、金制耳环、银耳环和玉项链等。44 号古坟是一座殉葬坟墓,在主山棱线排列成行的五座大型古墓南 100 米左右的坡地上,被认定是大伽倻古坟中的王陵,长 27 米,高 6 米,内部有 3 个大型石室和以放射状布置的 32 个小型殉葬石棺。44 号或 45 号古坟的主人,被推定为大伽倻第六代或七代嘉实王的陵墓,而南侧最大的古坟则被认为是大伽倻第三或第四代王锦林王的陵墓。山脊的两侧是中型古坟,小型古坟分布在山下。出土的文物相当丰富,武器类有银镶嵌各种纹饰的环头大刀、唐草文环头大刀、龙凤纹环头大刀、三叶文环头大刀等,银装饰铁长矛以及箭筒等。30号古墓出土的金铜冠是有名的装饰品。池山古墓出土的主要陶器有陶制畜力车、矮脚盘、陶缸等,驭马用具有伏钵形马镫、马鞍、马衔、马甲、马铃、马蹄掌等,还有鳞状或铁板式的铠甲、头盔以及夜光贝做的勺子等。三韩时代,咸安属弁韩安邪国,是六伽倻之一的阿罗伽倻,又名阿尸良,这里的咸安道项里古坟群与相邻的末山里古坟群共发现113座古墓,其年代约在公元4—6世纪。1917年,日本人发掘了其中最大的4号古坟,属末山里古墓群,出土了车轮形、鸟形的陶器,铁制的武器,马具和人骨。这些古墓一般直径都在15米左右,高4米左右。

庆尚北道星州星山洞古墓群在伽倻文化中具有特别的意义。星山山顶有星山伽倻山城,其周边发现了70余座圆形封土古坟。1号古坟直径长13.6米,高3.7米,属横穴式石椁墓,墓内发现银质冠装饰和各种陶器。2号墓为竖穴式石椁墓,墓内出土了铁制长矛、斧子、小刀以及许多随意放进去的陶器。58号墓出土了金质粗大的耳环、银质镯子、金铜马具装饰等。各个古墓出土的高脚碟子上的洞、环头大刀、银质腰带等遗物和1号墓出土的冠装饰式样均与庆州出土的文物近似,尤其58号墓室的遗物是典型的新罗制品。这种5—6世纪星山伽倻地方豪族墓室的遗物,是当时星山伽倻与新罗保持着密切关系,相反与大伽倻处于敌对状态的有力证据。位于昌宁的非火伽倻的存在①得到昌宁伽倻古坟群的证实,昌宁伽倻古坟群包括昌宁松岘洞古坟群和昌宁校洞古坟群。《三国史记·地理志》称:昌宁古名系"比自火郡,一云比斯伐",《真兴王巡狩碑》(昌宁)称"比自伐"及"比子伐",最初是弁韩12国中的"不斯国"。松岘洞伽倻古坟群分为两处,一处在牧马山麓西侧,那里原有80座大型古坟,现

---

① 《三国遗事·卷一·纪异一》五伽耶条称:"非火(今韩国昌宁),恐高灵之讹。"

在仅存 16 座；另一处，在松岘洞石佛附近，有古坟 20 座。这些古坟的结构和出土文物与其东面附近的校洞古坟群相同。古坟为横穴式石椁墓，1 号与 3 号坟有殉葬痕迹；出土的文物有各种陶器、金银装饰品、武器、马具、铁制农具等。这些古坟属于 5 世纪伽倻地方豪族的坟墓，其墓制与遗物显示与新罗有密切关系。上述伽倻地区大型封土石椁墓的封土调查显示，古坟建造主要采用"区划盛土"法，也出现了所谓"分割盛土"法者。封土墓葬取土方式和建造程序，表明当时伽倻人的土木技术已经达到了一定的水平，而且工程规模庞大，需要调集大量劳动力，这是当时已形成强大国家体制的有力证据。

伽倻国家的文化生活水平已经达到了相当的程度，由于资料不足，只能从几个侧面了解其大概。首先，由于伽倻同先进的中原王朝建立了朝贡关系，并与其周围大国保持各种文化交流，伽倻人有着很高的汉文修养。新罗前期著名的汉文大家强首就来自伽倻，他曾参与创制吏读文，被誉为"魁然为一时之杰"。新罗统一前国王致唐皇国书多出于强首之手，文武王称赞道："我先王请兵于唐，平丽、济者，虽曰武功，亦由文章之助焉。则强首之功，岂可忽也?"《三国史记》说："强首，中原京沙梁人也……其母梦见人有角而妊身，及生头后有高骨……及太宗大王即位，唐使者至传诏书，其中有难读处，王召问之。在王前，一见说释无疑滞。王惊喜、恨相见之晚，问其姓名，对曰：'臣本任那加良人，名牛头。'王曰：'见卿头骨，可称强首先生。'使制回谢唐皇帝诏书表，文工而意尽。王益奇之，不称名，言任生而已。"①

伽倻的音乐水平很高。伽倻人于勒创制伽倻琴的故事生动地说明了伽倻人歌舞精神生活的一斑。据记载，"罗古记云：'伽倻国嘉实王见唐之乐器而造之。王以谓诸国方言各异声音，岂可一哉！

①《三国史记·卷四十六·列传六·强首传》。

乃命乐师省热县人于勒造十二曲"。于勒从伽倻人每年五月、十月纪念春种、秋收祭天的歌舞中获得灵感,"法中国乐部筝",造出体现伽倻人精神的十二弦伽倻琴。晋人傅玄(217—278)赞曰:筝"上圆象天,下平象地,中空准六合,弦柱拟十二月,斯乃仁智之器"。东汉建安文人阮瑀说:"筝长六尺,以应律数,弦有十二,象四时,柱高三寸,象三才。"于勒能够准确地理解中国古筝的结构原理,根据伽倻人音乐发声特点,制造出具有本民族特色的乐器,使"伽倻琴虽与筝制度小异,而大概似之"。伽倻琴有二调,一为河临调,二为嫩竹调,共一百八十五曲。"于勒的十二曲:一曰下加罗都,二曰上加罗都,三曰宝伎,四曰达己,五曰思勿,六曰勿慧,七曰下奇勿物,八曰狮子伎,九曰居烈,十曰沙八兮,十一曰尔赦,十二曰上奇物。"伽倻发生"国乱"后,于勒携带乐器投奔新罗真兴王。于是,在乡麦宗的支持下,于勒的十二曲得到保护和发展,成为新罗的"大乐"。[1]

高灵古衙洞壁画古坟是伽倻地区唯一的壁画古坟,筑造于6世纪初大伽倻时代,采用具有玄室和羡道的横穴式石室结构,玄室向东西方向形成隧道形态,羡道在玄室南侧壁的东边,大部分的壁画已脱落,只留下墙壁和天花板经粉刷之后用红色、绿色、棕色绘制的十二三处莲花纹遗迹。即便如此,人们也可以感受到其水平应该与高句丽墓室壁画不相上下。

四、科学技术

列国时期朝鲜半岛的冶金业已经相当发达,青铜冶炼技术已达到很高的水平。在新罗,574年已成功"铸成皇龙寺丈六像,铜重三万五千七斤,镀金重一万一百九十八分"[2]。同时,新罗还能够铸造精致的武器和日常用品。当时的铁器生产不仅可以满足国内的需

---

① 《三国史记·卷三十二·杂志一·乐》。
② 《三国史记·卷四·新罗本纪第四》真兴王三十五年春三月条。

要,还向乐浪、带方两郡出口。新罗与伽倻的金冠冢、瑞凤冢、金铃冢、天马冢(庆州)出土的金冠、金带、金履、金耳珰、金指环等金制品,其工艺水平均相当高。高句丽的冶金业也有相当的发展,平壤青岩洞土城出土的镀金铜冠、庆尚南道宜宁出土的延嘉七年铭金铜如来立像①、庆州壶玗冢的高句丽青铜器皿,反映出其铸造技术的高超。

金属加工在百济手工业中占有重要地位,其技术水准不在新罗、高句丽以下。百济武宁王陵(公州宋山里)出土的金制王冠、王妃冠以及耳环、项链、金银手环以及青铜镜等都十分精致。另外,从流传到国外的遗物中,也可窥见百济的冶金技术水准。日本奈良石上神宫所藏"七支刀",是《日本书纪》神功皇后摄政五十二年条所谓"久氐等从千熊长彦诣之,则献七枝刀"②的"百济七支刀"③。据说,这种刀是工匠采用"登窑"溶解法,以1200摄氏度的高温熔炼的铁,经过80至100次的锻造造出来。④

这个时期朝鲜半岛的砖瓦窑业技术亦相当发达。百济砖最具代表性,其砖面上与砖端绘有风景纹、凤纹等图案,纹饰精美,线条纤细有力,表现力强,反映出工匠花纹雕刻技艺的熟练、高超。

随着农业的发展,半岛各国的天文气象学也发展起来。丽、济、罗都设置有天文气象的专门机构,新罗有司天博士,百济有日官部,高句丽有日者,这些都是专门观测天文气象、掌握历书的机构名称或学者职位名称。善德王末年,新罗于国都修建了著名的瞻星台,用以观测星象。此瞻星台是世界上现存的古代天文台建筑遗迹之

---

① 这座佛像制作于延嘉七年己未年(539),是高句丽首都平壤东寺的40名信徒发愿制作的贤劫佛中的第29座佛像,在其细长的身体上披着通肩的法衣,几乎显现不出身体的轮廓,法衣从右肩经左臂滑落,衣襟向左右分开,显出胸前倾斜的内衣和系带。这种法衣形式未发现于印度佛像中,为6世纪初中国北魏时代佛像中出现的新的要素。
② 《日本书纪·卷九》神功皇后摄政五十二年秋九月条。
③ [日]佐伯有清:"古代史专题"《七支刀与广开土王碑》「七支刀と広開土王碑」(古代史演习),东京:吉川弘文馆,1977年,第2页。
④ 朝鲜社会科学院编:《朝鲜全史》第四卷,第102—103页。

一。百济使用过南北朝的元嘉历,高句丽有刻在石头上的天文图。据朝鲜学者统计,《三国史记》中有关天文气象的观测记录达 419 条,其中日食的纪录有 55 条,观测彗星的纪录有 40 条。这些天文气象学的资料,对当时农业发展做出了贡献,并为日后高丽、李氏朝鲜天文学研究奠定了基础。

这个时期,半岛各国医学都有很大发展,其民间医疗与草药配制均有很大进步。新罗开设了医学堂传授古代中国的医学知识。百济人"知医药,蓍龟与相术、阴阳五行法"①。列国时期已有专门的医学著作问世,如新罗的《新罗法师方》、高句丽的《老师方》等。出生于高句丽而归化百济的名医德来奉派于 459 年东渡日本,为日本的医学发展做出了很大的贡献。

地理学也有较大发展。前已指出,628 年,高句丽荣留王为表示对大唐的臣服,曾遣使入唐献"封域图"。这种"封域图"新罗、百济也有。他们还制有其他图籍和地理志。

列国时期的历史学已经发展成为一种专门学问。据记载,4 世纪 70 年代,百济"得博士高兴,始有书记"。显然,博士高兴是从事历史编纂的史官。新罗真兴王六年(545),国王根据伊飡异斯夫的建议,"命大阿飡居柒夫等,广集文士,俾之修撰"《国史》②。以居柒夫为主的这些"文士",应该都是史官。婴阳王十一年(600),国王"诏太学博士李文真约古史,为新集五卷"③。这是把早年的百卷本《留记》删改为简本。非常遗憾,这些史籍均未保存下来。

五、哲学思想与宗教

列国初期,人们信仰的主流基本上是天神、祖先崇拜和自然神。后来各国都修建有始祖庙和祭坛,尊其始祖为国神。崇拜始祖是为

①《北史·卷九十四·列传第八十二·百济》。
②《三国史记·卷四·新罗本纪第四》真兴王六年秋七月条。
③《三国史记·卷二十·高句丽本纪第八》婴阳王十一年春正月条。

了赋予国王以神圣不可侵犯的权力,神化王权。新罗建国之初就举行国家仪式祭奠始祖;百济在国都修建供奉名曰"仇台庙"的神祠;高句丽崇拜高登神(其始祖朱蒙),后又修建东明王母的太后庙。

同时,源于中国大陆中原地区的阴阳五行说在半岛也相当流行。阴阳五行思想以日常生活的五种物质金、木、水、火、土元素,作为构成宇宙万物及各种自然现象变化的最初元素,其基础是气。气按其属性分为阴阳两类:阳类具有刚健、向上、生发、展示、外向、伸展、明朗、积极、好动等特性;阴类具有柔弱、向下、收敛、隐蔽、内向、收缩、储蓄、消极、安静等特征。任何一个具体事物都具有阴阳的两重性,即阴中有阳,阳中有阴。阴阳相合,万物生长。阴阳两种相对的气是天地万物的泉源,描绘的是事物的结构关系和运动形式,强调整体概念。阴阳五行说具有朴素的唯物论和自发的辩证法成分,构成了朝鲜半岛古代哲学的源流和基础。

相传由崔致远发现的刻于妙香山的甲骨文体石刻,今曰《天符经》的"一始无始"帖(所谓"一始无始,一析三。极无尽本,天一一,地一二,人一三。一积十钜,无匮化三;天二三,地二三,人二三。大三合六,生七八九。运三四,成环五,七一妙衍。万往万来,用变不动。本本心,本太阳,昂明人中。天地一一,终无终一")的 81 字,并不是什么"天符",而是反映中国大陆中原地区的甲骨文文化传播,以及当地哲人演绎老子《道德经》"道生一,一生二,二生三,三生万物。万物负阴而抱阳,冲气以为和"之宇宙生成论。但是,受当时生产力水平的限制,这种唯物论思想没有得到充分发展,以至于被统治阶级神秘化,用作愚弄人民的工具。

公元 7 世纪,古代中国之道学亦开始在朝鲜半岛传播。道学是老子创立的一种哲学学说,老子的《道德经》奠定了道学的基础。"道",是老子首创的含有深刻哲理意义的概念,其本意是"道路"的意思,引申为事物运动变化所遵循的秩序、方法和规则。"道学"一词首先在南北朝时期就见于道教典籍。例如,成书于南朝齐梁间的道书《洞真智慧观身大戒文》说:"道学当以戒律为先,道家之宗尊焉。"由于在道教中使用"道学"一词,因而约定俗成,被隋唐人士所沿用,并在唐代流行。"道学"显然讲的是道家、道教之学。道教是中国东汉张道陵创立的,盛行于南北朝。道教奉老子为教祖,尊称为"太上老君",对其道学思想作宗教式的解说。高句丽荣留王七年(624),唐高祖"命道士以天尊像及道法,往为之讲老子"。翌年,建武"王遣使入唐,求学佛、老教法,帝许之"①。此为高句丽引入道教之始。643年,渊盖苏文向国王建议:"三教譬如鼎足,阙一不可。今儒释并兴,而道教未盛,非所谓备天下之道术者也。伏请遣使于唐,求道教以训国人。"于是,高句丽又遣使"奉表陈请。太宗遣道士叔达等八人,兼赐老子道德经。王喜,取僧寺馆之"②。其实,早在7世纪之前,《道德经》与神仙思想已经在新罗传布。如前所述,鉴于《三国史记》有所谓"平壤者,本仙人王俭之宅也"之说,道家的基本思想应该早已通过乐浪文化在朝鲜半岛的传播而在民间广泛流传。道学流布对半岛列国抵制唯心论的滋长起到一定作用,亦给新罗花郎风流思想的形成以巨大影响。

作为规范人们社会行为、调解人们社会关系的道德伦理的儒学,是与汉字文化一起进入朝鲜半岛的。儒学,今朝鲜、韩国称儒教,是中国春秋时期鲁国士人孔子首创的。天命观和"仁者爱人"的仁学是孔子思想的核心与基础,"为政以德"的政治思想、"克己复礼"的历史观以及"有教无类"的教育主张,是孔子学说,亦即早期儒学基本内容。由于高句丽早期还是中国大陆东北地区的诸侯国,所以早在372年,高句丽就在其国都设立太学,以儒家经典教育上层社会之子弟。百济国初即已使用汉字,"其书籍有《五经》、子、史,又表疏并依中华之法"③。而且也几乎与高句丽同时有了研究儒学的

---

①《三国史记·卷二十一·高句丽本纪第九》荣留王七年条。
②《三国史记·卷二十一·高句丽本纪第九》宝藏王二年三月条。
③《旧唐书·卷一百九十九·列传第一百四十九上·东夷·百济》。

博士；472年，盖卤王致北魏的国书，自称"世承灵化"，不仅文字洗练，而且其内容充满了仁、义的儒学观念，反映了百济上层文人有很高汉学造诣。武宁王时期（501—523），百济设有五经博士的官职，此应是管理类似高句丽太学的教育机关的官职。541年，圣王遣使入南梁，表请毛诗博士，南梁满足了的百济的请求。640年，百济更把其贵族子弟送至唐，入长安至国学。新罗的儒学教育亦较早，但史失其载。从智证麻立干（500—513）和法兴王（514—539）仿中原王朝制度改制，"正尊号"，"颁示律令"，建元使用古代中国式年号等一系列改革和花郎徒的忠信观、圆光法师的世俗五戒看，在6世纪以后，儒学在新罗已经有深入广泛的影响。进入7世纪，新罗大量派遣贵族子弟入唐留学，研究儒学，并出现了一批名儒，如金大问、强首、崔致远等。

这个时期，佛教得到较广泛传播。半岛内，引进佛教最早者是百济。384年，枕流王以"致宫内礼"规格迎接来自东晋的胡僧摩罗难陀传教。自此，佛法始行于百济①。新罗的佛教来自372年从前秦接受佛法的高句丽。《三国史记·新罗本纪》记载了新罗法兴王十五年（528）"肇行佛法"的经过："初，讷祗王时，沙门墨胡子，自高句丽至一善郡，郡人毛礼于家中作窟室安置。于时，梁遣使，赐衣着香物，君臣不知香名与其所用。遣人赍香遍问。墨胡子见之，称其名目曰：'此焚之则香气芬馥，所以达诚于神圣。所谓神圣未有过于三宝：一曰佛陀，二曰达摩，三曰僧伽。若烧此发愿，则必有灵应。'时，王女病革，王使胡子焚香表誓，王女之病寻愈。王甚喜，馈赠尤厚。"②上述引文中有"梁遣使赐衣着香物"一语，但南梁起讫是梁武帝天监元年（502）至敬帝太平二年（556），从纪年看二者相差半个世纪。据《梁书》记载，梁武帝普通二年（521），"百济、新罗国各遣使献

①《三国史记·卷二十四·百济本纪第二》枕流王元年条。
②《三国史记·卷二十六·百济本纪第四》法兴王十五年条。

方物"。《三国史记·新罗本纪》也称这年新罗"遣使于梁,贡方物。"由此可知墨胡子到新罗毛礼家,应在讷祇麻立干晚年。按《三国史记·新罗本纪》关于墨胡子的活动纪事,"至毗有王时①,有阿道(一作我道)和尚与侍者三人,亦来毛礼家。仪表似墨胡子,住数年,无病而死。其侍者三人留住,讲读经律,往往有信奉者。至是,王亦欲兴佛教。"②

佛教教义把客观存在的物质世界看成虚无的幻影,宣扬只有宗教式的精神修养才能使人摆脱现实世界的痛苦,得到永生。佛教所宣扬的是逃避现实、麻痹阶级意识的唯心论思想,迎合当时以各王室为首的贵族的需要。所以,在各王室的支持下,佛教得到迅速传播,并成为各国的护国宗教。于是,《仁王经》《金刚经》《法华经》等各类佛经和派别相继传入,许多寺院拔地而起。新罗的皇龙寺、芬皇寺,百济的王兴寺等寺院,其规模都相当宏大。同时,半岛各国社会出现了一大批僧侣,其中有不少高僧活跃在政治舞台,成为输入中华文化的使者与先驱,如慈藏、元晓、义相、惠亮等。

六、文学、音乐、舞蹈与建筑艺术

由于文献的缺失,有关这个时期各国,尤其是高句丽、百济的文学状况知之甚少。这个时期的文学,主要是诗歌与散文。诗歌有两种:歌谣与汉诗。歌谣之主体乃是劳动人民在劳作时所咏唱的民谣。早在公元32年,民间创作的《会苏曲》已经以歌舞的形式在新罗宫中演唱。于是乎,"歌舞百戏皆作,谓之嘉俳"③。流传下来的歌

---

① 毗处王乃照知麻立干(479—500年在位)。

②《三国史记·卷二十六·百济本纪第四》法兴王十五年条。

③"王既定六部,中分为二,使王女二人各率部内女子,分朋遭党。自秋七月既望,每日早集大部之庭,绩麻乙夜而罢。至八月十五日,考其功之多少,负者置酒食,以谢胜者,于是,歌舞百戏皆作,谓之嘉俳。是时,负家一女子,起舞叹曰:会苏、会苏! 其音哀雅,后人因其声而作歌,名《会苏曲》。"(《三国史记·卷一·新罗本纪第一》儒理尼师今九年春条。)

谣主要是用“吏读文”书写的乡歌。《三国史记》儒理尼师今五年(28)条称：“是年，民俗欢康，始制《兜率歌》，此歌乐之始也。”①其中最早的乡歌是新罗真平王时代(579—632)的《彗星歌》和《薯童歌》，其次是善德女王的《来如歌》。在《三国遗事》保存的14首乡歌中，11首皆属后来统一新罗(676—935)时期的。《三国遗事》说：新罗第三代王时，“始作《兜率歌》，有嗟辞，词脑格”②。但是，该书卷五又说：“景德王十九年庚子四月朔，二日并现，浃旬不灭……时有月明师行于阡陌寺之南路。王使召之，命开坛作启。明奏云：‘臣僧但属于国仙之徒，只解乡歌，不闲声梵。’王曰：‘既卜缘僧，虽用乡歌可也。’明乃作《兜率歌》赋之。其词曰：‘今日此矣散花唱良巴宝乎隐花良汝隐，直等隐心音矣命叱使以恶只，弥勒座主陪立罗良。’解曰：‘龙楼此日散花歌，桃送青云一片花。殷重直心之所使，远邀兜率大仙家’。今俗谓此为散花歌，误矣，宜云《兜率歌》，别有散花歌，文多不载。”③看来，新罗乡歌应是在佛教传入、花郎徒出现以后的事，不会太早，多数应该属于7世纪的作品。朝鲜著名学者洪起文根据上述引文认为，“兜率”的“率”有两个不同音，其意亦不同。“率”应读作“lǜ”，即朝鲜文、韩文的“률”，来自对佛教“兜率陀”天神之俚语的翻译。所谓儒理尼师今时代之“兜率歌”，实乃佛教传入半岛以佛教语言的表述，而半岛南部有一种农乐就叫“兜率(두레)”，它们皆源于表述人们围在一起活动的“圆(둥글다)”④。

乡歌富有感情，多用俚语感叹词，有规格和格律乌隐，即所谓“有嗟辞，词脑格”。例如《彗星歌》歌词唱道：

啊！东方古渡口，瞭望向往的达婆城；倭兵犯疆，边境烽火连天；游枫岳(金刚山)的三名花郎，闻讯，连忙披星戴月，赶赴战场；有

①《三国史记·卷一·新罗本纪第一》儒理尼师今五年条。
②《三国遗事·卷一·纪异一》第三弩理王条。
③《三国遗事·卷五·感通七》月明师《兜率歌》。
④［朝］洪起文：《乡歌解释》，第117—212页。

人呼叫:彗星!哟,加快步伐;朋友,那是否就是扫帚星!

此条记事称:融天师作《彗星歌》歌之,"星怪即灭,日本兵还国,反成福庆"①。这首真平王时代的诗歌反映了新罗人民反击倭寇侵犯的爱国心情。

《井邑词》是百济流传下来的唯一的吏读文歌谣,是表现妻子祈愿出门做生意的丈夫平安归来的②。此歌因收录于15世纪李朝学者成伣、柳子光等编撰的《乐学规范》而保存下来。

汉诗保留下来的也不多,有《黄莺歌》《孤石诗》《太平颂》等。《黄莺歌》是高句丽仅有的以纯粹汉文写作的汉诗③,说的是高句丽琉璃明王娶二姬,一为鹘川人,一为汉女,二女受宠。后来,汉女雉姬被鹘川女朱姬辱骂,一气之下便不辞而别。国王追她,请其回去,但雉姬坚决不回。这时,国王在一树下见黄鸟飞集,感而作歌:"翩翩黄鸟,雌雄相依,念我之独,谁其与归?"以表现自己的哀怨之情。

这首诗歌比喻恰当,对仗韵脚严谨,把作者当时的伤感之情在短短的四句诗中充分地体现出来,显示了作者相当高的汉语水平。《太平颂》是7世纪中叶新罗真德女王送给唐太宗的织在锦缎上的五言排律,在中国历史上有一定影响,被收入《全唐诗》。《唐诗品汇》评为"高古雄浑,可与初唐诸作相颉颃"。

散文主要见于史书《三国史记》《三国遗事》,其中的许多记事文,均属此类作品。所谓《古记》所云"桓因"传说,反映了半岛人民对本民族所具有的悠久历史的自豪之情。其他如《朴堤上》《温达》《薯童》《薛氏女》等新罗、高句丽人物传记,都生动地描述了人民群

---

① 《三国遗事·卷五·感通七》融天师彗星歌,真平王代。
② 《高丽史·卷七十一·乐志二》井邑条。
③ 宋人李石撰《续博物志·卷八》中有相传为高句丽人所作的《人参赞》,此歌为四言诗,曰:"三桠五叶,背阳向阴。欲来求我,椴树相寻。"该诗生活气息浓烈,语言简约精练,通俗易懂。但是,目前学术界尚难以确认其为高句丽的作品。

众的勤劳、智慧与英勇爱国的形象;《王子好童》《乐浪公主》《金春秋和文姬》《皇龙寺九重塔》等人物传记与记事散文,文字精美,故事感人,从不同角度反映了各国的社会风貌和文化特点。在百济,除《都弥传》与成忠(? —656 年)狱中《临终上书》①的片段和散文《薯童》外,没有其他作品留给后世。

列国时期的音乐、舞蹈已发展到相当高的水平。根据文献资料和古墓壁画,当时流行的乐器达数十种,高句丽有管、弦、打击等乐器十四种,其中包括王山岳仿中原王朝晋之七弦乐琴改创制的弦鹤琴,此琴后来传入新罗,产生了许多乐师;乐曲有箜篌引等上百首曲。受资料限制,百济的情况不详。但是,从百济有箜篌、鼓角、笛、竽、茂、筝等乐器,以及乐师、乐工施德三斤等②向日本传去乐器的记载看,其音乐水平与高句丽、新罗不相上下。新罗还出现了一批杰出的音乐家,如玉宝高等。如前所述,伽倻国对朝鲜半岛的音乐发展做出了突出的贡献。新罗真兴王乡麦宗支持于勒创十二曲,使之成为新罗的"大乐"。新罗还有用于举行国家仪式演奏的吹鼓乐进行曲。新罗大将军金庾信死时,国王竟"给军乐鼓吹一百人",可知当时国家乐团规模之大。③

舞蹈亦与音乐一起得到发展。高句丽盛行四人舞,《通典》云:"舞者四人,椎髻于后,以绛抹额,饰以金珰;二人黄裙襦,赤黄袴,极长其袖,乌皮靴,双双并立而舞。"百济盛行二人舞,从出入日本的百济"伎乐舞"看,百济也尚独舞。新罗亦盛行二人舞,《三国史记》乐志说:"歌舞,舞二人,放角幞头,紫大袖公襕,红鞓镀金绔腰带,乌皮靴。"但是,新罗舞蹈更具地方特色,流行假面舞、狮子舞等,7 世纪中叶以后还盛行带假面的剑舞。

列国时期的建筑艺术在吸收古代中国南北朝文化的基础上,得

---

① 详见《三国史记·卷二十八·百济本纪第六》义慈王十六年春三月条。
② 《日本书纪·卷十九》钦明天皇十五年二月条。
③ 《三国史记·卷四十三·金庾信》。

到迅速发展和提高。从发掘的建筑遗址和古墓的结构看,当时的建筑技术水准已经达到相当高的水平。分布在今中国境内和朝鲜半岛的高句丽都城和墓葬的建筑遗址,是人类创造和智慧的结晶,展现了中华文化对其他民族文化的影响。风格独特的壁画艺术,反映了已经消失了的高句丽文明,2004 年 7 月,被联合国教科文组织世界遗产委员会以中国东北的"高句丽王城、王陵及贵族墓葬(Capital Cities and the Ancient Koguryo Kingdom)"和朝鲜半岛的"高句丽墓葬群(Complex of Koguryo Tombs)"之名分别列入世界遗产名录。平壤市安鹤宫建筑群遗址、大城山城遗址、青岩洞土城内的金刚寺遗址等都是高句丽文化在朝鲜半岛的杰出代表。这些建筑继承了其早期王城——五女山城、国内城和丸都城的山城与平原城相互依托共为都城的建筑风格,其规模宏大,布局均衡。安鹤宫由许多长达 50 米的大建筑物组成,秩序井然地排成方形。

高句丽的古墓设计精密,构造复杂,坚固耐久,颇受乐浪郡汉墓的影响。高句丽古墓早期多为石冢,大多分布在中国大陆,中、后期以土冢为主,大多在朝鲜半岛。平壤的双楹冢是土冢古墓的代表作,它先以石材做成横穴式玄室,前室中间竖立八角石柱,做成装饰壁画的天井,然后在其上方覆盖泥土。高句丽古墓以其精美的壁画而闻名,并以壁画的题材区分为四神冢、角抵冢、舞蹈冢、狩猎冢。百济古墓壁画十分高雅,以公州宋山里砖墓、扶余陵山里石室墓壁画最著名。

新罗的瞻星台、芬皇寺九层塔与百济益山的弥勒寺、扶余的定林寺,都反映了新罗、百济的建筑技术的发展。列国的建筑技术,尤其是百济的建筑技术对日本颇有影响。从 588 年开始,百济曾多次派遣造佛工匠与寺院建筑工匠去日本建造寺院。

百济与高句丽还向日本派出僧侣传播佛法,传授半岛与大陆先进文化。据日本法隆寺《寺传》载,百济威德王四十四年(597)阿佐太子为日本画了名垂史册的帝室御物"圣德太子像";同时,百济僧观勒向日本传授历书、天文地理、遁甲方术。推古三年(559),高句丽僧慧慈登陆日本,次年与百济僧慧聪共同客居飞鸟寺①,"成为佛、法、僧'三宝之栋梁'"②。610 年,高句丽僧昙征(579—631)经百济到达日本,带去了彩色颜料、画具、纸张、墨以及矿石碾磴等技法,从而促进了日本飞鸟文化的繁荣。据载,奈良法隆寺金堂壁画四佛净土图出于昙征的手笔。但是,日本学界认为此壁画非出于一人之手,从其凹凸法、彩绘法、人物造型看,颇具立足于西域风格的唐风画技,应属 7 世纪白凤时代的集体作品。但是,可以认为这一佛像群中,至少部分与昙征有关。

如果说,百济、高句丽的绘画技艺已经传布日本,那么此时新罗的绘画则名扬中原王朝。善德女王善绘画,未即位前,其父王"得自唐来牡丹图并花子",她一见就说:"此花虽绝艳,必是无香气。"其父王问曰:"何以知之?"答曰:"画花而无蝶,故知之。"结果,经过培植,"果如所言"③。这段故事说明,善德女王本身就是一位大画家。650年,因新罗在前一年曾大败百济兵,"遣使大唐,告破百济之众"。她亲自"织锦作五言太平颂",献给唐皇。

率居亦是新罗有名的画家,史书因其所出低微,"不记其族系"。他"生而善画,尝于皇龙寺壁画老松,体干鳞皴,枝叶盘屈。鸟鸢燕雀往往望之飞入,及到,蹭蹬而落。岁久色暗,寺僧以丹青补之,鸟雀不复至"。新罗庆州芬皇寺观音菩萨、晋州断俗寺维摩像,"皆其笔迹,世传为神画"④。

①《日本书纪·卷二十四》载推古天皇"四年冬十一月,法兴寺造竟……是日,慧慈、慧聪二僧始住于法兴寺"。
② 冯玮:《日本通史》,第 57 页。
③《三国史记·卷五·新罗本纪第五》善德王元年条。
④《三国史记·卷四十八·列传八·率居传》。

第四章　统一新罗时期

第一节　发展期的统一新罗

一、统一新罗的改革与沿革

文武王八年（668）十一月，以新罗王金法敏拜谒始祖庙告灭百济、高句丽为标志，朝鲜半岛古代历史进入统一新罗时期（668—918年）。统一新罗是历史上第一个把半岛居民组成一个国家的王朝，它的发展奠定了统一的朝鲜（韩）民族的政治、经济和文化基础。

统一新罗初期的中心目标是巩固和健全统一国家的中央权力机构，把原来百济、高句丽的遗民纳入自己的政治秩序，使其融入一个统一的国家之中。

坚持改革是统一新罗不断发展的关键。金春秋父子持续推行7世纪50年代开始的改革，武烈王在其遗诏中要求继任者"律令格式有不便者，即便改张"①。60年代初，国王已任命伊飡金庾信（595—673）为掌握国家最高行政权力的上大等。上大等是牵制国王权力的六部贵族和白会议的首脑，上大等的设置使一向与王权势力对峙的和白会议转变为从属于国王的咨询机关。668年，金法敏又任命

---

① 《三国史记·卷七·新罗本纪第七》武烈王二十一年七月条。

其弟波珍飡智镜为掌机密事务的执事部中侍,从而使禀主①转变为王命的执行机构(829年改为省)。新罗还仿唐制建立了与政治制度相结合的教育制度。神文王二年(682),国家在礼部下设"国学",以振兴儒学,并以读书三品科的科举考试方法选任官吏。科举的实施对于打破原来的骨品制下的以身份制度用人的标准具有积极意义,将以前以武功强弱选拔官吏的制度,改为以博通中华文化程度选官,从而加强了以六品头为核心的新兴力量。

但凡改革均会遇到阻力。662年八月,大幢总管(京师驻军司令)真珠和南川州总管(利川地方军司令)真钦反对改革,"诈称病闲放,不恤国事",遭诛"并夷其族",尽管他们都在灭亡百济的战争中屡建功勋。文武王十三年(673)七月阿飡大吐的"谋反"与孝昭王九年(700)伊飡庆永的"谋叛"则属更激烈的反抗,他们均先后遭到了严厉地镇压。

统一新罗实行政治统一的重要措施是统一国家行政区划,完备地方行政管理制度。地方行政组织取州、郡、县三级管理体制。685年,神文王把全国划分为九个州,其中原属新罗和伽倻故地者有沙伐州(尚州)、歃良州(良州)、菁州(康州),原属百济故地者有熊川州(熊州)、完山州(全州)、武珍州(武州),原属高句丽故地者有汉山州(汉州)、首若州(朔州,又名牛首)和河西州(溟州)。州的行政首长军主改称总管,再改都督。州下设若干郡,全国有117个郡,郡有太守;郡下设若干县,全国有293个县,县设县令。州、郡、县之首长均由中央任免。县以下基层有村、乡和部曲,其首长和村主由土著出身者充任。757年冬十二月,九州州名全部改成汉式名称。

鉴于领土的扩大,为弥补首都偏于东南的不足,有利于对被征服地区推行怀柔政策,统一新罗扩大了原有的小京制度,分别在伽倻、高句丽和百济的故地增设小京。早在真兴王十八年(557),首先

---

① 禀主是王政时期掌握机密事务的中枢机构。

设国原京(中原京)于汉州,文武王十八年和二十年,先后增设北原京(江原道原州)和金官京(庆尚南道金海);神文王五年(685),又增设西原京(忠清北道清州)、南原京(全罗北道南元),此等小京史称五小京。小京长官由国王直接委任,称仕臣或仕大,次官称仕大舍或少尹。此外,作为强化中央集权的补充行政体系,针对各个地区社会发展水平的不同,特设或保留了原来的的乡、所、部曲。上述改革加强了以国王为中心的中央集权体制。

与此同时,维护专制王权的宗法制度亦不断完善。687年,神文王"遣大臣于祖庙致祭,曰:'王某稽首再拜,谨言太祖大王、真智大王、文兴大王、太宗大王、文武大王之灵,某以虚薄,嗣守崇基,寤寐忧勤,未遑宁处。奉赖宗庙护持,乾坤降禄,四边安静,百姓雍和……垂裕后昆,永膺多福,谨言'"①。神文王开始把味邹王尊为太祖大王,把真智王之子、武烈王之父金春龙追尊为文兴王,与金姓国王真智王、太宗武烈王、文武王奉安于宗庙,而排斥了旁系国王。显然,在恢复与唐的正常关系、接受册封后,神文王积极吸收唐文化,引进儒家之宗庙制度。但是,与中原王朝诸侯国庙制不同②,统一新罗的宗庙制带有浓厚的家庙色彩。此后,惠恭王(764—779年在位)"始定五庙,以味邹王为金姓始祖,以太宗大王、文武大王平百济、高句丽有大功德,并为世世不毁之宗,兼亲庙二为五庙"。③ 此处,虽大体延续了神文王所定庙制的精神,把前三庙定为"世世不毁之宗",却又把王之父母二亲奉安于宗庙,这种对亲生父母的尊崇反映了母系在新罗社会的地位。

前已指出,统一新罗的一个重要历史任务是使新领土内的民众认同新罗政权。

---

①《三国史记·卷八·新罗本纪第八》神文王七年三月条。
②《礼记·卷五·王制》规定:"天子七庙,三昭三穆,与大祖之庙而七;诸侯五庙,二昭二穆,与大祖之庙而五。"
③《三国史记·卷三十二·杂志第一·祭祀》。

在持续了四年征服战争,镇压了百济人的武装反叛后,新罗开始对降服者实行怀柔政策,授其贵族以相应官位。673年,"以百济来人授内外官,其位次视在本国官衔"。京官中,新罗十品官位大奈麻,授百济二品官达率;十一品奈麻,授百济三品官恩率;大舍授德率,舍知授扞率,幢授奈率,大乌授将德。外官中,新罗十品官位贵干授百济二品达率,选干授恩率,上干授德率,干授扞率,一伐授奈率,一尺授将德。① 百济二品大员只能任新罗十品官,大大低于新罗官吏。686年,新罗进而"以高句丽人授京官,量本国官品授之。一吉飡(官阶第七)本主簿(官阶第四),沙飡(官阶第八)本大相,级飡(官阶第九)本位头,大兄从大相,奈麻本小相、狄相,大舍(官阶第十二)本小兄(官阶第十),舍知本诸兄,吉次本先人,乌知本自位"②。高句丽四品官被授予新罗七品官,此虽大大低于原来的官位,但相比之下,高句丽官吏的政治待遇高于百济。这也是源于新罗统治者对臣服的敌国上层势力分而治之的一种需要。通过以上授官、联姻、赐姓等措施,统一新罗逐渐把百济和高句丽贵族纳入新罗的身份制内。

二、土地与社会制度

新罗在统一战争的过程中,其社会经济制度发生了从贵族奴隶制向封建土地所有制的转变。

文武王末年,新罗旧的奴隶制度已出现危机,继续调整。其《遗诏》曰:"昔日万机之英,终成一封之土,樵牧歌其上,狐兔穴其旁;徒费资财,贻讥简牍,空劳人力,莫济幽魂……服轻重自有常科,丧制度务从简约。其边城镇遏及州县课税,于事非要者,并宜量废。律令格式有不便者,即便改张。布告远近,令知此意,主者施行。"③

①《三国史记·卷四十·志第九·职官下》。
②《三国史记·卷四十·志第九·职官下》。
③《三国史记·卷七·新罗本纪第七》文武王二十一年秋七月一日条。

统一前的新罗土地制度,基本以禄邑制配以有限的食邑和赐田制。食邑制是在战争中授予有功者以一定地区农户的田租、贡赋、徭役的支配权。食邑并非是领地,其受封者不能世袭,也没有所有权。史料有金庾信死后,规定每年给其遗孀一千石南城稻谷的记载,说明食邑只限于其生前。

统一新罗时期,原百济和高句丽南部的领土大部分逐渐转变为国家直属地或王室直辖地,此后则在土地国有的原则下,实行禄邑制和国家农民份地制。神文王七年(687)五月,王颁政令,"赐文武官僚田有差"①。这是见于记载的首次在全国范围内实行禄邑制。禄邑制是食邑制的发展,食邑制是国家赏赐给有特殊功勋的贵族以不等的封户,而禄邑制是国家给供职的各级文武官员俸禄的制度,即分封土地于文武官员,使其获得不同数量土地的收租受益权。但是,受运输和其他条件的限制,土地制度又发生变化。神文王九年(689)正月,王"下教,罢内外官禄邑,逐年赐租有差,以为恒式"。于是,又改回禄俸制,由国家按等级给予官员一定数量的稻谷作为年俸或月俸。不过,此种制度并未成为"恒式"。景德王十六年(757)三月,国王再次颁布法令,"除内外群官月俸,复赐禄邑",又回到禄邑制。直至新罗末年,禄邑制都是新罗封建主赖以存在的基础。

国家还经常赐大片土地予佛教寺院。693年,孝昭王金理洪赐柏栗寺土地万顷,并施铸金银五器二副各重五十两,摩衲袈裟五领、大绡三千匹;752年二月,景德王(742—765年在位)"受菩萨戒",赐予真表和尚稻谷七万七千石、施绢五百端、黄金五十两,真表将其分给诸山寺院。② 同时,一些高官贵族也大量赐田予寺院。例如,755年,贵族阿干贵珍全部献出自己的家舍建造寺院,并"纳田民"。③ 于是,寺院不仅获得大量的土地,而且也拥有不少奴婢。8世纪末,国

①《三国史记·卷八·新罗本纪第八》神文王七年条。
②《三国遗事·卷四·义解五》真表传简条。
③《三国遗事·卷五·感通七》郁面婢念佛西升条。

家开始赐田于国学。799年昭圣王"以菁州（晋州）居老县为学生禄邑"，这是把一个县的租税作为国学贵族子弟学费的措施。

这个时期最有意义的是国家于722年实行丁田制，按丁分田。[1]丁田制，即国家农民份地制。政府授予满十五岁的丁男、丁女以一定数量的耕地，其中口份田能终身占有，永业田可由子孙继承，但不得买卖。丁田制实施的前提是户籍造册和丈量土地，日本奈良正仓院所藏《新罗账籍残本》[2]清楚显示政府对户口和土地的控制十分严密。据记载，新罗西原京附近四个村庄的234名丁男、丁女，共占有土地564结8负5束，每人平均2结41负1束。由于各地区土地和人口比例的不同，实际授田数也不尽相同。如沙害渐村人均土地2结26负2束，萨下知村人均土地2结26负6束，两村人均土地几乎相等，而西京原直属村人均不足3结，无名村人均土地则达3结84负1束。《新罗账籍残本》明确称这些土地为"烟受有畓""烟受有之""烟受有田"。这些都指明了农民所受土地的性质，即都是烟户接受国家授予的土地。沙害渐村与萨下知村人均土地几乎相等也从一个侧面证明了国家所有的性质。由此，可以判定丁田制是封建土地国有制形式下的国家农民份地制。

丁田制紧紧地把农民与土地捆绑在一起，使国家疆域内的广大农民完全变成了国家的依附农，他们要负担国家沉重的租税，这包括租，即缴纳土地的产品，主要是谷物；调，缴纳手工业产品，主要是布，如麻布、丝、绢等织物；庸，即服各种徭役，如筑城、修堤、造寺院等。790年，全州等七个郡县的农民为扩建当时新罗最大的碧骨堤水库，16至59岁的壮丁自备吃穿，全部被动员。

丁田制的实施，在一定程度上，抑制了贵族兼并土地的私有化倾向。当时，官僚贵族常常利用权势掠夺丁田农民的份地来

---

[1]《三国史记·卷八·新罗本纪第八》圣德王二十一年秋八月条。
[2] 1933年在日本奈良东大寺正仓院发现。

壮大自己的私有田庄。在 8 世纪下半叶以后,这种状况屡有发生。以致新罗出现"宰相家不绝禄,奴僮三千人,甲兵牛马猪称之。畜牧海山中,须食乃射。息谷米于人,偿不满,庸为奴婢"①的景象。

三、王权的加强与完善

7 世纪中叶由金春秋开始的政治改革,至景德王金宪英时期(742—756 年在位)基本完成,新罗以国王为中心的中央集权的国家政治制度得到完善。

新罗的中央行政机构大体是仿唐朝中书省、门下省,设执事省(真德王时改称执事部,兴德王时又改称省)为王国最高行政机构,管理全国政务,下设兵部、礼部、调部(掌管租税和赋役)、仓部(掌管国家储备)、位和部(主管官吏品位)、例作部(营建工事)、左右理方府(刑律);又仿唐内侍省设内省(后改殿中省),管理大宫、梁宫、沙梁宫三宫王族事务;仿唐御史台设司正府,负责监察弹劾事务。执事部长官为中侍(后改侍中),各部长官称令。神文王时代(681—692),执事部得到空前加强,这可以从其官制的变化中得到印证。起初,执事部仅有中侍一人,位自大阿飡至伊飡(二至五品级)、典大等二人(六至十一品级);真平王时期(579—631 年),复增大舍二人(十二、十三品级);文武王时期(661—680 年),又增置史十四人(十二至十七品级);神文王再次增员,新设舍知二人(十二、十三品级)。为了加强对如此庞大的阁僚队伍的管理,711 年,圣德王以"百官箴,示群臣"②,定官吏行为准则约束各级官员;同时,也加强了地方管理。景德王时期(742—765 年在位),为加强并统一对地方的管理,改九州名为汉式名,将全国 117 个郡、293 个县的官吏名,均改为汉

---

① 《新唐书·卷二百二十·新罗传》。
② 《三国史记·卷八·新罗本纪第八》圣德王十年十一月条。

式称呼,曰都督、太守、县令。

军事组织的加强和扩张,是确保统一新罗领土完整和巩固的主要措施。原来参加争霸战争的新罗军团,由护卫首都的大幢和驻扎在各战略要地的亭组成,合称六亭。统一新罗时期,六亭制逐渐扩编为中央军的九幢、地方军的十亭和五州誓及三边守。687年,新罗完成了九幢的组编任务。九幢即九个军团,以骑兵为主,因是宣誓效忠并直属国王的部队,故又称九誓幢,每誓幢以着装颜色命名。主力由新罗人组成,其着绿色者称绿衿誓幢,着紫色者称紫衿誓幢(郎幢),着绯色者称绯衿誓幢(长枪幢);其他各种分别由百济民和贱民以及高句丽人与鞨鞨人组成,百济民着白青色者为白衿誓幢,百济贱民着青白色者为青衿誓幢,高句丽民着黄赤色者为黄衿誓幢,其着碧黄色者为碧衿誓幢,其着赤黑色为赤衿誓幢,鞨鞨人着黑赤色为黑衿誓幢,可见九幢兼有"以夷制夷"牵制被征服民众的意义。此外,中央还设有保卫国王的卫队侍卫府,由国王亲信的贵族子弟组成,共117人,内置将军6人、大监6人,官职位列造位(十七级)至大舍(十二级)。十亭设于地方各州,其中汉山州战略地位重要,多置一亭。五州誓置于青州、完山州、汉山州、牛首州(今韩国春川)、河西州(今韩国江陵)等五州,这是骑兵部队;三边守置于汉山边、牛首边和河西边,它们均是边境要塞。

新罗军队的各级军官有将军三十六人、大官大监六十二人、队大监七十人、弟监六十三人、监舍知十九人、少监三百七十二人等,将军与大官大监由真骨贵族出任,其他为普通军官,由一般社会上层封建主出身的人士出任。

以尚武政治实现三国一统后,新罗统治者改行文治以解决统一带来的各种矛盾。为培育、选拔相应的人才以充实各级管理机关,788年,国家实行"读书三品科":"读春秋左氏传,若礼记、若文选而能通其义,兼明论语、孝经者为上;读曲礼、论语、孝经者为中;读曲礼、孝经者为下。若博通五经、三史、诸子百家者,超擢拔之。前祗以弓箭选人,至是改之。"①凡上起大舍下至年在 15—30 岁的平民均可入国学,在完成九年的科目并获得大奈麻、奈麻者方可结业,得到重用。此前在花郎制度下,以弓箭武艺为准选任的官员要考核儒学的修养,这一度引起某种混乱。次年秋,"以子玉为杨根县小守。执事史毛肖驳言:'子玉不以文籍出身,不可委以分忧之职。'侍中议云:虽不以文籍出身,曾入大唐为学生,不亦可用耶?"最后子玉得到了国王的认可。于是,金富轼在记述此事时,评论曰:"惟学焉然后闻道,惟闻道然后灼知事之本末。故学而后仕者其于事也,先本而末自正……不学者反此不知事有先后本末之序,但区区弊精神于枝末,或掊敛以为利,或苛察以相高,虽欲利国安民,而反害之。"②加以此法遭到日益增多的真骨阶层的抵制,实际上以文籍出身作为选拔官吏的政策并未得以认真贯彻。

中央集权制的发展与完善,强化了对外防务,促进了半岛各民族的融合,有利于统一市场的形成与对外贸易的发展,为新罗的社会经济进步创造了前提。

第二节　繁荣期的统一新罗

一、农业、手工业与商业的发展

战后的新罗社会经济条件发生了根本性变化,而统一新罗的一系列经济改革,更为农业、手工业、商业与航运业的发展提供了动力。

农业是新罗社会发展的基础,农业与农民状况的好坏对其社会的进步具有决定性的意义。在战后安定的国内外环境下,文武王要

---

① 《三国史记·卷十·新罗本纪第十》元圣王四年春条。
② 《三国史记·卷十·新罗本纪第十》元圣王五年九月条与其"论曰"。

求"铸兵戈为农器,驱黎元于仁寿,薄赋省徭"的"遗诏"①的贯彻与实行丁田制具有重要的积极意义。新的土地制度使农民可以从国家分得大约 2 结左右的耕地,农民可以实物地租的形式向国家缴纳定量的谷物,这使新罗农民比西欧劳役地租下的农奴对生产具有更大的自由和兴趣,极大地提高了农民的生产积极性。同时,新罗前期实行的水稻轮作也得到了普及,这是一种在水稻收割后再种植大麦的双季耕作技术,对于占有浿江(大同江)以南,包括湖南平原的肥沃土地的新罗的农业经济的发展具有很大意义。

国家重视天文观测,预测四季气象,对农业发展很有帮助。7 世纪建造的瞻星台提高了新罗的天文观测水平;文武王四年(674),"入唐宿卫大奈麻德福,传学历术还",便参考自己的经验,"改用新历法"②。国初,新罗虽也曾使用过历书,但并非以法的形式颁历,而此时国家引进唐李淳风(602—670)之《麟德历》而采用新法。718年,圣德王增设漏刻典博士六人;765 年,景德王又增设天文博士一人,从而加强了天文的观察和时间的测定。

新罗水利事业也有很大发展。790 年,国家动员 7 个郡县的农民力量扩建原百济兴建的碧骨堤。③ 这个大型水库可以灌溉湖南平原 14000 多结的水田。上述各种因素使得新罗的农业经济有长足的发展。农业的发展反映在国库的规模上,文武王时期,国家在首都南山建"长仓,长五十步,宽五十步",是为右仓,又在天恩寺西北山上修建左仓。④ 同时,国家赈济灾民能力的提高也体现了农业的发展。707 年正月,新罗遭饥荒,国家开仓,"给粟人一日三升,至七月";二月,又"赐百姓五谷种子有差"⑤。这是一个很大的数字,没有足够的库存,不可能承受这么重的负担。

---

① 《三国史记·卷七·新罗本纪第七》文武王二十一年七月条。
② 《三国史记·卷七·新罗本纪第七》文武王十四年正月条。
③ 《三国史记·卷十·新罗本纪第十》元圣王条。
④ 《三国遗事·卷一·纪异一》文武王法敏条。
⑤ 《三国史记·卷八·新罗本纪第八》圣德王六年条。

农业的发展意味着新罗的封建经济日趋成熟。公元8世纪下半叶，随着土地的集中，地主农庄日益扩大。中央与地方贵族除享有禄邑田的收租权益外，还拥有自己的私人庄园。正如下文所要交代的，由于商品经济的发展，土地开始买卖，导致大地产私有化成为必然。再者，丁田制下的农民要承受双重负担，除向封建主缴纳不断增加的田税外，还要担负国家的捐税，丁田民不得不把自己的份地转让给有权势的封建主。这些丧失土地的农民便沦为大地主农庄的依附民或佃农。大农庄主实行多种经营，除作为主业种植各种粮食作物外，还经营果园、牧场，甚至还拥有盐田。因此，这些大农庄主，变成了拥有大量财富的地方豪族。据唐元和五年（810年）撰《昌宁邑内石佛造像记》，当时新罗火王郡内造佛像，一位官居阿飡的金某连年多次向寺院大批捐粮，其中仅壬午年（802年）一年首次捐粮就达2713石。① 据估计，他拥有的土地超过四百结。另据《朝鲜金石总览》（上）所载《凤岩寺智证大师寂照塔碑》，当过和尚的大农庄主智证将自己12处田庄的500结土地捐给了寺院。

新罗末期，土地高度集中，丁田制遭到破坏，农民失去份地，社会矛盾开始激化，农民被迫起来反抗，从而酿成罗末农民大起义。

新罗的手工业随农业的发展而进步。新罗的手工业主要是官营的，受国家工匠府管理。王室的内省（一度改为典中省）内更设有各类典、房、宫、监、局、宅等专门管理工匠的机构。史书记载的这类专业化的手工业部门达30个，如染宫、漂典、锦典、铁鍮典、漆典、毛典、皮打典、靴典、药典、麻履典、磨典、肉典、绮典、席典、瓦器典等。② 兵器制造业是官营手工业发展的重点。著名的武器有弩炮、千步弩、车弩等。千步弩的射程可达千步以外。669年，唐高宗李治曾聘请新罗制造千步弩的技术工匠仇珍川到唐传授技术，说明当时新罗

---

① ［朝］朴时亨编著：《朝鲜史史料讲读》（1），朝鲜高等教育图书出版社，1962年，第389页。
② 《三国史记·卷三十九·志第八·官职中》。

制造弓弩的技术比较先进。上述按不同行业管理手工业经营的制度起于9世纪前,而西欧直到11世纪才出现按部门管理手工业生产的行会组织。足见当时新罗手工业的发展水平远远高于欧洲。另外,寺院和贵族也都有自己的手工业作坊。

受畜力车具、马具以及精致器皿和铸造佛像等需求膨胀的推动,新罗采矿业与冶炼业成了其手工业中发展较快的部门。8世纪,其铁、金、银、铜等开采和冶炼业都取得了飞速的发展。铁主要用于农具与兵器制造,金、银、铜则用于制造贵族的奢侈品以及佛像、梵钟等佛具。

新罗的造船业在东亚亦享有盛誉。公元8世纪以后,来往于黄、渤海的商船几乎都是新罗船只,连日本人往来古代中国乘坐的船只也是新罗的大船。

同时,纺织业也相当发达。新罗出产的各种高级绸缎,在唐朝享有很高的声誉。其丝织品种类很多,著名的有朝霞锦、大花鱼牙锦、小花鱼牙锦、三十升苎麻缎等,这些都是当时与唐朝进行朝贡贸易的主要品种。

关于私营手工业的状况,受资料的限制,难以进行确切描述,从土地私有化倾向推测,手工业私营应该已经相当普遍,例如,生产农具的铁匠铺、部分时间从事木工业的木匠与金银器工匠应该都是存在的。

唐时,雕版印刷技术已经传入新罗。751年建成的庆州佛国寺释迦塔下就发现有雕版印刷的《无垢净光大陀罗尼经》,这是雕版印刷术已经传至朝鲜半岛南部的见证①。

农业与手工业的发展,自然会推进国内外贸易的发展。早在7世纪,其首都庆州已经成为全国最大的商业中心。孝昭王四年(695)十月,首都庆州在原来的京市、东市的基础上又新开了西市和

---

① 学术界对该经卷的印刷时间一直存在争论,其中有人认为随着1966年在佛国寺释迦塔2楼舍利函中与《无垢净光大陀罗尼经》一起出土的《释迦塔重修记》被解读,证明该佛经系11世纪产物。

南市。这些市场均设有专门的官厅"市典",任命市监二人,由位自奈麻至大奈麻的贵族出任,又有大舍二人辅佐南市(并增加书生二人),负责管理商品交易事务。① 据《三国遗事》记载,新罗全盛时,首都有居民178936户,按平均每户4人计,总人口要超过70万人;面积达"一千三百六十坊,五十五里"②,其规模可算得上当时世界上的大城市之一。同时,这也不难推测往来于各地区的行商不是少数。10世纪初,有不少关于在"后三国"泰封国京城铁原的集市上来自唐朝的商人进行易货贸易的记载,可以想象统一新罗时期地方上的商业相当活跃。不过,当时社会生产主体——农民的剩余产品规模有限,"生产都是为了直接消费,无论是生产者本身的消费,还是他的封建领主的消费。只有在生产的东西除了满足这类消费之外还有剩余的时候,这种剩余才拿出去卖和进行交换。所以,商品生产刚刚处于形成过程中。但是,它本身已经包含着社会生产的无政府状态的萌芽"③,而这又反过来阻碍商品生产的运行与发展,从而使封建社会的进步长期停滞不前。

二、对外贸易与新罗坊

国内贸易的活跃与发展促进了对外贸易空前繁荣。中国东部沿海出现大量"新罗坊"的史实,反映了新罗对外贸易的水平。

公元8—9世纪间,在唐朝的沿海地区形成了以新罗商人为主的新罗侨民的聚居区——新罗坊、新罗村。唐朝是中国古代历史上最开放的朝代,旅居唐朝的外国人和异民族的社会、经济地位,受到唐律的保护和优待,"诸化外人""任其来往通流,自为交易"。因此,来华的使节、留学生、僧侣和商人络绎不绝,到处都设有外国人居住

---

① 《三国史记·卷十八·志第七·职官上》。
② 《三国遗事·卷一·纪异一》辰韩条。
③ 恩格斯:《社会主义从空想到科学的发展》,《马克思恩格斯选集》第3卷,北京:人民出版社,1995年,第758页。

的"蕃坊"。新罗坊是类似蕃坊那样的对外贸易据点。在朝鲜半岛的列国时代,特别是统一新罗时期,有越来越多的人从新罗的汉江口岸或从灵岩半岛等地出发,进入中国山东半岛的登州、淮河流域的楚州,以及扬州、明州等东部沿海地区,然后通过水路或陆路直抵唐都长安。他们中有往来的官方使者和宿卫的王公贵族,有参加科举、获得官职的文人和留学生,有来华求法、修行的僧侣,更有从事各种贸易的商人(官商和私商),也包括被买来的奴婢和其他流民。其中的一些人,主要是商人、海外运输业者,以及船员、造船工匠,在山东半岛东部沿海和淮河流域一带停留下来,形成许多新罗侨民生活区。新罗似设有专门管理对唐贸易的官衙。据圆仁记载,849年六月二十八日,在法华院见"张宝高遣大唐卖物使崔兵马司来寺慰问"①。此人,很可能就是清海镇兵马使崔晕。根据日本高僧圆仁《入唐求法巡礼行记》(以下简称《行记》),在山东半岛的密州、登州、青州,以及淮水、长江流域的海州、泗州、扬州、楚州等地都有新罗侨民聚居地。他们居住的街巷叫新罗坊,聚居的乡村可称新罗村,安置他们的旅店叫新罗馆或新罗院。在今属山东、江苏的沿海各地州县设有管理新罗坊和新罗村的勾当新罗所,其职员、译员均由新罗人充任,"押衙"是负责其行政事务的总管,在一定的范围内享有自治权。有名的位于山东半岛的赤山法华院就是新罗人张保皋②建立

---

① [日]圆仁原著,[日]小野胜年校注:《入唐求法巡礼行记校注》,白化文等修订校注,广州:花山文艺出版社,1992年,第169页。

② 有关张保皋(790? —846)生平业绩的记载最早见于中国正史《新唐书》第220卷"东夷传",其内容基本上是转引晚唐诗人杜牧(803—852)的文集《樊川文集》第六卷《张保皋、郑宁传》。韩国史书《三国史记》有传《张保皋》,内容与《新唐书》雷同,称张保皋与其挚友郑宁少年入唐,为武宁军小将。后保皋回国为新罗清海镇大使,因打击海盗有功,与后来回国的郑宁一起平定内乱,辅佐新王登上王位,被封为感义军使、镇海将军。《三国史记·金阳》传呼张保皋为"弓福";《三国遗事·神武大王、阎长、弓巴》传又称其名为"弓巴",说明以本国史料为基础撰写的传记只知无姓氏的弓福、弓巴,而不知张保皋之名。因此,当代学者断定弓福、弓巴是其原来的韩名,而张保皋是入唐后的汉名。"张"姓取自与其相近的"弓",而"保皋"之名是"福"字的韩音"복(baog)"音译。日本高僧圆仁的《入唐求法巡礼行记》和日本正史《日本后记》《续日本记》《续日本后记》称张保皋为"张宝高",显然是误写白字,以讹传讹,不必做过多推测、演绎。

的重要活动据点。839 年六月,日本高僧圆仁法师一行客居赤山法华院达 8 个月之久。据《行记》记载,法华院有自己的"庄田",每年可获稻米 500 石,供寺僧食用。院内寺内食堂、客房齐全,35 名僧人全是新罗人;信徒也很多,集会时达 250 人。该院的念诵、讲说的仪式,同时兼有新罗和古代中国寺院的特点,且依唐风,自余并依新罗语音。其集会,"道俗老少尊卑总是新罗人"①。官方文献未发现关于赤山新罗坊的记载,但从法华院的规模看,赤山及其附近定有新罗人居住的村落。

圆仁一行在华求法巡礼间期(838—847 年),曾先后在上述新罗坊、新罗院、新罗村停留居住过。圆仁于 838 年(唐开成三年,日本承和五年)七月二日到达扬州,次年二月二十一日离开出发北上,途中,在古运河与淮河交汇的楚州竟租到 9 只船,并一次雇得"新罗人谙海路者六十余人";六月七日到登州赤山新罗院,后赴五台山和长安求法,在那里一直住到开成五年二月,得到当地僧俗的大力帮助。回国前夕,他又得到新罗人的多方帮助。847 年,圆仁等一行于五月十一日从苏州松江口出发,七月二十日在登州乳山长淮浦所搭乘新罗人金珍的船(船员多达 44 人),于九月十日抵达肥前国鹿岛②。《行记》还记载了居住在大运河两岸,特别是楚州、涟水的新罗人的活动与新罗坊情况,说明新罗商人及其船队在中国沿海相当活跃。大部分新罗船舶似是张保皋管理的商船,他有可能已经以朝鲜半岛的清海镇为据点在东海建立了唐、罗、日三国庞大的海上交通网。不过,在张保皋的时代,新罗并没有达到如某些学者所谓的"罗、唐、日间的公私贸易几乎全部由清海镇人独占"③的程度。根据日本学者依据日本大宰府向京师申报的日期编制的"日唐间往来船

①［日］木宫泰彦:《日中文化交流史》,胡锡年译,北京:商务印书馆,1980 年,第 190 页。
②参见［日］木宫泰彦:《日中文化交流史》,第 109—111 页。
③［韩］金文经、金成勋、金井昊编:《张保皋:海洋经营史研究》,汉城:李镇图书出版,1993 年,第 27 页。

舶一览表",在839—849年间,双方海路来往共12次,其中明确记载为新罗人的只有2次,日本人1次,唐朝人4次,身份未注明者5次。因此,他得出如下结论:在839—907年间,往来于日唐间的船舶,"其中并不是没有日本船和新罗船","但大体说来,几乎全部是唐朝的商船。其中虽然也有在日本建造的,但建造者和驾驶者,大都是唐人"①。

中国古籍云,古代中国对外交通大道"最要者七:一曰营州入安东道,二曰登州海行入高丽、渤海道"。圆仁《行记》说唐与新罗有五条海上通道,即可以从当时的苏州吴淞口、明州、登州、楚州和海州出发到新罗②,而从新罗汉江口的长口镇(今朝鲜黄海南道安岳郡内)或南阳湾的唐恩浦起航到山东半岛登州(蓬莱),也可从全罗南道的灵岩附近经黑山岛至唐定海县或明州。圆仁归国乘新罗船"从赤浦渡海,出赤山莫琊口",穿越新罗的耽罗岛,经日本的肥前国鹿岛,于博太西南能举岛上岸。当时,也有从山东半岛起航南行,经今江苏沿海港口出发驶往日本九州岛的肥前和本州的长门的航线,但在有唐一代这不是主流。

圆仁来华求法是日本遣隋使、遣唐使的余波,而遣唐使也非为日本专有,实际上当时在与唐朝有交通的50余国中,凡是前往大唐的各国使节皆为"遣唐使"。因此,从某种意义上说,唐朝与新罗、日本的交通可以视为古代"丝绸之路"的东向延伸。中亚、西亚和印度文化经由此路传进新罗,再由新罗传到日本;朝鲜半岛和日本列岛的文明又经由此路传进亚洲内陆古代中国以西的地区。

三、王权的削弱与军镇制度

8世纪80年代初,统一新罗进入其发展的后期,王权受到削弱,

---

① [日]木宫泰彦:《日中文化交流史》,第108—111页。
② [日]圆仁原著,[日]小野胜年校注:《入唐求法巡礼行记校注》,第135、150页。

中央贵族围绕中央权力的对立与争斗愈演愈烈,王位频繁更替,时局日趋混乱。

第 36 代王惠恭王(765—780 年在位)是新罗由盛转衰的转折点。765 年夏,景德王亡,其嫡子金乾运继位,是为惠恭王,新王 8 岁登基,其母后满月夫人摄政,六部贵族势力与王权势力的矛盾公开化。此时,"按《安国兵法》下卷云:'天下兵大乱。'于是,大赦修省"①。768 年七月三日,一吉飡大恭与其弟阿飡大廉举行叛乱。反叛者聚众围困王宫 33 天,最后虽被王军讨平,大恭遭诛九族,但事后引发"王都及五道州郡并九十六角干相战大乱"。这种混乱局面一直持续了三年。此后不久,惠恭王十年,国家实权落入是年就任上大等的金良相之手。775 年,已引退的前侍中金隐居、伊飡廉相与侍中正门等不满金良相之掌权,相继发动叛乱,先后遭到镇压。尽管当时社会动荡,觊觎王位的隐患并未消除,但惠恭王"及壮,淫于声色,巡游不度,纲纪紊乱,灾异屡见,人心反侧,社稷杌陧"。780 年二月,伊飡金志贞叛,"围犯宫阙"。四月,上大等金良相与伊飡敬信等举兵镇压,"国有大乱,修(终)为宣德与金良相所弑"②。奈勿尼师今十世孙金良相与十二世孙金敬信遂相继为宣德王、元圣王。于是,武烈王系血脉断绝,新罗王位开始为奈勿尼师今系子孙所独占。至此,从武烈王开始自惠恭王的中代终结,进入日趋没落的下代时期。

金良相父为新罗十七等官职的四等海飡,母乃圣德女王之女,他曾为景德王时侍中,惠恭王时上大等,地位显赫。夺取王位后,他"追封父为开圣大王",开启了追封无缘为王之父为"大王"的先例。宣德王的登基还是金氏王族集团内部各支系间的争夺的结果。宣

---

① 《三国遗事·卷二》惠恭王条。
② 见《三国遗事·卷二》景德王、忠谈师、表训大德。但《三国史记·卷九·新罗本纪第九》惠恭王十六年称:"伊飡金志贞叛,聚众,围犯宫阙。夏四月,上大等金良相与伊飡敬信举兵诛志贞等,王与后妃为乱兵所害。"

德立,封助其"平乱"的金敬信为上大等。"及宣德薨,无子。群臣议后,欲立王之族子周元。周元宅于京北二十里。会大雨。阏川水涨,周元不得渡",太宗武烈王六世孙周元贻误了继位的时机。"今上大等敬信,前王之弟",遂被拥立为王,是为元圣王。此后,新罗真骨贵族间的王位争夺,完全是在元圣王后裔各分支间展开,尽管金庾信家族仍保持着举足轻重的力量。

元圣王四年(788)虽改"前只以弓箭选人"之制,"始定读书三品以出身",模仿唐之明经科实行选官"读书出身制",但政局仍难以稳定,791年,又出现伊湌金悌恭的叛乱。进入9世纪,一连串的导致地方豪族介入和利用农民起义的贵族政变和反叛接连不断。

在这种背景下,离开京都的中央贵族和地方长官的势力日渐膨胀,土著的乡村势力的兼并行为导致控制一方的"城主"林立。这些城主大都以官军的名义驻扎各要地,并从自己的属民当中征募士兵,所以在史籍中他们往往被称为"将军",各霸一方。他们一般均有自己的私兵和军队,并且随着早期军镇制度的变异,不少成为各军镇的首领,以至出现了一度左右政局和控制东亚区域贸易的清海镇首领张保皋这样的人物。这些镇将所掌握的武装大都是以其家族成员为核心的私兵。这些地方望族在他们的地盘上广筑城池,故称"城主",成了地方上的"土皇帝",以致到敬顺王时代(927—935),呈现"王以四方土地,尽为他有"①的局面。同时,中央贵族与地方豪族巧取豪夺,名目繁多的租税、军役、徭役迫使大量农民破产,他们卖儿鬻女,甚至背井离乡,成为流民或沦为奴婢,其中有的被海盗掳掠到海外。当时,唐朝的登州、莱州沿海被买卖的奴婢主要是这些破产的新罗人。这种状况极大地刺激了侨居唐朝、曾在唐朝任军职、当时引退在赤山的张保皋的自尊心。为挽救自己的国家,828年,张保皋一回到新罗,便向国王报告,"遍中国,以吾人为奴婢,愿

---

① 《三国史记·卷十二·新罗本纪第十二》敬顺王九年十月条。

得镇清海,使贼不得掠人西去"①,要求在位于海上要冲的家乡莞岛清海设镇领兵。兴德王准其请,并与兵万人。于是,兴德王三年夏四月,张保皋正式出任清海镇大使。

新罗的军镇与城主本来同时设立于新罗初期,但在州郡制实施后军镇即已废除。658年,军镇虽再次恢复,但其地位低于州。在圣德王时期,随着与渤海国及日本关系的恶化,新罗着手改组军事机构。后来,景德王于加强以六畿停为中心的王京防御的同时,重新强化了军镇的机能。结果,西部地区礼成江一带的大谷镇扩大为浿江镇,负责统一新罗的汉州以北的防务;东海岸的北镇治所也从悉直(今韩国江原道三陟)迁至泉井郡(今朝鲜江原道德源,地近元山市),向北扩大了范围,增强了力量。828年,新罗又于清海设镇。当时浿江镇依靠其丰富的资源和面对山东半岛的区位优势,已经成了对华贸易的中心之一。829年,在其南面的唐恩郡增设立了唐城镇;844年,又在江华岛新建穴口镇。此外,还有长口镇等。军镇通常是设立在交通和军事要冲的特别行政军事单位,其主要任务是防御渤海国与日本的威胁。与其他军镇不同,清海镇设立的目的不只是加强边境地区的防御,更是铲除在西南海岸活动的海寇,防止他们掠夺新罗百姓,禁止奴婢卖往海外。

清海镇的治所位于今韩国全罗南道莞岛郡莞岛邑长佐里的将岛一带,其管辖范围包括今整个莞岛郡、康津、海南、长兴等南部沿海地区。与浿江镇的最高指挥官为"头上大监"不同,清海镇最高官员领大使职衔。大使之衔不属武官序列,这可能与张保皋个人的各种背景和清海镇的职能有关。张保皋在出任清海镇大使期间,曾以当时扼朝鲜海峡海路要冲的莞岛为基地,主导了新罗与唐朝和日本的贸易,被韩国当代学者誉为"海洋商业帝国贸易王"②。张保皋在

①《三国史记·卷四十四·列传四·张保皋》。
②[韩]金文经、金成勋、金井昊编:《张保皋海洋经营史研究》,第19页。

海上的成就与当时活跃在古代中国沿海地区的新罗商人有直接关系，是当时特定的东亚地区关系的产物。

约在唐宪宗元和二年（807）初，张保皋入唐，在今山东半岛的赤山浦（石岛湾）上岸，于扬州加入押衙王智兴统领的武宁军，在平定李琦叛乱中崭露头角。后随武宁军驻扎徐州（今江苏省铜山县治）。元和十三年在反击与平定李师道叛乱中，王智兴以功升迁御史中丞，张保皋随而升为押衙，即为军中小将。宝历、大和初，张保皋回国。不久，他"既贵于其国"。当时，在泗州涟水正在忍饥挨饿的同乡挚友郑年，也投奔张保皋。于是，张保皋如虎添翼，迅速成为新罗举足轻重的力量，并一度左右其朝政。

《三国史记》说："张保皋、郑年皆新罗人，但不知乡邑、父祖。"韩国张氏家谱《仁同张氏大宗谱》卷一旧谱的序文和《张氏渊源谱》认为，张保皋的父祖张佰翼出生于唐朝苏州府龙兴里，常往来于唐朝、新罗间，后归化新罗，定居于今莞岛长佐里。文献没有张保皋出生年月的记录，《樊川文集》称张保皋 30 岁做武宁军小将[1]，由此推测他大约生于 790 年。《三国史记》说，文圣王（839—856 年在位）要把张保皋女封为次妃，诸大臣以其"海岛人"加以反对，表明张保皋的故乡在朝鲜半岛的海岛，佐证了张氏家谱所说。这就是说，后来做了统一新罗清海镇大使的张保皋的治所清海镇正是他的故乡。"海岛人"之说，表明其出身"侧微"[2]，是普通的海岛商人或平民。

安史之乱后，唐朝处于藩镇割据局面，统一新罗政局也长期混乱，而新兴的日本在忙于大规模派遣遣唐使。这样的历史条件，为张保皋发展海上势力提供了很好的国内和区域空间。

818 年，摄于唐宪宗裁抑藩镇的强大压力，李师道曾主动向朝廷

---

[1] 据杜牧《张保皋、郑年传》记载："张保皋、郑年者，自其国来徐州，为军中小将。保皋年三十，郑年少十岁，兄呼保皋，俱善战，骑而挥枪，其本国与徐州无有能敌者。"（《文苑英华·卷七百九十五》）

[2]《三国遗事·卷二》神武大王、阎长、弓巴条。

献出沂密海三州。次年,李师道被朝廷诛杀,其所余十二州遂分为三道。820 年宪宗被杀,唐朝再现藩镇割据局面。这时,新罗在政治危机的旋涡里越陷越深,王位频频异主,军镇城主纷纷自立,人民不堪各级贵族盘剥,农民的反抗此起彼伏。"人多饥死""民饥,卖子孙自活"及"草贼遍起"的记载不绝于书。农民暴动和国家动荡为地方实力派的崛起创造了条件。于是,回国后的张保皋很快成为拥兵自重、割据一方的强大地方实力人物。

张保皋的事业是从荡除海盗、禁止奴婢买卖开始的。《三国史记》称,张保皋自镇守清海后"海上无鬻乡人者"①。在那个年代,张保皋能在出任清海镇大使后的不长时间内荡除海盗、禁止奴婢买卖,的确是很大的成功。史书虽不见张保皋如何控制海洋交通的记载,就常识而言,要完成上述使命,仅仅依靠所谓"清海,新罗海路之要"的地利是不够的,他必须首先拥有强大的海军和巨大的财力。在建立军镇之初,张保皋除兴德王拨调给他的万人兵力外,并无额外兵力。他之所以能够迅速发展为雄踞一方的海上将军,最初主要靠他在中国山东半岛活动期间奠定的基础。杜牧称他为"圣贤",《新唐书》赞曰:"先国家之忧,晋有祁奚,唐有汾阳、保皋,熟谓夷无人哉!"②如此高的声望对于他在中国东部沿海顺利开展活动十分有利。同时,他通过参加武宁军对盘踞山东半岛的藩镇力量李道师的平卢军的作战,扩大了视野,积累了各方面的经验。在这个过程中,他清楚地观察和意识到,淄青平卢藩镇的强大,在于它拥有唐王朝委以执掌与渤海、新罗的交往和海上贸易的"海运押新罗渤海两蕃使"的职责。在割据淄青镇期间,李正己、李师道家族与新罗、渤海间"货市渤海名马,岁岁不绝"③,通商规模很大。唐穆宗长庆(821—824)中,武宁军随战后进行的裁军发生变化,张保皋在唐王朝的前

①《三国史记·卷四十四·列传第四·张保皋传》。
②《新唐书·卷二百二十·新罗条》。
③《旧唐书·卷一百二十四·李正己传》。

途变得渺茫。于是,他便辞职回到初来中原时居住过的赤山浦,另谋发展。当时在赤山浦一带居住有很多新罗人,并形成自己的村落——新罗坊。在山东半岛和江苏的沿海地带也有不少新罗人聚居地。山东牟平昆嵛山无染寺立于901年的碑文有文字曰:"鸡林金清押衙,家别扶桑,身采青社,货游鄞水,心向金田,舍青凫择郢匠之工,凿臼石竖竺乾之塔,竟舍珍财,同修真像,信明湘汉,志重牟尼。"①时任唐朝押衙官吏的新罗人金青应该就是定居在附近村落的虔诚的新罗佛教徒。

居住在新罗坊的新罗人大都信仰佛教。唐穆宗长庆三年(823),张保皋在王智兴的帮助下,于赤山修建禅院,即"赤山法花(华)院"。该院随即成为在唐新罗人联络据点与活动基地。唐文宗开成五年(840)正月十五日,法华院举行盛大法华会,参加者每日达二百余人,他们应该均属附近村庄的新罗人②。赤山法华院的建立、发展与张保皋曾经居住过的新罗坊、新罗村的存在,为后来张保皋大使在山东半岛乃至整个中国东部沿海的活动打下了人际关系与物资基础。

唐开成五年二月十七日,圆仁以"日本国求法请益传灯法师位"之名致清海镇张大使的书函,就是通过张保皋的大唐卖物使新罗人崔晕押衙转交的,其中附有日本筑前太守小野末嗣给张保皋的书状。③《续日本后记》说,这年的十二月,张保皋派使者给日本天皇送去新罗土特产。这大概是对之前日本执政者来函的回敬,说明张保皋发展海上事业时充分利用了在唐朝的新罗坊和勾当新罗所,张保皋势力的存在已经不容从事对唐外交的日本政府和日本遣唐使的忽视。同时,唐末朝廷在今山东、江苏沿海地区设立的勾当新罗押衙所,实际上也已演变为张保皋在华活动的辅助机构。

①《民国牟平县志·卷九》。
②[日]圆仁原著,[日]小野胜年校注:《入唐求法巡礼行记校注》,第199页。
③[日]圆仁原著,[日]小野胜年校注:《入唐求法巡礼行记校注》,第80—81页。

但是,真正使张保皋成为影响新罗全局的势力的是他直接介入争夺中央权力的斗争。800年,昭圣王薨,太子清明即位,是为哀庄王。新王13岁继位,王叔阿飡兵部令金彦升摄政。不久,金彦升坐大,成为掌握中央贵族会议的最高官员上大等。809年,金彦升与弟伊飡金悌邕举兵入内杀哀庄王自立为王,即宪德王。兴德王十一年(836)十二月,兴德王无子嗣而亡,其堂弟、上大等金均贞与金均贞之子悌隆,均欲为王,侍中金明、阿飡金利弘等拥立金悌隆,而阿飡、侍中金祐徵与其侄礼徵及金阳支持金均贞,结果在两派"入内相战"中,金均贞遇害,金悌隆即位,即僖康王。次年五月,在王位争夺中失败的金祐徵携家人逃奔黄山津渡口,"乘舟往依于清海镇大使弓福";六月,张保皋又收留了"亡投于祐徵"的阿飡礼徵与阿飡良顺。838年一月,僖康王的上大等金明与侍中利弘"兴兵作乱",杀王左右,僖康缢于宫中。金明遂自立为王,即闵哀王。同年二月,金阳募集兵士入清海镇谒祐徵。[①] 于是祐徵向弓福(张保皋)请兵讨伐金明,并许诺若"获居大位,则娶尔女为妃"[②]。是年冬,张保皋分兵五千予郑年。金阳以平东军衔和郑年、阎长等统军向王都金州(今韩国庆州)发动进攻。翌年春,王军败于达伐丘,讨伐军遂杀闵哀王,迎祐徵为王,即神武王。张保皋保护金祐徵等具有可继承王位的真骨身份的中央贵族,为的是寻找直接干预王政的机会,而答应出兵伐金明在很大程度上是企图借立己女为妃获得外戚地位,从而提升自己的身份,打入国家最高统治集团。神武王即位后为回报助其夺取王位之功,封张保皋为感义军使,并赐食邑两千户。但是,封其女为妃之事,因同年秋七月祐徵病故而没能践约。是年八月,继承了王位的文圣王庆膺拜张保皋为镇海将军,并赐章服以示表彰。但是,先王的许诺则迟迟未实现。842年,文圣王封伊飡魏昕之女为

---

① 《三国史记·卷十·新罗本纪第十》僖康王与闵哀王条。
② 《三国遗事·卷二·纪异二》神武大王、阎长、弓巴条。

妃。张保皋自然不满足他已经取得的地位、荣誉和政治影响，继续向王室施加压力。845年，文圣王决定娶张保皋女为次妃。但是，朝臣俱谏，以"弓福海岛人"之女配王室违背"人之大伦"加以反对。结果，文圣王听从了群臣的主张，张保皋跻入中央贵族行列的打算未能得逞。①

文圣王在纳妃上的食言，直接导致张保皋于846年起兵反叛，即历史上的所谓"弓福之乱"。是年春，武州人阎长假装反叛投清海镇，张保皋向来喜欢武勇之人，遂引为上宾。一次饮宴，阎长趁保皋酒醉，夺张保皋剑斩其首级，并降服其部下。其副将李昌珍计划反抗，亦被阎长镇压。为免除后患，文圣王遂于851年二月罢废清海镇，张保皋的旧部和追随者也被迁徙到远离庆州的碧骨县（今韩国全罗北道金堤），作为区域重要港口的清海镇就此在东亚消失。

张保皋出身寒微，却以清海军镇为资本拥有自主外交、垄断东亚海上贸易的力量和干预王政的能力，而且还进一步显示了上升为王妃戚族的强烈欲望。这种念头势必对新罗的旧体制——骨品制构成巨大威胁。圣骨消失后，在一定意义可以说，新罗是王族和王妃族支配的社会。统一新罗的后期，在王族和贵族们争夺王权的斗争中，虽然有的派别可以与异己力量张保皋结成暂时的联盟，但在维护骨品制上他们利益又是一致的，决不容许一个连姓名都没有的出身"侧微"的"海岛人"的女儿成为王妃。所以，应该说张保皋显示进入中央政权的野心是新罗王及朝臣们借"纳妃"事件杀害张保皋的直接原因。另外，阎长在以计谋杀害张保皋后能够很快控制清海镇，又是朝鲜半岛西南沿海地区从事奴婢贸易的海上力量的重新集结和反抗。"岛民出身的张保皋试图打破庆州贵族独揽天下的企图以失败而告终，但他所代表的地方势力所提出来的挑战，已经为腐

---

① 《三国史记·卷十一·新罗本纪第十一》文圣王七年条。

朽的新罗骨品制的灭亡敲响了丧钟。"①

第三节　衰败期的统一新罗

一、社会矛盾激化

公元 8 世纪下半叶以后,新罗的社会矛盾急剧恶化。随着封建制度的发展,中央与地方官僚贵族日益强大,一方面表现为以地方城主为核心的地方豪族——封建地主势力不断扩张;另一方面,许多六部出身的真骨贵族也向地方发展。这两种趋势的发展,意味着封建主势力不断扩张;他们任意增加田税的数额,变禄邑田为世袭土地,兼并农民份地。于是,贵族、地方豪族和大寺院农庄迅速扩大,丁田制度开始瓦解。这不仅严重削弱中央的权力,更使农民大量失去土地,或成为这些农庄的依附民,或流离失所,靠打短工维持生活。同时,勉强保有国家收租地的农民也不堪重负。农民毫无储备,只要遇到歉收年景,便无法生存。《三国史记》多处记载新罗后期"民饥且疫""谷贵民饥""赤地"等之频发;其"孝女知恩"的故事,便是破产农民的生活写照:韩歧部百姓知恩,"少丧父,独养其母。年三十二,犹不从人,定省不离左右,而无以为养,或佣作,或行乞,得食以饲之。日久不胜困惫,就富家请卖身为婢,得米十余石。穷日行役其家,暮则作食归养之"②。

除负担沉重的实物地租外,繁重的徭役也迫使农民不断破产。新罗修筑宫殿、寺院、城堡、水库、佛塔、长城等工程均由农民义务承担。826 年,国家"征汉山北诸州郡一万人,筑浿江长城三百里"③。

---

① 曹中屏:《张保皋与山东半岛》,载陈尚胜主编:《登州港与中韩交流国际学术讨论会论文集》,山东大学出版社,2005 年,第 41—56 页。
②《三国史记·卷四十八·列传第八·孝女知恩传》。
③《三国史记·卷十·新罗本纪第十》宪德王十八年条。

第四章　统一新罗时期

即使饥荒年代,农民也不能逃脱国家的劳役。871年,景文王金膺廉(861—875年在位)下令征调农民改造皇龙寺塔;次年,全国发生特大蝗虫灾害;第三年,接着又出现饥荒和瘟疫,但农民改建皇龙寺塔的劳役并不停止。

统一新罗的后期,农民在重税、苦役的压迫下,陷入贫穷和破产的深渊,而以国王为首的统治阶级更趋于腐败。他们一味地追求奢侈,无止境地榨取人民的膏血。文武王十四年(674)二月,新罗王宫内"穿池造山,种花草,养珍禽奇兽",名曰临海殿、雁鸭池(又名宫苑池);景德王十九年(760)复于"宫中穿大池,又于宫南蚊川之上,起月净、春阳二桥",此等设施均为国王、宫女和大臣们饮酒作乐之场所。临海殿在新罗末年的哀庄王五年、文圣王九年、景文王七年多次重修,完全不顾人民的死活。

与此同时,那些真骨王族更是贪得无厌地敲诈勒索,拼命占有国家和农民的土地和财富。据《三国遗事》记载,"新罗全盛之时,京中十七万八千九百三十六户,一千三百六十坊,五十五里,三十五金入宅(言富润大宅也):南宅、北宅、于比所宅、本彼宅、梁宅、池上宅(本彼部)、财买井宅(庚信公祖宗)、北维宅"等35家。① 这些金入宅有的又称"石碣游宅",即王族宗宅或贵族的别墅。此处所记系宪康王代(875—886年)的情景,《三国遗事》卷一纪异"又四节游宅"条又称:"第四十九宪康大王代,城中无一草屋,接角连墙,歌吹满路,昼夜不绝。"②鉴于金庚信在统一事业上的卓著功勋,金氏家族不仅长期维持极大权势的宗统,保有名曰"财买井宅"的宗宅,而且还有多处愿堂。惠恭王六年(770),为表示对金庚信的追慕而赐给庆州鹫仙寺"功德宝田"30结③。而其家族"金氏宗财买夫人死,葬于青渊上谷,因名财买谷……谷口架筑为庵,因名松花房,传为愿刹",也成

①《三国遗事·卷一·纪异一·辰韩》。
②《三国遗事·卷一·纪异一·又四节游宅》。
③《三国遗事·卷一·纪异二·味邹王竹叶军》。

281

为金氏宗族私产。① 综上资料可知，那些"富润大宅"的"金入宅"，实际上是"一种准政府性质的世传宗宅"②，而庆州城内应是王宫、官衙，以及王公贵族及其役使奴隶的居所、享乐之地，一般农民和其他劳动者散居在京都之外的广大乡村。

新罗后期活跃的对外贸易刺激了贵族们的奢侈欲望和腐败。前已指出，新罗是个具有严格等级制度的国家，对不同官品的官员和不同身份的居民的物质生活均有严格的规定，其服装的质地、颜色，房屋的大小以及车辆的木料等一一受到限制。但是，此时大贵族和大商人完全无视这些规定，不仅使用国产的奢侈品，而且毫无节制地使用极其珍贵的进口产品。政府为制止这种倾向，兴德王九年(834)，以国王教令的方式，重申："人有上下，位有尊卑，名列不同，衣服亦异。俗渐浇薄，民竞奢华，只尚异物之珍寄，却嫌土产之鄙野，礼数失于逼僭，风俗至于陵夷，敢率旧章，以申明命，苟或故犯，国有常刑。"③但在下禁令的同时，也对四品以上的贵族使用金、银和各种绫罗绸缎，甚至紫檀、沉香和象牙等高价进口奢侈品开绿灯。统治者的腐化，自然加重了人民的负担。

二、农民起义蜂起

"新罗之末，田不均而赋税重"④逼迫农民起义连年不断。9 世纪 20 年代，即宪德王(809—825 年在位)后期，各地就发生了三次农民武装起义。814 年初夏，西部州郡发生水灾，农民困苦不堪；翌年八月，饥饿的农民首先举起起义的大旗。同时，统治阶级内部矛盾激化引起的反叛亦屡有发生。宪德王十四年(822)正月，当年与元圣王争夺王位失败的金周元之子、时任熊川州都督的金宪昌举兵反

① 《三国遗事·卷一·纪异一·金庾信》。
② ［韩］李迎春：《朝鲜后期王位继承研究》，汉城：集文堂，1998 年，第 61 页。
③ 《三国史记·卷三十三·杂志第二·色服》。
④ 《高丽史·卷七十八·志第三十九·食货一》田制条。

叛,占据武珍、完山、菁州、沙伐四州与国原、金官等郡县,立国号长安,建元庆云。最后,国王动员了全国的兵力才平定了这次叛乱。三年后,高达山地区(今韩国京畿道境内)爆发了寿神领导的农民起义,金宪昌子梵文也加入了起义军。起义军对北汉山(今韩国首尔)发动进攻,并试图建都于平壤城(杨州)。

9世纪初,面对席卷全国的农民起义与混乱的政局,哀庄王(800—808年在位)开始进行改革。金清明继位伊始将内省之一局"御龙省"升格为一种摄政府的机构,以牵制执事省(改名为执事部)长官侍中(改名中侍),建立国王的近侍机构;此后,景文王、宪康王又扩大国王的文翰机构,设立瑞书院和崇文台,内置学士、直学士职位。

宪康王时代(875—886年在位)可谓"阴阳和,风雨顺,岁有年,民足食,边境谧静,市井欢乐"的升平年代①,但这仅是新罗的回光返照。第五十一代真圣女王金曼时期(887—897年在位),中央对地方的控制已经十分微弱了。金曼女王腐化,素与角干魏弘私通,又授予与其"淫乱"的美男子以要职,"委以国政。由是,佞幸肆志,货赂公行,赏罚不公,纪纲坏驰",引起全国人民的愤恨。888年,京都庆州有人"构辞榜于朝路"②。文字系以陀罗尼(梵文 Dhānranī)隐语,诅咒攻击朝臣和"女主",指责他们是祸国殃民的罪魁祸首。③ 这榜文就成为动员全国人民起义的号角。889年,"国内诸州郡不输贡赋,府库虚竭,国用穷乏"。女王派遣官吏四处催粮逼贡,加以"崇佛太过,寺刹遍于山谷,齐民化为缁髡"④,人民不堪其苦。于是,人民反叛"蜂起",爆发了朝鲜半岛古代历史上空前浩大的农民起义。据不完全资料统计,当时全国有近20支起义军在进行武装斗争。

---

① 《三国史记·卷十一·新罗本纪第十一》宪康王六年九月六日条。
② 《三国史记·卷十一·新罗本纪第十一》真圣王二年条。
③ 原文见《三国遗事·卷二·真圣女大王居陀知》。
④ (朝鲜)李重焕:《择里志·庆尚道篇》。

元宗、哀奴领导的农民军首先在沙伐州（今韩国庆尚北道尚州）举起抗争的旗帜。真圣女王惊慌失措，忙派奈麻令奇率军讨伐。摄于起义军之士气，令奇不敢进军，唯城主佑连奋力迎敌战死。为挽救败局，女王下令处死令奇。

当元宗起义军在尚州地区顽强与政府军搏杀之时，以北原（今韩国江原道原州）为中心，已经组成了一支由梁吉领导的农民起义军。这支农民起义军发展迅速，很快占领了附近广大地区。起义军的主体是破产的农民、部曲，也包括一些旧军官、没落的贵族和地方土豪，弓裔是后者的代表人物。

弓裔出生于新罗宗室，是四十七代王宪安王的庶子，因生而奇异于襁褓中被王族遗弃，为奶婢收养。稍大，于兴教寺"祝发为僧，自号善宗"。① 891 年，他先加入竹州箕萱的农民军，后因得不到重用，于次年又参加了梁吉领导的农民军，颇得后者信任。是年冬十月，弓裔奉命率领百余骑人马，攻占了北原东部及溟州管内酒泉等十余郡县。894 年，攻占溟州时，其所统领的义军多达 3500 人，分为 14 队，由舍上（支队首长）指挥。于是，弓裔自称将军，不再接受梁吉的指挥。895 年，弓裔攻占猪足、狌川 2 郡，占领汉州管内夫若、金城、铁圆等 10 余郡县。这时，远在大同江下游地区的土豪及松岳（今朝鲜开城）的地方豪族王建等地方势力亦纷纷归附弓裔。梁吉农民军以北原为根据地，继续攻城略地，到 897 年已占领了国原（今韩国忠清北道忠州）等 30 余座城池。在其占领区，梁吉任命农民军指挥官为各城邑"城主"。

892 年，在所谓"百姓流移，群盗蜂起"的形势下，时为官军裨将的甄萱在完山起事，成为这个地区农民军的领袖。

甄萱出身于尚州加恩县的农民家庭，李姓，后以甄为氏；他自幼"从军入王京，赴西南海防戍"，后因战功，拔擢为裨将。甄萱并不满

---

① 《三国史记·卷五十·列传第十·弓裔传》。

足将军的头衔,早已"窃有觊心"。真圣女王六年(892),见农民起义
已如燎原烈火,遂"啸聚徒侣,行击京西南州县。所至响应,旬月之
间,众至五千人"。他先攻克武珍州(全罗南道光州),继而占领今全
罗南北道各郡县。此时,他俨如王,"犹不敢公然称王,自属为新罗
西面都统指挥兵马持节都督,全、武、公等州军事、行全州刺史,兼御
史中丞上柱国汉南郡开国公"①。

896 年,在西南地区还活跃着一支"赤其裤以自异"的农民起义
军,赤裤军袭击州县官府,攻城略地,"至京西部牟梁里",并袭击了
兴孝寺。同时,在其他地区也先后爆发了大小不等的农民起义。在
北部地区的甑城,有明贵领导的"赤衣"军和"黄衣"军;在盐城地区,
有柳矜顺领导的农民起义军;草八城有兴宗领导的农民军;厌海县
有能昌领导的农民军。这样,在遍及全国的农民起义风暴的打击
下,昏庸的真圣女王不得不承认"孤之不德"而宣布退位,太子峣继
位,是为孝恭王。孝恭王三年(900)七月,梁吉与国原等十余城主商
量惩罚弓裔。但是,在非恼城下会战中,梁吉战败,国原、菁州、槐壤
之农民军首领清吉、莘宣等举城投于弓裔。自此,农民起义逐渐转
变为新的国内战争,新罗历史进入战乱的地方割据时期。

三、统一新罗陷入割据局面

9 世纪、10 世纪之交,弓裔、甄萱均先后自立为王,统一新罗名
存实亡。唐天复元年(901)弓裔宣布称王②,奠都松岳,天祐元年
(904),其立国号为摩震(世称后高句丽),年号为武泰,并依新罗制
设百官制度;次年,移都铁圆,行兵于竹岭东北。鉴于新罗"疆场日
削甚患,然力不能御",孝恭王下令诸城主"慎勿出战,坚壁固守"③。

①《三国史记·卷五十·列传第十·甄萱传》。
② 弓裔称王的年代史书记载不一,《三国史记·卷五十·列传第十·甄萱传》记载为唐天
复元年(901),而该书《新罗本纪》则称为孝恭王五年(902),但二者均没有如《朝鲜全
史》第五卷所谓"于901年正式定国号为'高丽'"的记载。
③《三国史记·卷十二·新罗本纪第十二》孝恭王九年八月条。

孝恭王十五年(911),弓裔复改国号为泰封,年号为"水德万岁"。其时,泰封已经控制了浿西十三镇,使平壤城主投降,更令甑城义军"赤衣""黄衣"领袖明贵等归服,从而占领了竹岭—熊州以北的广大领土。于是,弓裔"以强盛自矜,意欲并吞[新罗]。令国人呼新罗为灭都,凡自新罗来者,尽诛杀之"①。

摩震国设有严整的国家官僚机器,中央设广评省,此系管理一切官厅事务的最高机构,长官称匡治奈(如高丽朝侍中)、外书(如高丽员外郎)。广平省下设兵部、大龙部(仓部)、寿春部(礼部)、奉宾部(如高丽礼宾省)、义刑台(刑部)、纳货府(如高丽大府寺)、调位府(如高丽三司)等部府。此外,还设有掌管学术研究的元凤省、掌管土木工程的南厢坛和水坛、管理外语翻译的史台、保管图书文件的禁书省和管理器皿制造的珠淘省等官府。由于史料阙如,对于其地方机构的情况不得而知,大概与统一新罗同。摩震的官职设正匡、元辅、大相、元尹、正朝、甫尹、军尹、中尹等品职。

甄萱自起事西南之日起,便利用原百济地区人民的怀旧情结和对腐败的新罗统治者的不满、怨恨,"自称后百济王",宣布"立都完山,以雪义慈宿愤"②。唐光化三年(900),甄萱沿用新罗制"设官分职",积极发展与唐末及五代初之南方割据政权的外交关系。次年,甄萱"遣使朝吴越",被封为"检校大保";此后,双方互派使节,交往频繁。

甄萱在巩固了已有的势力范围后便不断对新罗发动攻势。908年,甄萱攻占一善郡南十余城。910年,甄萱与弓裔为争夺锦城展开了历时10日的战争。两年后,双方又战于德津浦,均无大获。916年,后百济进攻大耶城,不克;后经过几年的准备,甄萱复于920年冬十月亲率步骑一万攻陷大耶城。这样,后百济的领土就扩大到今

---

① 《三国史记·卷五十·列传第十·弓裔传》。
② 《三国史记·卷五十·列传第十·甄萱传》。

全罗道地区和庆尚北道部分地区。至此,在统一新罗的领土上,又出现两个与新罗为敌的割据政权,朝鲜—韩国近代史家常称这个短暂时期为"后三国"时期。

四、王氏高丽集团夺取政权

弓裔建国后,国势日趋强盛。但是,弓裔势力强大后,生活腐化,为强化自己的地位,草菅人命,丧失民心。新罗孝恭王九年(905),弓裔在其新京铁圆"修葺观阙、楼台,穷奢极侈……自称弥勒佛,头戴金帻,身披方袍,以长子为青光菩萨,季子为神光菩萨。出则常骑白马,以彩饰其鬃尾,使童男童女奉旛盖、香花前导,又命比丘二百余人,梵呗随后。又自述经二十余卷,其言妖妄,皆不经之事"。有僧释聪驳之为"邪说",被铁椎打杀;其妻康氏"以王多行非法,正色谏之",反被诬"与他人奸","以烈火热铁杵,撞其阴杀之,及其两儿"。此后,更"多疑急怒,诸寮佐将吏,下至平民,无辜受戮者,频频有之。斧壤(平康)、铁圆之人,不胜其毒焉"。[1] 同时,他把遭新罗王族抛弃所引发的仇恨,发泄在新罗平民身上。906年,弓裔大肆屠杀了尚州地区投降的全部新罗人。总之,自称王之后,弓裔"日以骄虐",政治更趋腐败。正如王建后来所云,其前主"以酷暴御众,以奸回为至道,以威侮为要术,徭烦赋重,人耗土虚,而犹宫室宏壮,不遵制度,劳役不止,怨讟遂兴"[2]。弓裔之暴政,不仅招致人民的广泛不满,也引起其部下属僚的强烈不满。

后梁贞明四年(918)夏六月,摩震国侍中王建在骑将宏儒、裴玄庆、申崇谦、卜智谦等人的支持下,出动万余士兵包围王宫,发动宫廷政变,夺取了政权。弓裔仓促从北门逃往山林,在斧壤被群众抓获处死。

---

①《三国史记·卷五十·列传第十·弓裔传》。
②《高丽史·卷一·世家第一》太祖元年条。

　　王建(字若天,新罗松岳郡人,877—943)遂自立为王,改国名为高丽,年号天授。919 年,迁都于松岳。翌年,新罗景明王朴升英与王建"交聘修好"。随后,王建要利用新罗王室的影响对付后百济。高丽建国导致新罗、高丽与后百济三方力量对比发生急剧变化,出现了高丽与后百济间的决战局面。新罗景明王四年(920)十月,后百济主甄萱率步骑一万,攻克新罗大耶[良](陕川)、仇史(庆州)二城,又进军进礼城(金海附近)。新罗王朴升英派阿湌金律使高丽请援,甄萱闻讯撤兵。此后,新罗更趋衰落,江河日下。922 年,新罗下枝城、溟州、真宝城三将军投降高丽;923 年,又有命旨城和京山府二将军投奔王建。景哀王二年(925),高郁府将军也投降高丽,王建"以其城迫近新罗王都故地",又返还给景哀王朴魏膺。景哀王三年(926),甄萱以其质侄真虎"暴死"于高丽,进攻熊津,高丽坚壁不出;次年(927)夏,王建亲征后百济,破近岩城;同年秋,甄萱先占高郁府,并于冬十一月攻克新罗王京。当时,景哀王正"与妃嫔宗戚,游鲍石亭宴娱",完全不知后百济大军已至,惊慌藏躲,结果俱为百济兵所获。甄萱既捉朴魏膺,便逼其自尽,纵士卒入宫掳掠,乱其妃妾,另立王族金傅为王,是为敬顺王,并绑架王族、大臣多人而归。①此后,新罗几乎完全把自己的命运交给了高丽,沦为附庸,朝鲜半岛实际上是高丽与后百济间的厮杀、争夺。

　　后百济攻破庆州时,高丽军与后百济军也战于公山(八公山),王建败绩,仅以身免。甄萱乘胜攻克大木郡(今韩国庆尚北道安东地区),"烧尽田野积聚",入侵碧珍郡,抢去大小木二郡(今韩国庆尚北道漆谷郡)的"禾稼",攻占武谷城。甄萱的烧杀掠夺不得人心,战争的态势逐渐向着有利于高丽的方向发展。930 年春,载岩城将军善弼降于高丽,王建厚礼待之,尊为尚父。同时,高丽与后百济战于古

———————

① 《三国史记·卷十二·新罗本纪第十二》景哀王四年条;《高丽史·卷一·世家第一》太祖十年九月条。

昌郡瓶山下，高丽大捷，永安、河曲等三十余郡县及东部沿海部落先后归降高丽。不仅如此，高丽的怀柔政策还使新罗敬顺王两度邀王建访问新罗京城。次年春，王建率五十余骑在新罗首都金城逗留数十日，受到新罗君臣和百姓的欢迎。"都人士女相庆曰：'昔甄氏之来也，如逢豺虎，今王公之至也，如见父母。'"①这反映了人心的背向，人民期盼和平。

932年，王建遣使入后唐"朝贡"②；次年，后唐明宗（867—933）遣使高丽，册封王建"权知高丽国王事"。同年，王建废自立年号"天授"，采后唐所赐年号"长兴"。这使王建得以利用中原王朝册封的正统名号，名正言顺地取代新罗，推进统一事业。

934年，高丽与后百济在运州（今韩国忠清南道洪城）进行决战。当时，甄萱见高丽大军南下忠清道，便以"和亲"为名提议休战。丽军诸将大都以为甄萱势孤请和，进言允准"和亲"。但王建采纳庾黔弼的不可不战意见，派遣精锐骑兵数千，奇袭后百济军，大获全胜。熊津以北三十余城全部降于高丽。在这种形势下，后百济王室发生内讧，局面完全改变。甄萱在他的十个儿子中，偏爱多智的四子金刚，并决定传位于他。这引起长子神剑、时任康州都督的次子良剑和任武州都督的三子龙剑的不满。于是，神剑联合良剑和龙剑于935年二月中旬发动政变，将甄萱幽禁于金山寺，并差人杀死金刚，自立为王。三个月后，甄萱乘隙逃往锦城，投降王建，被待以厚礼，尊为尚父。

甄萱的投降震慑了新罗王廷。是年十一月，敬顺王遂率百僚，投降高丽。至是，新罗历经五十六王，宣告灭亡。936年秋，王建亲率大军十万向后百济发动总攻，神剑首战失利，见大势已去，遂率文武百官请降。至此，高丽实现了国家的统一。

---

① 《三国史记·卷十二·新罗本纪第十二》敬顺王五年条。
② 《三国史记·卷十二·新罗本纪第十二》敬顺王六年条。

第四节　对外关系

一、与唐朝的关系

　　唐王朝为"兴亡继绝",在百济灭亡后于其故土设熊津等五都督府,以义慈王太子扶余隆为熊津都督,"俾归国……与新罗王会熊津城,刑白马以盟"①。高句丽亡后,唐朝在其故地设九都督府,于平壤设置安东都护府,布兵二万加以镇守,牵制崛起的新罗。新罗则按照既定目标,暗中支持高句丽剑牟岑的"兴复"叛唐活动,并借口贞观二十二年(648)唐太宗"恩敕"②,在 671 年,于唐约新罗使"将画界地,案图披捡百济旧地,总令割还"③之时,公然毁弃盟约,武装叛唐,派大军攻占百济故地,强行于原百济首都泗沘城置所夫里州。676年,唐罗两军决战于所夫里州伎伐浦,经"大小二十二战",最终把大同江以南地区纳入新罗的版图。次年,唐朝把设在平壤的安东都护府撤往辽东新城。此后,双方关系基本恢复正常。681 年,神文王金政明继位,唐高宗遣使册立其为新罗王,并袭先王官爵(开府仪同三司上柱国乐浪王)。686 年,新罗"遣使入唐,奏请礼记并文章。则天令所司,写吉凶要礼,并于文馆词林,采其词涉规诫者,勒成五十卷,赐之"④。此后,新罗遣唐使遂连年不绝于道。714 年,唐罗关系进一步加强,圣德王金兴光"遣王子金守忠入唐宿卫,玄宗赐宅及帛以宠之"。开元二十一年(733),唐玄宗为了平息其地方政权渤海国的反叛,向新罗派遣使节要求出兵助战,新罗立即答应。两年后,735

---

① 《新唐书·卷二百二十·百济》。
② 据《三国史记·卷七·新罗本纪第七》文武王十一年,648 年,唐太宗曾有如下恩敕:"朕今伐高丽非有他故,怜你新罗摄乎两国……我平定两国,平壤已南,百济土地,并乞你新罗,永为安逸。"
③ 《三国史记·卷七·新罗本纪第七》文武王十一年七月条。
④ 《三国史记·卷八·新罗本纪第八》神文王六年二月条。

年,以唐皇"敕赐浿江以南地"①的形式,正式划定疆界,大同江以南属新罗,北属大唐。此即所谓《开元乙亥界约文书》。政治关系的改善与发展,为双方全面关系的加强提供了牢固的基础,使两国经济、文化交流空前活跃。

当时,唐朝是世界上最先进的国家之一,也是亚洲政治、经济、文化的中心。新罗为吸收唐文化,尽管"北阻大漠及契丹,专以海路朝唐","冠盖相续",使节、学生、僧侣赴唐朝贡、宿卫,求文、求学、求法,络绎不绝。对于新罗的要求,唐朝基本上是有求必应,热情接待;唐皇亦经常派员持节吊祭、册立新王、宣谕等,而新罗主要是按时派员朝贡。

如前所述,早在 621 年,真平王金白净已"遣使大唐,朝贡方物"。此后直至唐灭亡的 280 年间,双方互派使节约 160 次。除短时期的军事冲突外,两国长期保持着政治上的友好关系和经济、文化的密切交流。唐、罗关系的加强,促进了形成于秦汉、繁荣于唐宋的东西方交通"丝绸之路"的向东延伸。

早在中国南北朝时期,就已经存在着日本通过朝鲜半岛、辽东入海路经成山到达建康的"北路传统航线"和"道迳百济"②直航成山的"北路南线"③。统一新罗时期,由于朝鲜半岛北部地区被建都于今中国境内的渤海国占有,新罗与唐朝间的贸易集中于北路南线,而且较前更加活跃。南路便捷,但往来于千里风涛中,风险大。唐代宗大历(766—779)初,新罗惠恭王年幼,太后摄政。768 年春,为保持朝鲜半岛社会和唐罗关系稳定,代宗遣仓部郎中兼御史中丞归崇敬为新罗王册立使。使团"至海中流。波涛迅急,舟船坏漏,众咸惊骇。舟人请以小艇载崇敬避祸,崇敬曰:'舟中凡数十百人,我何

---

① 《三国史记·卷八·新罗本纪第八》圣德王三十四年二月条。
② 《宋书·卷九十七·倭国传》。
③ 见曹中屏:《古代东亚海上航路的开辟与国际贸易网络的形成和变迁》,载曲金良主编:《中国海洋文化研究》第 6 卷,北京:海洋出版社,2008 年,第 19 页。

独济?'逡巡,波涛稍息,竟免为害"。这个故事既说明唐朝对新罗的重视,也说明当时随从人员之庞大。过去随员多系从事东亚国家间贸易的商人,这些"使新罗者,至海东多有所求,或携资帛而往,贸易货物,规以为利",作为出使大臣的归崇敬"一皆绝之"①。而新罗人亦以同样的冒险精神,"逾越沧波,跋涉草莽",赴大唐朝贡贸易②,其中道理亦在所获回赐丰厚。例如,731年,金志良入唐贺正,唐玄宗除授其"太仆少卿员外置"官职、赐帛60匹外,又赐新罗王绫彩500匹、帛2500匹。③ 865年(新罗景文王五年),唐懿宗遣使新罗,"吊祭先王兼赙赠一千匹,册立王为开府仪同三司、检校太尉、持节大都督、鸡林州诸军事、上柱国新罗王。仍赐王官诰一道,旌节一副,锦綵五百匹,衣二副,金银器七事。赐王妃锦綵五十匹,衣一副,银器二事。赐王太子锦綵四十匹,衣一副,银器一事。赐大宰相锦綵三十匹,衣一副,银器一事。赐次宰相锦綵二十匹,衣一副,银器一事"④。

同样,新罗的贡献亦相当可观,例如,869年初秋,景文王"遣王子苏判金胤等入唐谢恩,兼进奉马二匹,麸金一百两,银二百两,牛黄十五两,人参一百斤,大花鱼牙锦一十匹,小花鱼牙锦一十匹,朝霞锦二十匹,四十升白氎布四十匹,三十升苎衫缎四十匹",以及其他物品二十余种。同时,"又遣学生李同等三人,随进奉使金胤入唐习业"⑤。

上述资料显示唐朝赠赐主要是象征权力的官诰、旌节和珍贵物品如金银钿器、紫罗绣袍、五色罗彩、绢锦、茶叶等,新罗贡献的基本上是土特产性质的方物,属于互通有无,互惠互利。

随着使节的频繁往来和物品的交流,唐朝的先进生产技术亦传入朝鲜半岛,其中最突出的是茶叶栽培技术的引进。据《三国史记》

---

① 《旧唐书·卷一百四十九·列传九十九·归崇敬传》。
② 《三国史记·卷八·新罗本纪第八》圣德王二十三年二月条。
③ 《三国史记·卷八·新罗本纪第八》圣德王三十年二月条。
④ 《三国史记·卷十一·新罗本纪第十一》景文王五年夏四月条。
⑤ 《三国史记·卷十一·新罗本纪第十一》景文王九年秋七月条。

载,兴德王三年(828)冬,"入唐回使大廉,持茶种子来,王使植地理山。茶自善德王时有之,至于此盛焉"。这就是说,在 7 世纪上半叶,新罗已经有了古代中国的茶叶,现在则开发地理山为基地,大面积种植,饮茶亦开始盛行。

统一新罗末期,由于王权日显衰落,地方豪族势力抬头,官方贸易减少,民间私商贸易兴旺。同时,随着因白江口战败受到削弱的日本国力逐渐恢复,其对外交往和贸易开始活跃。在与古代中国往来中,新罗的中介地位明显上升,特别是日本仁明天皇承和六年(839)废止遣唐使后的近 70 年间,日本与唐朝的民间贸易所使用的船只中,新罗占有的比例相当大。

这时由于渤海国占有朝鲜半岛北部大片土地,东北亚的区域交往和贸易通道发生了新的变化。在一个相当长的时期里,唐朝北方登州和附近的赤山是面向新罗和日本的主要对外贸易商港。新罗的遣使船大体走此传统航道。开始,日本遣唐使也走新罗航道。但是,701 年日本第 8 次遣唐使避开了新罗航道,改行日本所谓的"南道路",在唐朝明州登陆,试图改变过分依赖新罗的状况而直接与唐朝交往。唐肃宗上元(760—761)中,日本又因"新罗梗海道,更繇明、越州朝贡"[1]。就是说,日本遣唐使更多的是选择南路,从明州和越州上岸去京师朝贡。据日本学者研究,在成行的遣唐使的船队中,其来回航路,第一至第七次,去程除第二次由南路来,其余全部取北路,返程全部走北路;第八至第十八次,去程除第十二次取北路和第十三、第十四次不明航道外,全部走南路,返程除第十八次走北路外,其余皆走南路。[2] 由此可知,尽管日本竭力要直接与唐朝交往,但在相当长的时间里,日本难以完全摆脱对新罗航路的依赖。不仅如此,由于唐与其臣属国渤海都要保持与日本的关系,三方均

---

[1]《新唐书·卷二百二十·日本》。
[2] 参看[日]木宫泰彦:《日中文化交流史》,第 63—72 页,"遣唐使一览表"。

无法完全脱离途经新罗的航道。结果除下文所言及的传统通道外又延伸出唐通过渤海国到达新罗和经由蔚山湾与日本博多津的东部航道。① 据日本史料载,764 年七月,新罗使臣大奈麻金才伯等到达日本大宰府博多津(今日本福冈县域内),在日本官员牛养等询问来意时,他答称:唐朝敕使韩朝彩送日本国留唐学僧戒融由渤海国至新罗,托新罗出使日本官员探听此人消息,现停留新罗西津等待其是否平安归乡的报告,以便回朝奏报唐天子,并谈及"唐国扰乱,海贼寔繁"②等事。参照《三国史记·地理志》和《新唐书·地理志》的有关记载,可知当时也存在经由登州出发从海路至新罗西津,即唐恩城,然后陆路南行至新罗王城金城(今韩国庆州)再至新罗栗浦(今韩国庆州甘浦邑)③转海路至日本博多津,或北行自鸭绿江口舟行至神州(今吉林省临江)转陆路至渤海国都上京(今黑龙江省临安市)的路线④,这些路线不妨称之为北丝绸之路。

由于新罗与唐朝频繁的人员与经济往来,唐朝政府在东部沿海地区开辟了专为新罗人居住生活的侨民区——新罗坊。从山东半岛的登州,到南部的楚州、扬州的各主要港口附近都有新罗商民、海

---

① 参见[日]滨田耕策:《新罗の东·西津と交易体制》,日本九州大学大学院人文科学研究院编:《史渊》第 149 辑,2012 年 3 月刊行。

②《续日本己·卷二十五》天平宝字八年七月十九日条称。

③《三国史记·卷三十四·杂志三·地理志》"临关郡"条称:"本毛火(以作蚊火)郡,圣德王筑城,以遮日本贼路。景德王改名,今合属庆州。领县二:东津县,本栗浦县,景德王改名,今合属蔚州……"

④《新唐书·卷四十三下·地理志·羁縻州》称:"唐置羁縻诸州,皆傍塞外。……天宝中,玄宗问诸藩国远近,鸿胪卿王忠嗣以西域图对,才十数国。其后,贞元宰相贾耽叙方域道里之数最详……最要者七,一曰营州入安东道,二曰登州海行入高丽渤海道……营州……府,故汉襄平城也。东南至平壤城八百里;西南至都里海口六百里……南至鸭渌江北泊汋城七百里,故安平也。自都护府东北经古盖牟、新城,又经渤海长岭府,千五百里至渤海王城……登州东北海行,过大谢岛、龟歆岛、末岛、乌湖岛三百里。北渡乌湖海,至马石山东之都里镇二百里。东傍海壖,过青泥浦、桃花浦、杏花浦、石人汪、橐驼湾、乌骨江八百里。乃南傍海壖,过乌牧岛、贝江口、椒岛,得新罗西北之长口镇。又过秦王石桥、麻田岛、古寺岛、得物岛,千里至鸭渌江、唐恩浦口。乃东南陆行,七百里至新罗王城。自鸭渌江口舟行百余里,乃小舫泝流东北三十里至泊汋口,得渤海之境。又泝流五百里,至丸都县城,故高丽王都。又东北泝流二百里,至神州。又陆行四百里,至显州,天宝中王所都。又正北如东六百里,至渤海王城。"

员的居住点。这些侨居在唐朝的新罗人或从事贸易，或经营海运、修船、晒盐，也有从事农业的。登州赤山村的新罗坊附近有新罗人的寺院，院内常住的新罗僧人达百人，寺院经营的土地有 15 处之多。唐朝在登州文登县还设立了"勾当新罗所"，作为专门管理新罗侨民的机构。同时，为了便利新罗使节、商人到京师长安活动，唐朝还在沿途专门设立了"新罗馆""新罗院"，向其提供膳宿和安全保障。这些措施为两国间的经济、文化交流的稳定发展提供坚实的保障。

统一新罗与唐的关系中最大的亮点是双方的文化交流。648 年，新罗真德王遣伊湌金春秋朝唐，"春秋请诣国学，观释奠及讲论，太宗许之，仍赐御制温汤及晋祠碑并新撰《晋书》"[①]。738 年，唐玄宗遣左赞大夫邢璹使新罗，行前亲制诗序，太子以下，百僚咸赋诗以送，称赞"新罗号为君子之国，颇知书记"，以邢璹"卿惇儒"，要其"持节往，宜演经谊，使知大国儒教之盛"。邢璹则"以老子《道德经》等文书献于王"，似亦在一定的场合讲论道。743 年，唐玄宗赐景德王"御注《孝经》一部"；755 年，玄宗御制御书五言十韵诗，赐王曰："四维分景纬，万象含中枢。玉帛遍天下，梯航归上都。缅怀阻青陆，岁月勤黄图。漫漫穷地际，苍苍连海隅。兴言名义国，岂谓山河殊。使去传风教，人来习典谟。"[②]

唐宣宗大中四年(850)，新罗庆州鸣鹤楼起，新罗阿湌元弘奉王命入唐，"厚赍金帛，奏请撰记"，进士冯涓为之；次年，元弘"赍佛经并佛牙来"金城。[③] 新罗吸收唐朝文化的重要途径，是选派大批学生入唐留学。自 640 年首次派王族子弟入唐求学起，新罗在唐留学的人数逐年增加，以至于成为外国留学生规模之冠。837 年，新罗在唐

---

① 《三国史记·卷五·新罗本纪第五》真德王二年三月条。
② 《三国史记·卷九·新罗本纪第九》孝成王二年二月与夏四月条；景德王二年春三月、十五年春二月条。
③ (宋)李昉等：《太平广记·卷二百五十七·嘲诮五》；《三国史记·卷十一·新罗本纪第十一》文圣王十三年四月条。

太学中修业的学生达 216 名[①]；840 年，新罗一次从唐朝回国学生多达 105 人。[②] 唐朝对外国留学生施行宾贡科制度，凡外国学生及第者皆授予官职。这种开放政策对新罗学生具有极大的吸引力。

788 年，新罗效仿唐朝制度选拔官吏，采用读书出身科，指定中国的《左传》《礼记》等为国家考试科目，凡应试及第者，国家即选任为官吏。于是，许多新罗人踊跃赴唐求学。新罗在唐应试及第者，据文献记载共计 58 人，其中有名者有金云卿、金允夫、崔致远、崔承祐、金装等人。821 年，金云卿率先在唐考试及第，登科后曾任右监门卫率府府兵参军、兖州都督府司马、淄州长吏等职。

新罗僧侣入唐求法是推动罗唐文化交流的另一重要途径。自公元 6 世纪新罗始信奉佛教至 10 世纪初的 380 年间，新罗入唐的高僧多达百余人，其中包括经古代中国入印度求法者 10 人。这些高僧成就最大者有园测、义湘、元晓、慈藏、慧超、地藏等。安徽九华山是中国佛教四大名山之一，新罗高僧地藏曾在此修行。地藏俗姓金，名乔觉，新罗王族。696 年，金乔觉由海路自新罗航行至唐，最后抵达江南之池州青阳县九子山（后称九华山），求法苦修。在当地信者百姓的支持下，兴建寺院，名化城寺。他生活俭朴，苦于修炼，被善男信女奉为活佛。金乔觉于 99 岁高龄坐化圆寂，据说三年后入葬塔内时，打开尸函其肉身未腐，与佛教中的地藏菩萨瑞像相似。宋代，信徒开始称其为地藏菩萨，地藏的故事遂成中朝文化交流的佳话。

在入唐求法的新罗僧侣中还有不少被唐人视为异僧的求法者，活跃在唐朝各地，如"逃附海舰，达于华土，欲游天竺"[③]求法的新罗王子释无漏；能预测睢阳"太守裴宽当改""别驾"[④]的新罗僧金师等。

---

① 《唐会要·卷三十六·附学读书》。
② 《旧唐书·卷一百九十九·新罗传》；《三国史记·卷十一·新罗本纪第十一》文圣王二年条。
③ （宋）赞宁：《宋高僧传·卷二十一·唐朔方灵武下院无漏传》。
④ （宋）李昉等：《太平广记·卷一百四十七·定数》。

在两国僧侣的交往中，如前所述，唐朝常以赠送的方式把大量的佛经、佛舍利传至新罗。在唐武宗"会昌法难"以及唐末、五代十国战乱之后，佛教经典散佚颇多，而新罗却保存着古代中国已经失传的典籍。后来，中原王朝反过来又向朝鲜半岛求取典籍，并得到很多奉赠。因此，佛教在两地文化交流中发挥了重要的桥梁纽带作用。

二、与唐朝地方政权渤海国的关系

渤海国（698—926）是隶属于唐朝的地方政权。渤海国的缔造者是粟末靺鞨人首领。698 年，大祚荣在今中国吉林省敦化市东牟山一带建立震国。713 年，唐王朝册封他为左骁卫大将军渤海郡王，以所统为忽汗州，领忽汗州都督。忽汗州都督府也称渤海都督府。从此，遂不称靺鞨旧名，而专称渤海。《三国史记》记载 733 年仍称其为"靺鞨"或"渤海靺鞨"[1]。8 世纪后期，因其位于新罗东北方，隔泥河（龙兴河）与其为邻，始称渤海国为"北国"[2]，即"北方的国家"[3]的意思，也有轻蔑地呼之为"狄国"[4]。

渤海国建立的政治基础是唐王朝东北营州体制对靺鞨与周边族群关系进行的重组。为了维护朝廷与东北边疆诸少数民族间的君臣关系，唐朝相继在营州设营州总管府、营州都督府、平卢节度使等建制作为营州最高军政管理机构以管辖控制的东北边疆，这些官署代表朝廷的意旨行使管理边疆的职权，掌握、通悉东北边疆少数部族的政情、民风与动向，随时向中央"量事奏闻"。[5] 有了这个基础，在渤海国发展到其鼎盛的第 10 代宣王大仁秀时期（818—830 年在位），其疆土得以北至黑龙江中下游东岸、鞑靼海峡沿岸与库页岛

---

[1]《三国史记·卷八·新罗本纪第八》圣德王三十二年秋七月条。
[2]《三国史记·卷十·新罗本纪第十》元圣王六年三月；宪德王四年秋九月条。
[3] 见 1958 年朝鲜科学院古典研究所翻译出版的《三国史记》（上卷）第 270 页的朝鲜译文。
[4]《三国史记·卷十一·新罗本纪第十一》宪康王十二年春条。
[5]（唐）张九龄：《曲江集·卷五·敕幽州节度张守珪书》。

相望,东至日本海,西达吉林与内蒙古交界点的白城、大安一带,南至朝鲜半岛咸兴附近,成为当时与新罗齐名的"海东盛国"。渤海国在朝鲜半岛曾设立作为地方行政机构的南京南海府(今朝鲜的清津市或咸兴)和西京鸭渌府(今朝鲜慈江道鸭绿江东岸或今中国吉林省白山市临江)。

学术界在渤海国的建立者大氏的族属问题上看法不一,或认为是粟末靺鞨人,或认为是高句丽人等。①《新唐书·渤海传》明确记述说:"渤海,本粟末靺鞨附高丽者,姓大氏。"周武则天万岁通天(696—697)中,趁契丹人乱营州,靺鞨酋长乞四比羽与高句丽人乞乞仲象等渡辽水,"树壁自固",武则天分别封乞四比羽和乞乞仲象为许国公和震国公。"比羽不受命",武后则诏大将军李楷固等"击斩之"。"是时,仲象已死,其子祚荣……因高(句)丽、靺鞨兵拒楷固,楷固败还……祚荣即并比羽之众,恃荒远,乃建国,自号震国王……睿宗先天中,遣使拜祚荣为左骁卫大将军、渤海郡王……自是始去靺鞨号,专称渤海。"②但是,习惯上,各类史书皆曰"渤海靺鞨"。如《旧唐书·渤海靺鞨传》称"渤海靺鞨大祚荣者,本高丽别种也",指认大祚荣"本粟末靺鞨附高丽者"③,渤海王国乃靺鞨人之国。新罗名儒崔致远说得更清楚:"按:渤海之源流也,句骊未灭之时,本

---

① 渤海国之族属学界分歧较大,迄今大体有所谓粟末靺鞨说、白山靺鞨说、高句丽人说和渤海人说共四种,前三种均由日本学者首先提出,其中,除高句丽人说我国学者也均持有相同观点。第一种的代表著作为日本学者和田清的论文集《东亚史论丛》(东京生活社,1942年)和我国学者魏国忠、朱国忱等编撰的《渤海国史》(中国社会科学出版社,2006年)。第二种是日本学者津田左右吉的《渤海考》(载《满鲜地理历史研究报告》第1册,东京帝国大学出版部,1915年)和我国学者李健才的《唐代渤海国的创建者大祚荣是白山靺鞨人》(《民族研究》2000年第6期)。第三种是日本学者白鸟库吉的《关于渤海国》(《史学杂志》第44编第12号,1932年12月)和朝鲜学者朴时亨的《渤海史》(金日成综合大学出版社,1979年),韩国也有学者持此说。最后的第四种说法基本上都是中国学者持有,代表作品是崔绍熹的《渤海族的兴起与消亡》(《辽宁师范学院学报》1979年第4期)。
② 《新唐书·卷二百一十九·渤海》。
③ 参见[日]和田清:《渤海国地理考》,《东亚史研究》("满洲"篇),东京:开明堂,1957年,第55—117页。

为疣赘部落,靺羯之属,寔繁有徒,是名粟末小蕃,尝逐句骊内徙。其首领乞四比羽及大祚荣等,至武后临朝之际,自营州作孽而逃,辄据荒丘,始称振国。时有句骊遗烬,勿吉杂流,枭音则啸聚白山,鸱义则喧张黑水。始与契丹济恶,旋于突厥通谋。"①《新唐书·卷二百一十九·渤海》曰,渤海"俗谓王曰可毒夫,曰圣王,曰基下"。据考证,"可毒夫"之王号,源自鲜卑柔然可汗"丘豆伐"的政治尊号,是"渤海国既存在以唐制为范本的阁僚体制,也会沿用部族传统的政治制度"②的政治体制二元制的表现。

可见,渤海国是以粟末靺羯为主体,吸收靺羯其余诸部,联合柔然、挹娄、扶余、沃沮和高句丽遗民的多元群体,在其存在的200多年间,已逐渐融合为统一的渤海族。因此,唐代宗大历(766—779)中期以后,史书亦直呼之为"渤海",省去了靺羯之词尾。可见,渤海国与历史上的高句丽并无任何直接关联。当时的史家,无论是颇受时人讥讽非议的《旧唐书》的作者刘昫,还是《新唐书》作者欧阳修等,均把渤海列为"北狄列传"序列,区别于列入"东夷列传"的高句丽。因此,12世纪中期编撰的《三国史记·地理志》称大祚荣之子为"渤海人武艺"③,其他朝鲜古代史书《三国遗事》《东国史略》《东史纲目》等也均确认渤海国为靺羯人建立的国家,这是当时东亚人的共识,毋庸置疑。④

渤海国的地缘关系,使其处于新罗与黑水靺羯的包围中,故自建国起便采取远交近攻的策略处理与新罗的关系。为遏制新罗,其第二代国王大武艺(719—737年在位)在奉唐朝为宗主国的同时,于

---

① (新罗)崔致远:《谢不许北国居上表》,《东文选·卷三十三·表笺》。
② 孙昊:《渤海国靺羯族官称蠡测》,《北方文物》2019年第2期。
③ 《三国史记·卷三十七·杂志第六·地理志四》。
④ 《三国遗事·卷一·纪异一》有"靺羯(一作勿吉)渤海"称:"《通典》云:渤海,本粟末靺羯,至其酋祚荣立国,自号震旦。先天中(玄宗王子),始去靺羯号,专称渤海。开元七年(己未)祚荣死,谥为高王。"

728 年遣使日本,积极发展与日本的交聘关系①;相反,作为古代中国东北地方的少数民族政权,尽管曾与新罗比邻达 228 年,却少与新罗直接发生政治、经济与文化关系。721 年,新罗征发何瑟罗道(今韩国江原道江陵地区)丁夫 2000 人构筑北境长城,正是为防渤海南下入侵。② 732 年,渤海王大武艺误认为唐和位于勃利(伯力)的黑水靺鞨联合攻打渤海国,便派张文休从海路攻占了山东半岛的登州,杀死刺史韦俊。唐玄宗遣使新罗要求其出兵"击靺鞨南鄙"。次年,新罗圣德王如约出兵进攻渤海;但是,遇"大雪丈余,山路阻隘,士卒死者过半,无功而返"③。尽管早在渤海国第三代国王大钦茂(737—793 年在位)时期,渤海国与新罗已经建有稳固的贸易关系,但两国间的政治关系一直不融洽。唐宪宗元和(806—820)中,渤海王大仁秀南征新罗,两国边界似此时最后划定。④ 826 年七月,为防渤海国进攻,新罗甚至"命牛岑太守白永,征汉山北诸州郡人一万,筑浿江长城三百里"⑤。

　　史载,新罗曾有过两次出使渤海,一次是 790 年,另一次是 812 年,但两次均无任何出使内容的记述。渤海国本身则完全没有出使新罗的记载。自然,民间的往来是有的,尽管无史料可查。当时,往渤海的通道畅通,一般是经新罗泉井郡(今朝鲜江原道的德源)至渤海东京龙原府(栅城府),其间共有 39 个驿站。不过,直至新罗末年双方官方对彼此的看法都非常不友善。例如,渤海国宰相乌照度当年在唐朝参加科举,名在新罗人李同之上,崔致远对此很不以为然,认为新罗人居于未开化的渤海人之下是奇耻大辱。⑥ 同样,后来乌照度朝唐,见其子光瓒及第,列于新罗人崔彦撝之下,也十分不乐,

①渤海国曾先后 34 次遣使日本,日本也曾 13 次派遣使团访问渤海国。
②《三国史记·卷八·新罗本纪第八》圣德王二十年秋七月条。
③《三国史记·卷八·新罗本纪第八》圣德王三十二年条。
④《辽史·卷三十八·地理二》东京道条。
⑤《三国史记·卷八·新罗本纪第十》宪德王十八年秋七月条。
⑥(新罗)崔致远:《与礼部裴尚书瓒状》,《崔文昌侯全集·卷一·孤云集》。

上表称:"宜升彦㧑之上"。结果,"以彦㧑才学优赡",被拒。①

三、与日本的关系

新罗统一后,其与东邻日本的关系得到很大改善,两国间的政治友好往来和经济、文化交流进一步得到加强。

在676年唐罗停战前夕,是年冬十月,日本天武天皇"以大乙上物部连麻吕为大使,大乙中山背直百足为小使,遣于新罗"。接着,十一月,"新罗遣沙飡金清平请政,并遣汲飡金好儒、弟监大舍金钦吉等进调"②。但是,一旦唐罗休战,新罗则缺乏与日本交往的热情,双方互赠礼品的情景便不复存在。尽管如此,罗日间大体保持着正常关系,双方使节交往的频繁程度和人员往来之规模亦相当可观。据不完全统计,从676年至707年的31年间,新罗派国使赴日本者达17次;而同期日本派往新罗者有11次,双方使节互访平均每年就有一次。676—695年间,新罗先后三次派王子金忠元、金双林、金良琳出使日本。

日本统治阶级对新罗国使的接待相当隆重。圣德王十三年(714)十一月,新罗遣大阿飡金元静率20余人的使团访问日本,日本举行盛大欢迎仪式,天皇令畿内七道990名骑兵作为入朝仪卫队,并由四位从六位下布势朝臣、正七位上大野朝臣,率骑兵170人迎入首都奈良。翌年正月,金元静回国,元明天皇(707—715年在位)令大宰府赐锦5450斤,船一艘。

罗日互派的使节团规模相当庞大。例如,703年,日本派遣赴新罗的使团由204人组成③;752年,新罗派往日本的使团成员多达370余人,加上送使节至大宰府的300余人,共计700余人,乘船7

①《高丽史·卷九十二·列传第五·崔彦㧑传》。
②《日本书纪·卷二十九》天武天皇五年条。
③《三国史记·卷八·新罗本纪第八》圣德王二年七月条。

艘,规模空前。①

新罗与日本间的贸易也十分兴盛。从新罗输往日本的商品有金、银、铜、铁、锦绢、霞锦、绫罗、细布、鹿皮、虎豹皮、药材、骣马、骆驼、孔雀、工艺品等。新罗的铁自古有名,所以其中的铁是输往日本商品的大宗。日本输往新罗的商品有绝、绢、丝、绵、皮革、黄金、明珠等。

当时,新罗与日本的交通路线,主要从居漆山郡(今韩国庆尚南道东莱)出发,经对马、壹岐,到达日本九州岛博多。日本在那里设置有大宰府,负责与新罗使节交往和贸易。768 年,称德天皇(764—770 年在位)赐给大臣 75000 屯②蚕丝,让他们以此购入新罗商品。③可见两国商品交流规模十分可观。

新罗与日本之间也曾有不友好的时期。日本曾以"上国"自居,要求新罗称臣纳贡。新罗坚持对等外交,双方关系一度相当紧张。731 年初夏,日本以 300 艘兵船进犯新罗东海岸。英勇的新罗士兵给日军以歼灭性打击,将其击退。④ 经此战役,新罗遂执行不接纳日本使节的政策。新罗孝成王时期,737 年,日本"遣新罗使奏,新罗国失常礼,不受使旨"⑤。景德王金宪英也曾两次拒绝接见日本来使。此后,日本朝廷多次进行战争动员,建造船只,令每"国"选拔 20 人,学习新罗语,准备与新罗大战。但是,后因民意不从,计划未能实行。

新罗惠恭王时期(765—780 年在位),新罗主动改善与日本的关系。774 年,新罗派使节金三玄一行 235 人出使日本,"奉本国王教,请修旧好"⑥。780 年,新罗又派金兰荪访问日本,两国关系恢复正

---

① 《续日本纪·卷十八》孝廉天皇天平胜宝四年条。
② "屯"是日本古代计量单位,棉六两为一屯。
③ 《续日本纪·卷二十九》称德天皇神护景云二年条。
④ 《三国史记·卷八·新罗本纪第八》圣德王三十年夏四月条。
⑤ 《续日本纪·卷十二》圣武天皇天平九年条。
⑥ 《续日本纪·卷三十三》光仁天皇宝龟五年条。

常。当时,日本贵族迷恋新罗的贵重绸缎和各种工艺品,欢迎新罗商人,甚至允许新罗商人侨居大宰府的管辖区内。9世纪初,新罗大批移民留居日本。816年十月,新罗人清石珍等180人移居九州岛,日本封建贵族赐予服装和粮食①。翌年四月,又有远山知等144人来到九州岛。这些移民到日本后,从事农业或手工业生产,史料没有详细记载,估计从事农业者居多。这些新罗人与当地日本农民一样,遭受封建贵族的剥削和压迫。新罗宪德王十二年(820)二月十四日,"配远江、骏河两国新罗人七百人反叛。杀人民,烧屋舍,二国发兵,击之不能胜"②。此后,新罗人移居日本者逐渐减少。

四、"后三国"的对外关系

10世纪初,古代中国和新罗均处于封建割据的历史时期。古代中国出现五代十国的大分裂局面,新罗则分裂为后百济、后高句丽(摩震)和新罗。这种局面虽然影响了古代中国与朝鲜半岛国家的政治、经济和文化交流,但是,后者与古代中国南方地区的吴越诸国仍然保持有一定的往来。

900年,甄萱称王,建后百济。出于地缘政治的考虑,甄萱致力于发展与十国之吴越的关系。实际上,早在896年,他就向当时还未称王的浙东节度使钱镠派遣过使节;吴越建国当年,更"遣使朝吴越",吴越王钱镠亦随即"报聘,乃加检校太保",赐予与旧百济王同样的爵位。③ 吴越贞明四年(918)十一月,"后百济王甄萱遣使进马,王报聘授萱中大夫。余如故"④。927年十一月七日,吴越派班尚书出使后百济和后高句丽,劝说两国和好,望"宜各相亲比,永孚于

---

①《日本后纪·卷二十五》(逸文)嵯峨天皇·弘仁七年(816)冬十月:"甲辰。大宰府言、新罗人清石珍等一百八十人归化。"
②《日本纪略·前篇十四》嵯峨弘仁十一年条。
③《三国史记·卷五十·列传第十·甄萱传》。
④《十国春秋·卷七十八·武肃王世家下》。

休"①。此外,后高句丽王弓裔派金立奇与吴国进行贸易交流。文献记载:"大[太]封王躬乂[弓裔]遣佐良尉金立奇入贡。"②这时的新罗也多次遣使与五代之后唐进行朝贡贸易。924 年,景明王金升英(917—924 年在位)两次派遣使臣出使后唐。932 年,新罗敬顺王金傅"遣使执事侍郎金昢、副使司宾卿李儒入唐朝贡"③。

以上事实表明,尽管古代中国和新罗处于大分裂的恶劣政治环境,双方还是努力克服困难,相互派遣使节,保持交往,体现了双方源远流长的友好关系的基础深厚。

第五节　文　化

一、文学

统一新罗的文学是朝鲜半岛古代文学发展走向成熟的时期。当时,民间口头文学、散文、乡歌、汉诗等各类文学形式都得到充分发展。

民间口头文学是人民群众在生活劳动中创造的民间故事,其基本内容多为着重揭露封建统治阶级的专横残暴,以及叙述人民的向往与憧憬,代表性的故事有《驴耳王》《处容郎》《居陀知》等。由于新罗统一后,王廷大力提倡佛教,其民间故事的宗教色彩十分浓厚,如《调信之梦》《春律还生》《孙顺埋儿》《金现感虎》《无影塔》等均属此类。

《驴耳王》是关于新罗第四十八代景文王金膺廉的传说。作品中描述景文王爱蛇,只有群蛇在侧,方可安眠。他睡觉时,总是将舌头伸出放在胸前,耳朵长得像驴耳朵。此状王后与宫人皆不知,"惟

---

① 《三国史记·卷五十·列传第十·甄萱传》。
② 《十国春秋·卷二·高祖世家》。
③ 《三国史记·卷十二·新罗本纪第十二》敬顺王六年条。

幞头匠一人知之,然生平不向人说,其人将死入道林寺竹林中无人处,向竹唱云:'吾君耳如驴耳。'其后风吹则竹声云君耳如驴耳。王恶之,乃伐竹,而植茱萸。风吹则但声云吾君耳长"①。作品揭露了封建国王凶恶残暴的嘴脸,比喻国王周围的官吏是群蛇,并暗示群众不满的声音是压不下去的,充分反映了9世纪六七十年代新罗深刻的社会经济矛盾。《无影塔》犹如中国的《孟姜女》,讲述的是人民在沉重的徭役负担下悲惨生活的情景。故事发生在新罗景德王十年(751)前后,为了助贵族金大成修建庆州佛国寺的释迦塔和多宝塔,大量被征集的农民背井离乡,长期服役,生活十分凄惨。一个出身百济的名叫阿斯达的石匠,赴工地两年未归,其妻子阿斯女前去探望,监工头不许会面。阿斯女无奈只好在附近湖边徘徊,凝视水中的塔影思念丈夫。她忽然产生幻觉,以为跳进塔影就能与丈夫相会。于是,她纵身跳入湖中因而淹死,水中的塔影也随即消失。后人遂呼此湖为"影池"。作品以哀婉的情调,表现出劳动人民爱情的忠贞和纯洁,揭露上层贵族的残忍、无情和封建徭役的繁重。

统一新罗时期,散文文体有了新的发展,出现了强手、金仁问、金大问、良图、薛聪、慧超等散文家,其人物传记、寓言、游记和传奇等作品均见于记载。散文成就最高的是强首和金大问。贵族出身的金大问撰写的《花郎世记》《高僧传》《鸡林杂传》《乐本》《汉山记》②,是朝鲜半岛文学史上著名的汉文散文作品,亦是这个时期仅有的史学著作。这些作品记述的是新罗的人物活动和历史文化,在当时普遍崇尚唐风的背景下,能有如此的著作问世,实属难能可贵,可惜它们未能流传下来。在传记文学中,金长清的《金庾信行录》很有意义。这是一部长达10卷的巨著,是新罗在统一战争中其屡建奇功的名将业绩的详细记录。该书已经失传,但从《三国史记》金庾

---

① 《三国遗事·卷二·纪异二》景文大王。
② 《三国史记·卷四十六·列传第六·薛聪传》。

信传等记述看,其中一些材料无疑是直接或间接地来自《金庾信行录》,可判断出这是一部相当成熟的传记文学作品。

寓言文学以薛聪的《花王戒》为代表,此文是薛聪奉神文王命撰写的。作品以拟人化的手法,以花王牡丹比喻国王,以蔷薇比喻美女、奸臣,以白头翁比喻忠臣,通过三者在春天花园里的对话,形象地勾勒出花王——国王,陶醉于卖弄风情、巧言献媚的蔷薇——美女、奸臣,以及敢于向王者当面劝谏的忠臣——白头翁三种形象,从而劝喻国王"亲近邪佞,疏远正直"①。《花王戒》后来以《讽王书》为题收入《东文选》,在朝鲜—韩国文学史上有一定的影响。李氏朝鲜时期林悌所写讽刺当时国王腐败的《花史》,其蓝本当是《花王戒》。

传奇文学是朝鲜半岛小说的前身,其代表性的作品是《新罗殊异传》。殊异传文体是一种非现实的幻想式描述的故事性散文,它以浪漫主义的手法反映了作者的一种愿望。《殊异传》系以汉语文言文写成的文集,其作者究竟是崔致远,还是朴寅亮,学界尚无定论。该文集的内容相当丰富,有的叙述历史人物之逸事,如《竹简美女》《老翁化狗》,也有恋爱故事,如《首插石楠》《心火绕塔》《虎愿》《仙女红袋》等。《仙女红袋》描写的是诗人崔致远的一段风流韵事,即死于父命威逼下的两个女子与崔致远对诗的情景。这篇传奇作品构思巧妙,辞藻优美,人物心理刻画细致,是现存新罗传奇中最长的一篇,艺术水平较高,收录于权文海(1534—1591)所撰《大东韵府群玉》。

如前所言,强首是新罗前期著名的汉文大家,"魁然为一时之杰"。新罗的汉文诗在统一新罗时期达到极高的水平。新罗于682年仿唐初立国学,置卿一人;747年,景德王"置国学诸业博士、助教"。759年,随景德王部署改革,改置大学监。元圣王四年(788)春,新罗始实行"读书三品科"的选拔人才制度,规定:"读春秋左氏

---

① 《三国史记·卷四十六·列传第六·薛聪传》。

传,若礼记、若文选而能通其义,兼明论语、孝经者为上;读曲礼、论语、孝经者为中;读曲礼、孝经者为下。若博通五经、三史、诸子百家者,超擢用之。"①同时,新罗更有大批贵族青年赴唐留学,出现一批造诣很深的汉学家。据统计,有58位生徒通过了唐国子监的科举考试,其中有12名优秀者被授予唐朝文官头衔。②于是,在灿烂的唐代诗歌的影响下,深受汉文熏陶的新罗学者写作汉文五七言诗蔚然成风,且其作品也达到很高水平。

统一新罗时期著名诗人有崔致远、王巨仁、朴仁范、崔匡祐等人。真圣女王时期(887—897)大耶州隐士王巨仁,因见朝政紊乱,"构词谤于朝路"而入狱,临刑前赋诗一首,"书于狱壁曰:'于公恸哭三年旱,邹衍含悲五月霜。今我幽愁还似古,皇天无语但苍苍'"③。朴仁范写有以"马嵬事变"为背景的诗篇《马嵬坡》:

> 日旆云旗向锦城,侍臣相顾暗伤情。龙颜结恨频回首,玉貌催魂已隔生。自此暮山多惨色,至今流水有愁声。空余露湿闲花在,犹似仙娥脸泪盈。

慧超(704—783)亦应算为诗人,他的《往五天竺国传》残本中的诗篇就很有名,其《月夜》歌道:"月夜南天路,浮云飒飒归。缄书参去便,风急不听回。我国天涯北,他邦地角西。日南无有雁,谁为向北飞?"天涯孤旅的惆怅之情跃然纸上。新罗僧人金地藏(原名金乔觉)也同样是位诗人,他写于九华山的《送童子下山》也是一首技巧娴熟的七律。

新罗最重要的诗人则是崔致远(857—?),他一直被半岛历代学者尊为其汉文学鼻祖,是这个时期乃至整个朝鲜半岛文学史上最有影响的诗人和作家。他12岁到唐朝留学,17岁中进士,后在唐朝历

---

① 《三国史记·卷十·新罗本纪第十》元圣王四年春条。
② UNESCO, *History of Humanity*, Vol. 4: *From the Seventh to the Sixteenth Century*, p. 457.
③ 《三国史记·卷十一·新罗本纪第十一》真圣王二年春条。

任宣州溧水县尉、侍读兼翰林学士守兵部侍郎知瑞书监；新罗末，回国后任富城郡太守，因不满现实，隐居伽耶山海印寺，不知所终。写于唐中和年间（881—884）的《桂苑笔耕》序言说，他的诗文有今体赋 5 首共一卷，五言、七言今体诗 100 首一卷，《中山覆篑集》一部五卷，《桂苑笔耕》一部二十卷。归国后，还著有《帝王年代历》，但现在只有《桂苑笔耕》及《东文选》中保存下来的 30 篇诗和《三国史记》中的《乡乐杂咏》。① 这些作品大体可分为四类：第一类是其在唐朝撰写的怀念故土的抒情诗，如《秋夜雨中》；第二类是对当时社会不满的诗，如《古意》；第三类是描写自然风景的作品，如《石峰》《浪潮》《石上流泉》；第四类是描写新罗民间舞蹈的诗篇，如《乡乐杂咏》等。

　　文学的发展扩大了出版的需求，新罗人开始摆脱抄写，很快掌握了古代中国传来的雕版印刷术。1966 年发现的名为《无垢净光大陀罗尼经》的陀罗尼经中译本纸卷，一些韩国专家与某些国际组织认为它是现存的世界上最古老的雕版印刷的实例，但此说不实。1953 年，成都附近唐墓出土了《陀罗尼经咒》，是刊行于 757 年前后的现存雕版印刷品，早于新罗的《无垢净光大陀罗尼经》中译本。②

二、文字与乡歌

　　统一新罗的建立促进了汉字在半岛的普及，而列国时代萌芽的吏读文经薛聪规范亦得以广泛应用。据《三国史记·卷四十六·列传第六·薛聪传》载，神文王时期，薛聪"以方言读九经，训导后生，至今学者宗之"。李承休之《帝王韵纪》亦称："弘儒薛公制吏书，俗言乡语通科隶。"薛聪创制的方言解读法，即对当时已经存在的初期吏读"口诀"进行整理、发展、定型，便利了新罗人对汉文献的理解。

---

① 《新唐书·卷六十·艺文志》云："崔致远四六一卷，又《桂苑笔耕》二十卷。"并注："高丽人宾贡及第，高骈淮南从事。"

② UNESCO，*History of Humanity*，Vol. 4：*From the Seventh to the Sixteenth Century*，p. 457.

因而,高丽时期的学者认为他是吏读的创始人。

"口诀"是以方言阅读汉文文献所加的助词,可称作"口诀助词"或"吏读助词",即朝鲜文—韩文的"입적"汉译。高丽王朝时期,在半岛的南方,发现有疑是薛聪"所制碑铭,文字缺落不可读"①。1934年,《壬申誓石记》于庆州市发现,其文称:"壬申年六月十六日,二人并誓记,天前誓。今自三年以后,忠道执持,过失无誓。若此事失,天大罪得誓。若国不安大乱世,可容行誓之。又别先辛未年七月二十二日大誓。诗尚书礼传伦得誓三年。"整个文字按半岛方言语序书写,如"过失无誓",实应为"誓无过失"。壬申年乃552、612、672、732年中的某年。《壬申誓石记》的文字该与当年薛聪所制碑铭近似。

最初吏札之口诀是原来诵读儒学经典的,类似句读点,即用来断句的,与后来的助词"吐"并非完全一致。薛聪的方言读经典的正俗解读法,为当时的新罗国学所采用,成为后来经典句读法。吏读式文字在1443年训民正音问世前一直是古代半岛书写的主要方式之一,在其民族文化发展史上的功绩,无论如何估计都不为过。

吏读文的广泛使用,使新罗对儒学经典和汉学的吸取进入一个新的阶段,繁荣了民族文学和乡歌即国语诗歌。

乡歌的作者包括僧人、花郎、士人、妇女、歌舞艺人和官吏,足见此体裁之盛行。乡歌又称"词脑歌"②,形式有四句体、八句体、十句体三种。四句体有《献花歌》《兜率歌》《散花歌》;八句体有《怨树歌》③《处容歌》④;十句体有《愿往生歌》⑤《慕竹旨郎歌》⑥《祭亡妹

① 《三国史记·卷四十六·列传第六·薛聪传》。
② 崔行归在高丽文人赫连挺所著《大华严首座圆通两重大师均如传》之序文中称:"十一首之乡歌,词清句丽,其为作也号称词脑,可欺贞观之词。"
③ 全文见《三国遗事·卷五·避隐第八》信忠挂冠。
④ 全文见《三国遗事·卷二·纪异二》处容郎、望海寺。
⑤ 全文见《三国遗事·卷五·感通七》广德、严庄。
⑥ 全文见《三国遗事·卷二·纪异二》孝昭王代竹旨郎。

歌》①《安民歌》《赞耆婆郎歌》②《千手观音歌》③《遇贼歌》④等。学界认为十句体是乡歌的完整形式,其整个歌谣分为三个段落,最后两句感情高扬凝练到极致,且前面有感叹词以助其势。八句体可视为十句体乡歌的不完全形式,感叹词后面的两句丢失。四句体近似民谣,可称为民谣乡歌。

888年,新罗王族角干魏弘⑤与和尚大矩把新罗乡歌汇编成歌集,名曰《三代目》。它是朝鲜半岛第一部国语诗歌选集。这部歌集已经失传,流传至今的只有《安民歌》《献花歌》等25首。⑥《安民歌》是僧人忠谈撰写的十句体诗,原文曰:"君隐父也,臣隐爱赐尸母史也;民焉狂尸恨阿孩古为赐尸知民是爱尸知古如,窟理叱大肹生以支所音物生。此肹喰恶支治良罗,此地肹舍遣只于冬是去于丁;为尸知国恶支持以,支知古如。"后句:"君如臣多支民隐如,为奴尸等焉国恶太平恨音叱如。"最后两句的意思是:"君有君严,臣有臣职,民尽民忠,国家定会昌盛天平。"它反映了景德王金宪英时期统治阶级内部的矛盾。

《献花歌》是一位过路老翁为"水路夫人"献上攀邻海千丈石嶂所折踯躅花时所献的四句体歌。诗歌从语言、语句到助歌都是按民族语言样式书写的,原文是:

> 紫布岩乎过希,
>
> 执音乎手母牛放教遣;
>
> 吾肹不喻惭肹伊赐等,
>
> 花肹折叱可献乎理音如。

---

① 此歌与《兜率歌》的全文见《三国遗事·卷五·感通七》明月师兜率歌。

② 此二歌全文见《三国遗事·卷二·纪异二》景德王、忠谈师、表训大德。

③ 全文见《三国遗事·卷四塔像四》芬皇寺千手大悲、盲儿得眼。

④ 全文见《三国遗事·卷五·避隐八》永才遇贼。

⑤ 魏弘在宪康王元年(875)以伊飡之等级官居上大等,后成为真圣女王的宠臣,官居角干,死后被女王追封王大王,谥号惠成。

⑥《三国遗事》保留了14首,1075年高丽时期的赫连挺所著《均如传》中有均如写的11首乡歌。

这首乡歌用现代朝鲜(韩)语译出,应为:

> 붉은 바위 가에서
>
> 손에 잡은 어미소 놓으시고
>
> 나를 부끄러워 아니 하시면
>
> 꽃을 꺾어 드리오리다.

以中文翻译,其诗句如下:

> 让我松开牵着的母牛,
>
> 不要以见到我而害羞;
>
> 我愿在这紫色的山岩旁,
>
> 折花奉上献于恁。

乡歌的思想内涵有着强烈的宗教色彩。由于它是以吏读文体"乡札"标记的诗词,乡歌不仅为后来民族诗歌的发展奠定了基础,而且为朝鲜(韩)民族古语保留了宝贵的资料,在其语言与文学史上均占有重要地位。

三、音乐与艺术

这个时期,新罗在继承半岛列国人民普遍喜爱音乐的传统的同时,努力吸收唐朝的音乐文化。早在 664 年,文武王金法敏就派星川、丘日等 28 人赴唐朝学习唐乐[①],他们带回十二种古代中国乐器。同时,新罗还通过唐大力吸收西域文化。830 年,真鉴国师留唐归来时首次带回印度梵呗,丰富了新罗歌谣。新罗人不断地从外来文化中吸收营养,推动新罗创造出许多新的歌谣、乐曲,使本民族的音乐艺术进一步发扬光大。

新罗的音乐随着乡歌的发展而前进。由于乡歌仅存 25 首,而

---

① 《三国史记·卷六·新罗本纪第六》文武王四年三月条。

且基本上都是宗教赞歌,难以反映当时歌谣的全貌。但是,新罗乐曲和乐器的状况却比较好地说明了新罗音乐的繁荣。贵族出身的王宝高是公元 8 世纪的著名乐器家兼作曲家,他自幼"入地理山云上院,学琴五十年,自制新调三十曲",即上院曲一、中院曲一、下院曲一、南海曲二、倚岩曲一、老人曲七、竹庵曲二、玄合曲一、春朝曲一、秋夕曲一、吾沙息曲一、鸳鸯曲一、远岵曲六、比目曲一、入实相曲一、幽谷清声曲一、降天声曲一。新罗时代的乐曲名,见于《三国史记》记载的有玄琴 187 曲,伽倻琴 185 曲,琵琶 212 曲,管乐 867 区(其中大笒 324 曲,中笒 245 曲,小笒 298 曲),总计达 1441 曲。

新罗的乐器种类繁多,有三弦、三笒等。三弦是指伽倻琴、玄琴和琵琶等弦乐器;三笒是指大笒、中笒和小笒等管乐器。玄琴所制音曲有二调,曰平调、羽调;伽倻琴"亦法中国乐部筝而为之",有二调,曰河临调、嫩竹调;琵琶,其音分三调,曰宫调、七贤调、凤凰调。三笒又称三竹,是"模仿唐笛"于 7 至 8 世纪后发展起来的乐器。三竹笛有七调,曰平调、黄钟调、二雅调、越调、般涉调、出调、俊调。① 神文王时期,新罗还创制了乡三竹,《三国史记》说:"古记云:神文王时,东海中忽有一小山,形如龟头,其上有一竿竹,昼分为二,夜合为一。王使斫之作笛,名万波息。"新罗乐器演奏形式多种多样,不仅有独奏、重奏,而且还有管弦乐合奏。新罗乐队的规模也很大。例如,在统一战争中建立奇功的金庚信的葬礼上,王宫竟派出了上百人组成的乐队。

此外,歌舞乐也进一步得到发展。689 年,神文王金政明到新村观看地方歌舞乐,演出的有笳舞、思内舞、韩歧舞、上辛烈舞、下辛烈舞、小京舞、美知舞等丰富多彩的节目。

新罗管理音乐的国家机构相当完善。隶属于礼部的音声署,是管理音乐的专责机关,内设最高责任者卿二人,其下有大师(主簿)

---

① 《三国史记·卷三十二·杂志第一·乐》。

二人，史四人。随着经济的发展，音乐在民间得到广泛普及，以至于在新罗后期的宪康王（875—886年在位）时代，在秋收季节，还呈现出"登月上楼四望，京都民房相属，歌吹连声"①的景象。

同时，美术在这个时期也有更好的发展。新罗美术在很大程度上是随佛教的兴盛而进入其发展的黄金时代。当时，新罗兴建了许多有名的寺刹，几乎每一座寺刹都是一个具有很高水平的艺术宝库，其中的佛寺、佛塔、佛龛、佛像和梵钟，体现了新罗的建筑、雕刻、绘画、铸造和镀金工艺等方面的高超水平。建于8世纪中叶的佛国寺与石窟庵，是统一新罗时期美术的代表作。佛国寺最初有建筑两千余间，其木结构建筑物在壬辰战争中被倭寇焚毁，仅余下基坛与石结构部分，如莲花桥、七宝桥、白云桥、青云桥等。佛国寺正门紫霞门的白云桥和青云桥，以及大雄宝殿前院两旁的释迦塔和多宝塔是其艺术的精华。这两座塔和华严寺的狮子座三层石塔合称统一新罗时代代表性的三大石塔。吐含山石窟庵可与中国龙门石窟和阿旃陀媲美，它那用花岗岩建造的矩形前、后石室组成的石窟，以及庵内外的每件作品，如后室的天井、中央莲花座上的释迦像、圆形石壁上浮雕的11面观音菩萨、罗汉像，以及前室金刚力士、人王像，羡道四天王像，都手法高超，人物栩栩如生。

梵钟是新罗美术一大绝艺。圣德王二十四年（725）铸五台山上院寺梵钟（江原道平昌郡），钟体上带与下带环绕的四乳廓配有唐草文为底的小的半圆圈纹的飞天，顶部有供悬挂的音筒、龙钮，古朴大方。梵钟有"开元十三年　乙丑　三月　八日　钟成记之"的铭文，比见于文献的皇龙寺钟早28年。据记载，"新罗第三十五景德大王以天宝十三年甲午铸皇龙寺钟，长一丈三寸，厚九寸，入重四十九万七千五百八十一斤"。此钟为孝贞伊王三毛夫人出资，匠人为新罗京城富人大户"金入宅"之一的"里上宅"下典。唐肃宗年间（756—

761),又重铸"新钟长六尺八寸"。同时,乙未年(755),还"铸芬皇寺药师铜像,重三十万六千七百斤"。当时,景德王计划以黄铜 12 万斤为其父王铸巨钟一口的遗愿未竟,惠恭王金乾运于 770 年末,"命有司鸠工徒,乃克成之,安于奉德寺"。因此钟为金乾运"为先考圣德大王奉福所创",故有"圣德大王神钟之铭"。① 奉德寺钟是新罗具有代表性的现存最大梵钟,重 12 万斤,钟高 333 厘米,口径 227 厘米,表面浮雕着飞天像和莲花纹,美丽壮观。其钟声悦耳,余音传送百里之外。有铭文 1048 字,曰:"大音震动天地间,听之不能闻其响,是故凭开假说,观三贵奥义,悬神钟悟一乘云元音。"铭文称对此钟有贡献者共 16 人,而名单最后的四人是实际铸造铜钟的技术人员,他们是主管大奈麻、铸钟大博士朴从溢,次博士奈麻朴宾奈,奈麻朴韩味和大舍朴负岳②。这些铜钟和铜像的铸造,不仅反映了当时新罗采矿、冶炼和铸造技术的高超水平,而且也展现着其工艺美术的高度发展。

新罗还出现了许多有名的书法家,其代表人物有金仁问、金生、姚克一、崔致远、崔仁滚等。圣德王时代的金生被誉为海东笔家之祖。据记载,金生因"父母微,不知其世系"。但是,"自幼能书,平生不攻他艺。年逾八十,犹操笔不休。隶书、行草皆入神"。以致到宋徽宗崇宁年间(1102—1106)宋朝官员见高丽使者携带金生行草真迹,误以为是"见王右军手书"。他留下的真迹有《栗寺石幢记》《白月栖云塔碑》《易林碑》等;金仁问的真迹有武烈王碑上之匾额与华严寺的华严经石经与碑文等。景文王的侍中兼侍书学士姚克一,"笔力遒劲,得欧阳率更法"③。由于他的影响,其后欧体流行于朝鲜半岛。统一新罗的绘画艺术也有相当的水平。682 年,新罗设立了

---

① 《三国遗事·卷三·塔像四》皇龙寺钟、芬皇寺药师、奉德寺钟。
② [韩]高裕燮:《新罗工艺美术》(《新羅의 工藝美術》),载《韩国美术文化史论丛》(《韓國美術文化史論叢》),通文館,1966 年。
③ 《三国史记·卷四十八·列传第八·金生传》。

掌管官方宫廷绘画的机关"彩典",当时相当活跃的画僧也受其节制。靖和、弘继是专攻佛像的画师,率居的绘画事迹被载入史册。9世纪初,新罗画家金忠义名闻海外,被列入唐末画家张彦远编著的《历代名画记》唐代画家 206 人名单的第 104 位,并因其为人聪明工巧、绘画精妙,深受唐德宗赏识,被任命为少府监。

四、思想与宗教

统一新罗时期,佛教更得到王室的特别支持。随着国土的迅速扩大,人口的增多,国家需要一种精神力量聚集上至王室、新旧贵族,下至黎民的整个新罗于以国王为中心的新罗统治集团,而佛教正好能够发挥此种社会职能。因此,国家乃至贵族不断把大量土地赐给僧侣,于是大量寺刹陆续兴建,国都附近有四天王寺、奉德寺、佛国寺,地方有浮石寺、通度寺、梵鱼寺、华严寺、海印寺、法住寺等。国家和寺院不断派出高僧赴唐,甚至印度求法,带回大批佛教经典,著名的有圆光、慈藏、义湘等,其中慧超经唐朝赴天竺朝拜圣迹,历时 15 载,于 728 年经波斯、焉耆返回中国,他应诏翻译佛经,并以汉文著有纪行文学作品《往五天竺国传》。于是,僧侣中学德兼备之高僧辈出。文武王九年(669)正月,新罗"以信惠法师为政官大书省",参与国政管理。国家的支持和奖励,使传入的佛教各宗派自由发展,成为上自王族下至庶民普遍信仰的宗教。新罗佛教进入了空前的繁荣期。

公元 7 世纪中叶前后,新罗佛教形成五大宗派,又称五教,即统一前夕成立的涅槃宗、戒律宗和统一后成立的华严宗、法性宗、法相宗。

涅槃宗为新罗法师圆光和尚所创。[①] 据载,圆光俗姓薛氏,或云朴,今庆州人,589 年春三月,入南朝陈求法,留 11 载,博通三藏,兼

---

① 有的学者主张由普德和尚在高句丽开创,见简江作:《韩国历史》,第 139 页。

学儒术。留陈、隋期间,他先后居金陵、虎丘山,学通吴越,"得《成实》《涅槃》,蕴括心腑"等佛经,讲《般若》,创《通成论》,遂"名望横流,播于岭表"。隋开皇九年(589),圆光游学长安,"值佛法初会,摄论肇兴",不久因对经典的"慧解,宣誉京皋"①。600 年,随新罗朝聘使回国。在王室的支持下,圆光开讲大乘经典,"盛宣正法,诱掖道俗"②,成为当时最有影响的高僧,著有《如来藏经疏》一卷、《如来藏经私记》三卷。③

戒律宗在朝鲜半岛的开山祖为慈藏(590—658),俗姓金氏,幼名善宗郎,出身真骨贵族。此宗派以律藏中的《四分律》为宗旨。慈藏初在山中修炼时,以"吾宁一日持戒死,不愿百年破戒生"之誓言,拒绝了令其出任王廷高官的王命。636 年,他率门生十余人入唐求法。先至五台山、清凉山,次及京师长安,后抵终南山云际寺,居三年。643 年,他经长安携大藏经回国。归国后,先后在芬皇寺、皇龙寺开讲《大乘论》和《菩萨戒本》。不久,慈藏奉命为大国统,制订佛法纲则仪轨,整肃教团;"令僧尼五部各增旧学,半月说戒,冬春总试。令知持犯,置员管维持之。又遣巡使,历检外寺,诫砺僧失,严饰经像为恒式"。于是,"国中之人,受戒奉佛,十室八九"④。随后,又创建通度寺,宣传新罗自古就与佛教有渊源的佛国土思想,增加吸引力。著有《阿弥陀经疏》一卷、《四分律羯磨私记》一卷、《十诵律木叉记》一卷、《观行法》一卷。

华严宗,开山祖为义湘(625—702)。此派以《华严经》为宗旨。义湘俗姓金氏,唐高宗永徽(650—655)初入唐求法,经扬州抵终南山,投师于至相寺华严二祖智俨三藏学宗义。义湘能剖析幽微,钩深索隐,"知微知章,有伦有要"⑤;"又著《法界图书印》并略疏,括尽

一乘枢要"。① 670 年回国,在东海观音洛山石窟设坛讲道。670 年,义湘奉旨建造浮石寺,讲授华严经,遂为海东华严初祖。

法相宗以宣扬《瑜伽论》和唯识论为宗旨,其新罗的开山鼻祖是园测②。园测(613—696)讳文雅,金姓,新罗王族。唐贞观二年(628)入唐,师事京师长安法常、僧辩学唯识学,并被唐太宗敕度为僧;显庆年间,园测于西明寺辅佐玄奘弘法,后隐居终南山研习玄奘翻译介绍的唯识学经典"一本十支",而自成体系,成为有别于以窥基为首的古代中国慈恩系的新罗西明系泰斗,颇得武后的宠幸。新罗神文王多次上表唐朝廷,要求园测回国,均因所谓朝廷"垂情"而未成行。696 年,园测客死于洛阳龙门香山寺。但是,《三国遗事》在记述孝昭王(692—702 年在位)处理富山城事件时,有所谓"时,园测法师是海东高德,以牟梁里人,故不授僧职"的记载③,可知园测可能曾一度回国,后又返回唐朝。可以肯定的是孝昭王元年,其弟子道证回国在新罗传播园测的唯识学。道证著有《成唯识论要集》十四卷、《般若理趣分疏》一卷、《大般若经笈目》二卷、《辩中边论疏》三卷、《因明正理门论疏》二卷、《因明入正理论疏》二卷、《圣教略述章》一卷,均佚失。道证的弟子太贤(742—765),自号青丘沙门,著有《起信论内义略探记》一卷、《成唯识论学记》八卷、《菩萨戒本宗要》一卷、《梵网经古迹记》二卷,外有佚失者 30 种,内容主要属于瑜伽学方面,被尊为"海东瑜伽之祖"④。

法性宗,开山祖为元晓(617—636)。此派以弘扬《中论》《百论》《十二门论》为宗旨。元晓"俗姓薛氏,祖乃皮公,……小名誓幢"⑤,湘州(今韩国庆尚北道庆山郡慈仁面)人,661 年入唐求法,至辽东,

①《三国遗事·卷四·义解五》义湘传教。
② 有的学者主张法相宗的开山祖是真表法师,见[韩]李弘植编:《增补新国史事典》,教学社,1993 年,"法相宗"条;简江作:《韩国历史》,第 139 页。
③《三国遗事·卷二·纪异二》孝昭王代竹旨郎。
④《朝鲜全史》卷五《后期新罗史》第七章文化第二节认为太贤是该宗之"始祖"。
⑤《三国遗事·卷四·义解五》元晓不羁。

中途偶得"心生故种种法生,心灭则故龛坟不二,又三界唯心,万法唯识,心外无法,胡用别求!"之悟,遂返回新罗①,入芬皇寺精研《华严》诸经,倡导"通佛教"。他批判当时国内外占统治地位的三论宗和唯识宗的学说,以"和净"的逻辑方法阐述其"一心净国"的主张,著有《法华经宗要》《起信论疏》《十门和净论》等佛教论著。据"乡传"所记,时因遇"瑶石宫"寡居公主,破戒生子,"后易俗服,自号小姓居士",并以"华严经一切无碍人,一道出生死"之说,作"无碍"歌,无所羁绊地以歌舞的方式于村里传播其佛教学说,"使桑枢瓮牖玃猴之辈,皆识佛陀之号,咸作南无之称"②。正是他这种不拘一格的传教方法,使他能够在新罗独树一帜地创建了法性宗(又称"芬皇宗"、海东宗)。

元晓是个通才,不仅首创法性宗,精于华严宗和净土宗,而且通晓成实宗、涅槃宗、摄论宗、三论宗、唯识宗、律宗等佛学,号称海东佛教"八宗之祖"。其佛学著作多达99部240余卷,现仅存20部23卷,包括《十门和净论》《大乘起信论疏记》《金刚三昧经论》《法华经宗要》《华严经疏》《大涅槃经宗要》《无量寿经宗要》等。元晓可称为当时最有代表性和最有影响的佛教思想家。

元晓的哲学思想是维护新兴的封建主统治的工具。他美化新罗社会是佛教的"净国",即极乐世界,要求人们对新罗国家不能有丝毫的不满,谁要想改变这种制度和秩序,谁就是罪人,永远不能摆脱苦难,要人们无条件地服从。如果说元晓的哲学虽克服了以往各地佛教哲学将世界本体与现象脱节的不足,但却没能指出本体与现象的关系以及现象之间的差异;义湘则前进了一步,填补了这方面的缺陷。义湘认为本体与现象是统一的整体,其在《一乘法界图》中说:"一中一切多中一,一切尘中亦如是。无量远劫即一念,一念即

---

① 《宋高僧传·卷四·义湘传》。
② 《三国遗事·卷四·义解五》元晓不羁。

是无量劫。"在这里,义湘指出了本体中有现象,现象中有本体,二者不可分离,而存在差别的种种现象其最终结果将是本体。不过,由于义湘对于事物的关系只承认其相对性,不承认其绝对性,最终坠入诡辩的泥沼。

进入 9 世纪后,新罗国内社会阶级矛盾空前激化,农民的反抗日益转变为武装暴动,统治集团内部的权力争夺发展为相互残杀。这时,人们普遍存在寻求解脱苦难途径的期望。佛教各派的兴起,正是社会矛盾在思想领域的反映。也就是在这种社会气氛下,从中国传入的禅宗①开始兴盛起来,形成与教宗并立的局面,并逐渐压倒五大宗派而成为禅宗九派。

禅宗,又名佛心宗,亦称宗门,为汉传佛教流派之一,与教宗不同,它主张禅定,以坐修实践悟道,"不立文字,直指人心,见性成佛"。禅,梵语称禅那,意为坐禅或静虑。此派把入道的途径分为安心和发行。安心的方法是修壁观,要求人心安静如墙壁那样坚定不移;发行,就是发起行动,即所谓"四行":报冤行(逢苦不忧)、随缘行(得乐不喜)、无所求行(有求皆苦,无求即乐)、称法行(无心而行)。

禅宗九派,史称禅门九山,即以道义为开祖的迦智山门、以洪陟(洪直)为开祖的实相山门、以惠哲为开祖的桐里山门、以梵日(品日)为开祖的阇崛山门、以玄昱为开祖的凤林山门、以道允为开祖的狮子山门、以道宪为开祖的羲阳山门、以无染为开祖的圣住山门、以利严为开祖的须弥山门。这些开山祖大部分都是入唐求法的僧人。新罗的佛教宗派虽然在思想上和组织上受古代中国的影响较深,但也继承了自己的传统,而且对中国佛教思想的发展也起过一定的推动作用。

列国时代传入的中国道教,在这个时期得到进一步传播。文献

---

① 最早传入禅宗的是善德王时的法郎,当时影响甚微;后经惠恭王时代的神行和宪德王时的道义分别传入北禅宗和南禅宗后,禅宗兴盛起来。

记载道教进入半岛是在 624 年。《三国遗事》称:"高丽本纪云:丽季武德贞观间,国人争奉五斗米教。唐高祖闻之,遣道士送天尊像来讲道德经。王与国人听之,即第二十七代荣留王即位七年,武德七年甲申也……及宝藏王即位,亦欲并兴三教。时宠相盖苏文,说王以儒释并炽,而黄冠未盛,特使于唐求道教……(唐)太宗遣叙达等道士八人。王喜以佛寺为道馆,尊道士坐儒士之上,道士等行镇国内有名山川,古平壤城势新月城也。道士等咒敕南河龙,加筑为满月城,因名龙堰城,作谶曰龙堰堵,且云千年宝藏堵。或凿破灵石。"①

道教在新罗传播的路径虽然不见于记载,但道教的道仙思想却在新罗社会广为流传,文献称为新罗统一立下战功的金庾信(595—673)年 18 岁"修剑得术为国仙"。战时受高句丽、靺鞨重围,新罗军甚危时,金庾信对新罗王金春秋"奏曰:'事急矣,人力不可及,唯神术可救。'乃于星浮山设坛修神术。忽有光耀如大瓮,从坛上而出,乃星飞而北去"②。不管此记述是否属实,但金庾信是一个虔诚的道教信徒勿疑。

统一新罗时期,孝成王二年春,唐左赞善大夫邢璹奉旨赴新罗吊祭善德女王时,"以老子道德经等文书献于王"承庆,反映了道教经典《道德经》在两国交往中的地位。据李圭景之《五洲衍文长笺散稿·卷四十三·元晓义湘辩证说》所引韩无畏所撰《海东传道录》,唐开成、会昌、大中年间,新罗庆州文人崔承祐与和尚慈惠(即后来的义湘)同金可纪三人赴唐深造。崔承祐在唐朝期间学习内丹学,于回国时带回《周易参同契》《黄庭经》《龙虎经》等道家经典。另据南唐人撰《续仙传》,金可纪在长安,先为"宾贡进士",而后不求仕进,却潜心学道,"遁居于终南山子午谷,怀隐逸之趣。手植奇花异

---

① 《三国遗事·卷三·法兴三》宝藏奉老、普德移庵。
② 《三国遗事·卷一·纪异二》太宗初秋公。

果极多,尝焚香静坐,若有思念。又诵《道德》及诸仙经不辍。后三年,思归本国,航海而去。复来,衣道服,却入终南",最后,于大中十二年(858)羽化于终南山谷内,成仙"升天而去"①。

新罗著名文豪崔致远更是道教思想的践行者,其代表作《桂苑笔耕集》收录不少其表达道教潜心静气、自然无为气息的作品;其撰写之《参同契十六条口诀》《伽倻步引法》是新罗道教文化的遗产。

罗末名僧烟起道诜(827—898)的道学活动对后来半岛社会文化产生了重大影响。道诜俗姓金,15 岁出家,于月游山华严寺攻读大经,通大义。后赴桐里山,师从空体惠徹(785—861)学习"无说说"与"无法法",顿觉大悟。23 岁时,于穿道寺接受具足戒后,进入雪峰山掘洞钻研佛经,进行修道生活;最后,入白鸡山玉龙寺,度过其余生。他生前曾受宪康王诏赴宫中伴王,对当时王室的精神生活产生重要影响。他根据唐朝的堪舆风水学提出"阴阳地理说"和"风水相地说"。其圆寂后,被孝恭王追封为了空禅师。高丽时期流行的《谶纬书》言其著有《道诜秘记》,原本失传。

---

① (南唐)沈汾:《续仙传·卷上·金可纪传》。

第五章　高丽前期

　　王氏高丽自太祖于 918 年立国,到恭让王于 1392 年退位,其间,共经历 34 代,历时 475 年(918—1392),从古代中国的五代后梁、后唐、后晋、后汉、后周,跨越宋元两朝,直至明初,在朝鲜半岛历史发展中占有重要地位。韩国史学界一般将高丽史分作四期,即太祖(918—943)至靖宗(1034—1046)为第一期,文宗(1046—1083)至毅宗(1146—1170)为第二期,明宗(1170—1197)至元宗(1259—1274)为第三期,忠烈王(1274—1308)至恭让王(1389—1392)为第四期。本书则以仁宗(1122—1146)初李资谦叛乱为标志,将其历史大体分为前后两期。

　　10 世纪上半叶,东亚地区秩序发生了重大变化。907 年,强大的政治文化中心唐朝瓦解,中国历史进入五代十国时期(907—979)。这种局面一直持续到北宋建立(960)后灭掉北汉(979)。

　　当时,在中国北方长城之外,非农耕民族相继完成了从氏族或部族社会向建立国家的文明社会的过渡。以大兴安岭为中心的游牧民族大体分为三类,在以东的广大地区主要分布着源于靺鞨的女真人,以西主要是称作"斡孛黑"的蒙古人部落,而介于其间的是契丹人。9 世纪曾臣属唐朝的契丹政权已成为中国北方的强大势力,于 907 年建立了控制中国北方和鸭绿江、图们江两岸广大国土的契丹国,926 年灭亡了隶属中原王朝的渤海国,并于 947 年将国号改为辽,同在朝鲜半岛兴起的高丽王朝形成对峙局面,直至 1125 年被后起的女真人建立的金朝所取代。因此,对外关系上,高丽前期除面对势力并不强大的日本倭人外，在最初的三百年间，主要是面对古代中国的辽朝、宋朝和金朝。这种局面为高丽的发展提供了良好的外部环境。

第一节　高丽巩固王权与前期
政治、社会的发展

一、太祖的建国施策

《高丽史·高丽世系》称："高丽之先，史阙未详。太祖实录，即位二年追王三代祖考。"据闵渍的《编年纲目》，创建高丽王朝的国王太祖王建的先祖可上溯六代，历时百年。高丽建国神话，多不可考。故《高丽史》编修凡例说："高丽世系出于杂记，率皆荒诞，今以黄亮所撰实录追赠三代为正，附以杂记所传，别作世系。"王建的生平不详，现存有多种说法。金宽毅《编年通录》云，王建之先名虎景、自称圣骨将军。虎景生康忠，康忠有子宝育，天资慈惠，入知异山修道。宝育之女配唐贵姓，生作帝建，作帝建晚年居俗离山长岬寺，常读佛典卒。作帝建之子曰隆建，即世祖而太祖之父也。时桐里山有道诜，与世祖相见如旧识，同登鹄岭究山水之脉，上观天文，下察地理，筑松岳之新第，预言将一统三韩，诞生云云。此说实系后人的假作①。高丽著名文人李齐贤（1287—1367）认为高丽太祖王建并非是其实名。《编年通录》所谓其祖父名"作帝建"，其父名"隆建"，他本

---

① 《编年通录》是高丽毅宗王时金宽毅著作，学界认为此书关于王建出身的说法不可信。据《松京志》卷七云，《丽史》论曰，"金永夫、金宽毅皆毅宗（1146—1170年在位）朝臣也。宽毅作《编年通录》，永夫采而进之。其札子亦曰宽毅访集诸家私畜文书，其后闵渍作《编年纲目》，亦因宽毅之说。唯独李齐贤援据《宗族记盛源录》，斥其传讹之谬。齐贤一代名儒，岂无所见而轻有议于时君世系乎？……《太祖实录》乃政堂文学修国史黄周亮所撰也。周亮仕太祖孙显宗朝。太祖时事，耳目所及，其于追赠，据实书之。以贞和为国相之配，以为三代而略无一语及于世传之说，宽毅乃世宗时微官，且去太祖二百六十余年，可舍当时实录，而信后代杂出之书邪"？

人叫"王建",三代共用"建"名,是非专业的好事者所为。新罗王称"麻立干",臣属称"阿飡",而"干""飡""粲"之音近似,民间相互间尊称对方也使用"干"字,他随其父供职于弓裔,始初即有王氏之姓,不可信。①

王氏源于开城西面礼成江下游的礼成港荐枕、辰义。这里在八、九世纪时是一个水陆交通的枢纽,也是一个商贾云集的都会,朝鲜半岛前往中国大陆的贸易就是以此为起点的。王氏原本是依靠贸易起家的巨商,其后才逐渐以浿江镇、穴口镇等军镇的武装发展壮大为豪强。王氏高丽开国之君王建(877 年 1 月 31 日—943 年 7 月 4 日)字若天,其父亲王隆(追封高丽世祖)控制了开城并将其作为据点发展自己的势力。896 年,王隆携子王建归附了弓裔。之后,王建在弓裔部下累任松岳城主、铁原太守。913 年,以"屡著边功,累阶为波珍粲兼侍中",统率西南海域水军。弓裔称王之国号虽曰后高句丽、摩震、泰封(901—918),但弓裔实乃新罗王子,与高句丽没有任何关系。918 年夏,王建心腹骑将洪儒、裴玄庆、申崇谦和朴智谦等发动政变,拥立王建取弓裔而代之。

高丽建国之初不过是分裂的后三国中的一员,以甄萱为首的后百济(892—936)割据半岛西南,并以完山州(全州)为根据地,继续不断蚕食新罗仅存的庆尚道一带的领土,威胁高丽新政权的存在与发展。与此同时,在其管辖区域的北方也面临着即将崛起的契丹人的压力。面对如此复杂的局面,王建确定了"先操鸡后搏鸭",经营平壤"以固藩屏"的建国方略。为逐步推进统一事业,王建推行与新罗结好,对百济实行攻防的策略。920 年,王建首先向新罗景明王发出联合信息,向新罗聘使;同年,甄萱攻陷新罗西部的大耶城,进军高丽南端的进礼城,新罗向王建求救。于是,为争夺北起古昌(安东)南至洛东江以西康州(晋州)一线新罗的土地,开始了长达 16 年

---

① (朝鲜)李齐贤:《栎翁稗说·前集一·王代宗族记》。

的统一战争。战争初期，双方互有胜负，形成了拉距之势，双方都积极地向外界寻求帮助。922年和929年，后百济曾两次遣使邀日本参战，均被日本拒绝。930年，后百济在古昌战役中遭到重创。935年，名存实亡的新罗王室投降高丽。同年，后百济发生内乱；次年九月，王建亲率三十万大军，逼近后百济都城全州，迫使神剑投降，后百济灭亡。

随着战事的终结，后三国实现了统一，但是建立高丽王朝的政治任务并没有完成，地方上的城主及其城寨依然保持着独立和半独立的状态，与统一前并无太大的区别，也就是说地方割据的局面并没有真正终结。为此，如何将各地方势力纳入高丽王朝的统治体系，确立国王的权威就成为王建的重要议题。王建于登上王位的当年八月"重币卑辞"，向各地豪族派出使者，"以示惠和之意"①。此法卓有成效，随后归附者不绝于书：同月，朔方鹘岩城帅尹瑄来归，九月，尚州军事首领阿字盖来降；其三年正月，康州将军闰雄以其子一康为质表示归附；天授五年六月，下枝县将军元奉来投，七月溟州将军顺式遣子降附，十一月真宝城主洪术遣使请降；六年三月，命旨城将军城达等来附，八月碧珍郡将军良文来降；八年九月，渤海将军申德、买曹城将军能玄、高郁府将军能文等相继来投；十三年正月，载岩城将军善弼来投，永安、河曲、直明、松生等三十余县城主相次来投。至此，新罗以东沿海州郡，"自溟州至兴礼府，总百十余城"②的部落归降高丽。

建国初，太祖在安民选贤的同时，对于追随其后的将领、功臣、贤能人士和主动归附的地方豪族，采取了有效的政策予以使用、安抚和笼络。首先，以"妙简贤才，以谐庶务"原则，把"设官分职任能之道"置于首位，分别任命有才能的金行涛、黔刚、林明弼、林闿茛等

---

①《高丽史·卷一·世家第一·太祖一》太祖元年八月条。
②《高丽史·卷一·世家第一·太祖一》太祖十三年二月乙未条。

二十七名新旧官员为广评侍中、内奉令、徇军部令、兵部令、仓部令、义刑台令等职,并仿效唐制于次年春置三省六尚书官九寺。以重金奖励有重大贡献的功臣,把拥立他为王的洪儒、裴玄庆、申崇谦和朴智谦列为第一等,给金银器、锦绣绮被褥、绫罗布帛;坚权、能寔等七人为第二等,也给以不等量的上述奖品;其余二千人为第三等,各给不等的绫帛谷米。同时,分别对归附者封官加爵,加以笼络。太祖六年三月,太祖任命半年多前归顺的下枝县将军元奉为元尹;十三年正月,以古昌郡城主金宣平为大匡。其中,王建尤为重视对原新罗、后百济王族的安抚。太祖十八年夏,王建以高规格迎甄萱于开京,"赐杨州为食邑"。是年冬,新罗王金傅举国来降,王建拜之"为政丞,位太子上,岁给禄千硕,创神鸾宫赐之"①,并"除新罗国为庆州,使傅为本州事审,知副户长以下官职等事。于是,诸功臣亦效之,各为本州事审"。由此,高丽始生事审官制度。② 同时,按地方豪族对新王朝的功勋及其所控制领地的大小,将全国大小豪族的地区相应设置成府、州、县,任命他们以相应的官职,继续由其执掌行政权,并延续已有的特权。

通过联姻使王室和豪族之间建立血缘关系是巩固和扩大王权统治基础的有力手段。建国初,王建和全国二十多个豪族有姻亲关系,如定宗、光宗的母后神明成王太后刘氏乃忠州人赠太师内令史刘兢达之女,寿命太子母献穆大夫人平氏乃庆州人佐尹平俊之女,元庄太子母、贞德王后柳氏乃贞州人侍中德英之女,孝隐太子母、东阳院夫人痰氏乃平州人太师三重大匡黔弼之女。这类联姻还以赐婚的方式延伸至其数十名后嗣子女,从而与中央和地方贵族形成盘根错节的姻亲关系。

古云,古者受姓受氏以旌其功,王者赐姓命氏,因彰德功。高丽

---

① 《高丽史·卷二·世家第一·太祖二》太祖十八年冬条。
② 《高丽史·卷七十五·志二十九·选举三》诠注。

始初,赐王姓以与各归附势力建立"拟血缘家族"关系,是太祖采用的巩固王权的重要方式。高丽太祖多对弃伪来朝、前来归附的降将赐以王姓,使其编入王家属籍,以示同族。赐王姓不仅是姓氏的改变,而且也意味着被赐者成了名副其实的王亲国戚,其荣耀及与子孙后代。太祖即位初,当年仕于弓裔、见其乱政而出家隐于山中的的朴儒来投,王建先赐官令掌机要,后有功又赐王姓,更名王儒。923年,长期与王建对立的溟州将军顺式与其子弟来附,为与其建立牢固的紧密关系,遂赐姓王,并拜顺式为大匡。太祖十七年秋,渤海国世子大光显率众万来投,赐姓名王继,附之宗籍。

上述政策加强了高丽王族与豪族的关系,逐渐把各割据势力纳入了国家统一的行政系统,对巩固新生政权发挥了重要作用,也加强了其域内居民同一民族的认同。朝鲜后期实学家李重焕说:"我国处中国之外,即不参与禹贡锡姓之时,即一东国民也。但箕子之后为鲜于氏,高句丽之后为高氏,新罗诸王朴昔金三姓及驾洛国君金氏,俱以王者自命其姓,此为贵族。自新罗末,通中国,而始制姓氏。然只仕宦士族,略有之。民庶则皆无有也。至高丽,混一三韩,而始做中国氏族颁姓于八路,而人皆有姓。"[①]全国八道氏族颁姓的封建宗族制度最终促使朝鲜半岛统一民族的形成。

同时,在王权尚不够强大的条件下,为预防八路豪族滥用从王室获得的权势,王建在倡导崇佛的同时,试图引进儒家的礼制规范其子孙与百官的行为。《高丽史·太祖世家》记载,936年秋,王建"欲使为人臣子者明于礼节",遂把"自制《政诫》一卷、《诫百僚书》八篇颁诸中外";943年四月,即王建称王二十五年后自觉"身已老矣,第恐后嗣纵情肆欲、败乱纲纪",爰"召大匡朴述希,亲授《训要》十条",作为其后代行为"龟鉴";其内容是:一、国家大业必资诸佛力护卫;二、严戒随意"增创"寺院;三、"传国以嫡",如"元子不肖",可传

---

① 《择里志·总论篇》。

次子,次子不肖,可由其兄弟贤者继承大统;四、"旧慕唐风、文物礼乐,悉遵其制",无效契丹等未开化国家的风俗和衣冠制度;五、视"西京"平壤高丽"地脉之根本,大业万代之地,宜当四仲巡驻";六、坚持传统之燃灯事佛和八关事天及五岳名山大川、龙神,禁止增减;七、为君者"要在从谏远谗","使民以时,轻徭薄赋,知稼穑之艰难",赏罚严明;八、不要启用车岘(车岭)以南、公州江(锦江)以外之人参与朝政,不要与其联姻;九、百辟群僚俸禄视国大小以为定制,不可增减;十、"有国有家,儆戒无虞。博观经史,鉴古戒今。周公大圣,《无逸》一篇,进戒成王,宜当图揭,出入观省"①。

太祖的《政戒》与《训要》核心理念是以佛教护国安邦,以儒学移风易俗、美教化,倡道学与民生息,实乃儒道释并重。故李齐贤评赞:"昔太祖经纶草昧,日不暇给。首兴学校,做成人才。一幸西都,遂命秀才廷鄂为博士,教授六部生徒,赐彩帛以劝,颁廪禄以养,可见用心之切矣。"②而国家初创,"人君得臣民心为甚难"。由于高丽王朝的建立是在激烈的军事和政治搏斗中完成的,借助农民起义壮大实力的地方豪族代表人物王建,深知取民有度的道理,所以他在建国之初即指出国家"徭繁赋重"③,即位伊始即将弓裔所实行的每结地征收租税六石的额度减至二石,且连续免税三年。这一政策对提高其军队的战斗力,引导离散农民回乡生产,开垦荒芜土地,稳定社会秩序发挥了积极作用。

二、早期诸王巩固王权的施策

太祖二十六年,太宗王建长子承乾继位,是为惠宗(943—945年在位)。承乾虽早在921年即立为正胤,即太子,并随王建在对后百济的战争中立下战功,但"以其母吴氏侧微",缺乏实力,在继承王位

---

①《高丽史·卷二·世家第二·太祖二》太祖二十六年四月条。
②《高丽史·卷一百一十·列传第二十三·李齐贤》。
③《高丽史·卷一·世家第一·太祖一》太祖元年夏六月条。

上受到豪族出身的异母弟尧(后为定宗)、昭(后为光宗)的挑战,在大匡朴述熙的支持下,最后登上王位。[1]

惠宗秉承太祖遗训,勤于政务,并努力保持与后晋的事大关系,但慑于大匡[2]王规权势,竟一事无成,在位不足两年,即抱病而亡。王规乃广州豪族,颇得太祖信任,获得当时最高官位大匡。由于他的两个女儿被王建纳为第十五妃和十六妃,且后者生下一子"广州院君",王规的势力与影响如日中天。惠宗立之未稳,王规阴谋夺权。惠宗二年,王规"谮王弟尧、昭",以离间国王兄弟间的关系。谗言败露后,又多次谋弑惠宗以立其外孙广州院君为王。承乾明知王规所图,也不敢治罪,最后,恐惧、焦虑成疾而亡。是年九月,其弟尧继位,是为定宗(945—949年在位)。此前,尧早已知王规不规,见惠宗病重,"密与西京大匡[王]式廉谋应变"。俟定宗即位,王规公然计划"作乱"。于是,西京留守王式廉奉命入卫,镇压了王规的叛乱,其党徒三百余人被诛。[3] 同时,朴述熙被流放江华岛甲串,然后被杀害。

定宗也是个生性好佛和迷信风水地理说的国王,在铲除王规乱党后,为摆脱开京权贵的势力,"以图谶决议移都西京",不惜大规模征发丁夫,为营造宫阙"劳役不息",并迁移京城民户于平壤,以致"群情不服,怨讟胥兴",西京王城未及完工,定宗就重病亡故,"役夫闻而喜跃"[4]。其母弟昭继承王位,是为光宗(949—975年在位)。

建国初,高丽外有契丹势力、内有豪族的威胁与压力,历代国王均与中原王朝五代政权保持友好的通贡关系,即所谓"王氏三世,终五代常来朝贡,其立也必请命中国,中国常优答之"[5]。923年六月,高丽遣福府卿尹质出使后梁(907—923),于933年接受了后唐

---

① 《高丽史·卷九十二·列传第五·为述熙传》。
② 高丽建国之初,官阶分大匡、正匡、大丞、大相、佐丞等,大匡是高丽最高官职。
③ 《高丽史·卷一百二十七·列传第四十·叛逆一·王规传》。
④ 《高丽史·卷二·世家第二·定宗》定宗四年三月条。
⑤ 《新五代史·卷七十四·四夷附录第三》。

(923—936)的册封,"行后唐年号"①,并计划联合后晋(936—947)进攻辽国。936年,后唐河东节度使石敬瑭在太原举兵反唐,后唐派重兵讨伐。石敬瑭认契丹主耶律德光为父,以割让燕云十六州为条件,换来契丹人的支持。石敬瑭遂灭后唐,建立后晋。翌年,王建派王规、邢顺来华朝贺石敬瑭登基,并行后晋"天福"年号。这期间,王建曾通过胡僧袜啰向后晋朝廷建议联手夹击辽国。鉴于后晋与契丹的暧昧关系,石敬瑭没有答应高丽的请求。944年,契丹大举进攻后晋,少帝石重贵遂于高丽惠宗二年(945)遣通事舍人郭仁遇出使高丽商讨夹击契丹事宜。即位不久的惠宗无力兑现太祖的计划,郭仁遇无功而返。② 947年春,契丹进军开封,后晋亡;耶律德光遂称帝,改国号辽③。二月,太原留守、河东节度使刘知远亦在太原称帝,是为后汉高祖。950年十一月,后汉开国功臣郭威起兵攻入开封,后汉亡。次年正月,郭威称帝,成立后周。949年即位的高丽国王光宗,建元光德,二年十二月"始行后周年号",改光德二年为广顺元年。952年,王昭遣广评侍郎徐逢入后周献方物;后周遣卫尉卿王演、将作少监吕继赟使开京,册封光宗为"特进检校太保、使持节玄菟州都督、充大义军使兼御史大夫、高丽国王"。后周柴荣即位后,光宗又相继遣大相王融献方物,广评侍郎苟质朝贺;柴荣亦于次年遣将作监薛文遇赴高丽京城加封光宗"开府仪同三司、检校太师","仍令(高丽)百官衣冠从华制"④。

光宗(949—975年在位)是为高丽王朝奠基多有贡献的国王,经他的治理,高丽王朝的国家机器得到充实,王权得以加强。后经景宗(975—981年在位)、成宗(981—997年在位)完善,最后确立了较严整的中央集权制的统治体系。

---

① 《高丽史·卷二·世家第二·太祖二》太祖十六年春三月条。
② 《资治通鉴·卷二百八十五·齐王下》开运二年冬十月条。
③ 《辽史·卷四·太宗纪》大同元年条。
④ 《高丽史·卷二·世宗第二》光宗二年、四年、七年。

　　建国初,高丽参用"新罗、泰封之制"的原则,进行调整,"立三省、六尚书、九寺、六卫,略仿唐制"①。光宗在建立王权方面的贡献不在官制、机构本身,而在于为进行大的政治改革奠定物质和秩序的基础。

　　第一,实施奴婢按检,削弱豪族的根基。956 年,王命"按检奴婢,辨其是非",凡出身良人者,一律放还为良。于是,一大批在后三国统一战争时期被豪族奴役为奴婢的难民和战俘恢复了良人身份,成为向国家纳税的平民,减少了豪族私兵数量,强化了王权。但是,由于伤害了新旧贵族的利益,以及放良后出现所谓"奴背主者甚众"的情况,引起包括光宗后妃大穆王后皇甫氏在内的豪族势力的反对。但是,光宗坚持实行,不纳王妃之谏。②

　　第二,重用"投化汉人"③,推行科举取士。958 年,光宗采纳后周出身的元甫翰林学士双冀的"建议",并命他为知功贡举,模仿古代中国任官的国家考试制度,实行科举,以"诗赋颂策"取进士甲科、明经和卜业。④ 从此,高丽开始以学问成绩为基准选任官吏,这不仅打破了建国以来官吏选任由开国功臣武官独占的局面,意味着国家开始由武治向文治转变,而且也改变了太祖所定之选官制中的地域歧视政策,从而为建立新的官僚系统奠定了基础。但是,后世高丽儒臣李齐贤却对"光宗之用双冀"和双冀的贡献持有异议,称:"若其设科取士,有以见光宗之雅,有用文化俗之意,而冀亦将顺以成其美,不可谓无补也。惟其倡以浮华之文,后世不胜其弊云。"⑤朝鲜后期的文人尹愭(1741—1826)则完全否定了双冀的贡献,称:"双冀设

---

① 《高丽史·卷七十六·志第三十·百官一》。
② 《高丽史·卷八十八·列传第一·后妃一·大穆王后皇甫氏传》。
③ 《高丽史·卷九十三·列传第五·徐弼》称:"时,光宗厚待投化汉人,择取臣僚第宅及女与之。"
④ 《高丽史·卷九十三·列传第六·双冀》。
⑤ 《高丽史·卷二·世家第二·光宗》李齐贤赞曰。

科创我东,赋诗颂策试才公。莫道文风从此盛,后来流弊转无穷。"① 把后来科举不进行调整、改革而衍生的一切弊端全加诸双冀。

据《高丽史》双冀传载:"双冀,后周人,仕周为武胜军节度巡官、将仕郎、试大理评事。光宗七年,从封册使薛文遇来,以病留。及愈,引对称旨。光宗爱其才,表请为僚属。遂擢用,骤迁元甫、翰林学士。未逾岁,授以文柄,时议以为过重。九年,始建议设科,遂知贡举,以诗、赋、颂、策取进士甲科崔暹等二人、明经三人、卜业二人。自后屡典贡举,奖励后学,文风始兴。十年,父侍御哲,时为青州守,闻冀有宠,随回使王竸来,拜佐丞。此后史逸。"双冀出身仕宦家族,曾任后周小吏,受到优渥"投化汉人"的光宗的重用,他全身心地在高丽推行的科举,自然是行于后周的唐制。初,设进士、明经、杂科等,杂科又包括医业、卜业、明书业、明算业、僧科等。进士科又称制述科,主考诗赋与词章能力。双冀曾三次"知贡举",选拔了崔暹、晋竸、徐熙、崔光范、未举等一批新兴国家重臣,从而极大地牵制了功臣豪族,强化了王权。光宗重用"投化汉人"的传统也为穆宗(997—1009 年在位)所继承。1005 年,浙江温州人周伫曾被穆宗任命为翰林大学士、礼部尚书;而推荐其出仕的蔡忠顺(?—1036)亦可能是来自中国大陆的移民。

第三,加强与中国大陆的经济文化交流。据《高丽史》载,光宗十年(959)春,王昭遣使入周"献名马、织成衣袄、弓剑。"十年秋,更遣使"进《别序孝经》一卷、《越王孝经新义》八卷、《皇灵孝经》一卷、《孝经雌雄图》三卷"②《新五代史》不仅有相同记载,且称,更献"《别叙孝经》一卷、《越王新义》八卷、《皇灵孝经》一卷、《孝经雌图》一卷"。尽管这些书籍为北宋经学家欧阳修斥之为"皆不经之说"③。

光宗时代为严明官僚体系秩序,还于 960 年制定百官公服,规

---

① 尹愭:《无名子集 诗稿》册六,《咏东史》。
② 《高丽史·卷二·世家第二·光宗》光宗十年条。
③ 《新五代史·卷七十四·四夷附录第三》高丽条。

定："元尹以上紫衫,中坛卿以上丹衫,都航卿以上绯衫,小主簿以上绿衫。"[1]于是,上下不同等级着服四色,严格区分,强化了国家官僚的权威。光宗还决定"改开京为皇都,西京为西都"。为此相呼应,早在光宗在即位的第二年正月,国家开始使用光德年号,改变太祖十六年(933)高丽行后唐年号之奉正朔的传统。这些都是自行称帝的国家行为。

早年,光宗"礼待臣下,明于听断",勤于政务,强行变革,无情地弹压改革的反抗者,以至晚年,虽然反对变革的宿将、勋臣所剩无几,但亦因其改革逾越了多数权贵所能容忍的程度,落下"中岁以后,信谗好杀,酷信佛法,奢侈无节"[2]的评价,招致统治阶级内部矛盾激化,迫使后继者、其长子景宗王伷(976—981年在位)不得不对"历世勋臣宿将"让步,"放先朝冤狱数千,烧积年谗毁之文",并弹压无门阀背景靠科举入仕者和"投化汉人"。景宗的功绩在于推行经济改革,为后来完善国家集权体制打下了经济基础。

981年七月,景宗于弥留之际诏堂弟开宁君治内禅。[3] 成宗王治是追尊为戴宗的太祖第七子、开城豪族王旭之次子。王治继位伊始,便广开言路,命五品以上京官"各上封事,论时政得失",并根据崔承老等人的建议,借鉴以往四朝之经验教训,进行了有力度的调整和改革。崔承老(927—989)是出身于新罗六头品的著名儒学家,早年深受太祖赏识,被委以执掌文炳的中央官职。成宗元年,他作为正匡行选官御事上柱国的重臣向国王进献时务策二十八条,要成宗以惠、定、光、景四宗之成败为"鉴诚","取其善者而行之,见其不善者而诫之"。崔承老的建议书涉及国防、内政、外交,内容十分广泛,就内政而言,主要集中阐述建立以封建贵族为核心的中央集权制的思想,重点内容包括抑佛崇儒,认为"崇信佛法虽非不善,然帝

---

[1]《高丽史·卷七十一·志第二十六·舆服》。
[2]《高丽史·卷二·世家第二·光宗》光宗二十六年条。
[3]《高丽史·卷二·世家第二·景宗》景宗六年秋七月条。

王士庶之为功德,事实不同,若庶民所劳者自身之力,所费者自己之财,害不及他;帝王则劳民之力,费民之财"。而且,"行释教者,修身之本,行儒教者,理国之源;修身是来生之资,理国乃今日之务。今日至近,来生至远";称"华夏之制,不可不遵,然四方习俗,各随土性,似难尽变。其礼乐诗书之教,君臣父子之道,宜法中华,以革卑陋。其余车马衣服制度,可因土风,使奢简得中,不必苟同";主张"人君惟当一心无私,普济万物"①,行以儒家至仁政的中央集权的政治制度。

成宗的改革领域广泛、行动果断。其在即位的当月,下令废止八关会等"杂技不经且烦扰"之佛教活动。第二年,仿中原王朝后稷祈谷籍田之礼,祈谷于圜丘,祭农神;"始置十二牧",向地方派遣官员;"始定三省六曹七寺"。第三年,"始定军人服色,"进一步严格界定公职尊卑界限。此后,又于第五年、六年,"始以诏称教","详定中外奏状及行移公文式",示以谨遵事大之礼;提倡"习五常而设教,资六籍以取规",于十二牧各差遣经学博士一员、医学博士一员,勤行善诱,奖励贵族子弟学习儒家经典,以规范人伦;进一步改编地方行政区划,实施乡吏制度,"定五部坊里"。② 通过以上措施,高丽的治国理念开始从儒释道三教并立向儒学礼治政治转变,从而为整备中央和地方的统治机构,提高中央贵族的地位,抑制地方豪族的势力,巩固王权,完善官制,奠定了坚实的基础。

三、政治制度的完善

高丽初,沿袭泰封、新罗官制,官阶不分文武,有新罗之大舒发韩、舒发韩、夷粲、苏判、波珍粲、韩粲、阏粲、一吉粲、级粲和泰封之大宰相、辅佐相、注书令、光禄丞等官职,其后,又以"任情改制"的原

---

① 《高丽史·卷九十三·列传第五·崔承老》。
② 《高丽史·卷三·世家第三·成宗》成宗六年条。

则，更其名称，"曰大匡、正匡、大丞、大相之号"。太祖二年，仿唐制立三省、六尚书、九寺、六卫。后经成宗的一系列改革，确立了官分内外和文武皆有散阶①的官僚制度。官分内外，是指选任中央和地方机关之官员，形成所谓"内（中央）有省、部、台、院、寺、司、馆、局，外（地方）有牧、府、州、县，官有常守，位有定员"的格局；文武散阶出现稍晚，始于成宗十四年（995），文散阶从从一品开府仪同三司至从九品下将仕郎共二十九级，武散阶亦同。② 此后，至忠烈王（1274—1308 年在位）改制，高丽的官僚体制大体维持，没有大的变化。

高丽政权的中央行政机构是三省六部（曹）。三省为中书省、门下省和尚书省，其前二省最重要，通常合称中书门下省，又称"宰府"，是王国的最高政务机关，官员由二品以上的宰臣和三品以下的郎舍充任，最高官是判门下，即内史令。中书省掌管国家政策、诏令和官吏任免案的起草和建议；门下省，国初称"内议省"，"掌百揆庶务，其郎舍掌谏净封驳"，具有限制王权专制的功能。尚书省，国初称广评省，又称"御事都省"，"总领百官"，长官称尚书令，是国家政令的执行机构，下辖吏、兵、户、刑、礼、工六部，分管国家各种事务。吏部主管文官的选叙和勋封，兵部分管武选、军务、侍卫和邮政，户部主管户口、贡赋、钱谷出纳，刑部掌管法律、词讼，礼部分管仪礼、祭祀、朝会、交聘、教育和科举，工部主管山泽、工匠、营造等。

与三省并行的对等的机构是中枢院，又称密直司或枢密院，简称"枢府"，是成宗十年仿北宋建制而设立的掌管"出纳宿卫军机之政"的机关。中枢院与三省合称两府或宰枢，二者以联席会议的方式组成高丽国家的合议机关宰枢会议"都堂"。实际上，它是从国初掌管军权的"都兵马使"演变而来的。文宗（1046—1083 年在位）改

---

① 散阶是表示官位等级的阶称，无论是否有实职，均授予一定的品阶和称呼，以定官职之上下秩序。

②《高丽史·卷七十七·志第三十一·百官二》文散阶条曰："成宗十四年，始分文武官阶。"武散阶条曰："国初，武官亦以大匡、正匡、佐丞、大相为阶。成宗十四年，定武散阶凡二十有九。"

定官制,于都堂设"判事""使"等职,前者以侍中(从一品)、平章事(正二品)、参知政事(从二品)、政堂文学(从二品)、知门下省事(从二品)为之,后者以六枢密和三品以上的现职官吏为之。忠烈王初期改称"都评议使司"。凡涉及重大对外关系、国防与军事问题的国家大事,要求以上的官员出席会议,共同做出重大决定。几乎与此平行的另一个重要合议机构是式目都监,其主要职能是执掌决定对内的法制和行事格式之"邦国重事"。式目都监出现于1023年(显宗十四年)。文宗时期,该机构始由"使二人省宰,副使四人正三品以上,判官六人五品以上"①等官吏组成。这实际是以首席大臣为正使,以相关部门的三品以上官员为副使参加的合议机关,就内政重大问题进行协商,并做出结论,上奏国王。如果说,高丽的行政机构三省六部是仿照唐制而建立的国家机关,那么都兵马使和式目都监的议政机关的建立则是高丽独特的建制,反映了高丽贵族政治的特征。

在两府之外还有如下主要官厅:三司,又称都正司,掌管财政,经营国家租税和调节物价;御史台,又称司宪府,负责弹劾官吏,论议时政,矫正风俗,它与门下省的郎舍合称台省,拥有签署官吏任命和法律修废的权限,一定程度上起着制约国王专权的作用;翰林院(艺文馆)负责起草国王的教书、各种文告、外交文书及组织科考。国家的文化学术机构有:春秋馆(史馆)负责编撰历史、辑录时政,宝文阁负责藏书和讲论经书,国子监(成均馆)是国家最高学府,司天监(书云观)掌管天文观测。掌管国家机关具体事务的是所谓"七寺",如典仪寺掌祭礼,宗簿寺掌族谱,礼宾寺掌宾客,缮工寺掌修建,典医寺掌医药,军器寺掌兵器制造,司水寺掌兵船。高丽文官中还设有供国王咨询的官职三师(太师、太傅、太保)、三公(太尉、司徒、司空)。定宗定三师、三公各一人,位列正一品,由地位显赫者出

---

① 《高丽史·卷七十七·志第三十一·百官二》诸司都监各色条。

任,"无其人,则阙"。

武官称"西班",其最高机关为重房。高丽建国时武职有马军将军、大将军;太祖二年置六卫,后复在其上置鹰扬、龙虎二军,"又设重房使,二军、六卫上、大将军皆会焉"①。重房是在职的高级武臣的合议机构。二军、六卫,又并称八卫,其最高武官上将军为正三品,大将军为从三品,其下有将军、中郎将、郎将、别将等职。武散阶序列是从一品曰骠骑大将军,正二品曰辅国大将军,从二品曰镇国大将军,正三品曰冠军大将军,从三品曰云麾大将军,直至从九品下的陪戎副尉,凡二十有九。

地方行政机构始建于成宗二年(983),根据崔承老的建议,是年二月在扬州、海州、庆州、忠州、清州、广州、公州、全州、尚州、晋州、升州、黄州等十二个地区建立了牧的行政机关,并任命了相应的地方官。995年,成宗又把全国分为四都护府、十道(关内、中原、河南、浿西、江南、海阳、岭南、岭东、山南、朔方),并向十二州(牧)各派出节度使一人,以掌管地方驻军指挥权和对地方进行监督。

1012—1018年间,显宗完成了地方官制改革。此时,高丽地方官制发生了重大变化。全国分为道和界,设京、都护府、牧、郡、县、镇。道由原来的十道减为五道,即杨广(今韩国京畿道、朝鲜黄海道南部)、庆尚、全罗、交州(今朝鲜江原道之一部)、西海(今朝鲜黄海道);界有两界,设于新开拓的北方疆界,即北界(今朝鲜平安道)和东界(今朝鲜江原道、咸镜南道一部)。在道之下设郡、县,而界内只设镇,其下为村。原来的十二牧仅保留八个,即位于杨广道的清州、忠州和广州,位于庆尚道的晋州、尚州,位于全罗道的全州和罗州,位于西海道的黄州。都护府设在国家四方战略要地,初为安东(庆州)、安南(南方全罗道内)、安西(西海岸的黄海道内)、安北(靠近北方边境的北界)等四都护府,显宗十三年(1022),安南都护府被安边

①《高丽史·卷七十七·志第三十一·百官二》西班条。

（东海岸的东界内）都护府取代。京有三京，乃特殊行政单位，为国王巡抚地方之居处。初为开京（开城）、西京（平壤）、东京（庆州），肃宗时，后者为南京（汉城）所取代。

五道、两界制度几乎存在于整个高丽时代。自显宗王询改革地方官制起，国家便废止了节度使的派遣，代之以任命按察使为各道长官。[①] 同时，中央亦以国王的名义委任府使、郡守、县令，作为府、郡、县的地方官，条件是这些官吏必须由外地选派，以防地方势力膨胀。不过，当时并未达到向所有郡县均派出地方官的程度，只有大约 137 个州县有地方官，尚有 373 个"属县"没有派出。这些地方的行政事务由领郡或主县间接管理，实际上由当地乡吏担当。为对这些乡吏进行牵制，高丽实行所谓"其人制"和"事审官"制：前者是选拔当地出身之乡吏的子弟到开京宿卫，同时授其以出生地的行政咨询顾问权，后者是指中央官吏兼任其出生地的事审官，负责推荐、监督当地的乡吏，二者都是为了防止乡吏和土豪横行跋扈。当时的县直接管辖乡村，村设村正，负责租税、贡纳，登记户籍，以供征调兵役和徭役。

大体从显宗时代开始，在地方实行主县、属县制度期间，主县中位于中心地大邑的守令称界守官，他在管理若干属县的同时，作为地方行政实际的中心单位，间接地实现地方与中央政府的联结，是界内统管巡察、行政、军事事务的最高长官，负责"乡贡选上"、度量衡的统一以及劝农等事务，并代表国王参加或主持八关会等国家重要仪式等。

高丽还建立有发达的驿站制度。983 年，为维持一个通信便利的交通网，国家明令分配一定数量的土地给驿站。驿站分为大路

---

① 《高丽史·卷五十六·志第十·地理一》云："显宗初，废节度使，置五都护，七十五道安抚使。寻罢安抚使，置四都护、八牧。自是以后，定为五道两界，曰杨广，曰庆尚，曰全罗，曰交州，曰西海，曰东界，曰北界。惣京四，牧八，府十五，郡一百二十九，县三百三十五，镇二十九"。

驿、中路驿和小路驿三类。每驿配有驿卒和马匹,并修建供来往官吏食宿的驿馆。在主要交通渡口和浦口也设有必要的交通设备,在较高的山峰还设有烽燧,担当向开京传达边防或沿海地区的军事情报的责任。这样,就形成了一个从中央到地方的四通八达的网络和动脉,保证中央政令畅通。

四、土地与兵役制度

封建土地所有制是封建社会的基础。"三国末,经界不正,赋敛无艺。高丽太祖即位,首正田制,取民有度,而惓惓于农桑,可谓知所本矣。"①

起初,高丽继承了新罗和泰封时代的土地制度和税收体系——禄邑制和食邑制。禄邑制主要行于原新罗和后百济地区,禄邑施与新归顺的将军和城主。927年,后百济高恩、葛伊城主李兴达降服时,"太祖嘉之,赐兴达青州禄,子俊达珍州禄,雄达寒水禄,玉达长浅禄"②。禄邑制是国家给予在职官吏的一定地区的收租权,取田随官职的变化而增减,禄邑占有者不拥有禄邑地区的行政权,农民属于国家。食邑制是受食邑者终身享有从指定的封户中取得征收租税和贡物的受益权,他们多是在统一战争中有特殊贡献的归顺王族和豪族。

随着国家的统一,高丽国土的空前扩大,仅维护少数上层官僚利益的旧土地制度已经远不能适应新形势的需要。940年,太祖初行"役分田",规定国家土地,"统合时,朝臣、军士勿论官阶,视人性行善恶、功劳大小,给之有差"③。文武百官,上自重臣,下至军士,无论官职高低,凭官员的品德好坏和贡献多寡,给以不同的土地收租权。役分田实施的详细状况和不同等级分田的数量,史料记载甚

---

① 《高丽史·卷七十八·志第三十二·食货一》序。
② 《高丽史·卷九十二·列传第五·兴达传》。
③ 《高丽史·卷七十八·志第三十二·食货一》田柴科条。

少,大匡朴守卿属于立有大功的重臣,他得到 200 结的役分田,可能是最高的一种。定宗四年(949),国家除给予役分田外,对有功的贵族,按参加战役多少,又给予一定量的谷物禄俸:参加一次战役者给役米 12 硕,两次战役者给 15 硕,三次战役者 20 硕,四次战役者 25 硕。这种谷物俸禄制是对役分田制的补充和完善。役分田制是高丽王朝建国后所实行的禄邑制和食邑制的进一步扩大,也是后来推行田柴科授田原则的主要依据。

景宗元年(976)十一月,高丽在总结建国以来土地制度利弊的基础上,将全国耕地、山林进行登记,实行《职散官各品田柴科》,决定"自文武百官至府兵闲人,莫不科授,又随科给樵采地"。如前所说,高丽官制分文班、武班和杂业三大系统,而每个系统又按冠服制度依紫衫、丹衫、绯衫和绿衫①等不同服色分为七十九等。根据国家对田柴科授田的原则、类型、等级和数量的规定,"勿论官品高低,但以人品定之,紫衫以上,作十八品,一品给田柴各一百一十结,以次递降,文班丹衫以上,作十品,绯衫,作八品,绿衫,作十品,武班丹衫以上,作五品,杂业丹衫以上,作十品,绯衫以上,作八品,绿衫以上,作十品,皆给田柴有差"②。"以下杂吏各以人品支给不同,其未及此年科等者,一切给田十五结。"③紫衫九品以上为高级官僚,得田柴最多,其十品与丹衫一品得田柴相当,均为六十五结;紫衫十三品与绯衫一品相当,均为五十结;紫衫十四品与绿衫一品相当,均为四十五结。④

高丽田制实行结负法而非古代中国之顷亩式。所谓结负法,是以单位面积产量为计算基本单位的方法,即按收获禾谷的把、束(捆)、负(背架)、结计算,10 把 1 束,10 束 1 负,100 负 1 结。丽末,1

---

① 据《高丽史·卷七十二·志第二十六》冠服条记载:"光宗十一年三月,定百官公服,元尹以上紫衫,中坛卿以上丹衫,都统卿以上绯衫,小主簿以上绿衫。"
②《高丽史节要·卷二》景宗元年春二月条。
③《高丽史·卷七十八·志第三十二·食货一》田柴科条。
④ 高丽以每年生产 20 石粮的土地定为一结。

结的产量为 20 硕(担),十一税,收租税 2 硕。土地测量取随等异尺制,1069 年规定,量田尺是上等田 1 尺 20 指(拃),中等田 1 尺 25 指(拃),下等田 30 指(拃)。

这个时期的高丽田制,与田柴科平行或作为田柴科的补充的还有功荫田柴、公廨田柴。功荫田柴始于景宗二年(977),是赐予开国功臣及"向义归顺城主"的勋田,自二十至五十结不等。勋田具有世袭收租权,是高丽王朝末期勋贵豪强变公田为私田的突破口。公廨田柴,又称"公须地",始于成宗二年(983)二月,是作为地方衙门事业经费由国家给予州、府、郡、县、驿馆的耕地和山地,给田多寡以丁(壮丁)之多少而定,千丁以上的州县给三百结,五百丁以上给田一百结、纸田(文书费)十五结、长田(非常开支)五结,二百丁以下者依次递减。[①]

998 年十二月,穆宗颁布《改定文武两班及军人田柴科》,此次改定排除了人品标准,一律按官阶给田,简化给田等级为十八科:最高的一科(内史令、侍中)给田 100 结、柴 70 结,二科给田 95 结、柴 65 结;十六科以下只给田而无柴,十七科给田 23 结,最低的十八科给田 20 结;马军队正和步军首次分别进入给田的最后两科。不及十八科的其他人员皆给田 17 结。此后,显宗、德宗又曾进行部分调整,最终在田柴科诞生百年之时(1076),文宗(1046—1083 年在位)以《更定两班田柴科》之名,进一步完善了这个基本土地制度。更定的田柴科依然维持穆宗所定十八科,最大区别在于除第一科外其余各科给田均减少 5 结。对此,郑麟趾曰:"高丽禄俸之制,至文宗始备。以左仓[②]岁入米粟麦总十三万九千七百余石[③],随科准给;内而妃、主、宗室、百官,外而三京、州、府、县、郡至杂职、胥吏、工匠,凡有

---

① 结是朝鲜古代用于计算税收的农田面积计算单位,因土地优劣与时期的不同,其数量不同,即所把托。高丽时期每结上等田为 9859.7 平方米。

② 高丽文宗时代设立的专用于官员禄俸的粮仓,忠烈王三十四年(1308)更名为广兴仓。

③ 高丽以 15 斗为 1 石,不同于古代中国之 1 石为 10 斗,李朝延续丽制未变。

职役者,皆有禄。"①

这时,武官的地位明显增加。穆宗时期,武官最高阶上将军仅排位第五科,而这时上将军已经上升至第三科。此外,以"别赐田"的名义把僧侣和风水师纳入田柴科体系,对僧科大德,僧职大通、副通,以及地理师、地理博士、地理生和地理正等,分别给相当于十四至十八科的田柴。

田柴科授田完全是一种酬庸行为,被授予人死后必须把科田归还给国家,而府兵之授田则不同。《高丽史·食货志》田制序文曰:"高丽田制大抵仿唐制,括垦田数,分膏塉。自文武百官,至府兵闲人,莫不科授,又随科给樵采地,谓之田柴科。身没并纳之于公。唯府兵年满二十始授,六十而还,有子孙亲戚则递田丁,无者籍监门卫;七十后给口分田,收余田;无后身死者及战亡者,妻亦皆给口分田。又有功荫田柴,亦随科以给,传子孙。又有功廨田柴,给庄宅宫院、百司、州县馆驿,皆有差。"②

府兵是高丽兵役的基本制度③,但又与典型的唐朝府兵制有所不同。④ 高丽时期的京军和担负戍边任务的军队由二军六卫组成,其成员是散在全国各地的自耕农民组成的州县军,每三年一次轮番进京宿卫(番上),战时戍边,寓军于农,兵农一致。凡年满十六的农民要服兵役,平时务农,战时服役。没有府兵授田数额的记载,《高

---

① (朝鲜)柳馨远:《磻溪随录·卷二十·禄制考说·高丽禄制》。
② 《高丽史·卷七十八·志第三十二·食货一》田制条。
③ 《高丽史·卷八十一·志第三十五·兵一》称:"高丽太祖统一三韩,……庶几乎唐府卫之制矣。"恭让王元年二月条云:"谏官上疏论府兵。"《高丽史·卷八十二·志第三十六·兵二》毅宗二十一年正月条云:"屯府兵于阙庭,以备不测。"同《兵一》又称,恭愍王二十年"十二月,教曰:选军给田已有成法。近年,田制紊乱,府兵不得受田,殊失募兵之意。"
④ 目前韩国学术界对此有争论,鉴于与典型的府兵制的差异,以李基白为首的一些学者则认为高丽实行的应是"军班氏族制"[见李基白《韩国史新论》(新修版)第六章有关内容],即高丽的二军六卫是从在籍的军人集团军班氏族中选拔出来的职业军人,而非兵农一致的府兵。他们与乡吏一起构成国家官僚体制的最低一级社会身份。军班氏族是从国家得到禄邑而服兵役的世袭集团。

丽史·食货志》田柴科条只说杂吏以下未入科的最低给田十五结。府兵应属此类,似只给田而无樵采地。丽末,全国"四十二都府四万二千之兵,皆授以田"①。府兵以外的一般农民不纳入授田的范围。国家从保证兵员的战略高度出发,规定府兵以"递田丁"和"口分田"的方式,世袭部分土地的收租权。显宗十五年(1024)五月,国家首次决定"凡无子身殁军人,妻给口分田"。显宗十九年五月,又定"乡职大丞以上、正职别将以上,人身死后,丁田递立;乡职左丞以下、元尹以上、正职散员以下,年满七十,人令其子孙递立,无后者身殁递立。"文宗元年二月,定六品、七品官吏"无连立子孙者,妻给口分田八结;八品以下战亡军人,通给妻口分田五结;五品以上户,夫妻皆死无男而有未嫁女子者,给口分田八结,女子嫁后还官"。文宗二十三年十月,又定"军人年老身病者,许令子孙亲族代之,无子孙亲族者,年满七十,闲属监门卫;七十后,只给口分田五结,收余田"。②

　　田柴科的基本出发点是保证居于社会上层的王族和文武两班贵族的利益,依田柴科制度而拥有科田或军人田的乡吏、杂科技术官吏与职业军人,属于高丽社会的中间阶层,他们是依附于封建贵族的社会基础,是高丽常备军府兵制赖以存在的基本条件。田柴科保证国家有源源不断的兵源和物源,军人不仅从国家分得一定数额的军人科田,而且每个军人有两家"养户"为其耕种土地,并有口分田的保障,使其无后顾之忧。同时,如果出现兵源短缺的情况,国家还可以通过选军得到补充。通常,选军是在被称为"白丁"的良人农民,甚或处于社会最下层的贱民中选拔。

　　高丽的军队分为京军和州县军两部分。建国初期,中央置六卫(左右卫、神虎卫、兴威卫、金吾卫、千牛卫、监门卫)三十八领,领各千人,上下相维,体统相属。当时,高丽总兵力约三万八千人左右。

---

① 《高丽史·卷七十八·志第三十二·食货一》禄科田辛禑十四年七月典法判书赵仁沃等上疏。
② 《高丽史·卷七十八·志第三十二·食货一》田制条。

穆宗王讼时,增设鹰扬、龙虎二军,作为国王的近卫军,总称"二军六卫",统属四十五领,总兵力增至四万五千人。

州县军源于定宗二年(947)豪族组织的光军和太祖时期派往地方的镇守军,主要任务是戍边,成宗之前也曾半年一次递番进京宿卫,后根据崔承老的建议,为减少军粮马草运输之靡费,州县军则专司地方守备。州县军军职设中郎将、郎将、别将、队正等,兵种有精勇、马队、弩队、神骑、步班、船军、工匠、一品(乡里工役兵)等。全国总兵力约三十万人,其中二十二万六千多部署在北界,东界不足二万四千人,其他各道在二千至一万五千人之间。

成宗八年(989),设东西北面兵马使于边陲重镇①,统领地方军,负责国境地带的警戒。995年,于十二州各置节度使、十二军,如扬州设左神策军,海州设右神策军,黄州设天德军。显宗初,废节度使和十二军,置五都护、七十五道安抚使。不久,又罢安抚使,置四都护、八牧。于是,经过几次变化,光军逐步改编为州县军。州县军,尤其是州镇军,平时屯田、训练,受各地方行政当局节制,非常时期由中央委派的兵马使统率戍边作战。兵役制度的完善为高丽王朝实现统一事业和向外开拓疆域创造了有利条件。

五、10世纪中叶后的社会经济状况与身份制度

高丽是个等级身份森严的贵族专制社会,少数王族和贵族居于统治阶级的顶端,以白丁为主体的良人农民是社会的大多数,他们没有获得科田的权利,其所耕种的土地大部分是租佃过来的,其中不少是国家的公田,农民要把四分之一的所得作为税赋上缴国家,而占相当数量的贵族的私田,须把二分之一的收获交给贵族。此外,农民还要负担杂贡(包括常贡和别贡),向国家缴纳布、麻和水果等特产。比农民地位更低下的是居于乡、所、部曲、驿、馆等特别行

①《高丽史·卷七十七·志第三十一·百官二》外职条。

政区的居民。乡和部曲是集体居住的从事农业的人的居住地;所是集体居住的从事手工业的人的居所,而驿、馆是处于水陆交通要地的人员宿泊地。社会最底层是公私奴婢,他们的身份世袭,可以买卖。与主人同居或居住主人附近的奴婢称率居奴婢,为主人耕种土地;住在外地者,称作外居奴婢,他们按规定向主人缴租,拥有极少的私有财产,地位近似佃农。

同时,高丽社会又是以农为本。自太祖乙亥(935)"躬耕籍田祀神农"起,历代国王实行劝农政策。953年,光宗王昭(949—975年在位)奖励农民开荒,规定开垦私田者,第一年的收获全部归开荒者,从第二年起,开荒者与田主各得一半;开垦公有土地者,前三年的收获全部归开荒者所有,从第四年起,向国家缴纳租税。① 这些举措极大地刺激了农民的开荒热情,使战争期间长期处于荒废状态的土地得到耕种,扩大了土地面积,增加了国家的税源。

同时,国家在租税制度上亦采取减免与民休息的政策。继太祖"首诏境内放三年田租"之后,975年,"景宗即位,蠲欠债,减租调";981年,成宗即位,令免农民三年劳役,减免租税一半。这些惠农政策在当时都对发展生产产生了积极的作用。

在当时社会生产力低下的条件下,自然灾害给农民带来无穷的灾难。986年,成宗令以农民垦田之多寡及庄稼收成的好坏,作为考察地方官业绩大小的标准。农业的收成与官员的业绩名位挂钩,使之在一定程度上注意改善农民的生产条件,有利于发展农业生产。② 988年,成宗命按灾情大小,确定减免农民租税的比例。"水、旱、虫、霜为灾,田损四分以上免租,六分免租布;七分,租、布、役俱免。"③这种按照受灾程度定出减免租税等级的做法,对保护一家一户的小生产者农民生存,稳定社会秩序有着积极作用。随后,国家又公布公

---

① 《高丽史·卷七十八·志第三十二·食货一》田制条。
② 《高丽史·卷八十·志第三十四·食货三》赈恤灾免之制条。
③ 《高丽史·卷八十·志第三十四·食货三》赈恤灾免之制条。

田分类纳租税办法。① 水旱田按土地的产量分三等纳租,相对公平,能够提高农民种田的兴趣。此前,成宗还命令回收各州郡的金属兵器,用以铸造农具,以解决农民农具之不足。

　　成宗以后的五代国王,从穆宗到文宗,继续采取劝农政策。1073 年,高丽在西北地区"长城外垦田一万一千四百九十四顷。"②这时,仅开京一个仓库一年的存粮就达十三万多石。于是,高丽呈现"家给人足,富庶之治于斯为盛"③之景象。但是,就在所谓"文宗之治"以后,高丽王朝逐渐式微。不过,在"毅(宗王睍)、明(宗王晧)以降,权奸擅国"之前,高丽还有一个"宵旰忧勤、励精求治"④的睿宗(1106—1122 年在位)时代。1111 年冬,睿宗命臣僚对开垦陈田划定等级,规定:"三年以上陈田,垦耕所收,两年全给佃户,第三年则与田主分半;二年陈出,四分为率,一分田主,三分佃户;一年陈出,三分五率,一分田主,二分佃户。"⑤

　　王廷的重农、劝农政策使高丽社会赖以发展的基础产业——农业得到充分发展,从而为社会的稳定和手工业、商业的繁荣创造了良好的条件。

　　高丽民间手工业尚处于比较原始的家庭手工业阶段。手工业主要是由宫廷与官府经营的作坊从事的。官营手工业分工细密,各有不同的机构管理,在首都开京,有制造兵器的军器监、制造王室装饰品的中尚署(供造署)、制造金属制品的掌冶署、专事染色和制作染料的都染署等。它们分别管辖皮匠、木匠、漆匠、银匠、铁匠、雕刻匠、铜匠、罗匠、石匠、靴匠、螺钿匠等数十种门类的手工业部门。在这些部门里从事劳动的是与农业相分离的专职技术匠人、世袭的手工业奴隶、有技术的外国归化民、专业的部曲民以及地方选派的、临

---

① 详见《高丽史·卷七十八·志第三十二·食货一》田制租税条。
②《高丽史·卷八十二·志第三十六·兵二》屯田条。
③《高丽史·卷七十八·志第三十二·食货一》。
④《高丽史·卷十四·世家第十四·睿宗三》史臣赞。
⑤《高丽史·卷七十八·志第三十二·食货一》田制租税条。

时服役的优秀匠人等。

近年来发掘的位于忠州利柳面的"多仁铁所"的规模与出土文物①以及有关文献的记述表明,当时贱民部落"所"概系隶属于国家的世袭手工业奴隶。他们在当时国家经济生活与国家安全、兵器方面占有重要地位。②

管理官方手工业的官员以及诸衙门工匠,"皆有常俸,以代其耕,谓之别赐"。据文宗三十年(1076)颁布的规定,凡服役三百日以上者均给以一定数量的别赐田。

地方手工业除特产性质的生产外,主要是制造与生产、生活有关的产品,如铁器、陶器、农具、纸张、笔墨等,同时也要承担国家派给的任务,并负担各种名目的贡纳。高丽前期,除显宗(1009—1031年在位)执行重农政策,抑制宫廷和官府的奢侈,减少了从事"锦绮杂织"和"甲坊匠手"人员,一度影响了手工业的发展外,其实手工业基本上呈上升的发展趋势。随着农业和手工业的发展,大量剩余产品集中到首都开京和地方中心城镇进行贸易交换。于是,高丽的商业开始活跃并迅速发展起来。1014年,国家制定度量衡制度,统一升斗。这反映了国内在自然经济的基础上,商品流通有了一定的发展。当时,农村中主要由行商进行商品交流。

中央和地方城市已经有了集市,出售各类生活必需品。开京是全国的贸易中心,那里的市场和坊里店铺林立,出现了如永通、广德、兴善、通商等有名的字号,他们主要经营各类绸缎、工艺品、金银制品以及各地土特产品。

---

① 韩国中原文化财团研究院于2008年5月忠州南发掘了名为"多仁铁所"的高丽"奴隶村落"文化遗址,出土了带腿的锅3件、鼎2件、犁、铁斧、铁镰以及生产冶铁燃料的炭窑和铁渣。
② 《高丽史·卷五十六·志第十·地理一》忠州牧条称:"高宗四十二年,以多仁铁所人御蒙兵有功,升所为翼安县。"《东国舆地胜览·卷十四》忠州牧古迹条称:"翼安废县:在州西三十里,本州之多仁铁所。高丽高宗四十二年,以土人御蒙兵有功,升为县,仍属。"该条还列举了其他贱民部落的名称,计有丹月部曲、广反石部曲、炭村部曲、伊次吞部曲、甘勿内弥部曲、所仍林部曲、德山乡、下麦谷处、渊吞处、大鸟谷处等。

随着商业的发展,货币经济规模的不断扩大,国家开始制定货币制度。成宗十五年(996)四月,高丽开始铸造铁钱,用于流通。为了鼓励使用金属货币,特设六个官营酒店使用铁钱交易。但是,一般民众多数依然习惯使用土特产进行交易。穆宗五年(1002)七月,国家容许缩小铁钱流通范围,规定"其茶、酒、食味等诸店交易依前使钱外,百姓等私相交易任用土宜"。这是社会生产力局限使然。所以,除某些特定的产品使用货币外,市场上一般交易还是通过物物交换实现。但随着国家经济的发展,广泛使用货币提上日程。肃宗二年(1097)十二月,国家根据新的需要,设立了铸币官、铸钱都监,监管货币铸造与流通。在开京的市场上,作为交换手段的米、布,逐渐为政府铸造的货币三韩通宝、东国通宝、海东通宝等所取代。肃宗六年四月,铸钱都监在奏文中称:"国人始知用钱之利,以为便。"这一年,高丽"亦用银瓶为货,其制以银一斤为之,像本国地形,俗名阔口"①。当时,银一斤(十五两)的价值是可交换布百匹,粮十六石。这种银瓶主要用于京都和对外贸易,实际上与一般民间无关。次年十二月,又以铸钱一万五千贯,分赐宰枢文武两班及军人,并置京城左右酒务,鼓励使用货币。于是,为兴使钱之利,各类商人于开京街衢两旁开设店铺,生意十分兴旺。但是,居住在农村的广大农民,在使用货币三年之后,仍因"民贫,不能兴用",政府不得不"俞州县出米谷,开酒食店,许民贸易,使知钱利"②。

进入11世纪,高丽的对外贸易也十分活跃。实际上,高丽的市场与货币经济的发展同对外贸易的发展有着紧密的关系。随着生产力的提高,高丽的农产品、手工业产品、矿产品、海产品、畜产品、水果、毛皮、药材、文具以及其他加工产品,在国外市场上都有大量的需求。在高丽,占有这些产品的是王室、贵族和寺院,他们通过商

①《高丽史·卷七十九·志第三十三·食货二》货币市估条。
②《高丽史·卷七十九·志第三十三·食货二》货币市估条。

人用这些商品与国外进行交易。于是,这些封建主与商人建立起一种隶属关系。国家为了这些封建贵族的利益,积极推进货币贸易,想方设法扩大市场规模,奖励民间贸易。为了给行商以贸易的方便,国家还在全国建立了供他们住宿的院宇制度,以资鼓励。高丽的对外贸易以官营为主。国家为了接待外国商人和贸易使臣,设有专门的机构,并按国别不同设立客馆。显宗即位之年(1009),高丽设立了会同馆;显宗二年(1011),又设立了迎宾馆、会仙馆。与古代中国的贸易不仅具有经济、文化上的意义,更有巨大的政治意义,故在其对外贸易中占有重要地位。高丽在开京建立了华丽的顺天馆以迎接宋朝的通信使节,契丹使节安置在迎恩馆、仁恩馆、宣恩馆,而接待女真人的机构是迎仙馆和灵隐馆,区别对待。

朝贡是高丽与北宋间贸易的主要方式。从光宗到仁宗,高丽派使节往北宋共有 63 次,北宋从宋太祖赵匡胤至宋钦宗派使节赴高丽有 24 次。他们出使的目的除政治需要外,主要是进行国家间的贸易。高丽输往北宋的物品种类繁多,有服饰、苎布、金银器皿、人参、刀剑、墨、高丽纸、折扇等。高丽从北宋输入的商品有服装、丝织品、瓷器、药材、书籍、茶叶、金银器、钱币、乐器、酒、糖等。

高丽与北宋间的民间贸易十分发达。据不完全统计,北宋曾约有 103 批商人前往高丽贸易,每批人员至少也有几十人,多则百余人。他们主要以丝和丝绸为大宗,运往高丽各港口。

11 世纪上半叶,高丽与阿拉伯商人也有贸易往来。显宗十五年(1024)九月,"大食国悦罗慈等一百人来献方物"。靖宗六年(1040)十一月,大食国商人保那盖等来高丽贸易,他们带来的商品有水银、龙齿、占城香、没药、大苏木等热带产品,高丽命有司馆给以优厚接待,还以锡、金、帛、金属和丝织品等。此后,高丽逐渐为西方所知,"高丽"(Korea)一词遂扬名海外。

第二节　高丽的拓疆政策与高丽、辽朝间三十年战争

一、北方边防与"搏鸭"的拓疆政策

高丽建国之前,朝鲜半岛马歇滩(清川江)—泥河(大同江龙兴江)以北地区是契丹与靺鞨人生活的地区。唐天祐四年(907),唐王朝的历史在军阀朱全忠的手中终结,中华大地政治上的分裂,为肆意北进的高丽提供了空间。而丽初,高丽与契丹矛盾的发展,则成了高丽实现其扩张领土愿望的契机。

10世纪,高丽与古代中国的渤海国以泥河为界,各自相安无事。907年,属于蒙古族先民室韦的一支的契丹族,在皇都(今内蒙古自治区巴林左旗南的林东镇)建国,号契丹(907—1125)。此时,靺鞨人所建之渤海国统治集团发生内讧,部分王族和官僚、将军南走高丽。926年,契丹国太祖耶律阿保机兴兵灭亡了渤海国,在其故地建立了以皇太子耶律倍为"人皇王"的"东丹国"(926—952)。928年,契丹为用兵中原,内迁"东丹国"于辽东。此后,高丽与辽大体保持相安无事的状态。

"操鸡""搏鸭"是高丽的既定方针,把平壤建成防护"北界"的堡垒,是其贯彻北扩政策的第一步。918年秋,太祖公然撕毁唐与新罗通行200多年以浿水为界"分界而治"的《开元乙亥界约文书》,趁渤海国忙于应付契丹之时,遣从弟王式廉将军率军队占领了"荒废"已久的古都平壤,同时升平壤为大都护府,派重臣二人协理,令"徙盐、白、黄、海、凤诸州民以实之","寻为西京"①。翌年十月,"城平壤",以固边防。是时,当年"避祸,走入北边,有众二千余人,居鹘岩城,

① 《高丽史·卷五十八·志第十二·地理三》西京条。

召黑水藩,侵害边郡"的原泰封旧将尹瑄,率众"来降"①。同时,高丽大匡、马军将军庾黔弼帅开定军三千北进,至鹘岩筑城,设鸿门宴胁迫"北蕃酋长三百余人"诱降一千五百余众,并以战争手段迫使"被掳"的三千余人来归。"由是,北方晏然。"②高丽天授五年(922),复将首都部分官吏"父兄子弟及诸郡县良家子弟"迁往平壤,西京遂成高丽向北方扩张领土的据点和跳板。931年,太祖在清川江(古萨水)设安北府③;次年五月,更"谕群臣曰:顷完葺西京,徙民实之,冀凭地力,平定三韩,将都于此"④。

同时,高丽大力吸收渤海亡人,使之"来奔者相继"⑤,仅据《高丽史》记载,925—938年的14年间,就有9批人户投向高丽,且规模均相当可观,少者百余人,多者数万人。如934年,渤海国世子大光显率众数万来投;四年后,又有渤海人朴升以三千余户来投。

高丽的北进是以牺牲女真人世袭居住的土地为代价的。在大同江以北的旧渤海女真人是后来建立大金(1115—1234)国家的先祖。《金史》曰:"金之先,出靺鞨氏。靺鞨本号勿吉。勿吉,古肃慎地也。元魏时,勿吉有七部:曰粟末部,曰伯咄部,曰安车骨部,曰拂涅部,曰号室部,曰黑水部,曰白山部。隋称靺鞨,而七部并同。唐初,有黑水靺鞨、粟末靺鞨,其五部无闻。粟末靺鞨,始附高丽,姓大氏。李勣破高丽,粟末靺鞨保东牟山。后为渤海,称王,传十余世。有文字、礼乐、官府、制度……黑水靺鞨居肃慎地,东濒海,南接高丽,亦附于高丽……五代时,契丹尽取渤海地,而黑水靺鞨附属于契丹,其在南者籍契丹,号熟女直;其在北者,不在契丹,号生女直。生

---

① 《高丽史节要》太祖神圣大王戊寅元年条;《东国舆地胜览·卷四十三·延安都护府·人物》尹瑄条。
② 《高丽史·卷九十二·列传第五·庾黔弼》。
③ 《高丽史·卷五十八·志第十二·地理三》安北大都护府条。
④ 《高丽史·卷二·世家第二·太祖二》太祖十五年夏五月甲申条。
⑤ 《高丽史·卷一·世家第一·太祖一》太祖八年九月条。

女直地有混同江、长白山,混同江亦号黑龙江,所谓'白山、黑水'是
也。"①契丹称鸭绿江至大同江一带的女真人为"鸭渌江女直",归辽
"鸭渌江女直大王府"治理②,高丽则称为西女真,或称西蕃,而把居
住于今朝鲜两江道、咸镜南北道的女真称为东女真或东蕃。初,高
丽取"逐女真"③的"荡平"政策,在占领女真人大片的土地时,对其居
民悉数驱逐。当时,西女真政治上尚未统一,没有战斗力,其虽与契
丹建立了宗藩关系,由于辽之主力南下中原,也无力保护女真。结
果,高丽经过十多年的军事行动,把今平安南道的大部分土地纳入
了高丽版图。至930年,高丽已经将其领土扩张到清川江沿岸,在
那里先后兴建龙岗、咸从(江西郡)、西京、成州(成川郡)、汤井郡(阳
德郡)、镇国城、安定镇、永清镇(永柔)、安水镇、兴德镇(殷山)、安北
府(安州)、朝阳镇(价川)、殷州等城堡,作为对辽的第一道防线,以
及讨伐居住于鸭绿江沿岸的女真人,蚕食女真故地的堡垒。947年,
高丽组建光军司,编成光军三十万,大大加强了北方的军事力量。
结果,依靠这支军事力量,高丽的领土不断向西北延伸。据《高丽
史》兵志载,定宗相继兴建了德昌镇(博川)、通德镇(肃川);随后,光
宗又取女真地,筑嘉州(嘉山郡)、松城、威化镇、长平镇、乐陵镇、宁
朔镇、泰州、安朔镇、安成镇、清塞镇。981年,成宗即位,次年六月,
正匡崔承老上书,称:"我国家统三以来,四十七年士卒未得安枕,粮
饷未免靡费者,以西北邻于戎狄,而防戍之所多也。愿圣上以此为
念,夫以马歇滩为界,太祖之志也。鸭江边石城为界,大朝之所定
也。乞将此两处断于宸衷,择要害以定疆域,选士人能射御者充其
防戍,又选偏将以统领之。"④成宗接受了崔承老的建议,对女真人刚
柔并济,步步为营,凡其兵力所及之地,便兴建城堡,设立镇戍。983

①《金史·卷一·本纪第一·世纪》。
②《辽史·卷四十六·百官二·辽制属国属部》。
③《高丽史·卷九十四·列传第七·徐熙》;《续资治通鉴·卷十六》太宗至仁应道神功圣
德睿烈大明广孝皇帝淳化四年春正月辛卯条。
④《高丽史·卷八十二·志第三十六·兵二》镇戍成宗元年六月条。

年,高丽加固了位于平安道和咸镜道交界的战略要地树德镇(今朝鲜阳德西 70 里)城堡[①]。989 年三月,高丽设立西北面和东北面兵马使,加强了北进的态势。

建国初,王建"君臣不仅确立了把其疆土扩展到鸭绿江的战略目标,而且亦觊觎其以远的土地"[②]。《高丽史》作者郑麟趾在撰写太祖世家的结尾处,借李齐贤之口评论道:"我太祖即位之后,金傅未宾、甄萱未虏,而屡幸西都,亲巡北鄙,其意亦以东明旧壤为吾家青毡,必席卷而有之,岂止操鸡搏鸦而已哉!"[③]936 年,高丽已置新罗于掌中并最终降服了后百济,在为控制鸭绿江流域"搏"杀的同时,开始把目光转向"席卷"所谓东明王的"旧土"。这时,建国于高句丽故土的渤海国已经灭亡了十年,契丹不仅因推翻渤海国成为这片疆域的合法后继者,而且在与中原王朝的战争中亦取得重大胜利。于是,北扩的高丽与日渐强大的契丹发生冲突已不可避免。

最初,高丽与契丹的关系比较友好。据《辽史》高丽传记载,辽太祖神册年间(916—921),高丽曾遣使交聘契丹,并进献宝剑。922年春二月,契丹遣使回访高丽,并带来骆驼、马匹、毛毡等物品;两年后,高丽再次遣使报聘。但是,在 926 年契丹灭亡渤海国后,高丽对契丹的政策发生根本性变化。一方面以优待逃入其境渤海人的方式支持契丹境内渤海遗民的反抗运动,挑战契丹;另一方面,视契丹"背盟殄灭"曾与其"连和"的渤海为无道,"不足远结为邻",断绝往来。[④] 高丽太祖二十五年(942)冬,契丹遣使以 50 匹骆驼来开城交

<hr />

[①]《高丽使·卷八十二·志第三十六·兵二》城堡条。
[②] 曹中屏:《高丽与辽王朝的领土争端与三十年战争》,陈辉主编:《韩国研究》(第十辑),北京:国际文化出版公司,2010 年,第 72 页。
[③]《高丽史·卷一·世家第二·太祖二》太祖二十六条结尾。
[④] 高丽崔承老曾曰:"若契丹者,与我连境,宜先修好,而彼又遣使求和。我乃绝其交聘者,以彼国相与渤海连和,忽生疑贰,不顾旧盟,一朝殄灭,故太祖以为无道之甚,不足与交。所献骆驼皆弃而不畜。其深策远计,防患于未然,保邦于未危者,有如此也。渤海既为契丹所破,其世子大光显以我国家举义而兴,领其余众数万户,日夜倍道来奔。太祖悯念尤深,至赐姓名,又附之宗籍,使奉其本国祖先之禋祀。其文武参佐以下,皆优沾爵命。"《高丽史·卷九十三·列传第六·崔承老》。

往,结果高丽"流其使 30 人于海岛,系橐驼万夫桥下皆饿死"①。契丹争取与高丽修好的努力归于失败。次年,太祖更在其《训要》中把外交方针定为"亲中国,拒契丹'土人'",视契丹为"禽兽之国"。

960 年,北宋取代后周,逐步统一了长江以南的国土。979 年,盘踞太原的北汉政权灭亡,五代十国的割据局面结束,东北亚遂成宋、丽、辽并立的新格局。

962 年冬,高丽首次遣使如宋献方物;次年冬开始行宋年号,以示臣服。此后不久,辽国在征服境内女真人的过程中,已经把其实际控制的疆域推进到鸭绿江北岸,截断了高丽与北宋的陆路交通。尽管如此,高丽对中华文化之仰慕依然不减,并重用因动乱而迁移高丽的中国大陆居民,即所谓"投化人"。

970 年,原渤海国余党首领烈万华叛辽,在鸭绿府自立为定安国王。定安国地处丽、辽之间,以临江为国都,并以女真人为使臣渡海与北宋交往。981 年,定安国王在上表中称:"臣本以高丽旧壤,渤海遗黎,保据方隅……而顷岁契丹恃其强暴,入寇境土,攻破城砦,俘略人民……而又扶余府昨背契丹,并归本国,灾祸将至,无大于此。所宜受天朝之密画,率胜兵而助讨,必欲报敌,不敢违命。"北宋太平兴国年间(976—983),宋太宗欲讨击契丹"降诏其国,令张犄角之势",烈万华"得昭大喜"②。此时,高丽主要忙于抢占半岛西北女真人的居住地,兴建嘉州、松城等城堡。同时,辽在对女真人用兵时,亦多进入高丽控制的怀昌、威化、光化地区。对此,高丽十分警觉。此前,"契丹伐女真国。路由高丽之界,女真意高丽诱导构祸,因贡马来愬于朝,且言高丽与契丹结好,倚为势援,剽掠其民,不复放还"③;待高丽使至,宋太宗对高丽予以警告。成宗时期,高丽继续向鸭绿江边推进,企图把辽的势力隔阻于辽海二河之外。984 年,成宗

---

①《高丽史·卷二·世家第二·太祖二》太祖二十五年冬十月条。
②《宋史·卷四百九十一·安定国》。
③《宋史·卷四百八十七·高丽》。

又令刑官御事李谦宜"城鸭绿江岸以为关城"。但是,"女真以兵遏之,虏谦宜而去;军溃不克城,还者三之一"①,高丽在沿江地区建立城堡的目标暂时受挫。

二、与辽朝的领土之争

10 世纪末,高丽向北方推进的速度慢了下来,直到高丽显宗、靖宗时期,其东北边境仍以和州(今朝鲜咸镜南道永兴)与东女真为界,双方争夺其以北地区的斗争持续了近百年,其间的 1011 年秋八月,还发生了东女真乘百余艘船侵入南方的庆州,进入于山国的事件②。

高丽对女真人的刚柔并济政策虽遭挫折,但其向鸭绿江地区扩张的势头,也促使契丹人警惕。10 世纪末、11 世纪初,辽国的疆域已经"东至于海、西至金山,暨于流沙,北至胪朐河,南至白沟"③。其东京道管内的定州、保州、怀化,均在鸭绿江下游南岸,与高丽的控制区犬牙交错。为了防备高丽的进犯,辽于东京设东京兵马都部署司,下设契丹、奚、汉、渤海四军都指挥使司,东京都统军使司与都祥稳司等部,重兵戍守,严阵以待。

982 年九月,辽景宗的长子耶律德绪继位,是为辽圣宗。其时,圣宗年幼,其母萧氏摄政。统和元年十月,辽决意先发制人征高丽,"命宣徽使兼侍中蒲领、林牙肯德等将兵东讨"。此次东征主要是镇服鸭绿江下游江东女真人,并未与高丽正面接触。985 年七月,辽再"诏诸道缮甲兵,以备东征高丽",后因"辽泽沮洳"而作罢。④ 986 年正月,为不至在即将爆发的宋辽燕云之战中腹背受敌,辽遣厥烈使丽"请和"。⑤ 此前一年五月,宋太宗决定乘辽圣宗初立,"母后专政,

①《高丽史·卷三·世家第三·成宗》成宗三年条。
②《高丽史节要·卷三》显宗元文大王条。
③《辽史·卷三十七·地理志一》上京道。
④《辽史·卷十·圣宗纪一》统和元年十月条。
⑤《高丽史·卷三·世家第三·成宗》成宗五年春正月条。

宠幸用事"之隙"北征",恢复幽燕,遣监察御史韩国华赍诏使丽,要求发兵,以成"迭相犄角,协比邻国,同力荡平"①。成宗则取迁延态度,后虽"许发兵西会"②,当北宋三路大军出征时,高丽未敢出兵助宋,所望的"迭相犄角"之势流产于胎中。北宋"雍熙北伐"挫败后,辽圣宗开始着手应对高丽的北进扩土。

991年三月,为割断女真与宋的往来,辽在鸭绿江沿岸"建威寇、振化、来远三城,屯戍卒"③。是年冬十月,高丽以武力"逐鸭绿江外女真于白头山外居之"④;高丽在鸭绿江地区的军事行动,加速了辽丽战争的到来。

993年冬,辽东京留守萧恒德⑤率大军八十万东征高丽。据记载,早在是年五月,事先获得信息的女真人已向高丽通报,一向轻视"土人"女真的高丽朝臣置若罔闻,"不以为备";待至八月"女真复报契丹兵至,始知事急,分遣诸道兵马齐正使",到契丹大军压境的十月,国王部署军力于诸边城军镇抵御,令侍中朴良柔为上军使、内使史侍郎徐熙为中军使、门下侍郎崔亮为下军使,于北界抵御来犯之敌。

辽军出战的目的是向高丽索要大同江以北原属渤海国的土地。以骑兵为主体的辽军从鸭绿江中游渡江进入女真人居住区,迅速向龟城附近挺进。这时,驻扎在清川江岸宁州安北大督护府(安州)⑥的光军先头部在蓬山(今朝鲜龟城西南约15公里)与辽军展开激战,丽军先锋军使给事中尹庶颜等被俘。统率高丽三军、亲征督战

①《宋史·卷二百五十八·曹彬》,《宋史·卷四百八十七·高丽传》。
②《高丽史·卷三·世家第三·成宗》成宗四年条;《宋史·卷二百七十七·韩国华传》。
③《辽史·卷十三·圣宗四》统和九年二月甲子条。
④《高丽史·卷三·世家第三·成宗》成宗十年条。
⑤《辽史·卷一百十五·高丽》。《高丽史》记为萧逊宁[耶律休哥],《辽史·卷八十八·萧恒德传》又称"恒德字逊宁",而《辽史·卷八十三·耶律休哥传》则称"耶律休哥字逊宁",不知孰对。
⑥高丽太祖改安州为彭原郡,成宗称此名,显宗称安北大督护府。

的成宗王治见大势已去,遂"遣徐熙请和,逊宁罢兵"。① 辽军虽遣使节劝降,称"大朝既已奄有高句丽旧地,今尔国侵夺疆界,是用征讨",要求归还西北渤海国"旧地",断绝与宋的事大关系。成宗在遣使李蒙戬如契丹营请和的同时,于西京召集群臣商议对策。国王与大臣慑于契丹之军威,"或言车驾还京,阙令重臣率军士乞降,或言割西京以北之地与之,自黄州至岊岭画为封疆可也。王将从割地之议,开西京仓米任百姓所取,余者尚多,王恐为敌所资,令投之大同江"。徐熙反对还地投降,认为"割地与敌万世之耻也",要求成宗许"使臣等一与之战,然后议之未晚"。前民官御事李知白也反对割地,但主张以燃灯、八关和仙郎道之传统方式"先告神明,然后战之与和惟上裁之"。② 当高丽君臣争论不休之时,萧恒德见李蒙戬久无回报,便进攻清川江南端的安戎镇(安州西 32.5 公里)。这是一座光宗二十五年兴建的小土城,布防十分薄弱。但是,当地军民在中郎将大道秀和郎将庚方的指挥下,英勇战斗,击败了来犯之敌。高丽军这次防御作战的胜利,为和谈创造了有利条件。经过一番周折,萧恒德最终接受以中军使徐熙为高丽国王全权代表与其进行谈判。

　　萧恒德与徐熙的谈判,取"东西对坐"的平等方式,是一次以高丽获得巨大利益而告终的外交行动。徐熙的足智多谋、巧舌善辩、顽强不屈的意志,和萧恒德的昧于历史、不善外交,是使高丽占据上风的主要原因。谈判开始,萧恒德说:"汝国兴新罗地,高句丽之地我所有也,而汝侵蚀之,又与我连壤而越海事宋,故有今日之师,若割地以献而修朝聘,可无事矣。"徐熙辩解说:"非也,我国即高句丽之旧也,故号高丽,都平壤。若论地界,上国之东京皆在我境,何得谓之侵蚀乎!且鸭绿江内外亦我境内,女真盗据其间,顽黠变诈,道

---

① 《高丽史·卷三·世家第三·成宗》成宗十二年闰十月丁亥条。
② 《高丽史节要·卷二》成宗十二年条;《高丽史·卷九十四·列传第七·徐熙》。

途梗涩,甚于涉海,朝聘之不通,女真之故也。若令逐女真,还我旧地,筑城堡,通道路,则敢不修聘将军。如以臣言达之天聪,岂不哀纳!"①

这里,徐熙利用辽使对历史的无知②和对高丽坚持"越海事宋"的担心,迫使契丹让步。萧恒德不知徐熙所言"地界"是对历史的曲解,而屈服于徐熙的"辞气慷慨",具以奏报。于是,辽圣宗因"高丽王治遣朴良柔奉旨请罪"而"招取女直鸭渌江东数百里地赐之"(实际上是纵深280余里的国土)③。战败的高丽称藩纳贡、奉辽正朔,巧妙地以"朝觐"之名,诱辽与其立"约荡平女真",获得进攻其居住地的认可。结果,成宗遂乘契丹退兵之机"筑六城于境上"④。994年,高丽先派兵攻占了宜守的女真人世代居住的土地,修建了长兴(今朝鲜泰州)、归化(今朝鲜龟城与泰川间或龟城与云山间)二镇和郭山、龟城二州;翌年,又以武力驱逐江东女真人,在其地筑建安义(今朝鲜龟城西北70里)、兴化(今朝鲜义州东南25里)二镇;996年,高丽又建宣州(今朝鲜宣川)和孟州(今朝鲜孟山)二城,以上土地合称"江东六州"。⑤

战争之初,高丽曾遣使如宋"以契丹来侵乞师",待丽使元郁于994年六月返回报以"宋以北鄙甫宁,不宜轻动"时,高丽完全断绝了与宋的外交关系。这样,高丽以与宋断交的代价,交换来占领鸭绿江以东大片土地,然而,一旦与契丹发生新的冲突,自己却处于孤立无援的境地。

---

① 《高丽史·卷九十四·列传第七·徐熙》。
② 关于契丹是高句丽故地的合法继承者的观点,未能得到宋朝的支持,因它正与契丹争夺燕云十六州,双方可谓仇敌之国。同时,宋朝人没有唐朝人的气度和实力,不会主张原高句丽旧地应该由宋朝继承。结果,在宋、辽、丽的三角关系中,宋人支持高丽是高句丽的继承者的主张。因此,宋人所修史书也持这种观点,对后世影响很大。元人所修《宋史》《辽史》《金史》都是按照这种观点写的。实际上,这种观点与史实不符。
③ 《辽史·卷十三·圣宗纪》统和十一年三月丙午条。
④ 《续资治通鉴长编·卷七十四》大中祥符三年十一月壬辰条。
⑤ 《高丽史·卷九十四·列传第七·徐熙》。

三、第二次丽辽战争

第一次丽辽战争结束后，东北亚出现了十余年的和平环境。999—1000年冬春，鉴于辽压力的缓解，高丽又遣使北宋，恢复了中断近五年的外交关系。当时在登州探听信息的高丽特使吏部侍郎朱仁绍获宋真宗召见，面陈"国人思慕华风，为契丹劫制之状"①。这一发展引起契丹不安。

穆宗（997—1009年在位）末年，高丽王室腐败，内部矛盾激化，出现王位继承问题。当初，穆宗即位年少，母后千秋太后皇甫氏摄政；穆宗五年（1002），皇甫氏与宠臣三司事金致阳私通生子，"谋为王"，逼大良院君询于三角山神穴寺为僧。② 大良院君王询是安宗王郁之子，系王位继承者；王郁是太祖王建的第八子，为王建与其第五妃、新罗王族之女神成王后所生，为后追尊之王，势力单薄。

1009年，穆宗知变，遂与侧近"密议立嗣"，迎大良院君询回京，并诏西北面都巡使康兆③"入卫"护驾。康兆闻命行至途中，受被黜官吏蛊惑和其父假情报的误导，决意废穆宗，遂与副使吏部侍郎李铉云等率甲卒五千入阙，威逼穆宗让位，迎大良君询即位，是为显宗。穆宗与太后被弑于逃亡忠州的途中，金致阳父子及其余党遭到清洗。

高丽王室亲族间实行近亲婚，第五代王景宗妃、千秋太后本是高丽始祖太祖王建之子王旭之女、黄州皇甫氏外甥女。景宗亡故时其子王诵仅两岁，诵之叔父继位是为成宗。这期间，化妆为僧出入后宫与皇甫氏私通的洞州（今朝鲜黄海北道西兴郡）外戚出身的金致阳，被成宗"杖配远地"。以穆宗继位为转机，金致阳结束流放生活并以三司事掌控国家实权。黄州皇甫氏是后三国时代地方豪族

---

① 《高丽史·卷三·世家第三·穆宗》穆宗二年冬十月条。
② 《高丽史·卷一百二十七·列传第四十·叛逆一》金致阳条。
③ 《辽史·卷一百十五·高丽》误将康兆写为康肇。

的代表性家族,高丽初期多位王妃出自黄州,而洞州则与黄州相邻。他们是高丽中央贵族的总代表,而康兆代表的是新崛起的西京地方贵族势力,"康兆之变"实际上是中央贵族与地方新贵矛盾的结果,是高丽史首次西京势力挑战中央贵族的斗争,结果在辽的干涉下归于失败。

显宗时期(1009—1031)在高丽王朝史上占有重要地位,此时高丽建国已近百年,处于东北亚局势急剧变化之时,是高丽王朝发展的关键时期。显宗确立了五道两界行政区划,进一步整备国家治理体制,并"造戈船七十五艘泊镇溟口,以御东北海贼。"①

1009年,辽承天太后驾崩,辽圣宗亲政。鉴于四年多前,宋、辽澶渊之盟成立,已经消除了东进的无后顾之忧,耶律隆绪为树立帝位的权威,决定"吊民伐罪",出征高丽。

1010年夏五月,辽圣宗以高丽生"康兆之变"与和州防御郎中柳宗诱杀来朝女真95人为由②,要求高丽归还所赐江东六州,亲率40万大军,东讨高丽。高丽以被封为让国公的康兆为行营都统使,李铉云与兵部侍郎张延佑为副统使,率兵30万于通州(宣川西北方)布阵迎敌。十一月,辽圣宗之步骑"义军天兵"强渡鸭绿江、进击兴化镇。高丽守将都巡检使杨规、镇使户部郎中郑成婴城固守。辽军久攻不下,遂留20万兵屯于义州南50里之麟州,继续围困兴化镇,以20万主力南下进攻通州。耶律隆绪移辽军于铜山(铁州)下,康兆引兵出通州城南,分军为三,隔水而镇,一营于州西据三水之会,康兆在其中,一营于近州之山,一附城而营。初战,丽军屡却辽军,遂生轻敌之心。③ 结果,辽军先锋耶律盆奴破三水寨,丽军败绩,康兆与李铉云等被俘,不屈被杀,丽军"大乱";辽军乘胜追奔数十里,

---

① 《高丽史·卷八十二·志第三十六·兵二》镇戍条。
② 今人陈述辑校之《全辽文·卷一》载《将伐康肇谕群臣诏》称:"高丽康肇弑君,大逆也,宜发兵问罪。"同卷另载《致高丽问罪书》又曰,追问高丽"东结构于女真,西往来于宋国,是欲何为?"见陈述辑校:《全辽文》,北京:中华书局,1982年。
③ 《高丽史·卷一百二十七·列传第四十·叛逆一》康兆条。

被丽军左右骑兵将军金训、金继夫之伏兵阻截于缓项岭。暂时后退的辽军对兴化镇与通州守军诱降无效后，南下进攻郭州，主将夜逃，副将战死，城陷。辽军除留六千人驻守外，余皆南下。此时，高丽杨规将军自兴化镇率兵七百余人至通州，收兵一千，夜袭郭州，"悉斩"留城辽军，并徙城中丽民于通州城固守。① 郭州战役的胜利，完全切断了辽军与其后方的联系，对最后战胜辽军具有重要战略意义。经此一役，西京势力在国家政治生活中的地位遭到致命打击。

同年底，另一支由乙凛统率的辽军陷清川江安北都护府，陷肃州，逼近西京。民众遂推统军录事赵元为兵马使，聚集兵力守卫城池。辽军见攻西京不克，遂"解围而东"。于是，开京上下惊恐万分，国王与后妃南逃平州，后又至扬州，遂遣河拱辰等奉表往辽营乞和。② 次年一月，辽军入开京，焚烧宫殿、民房③；显宗至广州时，闻高丽请和使臣河拱辰被执，文武大臣惊惧散走，王询又南逃罗州。辽军占领开京 10 日之际，出于补给困难，遂借丽方请和之机，以高丽归还江东六州和国王入觐为条件开始撤军。④ 在后撤的过程中，辽军不断遭到丽军袭击。一月十七日，丽军别将金叔兴、中郎将保良偷袭了退至龟州的辽军；随后，杨规又多次重创辽军的前锋，在余里站的战斗中，丽军"三战皆捷"，旬月共夺回被俘人员三万余口，最后因辽军主力"奄至"，杨规与金叔兴"终日力战，兵尽矢穷，俱死于阵"⑤。辽军受丽军诸将的轮番打击，又遇滂沱大雨，马驼疲乏，甲仗皆失，便于一月二十九日，渡鸭绿江回师北返。及辽军半渡至江心，兴化镇使郑成率部奇袭其后，辽兵葬身于鸭绿江者甚众，以致"兵败多不还者"⑥。第二次丽辽战争中高丽虽遭重创，伤亡惨重，最后却

---

① 《高丽史·卷九十四·列传第七·杨规》。
② 《高丽史·卷四·世家第四·显宗一》显宗元年十一月甲戌条。
③ 《辽史·卷十五·圣宗》统合二十八年十一月乙酉条。
④ 《高丽史·卷九十四·列传第七·河拱辰》。
⑤ 《高丽史·卷九十四·列传第七·杨规》。
⑥ （清）徐松辑：《宋会要辑稿·藩夷二·辽下》。

以辽军惨败而告终。

四、第三次丽辽战争

统合末年辽丽之战后,为"取六州旧地"①,辽不断遣使高丽交涉。同时,两国围绕高丽王入觐问题也发生争执。为向高丽施加压力,显宗二年(1011)十二月辽居然杀死了扣为人质的请和使节河拱辰。据记载,显宗三年四月,辽圣宗诏高丽王"亲朝";六月,显宗"遣刑部侍郎田拱之如契丹,夏季问候,且告王病不能亲朝。丹主怒,诏取兴化、通州、龙州、铁州、郭州、龟州等六城"。四年三月戊申,"契丹使左监门卫大将军耶律平行来,责取兴化等六城"。五月壬寅,女真引契丹兵将渡鸭绿江,高丽大将军金承渭将其击退;秋七月戊申,"契丹使耶律平行复来索六城"。②

1014年五月,辽圣宗"诏国舅详稳萧敌烈、东京留守耶律团石等造浮梁于鸭渌江,城保、宣义、定远等州"③。六月,奉使契丹的高丽使臣被扣辽国;八月,"遣内史舍人尹征古如宋,献金线织成龙凤鞍幞、绣龙凤鞍幞各二,良马二十二匹,仍请归附如旧"。宋真宗诏山东"登州置馆于海次以待之"。显宗试图改变对外政策的动向,势必进一步恶化辽丽关系。是年九月丙申,"契丹遣将军李松茂又索六城。冬十月己未,契丹遣国舅详稳萧敌烈来侵通州、兴化镇,将军郑神勇、别将周演击败之,斩七百余级,溺江者甚众"。其六年春正月,"契丹作桥于鸭绿江,夹桥筑东西城,遣将攻破不克。癸卯,契丹兵围兴化镇,将军高积余、赵弋等击却之。甲辰,又侵通州……己亥,契丹侵龙州。……夏四月庚申,契丹使将军耶律平行来,又索六城,拘留不遣。……九月甲寅,契丹使监门将军李松茂来索六城。己未,契丹来攻通州。癸亥,兴化镇大将军郑神勇、别将周演……等引

兵出契丹军后，击杀七百余级，神勇及六人死之。丁卯，契丹攻宁州城，不克尔退。庚午，大将军高积余、将军苏忠玄……等追击，死之。丹兵虏兵马判官王佐、录事卢玄佐而去"。"是岁（显宗六年），契丹取宣化、定远二镇，城之。遣民官侍郎郭元如宋献方物，仍告契丹连岁来侵。"高丽盼望在形势"倾危之际"，北宋能"预垂救急之恩"。①但是，这期间的宋丽关系反复出现剧烈震荡，受到严重削弱的北宋，无力对丽辽关系产生有效影响。

上述史料表明：经过第二次战争，丽辽之间领土之争的焦点有了变动。1012 年以来，辽国与高丽的交涉只限于"六城"，即辽要求高丽无条件地把鸭绿江以东的六城归还于辽，"这实际上意味着辽国已经放弃了对安州以南的领土的要求"②。在第一次战争期间，双方全权使节和谈中，高丽坚持以驱逐女真人、领有以上六城为"修朝聘"的先决条件，辽方坚决不允，"六城问题"没有结论。然而，事后，高丽廷臣徐熙奏请高丽国王曰："与萧逊宁约荡平女真，收复旧地，然后朝觐可通。"③连续多年的交涉，六城问题毫无进展。显宗七年，丽辽关系已经达到非战不可的程度。据《高丽史》，是年春庚戌，"契丹耶律世良、萧屈烈侵郭州，我军与战，死者数万人，获辎重而归"。甲寅，"契丹使十人到鸭绿江，不纳"。高丽在拒绝与辽进行外交斡旋，恢复"行宋大中祥符年号"的同时，不断接纳脱离辽国的契丹人，仅见于《高丽史》的当年就有十二批之多。④ 次年，高丽吸引契丹人的势头有增无减。于是，辽复于八月癸巳遣将军萧合卓围攻兴化镇，"九日不克"；高丽"将军坚一、洪光、高义出战，大败之，斩获甚多"。辽在出战失利后准备进行大规模的军事行动。高丽有鉴于与辽国关系持续紧张，一方面加强备战，任命具有战略眼光的将军、内

① 《高丽史·卷四·世家第四·显宗一》显宗三年、四年、五年、六年条。
② 曹中屏：《高丽与辽王朝的领土争端与三十年战争》，陈辉主编：《韩国研究》（第十辑），第 81 页。
③ 《高丽史·卷九十四·列传第七·徐熙》。
④ 《高丽史·卷四·世家第四·显宗一》显宗七年条。

史史郎平章事姜邯赞为西北面行营督统使,促进与北宋的关系,行宋天禧年号,另一方面,于冬十月遣礼宾少卿元永如契丹"请和"①。虽然不见具体的和谈细节,鉴于不接受辽国领土要求,新的战争就难以避免。

辽圣宗开泰七年(1018)冬十月丙辰,辽圣宗以东平郡王萧排押为督统、殿前都点检萧虚列为副统、东京留守耶律八哥为都监,统兵10万发动第三次辽丽战争;高丽以姜邯赞为上元帅,以大将军姜民瞻副之,率20余万大军迎敌。姜邯赞"屯宁州至兴化镇,选骑兵万二千伏山谷中,以大绳贯牛皮塞城东大川以待之,贼至决塞发伏"②,欲一举歼灭敌军。然而,辽军先头部队遭遇大川(三桥川)之大水的阻拦,但其主力却以迂回战术,抄快捷方式"引兵直趋"开京。③ 副帅姜瞻民率丽军追击至慈州来口山(今朝鲜平安南道舍人场附近),再次给辽军以打击;随后丽军侍郎赵元部又在马滩截击辽军,"斩首万余级"。但是,这并未能阻止辽军继续南下,至次年春正月辛酉,萧排押的辽军已进抵距京城百里的新恩县。

高丽显宗命坚壁清野,收城外百姓入开京死守。丽军上元帅姜邯赞调整部署,遣兵马判官"金宗铉领兵一万倍道入卫;东北面兵马使亦遣兵三千三百人援"④。增援部队与开京守军的会师,使京城成为一座坚固的堡垒;而辽军驻扎地区的无人区化,使粮草补给无着,陷入困境。于是,辽军在致函通告其"回军"撤兵的同时,又"潜遣候骑三百余",奇袭开京。结果,辽军的这支侦察兵在开京近郊遭丽军百人夜袭队的伏击。正月底,进退维谷的辽军开始全线撤退。布满敌后的丽军到处袭击撤退的辽兵。姜邯赞指挥的丽军在涟州(今朝鲜价川)、渭州(今朝鲜宁边)一线对后退的辽军实行伏击,取得歼敌

①《高丽史·卷四·世家第四·显宗一》显宗九年十月条。
②《高丽史·卷九十四·列传第七·姜邯赞》。
③《高丽史·卷四·世家第四·显宗一》显宗九年十月条。
④《高丽史·卷九十四·列传第七·姜邯赞》。

五百余的战果。二月己丑,后退于龟州的辽军被迫与丽军决战。当时,北有姜邯赞主力的阻击,南有金宗铉的追兵,辽军受到丽军的两面夹击,处境十分险恶。为杀出一条退路,辽军被迫与姜邯赞部在龟州东郊的茶、陀二河会战,辽军诸将皆欲使高丽渡两河而后击之,都监耶律八哥独以为不可,曰:"敌若渡两河,必殊死战,乃危道也,不若击于两河之间。"萧排押从之。① 及战,"两军相持,胜败未决"。这时,金宗铉指挥的丽军及时赶到。高丽以强弩夹射。于是,"忽风雨南来,旌旗北指,"丽军乘势奋击,勇气倍增,辽军不敌,纷纷向北溃奔。天云、右皮室二军溺毙者甚众,遥辇帐详稳阿果达等诸将战死。丽军穷追不舍,辽军"涉石川(今朝鲜龟城前皇华)至于盘岭(今朝鲜龟城西北 30 里八营岭),僵尸蔽野。[丽军]俘获人口马驼甲胄兵仗不可胜数,[辽军]生还者仅数千人"②。高丽军民取得决定性胜利,朝鲜史称此战役为"龟州大捷"。

1019 年秋,战端再起,辽"遣郎君曷不吕等率诸部兵会大军同讨高丽",高丽立即遣使"乞贡方物",求和。③ 辽征战三十年了无所获,同意议和。结果,以高丽断绝与宋的关系为条件,丽辽达成和平协议。1020 年五月庚午,"王询表请称藩纳贡";高丽显宗十三年(1022)四月,辽"遣御史大夫、上将军萧怀礼等来,册王开府仪同三司、尚书令上柱国高丽王,食邑一万户,食实封一千户,仍赐车服仪物。自是复行契丹年号"。④ 此后,丽辽都调整了彼此的对应态势,外交政策更加灵活务实,双方虽然围绕保州和宣州纠纷不断,但大体维持和平相处,在边境设立榷场,进行贸易,高丽以金、银和一些工艺品交换契丹人的丹丝和畜产品。

---

① 《辽史·卷八十·耶律八哥传》。
② 《高丽史·卷九十四·列传第七·姜邯赞传》。
③ 《辽史·卷一百十五·二国外纪》。
④ 《高丽史·卷四·世家第四·显宗一》显宗十三年夏四月条。

第三节　高丽在西北地区的扩张及其
　　　　与女真人的关系

一、筑西北路"千里长城"

在三十年战争中,高丽在经济、文化、生命、财产诸方面付出了巨大代价,但换来了疆域的扩大和区域地位的提高。战后,高丽为加强西北的国防,努力恢复新领土和战区的生产,并继续向北开拓疆土。显宗十年(1019)四月,国家无偿把粮食、种子分给新溪、遂安及其附近各邑的农民。国家在春耕季节的及时支持,对备受战火蹂躏的这些地区的农业生产的恢复和发展起到了重要作用。十一月庚申,国家又"徙江南州县丁户以实象山、伊川、遂安、新恩、峡溪、牛峰等县"①,以充实因战乱锐减的人口,满足发展生产的需要。显宗十二年,国家减半安州人民欠纳的租税,免除以后两年的地租和税收。1028年正月,国家令诸道州县每年于田头种植桑苗,规定丁户每家20棵,白丁15棵,以发展蚕桑事业。1031年五月,国王令有司宣布凡国家和个人借给人民的谷物,一律免除利息,只许收回原本。1043年十二月,国家规定"公私米布贷者,身殁后勿许追征"。此后,国家又在人口政策上采取鼓励生育的方针。1047年,国家出台了"立子母停息之法"②。同时,国家还大力发展屯田事业。显宗十五年正月,国家"发西京畿内河阴部曲民百余户徙嘉州南屯田"。据高丽西北路兵马使报,至1073年四月,高丽在"长城外垦田一万一千四百九十四顷,待秋收获以资军储"③。这期间,为了防止类似三十年战争的事件再次发生,巩固西北防线并强化京城的防卫,高丽采

---

① 《高丽史·卷四·世家第四·显宗一》显宗十年十一月庚申条。
② 《高丽史·卷七十九·志第三十三·食货二》借贷条。
③ 《高丽史·卷八十二·志第三十六·兵二》屯田条。

取了一系列措施。战后,姜邯赞"以京都无城郭,请筑罗城"。显宗采纳的这个建议,令王可道督建。① 此项工程规模宏大,开京周围罗城长60余里,历时21年,于1029年八月完工。1033年八月,命平章事柳韶"创置北境关城"②;据记载,此城"起自西海滨古国内城界、鸭绿江入海处,东跨威远、兴化、静州、宁海、宁德、宁朔、云州、安水、清塞、平房、宁远、定戎、孟州、朔州等十三城,抵耀德、静边、和州等三城,东传于海,延袤千余里,以石为城,高、厚各二十五尺"。在工程进行期间,高丽加固和重修了安戎、溟州等边防要塞。这些奖励和支持战区农民,恢复、发展生产的政策与修建防御工程等措施,对巩固战争期间夺取的新区和继续向西北开拓领土,产生了积极的作用。到显宗末年,鸭绿江下游以东地区除保州、宣义、定远三地外,包括铁州、龙州(今朝鲜龙川)、义州、静州、麟州(以上三地均在今平安北道义州境内)、朔州、熙州在内的领土全部纳入高丽版图。1035年,高丽"筑长城于西北路松岭迤东,以扼边寇之冲,又城梓田,徙民实之"③。靖宗二年(1036),为加强东北地区的统治,将995年设置的境内十道中以和州、朔州等郡县组成的朔方道,改称东界;十一年后,其东界改称东北面,或东面东路、东北路、东北面,其以西地区,即高丽初所设淇西十三镇,为北界,遂有所谓两界设置;北界,后又于1102年改称西北面。④ 1044年十一月,筑定州、宣德、元兴三关;同时西起鸭绿江口、东至今咸镜南道都连浦(广浦)的北边千里长城宣告完工。残存至今的平安北道义州郡金光里的长城,其底宽14—16米,上宽3—4米,保存完好,可谓朝鲜—韩国古代历史上的伟大建筑工程。千里长城并与三关相连,使辽国在鸭绿江南岸占据的保州等城堡失去了军事上的战略地位。千里长城巩固了国防,有助于

①《高丽史·卷九十四·列传第七·姜邯赞》。
②《高丽史·卷五·世家第五·德宗》德宗二年八月戊午条。
③《高丽史·卷八十二·志第三十六·兵二》城堡条。
④《高丽史·卷五十八·志第十二·地理三》东界条。

国内局势的稳定,也对高丽日后应对女真金国的崛起和稳步向东北边境扩张疆土具有重要意义。

二、保州争端

丽辽战后,为确保其东部边境的安全和加强对女真人的统治,辽圣宗太平六年(1026)曾派遣御院判官耶律骨打出使高丽,求"假途,将如东北女真"。出于自身安全的需要,高丽显宗(1009—1031年在位)拒绝了辽借道前往女真地区的要求。1029年,契丹东京将军大延琳反辽,另立兴辽国,遣使开京乞援被拒①。高丽不愿与大延琳为伍,以道路梗塞为由"稽其贡"②,并于次年遣使北宋③。

前已论及第三次丽辽战争前,辽于1014年已取造浮梁于鸭绿江,城保、宣、义、定、远等州的措施。保、定二州位于鸭绿江东南岸(今朝鲜平安北道西北部),是高丽在辽赐予"鸭绿江东数百里地"所建"六城"之外,辽重新修筑的州城。④ 战后,辽以定远军、怀远军、保宁军戍守,由鸭绿江浮桥连接起来、以来远城为中心的防线成了扼高丽继续西进的天险屏障。

1031年五月辛未,显宗薨,太子王钦秉政。是年冬,即将即位成为高丽第九代王的德宗采纳门下侍郎王可道的建议⑤,对辽取强硬政策,相继遣工部郎中柳乔、郎中金行恭等如辽,以其所修筑鸭绿江浮桥及保州城构成对高丽的威胁为由,"表请毁鸭绿城桥,归我被留行人"。据载,辽开泰(1012—1020)中,辽"作桥于鸭绿江,夹桥筑

---

① 金毓黻:《渤海国志长编·卷十三》有所谓大延琳遣使高丽乞援"高丽发兵攻辽鸭绿江东畔"之说,不见古文献记载,不实。
② 《辽史·卷十七·圣宗纪》太平九年八月条。
③ 《宋史·卷九·仁宗纪一》天圣八年条。
④ 《高丽史·卷五十八·志第十二·地理三》记载:"义州,本高丽龙湾县,又名和义。初,契丹置城于鸭绿江东岸,称保州。文宗朝契丹又设弓口门,称抱州(一云把州)。"《新增东国舆地胜览》《大东地志》所记与《高丽史·地理志》记载相同。据此可知:保州,也称"抱州"或"把州",确为契丹所修建。
⑤ 详见《高丽史·卷九十四·列传第七·王可道》。

东西城",东为宣义,西为来远,显宗遂"遣将攻破,不克"①。于是,"高丽又于鸭绿江东筑城,与来远城相望,跨江为桥,潜兵以固六城"②。高丽的上述要求被拒后,德宗遂停止向辽派遣"贺正使",拒绝使用新帝辽兴宗的景福年号,积极备战,欲以武力夺取保州。辽针锋相对,把德宗的使节"李礼均等八人"全部扣"留不还"。此后,双方边境冲突不断,高丽还奖励"抄掠丹兵"有功将校。作为报复,辽派兵"侵静州"③。辽军的袭击威胁着正在推进的"北境关城"的兴建。1034 年九月,德宗薨,其弟平壤君王亨继位,是为靖宗(1034—1046 年在位)。次年五月,辽以来远城使的名义向高丽兴化镇送达牒文,责问高丽为何在平定大延琳多年后不但仍不来朝贡,反而"累石城而拟遮大路,竖木寨而欲碍奇兵"。高丽随即回牒辩解,表明其所为"非欲以负阻皇化"④,主动向辽示好。靖宗三年(1037)九月,辽复移"旨碟"于宁德镇,称高丽"欲载修于职贡,合先上于表章,苟验实诚,别颁俞命"。同年十二月,高丽遣殿中少监崔延嘏等出使契丹,乞修朝贡,表示谨"遵太后之遗言,固为藩屏……更从文轨以输诚,永效梯航而展礼"⑤。次年正月,辽遣马保业等出使高丽;八月,"始行契丹重熙年号",双方关系和好如初。但是,高丽仍视辽所控制保州等城为威胁,继续以影响农耕等各种理由,请"罢鸭江东加筑城堡"。⑥

　　1046 年五月丁酉,靖宗王疾弥留,召弟乐浪君徽权总国事,待其薨,徽继位为文宗。文宗时期(1046—1083)是高丽之盛世。国王"躬勤节俭,进用贤才,爱民恤刑",以至"国富,大仓之粟,陈陈相因,

---

①《高丽史·卷四·世家第四·显宗一》显宗六年春正月条。
②《续资治通鉴长编·卷七十四》大中祥符三年十一月壬辰条。
③《高丽史·卷五·世家第五·德宗》德宗二年冬十月丁未条。
④《高丽史·卷六·世家第六·靖宗》靖宗元年六月条。
⑤《高丽史·卷六·世家第六·靖宗》靖宗三年十二月丁亥条。
⑥《高丽史·卷六·世家第六·靖宗》靖宗五年二月丁卯条。

家给人足,时号大平"①。执政者更加自信,为扩大统治基础,其二年十月,在严格"各州县副户长以上孙、副户正以上子,欲赴制述、明经业者……审考"的同时,强调"若医业须要广习,勿限户正以上之子,虽庶人非系乐工杂类,并令试解"②。在官制方面虽大体沿袭成宗之制,但开始对有功的大臣定勋封爵③,并以"重宗法,一民心"与"立嗣必子"的原则改革宗法制度。④ 同时,大力推行屯田,至其二十七年仅"长城外,垦田一万一千四百九十四顷",以实军储。⑤

国家强盛增强了高丽对女真人的吸引力和应对外部环境的自信心。此期间,来自"东北边十五州"的女真人,人数不等地"相继归附","向化来投",求获"改名赐职"。文宗则顺势颁布告文,"制曰……愿置郡县",予以羁縻,使其"永为藩翰"⑥。

文宗九年(1055),王徽依本国都兵马使的建议,以辽在保州设置弓口门和邮亭,"材石既峙,边民骚骇"等为由,致书辽东京留守,交涉"还前赐地,其城桥弓栏亭舍悉令毁罢"⑦。如前所指,保州不在辽赐地范围内,所谓"还前赐地",纯属无中生有,当即被东京留守驳回。但是,高丽的土地要求日益引起辽的注意。文宗二十九年(1075)七月,高丽接到"辽东京兵马都部署奉枢密院箚子,移牒请治鸭江以东疆域"。这意味着辽在高丽持续不断的压力下,已经决定

---

①《高丽史·卷九·世家第九·文宗三》文宗三十七年尾李齐贤之赞语。
②《高丽史·卷七十三·志第二十七·选举一》科目一条。
③《高丽史·卷七十七·志第三十一·百官二》称:"勋:勋二阶,有上柱国、柱国,文宗定上柱国正二品,柱国从二品。……爵:爵五等,有公侯伯子男,文宗定公侯国公,食邑三千户,正二品;郡公食邑二千户,从二品;县侯,食邑一千户;县伯,食邑七百户。开国子,五百户,并正五品;县男,三百户,从五品。"
④ 其一,"制曰,书云:一人元良,万邦以贞。太子国之本也,定立储副,嫡庶有别,所以重宗统、一民心也。凡有国家者,惟此为急。延德宫妃长子烋,可改名勋,立为太子"。见《高丽史·卷七·世家七·文宗一》文宗七年十一月己丑条。其二,"册勋为王太子,册曰:……立嗣必子,历百世而不磨,是为通规,匪由私爱"。见《高丽史·卷七·世家第七·文宗一》文宗八年二月癸卯条。
⑤《高丽史·卷八十二·志第三十六·兵二》屯田条。
⑥《高丽史·卷九·世家第九·文宗三》文宗二十七年夏四月丙子、五月丁未条。
⑦《高丽史·卷七·世家第七·文宗一》文宗九年秋七月条。

要与高丽共同勘察和划定鸭绿江以东边界。高丽见牒大喜,立即响应。但是,丽使知中枢院事柳洪、尚书右丞李唐鉴"同辽使审定地分,未定而还"①。其中原因不见记载,大概因辽不承认保州等地是其圣宗赐予对方的土地,划界未果。

宣宗三年(1086)五月,辽、丽保州"交涉"未了,又出现了高丽反对辽在鸭绿江东保州等地复设榷场计划的纠纷。经高丽多次遣使"请罢"和"乞罢"②,宣宗五年(1088 年)十月,辽道宗遂取消了在保州建置榷场的计划;天祚帝乾统元年(1101 年)辽也应高丽的请求,罢去静州关内军营。③ 总之,辽朝后期,丽辽两国大体能照顾到对方的利益,保持了友好关系。但是,终辽之朝,保州问题一直未得解决,以至于成为日后高丽与金人交涉的一个重要问题。

三、九城之争

契丹兴起以后,高丽与辽国接壤的广大中间地带是女真人生活的地区。12 世纪初,女真开始进入联合统一和建立金国的历史进程。也是在这个时期,夺取千里长城以北的曷懒甸女真人生活的区域成了高丽王朝推行北方政策的主要目标。《金史·世纪》开篇曰:"金之先出靺鞨氏。靺鞨本号勿吉,勿吉古肃慎地也";"金之始祖讳函普,初从高(句)丽来",居完颜部;初随水草以居,迁徙不常,至五世献祖绥可,始定居于安出虎水(今黑龙江省阿什河)之侧。其子昭祖完颜石鲁始推进部族联盟。于是,"稍以教条为治,部落寖强,辽以惕隐官之"④。结果,完颜部"耀武于青岭、白山,顺者抚之,不从者讨伐之,入于苏滨、耶懒之地,所至克捷"。诏祖之子景祖乌古乃(1021—1074),"稍役属诸部。自白山、耶悔、统门、耶懒、土骨论之

---

① 《高丽史·卷九·世家第九·文宗三》文宗二十九年秋七月条。
② 《高丽史·卷十·世家第十·宣宗》宣宗三年五月、五年九月条。
③ 《高丽史·卷十一·世家第十一·肃宗一》肃宗六年八月条。
④ 按《辽史·国语解》,惕隐乃典族属官,即宗正职也。

属,以至五国之长,皆听命"。这样,今长白山、图们江、绥芬河及其以东沿海地区,朝鲜咸镜北道的一部分,都纳入了生女真部落联盟的势力范围。而辽也遂以乌古乃为生女真部族节度使予以控制。乌古乃死后,他的次子劾里钵(?—1092)、四子颇剌淑、五子盈歌相继任部落联盟首领。至完颜盈歌(追尊庙号金穆宗)任女真完颜部首领时(1094—1103),完颜部经"两世四主,志业相因,卒定离析,一切治以本部法令,东南至于乙离骨(今朝鲜咸镜南北道之间的摩天岭)、曷懒、耶懒、土骨论,东北至于五国、土隈、秃答"①。高丽建国之初,生女真的联盟势力尚未波及曷懒甸地区,原来处于渤海国控制下的女真人,受兴起了的契丹势力的影响,开始南移。

作为第一次丽辽战争的结果,高丽获得了"从安北府至鸭绿江东计二百八十里"的女真人居住区的认可。② 高丽与契丹人的政治交易,激怒了女真人。1005年春,东女真袭击登州(今朝鲜安边),"烧州镇部落三十余所"③。此后,高丽尚书左司郎中河拱辰进攻东女真,战败;和州防御郎中柳宗出于对女真人的仇恨,把寄宿于和州会馆的"来朝"的东女真95人全部杀死。女真人无奈,"诉于契丹",遂成契丹第二次进攻高丽的"发兵问罪"的理由之一。④

东女真除不断到其毗邻的高丽"献马"、贡献方物外,其氏族酋长也接受高丽授予的官职,武职者有将军、宁塞将军、归德将军、柔远将军、怀化将军等,文职者有大相、大匡、元甫、正甫、大丞等。据高丽东北面兵马使于文宗二十七年(1073)六月戊寅奏报:"自大支栟至小支栟、里应浦海边长城,凡七百里,今诸蕃络绎归顺。"其中的一次就有一千二百三十八户"请附籍"。高丽边防官员受命"不可遮设关防",但需"有司奏定州号,且赐朱记"⑤,敞开接纳。高丽大规模

①《金史·卷一·世纪》。
②《高丽史·卷三·世家第三·成宗》成宗十三年二月条。
③《高丽史·卷三·世家第三·穆宗》穆宗八年春正月条。
④《高丽史·卷四·世家第四·显宗一》显宗元年五月甲申条。
⑤《高丽史·卷九·世家第九·文宗三》文宗二十七年条。

地吸收女真人措施的推行,标志着高丽对女真人的政策已经从城堡推进,过渡到敞开关门,并与即将兴起的黑水女真争夺曷懒甸地区人口的阶段。

　　高丽的新政策并不成功。作为渔猎民族的女真人难以适应定居的高丽社会生活,其中一些部落会在高丽、契丹政权管辖区域游走不定。故,如高丽名臣尹瓘(?—1111)和旁观者宋人所言,"女真本靺鞨遗种,隋唐间为高句丽所并,后聚落散居山泽,未有统一。其……虽或内附,乍臣乍叛"①,"叛服不常"②。1080 年十二月,"东蕃作乱",高丽王连忙派中书侍郎平章事文正判、行营兵马同知中枢院事崔奭、兵部尚书廉汉等将官率步骑三万,分路进击,"擒斩四百三十一级"③,以铁血政策镇压了东女真人的反抗。事后,高丽进一步加强了对女真人的控制。次年五月,东女真酋长陈顺等二十三人来开京"献马",针对这个事件,高丽出台了新的管理制度,规定"凡蕃人④来朝者,留京毋过十五日,并令起馆以为永式"⑤。文宗三十六年(1082)八月,高丽又把反抗的"东蕃贼首张向等十四人"发配于"山南远地"。经过这两起事件,以后的二十年间,虽间或出现东女真"来朝""献马"者,但"内附"见于记载者仅有肃宗六年四月一例。1102 年四月甲辰,东女真最强大的一支完颜部酋长盈歌的使臣来到开京,此事件标志着正把统一女真各部的事业推向曷懒甸地区的完颜部女真对高丽事务的关心。

　　曷懒甸即曷懒河流域,原系渤海国南京之南海府所辖之地。《辽史》称,辽兴宗重熙十五年(1046)二月丙寅,"蒲卢毛朵界曷懒河

①《高丽史·卷九十六·列传第九·尹瓘》。
②(宋)徐梦莘辑:《三朝北盟会编·卷三》重和二年正月十日条。
③《高丽史·卷九·世家第九·文宗三》文宗三十四年十二月条。
④ 高丽视女真为蕃,把今平安道地区的女真称为西女真或西蕃,把居今咸镜道一带的女真称作东女真或东蕃。
⑤《高丽史·卷九·世家第九·文宗三》文宗三十五年五月条。

户来附,诏抚之"①。有学者认为曷懒河应为咸兴以北的城川江。在此以北和以西,分布着长白山女真三十部,蒲卢毛朵部媾、长白山女真为东女真或东北女真。因此,曷懒甸当是高丽千里长城以北的广大地区,其具体方位是今咸镜南道南起定平长城东北到咸关岭的地区,"其地方三百里,东至于大海,西北介于盖马山,南接于长、定二州"②,即山川秀丽,土地膏腴的今广义的咸兴平原。

完颜盈歌的使臣首次访问王京并没有引起高丽王廷的注意。肃宗八年(1103)秋,国王王颙通过现已返京、曾长期侨居完颜部女真地区的高丽医者知悉:"女真居黑水者部族日强,兵益精悍。"肃宗始通使女真,认真对待。此前,盈歌攻破举兵叛辽的萧海里,献其首级于辽,并报捷于高丽;于是,肃宗再次"使人贺之,盈歌遣其族弟斜葛报聘,王待之甚厚"。③ 但是,高丽不愿看到在其北方兴起另一个新的强大势力,竭力阻止女真人统一。据《金史·高丽传》记载,"曷懒甸诸部尽欲来附,高丽闻之,不欲使来附,恐近于己而不利也,使人邀止之"④。肃宗九年"正月辛巳……东女真酋长乌雅束与别部夫乃老有隙,遣公兄之助发兵攻之,骑兵来屯定州关外"⑤。乌雅束是穆宗盈歌之侄,是年秋继任完颜部第十任联盟酋长。上文所谓"别部夫乃老"者,盖系不愿加入女真完颜部的东女真部落之一。另一记载说:"在甲申年间,弓汉村人不顺,太师(盈歌)指谕者,举兵惩之。""甲申年",当高丽肃宗九年。上文所谓"有隙"和"不顺",均属高丽"使人邀止之"的后果。出使高丽和往来曷懒甸的斜葛"具知其事",了解其中的症结。于是,女真将石适欢派去抚纳曷懒甸人。石适欢"以星显统门之兵往至乙离骨岭,益募兵趋活涅水,徇地曷懒

---

①《辽史·卷十九·兴宗二》兴宗十五年四月甲戌条。

②《高丽史·卷九十六·列传第九·尹瓘》。

③《高丽史·卷十二·世家第十一·肃宗二》肃宗八年秋七月条。

④《金史·卷一百三十五·高丽》。

⑤《高丽史·卷十二·世家第十二·肃宗二》肃宗九年春正月条。

甸,收叛亡七城"①。公兄之助发兵与石适欢的行动,是完颜部女真对高丽破坏行动的有力反应。肃宗随即于同月癸未派门下侍郎平章事林干判东北面行营兵马事,赴前线守备。②

在此期间,高丽采取了一系列挑衅和欺诈行为。首先,丽军为弄清女真人的意图,"诱执酋长许贞及罗弗等,囚广州拷问",知其"果谋我也,遂留不遣"③。接着,又假意提出谈判,当曷懒甸官员前往"议事"时,丽则反目,拘留女真使者,以"无与尔事"加以拒绝,并使"五水之民皆附于高丽,团练使陷者十四人"④。当时,高丽边将均以为"女真虚弱不足畏,失今不取,后必为患"。于是,林干"邀功引兵深入"。⑤ 结果,丽军大败,女真军"杀获甚众,追入其境,焚略其戍守而还"。⑥ 林干等遭弹劾,被罢官。枢密院使尹瓘被任命为东北面行营兵马都统,与女真军继战。石适欢统帅的女真军以五百人御于辟登水,以牺牲三十余人的代价,使丽军"陷没死伤者过半",逐其残众逾境。高丽方面士气低落,"军势不振,遂卑辞讲和,结盟而还"⑦,并遣返女真的十四团练和六路使人。从此,完颜部女真取得了高丽千里长城外地区的管辖权,长白山女真三十部完全归于其统辖之下。

战后,肃宗接受了因战败而降职的尹瓘的建议,决定取"休徒养士,以待后日"之方针,举全国力量,组建"别武班"⑧。于是,整个高丽王国完全被置于战备状态。1107年秋,睿宗王俣向两府大臣取出藏于重光殿佛龛的肃宗的"誓疏",动员出师北伐。是年十月,尹瓘与吴延宠被任命为正副元帅,准备选定最佳时机向女真发动大规模

---

① 《金史·卷一百三十五·高丽》。
② 《高丽史·卷十二·世家第十二·肃宗二》肃宗九年正月条。
③ 《高丽史·卷九十六·列传第九·尹瓘》。
④ 《金史·卷一百三十五·高丽传》。
⑤ 《高丽史·卷九十六·列传第九·尹瓘》。
⑥ 《金史·卷一百三十五·高丽传》。
⑦ 《高丽史·卷九十六·列传第九·尹瓘》。
⑧ 《高丽史·卷九十六·列传第九·尹瓘》。

地袭击。事前,高丽扬言要履行"取亡命之民"的前约,遂绐谓女真,"将放还许贞、罗弗","使至境上受之",实设伏以待。十二月丙申,乌雅束"以为信然",遂遣完颜部阿聒、乌林荅部胜昆至境上,而本人畋于马纪岭乙支村以待之。然至阿聒与胜昆及境上,尹瓘背信杀之①,随即十七万丽军,分本军、左军、右军、中军、水军五路,从定州向女真人居住的曷懒甸地区杀去。女真人猝不及防,纷纷北撤,"一战以决胜否"者,终不免英勇战死,或老幼男女"自投岩石"。高丽随即在占领区"定地界",筑雄、英、福、吉四州城;不久,高丽遂"新置六城,一曰镇东军咸州大都督府,兵民一千九百四十八丁户,二曰安岭军英州防御使,兵民一千二百三十八丁户,三曰宁海军雄州防御使,兵民一千四百三十六丁户,四曰吉州防御使,兵民六百八十丁户,五曰福州防御使,兵民六百三十二丁户,六曰公崄镇防御使,兵民五百三十二丁户"②。睿宗三年三月,尹瓘"又筑宜州、通泰、平戎三城,徙南界民以实新筑九城"③。九城之地界"东至火串岭,北至弓汉岭,西至蒙罗骨岭"。据《高丽史》记载,睿宗二年末,有东女真 3230 人"来附"高丽。实际上,他们大部是被迫接受丽军的统治的,女真人没有停止战斗。次年二月,女真围攻雄州;三月,女真又"来屯英州"。

当时,在出兵抵抗问题上不少女真部落联盟里的首领担心辽廷干涉,疑迟不决。阿骨打力排众议,坚持出兵,认为"若不举兵,岂止失曷懒甸,诸部皆非吾有也"。④ 乌雅束支持主战派的主张,命斡赛领兵出战。"斡赛将内外兵,劾古活你苗、蒲察狄古乃佐之。高丽兵

---

① 《金史·卷一百三十五·高丽》。《金史·卷六十五·斡赛》亦说:"久之,高丽杀行人阿聒、腾昆,而筑九城于曷懒甸。"但是,《高丽史·卷九十六·列传第九·尹瓘》则说:"遣兵马判官崔弘正、黄君裳入定、长二州,绐谓女真酋长曰:国家将放还许贞、罗弗等,可来听命。设伏以待。酋长信之。古罗等四百余人至,饮以酒醉,伏发歼之;其中壮黠者五六十人,至关门持疑不肯人,使兵马判官……分道设伏。"

② 《高丽史·卷九十六·列传第九·尹瓘》。

③ 《高丽史·卷十二·世家第十二·睿宗一》睿宗三年三月己卯条。

④ 《金史·卷一百三十五·高丽》。

数万来拒,斡赛分兵为十队,更出迭入,遂大破之。"①斡赛的代理"斡鲁亦对筑九城与高丽抗,出则战,入则守,斡赛用之,卒城高丽"②。1108年二月壬辰,"女真围雄州";甲午,以尚书柳泽为咸州大都督府使,置英、福、雄、吉四州及公崄镇防御使;戊申,"尹瓘以平定女真新筑六城,封表称贺立碑于公崄镇以为界至。"三月,"尹瓘又筑宜州、通泰、平戎三城,徙南界民以实新筑九城。"③四月,女真"设栅围雄州"。五月起,丽军与女真军于雄州、宁仁镇、咸州、英州、吉州、沙至岭等战场展开激战,双方均有重大伤亡,高丽兵马判官庾翼、将军宋忠、神骑军朴怀节等战死。1109年春正月,高丽东界行营兵马录事王思谨、河景泽等战死于咸州。五月,女真军袭击宣德镇,围攻吉州(咸兴郡德山面上岱里山城址);六月,丽军副指挥吴延宠引兵前往救援,行至公崄岭(咸兴郡德山面大德里山城址)遭女真军的伏击,丽军大败,"将卒投甲,散入诸城,陷没死伤,不可胜数"④。完颜部女真反击高丽的军事进攻、收复失地的战争需顾及辽的动向,因此不愿把与高丽的战争拖得太久。故在"攻战未休、屯兵不去"的同时,也希望以和平的方法解决曷懒甸问题。所以,从1109年四月起,多次遣史显等赴高丽"款塞请和",要求归还九城。

　　吉州、公崄岭战役的失败史称"东役之败"⑤。之后,高丽必须面对现实。是年七月,高丽宰枢及台省诸司、知制诰侍臣、都兵马判官以上官员会议于宣政殿,研究归还九城问题。"群臣议多异同,王犹豫未决",礼部侍郎谏议大夫金仁存认为:"土地本以养民,今争城杀人,莫如还其地,以息民……国家不还九城,契丹必加责让,我若东备女真,北备契丹,则臣恐九城非三韩之福也。"⑥睿宗接受今仁存的

①《金史·卷六十五·斡赛》。
②《金史·卷七十一·斡鲁》。
③《高丽史·卷十二·世家第十二·睿宗一》睿宗三年二月诸条与三月庚辰条。
④《高丽史·卷九十六·列传第九·吴延宠》。
⑤《高丽史·卷十三·世家第十三·睿宗二》睿宗四年八月甲戌条。
⑥《高丽史·卷九十六·列传第九·金仁存》。

意见许还九城。随后,高丽"始自吉州以次收入九城战具、资粮于内地";女真人"喜以牛马载还吾民,遗弃老幼年男女一无杀伤"①。与此同时,女真酋长则如约设坛于咸州门外,告天盟誓向高丽朝贡。这样,曷懒甸再次回到女真人的怀抱,定(州)平(戎)长城又成为高丽与东女真的分界线。此一战役不仅遏制了高丽北扩的势头,更加快了女真社会统一的步伐。

第四节　对外关系

一、与辽朝、宋朝、金朝的关系

(一) 与辽朝的关系

高丽与辽朝的关系是在对抗中建立的,其内容主要是军事的、政治的。但是,在三十年战争结束后,两国关系虽以高丽的"称藩纳贡"为基础,政治的内容依然是其主流,但经济与文化交流日益成为双方主要追求的目标。1005 年二月,双方还"复置榷场于振武军""及保州"②。特别是 1020 年,双方确立封贡关系后,在一个相当长的时期里,高丽遣使入辽朝贡十分殷勤,两国使节往来频繁,关系相当友好。在最初的两年内,双方互派使节竟达 10 次之多。高丽每年定期向辽国朝贡,称"八节贡献";此外,除因公务不断出使契丹,于每年春夏秋冬四季遣使问候外,还要派贺千龄正旦使、贺太后生辰使、贺圣节使、万春节使、进奉使、吊慰使入辽。辽朝出使则分为两大类,常使类包括贺生辰使、赐生日使以及横宣使、横赐使、宣赐使等聘使;泛使类包括册封使、示谕使、起复使、告哀使、遣留使、赐致祭使、东京回礼使,等等。

---

① 《高丽史·卷十三·世家第十三·睿宗二》睿宗四年秋七月。
② 《辽史·卷十四·圣宗五》二十三年二月条;《辽史·卷六十·食货志下》二十三年条。

从本质上讲,朝贡是古代东亚国家间的特有的一种贸易形式。就丽辽关系正常化后的情况而言,它们之间的朝贡关系,高丽一方更多是出于无奈,与高丽建国初年因"旧慕唐风"而于"唐同光、天成中,累遣使朝贡"①和建隆、乾德年间高丽遣使冒死渡海朝宋并"行宋年号"完全不同,主要是政治上安全的需要,在经济与文化方面并无大的需求,相反辽在这方面有求于丽。当时,输往辽国的货物有两种,一是通常的进贡礼品,二是"横进",即必进的物品。据《契丹国志》卷二十一"外国贡进礼物"载,其进贡礼品有"金器二百两,金抱肚一条五十两,金钞锣五十两,金鞍辔马一匹五十两,紫花锦绸一百匹,白锦绸五百匹,细布一千匹,粗布五千匹,铜器一千斤",等等;横进贡品以农产品为主,即"粳米五百石,糯米五百石,织成五彩御衣不定数"。辽输往高丽的物品有犀玉腰带二条,细衣二袭,金涂鞍辔马二匹,素鞍辔马五匹,散马二十匹,弓箭器仗,等等。② 辽国押送回赐物品赴高丽的使节称回礼使,这些回礼使有时还以个人的名义向高丽国王献礼品。如"辽东京回礼使高遂来,遂私献绫罗彩缎甚多,王御乾德殿引见"③。辽廷对高丽的回赐与高丽贡使的物品虽不等价,但都带有双方交换的意义。两国间除官方贸易外,边境地区的私商也有日用品的交换。辽在鸭绿江东的保州有常设的榷场,尽管高丽多次撤销,但是两侧商人间的边境贸易还是能够进行的。

高丽与辽国在文化领域的交流也相当频繁,见于史书的如辽道宗咸雍八年(1072)十二月,辽赐高丽佛经一藏④;1083 年十一月,辽道宗"诏僧善知雠校高丽所进佛经",并颁行全国。⑤ 1099 年与 1107年,辽横宣使宁州管内观察使萧朗、高存寿也先后至高丽,以契丹

---

① 《旧五代史·卷百三十八·高丽》。
② 《契丹国志·卷二十一》外国贡进礼物条。
③ 《高丽史·卷十·世家第十·献宗》献宗元年五月条。
④ 《辽史·卷二十三·道宗纪三》咸雍八年十二月庚寅条。
⑤ 《辽史·卷二十四·道宗纪四》大康九年十一月条。

《藏经》(《大藏经》)相赠。① 由于在物质文明和文化方面,高丽的社会文化发展程度高于契丹,在物质文化交流方面,契丹的需求大于高丽,致使两国派遣使者的频率契丹超过高丽,尽管在政治上,高丽从属于契丹。据近代学者统计,辽圣宗统和四年(986)至天祚帝天庆十年(1120),辽向高丽派出使节共计 218 次,而高丽在成宗十三年(994)至仁宗元年(1123)间,向辽派出使节仅 158 次②。以睿宗八年为例,辽向高丽遣使集中在春季,即是年正月,辽国先后于乙卯、壬申、甲戌、戊寅,派崇禄卿张如晦,敕祭使永州管内观察使耶律固、太常少卿王佺,敕吊使泰州管内观察使萧迅,崇禄卿杨举直等四批使节来高丽;二月庚寅耶律固等返回时,特"请《春秋释例》《金华瀛洲集》,[高丽]王各赐一本"。高丽派往辽的使节则集中在冬季,即先后于十月壬戌、庚午,十一月庚辰、甲午、丙申,派礼部侍郎李永贺天兴节,礼部尚书洪灌、刑部侍郎金义元谢吊祭,秘书少监韩冲谢起复,工部侍郎李茂荣谢贺生辰,殿中监崔弘宰献方物,户部侍郎李资诚贺正。高丽方面使节虽多于辽,其内容主要是礼节性和贡献物品③。总之,在此之前的丽辽关系是密切的,双方人员与文化交流互有往来,对促进两国的经济、文化发展起到了积极作用。但是,随着女真人的崛起,高丽睿宗十年(1115),在辽邀高丽出兵助其进攻已经建立了"大金"国的女真时,高丽采取观望态度,次年甚至终止使用辽的"天庆"年号,改用甲子纪年,双方牢固关系走到终点。

(二)与宋朝的关系

高丽与宋朝的关系比较复杂,李氏朝鲜末叶实学思想家朴趾源在解释丽宋复交后发生的问题时,称宋朝"当时士大夫,不谅高丽之本心,反疑强邻之间谍","谓此非高丽公案,乃高丽冤案"④。

---

① 《高丽史·卷十一·世家第十一·肃宗一》肃宗四年二月丁亥条;《高丽史·卷十二·世家第十二·睿宗一》睿宗二年正月庚寅。
② 杨渭生:《宋丽关系史研究》,杭州:杭州大学出版社,1997 年,第 170—171 页。
③ 详见《高丽史·卷十三·世家第十三·睿宗二》睿宗八年诸条。
④ (朝鲜)朴趾源:《亡羊录》,载《燕岩选集》,平壤:新朝鲜社,1955 年,第 172—173 页。

960 年,发生了著名的"陈桥兵变",赵匡胤黄袍加身建立宋朝,取代后周,结束了五代十国的混乱局面。宋建隆三年(962),高丽第四代王光宗王昭遣广评侍郎李兴佑如宋献方物①,并于次年冬改行宋年号。宋太祖降制宣布以"同文轨于万方,覃声教于四海"之精神②,封高丽光宗为开府仪同三司、检校太师、玄菟州都督、充大义军使、高丽国王。于是,在宋之"怀远人悦来者"的厚往薄来的政策下,两国关系健康发展,关系密切。宋太平兴国元年(976),高丽遣金行成赴汴京入学国子监;次年,景宗遣其子元辅使宋献良马、方物和武器。979 年夏六月至 994 年,高丽几乎每年都遣使朝宋。据统计,仅丽使朝宋者就达 29 次。

但是,宋太宗赵光义"不知兵,非契丹敌手"③。10 世纪 70 年代末,契丹人的实际控制区已经达到鸭绿江北岸,高丽已深感压力之大。太平兴国四年(979),宋太宗乘攻灭北汉之势,欲"联丽制辽"进行"北伐",命太子中允张洎、著作佐郎句中正通告高丽。但是,高丽忙于西北拓土,对此呼吁反应冷淡,失了一次与宋联盟抗辽的良机。

985 年夏五月,宋太宗决定乘契丹"母后专政宠幸用事"之隙"北征",遣监察御史韩国华赍诏使丽,要求发兵,以成"迭相犄角,协比邻国,同力荡平"。成宗"恃险迁延,未即奉诏";待宋使"移檄,谕以朝廷威德","始许发兵西会"④。然而,待次年三月北宋三路大军出征时,高丽按兵不动。结果,宋军惨败,并招致屈辱的"澶渊之盟",而高丽也未幸免以难。丽辽三十年战争期间,宋丽关系反复出现剧烈震荡。994 年六月,高丽使宋"以契丹来侵乞师"。时值王小波起义的高潮期,宋无力抽身,"朝廷以北鄙甫宁,不可轻动干戈,为国生

---

① 《宋史·卷一·太祖本纪》建隆三年十一月丙子条。
② 《宋史·卷四百八十七·高丽》。
③ 毛泽东:《读脱脱等〈宋史·太宗本纪〉》,陈晋编著:《毛泽东读书笔记精讲》,南宁:广西人民出版社,2017 年。
④ 《高丽史·卷三·世家第三·成宗》成宗四年条;《宋史·卷二百七十七·韩国华》。

事"之故,"厚礼其使遣还"。① 995 年,高丽接受辽的册封,称藩纳贡,与宋断交。咸平三年(1000)六月,鉴于契丹压力的缓解,高丽又遣使汴京;受到削弱的北宋,无力对丽辽关系产生影响,高丽处于"国人思慕华风,为契丹劫制之状"。1029 年,契丹东京将军大延琳反辽,另立兴辽国。次年,高丽遣使北宋②,但不见后续互动。自1022 年王询接受辽的册封,"复行契丹年号"③起,大约 43 年时间里,丽、宋间基本处于"绝通"状态。鉴于丽辽文化与社会发展水平上的差异,高丽君臣在心理上一直处于"臣而不服"的状态。宋宣和年间,宋出使高丽的使团随员曾回顾道:高丽"附北虏者,常以困于兵力,伺其稍弛,则辄拒之。至于尊事圣朝,则始终如一。"④

文宗时期(1046—1083),高丽内政与文化方面多有建树,对外贸易亦显活跃,但外交方并无起色。王徽亦"欲于耽罗及灵岩伐材造大船,将通于宋。内史门下省上言:国家结好北朝,边无警急,民乐其生。以此保邦上策也。昔庚戌之岁,契丹问罪书云:'东结构于女真,西往来于宋国,是欲何谋?'又,尚书柳参奉使之日,东京留守问南朝通使之事,似有嫌猜。若泄此事,必生衅隙……况我国文物礼乐兴行已久,商舶络绎,珍宝日至,其于中国实无所资。如非永绝契丹,不宜通使宋朝"⑤。"绝通"期间,丽、宋间的民间商人频繁的贸易往来使高丽大臣不愿支持文宗的想法。

澶渊之盟后,宋辽间虽无大仗,却一直对峙,更因西部大夏(1038—1227)兴起的牵制,宋仁宗(1023—1063 年在位)一直没出台明确的对丽政策,君臣们虽时有联丽制辽的动议,也终因没有行动

---

①《宋史·卷四百八十七·高丽》。
②《宋史·卷九·本纪第九·仁宗一》天圣八年条。
③《高丽史·卷四·世家第四·显宗一》显宗十三年夏四月条。
④(宋)徐兢:《宣和奉使高丽图经·卷四十》。
⑤《高丽史·卷八·世家第八·文宗二》文宗十二年八月乙巳条。

而胎死腹中。辽兴宗重熙十一年（1042）初冬所谓"宋国誓书"[①]后，1044年秋，富弼曾上河北守御十二策，总十三条，建议与高丽相约，"高丽其举兵相应，表里夹击，契丹败，则三韩之地及所得人民府库，尽归高丽，我秋毫不取，但止复晋所割故地耳"[②]，以实现联丽制辽之态势。然而，鉴于高丽视事辽为"保邦上策"，且当时正值高丽靖宗、文宗交替时期，而宋辽危机也已渡过，两方均未采取任何实际步骤。

庆历新政失败后，宋神宗起用王安石主政，对外政策出现了调整。与契丹人领土摩擦的压力，要求高丽改变一边倒的政策，宋丽关系出现转机。1069年，"泉商黄谨往高丽，馆之礼宾省，其王云：自天圣后职贡绝，欲命使与谨俱来"。神宗闻报许之，高丽遂遣金悌入贡。"高丽复通中国自兹始。"[③]于是，中断近半世纪的宋丽使节往来得以恢复。

重建宋丽关系，民间商人发挥了重要作用。当时，民间贸易很活跃，特别是元丰八年（1085）宋廷取消赴高丽通商禁令后，高丽更鼓励宋商来丽贸易，开京特设清州、忠州、四店、利宾等四个招待宋商的宾馆。同时，高丽商人去北宋贸易也得到政府的支持。因此，尽管两国间没有使节往来，但宋丽民间贸易相当频繁，规模亦很大。几乎每年都有大批宋商赴高丽贸易。如文宗九年（1055），仅寒食这天国家出面宴请的宋商就有叶德宠、黄拯、黄助等三批共240人。

根据《高丽史》载，宋丽复交主动者是宋。高丽文宗二十二年（1068）秋，"宋人黄慎来见，言皇帝召江淮两浙荆湖南北路都大制置发运使罗拯曰：高丽古称君子之国……今闻其国主贤王也，可遣人

---

① 辽兴宗重熙十年二月，辽闻宋于两国边境设关河治壕堑，恐为"边患"，遂借宋对西夏战争失利之际，向宋施压，谋取周世宗时收复的瓦桥关以南十县之所谓"旧割"之地。迫于实力不济，最后以"宋岁增银、绢十万两、匹，文书称贡"屈辱的"誓书"方式结束危机。详见《辽史·卷十九·兴宗二》兴宗十年、十一年各条。
② 转引自李裕民编：《宋高丽关系史编年·续五》，"庆历四年（靖宗十年，1044）六月富弼上河北宁御十二策"，载《城市研究》1998年第4期，第61页。
③ 《宋史·卷三百三十一·罗拯》。

谕之。于是，拯奏遣慎等来传天子之意。王悦，馆待优厚"。两年后，复遣慎使丽。1071年三月，遣民官侍郎金悌奉表如宋。① 《宋史》高丽传也持此说，但其《罗拯传》则说是高丽礼宾省首先通过泉商向江淮发运使罗拯传递此等意向。② 实际上，如高丽礼宾省公状所云，其建国以来"素愿梯航相继。蕞尔平壤，迩于大辽，附之则为睦邻，疏之则为勍敌"，不得已与宋断交。③ 而今国力恢复，结束对辽一边倒的困局，发展与宋的官方关系以提升其国家地位，自然是高丽梦寐以求的事情。

有关《高丽公案》的记述则有所不同，称："元祐五年二月十七日，见王伯虎炳之言：'昔为枢密院礼房检详文字，见高丽公案。始因张诚一使契丹，于房帐中见高丽人，私语本国主向慕中国之意，归而奏之，先帝始有招徕之意。枢密使吕公弼因而迎合，亲书札子乞招致，遂命发运使崔极遣商人招之。'天下知非极，而不知罪公弼，如诚一，盖不足道也。"④ "公案"者，即处理事务的案卷。这份案卷谈到了神宗年间与高丽交往的"启动"经过。话中倾向否定宋丽复交，认为责任在吕公弼。张诚一是武资官，曾任枢密副都承旨，为高丽来使馆伴，职任虽非很高，但当时颇受神宗信任。《石林诗话》云："高丽……至元丰初，始遣使来朝。神宗以张诚一馆伴，令问其复朝之意。云：其国与契丹为邻，每因契丹诛求藉不能堪。国主王徽，常诵《华严经》祈生中国。一夕，忽梦至京师，备见城邑宫阙之盛，觉而慕之，为诗以记曰：'恶业因缘近契丹，一生朝贡几多般。移身忽到中华里，可惜中宵漏滴残。'"⑤《高丽公案》所云，中外史书不见记载。王虎炳元祐二年（1087）为校书郎，后为知饶

①《高丽史·卷八·世家第八·文宗二》。
②《宋史·卷三百三十一·罗拯》。
③《宋史·卷四百八十七·高丽》。
④（宋）苏轼：《东坡志林·卷三·夷狄》高丽公案条。
⑤（宋）叶梦得：《石林诗话·卷二》；另见于《石林燕语·卷二》，北京：中华书局，1984年，第28—29页。

州、刑部员外郎、都官郎中，其言似语出有据。情况似是：约 1071 年春之前某日，高丽如辽使向使辽宋使张诚一透露本国主慕华之意，神宗闻奏，使吕公弼命发运使崔极遣宋商向丽方传递"乞招"之意在先，《宋书》高丽传和《罗拯传》所言在后，从而构成一个完整的复交启动过程。

丽宋复交对文宗进行"更定田柴科"、礼仪改革和提升高丽在东亚的区域地位创造了有利的环境，也有助于北宋对辽的牵制和处理对西夏的关系。但是，高丽固守等距离外交，宋与丽关系始终没有发展到战略结盟的高度。

北宋恢复与高丽的关系有战略上的考虑。元丰三年（1080）七月，高丽户部尚书柳洪等回国，神宗附敕八道，褒扬中突出高丽"宅彼辽左，式是海东"，"守邦有载，效职匪纾"，"祇慎一德，柎循三韩"[1]之战略地位与维护东亚稳定之功用。1074 年，高丽向北宋政府上表"求医药、画塑之工以教国人"，神宗诏福建转运史罗拯承办[2]。1075年，又发生"泉州商人傅旋持高丽礼宾省帖，乞借乐艺等人"[3]。1079年，应高丽国王文宗的请求，宋帝遣大臣王舜封"挟医往诊治，"[4]随行人员达 88 人，"兼赐药一百品"。接着，同年八月又有宋商林庆等 29 人来丽贸易[5]。于是，在宋朝朝廷的推动下，此后使臣往来、商人贸易和各种文化交流持续不断。

但高丽不愿因与宋而伤害与辽的关系。复交后，高丽来华"使者发币于官史，书称甲子"，并"不禀正朔"[6]，宣宗即位也照样接受辽的册封[7]。1099 年六月，丽使尹瓘等回国，宋哲宗又附敕要求高丽

---

① 《高丽史·卷九·世家第九·文宗三》文宗三十三年七月癸亥条。
② 《宋史·卷四百八十七·高丽》。
③ 李焘：《续资治通鉴长编·卷二百六十一》神宗熙宁八年三月条。
④ 《宋史·卷四百八十七·高丽》。
⑤ 《高丽史·卷九·世家第九·文宗三》文宗三十三年秋七月辛未与八月丁巳条。
⑥ 《宋史·卷三百三十八·苏轼》。
⑦ 《高丽史·卷十·世家第十·宣宗》宣宗二年十一月癸丑条。

"辅我中国,永为东藩"①,希望肃宗在推进双边关系上有新的作为。但是,北宋最终也没有看到丽方有大的举措。

宋丽关系的发展也受到宋廷内重臣间政治斗争的干扰。王安石变法之际,北宋朝廷上下依然充满保守气氛,"二十年口不言兵"②的情绪占上风,一般不重视对丽关系。新法一定程度上伤害了既得利益者,造成北宋特权上层政治上的分裂和党争。在旧党得势的"元祐更化"时期,属旧党成员的苏轼是反对加强对丽关系的典型代表。元祐四年和八年,苏轼曾两度呈奏六篇札子,另有元祐五年《乞禁商旅过外国状》一篇,发表自己的主张。元祐八年二月,身为礼部尚书的苏轼在《论高丽买书利害札子三首》中认为:国家接待丽使耗费巨大,民不胜负,有害于国家财政;所献贡品"皆是玩好无用之物";许丽使来华易泄机密,于国家安全不利;会使丽辽"阴相计构",有损外交;已为契丹藩属之高丽,与我通好,会成为契丹向我挑衅的借口。此即其疏陈通好高丽的"五害"③说。苏轼所言,有的确有其事,如《乞禁商旅过外国状》所言,他在杭州接待高丽使花费了二万四千六百余贯,而是年浙西饥荒,此银可"全活几万人"。但大多言过其实,如高丽贡品实际相当丰富、贵重,《高丽史》卷九文宗二十六年六月甲戌条,对高丽文宗当年所献贡品有详细记载,包括御衣、黄罽衫、销金红罗夹复红罽便服等服装和数十种物品,其中仅人参一项就达一千斤。但是,鉴于以往确有契丹来宋人员在华收集情报之事,对仍与辽保持紧密关系的来宋丽使的某些举动有所警惕也在情理之中。据文献记载,熙宁(1068—1077)中,高丽入贡,所经郡县悉要地图,所至皆造送。这引起北宋地方当局的警觉,其牒取之地图被扬州官吏聚而焚之。④ 使者关心所到国的某些情报可以理解,

①《高丽史·卷十一·世家第十一·肃宗一》四年六月癸未条。
②《宋史·卷三百十三·富弼》。
③《宋史·卷十七·哲宗一》元祐八年二月条。
④ (明)冯梦龙:《智囊全集·第一部上智》,"二、深谋远虑,地图贡道"。

苏轼等所谓丽人"所至游观,伺察虚实,图写形胜,阴为契丹耳目","丽辽'阴相计构'之类尤不免失之猜忌"。[①] 但苏轼的"猜忌"也是事出有因,其文集称:"昨日……又见淮东提举黄实言:'见奉使高丽人言:所致赠作有假金银锭,夷人皆坼坏,使露胎素,使者甚不乐。夷云:非敢慢也,恐契丹有觇者以为真尔。'由此观之,高丽所得吾赐物,契丹皆分之矣。而或者不察,谓契丹不知高丽朝我,或以为异时可使牵制契丹,岂不误哉!"[②]《文献通考》也说"辽使至其国,尤倨暴,馆伴及公卿小失意,辄行捽棰,闻我使至,必假他事来觇,分取赐物。"[③]但在契丹的威逼下,部分赐品流入辽也属无奈。

苏轼在《论高丽买书利害札子》中说:"高丽名为慕义来朝,其实为利。度其本心终必为北虏用,何也? 虏足以制其死命,而我不能故也"。这句话前半句是错误的,但后半句并非没有道理。高丽前期,在东北亚地区,宋丽关系通常受制于宋辽关系和丽辽关系。高丽与辽疆域相连,却与宋沧海暌隔,无急迫之利害。

苏轼之对丽政策主张与不信任固然有北宋士大夫"华夏意识"作祟,但鉴于当时宋丽辽三方之利害关系和力量对比,他以为宋朝试图利用高丽牵制契丹是在做无用之功,是头脑清醒的表现。实际上,宋丽关系之所以没有发展成军事战略联盟,根本原因是在宋辽的实力对比上,宋不占明显优势,故"高丽自不能轻率完全倒向宋朝"。[④] 有学者把11世纪北宋士人的高丽观划分为亲高丽、反高丽和中立三派,并把苏轼等划为反高丽派,这种看法并不准确。[⑤] 尽管

---

① 王永照:《苏轼研究》,石家庄:河北教育出版社,1999年,第322页。
② (宋)苏轼:《东坡志林·卷三·夷狄》高丽公案条。
③ 《文献通考·卷三百二十五·四裔考二》。
④ 王永照:《苏轼研究》,第330页。
⑤ [韩]申采湜:《苏轼的高丽观》[〈蘇軾(東坡)의 고려관〉],韩国中国学会:《中国学报》第27辑,1987年5月,第29—32页。

苏轼始终反对密切宋丽的外交关系,但并不反对两国文化交流和一般正常国家关系。例如,元丰八年(1085),高丽文宗仁孝王子僧统义天(俗名王煦,号祐世,1055—1101)访华巡礼①,其间,义天上表哲宗请传授贤首教,受到宋朝君臣高规格的礼遇。是年七月于垂拱殿受宋哲宗诏见,朝廷命主客杨杰送义天至杭州慧因寺问道净源法师,研习华严教义。苏轼曾为此作《送杨杰》诗。

1089 年,义天因净源已圆寂,遣其徒寿介等三人前来祭奠,时任知州的苏轼因怕"为国生事"而加以反对。② 足见其对待对外文化交流与外交关系是有区别的。"总体上讲,北宋并不存在真正意义上的反丽派。宋丽复交经过说明恢复邦交是两国出于战略利益的需要积极互动的结果,但复交后高丽所执行的等距离外交,对宋之高层常出现与现行政策不协调乃至反对的声音不无关系。"③不过,总体上说,初期双方都有些不协调。例如,1092 年秋,高丽尚书右仆射权知门下省事兼西京留守使李子威奉派如宋"表奏误书辽年号",遭到宋廷的拒绝,以致两年后在位仅一年的献宗王昱(1095 年在位)改"行辽寿昌年号"。次年继位的肃宗(1096—1105 年在位)遂继续践行事辽辅宋的两面政策,对此宋徽宗不仅没有"却其表",高丽使臣任懿等还"受诏于宣政殿","赐神医补救方";不久,又通过另外两位

---

① 1085 年夏,义天到达宋朝京师汴京,奉敕住启圣寺,于垂拱殿受宋哲宗诏见并奉诏从华严宗法师有诚习法,往返问道贤首、天台两宗。是年秋,哲宗准其上表并敕朝散郎尚书主客员外郎杨杰为送伴先后至金山寺参谒佛印了元禅师,参访苏州圆通寺华严僧善聪法师。在余杭,经净源法师约定,先至大中祥符寺高丽王子殿内进香,然后与杨杰同往遍福华瞻礼舍利,并定祥符寺为义天开讲规式;不久,随净源法师入住慧因寺。后又因母忧,奉高丽宣宗命于次年夏归国。临行前,义天在净源法师陪同下复至汴京向皇帝哲宗辞行。义天在华求法寻访前后时间长达 14 个月,足迹遍及鲁、苏、浙、皖、豫,离开宋廷前,还至天台山,登定光、佛龙,瞻仰祖师弘法遗迹,并书写发愿文如下:尝闻大师以五时八教释东流,一代圣言,声无不尽。本国古有谛观者,得传教观,今承习久绝。予发愤忘身,寻师问道,今已钱塘慈辩讲下承禀教观。他日还乡,尽令传扬。
② 《宋史·卷三百三十八·苏轼》。
③ 曹中屏:《高丽前期对外关系与〈高丽公案〉》,载北京大学韩国研究中心编:《韩国学论文集》2007 年第 1 期。

高丽使臣"赐（高丽）王《太平御览》一千卷"①。1110年六月，高丽王俣通过宋使王襄、张邦昌"受诏于会庆殿庭"毕，"使副就王前传密谕曰：'皇帝明见万里，谅王忠恪之诚。欲加恩数，闻王已受北朝册命，南北两朝通好百年，义同兄弟，故不复册王。但令赐诏已去权字，即是宠王以真王之礼。且此诏乃皇帝御笔亲制，北朝必无如此礼数。'"②1111—1117年间，宋丽关系更趋紧密，宋对高丽决定"升其使为国信，礼在夏国上，与辽人皆隶枢密院"③。尽管如此，直至金将灭辽，1116年四月辛未其公私文字"除去"辽天庆年号，改用甲子④，亦未用宋之"政和"。但是，丽宋关系的稳定，大大促进了双方经济、文化与人员的交流。据有关统计，在北宋存在的167年间，高丽曾遣使北宋53次，而宋遣使高丽为32次。⑤ 至于民间商人往来就更是频繁。

　　宋商一般利用七、八月份的南风季节，从明州出发北上到达高丽西部沿海，顺利时，只需十日即可往返一次。输往高丽的商品主要是茶、丝、绢、瓷器、药材、染料、香料、细笔、书籍等。两国物品的交流对促进双方的经济与文化的发展起了积极的作用。例如，古代中国的瓷器对高丽的瓷器工艺水平的提高就产生了较大的影响。高丽吸收宋汝窑、越窑的瓷器技术，在11世纪末制造出著名的高丽翡翠色青瓷。高丽的松烟墨对古代中国的制墨技术也有较深的影响。宋著名制墨家潘谷由于吸收了高丽的制墨经验，造墨时掺入高丽松烟，才制造出当时有名的潘谷墨。如前文已经指出的，书籍的交流是两国间文化交流中最引人注目的。为了发展自己的文化，统一的高丽如饥似渴地吸收北宋的文化，不断向宋请求赠书。宋亦常常满足其要求。宋赠予高丽的书籍有《九经》《史记》《汉书》《后汉

①《高丽史·卷十一·世家第十一·肃宗一》肃宗四年五月壬戌、六月辛卯条。
②《高丽史·卷十三·世家第十三·睿宗二》睿宗五年六月癸未条。
③《宋史·卷四百八十七·高丽》。
④《高丽史·卷十四·世家第十四·睿宗三》睿宗十一年夏四月辛未条。
⑤ 金渭显：《契丹的东北政策》，台北：华世出版社，1981年，第50页。

书》《三国志》《晋书》《圣惠方》《大藏经》等。元祐元年（1086），宋哲宗立，高丽宣宗遣金上琦、林暨等奉慰致贺，"请市刑法之书、《太平御览》《开宝通礼》《文苑英华》。诏惟赐《文苑英华》一书，以名马、锦绮、金帛报其礼"①。同时，北宋也从高丽进口国内缺失的中国书籍。当时，高丽官府、民间藏书风气甚浓，五代十国动乱期间散失的中国书籍，高丽却保存完好。因此，北宋也向高丽要求赠书。北宋元祐六年（1091）六月，哲宗闻高丽国"书籍多好本，命馆伴书所求目录授之，乃曰：虽有卷第不足者，亦须传写附来"以补足缺卷，所列书目共计百篇，其中包括荀爽《周易》十卷、《京房易传》十卷、《东观汉记》一百二十七卷、《古玉篇》三十卷、王方庆《园亭草木疏》二十七卷、《黄帝针经》九卷、《黄帝大素》三十卷、《古史考》二十五卷、《高丽风俗纪》一卷、《高丽志》七卷，等等②。同年六月，北宋"置国史院修撰官"③，整理国故，并设"校订医书局"，但《黄帝内经·灵枢》部分残缺不全，无法进行校订。元祐七年，宣宗"遣黄宗悫献《黄帝针经》，请市书甚众"。礼部尚书苏轼表示反对，上书皇帝"请诸书与收买金箔皆宜勿许"。哲宗没有采纳苏轼意见，仅遂"诏许买金箔，然卒市《册府元龟》以归"④。高丽获得了渴求的北宋所撰百科全书式的历史类书，而北宋有了高丽进献的版本，得以顺利完成《灵枢》的整理校订，我国重新拥有了一套全本的《黄帝内经》。元祐八年（1093）春，哲宗"诏颁高丽所献《黄帝针经》于天下"⑤。肃宗六年（1101）五月，宋赐《神医补救方》；六月，高丽使臣携宋帝特赐、本不准走出国门的《太平御览》一千卷回国⑥。北宋政和中，宋又"赐以《大晟燕乐》、笾豆、

①《宋史·卷四百八十七·高丽》。
②《高丽史·卷十·世家第十·宣宗》宣宗八年六月丙午条。
③《宋史·卷十七·哲宗一》哲宗六年六月壬辰条。
④《宋史·卷四百八十七·高丽》。
⑤《宋史·卷十七·哲宗一》哲宗八年春正月庚子条。
⑥《高丽史·卷十一·世家第十一·肃宗一》肃宗六年六月丙申条。

簠簋、尊罍等器"①。宋徽宗宣和四年(1122),北宋政府派给事中路允迪率团出使高丽,其随员建州人徐兢,根据在高丽的所见所闻,撰写成《高丽图经》四十卷,记叙了该国的政治、经济、历史、地理、文化和风俗等各方面情况,为后人研究高丽历史留下了宝贵史料。1124年,此书献给高丽。

当时,高丽有许多宋朝商人侨居,其中有的被起用为官。《宋史》曰:"王城有华人数百,多闽人因贾舶至者,密试其所能,诱以禄仕,或强留之终身,朝廷使至,有陈牒来诉者,则取以归。"②在这些被起用的华人中,比较著名的是泉州商人欧阳征。他于宋真宗大中祥符八年(1015)来到高丽,第二年就被高丽显宗授以"右拾遗"之职③。1061年,宋人萧宗明被高丽文宗任命为"权知阁门祗候"④。两国在文学、音乐、书画、雕塑、医药、算学等领域,甚至在人员方面的广泛交流,增进了两国人民的传统友谊,促进了双方社会的发展。

(三) 与金朝的关系

女真与高丽间的曷懒甸战争捍卫了女真人的世代领地,遏制了高丽向北方扩张的势头,促进了女真各部族间的联合,加速了完颜部女真统一各部的历史进程,奠定了建国的基础。1113年,乌雅束去世,其弟完颜阿骨打(1068—1123)继任完颜部落联盟酋长。翌年冬,阿骨打举兵叛辽。女真军与辽军大战于河店(今松花江北岸肇源附近),辽军大败。1115年正月,女真贵族拥立阿骨打称帝,是为太祖(1115—1123年在位)。于是,阿骨打更名旻,国号大金,改元收国,定都会宁府(今黑龙江省哈尔滨东南阿城区上京旧址),即中国历史上的金朝(1115—1234),其疆域东至今俄罗斯的远东地区,面临日本海,北至包括大兴安岭在内东北全境,西抵关中,西北与西夏

①《宋史·卷四百八十七·高丽》。
②《宋史·卷四百八十七·高丽》。
③《高丽史·卷四·世家第四·显宗一》显宗六年六月、七年正月条。
④《高丽史·卷八·世家第八·文宗二》文宗十五年十二月条。

并立,南达大散关至淮河一带,与南宋对峙。

此时,金、辽战争正酣。八月,辽遣使高丽请兵;高丽处于两难之中,睿宗"诏宰枢侍臣、都兵马判官、诸卫大将军以上,问至再三,卒无定议"①。十一月,辽复来督丽发兵,高丽仍作壁上观。高丽不介入金辽战争的态度,为建立正常的丽、金关系提供了前提。睿宗十一年(1116)闰月,高丽遣使贺金"破走辽主军";四月庚午,金遣使来聘。高丽见辽有"危亡之势",立即除公私文字辽之天庆年号,只用甲子。八年前还以"大邦为父母之国"称颂高丽的"东藩"②,现在其新主阿骨打则称:"兄大女真金国皇帝致书于弟高丽国王······契丹无道,陵轹我疆域,奴隶我人民,屡加无名之师,我不得已拒之。蒙天之祐,获殄灭之。惟王许我和亲结为兄弟,以成世世无穷之好。"③当时,虽一向视女真为藩人的高丽大臣"欲斩其使者"④,但终未发生极端行为,而且也没有公开表示异议,这表明双方已事实上建立了兄弟关系。

但是,高丽亦等来了夺取保州的机会。保州,高丽史称"抱州",即今遏鸭绿江出海口的义州,战略地位重要。当年这里是辽进入半岛的门户,为构建向朝鲜半岛进军的基地,辽开泰(1012—1020)年间,辽东京留守曾奉命造浮梁于鸭绿江,城保、宣义、定远等州。高丽针锋相对,"于鸭绿江东筑城,与来远城相望,跨江为桥,潜兵以固六城"⑤。高丽虽以此为依托伺机取保州,但摄于辽的军事、政治压力,总无机可乘。高丽宣宗年间(1084—1094),"辽欲于鸭绿江将起榷场",王运在遣使"如辽乞罢榷场"的同时,虽"遣中枢院副使李颜

①《高丽史·卷十四·世家第十四·睿宗三》睿宗十年八月庚子条。
②据《高丽史》载,睿宗四年六月,东藩"使裒弗等奏曰:'昔我太师盈歌尝言:我祖宗出自大邦,至于子孙义合归附。今太师乌雅束亦以大邦之为父母之国'"。见《高丽史·卷十三·世家第十三·睿宗二》睿宗四年六月己亥条。
③《高丽史·卷十四·世家第十四·睿宗三》睿宗十二年三月癸丑条。
④《高丽史·卷九十七·列传第十·金富仪》。
⑤《续资治通鉴长编·卷七十四》大中祥符三年十一月条。

托为藏经烧香使往龟州密备边事"①,但终未得手。收国二年,高丽见辽将亡而金立足未稳,便以向金破辽军"贺捷"为名遣使索"抱州",曰:"保州本吾旧地,愿以见还。"为不至两线作战而集中军力灭辽,金太祖阿骨打在命令边将"谨守边戍"的同时,对丽使曰:"尔自取之。"②于是,趁金军攻取辽开州,来远辽统军弃城"泛海而遁"之机,高丽于1117年春抢占了"来远、抱州二城"。③

1125年,金太宗完颜晟对辽发动了最后一击,辽天祚帝耶律延禧被俘,耶律大石西逃,在今中国新疆和中亚建立西辽(1124—1218),辽国灭亡。金国的版图扩大到辽在朝鲜半岛东北部的管辖区,高丽北方西从鸭绿江下游、东至定州(平定)长城的部分与金国为邻。次年,金兵南渡黄河直逼北宋都城汴京(开封),1127年灭北宋。后来金国与康王赵构建立的南宋以淮河—大散关一线为界,占领了中国北方的半壁江山,成为东方大国。金太宗要求把金、丽两国的兄弟关系升格为君臣关系。高丽仁宗四年(1126)三月,国王王楷(原名构,1123—1146年在位)"召百官议事金可否,皆言不可,独李资谦、拓俊京曰:'金昔为小国事辽及我,今既暴兴灭辽与宋,政修兵强,日以强大,又与我境壤相接,势不得不事,且以小事大,先王之道,宜先遣使聘问'"。权宠日盛的外戚李资谦的主张占了上风,遂于同年四月遣郑应文、李侯如金奉表"称臣";完颜晟则在回诏中称:"君父之心予已坚笃,而臣子之义,汝毋易忘。"同年九月,金太宗派宣谕使高伯淑、乌至忠等出使高丽,提出:"高丽凡遣使往来当尽循辽旧,仍取保州路,及边地人口在彼界者,须尽数发还,若一一听从,即以保州地赐之。"仁宗立即"回表谢,一依事辽旧制"④;仁宗七年十一月,遣使如金,进誓表,宣称:边鄙小邑"谨当以君臣之义,世修藩

---

① 《高丽史·卷十·世家第十·宣宗》宣宗五年二月、五月条。
② 《金史·卷百三十五·高丽》;《金史·卷六十·交聘表上》太祖收国二年条。
③ 《高丽史·卷十四·世家第十四·睿宗三》十一年四月条。
④ 《高丽史·卷十五·世家第十五·仁宗一》仁宗四年三月辛卯、夏四月丁未、九月辛未条。

屏之职"①。

但是,关于保州亡入边户的问题仍有争议。高丽仁宗八年(1130),高丽王上表乞免索保州亡入边户;既而完颜勖②上表,认为"所索户口,皆前世奸宄"辈后裔,迄今已隔世"三十年。当时壮者今皆物故,子孙安于土俗婚姻胶固,征索不已,彼固不敢稽留,骨肉乖离,诚非众愿……高丽称藩,职贡不阙,国且臣属,民亦非外。圣人行义,不责小过",力请不索保州亡入高丽户口。③ 于是,"太宗从之,自是保州封域始定。"④

尽管金、丽间已经确立了事大字小关系,且高丽立即奉金之正朔,却自1116年高丽知"辽为女真所侵有危亡之势"⑤,其公私文字除去天庆年号后一直只用甲子,而且继续保持着与宋的传统关系,只是坚持绝不"结怨于金"⑥的原则。这年七月,北宋遣使高丽,以诏责高丽"久受国恩……朕惟中国与王远隔辽海而恩礼如此,岂有他哉! 庶几艰难有以敌忾耳。王国与金相望无数百里之远,而不能荡其巢穴以报中国,岂累朝待遇殊绝之意耶!"对此责备与宋所提"率励师众,相为表里,以行天诛"的要求,高丽以"听边人之言,金人陷没契丹,遂犯上朝地界,皇帝以登祚之初,未欲殄灭,因其请和而许之。以中国之大而如此,况小国孤立,其将安恃乎!"⑦予以回绝。此后,于南宋提出借道高丽"以图迎二圣"之时,仁宗王楷亦以"大朝自有山东路,盍不由登州往?"⑧加以拒绝。

高丽严格履行事大的君臣之礼,获得了金以"至仁大德,抚字小

① 《高丽史·卷十六·世家第十六·仁宗二》七年十一月条。
② 完颜勖本名乌野,系盈歌第五子,时为金国史官,后为尚书左丞加镇东节度使。
③ 《金史·卷六十六·勖》。
④ 《金史·卷一百三十五·高丽》。
⑤ 《高丽史·卷十四·世家第十四·睿宗三》睿宗十一年夏四月辛未条。
⑥ 《高丽史·卷十六·世家第十六·仁宗二》仁宗十四年九月乙亥条。
⑦ 《高丽史·卷十五·世家第十五·仁宗一》仁宗四年秋七月条。
⑧ 《宋史·卷四百八十七·高丽》高宗二年条。

邦"①的利益。此后,丽、金关系随双方的国内形势以及金与南宋的关系的变化虽有所波动,但大体上保持和平状态,双方人员交往密切,还于青州、定州等地设置榷场贸易②。即使在12世纪70年代,高丽发生内政重大事件之时,丽、金关系亦能经受住考验。1170年,高丽发生"郑仲夫之乱",毅宗遭废,王弟翼阳公皓自立为明宗;金帝虽疑其"实篡国",却无法获取凭据,遂于两年后"赐册封"。1174年九月,西京留守赵位宠举兵叛皓,遣徐彦等96人上表,要以其控制的慈悲岭以西至鸭绿江的四十余城"内归"于金为代价,换取兵援。金世宗则答称:"位宠辄敢称兵为乱,且欲纳土,朕怀抚万邦,岂助叛臣为虐。"③同时,诏执徐彦等送高丽。事后,金颇得高丽信任。所以,自12世纪20年代起,高丽以西起鸭绿江下游,东至高丽千里长城一线作为与金国的分界线,双方相安无事,关系非常稳定,直至1234年金朝灭亡。

二、与日本的关系

高丽初年,高丽一度中断与日本的通商关系。根据日本方面的文献,太祖二十年(937),高丽似有通告建国的"国谍"到达日本④。双方的文献均无日本使臣抵达高丽的记载。这种状态是执政的日本武家政权实行锁国政策的必然结果。

10世纪,随着中国历史形成五代十国(907—979)的政局,日本仿唐制建立的律令制度亦出现危机,出现架空天皇的"摄关政治"⑤

---

① 《高丽史·卷十五·世家第十五·仁宗一》仁宗六年十二月甲戌条。
② 《高丽史·卷二十二·世家第二十二·高宗一》高宗十一年正月戊申条称:东真国来使赍牒曰"本国于青州,贵国于定州,各置榷场,依前买卖",足见此前金与高丽在上述两地设有榷场贸易。
③ 《金史·卷一百三十五·高丽》皇统十五年条。
④ 见《日本纪略》朱雀天皇承平七年八月条。
⑤ 日本平安时代(794—1192)中期的政治体制,指藤原氏以外戚地位实行寡头贵族统治的政治体制,犹如我国汉代的外戚干政。"摄关"是摄政和关白的合称。天皇幼时,由太政大臣代行政事称摄政。天皇年长亲政后,摄政改称关白,辅助天皇总揽政事,后被院政取代。

见于高丽史书的首次与日本的关系,是高丽穆宗二年(999)十月,日本国人道要弥刀等20户投靠高丽,被安置在利川郡,为编户民。也就在这年,高丽发生了日本海盗袭击高丽的事件。日本宽弘九年(1012),又有日本国潘多等35人来投高丽①。1019年春末,高丽把其兵船俘获不名国籍"海贼"船所掠日本生口男女259人遣送回日本。②对此,日本也给以积极的回报,多次送回高丽的漂流民和外逃罪犯。例如,靖宗二年(1036)七月,日本国送归漂流民谦俊等11人;1049年十一月,日本对马岛官遣首领明任等押送高丽漂流民金孝等20人至金州;文宗五年(1051)七月,日本对马岛又遣送高丽逃犯良汉等3人③。以上之双方官方的良性互动,导致双边关系的进一步发展。

1056年十月,"日本国使正上位权隶滕原、朝臣赖忠等一行三十人来,馆于金州"④。至此,高丽与日本恢复了官方外交关系。1073年七月,"日本国人王则贞、松永年等四十二人来请进螺钿鞍、桥刀、镜匣、砚、箱柈、书案、画屏、香炉、弓箭、水银、螺甲等物;壹岐岛勾当官遣藤井安国等三十三人亦请献方物,东宫及诸令公府制许由海道至京"⑤。此后,日本几乎每年都来高丽贸易。1075年,日本商人在三个月内竟有三批共89人到开京经商。日本来高丽贸易除上述所列商品外,还有硫黄、铜、珍珠、柑子、海藻、竹器等物品,其交易量也相当可观。例如,1084年五月,日本筑前州商人信通等一次即带来水银250斤。

日本前往高丽贸易的航线,是从日本的博德出发,经壹岐岛至对马岛,然后北行转至朝鲜半岛,再由其西海岸至开城外礼成港。高丽文宗和宣宗当政期间,日本商船有20次到高丽贸易,其中大部分是在日本太宰府主持下进行的。如,《高丽史》明确记载宣宗六年

---

① 《高丽史节要·卷三》显宗三年八月条。
② 《高丽史·卷四·世家第四·显宗一》显宗十年四月条。
③ 《高丽史·卷七·世家第七·文宗一》文宗五年七月条。
④ 《高丽史·卷七·世家第七·文宗一》文宗十年十月条。
⑤ 《高丽史·卷九·世家第九·文宗三》文宗二十七年七月条。

秋八月丙辰"日本国大宰府商客来献水银、真珠、弓箭、刀剑"①。两国间的贸易往来也带来相互间的文化交流。文宗三十年（1076）十月，日本僧俗 25 人来灵光郡访问，称"为祝国王寿，雕成佛像，请赴京以献，制许之"②。

当时，高丽在东亚诸国的经济和文化交流中起着桥梁作用。例如，宋朝的书籍往往通过高丽输出到辽国，而日本的硫磺和铜，又经过高丽运往宋和辽国。在高丽首都开京，按国别设立有客馆，接纳各国商人，许多外国商人经常在这里停留。据《高丽史》记载，11 世纪，有万余名外国商人访问高丽。其西海岸的礼成江口，各国商人云集，帆船往来如梭，是东亚区域十分繁荣的港口。

这个时期，高丽西海岸有时会出现海盗船，对东亚区域贸易产生不良影响。宣宗十年（1093）七月"西海道按察使奏：安西都护府辖下延平岛巡检军捕海船一艘，所载宋人十二、倭人十九，有弓箭、刀剑、甲胄，并水银、真珠、硫磺、法螺等物，必是两国海贼共欲侵我边鄙者也"。此海贼船的水手以倭人为主，定是后来出没于朝鲜半岛沿岸倭寇的前驱。11 世纪末，高丽与日本间发生日本拒绝派本国名医去高丽给文宗治疗风痹的会牒事件③，两国关系渐渐降温，以至于高丽不容许日本人进入王京。

第五节　前期文化

一、佛教的发展

太祖王建定佛教为高丽国教。高丽建国当年，即设八关会④、燃

---

① 《高丽史·卷十·世家第十·宣宗》宣宗六年八月条。
② 《高丽史·卷九·世家第九·文宗三》文宗三十年十月条。
③ 详见日本文献，原俊房：《水左记》承平四年闰八月条；三善为康：《朝野群载·卷二十》异国条。
④ 仲冬，即十一月十五日举行的含民间风俗的佛事活动。

灯会①；翌年迁都于松岳郡，升郡为开州，于京修建宫阙，创建十大寺院，即法王寺、慈云寺、王轮寺、内帝释寺、舍那寺、天禅寺、新兴寺、文殊寺、圆通寺、地藏寺。② 此外，据《白云山内院寺事迹》，"太祖敕诸州，建丛林，设禅院，造佛造塔，凡至三千五百余所"。此等官办寺院的国家行为，目的是要利用佛教帮助树立新政权的权威。高丽晚期名臣李齐贤在其所撰《开国寺重修记》中指出："清泰十八年（天授十八年之误），太祖用术家之言，造开国寺，募卒伍为工徒，破戈盾充结构，所示偃兵息民也。"当然，王建此举也与太祖后来成为一名虔诚的佛教徒有关。如前所述，后晋天福八年，高丽太祖二十六年（943）四月，王建于去世前夕，在御内殿召大匡朴述希亲授作为其后继者"龟鉴"的《训要十条》，首条既是所谓"我国家大业，必资诸佛护卫之力，故创禅教寺院，差遣住持焚修，使各治其业"③。

高丽王朝历代国王基本上遵循太祖的遗训，"崇尚佛教，亲执弟子之礼于髡秃之人，宫中之百高座，演福之殊会，无岁无之。云庵之金碧辉映山谷，影殿之栋宇耸于霄汉。"④当时，在国家的护佛政策下，教禅两宗均得以弘扬。光宗时期（949—975），高丽在设置科举制度的同时，增置僧科，设僧阶，定国师、王师之制，频繁举行毗卢遮那忏悔法、无遮水陆法会、斋僧等佛事。国家通过僧科科举，授予僧侣首位、僧统、禅师、大禅师等职衔，并给以相应的田柴。不少名僧被聘为正师、国师，辅佐国王。于是，佛教僧侣的职位与特权开始法制化。光宗通过弘扬佛教遏制地方豪族势力膨胀、强化君主专制的政治目的，得到名僧均如的完美配合与协助。均如（923—973）弘扬的华严学，使当时华严宗的南岳、北岳两派归为一宗，这种性相融会的思想具有很广的包容性，正好可用作光宗建立国内大一统的政治

---

①上元，一月十五日举行的含民间风俗的佛事活动。

②《东国通鉴·卷十二》；《高丽史·卷一·世家第一·太祖一》太祖二年条。

③《高丽史·卷二·世家第二·太祖一》太祖二十六年四月条。

④《高丽史·卷一百十九·列传第三十二·郑道传》。

体制的伦理基础,得到光宗的重视和支持,后者为其创建归法寺①。光宗二十四年(973)在此圆寂时,均如法阶上升为"大华严首座圆通两重大师"。高丽时代,高僧辈出,早期有道诜、广学、大缘、法印、利严、庆甫、利让、璨幽、允多等,其中,禅僧利严(870—936)为太祖之师。来华参学的著名高僧智宗、道峰等,均曾受高僧永明延寿大师(904—975)之心印,归国后,活跃一时。

　　文宗、宣宗、肃宗三代(1046—1105),是高丽的鼎盛时期,佛教也发展到顶点。高丽时期佛教昌盛的重要标志表现在天台宗在朝鲜半岛的传播。天台宗本是佛教自印度传入后第一个真正的中国化的佛教宗派,创立于北齐、南陈、隋时代,因创始人智者大师久居天台山而得名,是中国汉地佛教最早创立的一个宗派,集合了南北各家义说和禅观之说,总结了以前各宗思想学说,发展为一家之言。它以自宗为圆教,但是,天台宗传至唐末,遭安史之乱,又罹会昌法难,兵残、焚毁,致使中国教藏、天台教典,残缺殆尽。幸有吴越王钱俶,阅天台《妙玄》经文不解而遣使致书,携重金、赍多宝,往高丽,求取台籍。遂高丽国君敕命:"谛观法师者,携天台教籍,还归于越。"②谛观法师于北宋建隆二年(961)入宋,至螺溪。参谒义寂法师,遂执弟子之礼,居留十年,于宋开宝三年或四年(970—971)坐亡。师居螺溪期间,深研天台教观,探索天台各部典籍,编录出《四教仪》,共二卷。尽管谛观为中国天台宗的"复兴"③做出了独有的贡献,却不能在海东高丽创立教派,这个重任最后由义天承担。

　　笃信佛教是高丽王室的传统,不少王子与王室成员出家为僧,有的成为一代名僧,如大觉国师义天就是文宗王徽的第四子。义

---

① [韩]金杜珍:《均如的生涯与著述》(〈균여의 생애와 저술〉),《历史学报》75—76 合辑,1977 年;《均如的法界观:华严的思想体系与论理部分》(〈균여의 법계관:華嚴思想의 體系와 論理의 一端〉),《历史学报》77 辑,1978 年。

② 《佛祖统纪·卷十·谛观传》。

③ 中国佛学院藏:《天台四教仪集注·卷第九》,上海书局流通本,第 4 册,20 页(同福建莆田广化寺印本 169、170 页)。

天(1055—1101),俗名王煦,号祐世,十一岁出家,精通佛教的经、论、章、疏,对儒、道、诸子百家的经典也颇有研究,对克服高丽佛教的教禅对立做出了突出贡献。源于新罗时代的教宗与禅宗的对立,到高丽时代愈演愈烈,而王权的强化要求革新佛教,结果,经义天的努力,高丽统一了教坛,建立了天台宗,极大地助力了国家的发展。

1067年宣宗封义天为僧统。1085年义天渡宋求法,先后在汴京启圣寺、慧因寺、天竺寺,从净源学华严教义,从元昭学律宗戒律等论法。翌年,携佛书三千多卷回国,在兴王寺担任住持。这期间,他在寺内设教藏都监,整理出版大量佛典。其著述甚多,现在仅存《大觉国师文集》23卷、《大觉国师外集》13卷、《新集圆宗文类》23卷、《新编诸宗教藏总录》3卷、《刊定成唯识论单科》3卷、《天台四教仪注》3卷、《戒恶劝善勉学》1卷、《八师经直译》以及《消灾经直译》等。在佛教教义上,义天接受天台宗的"圆融三谛"说,既反对"三论宗"的代表人物僧朗的空观,又否定"唯识宗"的代表人物圆测的唯识论。他认为事物皆因缘和合而生,没有自己的规定性,即"无自性",只有佛教最高的智慧即"中谛"才能认识绝对真理即事物的本体。在把宇宙万物看成是非真非假、亦真亦假,即空、假、中的统一,就是说三谛相互包容,互不妨碍,称"圆融三谛"。他说:"作佛,乃知此心,其体清净,其用自在,其相平等,不分而分,虽说三义,圣凡一体,依正不二,迷之则烦恼生死,悟之则菩提涅槃,推之于心,则为心也,推之于物,则为物也,故得世出世间一切诸法,皆同一性,无有差别。"从这个观点出发,他主张融合教宗与禅宗,教观双修。结果,在他的倡导下,佛、禅遂趋归一,天台宗得以在高丽诞生。

高丽中叶,高丽佛教的五教(教宗五派:戒律宗、法相宗、法性宗、涅盘宗、圆融宗)九山(禅宗九本山:迦智山、实相山、阇崛山、桐里山、狮子山、圣住山、曦阳山、凤林山、须弥山)演变为五教二宗。"五教"指戒律宗、法相宗、法性宗（三论宗）、圆融宗（华严宗）、天台宗，"二宗"指禅寂宗（禅宗）和曹溪宗（也属禅宗系统）。五教二宗得各立宗务院，内设首僧判事，并按僧科进行僧选。

二、儒学教育与道教

高丽自建国之初，即在保护、扶持佛教的同时，积极奖励儒学，并以其为立国之道。太祖"尊释教，重儒术"，是一位"事大以礼，交邻以道"①，"正朝廷，明赏罚，崇节俭，用贤良，重儒道"②的国君。尽管他立佛教为国教，但其国政，无论内政外交，无不贯彻儒家原则。936 年秋，王建"欲使为人臣子者，明于礼仪，遂自制《政诫》一卷、《戒百僚书》八篇，颁诸中外"。《训要》十条，在强调"国家大业必资诸佛护卫之力"的同时，宣布"惟我东方旧慕唐风，文物礼仪悉遵其制"。③为弘扬儒家思想，高丽王朝首先在国子监设置文庙。982 年成宗继位伊始，即"以八关会杂技不经且烦扰，悉罢之"。

受儒家思想的熏陶，高丽历代国王重视文教，奖励学问。太祖十三年（930）十二月，国家在西京"创置学校"，命秀才廷鹗为书学博士，别创学院，聚六部生徒教授，并兼置医、卜二业。958 年五月，高丽模仿唐制，实行科举；自此，国家设置述科（进士科）、明经科、杂科等考试科目。进士科，以文章选才；明经科，以对儒学经典理解程度取士；杂科，以律令、医卜等考试科目选拔具有特殊技能的人才。与此相适应，成宗十一年（992）十二月，国家在京师设立国子监；同时，又在地方设立乡校。国子监实际上是专门培养贵族子弟成为国家官吏的教育机关，其中分初等教育、中等教育和高等教育。

以科举为中心的国家教育礼仪制度至仁宗时期（1122—1146）

---

① 《高丽史·卷九十三·列传第六·崔承老》。
② 《高丽史·卷二·世家第二·太祖二》太祖二十六年五月丁酉条。
③ 《高丽史·卷二·世家第二·太祖二》太祖十九年秋九月条，二十六年四月条。

已大体发展完备。如《高丽史》云:"高丽太祖立国经始,规模宏远,然因草创,未遑议礼,至于成宗恢宏先业,祀圜丘、耕籍田、建宗庙、立社稷;睿宗始立局定礼仪,然载籍无传;至毅宗时,平章事崔允仪撰详定古今礼五十卷,然阙遗尚多。"①史料显示,早在982年五月,王治便遣博士任老成使宋,请回文宣王庙图、祭器图、七十二贤赞记,始行尊孔释奠祭礼。记载显示,1091年九月,国王已经准礼部奏请于国学壁上图书七十二贤;1101年四月"从祀六十一子、二十一贤于文宣王庙"②;1114年八月乙卯,"王诣国学,酌献于先圣先师御讲堂,命翰林学士朴昇中偕大司成讲说命三篇,百官及生员七百余人立庭听讲",规模宏大。③

　　11世纪初,一批优秀的儒学家纷纷举办私立学校。私学的兴起,标志着高丽封建文化的昌盛。高丽大儒学家、国家元老崔冲(984—1068),是高丽私学的创始者。1004年崔冲应举中状元,后官至太师中书令。1055年,他年过七旬并已退职乡里,却完成一件开创性的教育事业。崔冲办私学,"教诲不倦,学徒坌集,填溢街巷"。于是,学生被分为九斋,"曰乐圣、大中、诚明、敬业、造道、率性、进德、大和、待聘,谓之侍中崔公徒"④。"九斋学堂"教授九经、三史,其弟子多数在科举中胜出,并能占据国家重要职位,故人们尊崔冲为"海东孔子"。此后,私学教育逐渐兴盛起来,仅开京一地就有十二所著名儒臣举办的私学(包括崔冲的私学),在那里读书的学生称"十二公徒",即崔冲的文宪公徒、郑倍杰的弘文公徒(一称熊川徒)、参政卢旦的匡宪公徒、祭酒金尚宾的南山徒、仆射金无滞的西园徒、侍中殷鼎的文忠公徒、平章金义珍(一云郎中朴明保)的良慎公徒、平章黄莹的贞敬公徒、柳监的忠平公徒、侍中文正的贞宪公徒、徐硕

---

①《高丽史·卷五十九·志第十三·礼一》。
②《高丽史·卷十一·世家第十一·肃宗一》肃宗六年夏四月癸已条。
③《高丽史·卷六十二·志第十六·礼四》文宣王庙条。
④《高丽史·卷九十五·列传第八·崔冲》。

的徐侍郎徒以及龟山徒①。

高丽的私学教育的发展是以官学的衰落为代价的,当时由于学官的放任,肃宗时之宰相邵台辅等一度以"国学养士,靡费不赀,实为民弊"为由,奏"请罢之"。但睿宗"锐意儒术",此后几代国王不断采取措施,使官学逐步得到加强。睿宗即位之初,便规定凡三京八牧通判以上及知州事、县令由文科出身者"兼管勾学事"。睿宗四年(1109)七月,国学仿"九斋学堂"模式,"置七斋:周易曰丽择,尚书曰待聘,毛诗曰经德,周礼曰求人,戴礼曰服膺,春秋曰养正,武学曰讲艺"。各斋"选名儒为学官、博士,讲论经义",并设"养贤库以养士"②。这样,至仁宗时(1122—1146),国学教育发展为京师六学,即国子监、太学、四门学、律学、书学、算学,前三学主修"五经"、《孝经》、《论语》等儒家经典;进入六学的贵族子弟依其身份,分科就读。三品以上官员的子弟入国子监,五品以上官员的子弟入太学,七品以上官员的子弟入四门学,八品以下官员的子弟入律学、书学、算学。国子监、太学、四门学的生徒定员各三百人;教师设博士、助教。律学、书学和算学只设博士。

京师六学制度的建立,是朝鲜半岛教育史上的重要历史事件,为高丽王朝培养了大批知识分子和官吏,为其文化的繁荣打下了坚实的基础。

在儒学教育兴盛的同时,高丽也助推道教的发展。首先,太祖本人不仅是虔诚的佛教徒,同时也酷爱道学。924年,王建于开京设立了"外帝释院、九耀(曜)堂、神众院"③。"九曜"指北斗七星,及辅佐二星,亦称"九执"。在道教语境中是"日"的别称,足见高丽太祖亦是道教的信奉者。正如丽初大儒崔承老(927—989)所言:"我朝

①《高丽史·卷七十四·志第二十七·选举二》学校条。
②《高丽史·卷七十四·志第二十七·选举二》学校条。
③《高丽史·卷一·世家第一·太祖一》太祖七年条。

宗庙社稷之祀尚多，未法者，其山岳之祭，星宿之醮，烦渎过度。"①文献记载，睿宗二年冬高丽"始置元始天尊像于玉烛亭，令月醮"②。次年（1107）秋，庆州精通道术的李仲若（？—1122，字子真，号清霞子）随刑部尚书金尚祐、礼部侍郎韩皎如为首的使团如宋期间，就道教之要谛就教于中国道教法师黄大忠、周与龄，获道教奥妙真谛与秘诀归后，得睿宗特许，于"为国家斋醮之福地"，筑道观"福源宫"。③

至高丽后期，道教影响到国俗的确定，元宗时期（1259—1274）宫中有所谓"守庚申"之制。1265 年四月庚申，时为太子的忠烈王昛，"邀宴安庆公，奏乐达曙，国俗以道家说，每至是日必会饮彻夜不寐，谓之守庚申"④。忠烈王执政以后，更主动邀请元懿州昊天宫道士显真大师韩志温及其徒弟李道实、李道和与尹道明来高丽传教，并赐号韩志温为圆明通道洞玄真人，李道实为定智玄明讲经大师，并赐宅一区。⑤ 中国文献不见韩志温师徒有关信息，考诸《元史·释老传》，当时道教主要教团有登州栖霞人丘处机"全真"教、汉张道陵所创"正一"教、金季道士刘德仁所立之"真大道教"与金人肖抱珍所建"太一教"，忠烈王所邀之道人当为元宪宗蒙哥"始命其教曰真大道"的教团。⑥ 至少到丽末时期，道教不仅受到以国王为首的上层社会的重视，而且在民间亦有相当的信众和影响。当时庆州文人崔瀣（1286—1340）对此记述道："深山穷谷，人迹罕得至，固宜有异物，于兹萃焉。故为张道陵之学者，以某山为第几洞天，是某真君所治。于是，慕道厌世、炼养而不粒食者，往往栖息其中，以忘返焉。"⑦

---

①《高丽史·卷九十三·列传第六·崔承老》。

②《高丽史·卷十二·世家第十二·睿宗一》睿宗二年十月闰月庚子条。

③ 韩国民族文化大百科全书"李仲若"条（韩国正月研究院释），https://terms.naver.com/search.naver?query=李仲若 &searchT。

④《高丽史·卷二十六·世家二六·元宗二》元宗六年夏四月庚申条。

⑤《高丽史·卷三十一·世家第三十一·忠烈王四》忠烈王二十年冬十月丙戌条。

⑥《元史·卷二百二·释老》真大道教条。

⑦（高丽）崔瀣：《拙稿千百·卷一》，"送僧禅智游金刚山序"，转引自［韩］金澈雄：《高丽与宋元的道教交流》，载南开大学历史学院与韩国檀国大学东洋研究院编：《"中韩关系之历史与现状"学术讨论会论文集》2017 年 3 月，第 41 页注（未发表）。

有元一代，随着道教在高丽传播，双方道士与文人的互访，活跃了双方的文化交流。元朝道士在高丽活动者，除上述所言韩志温等人外，见于记载者尚有出任高丽禑王宫廷之判典医的中国闽中道士杨宗真奉命"行醮求雨"①的事迹。文献虽不见高丽道士访元的记载，而高丽文人、官员和僧侣与中国道士交流者却屡见不鲜。忠宣王侍从、长期伴王在元的李齐贤曾与寒道士深交，并为其赋诗：

> 不谓古仙翁，玩世在城中；
> 迎我坐虚室，为我鸣丝桐；
> 一鼓尘怀清，再鼓古意生。②

高丽访元僧人式无外、达蕴、懒翁等均有与中国道士交流的记录，如《懒翁集》有懒翁和尚（1320—1376）与亳州道士问答的详细记载。③

三、文学艺术与史学

高丽前期的文学艺术在内容和形式等方面都有新的进步，官方史学也取得重大进展。汉诗与汉文学在高丽前期占据统治地位。由于佛教经典全部出自汉文版本，而且文人应举求官的必修课程完全是儒家典籍，汉文诗自然在文人中普遍流行。10世纪下半叶，成宗诏令诸州郡县选子弟进京修业；990年，又"于西京开置修书院，令书生抄书史籍而藏之"④。同时，还规定在文官中行月课法，命京中和地方文臣每月上诗三篇、赋一篇。德宗（1031—1034年在位）更规定国子监试，"试以赋及六韵十韵诗"。这样，在王廷的大力倡导下，汉文之风大盛于高丽。

这个时期，高丽国家处于上升期，诗歌以歌颂盛事为主流。当

---

① 《高丽史·卷一百三十四·列传第四十七·辛禑二》禑王五年五月己酉条。
② （高丽）李齐贤：《益斋乱稿·卷一·听寒道士弹秋风》。
③ （宋）惠勤：《懒翁集》勘辩。
④ 《高丽史·卷三·世家第三·成宗》成宗九年十二月条。

时,汉诗作家辈出,如崔冲、朴寅亮、金黄元、李资玄、郑知常等。郑知常是其中代表性的诗人,其本名之元,号南湖,1114年文科及第,卒于1135年,是高丽"十二诗人"中的一员。其诗重抒情,诗中有画,词似浅近而意深远,如七绝《大同江(送人)》等。大同江为西京水路要道,江山形胜,风景绝佳,其南埔码头历来是亲人送别的地方。《大同江》写景抒情,落笔淡雅,表达了诗人与好友离别的情景。郑知常的其他代表作品还有《题登高山》《春日》《边山苏来寺》《灵鹊寺》《月咏台》等。

乡歌仍在民间流行。这个时期的乡歌名作有僧人均如大师的《普贤十种愿歌》十一首,内容是为佛教大众化而歌颂"普贤""十行愿",载于海印寺版《大华严首座园通两重大师均如传》。睿宗的《悼二将歌》也是一首乡歌,这是一首鼓吹忠君思想的作品。

此外,散文、传记和年代纪均有所发展。《驾洛国记》和《三国史记》中的人物传记是当时散文文学的代表作。《金庾信传》和《乙支文德传》是歌颂英雄事迹的传记作品,具有高度的思想性和艺术性。

高丽的绘画、书法与音乐乃至戏剧艺术也都有大发展。三国时期流行于民间的假面剧不仅已经融合说唱、舞蹈艺术于一体成为戏剧,而且进入王廷。睿宗时代,进入王宫中的"优人因戏称美先代功臣河拱辰,王追念其功"而予以褒。①

郑得恭擅长画鱼,他画的《鲤鱼图》中,各种鲤鱼千姿百态,跃然纸上。李宁名闻海外,其代表作《礼成江图》受到宋徽宗的推崇。高丽的书法艺术也有相当的水平,文宗时的柳伸、仁宗时的坦然、高宗时的崔瑀与新罗时代的金生并称为书法"神品四贤"。他们书写的欧阳询体,颇合高丽贵族社会的口味。

高丽前期的音乐以睿宗时宋赐"新乐"、大晟乐为基础,杂以唐乐和三国时代的俗乐而成。唐乐乐器有方响(铁十六)、洞箫(孔

① 《高丽史·卷十三·世家第十三·睿宗二》睿宗五年九月甲戌条。

八)、觱篥(孔九)、琵琶(弦四)、牙筝(弦期)、大筝(弦五)、杖鼓、教坊鼓、拍(六枚)。曲牌有献仙桃、寿延长、五羊仙、抛球乐、西江月等。俗乐"考诸乐谱载之,其动动及西京以下二十四篇,皆用俚语"。12世纪初,高丽组建了有名的大管弦乐团。国家设有大乐司、管弦坊、京市司三种音乐机构。据文献记载,王廷管弦乐团仅乐手就有108人,加上合唱团和舞蹈团,竟达200名左右。新乐"用鼓吹乐节度",传统民乐"用俗乐节度",而乐团几乎拥有传至今天的民族乐器的全部种类。乐团主要在祀圜丘祭、国王出巡以及如燃灯会等国家重大仪式时演奏。① 王廷乐团的出现,反映了音乐发展水平的提高和文化的繁荣。

高丽王朝重视史书编撰。据《高丽史·卷七十六·百官志·春秋馆》载,"春秋馆掌记时政,国初称史馆,监修国史"。1013年九月,"以吏部尚书参知政事崔沆监修国史,礼部尚书金审言修国史,礼部侍郎周伫、内史舍人尹征古、侍御史黄周亮、右拾遗崔冲并为修撰官"②,编撰高丽建国至穆宗十二年(1009)的历史实录。实录全书共三十六卷,最后由黄周亮主持完成。此后,这成为定制,每代国王均组织史官编撰实录。1122年(仁宗恭孝王即位年、宋宣和四年),高丽始依宋故事,置实录编修官,修睿宗实录。但是,这些实录连同金宽毅编撰的《编年通录》均在后来的战乱中被焚毁。高丽沦为元驸马国后,则受元朝翰林兼国史院体制的影响,1308年(元至大元年),忠宣王命"并文翰史官为艺文春秋馆,仍以右文馆、进贤馆、书籍店并焉"③。

1145年,仁宗时代名臣金富轼(字立之,号雷川,1075—1151)向国王献出自编的"命撰书"《三国史记》。该书是以《旧三国史》为蓝本,参考本国各种"古记"、碑文,并引用了大量的中国正史古籍和

①《高丽史·卷七十一·志第二十五·乐二》。
②《高丽史·卷四·世家第四·显宗一》显宗四年九月丙辰条。
③《高丽史·卷七十六·志卷第三十·百官一》。

《册府元龟》《资治通鉴》《通典》《古今郡国志》等典籍。该书叙述了朝鲜半岛从公元前57年至公元935年间近千年的历史;全书共五十卷,其中本纪二十八卷,表三卷,志九卷,列传十卷,是留存于后世的关于朝鲜半岛古代历史的第一部纪传体断代史。因此,金富轼被尊为朝鲜—韩国史学的奠基人。

《三国史记》记述了朝鲜半岛原始社会、奴隶社会、封建社会早期三种社会经济形态的基本历史发展过程,是研究朝鲜半岛三国历史最重要的史料。该书保留了一些特别宝贵的方言资料,如新罗酋长和国王称居西干(贵族或王的意思)、次次雄(祭祀或巫的意思)、尼师今(齿理的意思,即年长而智者)、麻立干(方言谓橛,木桩也,准位而置,王橛为主,臣橛列于下,因以名之),等等。所以,这部著作对研究古代历史和语言均具有重要的史料价值。

《三国史记》采用正史体,即中国《史记》以纪(本纪)、传(列传)、表(年表)、志的形式编撰的体裁,又名纪传体,被后来朝鲜史学家奉为圭臬。《三国史记》在某些方面较之司马迁的《史记》有所发展,例如,《三国史记》新君即位纪年不采中国传统的“逾年称元”,而取“薨年称元”之法。

作者金富轼是高丽中期历仕睿宗、仁宗、毅宗三代国王的著名文臣、政治家和镇压妙清之乱的军事家,儒学与文学学养深厚。他在《进三国史记表》中说:“今之学士大夫,其于五经诸子之书,秦汉历代之史,或有淹通而详说者。至于吾邦之事,事迹却茫然不知其始末,甚可叹也!况新罗氏、高句丽氏、百济氏,开基鼎峙,能以礼通中国,故范晔《汉书》、宋祁《唐书》皆有列传,而详内略外,不少具载。又其古记,文字芜拙,事迹阙亡。是以,君后之善恶,臣子之忠邪,邦业之安危,人民之理乱,皆不得发露,以垂劝诫。宜得三长之才,克成一家之史,贻之万世,炳若日星。”[①]这里体现了金富轼的历史观,

---

① 《东文选·卷四十四·金富轼·表笺进三国史记表》。

他是要国人学士在懂得古代中国"秦汉历代之史"的同时,了解自己邦国之"始末",通过历史"发露"其家邦"君后之善恶,臣子之忠邪,邦业之安危,人民之理乱",贯彻高丽太祖之"鉴古戒今"的理念。所以,根据以上精神,他以新罗为正统,按照新罗、高句丽、百济的先后顺序,以史家之才、学、识之"三长",将半岛历史,"克成一家之史,贻之万世",流露出强烈的本体家邦意识。

《三国史记》初版时间不详,大约在毅宗时期(1146—1170 年在位),问世不久,就传入中国,南宋淳熙元年(1174),宫廷藏书机构秘阁所藏《海东三国史记》五十卷,即是高丽所编初版《三国史记》①。1394 年李氏朝鲜"太祖甲戌刊本"(今称《三国史记》庆州本)刊行者金居斗在其《跋文》中说:"《三国史》印本之在鸡林者,岁久而泯。世以写本行。"以此看来,此前,朝鲜曾有"再刊本"流行。1482 年,李朝典校署根据成宗的旨意出版有官印的"成化本"。明正德壬申(1512),庆州镇兵马节制使李继福又有庆州"正德本"刊行。金富轼还与朴昇中、郑克永等人编撰有《睿宗实录》《仁宗实录》。这两部著作为后来郑麟趾等编写《高丽史》提供了可靠的资料。此外,金富轼尚有"文集二十卷"②。

据《高丽史·白文宝传》等文献记载,高丽官方史官亦"仿《通典》"等中国史籍编修《史录》《史草》《史稿》。

四、科学技术

高丽前期的科学技术也有显著的成绩。首先,天文机构的完善和观测上的新发现,是高丽前期天文学上的主要成果。天文学与农业有着密切的关系。高丽初期,国家设有太卜监、太史局等机关;此后,上述机构改组为司天台、司天监和书云观。这些机构负责天文、

① 据(宋)王应麟撰《玉海·卷十六》地志记:"淳熙元年五月二十九日,明州进士沈忞上《海东三国史记》五十卷,赐银币百,付秘阁。"
② 《高丽史·卷九十八·列传第十一·金富轼》。

历数、气象和漏刻等事业。每日天文观测,均有详细记录。高丽的天文观测水平较高,12世纪初就已经观测到太阳的黑点。

高丽医学得到国家的关注。《宋史》说,高丽"俗不知医,自王俣来请医,后始有通其术者"之语,虽有不实,但从睿宗俣(1105—1122年在位)向宋"求医",宋"使二医往,留二年"①看,其医学当时还相当落后。然而,经国家专门机构——医典寺的努力以及与宋的人员和医书的交流,高丽前期已经对诊脉、针灸以及外科进行分科研究,并于进入其后期不久便编辑、刊行了《济众立效方》(1146)、《御医撮要方》(1226)等医学书籍。

高丽的建筑术也已达到相当的水平。建筑技术的发展主要体现在宫殿的宏伟、寺院的庞大以及佛塔的艺术性方面。位于开城的王宫分中心建筑群和东西两侧建筑物两部分,它是利用松岳山脊和山冈的地形建造的统一体,总面积约120万平方米,非常壮观。宫殿中心是会庆殿,坐落在高高的台地上,后面是草木茂密的丘陵,景色格外秀丽。这是举行国家重要仪式的主要宫殿。会庆殿的西侧有甘德殿、宣政殿、重光殿等国王处理国事和起居的宫殿建筑;再靠西边就是王后、王妃居住的内殿。会庆殿的东侧是世子起居的东宫。

国家崇佛政策促使高丽寺院发达,其建筑物多具有与宫殿相同的外形。兴王寺是高丽前期的代表性建筑,总面积达2800间,可容纳一千名僧人居住。1078年,又在兴王寺建立佛塔,共耗资银427斤,金144斤。11世纪建筑的佛塔有名的还有开丰玄化寺的七层石塔、五台山月精寺的八角九层塔等。

适应王公贵族生活的需要,陶瓷工艺达到了相当高的水平。初期,高丽陶瓷器多仿宋瓷;睿宗后,其制瓷技术明显提高,已经能够制造出可以媲美宋瓷的陶瓷。今朝鲜黄海北道平山郡风岩里瓷窑遗址,是高丽前期烧制青瓷的主窑。此窑规模很大,总长44米,平

---

① 《宋史·卷四百八十七·高丽》。

均宽 0.95 米左右,从上至下倾斜的高差约 7 米,有灶孔、烟道和天井。风岩里遗址从一个侧面反映了高丽陶瓷工艺的发展规模和水平。

这时的高丽瓷器有青瓷、白瓷、黑瓷等种类,而青瓷中又有黄绿色、灰绿色、翡翠色等,其中特别以翡翠色的青瓷最出色。翡翠青瓷不仅色彩美观,而且形体多样,其纹样已采用镶嵌法,较之阴刻、阳刻更漂亮。高丽青瓷作品有模拟春笋、石榴、葫芦、莲花等形状的水壶和其他器皿,还有鸽子形的砚滴、跪坐的麒麟形香炉、龙头形笔筒。这类瓷器充分显示了高丽陶瓷工匠们独特而新颖的构思,在高丽文化宝库中占据着显要地位。高丽白瓷也很出色。此类白瓷并非纯白,而是带有软玉色或黄白色。白瓷中有漂亮的瓷盘,上面有云纹、鱼纹、莲花纹等,若隐若现,色调十分美观,得到世界瓷器爱好者的高度评价。

五、印刷术的发展

众所周知,印刷术起源于中国,早在唐贞观十年(636),民间已经有《女则》出版,它何时传入朝鲜半岛已无从考察。但是,可以肯定,时至高丽前期,朝鲜半岛的雕版印刷术已经有了较高的水平。

高丽王朝建国后,国家设置秘书省担负出版事业,曾出版了大量的佛教经典和有关历史、医学的书籍。1042—1059 年,刊印的书籍有《前汉书》《后汉书》《隋书》《唐书》《黄帝八十一难经》《伤寒论》《本草括要》《肘后备急方》《疑狱记》《川玉集》《小儿药证病源》《一十八论》《小儿巢氏病源》《张仲卿五脏论》等①。

编撰《高丽大藏经》在高丽佛教与印刷术发展史上占有重要地位。大约在 1021 年,高丽根据宋《开宝藏》、辽《契丹藏》,首次刻印了《大藏经》六千余卷。这是一个巨大的文化工程,先后经历六十余

---

① 《高丽史・卷八・世家第八・文宗二》文宗十三年九月条。

年,至 1087 年初全部完工。此初版雕版大藏经称"大宝",藏于符仁寺,1232 年蒙古入侵时,毁于兵火。① 1085 年,高丽名僧义天赴宋收集佛教书籍千卷。回国后,约在 1090—1101 年间,刻印《续藏经》四千七百卷。《续藏经》是对佛教经典的解释。此书也遭战火焚毁,幸存部分仅寥寥数卷。② 现藏于海印寺的所谓《八万大藏经》是高宗避难江华岛时历时 16 年于 1251 年雕刻完成,称《高丽大藏经版》,共计81137 块板,一面 23 行,每行 14 字,两面雕刻,总 1511 部、6802 卷,故又名八万大藏经,1995 年底被联合国教科文组织登记为世界文化遗产。

有趣的是,李奎报(1168—1241)的《东国李相国集》第 11 章称:一本于仁宗在位期间撰写的题为《详定礼文》的书使用铸字,印成二十八本。印刷的确切日期不知,而且此书也未保存下来。但是,这可从两卷本的《白云和尚抄录佛祖直指心体要节》第二版得到弥补,该书的末尾说:七年丁巳(1377)"七月□日青州牧外兴德寺铸字印施"。这部佛典被公认为现存世界上最古老的金属活字,此件珍贵的文化遗物现收藏于巴黎法国国家图书馆东方文献室(Manuscrits Orientaux)③,2001 年 9 月被联合国教科文组织列为世界记忆遗产名录。

① "大宝"初版所余部分现藏于日本南礼寺,仅有 1715 卷。
② 《续藏经》所余者,有《大般涅槃经疏》九、十两卷,现藏于韩国顺天松广寺,《天台四教仪》在韩国高丽大学图书馆,《华严经·随疏演义钞》40 卷在日本奈良东大寺,《释摩诃衍论通玄钞》4 卷在日本名古屋真福寺。
③ UNESCO, *History of Humanity*, Vol. 4: *From the Seventh to the Sixteenth Century*, p. 459.

第六章　高丽后期

第一节　武臣专权与农民大起义

一、政治与社会经济出现危机

高丽太祖知其所本,正田制,取民有度,惓惓于农桑,光宗定州县贡赋,景宗立田柴科,成显继世法制愈详,文宗躬勤节俭,省冗官、节费用,太仓之粟红腐相因,家给人足,富庶之治于斯为盛。自毅宗(1146—1170年在位)、明宗(1170—1197年在位)之后,高丽"权奸擅国,斫丧,邦本用度滥溢,仓廪殚竭"①。高丽封建王朝社会阶级矛盾全面激化,统治集团集争权斗争加剧,农民的反抗日趋高涨。

田柴科推行不久,由于官僚贵族兼并土地,国家的土地制度开始紊乱。田柴科土地制度本来是一种国家收租权的分配制度,国家官吏按不同等级分享一定量的收租权益,土地所有权本属国王。但是,12世纪后,王族、外戚、官僚贵族利用合法和非法的权力不断侵占公田,扩大私有土地面积,形成大土地占有者,"在位者贪鄙,夺公私田兼有之,一家膏沃弥州跨郡"②,以致"奸凶之党,跨州包郡,山川

①《高丽史·卷七十八·志第三十二·食货一》序。
②《高丽史·卷一百二十九·列传第四十二·崔忠献》。

为标,指为祖业之田,相攘相夺,一亩之主,过于五六,一年之租,收至八九……收租之徒称兵马使、副使、判官或称别坐,从者数十人……自秋至夏,成群横行,纵暴侵掠,倍于盗贼"①。

王族是大土地的主要占有者。宗室成员按长幼亲疏得到公、侯、伯、司徒、司空的爵位,并按爵位享有扩大的土地和其他封建特权。文宗之子朝鲜公焘,于文宗十五年得"食邑二千户",又于三十一年得"食邑三千户";肃宗则再"增封食邑五千户,食实封五百户"②。此外,王室还以"宫庄""宫处"的名义把大量公田划作王室直属田。

外戚利用特权侵占土地,亦司空见惯。1108 年,官僚贵族李资谦把次女嫁给国王睿宗王俣为妃,遂得要职,并被封为邵城郡开国伯。1122 年,睿宗亡故,李资谦等立其女所生之子王楷为王,是为仁宗(1122—1146 年在位)。此后,李资谦又迫使仁宗娶其三女、四女为妃,结成重叠的戚族关系,从而据有极大的权势。他先后获得"食邑二千三百户,食实封三百户","食邑五千户,食实封七百户","食邑八千户,食实封二千户"③。

寺院也同样不断扩充土地。在国家崇佛政策下,佛教寺刹林立,仅开城一地就有佛寺 70 余座。除了传统的燃灯会、八关会外,王室和教团每年举行的各种道场、法会,名目众多,规模宏大,费用惊人。据记载,1313 年冬十月,已经逊位的忠宣王"上王"璋,为还愿而举行法式,安排"饭僧二千、燃灯二千于延庆宫五日,施佛银瓶④一百,手擎香炉,使伶官奏乐,邀禅僧冲坦、教僧孝桢说法,各施白金一斤,余僧二千,施白金二十斤。上王尝愿,饭百八万僧,点百八万灯。至是,饭二千僧,点二千灯,五日可满僧一万,灯一万,期以毕愿,谓

---

① 《高丽史·卷七十八·志第三十二·食货一》。
② 《高丽史·卷九十·列传第三·文宗朝鲜公焘》。
③ 《高丽史·卷一百二十七·列传第四十·李资谦》。
④ "银瓶"是一种货币,是肃宗时期,仿朝鲜半岛地形铸造的一斤重量的银币,常用于贵族间大宗交易和收受贿物。

之万僧会,其费不可胜纪"①。国王和贵族为祈福来世,又大量为寺院捐赠土地。例如,显宗十一年(1020),国王以"安西道屯田一千二百四十结施纳于玄化寺"②。同时,国家还赋予寺院和僧侣许多特权,不仅那些具有王师、国师头衔的高僧享有很高的地位,就是一般僧侣也享有免除劳役的特权。于是,寺院成了逃避赋税和男丁逃避劳役的天堂。占有大片土地和众多僧侣的庄园寺院逐渐发展成为控制人们思想的大土地占有者,不仅大批农民为其佃租,甚至一些失意的士大夫也成了寺院的佃户。例如,做过忠肃王时代成均馆大司成的崔瀣(1286—1340),晚年则"从狮子岬寺僧,借田而耕",尽管他"素不乐浮屠,而卒为其佃户"③。

大土地占有者"私田"的不断扩大,租税、贡赋与科敛的不断加重,以至于"小民曾无立锥之地,父母妻子饥寒离散",迫使破产农民寻求"庇护",称投托。于是,原属国家的"公民",一经投托,便成为兼并者的私民。公田"公民"以租税、贡纳、赋役等方式受制于政府,剥削有一定的限度,否则就是横敛,便被禁止。"私田"耕种者很容易沦为土地占有者的奴婢。

在土地兼并的浪潮中,国家确实采取了一些措施限制"私田"的无限扩张。1269年,政府曾设立田民辨正都监,纠正非法侵夺公田和"公民"。但是,由于官僚贵族本身不愿向自己开刀,兼并浪潮无法遏止。正如郑道传上疏所言:"古者田在于官而授之民,民之耕者,皆其所授之田,天下之民,无不授田者,无不耕者。""殿下在潜邸见其弊,慨然以革私田为己任。盖欲尽取境内之田,属之公家,计民授田,以复古者田制之正。而当时旧家世族,以其不便于己,交口谤怨,多方沮毁,而使斯民不得蒙至治之泽。"④于是,农民、贱民、部曲

①《高丽史·卷三十四·世家第三十四·忠肃王一》即位年冬十月丙子条。
②《高丽史节要·卷三》显宗十一年八月条。
③《高丽史·卷一百九·列传第二十二·崔瀣》。
④ (丽末鲜初)郑道传:《三峰集·卷七·朝鲜经国典》"经理"条。

的反抗起义此起彼伏,从而进一步并加剧社会的全面危机。

二、李资谦之乱与"西都之反"

12世纪,高丽统治阶级内部权力之争先后酿成了李资谦之乱和妙清等发动的未遂政变。

封建王朝通常利用姻亲关系巩固政权,使外戚成为其任用重臣的首选。一旦他们的势力形成气候,又往往威胁王位。仁宗王楷时,外戚李资谦权势膨胀,终于勾结拓俊京发动叛乱。同时,随着高丽北进政策的推进,以平壤为中心的西京新兴贵族迅速成长,从而导致新旧贵族势力争夺国家主导权的政治与军事斗争,并酿成所谓"妙清之乱"。

壬寅年(1122)四月睿宗驾薨,其年仅14岁的独生子王楷,以世子身份继承王位,是为仁宗(1122—1146年在位);其即位不足四年,丙午年(1126)二月,其生母顺德王后之父李资谦发动叛乱,史称"李资谦之乱"。

高丽社会是以松岳豪族出身的王族为中心建立起来的贵族社会。佛教是其国教,风水地理说在国家政治与社会生活中占有重要地位。

李资谦(?—1126)出身于仁州世家,"以门荫进为阁门祗候。女弟为顺宗妃……睿宗纳资谦第二女为妃。由是,骤贵"[1]。1122年春四月,睿宗过世,世子楷即位,是为仁宗。当时国王年幼,睿宗诸弟觊觎王位。握有重权的平章事李资谦是王楷的外祖父,拥立楷即位,此后其第三和第四女又为仁宗之妃,造成他既是王之外祖父,又是岳丈的不合伦理的事实。当时,肃宗、睿宗时期能够牵制门阀贵族的以中书侍郎平章事韩安仁为首的政治势力,因受仁宗叔父带方公俌、文公仁逆谋[2]牵连而被流配到甘勿岛而低落,使李资谦势力

① 《高丽史·卷一百二十七·列传第四十·李资谦》。
② "带方公俌……后为李资谦所构,放京山府。"《高丽史·卷九十·列传第三·宗室一》肃宗带方公俌条。

独大。于是,"资谦权宠日盛,有不附己者,百计中伤","以其族属布列要职,卖官鬻爵,多树党羽"①。为篡夺王权的舆论,其爪牙四处散布"十八子"(李氏)为王的风水图,预言"龙孙十二尽,更有十八子"。对此,王楷颇有危机感,遂使内侍祗候金粲、内侍录事安甫鳞与同知枢密院事智禄延、上将军崔卓等谋诛李资谦一伙。仁宗四年(1126年)二月,起事计划败露,李资谦、拓俊京等率领部队包围王宫,火烧王宫,限制国王的行动,安甫鳞、崔卓等十七人被杀,智禄延、金粲等遭到流放。此后,王廷成为李资谦控制的工具,他甚而多次唆使其女儿毒害仁宗。此时,灭掉辽的金遣使至境上,要高丽以事辽之礼事金。三月,在百官商讨如何应对时,诸大臣立场对立,李资谦、拓俊京力主事金的主张立刻引起百官众怒。恰在此时,李资谦与拓俊京等发生不和。仁宗遂借二人"有隙"密派内医崔思全接近、拉拢后者。五月,于李资谦"遣兵将犯御寝"时,拓俊京奉仁宗密谕与尚书金珣等逮捕了李资谦及其党羽,李资谦被流放全南灵光并在那里死去,其族人也流放远方。

李氏外戚专权结束以后,拓俊京被封为检校太师守、太保门下侍郎、同中书门下平章事、判户部事兼西京留守使、上柱国,便恃功跋扈,招致众怒。次年,经西京出身的左证言郑知常参本,拓俊京一党被剪除。随着最大的阀族仁州李氏家族的没落,整个贵族社会开始动摇,一个新拓地区的新贵势力开始崛起,试图利用仁宗力行政治革新的心理影响政局,夺取国家的控制权。

1127年仁宗下诏颁布十条改革令,为西京僧人妙清等"西京三圣"篡夺国家权力提供了机会。该事件以"移都西京"的阴谋破产为契机,高丽爆发了历时一年的内战,即"西都之反",史称"妙清之乱"。

---

① 《高丽史·卷一百二十七·列传第四十·李资谦》。

高丽既以佛教为国教,术僧道诜所著《道诜秘记》《三角山明堂记》①倡导的地理图谶学之地德衰旺说便大行其道。"图谶",或谶纬之学,本萌芽于中国先秦之巫师图像术,两汉时期发展为堪舆阴阳地理学、风水学。传入朝鲜半岛后,同土著巫俗信仰融合而为"地理风水说",认为图谶可预言人间和国家的吉凶祸福、得失盛旺,都邑、宫阙、陵墓的选定皆取决于地德。

高丽延续了新罗的多京制。太祖作为后代"龟鉴"的《训要》第五条规定西京为高丽"地脉之根本,大业万代之地,宜当四仲巡驻"。太祖元年九月,高丽即趁渤海忙于应付契丹之时,派遣从弟王式廉将军率军队占领了"荒废"已久的古都平壤,同时升平壤为大都护府,遣重臣二人协理,"寻为西京"。②

定宗(945—949年在位)是个生性好佛和迷信风水地理说的国王,在铲除王规乱党后,为摆脱开京的权贵势力,"以图谶决议移都西京",大规模征发丁夫,营造宫阙,"劳役不息",并迁移京城民户于平壤,致"群情不服,怨讟胥兴"。西京王城未及完工,定宗即重病亡故。③ 文宗二十二年(1068)又"创新宫于南京"④,亦是信《道诜秘记》《三角山明堂记》等图谶说的结果。肃宗元年(1095),阴阳官卫尉丞同正金谓磾上书请迁都南京,"曰道诜记云,高丽之地有三京,松岳为中京,木觅壤为南京,平壤为西京。十一、十二月,正、二月住中京,三、四、五、六月住南京,七、八、九、十月住西京,则三十六国朝天",而今正是巡驻新京之期。⑤ 肃宗四年九月,"宰臣、令日官⑥等议建南京于杨州"。其六年九月,"置南京开创都监,命门下侍郎平章事崔思诹、御史大夫仁懿、知奏事尹瓘、少府监致仕文象、春官正

① 新罗末术僧道诜言今首尔的镇山三角山可为王都之图谶记。
②《高丽史·卷五十八·志第十二·地理三》西京条。
③《高丽史·卷二·世家第二·太祖二》定宗四年三月条。
④《高丽史·卷八·世家第八·文宗二》文宗二十二年十二月条。
⑤《高丽史·卷一百二十二·列传第三十五·金谓磾》。
⑥ 高丽时代的天文官曰"日官",从事阴阳学的人曰"日者"。

阴德全、秋官正崔资颢相之"①;十月,王以始创南京,告于宗庙、社稷和山川。事经三年于1104年"南京宫阙成"。1105年,睿宗继位,他虽"雅好儒学",却亦是"从龟筮命降龙纶"而册命为王太子的国王,故深信图谶,每事必令臣属"筮于太庙"②。继位伊始,他即令儒臣与太史官"删定阴阳地理诸家书,编为一册以进,赐名《海东秘录》"。其初年,"术仕以谶劝王就西京龙堰创宫阙以时巡幸"③。此时,女真对收复九城的攻势不断加强。己丑年(1109)六月,穷于应付天灾和与女真争夺九城的睿宗,宣称:"近者,东陲未靖,军马疲毙,此乃地势衰废之使然,宜以阴阳秘术禳之。"④1113年,祈求阴阳图谶无果的高丽王朝被迫还九城于女真,而两年后完颜阿骨打建国称帝更给一向蔑视女真的高丽君臣以极大的冲击。1116年四月,由司天少监崔资显监督的位于西京龙堰的宫阙完工。睿宗见辽大势已去,遂准"除去天庆年号,但用甲子",宣布:"徙御西都,以颁新教,将以与物更始,使民知归,以兴先王之旧业,且彼圣贤之训及诸图谶之言,谓奉顺阴阳,尊崇佛释,明信刑罚,黜陟幽明。"⑤

完工之西京宫阙气派,文人崔滋赋诗赞曰:"天不能夺其构,鬼不得夺其巧。"⑥同时,睿宗仿宋朝制度,实行西京分司制度,将原来的西京学士院,升格为分司国子监,置判事、祭酒、司业、博士、助教各一人;使刻漏院升格为分司大司局,设知事若干,参外三人;医学院升格为分司大医监,设判监若干,参外二人;礼仪司设员二人,新增阅乐院,其规模如开京之大乐署,置知院一人、判官二人。于是,西京很快发展为有文武两班新贵治理的、足以凌驾国都的北方大都市,高丽之开京、南京、西京三都制正式形成。

---

① 《高丽史·卷十一·世家第十一·肃宗一》肃宗六年九月条。
② 《高丽史·卷九十六·列传第九·尹瓘》。
③ 《高丽史·卷九十六·列传第九·吴延宠》。
④ 《高丽史·卷十三·世家第十三·睿宗二》睿宗四年六月丙戌条。
⑤ 《高丽史·卷十四·世家第十四·睿宗三》睿宗十一年四月庚辰条。
⑥ (高丽)崔滋:《三都赋》,见《东文选·卷二》赋条。

　　西京的发展以及其北进扩疆政策的需要,使西京新贵在制定国家政治、经济、军事政策诸方面所具有的发言权,甚至超过了开京。于是,至12世纪20年代末,西京开始形成以妙清、郑知常、白寿翰三人为代表的新贵政治集团。他们利用高丽处于内忧外患极度严重之困境,借王室与社会盛行崇佛、图谶阴阳学之风,误导仁宗于西京大兴土木,展开西京迁都游说,发展壮大地方势力,扩大西京集团对王室及其近侍的影响。

　　妙清(?—1135)一名净心,为西京名僧,精通阴阳秘术,深得西京分司出身的太史局日官、检校少监白寿翰的赏识,被其尊为师;自1128年以来,二人相互配合以阴阳秘术图谶愚弄百姓,并取得翰林学士郑知常的信任。郑知常,初名之元,号南湖,亦西京人士,是仁宗时期颇有学养的文臣诗人,睿宗九年(1114)科举及第;及仁宗即位曾与起居郎尹彦蓬等上疏论时政得失,得到国王的认可,且靠一纸疏文就扳倒大权在握的拓俊京。可能出于政治的需要,对于妙清,他"深信其说,以为上京基业已衰,宫阙烧尽无余,西京有王气,宜移御为上京"。于是,西京形成了以妙清、郑知常、白寿翰三人为核心的新贵集团。他们与近臣内侍郎中金安(原名金粲)相谋,称"吾等若奉主上移御西都为上京,当为中兴功臣,非独富贵一身,亦为子孙无穷之福,遂腾口交誉"。同时,近臣洪彝叙、李仲孚及大臣文公仁、林景清等也"从而和之",并"奏妙清圣人也,白寿翰次也。国家之事一一咨问而后行,其所陈请无不容受,则政成事遂而国家可保也"①。

　　1127年春,仁宗幸西京,"妙清与日者白寿翰说王设灌顶道场于常安殿"②。郑知常"以俊京既去资谦恃功跋扈,且知王忌俊京,遂上疏曰:丙午春二月,俊京与崔湜等犯阙,上御神凤门楼谕旨,军士皆

①《高丽史·卷一百二十七·列传四十·妙清》。
②《高丽史·卷十五·世家第十五·仁宗一》。

免甲欢呼,独俊京不奉诏,胁军前进,至有飞矢过黄屋者;又引军突入掖门,焚宫禁"①。拓俊京既被铲除,以郑知常为代表的两班在中央的发言权与其在国家政治生活中的地位得到提高,妙清、郑知常与白寿翰遂被尊为"西京三圣人"。

此时,仁宗受日官之请在麒麟阁命郑知常讲书,并为李资谦乱颁诏"引咎责躬","深省既往之愆",宣布"惟新"之道十条。②

其间,为发动移都西京的运动,妙清等"历请诸官署名,平章事金富轼、参知政事任元敳、承宣李之氐独不署书奏"。仁宗虽也持怀疑态度,但众口力言,不得不信。于是,妙清等得以上言,称:"臣等观西京林原驿地是阴阳家所谓大华势,若立宫阙御之,则可并天下,金国执贽自降,二十六国皆为臣妾。"仁宗为之所动。其六年八月幸西京;九月,仁宗命同行随从宰枢大臣与妙清、白寿翰定新宫于林原驿地。十一月,西京"时方寒冱,民甚怨咨"③,但王仍命内侍郎中金安督役,足见仁宗很在意宫阙工程。

1129年二月二十三日,西京新宫落成,仁宗再幸西京,妙清西京三人帮的策动遭到以位居枢宰地位的枢密院使金富轼(1075—1151)、中书舍人李之氐(1092—1145)、中书侍郎任元敳(初名元厚,1089—1156)等重臣的强力反对。"上表劝王称帝建元,或请约刘齐④挟攻金灭之。识者皆以为不可,妙清之徒喋喋不已。"妙清所言事关国家根本方向,仁宗不敢轻易采纳。⑤　二十九日,王入御新宫于乾龙殿,受群臣贺拜,然后发布"敕诏曰:因时乘变,不常厥居,自古而然。海东先贤有言,创宫阙于大花势,以延基业。今既相地创造新宫,顺时巡游,思有恩泽遍及中外",除重罪外许令赦免,并"西京

①《高丽史·卷一百二十七·列传四十·拓俊京》。
②《高丽史·卷十五·世家第十五·仁宗一》仁宗五年三月丁巳条。
③《高丽史·卷一百二十七·列传四十·妙清》。
④ 刘齐即伪齐,是北宋叛臣、原济南知府刘豫在金扶植下于1133年建立的傀儡政权,位于黄河南地区。
⑤《高丽史·卷一百二十七·列传四十·妙清》。

及所过州县山川神祇,各加尊号,新阙主山秩载祀典;西京及所过州县耆老、孝顺、节义、鳏寡孤独、笃、废、疾者,赐酒食,仍赐物有差;侍从官及西京文武官营造新阙官吏,并赐爵一级,下逮仆隶,悉推恩泽"①。西京三人帮乘势诈称:"空中有乐声,此岂非御新阙之瑞乎!"遂草贺表,请宰枢署名。众大臣识破其用意,皆斥之为欺天骗人,被拒。郑知常大怒,指责众大臣可悲可叹。②

仁宗八年八月,又幸西京,并从妙清言,分别置阿吒婆拘神道场于弘庆院、般若道场于选军厅达二十七日。冬十月,仁宗自西京下诏,称"阴阳家流据古人之言奏请西幸,朕从而行之",决定"以小恩普及中外",进行特赦,并从妙清言,③设道场于选军厅历时三十一天。其间,西京重兴寺塔发生火灾,有人问妙清,王幸西都为镇灾,何故有此大灾。妙清"惭赧不能答",思索良久,忽举目诡辩曰:上若在上京则灾变大于此。

辛亥年(1131),王从金安所奏,令省、台、诸司论"天地人三庭事宜",就林原宫城置八圣堂八圣,妙清悉数八圣名大做文章;金安、李仲孚、郑知常等亦予以附和,称此"圣人之法,利国延基",并借奏请祭和撰写祭文,散布诬说,称:"惟天命可以制万物,惟土德可以王四方,肆于平壤之中,卜此大华之势,创开宫阙,祗若阴阳,妥八仙于其间。"是年九月,他们指使师事妙清的东京武人崔逢深携书状伏阁三日,"大言国家与我壮士千人则可入金国虏其主来献",王欲平治三韩,则舍西京三圣人无与共之④。

仁宗十年,开京开始修复被焚宫阙,当开基之时,妙清使弘宰等及勾当、役事员吏,皆服公服序立,令穿甲将军四人持剑,及 120 兵卒持枪和 320 人持炬、烛环立,其本人以长白麻绳四条居中间做法,

<hr>

① 《高丽史·卷十六·世家第十六·仁宗二》仁宗七年三月庚寅条。
② 《高丽史·卷一百二十七·列传四十·妙清》。
③ 《高丽史·卷十六·世家第十六·仁宗二》仁宗八年冬十月壬申条。
④ 《高丽史·卷十六·世家第十六·仁宗二》仁宗九年九月丁酉条;《高丽史·卷一百二十七·列传四十·妙清》。

言此乃太一玉帐步法禅师道诜所传,并乘机奏请迁都以禳灾集禧。仁宗遂问日官,皆曰不可知,而郑知常、金安及在场大臣等答曰,妙清所言即圣人之法,不可违也。于是,乃以妙清随驾福田,白寿翰入内侍幸西京。当行至金岩驿时,忽然狂风大作,雷雨交加,卫士颠沛,王执辔迷路,或陷泥泞,或触枿石,宫妃哭泣,马死驼亡,既有妙清伴驾,发生此种情景,令王大失所望。及至西京,郑知常伴王御龙舟于大同江,又以大同江之瑞气是神龙吐涎,千载难逢,请"称尊号建元",伐金。① 再次遭拒后,妙清与白寿翰沉油饼于江中,指所泛起之带色之油花为神龙吐涎,系嘉瑞,请百官表贺。结果,西京三人帮弄巧成拙,待潜水者索得大饼后,立即遭到同知枢密院事任元敳的参本,揭发其以邪说惑众,请诛之,以绝祸萌②。然而,深受妙清等迷惑的仁宗并未准其本。

是年六月,"京城饥,谷贵物贱,银瓶一事直米五硕,小马一匹一硕……饿殍相望"。十一月返京后颁制,称"训(语)有之曰,积万岁必得冬至甲子……今遇十一月初六日冬至,其夜半值甲子,为三元之始,可以革旧鼎新,爰命有司举古贤遗训,创西京大华阙,咨尔三事大夫百官,庶事共图惟新之政"③。为释其疑,妙清乃又奏请仁宗准置御衣于大华阙御座,并致敬如在,仁宗遣文公仁等奉御衣至西京行法事。④

1133 年,直门下省李仲、侍御史文公裕等上疏,言甚切直地指妙清、白寿翰皆属妖人,其言怪诞不可信,近臣金安、郑知常、李仲孚,宦者庾开等结为腹心,屡相论荐,指为圣人,又有大臣从而信之,"是以主上不以为疑,正人直士皆疾之如雠,愿速斥远"。结果,上疏被拒,李仲等反要"退而待罪"。翌年二月,仁宗还以妙清为三重大统

① 《高丽史·卷一百二十七·列传第四十·妙清》。
② 《高丽史·卷九十五·列传第八·任元厚》。
③ 《高丽史·卷十六·世家第十六·仁宗二》仁宗十年十一月己卯条。
④ 《高丽史节要·卷十》仁宗十年十一月条。

知漏刻院事,赐紫。① 三月初,仁宗在西京移御大华阙,始行又遇"暴风扬尘,人马不能前,执伞者亦不能行,王手执幞头入阙",狼狈不堪。② 妙清等屡请巡御西京而灾异频发的事实,使其骗术日益曝光,仁宗亦觉察到妙清一伙的虚伪,不再御幸西京,所有王室仪式亦均改在开京长源亭举行。是年末,右正言黄周瞻又秉妙清、郑知常伙之意奏请称帝建元,也再次遭拒。③

此时,王廷内外反对声浪高涨,以金富轼为代表的儒臣纷纷上疏强烈反对迁都,认为金国强敌,不可轻。

当感到以和平手段不能实现迁都计谋后,1135年正月,妙清与分司侍郎赵匡、兵部尚书柳旵、司宰少卿赵昌言等,"矫制征兵两界",多年"设计"的反叛终于爆发。④ 他们首先矫制囚禁副留守崔梓等反对派官员,并遣伪承宣金信逮捕西北面兵马使李仲等官员及列城守臣,"凡上京人在西都者,无贵贱僧侣,皆拘之。"改国号曰"大为",建元"天开","号其军天遣忠义署,官属自两府至州郡守,并以西人为之"。同时,派军队切断岊岭(今朝鲜黄海北道慈悲岭)以北的道路,于观风殿"号令诸军,欲分数道直趣上京"。于是,一场历时一年有余的新旧贵族间争夺政治中心的内战不可避免。

妙清等发动叛乱后,仁宗一面遣内侍柳景深等"往西京宣谕戢兵"⑤,一面任命金富轼为元帅,统率左、中、右三路大军二万人进行讨伐。出征前,为巩固后方,首先铲除了在开京的郑知常、白寿翰、金安等妙清同党上千人。同时,向东北方向派出右军五千人,以断绝那里与西京的往来。鉴于岊岭的道路受阻,金富轼采取迂回战术,使官军避开西京军的设防,经平山、新溪、遂安、成川、价川,抵达安州。同时,开展政治攻势,"驰檄诸城,谕以奉辞讨贼之意"。"及

---

① 《高丽史·卷一百二十七·列传第四十·妙清》。
② 《高丽史·卷十六·世家第十六·仁宗二》仁宗十二年三月甲寅条。
③ 《高丽史·卷十六·世家第十六·仁宗二》仁宗十二年十二月戊寅条。
④ 《高丽史·卷九十八·列传第十一·金富轼》。
⑤ 《高丽史·卷一百二十七·列传第四十·妙清》。

大军至列城震惧,出迎官军"。金富轼又遣使者入西京,"晓谕至数四",赵匡等"知不可抗,意欲出降,自以罪重,犹豫未决。平州判官金淳夫赍诏入城,西人遂斩妙清"、柳旵等人,遣分司泰府卿尹瞻使开京谢罪。但是,当"匡等闻瞻等下狱,谓必不免,复反"。继之,"怨怒"的西人又先后两度诛杀仁宗与金富轼所遣宣谕使臣。金富轼与诸将遂宣誓,动员三军发动进攻。金富轼"以西京北负山冈,三面阻水,城且高险,未易猝拔,宜环城列营以逼之",命水师二百艘战船封锁大同江水路。[1] 于是,官军与西京军间展开了猛烈的攻守战。

西京军为确保大同江水路畅通,主动向官军水军进攻。西人以小船十余艘,载薪灌油火之,随潮而放;先于路旁丛薄间,伏弩数百,约以火发,同时齐举,火船相迫,延烧战舰,众弩俱发,致使官军损失惨重。城内人民恐城陷而遭屠杀,也与西京守军进行顽强的抵抗。金富轼遂取持久战术,等待西京军的粮尽力竭,命借助于西京城西南修筑土山,以求突破防线。乙卯年(1135)十一月,冬季来临,官军遂集中全部五军于杨命浦(今朝鲜普通江渡口)山顶筑山栅,借所筑土山,即于周长 5100 尺、高 11 尺的赤头山城正面入口的长堤,修筑高 80 尺、宽 180 尺、长 700 尺的工事,向高不过 20 尺的西京城墙发动进攻。但是,这却被武装起来的平壤军民以弓弩和炮石击退,金富轼的土山战术归于失败。仁宗十四年二月,金富轼采用幕僚尹延颐的战术,选拔少数精兵分左中右三队轮番进攻,疲劳对方,然后从西京西南集中主力进攻重修之重城,突破杨命门,攻破西京城池。[2] 于是,官军"纵火烧城屋,贼兵大溃,官军乘胜恣其斩馘"[3]。赵匡"不知所为,阖家自焚死,西都平"[4]。西京之反以遭到彻底镇压而终结。

1925 年,朝鲜近代史学先驱者申采浩所撰论文称,妙清之乱引

---

[1]《高丽史·卷九十八·列传第十一·金富轼》。
[2] 参见《新增东国舆地胜览·卷五十一·平壤府古迹》赤头山城条;平壤乡土史编撰委员会:《平壤志》,平壤:朝鲜国立出版社,1957 年,第 119 页。
[3]《高丽史·卷九十八·列传第十一·金富轼》。
[4]《高丽史·卷一百二十七·列传第四十·妙清》。

发的"西京战役"是"朝鲜历史上一千年来第一大事件",就其意义而言,较其前后发生所有事件"超出数倍";认为"其实态是,该战役是郎、佛两家对儒家之战,是国风派对汉学派之战,是独立党对事大党之战,是进取思想对保守思想之战,妙清代表前者,而金富轼代表后者"。所以,他得出以下结论:由于金富轼战胜妙清,朝鲜史被事大的、保守的、束缚的思想,即儒家思想征服,否则,"朝鲜历史将会向着独立的、进取的方面前进"①。申氏所言无据,不能成立。

从宗教学的意义考察,朝鲜古代历史除儒道释三大宗教,并不存在什么郎教。的确,朝鲜古代社会之原始土著信仰十分丰富,其文化价值也不可低估,但无论是从在教言教,还是教外言教的角度观察,它们不过是类似萨满教一类的原始宗教和巫俗信仰以及祖神崇拜,而花郎徒活动与其信仰,从其以新罗高僧圆光概括的"世俗五戒:一曰事君以忠,二曰事亲以孝,三曰交友以信,四曰临战无退,五曰杀生有择"②为其轨来看,其基本精神是出自儒家的忠孝思想。因此,可以认为在朝鲜古代历史上并不曾存在独立的"郎家""郎教",高句丽的"苏涂"祭与新罗的花郎徒也并非一回事。不管其出发点如何,申采浩在历史上制造儒道释三教对立之说,不能成立,徒劳无益。

在朝鲜古代历史上,汉字文化,尤其是儒家文化自传入朝鲜半岛,从未发生过任何与土著文化和佛教的对抗,而是相互融合,以至于形成颇具朝鲜风格的"儒教"。所谓"西京战役"不是国风派对汉学派之战,如本书反复论述的,不是神秘的、宿命的阴阳图谶派与儒学的理性主义的决战,更不是独立党与事大党间的战争。这次战争也不是挑起内战的妙清与指挥镇压叛乱的金富轼个人间的斗争或

---

① [韩]申采浩:《朝鲜历史上一千年来第一大事件》,载丹斋申采浩先生纪念事业会编:《丹斋申采浩全集·中卷·朝鲜史研究草》,汉城:莹雪出版社,1979 年,第 103—120页。
② 《三国史记·卷四十五·列传第五·贵山》。

郑知常与金富轼间的个人恩怨,而是王氏封建王朝统治阶级内部新旧贵族间争夺政权的内战。作为西京新贵代表的妙清、郑知常等人确有对传统制度的挑战,但是其推行的迁都称帝建元的政治路线是不现实的,甚至是反动的,他们倡导的联合伪齐反金的"独立"路线,是冒险而有害的亡国路线。

总体而言,此次斗争的结果是积极的。正是仁宗出兵挫败了西京伪政权发动的对开京的军事进攻,才避免了更大规模的内战,避免了国家的分裂,使王氏高丽王朝在半岛的统治又持续了两个半世纪。申采浩在史学论著中之所以把攻击矛头集中对准金富轼,不仅是因为金富轼是当时高丽儒学的代表性政治人物之一,更在于他主持编撰的《三国史记》较客观地记录了那个时期的历史,以至于没有给历史窜改者留下更多的空间,尽管该书确有瑕疵,甚至有些记述是错误的。

申采浩所谓睿宗与尹瓘乃"高丽一代实行花郎的君臣二人"之说也不能成立,其所谓的睿宗十一年四月的"下诏",是指《高丽史》所记庚辰《下制》,其实它不过是睿宗重申太祖确定的治国理念,其所宣布的"新教",明记是既要"奉顺阴阳,尊崇佛释",也要"明信刑罚,黜陟幽明",并强调"所谓国仙之事,比来仕路多门,略无求者,宜令大官子孙行之文武两学",是要整顿崇国仙之乱象,发展儒家的文武两科。守司徒、中书侍郎平章事尹瓘尽管是大名鼎鼎的与女真争夺北方领土的高丽武臣,但并未推行什么郎教,而是"在军中常以五经自随,好贤善冠于一时"①的儒将。至于申氏试图把曾任金富轼元帅副手的尹彦颐打扮成与前者理念的对立面,亦是武断之说,尽管二者因颜面关系而有隙,但并不能因金富轼"奏彦颐与郑知常深相结纳"导致后者遭降职受贬得出二人不和出自理念上的对立,故而

---

① 《高丽史·卷九十六·列传第九·尹瓘》。

得不出如其所说尹彦颐与其父尹瓘系高丽"惟一郎家系统"①之人物的结论。恰恰相反,史书记载尹彦颐乃是曾以"国子司业,赴经筵讲论经义","尝作《易解》传于世"②的汉学家,只是到了退职后的"晚年,酷好佛法"。但是,作为平定"西京之反"的结果之一,在金富轼战时和战后十七个月统帅三军的过程中,高丽的军事指挥权开始转移到文臣手中。这种武臣专注于军事行动、地位从属于文臣的转变,与后来的国家体制出现文武对立的倾向不无关系。

西京新贵族与开京旧贵族间争夺中央权力的斗争和战争,最大受害者是北方广大的农民和战区的市民。所以,西京城内的民众也奋起参战,以致出现"童稚妇女,掷砖投瓦"③的壮举。人民的加入是高丽人民长期积压对高丽王廷内外政策的强烈不满的宣泄。正是这个原因,妙清之乱有别于李资谦之乱,故而史书"西都之反"的表述似较贴切。

三、"庚寅之乱"与武臣政治

自光宗(950—975 年)和成宗(982—997 年)以来,高丽社会中普遍流行重文轻武的思想,文班地位高于武臣。但是,高丽前期的国内统一战争和对女真人的战争以及近期的平乱,提高了武臣的声望。因此,高丽中后期,文臣武将间的矛盾日益显著,并终于发展成为武臣夺取政权的结局。

1147 年,王晛即位是为毅宗,晛生活糜烂,荒淫不恤政事,在位二十五年,最终被武臣废黜。史官对他的评价是"崇奉佛法,敬信神祇,别立经色、威仪色、祈恩色、大醮色,斋醮之费,征敛无度"④,"聚敛财货以巨万计",藏于曰馆北宅、泉洞宅、藿井洞宅之"三私第"。

---

① [韩]申采浩:《朝鲜历史上一千年来第一大事件》,载丹斋申采浩先生纪念事业会编:《丹斋申采浩全集·中卷·朝鲜史研究草》,第103—120 页。
② 《高丽史·卷九十六·列传第九·尹彦颐》。
③ 《高丽史节要·卷十》仁宗十三年条。
④ 《高丽史·卷十九·世家第十九·毅宗三》史臣金良镜言。

国王近臣及有特权的高僧便趁机中饱私囊,作威作福,而武臣常常遭到文臣的歧视;其左右"奸谀"者,左副承宣林宗植、起居注韩赖等文臣等,则"怙宠傲物,视武弁蔑如"。这导致文武两班矛盾激化,引起武臣的强力反弹。

1170 年八月,毅宗率文武两班大臣去京郊寺庙普贤院宴游,至五门前,王晛与侍臣行酒,并命武臣为"五人手搏戏",大将军李绍膺"貌瘦力羸,与一人搏,不胜而走";韩赖乘势打了李绍膺一记耳光,并使之坠于阶下,"王与群臣抚掌大笑,林宗植、李复基亦骂绍膺"。郑仲夫等武将失色相目,厉声斥责曰:"绍膺虽武夫,官为三品,何辱之甚!"于是,早已伺机而动的武臣郑仲夫、李义方、李高等带领自己的部下,于黄昏时分包围普贤院,杀死国王的全部随行文臣和内侍,使"遇害积尸如山"。他们返回京城后,又把国王的嬖女、宦官,无论官职大小,"凡戴文冠者,虽胥吏,杀无遗种"。同年九月,郑仲夫等又废黜毅宗王位,分别流放王晛于巨济岛、太子于珍岛,拥立王弟翼阳公王晧为新王,即明宗(1170—1197 年在位)。史称此事件为"庚寅之乱"。

郑仲夫政变是对贵族僧侣集团控制的文臣政权的反动,武臣政变的成功,宣告了高丽以文臣贵族专政为内容的文官政治的终结,代表中小封建主利益的武臣政治开始登上舞台。"庚寅之乱"后武臣的权力膨胀到极点,他们完全瓜分了毅宗、文臣和大寺院的巨额资产,霸占了王晛的三大私宅。从此,郑仲夫升任中书侍郎平章事,又加门下平章事,完全掌控了政权和兵权,并把军令机构——"重房"置于三省六部之上,成为国家的最高权力机关;原来的文官系统的国家管理机关虽依然保留,但已不能行使既有的职能。自此,武臣政治持续了一个半世纪。

武臣掌权后,文臣势力多次进行抵抗。1173 年,东北面兵马使谏议大夫金甫当等起兵东界,讨伐郑仲夫、李义方;东北面知兵马使韩彦国举兵响应,派员奉毅宗出居鸡林。结果,反抗遭到残酷镇压,一些无辜文臣也遭清洗，"旬日间，文士戮且尽"①。是年十月，李义旼弑毅宗。明宗四年(1174)九月，西京留守赵位宠举兵反对武臣政权，西北地区四十多座城响应，同样也遭失败。明宗六年(1176)六月，西京陷落，赵位宠被杀。

武臣专政时期，武臣内部为争夺权力而屡屡互相残杀。早在郑仲夫夺取文官权力之初，李义方便杀死了李高。李义方将女儿嫁给太子为妃，恣意专权，郑、李矛盾表面化。1174年，郑仲夫之子郑筠又派人刺杀了李义方。之后，郑仲夫官职升至门下侍中，郑氏愈加专横。明宗九年(1179)九月，郑仲夫父子被年轻军官庆大升捕杀。庆大升自知其基础薄弱，以百名勇士组成都房，以加强权力。1183年，庆大升病亡，政权落到李义旼之手。明宗二十六年(1196)，摄将军崔忠献伙同胞弟东部录事崔忠粹杀死李义旼及其同党，建立了统治高丽长达六十余年的崔氏武臣政权。

崔忠献夺取武臣权力后，为排除异己，不论国王近臣、武将、僧侣，只要不属于自己圈内者，一概清除。明宗二十七年(1197)九月，崔忠献兄弟更进一步废黜了明宗，另立仁宗第五子平安公为王，是为神宗(1197—1204年在位)。1200年，他吸收了庆大升的经验教训，于自己的私第兴宁府设置都房。

都房是以三千门客为中心组成的有文武官员参加的机关，内中有专司保卫的私兵守卫。因为崔忠献在自己家中行使职权，都房遂逐渐成为武臣私人的政治机关。1209年，又设置教定都监，掌握国家一切重要事务，发布一切政令，并直接控制全国各地贡物和杂税的征收。这样，高丽王朝出现了以国王为首的王廷公设机关和崔氏武臣私设的权力机关并存而实权控制在后者手中的局面。这种体制意味着人民遭受双重压迫，类似日本天皇朝廷与将军幕府的政体。

①《高丽史·卷一百二十八·列传第四十一·郑仲夫》。

后来,崔氏独裁达到恣意废立国王的程度,崔忠献曾先后拥立神宗、熙宗、康宗、高宗四个国王,废黜明宗和熙宗两位国王。这个时期,旧的文臣几乎消灭殆尽,幸免于难的文人学者拒绝入世,许多人苟且偷生,或遁隐山林,或投入佛门,脱冠带披袈裟而从释子,结果社会如安文成公(安晌)七言绝句《有感》所吟:"香灯处处皆祈佛,弦管家家竞赛神。唯有数间夫子庙,满庭秋草寂无人。"[①]武臣政治是高丽统治阶级虚弱的表现,

崔忠献掌权初期,武臣政权虽也曾于 1196 年五月提出过《封事十条》,作为施政方针,其中包括限制土地兼并,减轻农民负担,限制高利贷,"禁华奢,尚俭啬"[②]。但是,由于崔氏本人就是最高统治者和最大的农庄主,任何有利于农民的改革都无法实现。

随着武臣政权的稳定,崔氏政权开始起用文臣。1225 年,崔忠献之子崔瑀又在教定都监下设立"政房",处理文武官员的任免事宜。这样,由都房和政房组成的崔氏武臣政权机构趋于完善,前者统帅家兵,相当于兵部,后者掌握文武百官的任免,等于吏部。两年后,又增设宿卫机构"书房",内中安置文臣,负责宿卫和处理文翰,客观上起到了保护文人、压制浮屠风气蔓延的作用,为中小地主士林文人的成长和吸收新思想提供了可能。

四、农民大起义

12 世纪下半叶,田柴科土地制度进一步遭到破坏,王室、两班、寺院不断扩大"私田",失去公田的农民沦为"私田"占有者的佃户。农民从耕种公田转变为"私田"的佃户,意味着农民被剥削程度的加强。通常,"私田"的租额相当于公田的两倍。于是,人民不堪负荷,纷纷起义抵抗。

---

① (朝鲜)李睟光:《芝峰类说·卷十三·文章部六·东诗》。
② 详见《高丽史·卷一百二十九·列传第四十二·叛逆三·崔忠献》。

12世纪70年代初,农民暴动已此起彼伏,蔓延全国。据记载:"自庚寅之后,北人横恣,昌州人杀其守、爱妓,置之衙门;成州人议灭三登县[由信城、萝坪、狗牙三部曲组成],有不从者,杀至数十人;铁州人议杀其长,格斗而死。有仁[西北面兵马使宋有仁]不能制,惧害及己,称疾乞代。学儒[宋有仁之后任]亦不能制。"①而随后爆发的旱灾瘟疫,则加速了农民起义的到来。明宗三年(1173)春,"自正月不雨,川井皆竭,禾麦枯槁,疾疫并兴,人多饿死,至有市人肉者。"②即使在这种情况下,农民还是要照样缴纳租税,否则要判刑1—3年。于是,处于社会最底层的贱民首先发动起义。

明宗六年(1176)正月,公州鸣鹤所贱民在亡伊、亡所伊的领导下攻占州城。有名无姓的亡伊,出生于清州牧公州鸣鹤所(今韩国忠清南道大德区柳川面)的贫民家庭,是高丽社会最底层的一员。"所",作为行政单位,是比县还小的管理贱民的行政区,这里的居民的社会身份几乎与奴婢同,他们大部分是原来战俘和罪犯的后裔,不享有一般平民的待遇,不能入国学,不可出家为僧,更不得参加科举,其社会身份世袭,如财产一样可以被买卖和继承。居住在所的贱民一般是从事手工业制造的劳动者,比从事农业的"部曲"民,有更强的战斗力。长期遭受压迫,生活无着的所民在勉强度过春节的正月二十五日,终于在亡伊的号召下举起义旗。亡伊自称"山行兵马使",意指自己是百姓任命的义军兵马使。义军首先以急行军的方式攻下直接压迫他们的公州衙门。此种气势令明宗及其武臣战栗。于是,鸣鹤所的起义立即得到周围农民的响应和支持,他们多次打败前来讨伐的官军的围剿。是年三月,起义军击溃了一支由三千人组成的开京精锐部队,迫使政府"募僧以济师"。不久,三南地区农民纷纷响应。十一月初,孙清在庆尚南道伽倻起义,自称兵马

①《高丽史节要·卷十二》明宗二年六月条。
②《高丽史·卷十九·世家第十九·明宗一》明宗三年四月丙子条。

使；李光据全罗北道弥勒山起义。但是，上述三支起义军都是各自为战，从未进行过联系配合，未能形成合力。

明宗和武臣对起义军采取镇压与诱降的两面手法。农民起义初发时，官方以武力镇压作为对策，但在其起义军壮大后，则派宣谕使进行诱骗。见军事围剿屡遭失败，当局遂于是年六月令把鸣鹤所升格为"忠顺县"，并委任县令、县尉等地方官。①"所"改"县"意味着赋税的相对减轻和贱民的身份地位集体升格为良人。于是，亡伊对国王和开京的两班大臣开始产生幻想。次年正月，亡伊前往开京与政府议和，当局答应给予粮谷，并派员把亡伊送回公州。

明宗七年正月，政府诱降成功，遂于二月发兵进攻亡伊的故乡，掠走他的母亲和妻子。亡伊始觉受骗，便于三月重新宣布起义，并强逼弘庆院住持僧赍书赴京，质问国王："既升我乡为县，又置守安抚，旋复发兵来讨，收系我母妻，其意安在？"并发誓："宁死于锋刃下，终不为降虏，必至王京而后已。"在他的号召下，农民军英勇战斗，相继攻陷骊川、镇州、牙山等乡镇，以致不出一个月，"清州牧内郡县皆陷"②。

但是，正当亡伊起义军胜利进军的时候，三南地区的另外两支起义军先后遭到镇压。六月，亡伊再次陷入开京两班的和谈陷阱。七月，亡伊、亡所伊被捕，起义军瓦解。

与此同时，同年五月，西北地区的平安南北道和慈江道的部分地区亦爆发起义。这次起义涉及的地区相当广泛，甚至一度到达黄海北道和咸镜南道的部分地区。农民起义军在郎将金旦、康畜、曹忠等农民领袖的率领下，迅速攻占了西京，并多次击退政府军的反攻。但是，同年八月，西京易手，金旦等五位首领被杀害。九月，起义军主力以妙香山为基地不断出击，给官军以连续打击，得到发展、

① 《高丽史·卷十九·世家第十九·明宗一》明宗六年正月己巳、六月丙戌条。
② 《高丽史·卷十九·世家第十九·明宗一》明宗七年三月、四月辛亥条。

壮大。此时,起义军已经整编为中、前、后三个方面军,分别在其"行首"(司令)和"指谕"(参谋长)等首领指挥下作战。中军行首是思进、轼端、进国,前军行首是金甫,后军行首为光秀。三军协同作战,以妙香山为据点,依托嘉山、博川、泰川、价川、宁边及顺川等地之山谷,袭击慈、肃二州,连连挫败政府派遣的李义旼讨伐军。农民军所到之处,官衙与官吏的豪宅以及大小寺院统统被烧毁,许多恶贯满盈的官吏和僧侣被镇压,封建统治阶级遭到沉重打击。于是,政府又增派大将军朴齐俭为西北面兵马使加强讨伐。但是,起义军"依阻山林,无定居",以各地"郡人"为"耳目",致使讨伐军"军中动静辄先知之,战始交,辄败北,士卒气沮"。起义军遂"乘胜攻宁州灵化寺,驱僧为兵,进攻涟州",气势高昂。但是,因"大城"镇坚壁清野,农民军游动山区日久,"渐就饥窘",出现了粮食供给困难。朴齐俭遂借机以"开仓赈之"和授其首领以"校尉"之官职进行诱降①,瓦解农民军。是年秋末,农民军领袖康畜、曹忠先后投降,西北地区的起义遭到镇压。一支由进国领导的 150 余人的农民军始终不屈,战斗到最后一刻,全体英勇牺牲。

野火烧不尽,春风吹又生。1179 年春,由牛方田领导的农民军再次起义,他们活跃在龟州、嘉州、安州等地,继续战斗。

1176—1179 年的农民起义规模大、时间长,是一次具有全国同时起义性质的农民战争。由于农民主观条件的局限,南道与西北地区的起义军始终未能联合起来,各自为战,终被官军各个击破。同时,农民军始终没有提出明确的政治纲领,而且其领袖总是对统治者抱有幻想,失去了夺取胜利的时机,最终导致失败。但是,农民起义沉重地打击了高丽王朝的封建统治,也有力地冲击了落后的奴婢、贱民制度,有利于解放生产力和社会的进步。

---

① 《高丽史·卷一百·列传第十三·朴齐俭》。

第二节　蒙古、高丽的关系与高丽军民的 抗蒙斗争

一、13 世纪初的国内外形势

13 世纪初,高丽国内外形势严峻。武臣政权虽多次镇压了人民起义,却极大地消耗了综合国力;他们为巩固自己的统治,忽视府兵的作用,削弱了国防力量。当时,东北亚地区形势急剧变化。日本经过短时的"源平争乱"而进入镰仓时代(1185—1333),武家政权强化了国防。在古代中国,辽、宋、金等王朝相继走向衰落,居住在中国北方的蒙古部的力量开始崛起。这些新形成的因素不同程度上直接、间接地影响着高丽国家的安全与发展。

蒙古人善骑射,南宋彭大雅著《黑鞑事略》称:"其骑射,则孩时绳束以板,络之马山,随母出入;三岁以索维之鞍,俾手有所执,从众驰骋;四五岁挟小弓、短矢;及其长也,四时业田猎。凡其奔骤也,立而不坐……疾如飚至,劲如山压,左旋右折,如飞翼。"蒙古部的祖先是东胡语系蒙兀室韦人,他们在 10 世纪前后从其原居地额尔古纳河流域西迁、进入鄂尔浑河、克鲁伦河、土拉河上游和肯特山地区。12 世纪初,成吉思汗三世祖合不勒已经统一了蒙古诸部称汗。1189年,被推上汗位的铁木真(1162—1227)率领乞颜·孛儿只斤部,战胜了漠北高原劲敌塔塔儿部、可烈部、篾儿乞部和乃蛮部,实现了蒙古集团的统一。1206 年丙寅(南宋开禧二年、金太和六年、西夏李安全应天元年、西辽天禧二十九年、高丽熙宗二年),孛儿只斤·铁木真在漠北斡难河畔被蒙古高原各部族拥立为全蒙古的大汗,被尊为"世界主人"——成吉思汗。骑术与车轮的使用与进步支撑着蒙古势力一度驰骋天下。1205—1234 年间,成吉思汗及其继承人窝阔台先后征服了西夏、吐蕃和金朝。

　　此前,金朝的衰败,引来其境内契丹人的反叛。契丹人起义军后来虽大部降服进入辽东,但是,仍有坚持独立行动的余部,先后在辽东与鸭绿江两岸建立起短暂的独立于金和蒙古势力的政权,对相邻的高丽的安全带来重大威胁。先是,蒙古太祖六年(1211),金北边千户契丹人耶律留哥举兵反金,在成吉思汗的支持下,自立为王,"国号辽"①(史称东辽),改元元统。高丽高宗三年(1216)三月,其属郡王耶律厮不等叛,于澄州(今辽宁省海城)称帝,国号辽,改元天威,史称后辽,亦称"大辽收国"(1216—1219)。不久,耶律厮不"为其下所杀,推其丞相乞奴监国,与其元帅鸦儿②分兵民为左右翼"③。同年六月,在蒙古和金朝的夹击下,后辽九万余众退避高丽。此等被《高丽史》称作"丹兵"的武装力量给高丽的安全带来巨大威胁。

　　此前,1214 年,金宣宗命辽东宣抚使、女真人蒲鲜万奴统兵四十万讨伐契丹叛军。蒲鲜万奴"与耶律留哥战归仁北(今辽宁省昌图县四面城),败绩。时下金主御下严刻,万奴畏罪不自安⋯⋯十年正月,遂据东京叛,自称天王,国号大真"。次年四月,万奴破金兵,"转女真故地,自称东真国,改金上京会宁府曰开元都之"④。1216 年秋,受归顺蒙古的耶律留哥的偷袭,东京破,"万奴进退失据,十月来降"蒙古⑤。大真国复国后,改国名东夏(1217—1233 年,高丽人称之为"东真国"),据有东至日本海、北抵松花江、南临高丽的大片土地。

　　高宗三年八月,在蒙古势力的驱赶下,丹兵在耶律乞奴、鸦儿的统领下跨过鸭绿江,进入义、静、朔、昌、云、燕等州,席卷宣德、定戎、宁朔诸镇,1217 年夏秋,丹兵攻占东州(今韩国铁原)、横川、原州,寇

①《元史·卷一百四十九·耶律留哥》。
②《高丽史》称鸦儿为鹅儿,见《高丽史·卷二十二·世家第二十二·高宗一》高宗三年七月乙丑条;本书依《元史·卷一百四十九·列传第三十六·耶律留哥》,称鸦儿。
③《元史·卷一百四十九·列传第三十六·耶律留哥》。
④《新元史·卷一百三十四·蒲鲜万奴》。
⑤《新元史·卷一百三十四·蒲鲜万奴》。

高州、和州,陷豫州。此时,丹兵发生内讧。王子耶律金山杀耶律乞奴,自称大辽收国王,改元天德。同年十一月,丹兵"践冰渡大同江,入西海道(今朝鲜黄海道一带)"。次年初,契丹大将耶律统古与又杀金山,夺其位。接着,喊舍又杀统古与,亦自立为王。① 1218 年秋,高丽西北面元帅赵冲在秃山(博川)附近大败喊舍,丹军退守江东城(平壤东)。

后辽在半岛的肆虐亦对蒙古形成潜在威胁。是年冬,成吉思汗遣元帅哈真、札刺率军一万,会同高丽邻国东真国共同讨伐契丹人。东真国主蒲鲜万奴派元帅胡土率军二万参战。蒙古大军从东北方面渡统门水(今图们江)进入高丽,攻陷契丹人占领的和、猛、顺、德四城,直指江东城。然适逢大雪,饷道不继,哈真遂致书高丽,"曰:皇帝以契丹兵逃在尔国,于今三年未能扫灭,敬遣兵讨之,尔国惟资粮是助,无致欠阙。乃请兵,其辞甚严。且言帝命破贼之后,约为兄弟"②。高丽派遣西北面元帅赵冲、兵马使金就砺率师汇于江东城下。次年初,三军大举进攻江东城。城陷后,喊舍引颈自杀,俘获万余人。契丹人大部分由耶律留哥带回辽东西楼(临潢府),小部分交给高丽处理,安置在闲旷之地,给田务农。

江东会战,蒙古、高丽、东真国共同灭掉了大辽收国。作为会战之结果,高丽与蒙古盟誓约定:"两国永为兄弟,万世子孙,勿忘今日。"③蒙古出兵高丽是不请自来,两国间的盟约和所谓"高丽感二国伐平寇乱,自请岁贡蒙古,亦纳币于万奴有差"④。但是,由此引起的自负与傲慢亦给对丽外交带来负面影响。《高丽史》记载了高宗六年(1219)正月辛巳江东会战结束后蒙古使节的蛮横:"庚寅,哈真遣蒲里傝完等十人赍诏来请讲和。……辛卯,王

---

① 《新元史·卷一百三十四·耶律留哥》。
② 《高丽史·卷一百三·列传第十六·赵冲》。
③ 《高丽史·卷一百三·列传第十六·金就砺》。
④ 《蒙兀儿史记·卷三十一·蒲鲜万奴》。

引见于大观殿,皆毛衣冠,佩弓箭直上殿,出怀中书,执王手授之。王乃变色,左右遑遽,莫敢近。侍者崔先旦泣曰:岂可使丑房近至尊耶?设有荆轲之变,必不及矣。遂请出浦里岱完等,更服我国衣冠,入殿行私礼。但揖而不跪。及还,增金银器、绸布水獭皮有差。"①

　　与此同时,直至1233年秋,蒲鲜万奴为蒙古所擒为止②,东真国也一直是高丽面对的棘手问题。一直以来,东真国实为蒙古之附庸,长期扮演为蒙古向高丽"督纳岁贡"的角色。③ 13世纪20年代初,蒙古大军西向,无暇东顾,1224年春,东真国叛蒙,蒲鲜万奴遂致书高丽,称"蒙古成吉思师老绝域,不知所存,讹赤忻贪暴不仁,已绝旧好",要求分别于青州(北青)、定州"各置榷场,依前买卖"④。这是要依照金制在双方统治区内设置榷场进行贸易,理所当然会被高丽拒绝。于是,东真人屡寇高丽边镇,不断挑起边衅,制造各类事端。⑤

二、高丽军民抵抗蒙古军的进攻

　　蒙、丽联合灭亡了后辽势力后,蒙古元帅哈真向高丽递交了成吉思汗的国书,要求高丽如期交纳贡物和接受蒙古使节。与高丽以前向辽、金纳贡,丽亦受惠不同,蒙古等于是单方面地征收,数量大,十分无礼。⑥ 1225年正月,蒙古使臣到高丽索取贡物,归途中在鸭绿江附近"为盗所杀"⑦。蒙古追究高丽的责任,并断绝外交关系。

　　1229年,成吉思汗第三子孛儿只斤·窝阔台(1186—1241)即位,是为太宗。他对内实行新政,对外执行灭金伐宋、继续进攻高丽

①《高丽史·卷二十二·世家第二十二·高宗一》高宗六年正月条。
②《元史·卷一百一十九·塔斯》。
③《高丽史·卷二十二·世家第二十二·高宗一》高宗六年二月己未、八月壬午条。
④《高丽史·卷二十二·世家第二十二·高宗一》高宗十一年正月戊申条。
⑤参看《高丽史·卷二十二·世家第二十二·高宗一》高宗十四年九月壬午、十五年七月庚子、十六年五月甲戌;高宗十八年十月辛巳条。
⑥详见《蒙兀儿史记·卷一百三十四·高丽》。
⑦《高丽史·卷二十二·世家第二十二·高宗一》高宗十二年正月癸未条。

的政策。1231 年夏,他在稳定与宋的关系的同时,集中兵力亲率大军发起灭金攻势。接着又于同年八月,以问罪其使者被杀为由,遣蒙古元帅撒礼塔渡江围攻咸新镇、屠铁州,拉开了第一次进攻高丽的序幕。

蒙军兵分两路分别进攻龟州和西京。龟州是清川江以北的军事要冲,西北面兵马使朴犀率领军民奋勇抗敌,战斗十分激烈。蒙军使用冲车、大炮猛击城墙和城楼。龟州军民冒着密集的飞矢和飞石,及时修复被破坏的城墙,并用抛石器反击蒙军的进攻,且以铁水焚烧敌军的楼车。静州将军金庆孙率领由 12 名战士组成的"决死队"来援,主将中箭受伤继续坚持战斗的英勇精神,使龟州士气大振。参加围城的七十岁蒙古将军"环视城垒器械,叹曰:'吾结发从军,历观天下城池攻战之状,未尝见被攻如此而终不降者'"①。直到翌年正月蒙军撤退时,蒙军一兵一卒未能入城,龟州军民的抵抗有力地牵制了蒙军的攻势。

是年十月,安北城陷落,高丽主力军伤亡过半,将军李彦文、郑雄等战死。十一月,蒙军在向开京进攻的同时,其主力经广州、忠州进攻。忠州是通往庆尚道和全罗道的交通要塞。蒙军的意图是先攻陷忠州而控制高丽南方地区,以形成对开京南北夹击之势。蒙军围攻忠州 70 余日不下,城内粮储几尽,忠州山城防护别监金允侯便"谕厉士卒曰,若能效力,无贵贱,悉除官爵,尔无不信,遂取官奴簿籍焚之"②。于是,在由两班子弟组成的别抄军四处逃散的情况下,由池光守指挥的官奴别抄军坚守城池,阻止了蒙军的南下。但是,事后返回城的两班不但不感激别抄军的英勇奋战保卫住了家园,反而以官私银器丢失为由给守城的人民加上盗贼罪名,迫害官奴别抄军,阴谋处决其军事首领。愤怒的别抄军忍无可忍,举行暴动。

---

① 《高丽史·卷一百三·列传第十六·朴犀》。
② 《高丽史·卷一百三·列传第十六·金允侯》。

同时,慈州(慈城)军民在副使崔椿命(? —1250)的率领下顽强战斗,多次打退蒙军的进攻,甚至在高丽"国朝及三军已降"后,仍继续坚持抵抗。武臣政府欲处决崔椿命以讨好蒙古,当王廷派"内侍李白全往西京将斩之,椿命辞色不变",大义凛然,竟使在场的蒙古官员劝止,说:"此人于我虽逆命,在尔为忠臣,我且不杀,尔既与我约和矣,杀全城忠臣乎! 固请释之。"结果在蒙古人的压力下,崔椿命非但免去一死,反而"后论功以椿命为第一,擢拜枢密院副使"①。爱国者的英勇不屈行为亦令敌人钦佩。

三、丽蒙和约与武臣政权的终结

高丽人民英勇抗战,虽一时一地取得对蒙军的胜利,但由于武臣政权的腐败,不能聚集全国的抵抗力量,无法左右整个战局。蒙军继续南下,深入广州、忠州、清州腹地,并围困开京。以崔瑀为首的武臣慌忙派员与蒙古议和。1231 年十二月,高丽国王高宗在开京接见撒礼塔的劝降使,并派员向蒙古赂以重礼②,委派王弟淮安公王侹等赴蒙军元帅驻地安州"请降",允于其所取"四十余城","撒礼塔承制,设官分镇其地"③。1232 年正月,撒礼塔撤军。

高丽与蒙古议和后,崔瑀以每年向蒙古输送一定的贡品为条件,使两国能够维持正常邦交关系。依据协议,蒙古在撤军的同时,向高丽中央和地方派驻了达鲁花赤 72 人。这些作为监督官的蒙古人,十分蛮横,他们粗暴干涉高丽的内政,频繁勒索财物。王室、武臣和达鲁花赤之三重统治体制,压得高丽人民喘不过气,也使三者间的矛盾深化。为了摆脱蒙古达鲁花赤的蛮横干涉,高宗十九年

---

① 《高丽史·卷一百三·列传第十六·崔椿命》。
② 据《高丽史节要·卷十六》高宗十八年条记载,高丽向蒙古进献的礼品,给太宗窝阔台的有黄金 70 斤、白银 1300 斤、襦衣 1000 领、良马 170 匹;给主帅撒礼塔的有黄金 19 斤、白银 460 斤、银瓶 116 口、纱罗锦绣衣鞍子及马 150 匹、绅布衣 2000 领、獭皮 75 领;给主帅撒礼塔麾下将佐的有黄金 49 斤、白金 1420 斤、银瓶 120 口。
③ 《元史·卷三·太宗本纪》太宗三年八月条。

(1232)六月乙丑,崔瑀挟持国王迁都江华岛。

江华岛是位于汉江的入海口的较大离岛,对不善于使用水军的蒙军来说,这里易防难攻。是年二月宰枢会议讨论迁都后,崔瑀武臣政权强行迁开京居民于江华岛,征调二领军于江华修建宫阙,建造双重城墙,取名"江都";同时,沿岛的东侧修筑数目众多堡垒和横贯文殊山脊的石壁,并集中全部水军于江都周围水域。迁都后,开京几乎成为一座空城,仅留知门下省事金仲龟等以八领军镇守。

迁都江都前夕,驻各地达鲁花赤被杀。据记载国王"瞰,尽杀朝廷所置达鲁花赤七十二人以叛,遂率王京及诸州县民窜海岛"①。是年九月,蒙古太宗窝阔台派撒礼塔再次进攻高丽。从这时起至高丽高宗四十六年(1259)年底,蒙古连续发动多次大规模入侵。在此期间,高丽统治者虽也组织抵抗,但始终摇摆于抗战和妥协之间。

高宗十九年(1232)秋,蒙古发动了第二次入侵。蒙军以闪电般的速度攻入北界后,迅速强渡清川江,并在降将西京郎将洪福源的帮助下,先后攻陷开京和西京,围攻广州。十二月十六日,蒙军元帅撒礼塔进攻水州属邑处仁部曲城(龙仁),"有一僧避兵在城中射杀之"②。撒礼塔被白岘院僧金允侯射杀③是蒙军付出的巨大代价,蒙军在失去主帅后,士气低落,副将铁哥遂聚集残部开始撤军。蒙军撤退后,崔怡遣家兵三千与北界兵马使闵曦讨伐高丽叛逆,"西京遂为丘墟"。但是,此后西京为蒙古所控制,内陆移民后裔、唐城人洪福源被委任为"东京总管领,高丽军民凡降附四十余城民"④,高丽亲蒙势力遂形成规模。

高宗二十一年(1234)正月,蒙古灭亡金朝后,开始进攻南宋。翌年二月,窝阔台遣皇子贵由率军讨伐东真国,攻陷其都城南京(今

---

①《元史·卷二百八·高丽》。
②《高丽史·卷二十三·世家第二十三·高宗二》高宗十九年十二月条。
③《高丽史·卷一百三·列传十六·金允侯》。
④《高丽史·卷一百三十·列传第四十三·洪福源》。

吉林省延吉市东城小山），东真国遂亡，高丽联合东真共同抗击蒙古的计划也落空。

1235 年夏，窝阔台命将军唐兀台（唐古）、东京总管领洪福源率军发动第三次对高丽的战争。这次，唐兀台改变策略，不与高丽政府做任何交涉，只是攻城略地。蒙军攻势凶猛，先破安边都护府、陷龙岗、咸从、三登等地；翌年八月越过开京，南下占领南京（今韩国首尔）、平泽、牙州等地，攻打竹州（竹山），由于高丽军民的坚决抵抗，蒙军在温水、竹州受挫；但是，蒙军并未停下南进的脚步，其足迹踏遍整个全罗道。1237 年，蒙军再拔龙岗、咸从等十余城①；次年，蒙军东向进军，并于该年四月占领东京（庆州），焚毁了著名的黄龙寺塔。② 这样，高丽全境均遭受到蒙军的践踏和蹂躏，不少城乡化为废墟。

1238 年底，高宗遣将军金宝鼎、御史宋彦琦入蒙古"上表"苦诉高丽之贫瘠，祈求"勿加兵革"，及早撤兵③。迫于蒙古一连两次遣使"征王亲朝"的压力，次年冬遣王族新安公佺、少卿宋彦琦假称王弟入蒙。蒙古也为连续五年征伐高丽却不能使之完全降服而无计可施，遂于 1239 年四月在宣布撤军的同时，遣使"赍诏来谕亲朝"④。1241 年，高宗"以族子永宁公綧称子率衣冠子弟十人入蒙古为秃鲁花"⑤，以敷衍蒙古对国王亲朝和还都的要求。高宗三十四年（1247）七月，蒙古定宗贵由（1246—1248 年在位）以"不入贡"为由⑥，派元帅阿母侃率大军屯兵盐州施压。八月，高宗遣使赴蒙古兵营犒赏，至此阿母侃才决定撤兵。

蒙古宪宗蒙哥（1251—1257 年在位）继续就高宗朝蒙和出岛还

---

① 《元史·卷二百八·高丽》。
② 《高丽史·卷二十三·世家第二十三·高宗二》高宗二十五年闰四月条。
③ 《高丽史·卷二十三·世家第二十三·高宗二》高宗二十五年冬十二月条。
④ 《高丽史·卷二十三·世家第二十三·高宗二》高宗二十六年四月条。
⑤ 《高丽史·卷二十三·世家第二十三·高宗二》高宗二十八年条夏四月。
⑥ 《新元史·卷五·定宗》定宗二年条。

京遣使高丽。这时,权臣崔瑀已死于江都,其子崔沆掌握实权,极力反对还都开京。1253年四月,蒙哥闻高丽"筑重城无出陆归款意,帝命皇弟松柱帅兵一万,道东真国入东界",蒙军大将阿母侃与洪福源领兵"趋北界,皆屯大伊州",发动第四次蒙丽战争。七月,高宗闻蒙军已经渡过鸭绿江,立即"移牒五道按察及三道巡问使督领居民,入保山城海岛"①。不久,蒙军涉大同江下马滩直指和州。于是,蒙军半年间先后攻陷春川、杨根、天龙三城,并包围忠州城,将忠州道以北诸道悉数占领。十一月,蒙军主帅也窟在忠州患病,蒙军北撤。高丽遣使"追至旧京保定门外,致国贶礼物,且乞退兵。也窟责云:国王出江外,迎吾使价,则兵可退也"②。于是,高宗渡江于江华岛对岸的新宫迎接了也窟的十人使节团。次年正月,高丽又派安庆公王淐至蒙军屯所慰问。这样,蒙古主将阿母侃始决定撤军。

是年七月,蒙古又组织第五次攻击,遣车罗大③率五千兵渡鸭绿江,继续施加军事压力。但是,九、十月间车罗大部先后在忠州、尚州受挫。尽管如此,高丽所受损失惨重,"是岁蒙兵所虏男女无虑二十万六千八百余人,杀戮者不可胜计,所经州郡皆为煨烬,自有蒙兵之乱,未有甚于此时也"④。

1255年春,高丽遣平章事崔璘入蒙古,请罢兵;其时,车罗大也奉命后撤。三月"诸道郡县入保山城海岛者,悉令出陆"。当百姓尚在返回故里的途中时,蒙古又发动第六次攻势。四月辛卯,蒙军"屯义、静州之境,自兄弟山至大府城,弥漫原野"。八月,蒙军抄略清川江内,其先头骑兵进抵升天府;十月,自西京越大院岭南下忠州,进

---

① 《高丽史·卷二十四·世家二十四·高宗三》高宗四十年四月、七月条。
② 《高丽史·卷二十四·世家二十四·高宗三》高宗四十年十一月条。
③ "车罗大"不见于中国史料,据杨志玖先生研究,《高丽史》所记车罗大,应是《元史·卷一百三十三·塔出》所记"扎剌台"的高丽译音车罗大。参看杨志玖:《评辽、金、元时代高丽与北方民族的关系》,载〔韩〕曹永禄等:《中国和东亚世界》(《中國與東亞細亞世界》),汉城:国学资料院,1996年,第263页。
④ 《高丽史·卷二十四·世家第二十四·高宗三》高宗四十一年十二月条。

军全罗道；十二月，蒙军"造船攻槽岛"。闻蒙古水军"谋攻诸岛"，1256年春高宗遣将军李广等"领舟师三百南下"防御，取得一定战果。① 九月，鉴于蒙军长期作战而无大获，加以高丽使节金守刚的外交努力，蒙古宪宗遂命令撤军。1257年初，高丽"宰枢议以蒙古连岁加兵，竭力事之无益，停春例进奉"②。闰四月，掌权九年的武臣中书令崔沆③死，权力落入其子、无能的崔竩手中。

五月，蒙古发动以迫使高丽王彻底妥协，派王子入朝为目标的第七次进攻。七月，高丽宰枢会议几经议请，决定放弃抵抗；又经金轼与车罗大交涉，双方达成协议，约定"待大军回归，太子亲朝帝所"④。此时长期反对妥协的武臣势力已经萎缩。1258年三月，大司成柳璥谋与别将金仁俊（又名金俊）等武臣诛崔竩，"复政于王"⑤，崔氏武臣政权在经历了四代60年后宣告终结。

在高丽与蒙古间围绕王子入朝进行紧张试探的过程中，是年十二月，蒙古散吉大王、普只官人等领兵屯驻和州，龙津县人赵晖、定州人卓青及登、文州诸城人合谋乘高、和、定、长、宜、文等十五州人徙竹岛之虚，以和州以北地附蒙古，蒙古置双城总管府于和州，以赵晖为总管、卓青为千户。⑥ 翌年三月，高丽派别将朴天植通告车罗大诛崔竩、遣太子倎入朝事。四月，太子倎如约奉表赴蒙为人质。至此，蒙古与高丽历时28年的交战状态结束，高丽沦为蒙古的附属国。同年六月，高宗在江都去世；金仁俊奉太孙谌，权监国事。1260年三月，太子从蒙古由达鲁花赤护送回国继承国位，是为元宗

① 《高丽史·卷二十四·世家第二十四·高宗三》高宗四十三年正月丁巳、三月己未、六月壬午条。
② 《高丽史·卷二十四·世家第二十四·高宗三》高宗四十四年正月丙辰条。
③ 崔沆乃崔忠献孙，崔怡（初名瑀）之子，初拜左右卫上护军；父死，拜银青光禄大夫、枢密院副使、兵部尚书，寻兼东西北面兵马使，又以为教定别监，掌握国家实权。
④ 《高丽史·卷二十四·世家第二十四·高宗三》高宗四十四年七月戊子条。
⑤ 《高丽史·卷二十四·世家第二十四·高宗三》高宗四十五年三月丙子条。
⑥ 《高丽史·卷二十四·世家第二十四·高宗三》高宗四十五年十二月己丑条；《高丽史·卷一百三十·列传第四十三·赵晖》。

(1260—1274),并更名为禃。1259 年,蒙古发生帝王易位,宪宗死亡,1260 年,忽必烈即位为蒙古大汗,是为元世祖。

武臣金仁俊等对高丽在蒙古压力下尽毁江都内外城不满;同时,武臣间矛盾也在发展。结果,1268 年末金仁俊及其同党为武臣林衍所灭。林衍与其子林惟茂主张继续抵抗蒙古。元宗十年(1269)六月,林衍一度废黜执行亲蒙政策的元宗禃,另立安庆公淐为王,直至是年十一月在蒙古的压力下,禃才复位。[①] 此时,西北面兵马使营吏、龟州都领崔坦与营吏韩慎,及三和县、定远、延州人等,"以诛衍为名,啸聚龙岗、咸从、三和"以西京五十四城、西海六城奉诏使西京"内属,改号东宁府,画慈悲岭为界,以坦等为总管"[②]。

1270 年二月辛未,禃于燕京谒元世祖,并上书都堂请婚,高丽遂成元朝的驸马国。五月,违抗国王"谕国人悉徙旧京"之命的林惟茂被亲蒙派诛杀,持续百年的武臣专权终结,政权重新回到国王和文臣手中。

如何评价武臣政权在抵抗蒙古入侵中的作用是半岛学界争论的问题之一,已往学者多半从积极方面评价武臣之"排外精神",肯定其抗蒙的意义。但是,自 20 世纪 70 年代末以来,韩国学界则认为崔氏武臣政权消极地利用江都之有利地形以确保武臣集团的私利,严重地打击了高丽抗蒙的主体民众的抗战意志。[③]

此前,即 1258 年十二月和州以北内附,蒙古于此设元双城总管府[④],而此时又在平壤设立东宁府,直接管辖慈悲岭以北的土地,大

---

① 《高丽史·卷二十六·世家第二十六·元宗二》元宗十年六月、十一月条。
② 《高丽史·卷一百三十·列传第四十三·崔坦》。
③ [韩]尹龙赫:《崔氏武人政权与对蒙古的抗战》(《崔氏武人政權의 對蒙抗戰姿勢》),高丽大学史学会编:《史丛》第 22—22 合辑,1977 年。
④ 一般认为 1266 年,蒙古在原曷懒甸地区,立有一个合兰府,治今朝鲜,咸镜南道咸兴南,隶于双城总管。但是,董万崙持不同意见,以为合兰府水达达作为一个地方行政机构并不存在,它是一个水居渔猎部族,分布在朝鲜半岛东北部沿海以及珲春东部沿海,其先祖即我国《后汉书》《三国志》记载的东沃沮,其后裔即是明代的骨看兀狄哈,清代的库雅喇满洲,今天的珲春市满族。(董万崙:《元代合兰府水达达研究》,《北方文物》1990 年第 2 期。)

同江以北的土地几乎完全控制在蒙古人之手。高丽元宗复位后虽数次上书交涉,最终还是默认"割让"的事实。自此,高丽完全臣服于蒙古,其慈悲岭以北及和州以北之地皆成蒙古的领土。但是,高丽人民拒绝接受现状,坚持抵抗。

第三节　高丽沦为驸马国与三别抄的抵抗

一、丽元关系与三别抄坚持抗战

在高丽与元朝的关系史上,1260 年是个重要年份。这一年蒙古国第五代大汗忽必烈,成为事实上的元朝的首任皇帝;也是这一年,来华觐见的高丽世子王倎与为回朝争夺汗位回师的忽必烈于六盘山不期而遇,倎随即被蒙元扶上王位,是为高丽元宗,并更名禃。高丽遂"卖刀剑而买牛犊,捨干戈而操末耜","永为东藩"①。蒙元也撤回了在高丽的军队,两国关系随之改善。

1270 年五月,元宗令江华岛内的两班、军队和百姓均"悉徙旧京,按堵如旧",并在达鲁花赤脱朵儿等元吏的监督下,拆毁江华之防御设施。同时,派人解散守卫江华岛的主力部队三别抄军。②

三别抄是国家临时招募的军队,由左别抄、右别抄和神义军三部分组成,不属府兵。蒙古第一次进攻高丽时期,"崔瑀忧国中多盗,聚勇士每夜巡行禁暴,因名夜别抄。及盗起诸道,分遣别抄,以捕之。其军甚众,遂分为左右;又以国人自蒙古逃还者为一部,号神义,是为三别抄。权臣执柄以为爪牙,厚其俸禄,或施私惠,又籍罪人之财而给之,故权臣颐指气使,争先效力。金俊之诛崔竩,林衍之

————————

① 《元史·卷二百八·高丽》。
② 《高丽史·卷二十六·世家第二十六·元宗二》元宗十一年五月庚戌、戊辰条。

诛金俊,松礼之诛惟茂,皆借其力。"①但是,移都江华岛期间,江都的府兵只有几个官员,崔氏武臣灭亡后,其家兵已经溃散。三别抄遂成为保卫江华岛的主要军事力量,尤其是神义军,几乎个个都有死里逃生的经历,抗蒙意识强,反对把首都迁回开京。至元宗十一年(1270)六月,国王"罢三别抄取其名籍",三别抄"恐以名籍闻于蒙古",举行起义。当时,为聚众起事,三别抄将军裴仲孙、夜别抄指谕卢永禧使人呼叫:"蒙古兵大至,杀戮人民,凡欲辅国者,皆会球庭!须臾,国人大会。"于是,三别抄立即打开武库武装人民,杀两班叛徒,封锁海路通道,"会市廊,逼承化侯王温为王,署置官府",②号令国人。于是,三别抄武装的成分与性质逐渐发生转变。

为了便于抗战,三别抄军决定撤离临近蒙古驻军和开京的江华岛,向位于西南部的珍岛转移。是年八月,三别抄军分乘千余艘船舰,装载军需物资和家属,南下"入据珍岛"。起义军在那里修建龙藏城及宫殿作为都城,进攻敌对的政府军占领的地区,并进而占据耽罗,控制了半岛西南海域的要道。政府任命金方庆为全罗道追讨使,同蒙古元帅阿海统率的军队一起进攻三别抄军。

三别抄军的抗战,得到各地农民和奴婢的热烈支持和响应。1271年正月,密城郡的方甫、桂年等"啸聚郡人,将应珍岛",杀副使李颐,"移谍郡县",宣称自己为"攻国兵马使"。同时,开京"官奴崇谦、功德等聚其徒,谋杀蒙古达鲁花赤及国中在位者,往投珍岛",因消息败露,起义失败。③ 由于广大农民的踊跃参加,三别抄军的队伍不断壮大。三别抄军以灵活机动的游击战术到处打击敌人,先后进攻巨济、合浦等岛屿,攻陷长兴、合沛、金州、东莱等要地,所到之处烧毁官衙和造舰场,围攻全州、罗州等中心府城,一度完全控制了从

①《高丽史·卷八十一·志第三十五·兵一》;《高丽史节要·卷十八》元宗十一年五月条。
②《高丽史·卷一百三十·列传第四十三·叛逆四·裴仲孙》。
③《高丽史·卷二十七·世家第二十七·元宗三》元宗十二年正月丙戌、癸巳条。

全罗道至庆尚道的贡赋运输线。

1271年五月,鉴于一系列的军事讨伐和"怀柔"政策均未奏效,金方庆指挥的官军联合蒙古军以 400 艘战船,分左、右、中"三军讨珍岛,金方庆与忻都将中军,入自碧波亭;熙雍及洪茶丘将左军,入自獐顷;大将军金锡、万户高乙么将右军,入自东面",向珍岛发动总攻。[①] 三别抄军虽英勇战斗,因寡不敌众,珍岛陷落。承化侯王温及其子被俘处死。三别抄军余部拥立金通精为首领,撤退到耽罗继续抗战。

1272年春,三别抄军以济州岛为基地,迅速发展成为活跃于南部沿海的一支海上游击队。三、四月间,袭击会宁、海际、海南三县,"夺诸州县漕船";五月,再袭会宁、耽津两县,"前后所攘夺船 20 只、谷米三千二百余硕"。九月,"三别抄寇孤澜岛,焚战船六艘,杀船匠,执造船官洪州副使李行俭";十一月,"三别抄又寇合浦,焚战船二十艘,执蒙古烽卒四人而去";又"寇巨济县,焚战舰三艘,执县令而去"[②]。

元宗十四年(1273)正月,三别抄水军先后进攻乐安郡,于合浦焚政府"战舰三十二艘,擒杀蒙古兵十余人"。四月,局势发生逆转,政府遣中军行营兵马元帅金方庆和忻都、茶丘等"以全罗道一百六十艘水陆兵一万余人"袭击济州岛。三别抄军战士团结战斗,奋勇作战,终因寡不敌众,耽罗外城和内城先后被攻破,金通精等将士 70 余人撤退到汉挐山,抵抗到底,自尽身亡。二十八日,官军又入济州岛围剿,至"一境底平"。[③] 至此,坚持近三年的三别抄军抗战终结。三别抄军抗战是 13 世纪后半期高丽人抗蒙战斗精神的伟大展示,鼓舞了全国人民的斗志,牵制了蒙古军队对宋朝和日本的进攻,具

---

① 《高丽史节要·卷十九》元宗十三年五月条。
② 《高丽史·卷二十七·世家第二十七·元宗三》元宗十三年六月壬子、九月戊辰、十一月戊寅各条。
③ 《高丽史·卷二十七·世家第二十七·元宗三》元宗十四年六月壬午条。

有重要的意义。三别抄军被镇压后，蒙古在济州岛设立了耽罗国招讨使，将这里划入元朝的直辖领地，派 1700 名士兵镇守。此后，耽罗和双城总管府、东宁府一样，在一个时期里被纳入蒙古元帝国的版图。

二、蒙元在半岛的建制与征东行省

元朝建立前，蒙古宪宗蒙哥为收复辽金故土，在发动对高丽第七次战争时，于 1258 年末，在朝鲜半岛的"故和州"①地区，设置了双城总管府，直接派遣官吏，统辖这个地区。和州，即《高丽史》所谓"双城之地十二城"，皆在铁岭以北，"伊板岭（端州北）北立石之地"以南②。《新增东国舆地胜览·卷四十九》"安边都护府"有"铁岭"条，其下注释曰："在府南八十三里。高丽置关门，号铁关。"铁岭者，国界关门之谓也，大体位于即今咸镜南道永兴一带。

蒙古置双城总管府于和州，以投降蒙古的高丽人赵晖为总管。双城总管府管辖登、定、长、预、高、文、宜等州及宣德、元兴、宁仁、耀德、静边诸城。同时，蒙古在原曷懒甸地区，另立合兰府，其辖境南界在今咸镜南道永兴县，西界在长津江一带。

1269 年，蒙古设东宁府于平壤。此年十月，西北面兵马使营吏崔坦、韩慎，校将李延龄等以杀武臣林衍为名举行叛乱，崔坦杀死西京留守崔年及诸城守，投奔蒙古脱朵儿；此即所谓"李延龄、崔坦、玄元烈以府州县镇六十城来归"③。于是，西京五十四城、西海六城军民降服蒙古。翌年，蒙古改西京为东宁府，任命崔坦为东宁府总管。1270 年春，忽必烈诏曰："高丽西京内属，改东宁府，画慈悲岭为界。"④1276 年，升东宁府为东宁路总管府。1290 年三月，元帝下诏

①《蒙兀儿史记·卷一百三十四·高丽》。
②《高丽史·卷一百十一·列传第二十四·赵暾》。
③《元史·卷五十九·地理二》。
④《元史·卷七·世祖四》至元七年正月甲寅条。

罢东宁路总管府,把西北诸城归还高丽。

自 13 世纪上半叶起高丽因蒙古对其实行联姻政策,已经成为元朝的驸马国。元宗王禃长子王昛为"太子"时,作为秃鲁花(人质)留居蒙古,娶忽必烈的公主(齐国公主)为妃,即位后是为忠烈王(1275—1308 年在位)。此后,历代高丽国王以元朝公主为正妃,王子住大都,世代作为元帝的驸马继承高丽王位。由此,高丽王位继承、国家内政和官制等均受元朝操控。所以从忠烈王至忠定王(1349—1351 年在位)六代国王的国号前都加一"忠"字,以示高丽王室对元帝的"忠诚"。作为驸马国,标志高丽国王权威的称呼亦随之更改,如"朕"曰"孤","陛下"曰"殿下","太子"曰"世子","宣旨"曰"王旨","赦"曰"宥","奏"曰"呈"等①。中央官制亦根据元帝的命令,合并了国家行政机构,降低了各级官职,撤销了太师、太傅、太保三公。中央最高行政机构中书门下省和尚书省合并成佥议府,其长官称佥议中赞。尚书六部也分别合并改换名称。吏部和礼部合并为典理司,兵部改为军簿司,户部改为版图司,刑部改为典法司,工部改为工曹,其长官称判书。此外,将两府要员的合议机关都兵马使改称为都评议使司。各级官职也随机构名称的改变而下降。这时,高丽实际上已经沦为元朝的保护国,仅保留高丽的国号而已。

1260 年,登基成为大蒙古国大汗的孛儿只斤·忽必烈,于 1264 年发布《至元改元诏》,改"中统五年"为"至元元年",1271 年将国号由"大蒙古国"改为"大元",成为元朝首任皇帝,即元世祖(1215—1294)。此前,高丽降服,忽必烈在把军事目标指向南宋的同时,已开始用征东行中书省取代达鲁花赤监督和干涉高丽内政的职能。征东行省内设都镇抚司、理问所等机构,并在合浦(马山)驻有军队。中书省的设立含有元朝使高丽"中土化"的意图,尽管高丽原有的机制大体维持不变。

---

① 参看《高丽史·卷二十八·世家第二十八·忠烈王一》忠烈王二年三月条。

至元三年(1266),忽必烈遣兵部侍郎黑的、礼部侍郎殷弘携诏书两份至高丽京城,以"今尔国人赵彝来告:日本与尔国为近邻,与典章政治有足嘉者,汉唐而下,亦或通使中国"为由,"托"高丽晓喻日本向中国臣服。而由高丽传递至日本天皇的诏书是要日本遣使来朝同好。蒙古要求元宗"勿以风涛险阻为辞,勿以未尝通好为解"。在遣使督促下①,次年十一月,高丽遣潘阜使于日本。日本文永五年(1268)闰四月,筑前守护武藤资能将潘阜传递的元朝国书呈送幕府。国书称:"上天眷命大蒙古国皇帝奉书日本国王:朕惟自古小国之君,境土相接,尚务讲信修睦,况我祖宗,受天明命。奄有区夏,遐方异域,畏威怀德者,不可悉数。朕即位之初,以高丽无辜之民,久瘁峰镝,即令罢兵,还其疆域,反其旄倪。高丽君臣感戴来朝,义虽君臣,而欢若父子。计王之君臣,亦已知之。高丽朕之东藩也,日本密迩高丽,开国以来,亦时通中国。至于朕躬,而无一乘之使以通和好了,尚恐王国知之未审,故特遣使持书布告朕志。"②

镰仓幕府执政北条时宗(1251—1281)认为蒙古人不怀好意,拒绝了元朝的国书。忽必烈遂下令向高丽征兵万人,造船千艘,备战东征。1270年,元朝开始在高丽屯田设经略司。于王京、东宁府(平壤)、凤州(黄海道)等十一处,置立屯田,设经略司以领其事,每屯田用军五百人。③元世祖至元六年(1269)十二月,元使赵良弼出使日本,1271年九月抵筑前今津,以强硬的口气声称:"其或犹豫,以至用兵,夫谁所乐为也,王其慎图之。"④日本镰仓幕府对此一方面置之不理,一方面设立"异国警固番",在北九州加强防务。忽必烈遂决定东征日本。1272年正月,元朗中不花、马璘使高丽,"谕以供战船、输军粮事"⑤。二月,高丽又置战舰兵粮都监。次年,元增设耽罗府,接

①《高丽史·卷二十六·世家第二十七·元宗二》元宗七年十一月癸丑条。
②日本东大寺尊胜院所藏《蒙古国牒状·伏敌篇·卷一》副本。
③《元史·卷一百·兵三》。
④《元史·卷二百八·日本》。
⑤《元史·卷二百八·高丽》。

管济州岛。

1274 年正月,元遣总管察忽监造战舰三百艘,约以正月十五开工,其工匠、役徒,一切费用由高丽负担。同年十月己巳,元以忻都为都元帅、高丽军民总管洪茶丘为副帅,率蒙汉军二万五千人,高丽都督金方庆等率高丽军八千人,艄公、引海水手六千七百人,战舰九百艘,从合浦出发远征日本。十月五日,从左贺浦登陆进攻对马岛,守护代宗助国战死。十一日,袭击壹岐岛,守护平景隆力战,兵败自杀。蒙古入侵的消息传至大宰府,镇西奉行少贰经资令各地积极备战;十九日,蒙古船队沿今津至百道原的海岸登陆;二十日,进攻博德,日本骑兵勇猛反击,两军激战至日落。忻都怕日本军队夜袭,把军队撤回船上。是夜,台风暴雨大作,海涛滚滚,一夜间,数百艘战船被风浪吹得无影无踪,沉没大海。这次远征,蒙古死亡军卒一万三千五百人,大败而归。此战役发生于日本文永十一年,日本史称之为"文永之役"。

第一次东征失败后,忽必烈继续遣使日本,说服日本臣服元朝。1275 年二月,元以杜世忠、河文著为正副宣谕使,高丽人徐赞为译员出使日本。八月,镰仓幕府不仅拒绝了元的要求,而且把元使斩首于镰仓的龙口。1279 年,日本又斩元使周福、栾忠。镰仓幕府深知斩杀元使必定招致新的征伐,因此,下令沿博德湾(从宫崎至今津)建筑长 10 余公里、高 3 米的石墙,并集中武士于博德、京都、敦贺津等地。

1281 年五月三日,忽必烈再次发动对日本的远征。元军兵分两路:东路军,由忻都、洪茶丘率领的蒙军四万人和金方庆率领的一万高丽兵组成,分乘兵船 900 艘,从合浦出发,经对马、壹岐,直奔九州岛;南路军,由范文虎率领十万元朝江南军,于六月十八日乘 3000 余艘战舰,从中国南方庆元(今浙江省宁波)出发,向日本进军。七月,南路军抵达日本平户岛与东路军会师。随后,元丽联军转移至鹰岛,拟由此进攻大宰府,与日军展开激烈的攻防战。日本出动小舟并采用火攻战术袭击元丽联军的船队。这时,元之远征军出现病疫,数千人死亡,粮食匮乏,战情十分严峻。闰七月一日,狂风大作,海鸣山崩,元军战船大多沉没海底,将卒溺死,幸存者约二三万兵士与日军继续激战。日军少贰经资、竹崎季长向残存的元军船队发起猛攻。八月九日,日本生俘元军二三万人,声势浩大的第二次东征,"十万之余,得还者三人耳"①,终以惨败而收场。

元军两次远征日本,给高丽人民带来沉重的负担。高丽前后为此建造战船 1800 艘,征调上万名士兵和水手,以及军粮 22 万石。忠烈王王昛向忽必烈申诉道:"讨伐倭民,修造战舰,丁壮悉赴工役,老弱仅得耕种,早旱晚水,禾不登场……已有采木实草叶而食着,民之凋敝莫甚此时。"②此后,元虽曾计划发动第三次东征,却因国内诸多因素制约而终未行动。

1294 年正月,元世祖驾崩,东征日本活动停止。是年,应忠烈王的要求,元归还耽罗行政权。但是,1301 年七月,元又设耽罗军民万户府,经营养马事业。征东虽已取消,可征东行省并未撤销。忽必烈东征失败的原因很多,除天气与国内政治环境等客观因素制约外,还如日本学者认为的忽必烈东征所需要建立的维护"东亚贸易权的经济世界之政治机构"并不存在,③其要达到的目标不现实。

三、恭愍王的内外政策

恭愍王王祺,又名颛(1351—1374 年在位)是在蒙古人直接的支持下登上王位的,在他统治的 23 年间,由于国内外形势的变化,高丽政治发展的方向发生了转变。

早在忠烈王时期,高丽国内就爆发了针对在丽蒙古人统治机

---

①《元史·卷二百八·日本》。
②《高丽史·卷二十八·世家第二十八·忠烈王一》忠烈王元年正月条。
③ [日]西嶋定生:《中国古代国家与东亚世界》(『中国古代国家と東アジア世界』),东京:东京大学出版会,1983 年,第 626 页。

构、以"逃散"为特点反抗运动。1278年八月,据全罗道按廉使报告,是年春"上司所送罪徒分置道内,灵岩郡、披绵岛十三人乘桴逃窜……宝城郡、乃老岛二十四人夺行人船逃窜"①。是年七月,忠烈王在元都苦诉蒙军扰民,要求撤回达鲁花赤及元驻高丽官军。于是,是年九月,达鲁花赤元帅及官军俱撤回国。忠烈王十二年(1286)正月,元归还高丽的遂安和谷州;1290年三月,元帝下诏罢东宁府,将西北诸城归还高丽。1295年,高丽把收回管理权的耽罗更名为济州。这些事件反映了高丽君臣上下独立意识的增强。

同时,古代中国也发生了元明交替的历史事件。而在此时期,高丽出现了有为的国王。达鲁花赤撤出后,为防止因自身国力衰退而导致对高丽控制的减弱,元朝进一步利用"沈阳王"来操纵高丽王室。元朝曾把高丽被俘人员安置在今中国沈阳地区,同时,那里也居住有一些高丽之"流徙人"。忠烈王三十四年(1308)四月,元武宗以"定策功"忠宣王为沈阳王,赐予其管理沈阳当地高丽人和直接上奏元帝的特权;1310年,改称沈王,后来此爵位成为元朝操纵高丽国政的工具。忠宣王,原名谋,后改名璋,乃忠烈王之长子。在其为世子时,忠烈王已在位25年,自觉"老矣",决意让位。元帝核准,于是年正月册璋"为国王,是为忠宣王,以忠烈王为逸寿王",退位为太上王。是年五月,元皇太后听信妒忠宣王宠妃赵氏的宝塔实璘公主②之诬告,不仅逮捕、流放了赵妃及其父亲平壤君赵仁规,且诏其入朝,以"颇涉专擅,处决失宜,众心疑惧,盖以年未及壮,少所经练,故未能副朕亲任之意"③为由予以废黜,留大都宿卫让忠烈王重新执政。次年,元成宗又派员为征东行省平章政事和行省左丞与忠烈王共同处理高丽国政。但是,这种过度干涉势必走向它的反面。1301

①《高丽史·卷二十八·世家第二十八·忠烈王一》忠烈王四年八月条。
② 宝塔实璘公主乃元朝的蓟国大长公主,忽必烈长子真金之子晋王甘麻剌(后为元显宗泰定帝)之女,忠宣王第一妃,封为韩国长公主。
③《高丽史·卷三十一·世家第三十一·忠烈王四》忠烈王二十四年八月条癸酉条。

年,元帝以行省平章"不能和人民,罢之"。1308 年,忠烈王去世,十年前被废的忠宣王璋在元大都复位。忠宣王本想主政后归国实现变革,却被留滞在元大都。五年后,忠宣王逊位,其次子江陵君焘继位,是为忠肃王(1314—1339 年在位)。1315 年,逊位的忠宣王把沈王的爵位传给其侄、世子暠,自称太尉王;七年后,1320 年,忠肃王又被元帝"以学佛经"为名,被"西谪",流放"吐蕃萨思吉之地"①一年。

　　1321 年春三月,忠肃王去元亲朝,也被留滞在大都。"先是,上王(忠宣王)之留元也,国家政事、仓库出纳,一委亲近,虽有过举,然仓库盈羡,人心畏服。自西幸以后,宦官左右谋改忠宣之政,放逐旧臣,仓库俱竭。"②在忠肃王被扣在大都期间,高兴府院君柳清臣、吴潜等与沈王暠结党,欲篡夺王位。许有全等大臣入元要求国王回国执政,遭沈王暠阻挠,中途返回。1323 年正月,"柳清臣、吴潜上书都省,请立省本国,比内地"。③幸元朝内部部分官员有"杂议"而罢。1328 年,沈王暠亲信向元"诬王盲聋暗哑,不亲政事","背上国";元帝遣平章政事买驴舍人等及沈王之党人随从来高丽干涉④;忠肃王遂于次年决意逊位,传位于世子祯,为忠惠王。但忠惠王刚刚在位一年,元帝又命忠肃王复位,直至 1339 年三月忠肃王去世,才命被因于元朝刑部的忠惠王复位。忠惠王执政五年后,因"以游猎为事,出入无度",强奸继母庆华公主伯颜忽都被元押运到元,死于流放揭阳(今广东省潮州)的路途之中。此前,沈王暠在元太保伯颜的支持下,秘密与典书曹頔发动反叛,兵变失败,曹頔被杀,王暠逃往元京。

　　高丽国王"烈、宣、肃、惠世历四代,父子相夷至与之讼于天子之朝"⑤的局面,完全是元朝贵族操纵的结果。在这种局面下,国家的

---

① 详见王颋:《高丽忠宣王西谪事件考析》,复旦大学韩国研究中心编:《韩国研究论丛》(第三辑),上海:上海人民出版社,1997 年。
② 《高丽史·卷三十五·世家第三十五·忠肃王二》忠肃王八年三月条。
③ 《高丽史·卷一百十·列传第二十三·李齐贤》。
④ 《高丽史·卷一百三十五·世家第三十五·肃宗》十五年秋七月己巳条。
⑤ 《高丽史·卷三十五·世家第三十五·忠肃王二》"史臣赞"。

根基土地国有制遭到破坏、侵蚀，国内社会经济每况愈下。

1344 年忠惠王薨，八岁即位的忠穆王（1344—1348 年在位）得到高丽名臣、时任判三司事李齐贤的辅佐，虽为整治时弊，于 1347 年春设立整理都监，派整治官兼按廉存抚使赴"诸道量田"，并拘捕了以佐政承卢頙为首的一批贪官污吏，由于触及与元王室关系密切的戚族的利益，于忠定王（1348—1351 年在位）元年作罢①。十一岁继位的王㫝是个过渡人物，毫无作为。元至正十一年（1351）十月，忠肃王次子江陵院君王祺，被立为王，是为恭愍王。这年中国大陆爆发红巾军起义，元朝进入动荡的末期，高丽与元的关系进入了一个新阶段。

恭愍王虽被元顺帝立为高丽王，却是一位反元的国王，也是一位立志改革的君主。恭愍王即位伊始，便以著名儒学大师、前判三司事李齐贤"摄政丞权，断征东省事"。恭愍王元年（1352），王祺颁布即位教书，命修筑箕子祠奉祀，撤销政房，收其权归典理司（吏部）、军簿司（兵部），设田民辨整督监，整理田亩土地，废辫发、胡服，恢复"先王之制"。是年九月，李齐贤受亲元保守势力掣肘，辞去新任的佥议政丞（首相）之职；接着，判三司事赵日新反对废除政房，聚党政变，"劫王开印，自除为右政丞"，铲除异己。十月，赵日新被诛，其党羽 28 人被囚。受此事件影响，改革进程暂时中断。恭愍王三年（1354）十二月，李齐贤出任右政丞，洪彦博出任左政丞，以反元为基本目标的改革重新启动。恭愍王五年（1356）五月，在洪彦博的主导下，反元改革势力利用国王"曲宴"之机一举铲除了奇氏、权氏两族亲元势力。"大司徒奇辙、太监权谦、庆阳府院君卢頙谋反伏诛，亲党皆逃。"原来奇辙乃元顺帝太子爱猷识理达腊之母舅，他与太府太监权谦勾结蒙古贵族，成为高丽王廷内掌握实权的世臣大族，他

---

① 《高丽史·卷七十七·志第三十一·百官二》诸司都监各色。参考［韩］闵贤九：《整治都监设置经纬》，韩国国民大学编：《国民大学论文集》，1977 年。

们依靠后党权势,横行乡里,掠夺土地和人民。是年三月,有人密告奇辙"潜通双城叛民,结为党援,谋逆"。根据王命诛杀了奇辙、权谦、卢颐后,"辙等夺占人口土地,都金议司立都监,许人申告,各还本主"①。这一措施削弱了元朝在高丽的势力,有助于缓和国内矛盾,在一定程度上取得了人心。

在铲除朝内亲元势力的同时,恭愍王决心趁元朝即将崩溃之机,清除蒙古势力。首先,他决定"罢征东行中书省理问所"。1356年七月,枢密院副使柳仁雨奉命"率兵过铁岭,次登州",双城总管赵小生、千户卓都卿逃遁,相继占领"和、登、定、长、预、高、文、宜州及宣德、元兴、宁仁、耀德、静边等镇",并"收诸军万户、镇抚千户、百户牌",罢双城总管②。恭愍王同时宣布"拨乱反正",自今伊始,励精图治,修明法令,整顿纪纲,复我祖宗之法,期与一国更始,敷实德于民,续大命于天,复改官制,中止元之至正年号。③

从此时起,高丽又还恢复了原来的官制,中央复设三师与三尉(太尉、司徒、司空),中书门下省和尚书省分离,掌宿卫军机的密直司改枢密院,掌议时政,矫正风俗;负责纠察弹劾的司宪府改御史台;吏、户、礼、兵、刑、工六部也完全齐备。

高丽在收复失地的同时,五月,西北面兵马使印珰等也引兵"攻鸭绿江以西八站";六月,印珰又渡过鸭绿江进攻婆娑府等三站。元朝对于高丽的越境战争行为非常恼怒,立刻做出强烈反应,囚禁来使金龟年,"声言发八十万兵来讨"。④ 对此,恭愍王认真对待,不得不斩杀印珰,以求得元的谅解,即在继续维系对元的事大关系的同时,追求实际上的独立。

在此期间,"红巾军"于恭愍王八年(1359)、十年(1361)的两次

①《高丽史·卷一百三十一·列传第四十四·奇辙》。
②《高丽史·卷一百三十一·列传第四十四·奇辙》。
③《高丽史·卷三十九·世家第三十九·恭愍王二》恭愍王五年六月乙亥条。
④《高丽史·卷三十九·世家第三十九·恭愍王二》恭愍王五年五月、六月条。

入寇,"极大地动摇了恭愍王的政治基础",①高丽反元力量受到削弱。1361 年九月,高丽被迫恢复征东行省。更为严重的是,次年春,受元指使的高丽王之宠臣金镛"矫旨密谕"安佑、金得培、李芳实三帅杀总兵官郑世云;接着,金镛又以"佑等恃功矫恣,构衅世云,不畏大法"罪,杀害了都元帅安佑、元帅金得培,以及李芳实、闵涣、金琳等将帅。此年年终,恭愍王"闻元立德兴君塔思帖木儿②为国王,疑朝臣有贰,遣吏部尚书洪师范为西北面体覆使,审察情伪"。此乃元皇室奇皇后对恭愍王除去其兄奇辙及其党羽的报复。奇皇后与元太子伙同在元大都的高丽人崔濡、宦官朴不花等策划以金镛为内应掀起废立高丽国王的恶浪。他们"妄奏红贼之难,高丽失国印,擅铸新印用之。元立德兴君为王,以奇三宝奴为元子,金镛为判三司,[崔]濡自左政丞"。与此相呼应,金镛于恭愍王十二年闰三月导演了兴王寺之乱,处于反元运动中枢地位的洪彦博在这次事件中遇难。③恭愍王赖以进行改革和反元活动力量的根基崩溃。在兴王寺之乱逃过一劫的恭愍王则动员全部力量粉碎元废立国王的阴谋。首先,四月甲寅,遣密直商议洪淳等入元,呈百官耆老书于元御史台,申述高丽无过,扣押高丽献捷、贺正、谢恩、贺圣节等使和废恭愍王之无理。接着,诛杀金镛,以绝其内应。1364 年正月,叛臣崔濡以元兵一万奉德宣君渡鸭绿江围攻义州,都指挥使安遇庆七战却之;元兵再战,丽军退走保安州,崔濡占据宣州;恭愍王命崔莹为都巡慰

---

① [韩]闵贤九:《高丽政治史论:统一国家的建立与独立王国的考验》(《高麗政治史論:統一國家의 확립과 獨立王國의 시련》),汉城:高丽大学出版社,2004 年,第 317 页。

② 忠宣王第三子,蒙古名塔思帖木儿。

③ 《高丽史·卷四十·世家第四十·恭愍王三》恭愍王十二年闰三月辛未条有如下记载,"朔夜五鼓,金镛密遣其党五十余人犯行宫,宿卫皆奔窜,杀宦者安都赤及金议评理王梓……又杀右政丞洪彦博于其第";《高丽史·卷一百三十一·列传第四十三·金镛》称,"金守、曹连等五十余人,夜至行宫兴王寺,斩门者,直入相呼兴臣,称帝旨杀侍卫……七八人,径至寝殿,宦者李刚达负王匿太后密室,贼入寝殿,宦者安都赤貌类王,代王卧于寝内,贼认为王,杀之。踊跃呼万岁。既而知王尚在,佯言于众曰:慎勿惊动。乘舆以其党四十余人监宫内诸务,促膳夫进膳,欲王不疑而出也。贼分遣其党入城杀留都宰相。"

使，将精兵急趋安州，又命李成桂自东北面帅精骑一千参战。于是，丽军大振，崔濡之元军惨败，仅以十七骑返还元都。① 同年十月辛丑，以元遣使"诏王复位"为转折，高丽国内形势稳定下来，恭愍王的地位得到确认。在一系列的内乱外患中，以崔莹为最高实权者，包括李仁任、李成桂、林坚味在内的武将势力得到发展。随后，为了打开局面，恭愍王重用僧人辛旽，发起第二次内政改革。

1365 年冬，恭愍王以世臣大族、草野新进与儒生"三者皆不足用，遂封辛旽（法名遍照，字耀空）为真平侯，任领都佥议使司事、判重房监察司事、鹫城府院君、提调僧录司事兼判书云观事，并"手写盟辞"，委以执掌国政。根据辛旽的建议，次年五月，高丽设立"田民辨整都监"着手改革。都监"榜谕中外曰：'比来，纪纲大坏，贪墨成风，宗庙、学校、仓库、寺社、禄转、军须田，及国人世业田民，豪强之家夺占几尽，或已决乃执，或认民为隶，州县驿吏、官奴、百姓之逃役者，悉皆漏隐，大置农庄，病民瘠国，感召水旱，疢役不息。今设都监，俾之推整。京中限十五日，诸道四十日，其知非自改者，勿问；过限事觉者，纠治；妄诉者，反坐。'令出，权豪多以所夺田民还其主，中外忻然"②。

辛旽主要关心的是加强中央集权的物质基础，但对中小地主的利益也给予许多照顾，并在一定程度上考虑到农民的利益。辛旽把大农庄主掠夺的土地归还原主，还将那些被他们变为奴婢的人释放为良人。结果，"凡贱隶诉良者，一皆良之。于是，奴隶背主者蜂起，曰圣人出矣"。辛旽的改革引起高丽世臣大族的强烈反对，百般中伤和陷害，诬称其诡谋窃权，阴结党羽，图为不轨，大逆天下，万世之所不容。辛旽所为亦不为儒臣所容，如曾历任国王重臣的李齐贤就对恭愍王曰："臣尝一见旽，其骨法类古之凶人，必贻后患。"③同时，

---

① 《元史》记载为顺帝二十二年，从前后关系看，应以《高丽史》为准。
② 《高丽史·卷一百三十二·列传第四十五·辛旽》恭愍王十五年条。
③ 《高丽史·卷一百十·列传第二十三·李齐贤》。

辛旽也步妙清后尘"以道诜秘记松都气衰之说劝王迁都"平壤,以至
于高丽官员盛传"道诜秘记有非僧非俗,乱政亡国之语"。于是,支
持辛旽改革的恭愍王开始产生疑虑。特别是当辛旽于 1369 年七月
将用于祭祀公主忌辰设会的布匹所余者"分与流民以干誉"及"欲自
为五道都事审官"之举,使恭愍王不悦。待其令三司上书请复世审
官制度时,恭愍王断然焚烧了辛旽的奏章。① 恭愍王十九年(1370),
王为讨好公主和顺利选择王位继承者而大兴土木至民不聊生,尤其
是此年六月"构观音殿第三层上梁压死二十六人。太后闻之请罢王
不听"。几日后,辛旽与其膀臂侍中李春福等"再请罢马岩影殿",更
引起恭愍王不悦。十月二十四日,恭愍王以"冬雷、木稼、天道不顺,
是虽否德所召,亦由狱多冤滞推整都监所设",责怪侍中李春福等
"为判事不治其职",决定"亲听政";十二月十一日,恭愍王在六年之
后第一次"御报平厅视事",而辛旽每月六衙减为"两日视事"②,其地
位危在旦夕。二十年(1371)六月,高丽王廷内,奇、权两族余党及选
部议郎李韧等人,上匿名书,状告辛旽。次年七月,恭愍王完全倒向
反对势力,最后以谋逆罪将辛旽诛杀。于是,辛旽纠正的田、民又复
旧了,恭愍王的改革最终宣告失败,高丽社会陷入空前的混乱之中。

四、丽元间经济与文化交流

显然,早期丽元间贡赐关系没有定制,经济交往极不平等,带有
明显的勒索性质。1219 年春与蒙军"合围"契丹盘踞的江东城后的
第一次朝贡关系,就是以"遣兵来屯镇溟城外督纳岁贡"③的方式逼

①《高丽史·卷一百三十二·列传第四十五·辛旽》恭愍王十八年条;参考[韩]金英洙
(김영수):《创建朝鲜的人们(13)·辛旽(2)·改革政策为何失败》
[〈조선을 민든 사람들(13) 신돈(2) 개혁정책은 왜 실패했나〉],《月刊中央》201—
202 号连载,2017 年 4 月 26 日。
②《高丽史·卷四十二·世家第四十二·恭愍王五》恭愍王十九年冬十月己卯、十二月丙
寅、丁卯条。
③《高丽史·卷二十二·世家第二十二·高宗一》高宗六年八月壬辰条。

贡。两年后，元又遣专使"传蒙古皇太弟钧旨，索獭皮一万领，细紬三千匹，细苎二千匹，緜子一万觔，龙团墨一千丁，笔百管、纸十万张"等巨量高丽土特产品。① 不仅如此，蒙元还索要"贡女""宦者"，甚至是捕捉猎物的"鹘鹰"（又称"海东青"），给高丽带来极大负担和骚扰。

忽必烈登基后，特别是高丽元宗（1259—1274年在位）时期，丽元建立联姻关系后，两国的关系趋于正常，来往空前频繁。丽方除每年派遣贺正、贺圣节、贺节日与专项贡品朝贡使团外，更常有作为元之驸马的高丽国王和元帝公主的王妃的亲朝。每逢亲朝都要带上大批人马和大量贡品。例如，忠烈王十年（1284）夏，"王及公主、世子如元，扈从臣僚一千二百余人，赍银六百三十余斤，绯布二千四百四十余匹，楮币一千八百余锭"②。即使平时进献数额也特别巨大，许多情况下是元朝开单遣使来索，致使高丽"罄时所有收集所进。"

当然，丽元之间官方的经济关系，也并非单方面的贡献，元帝也予以回赐和奖赏，回赠品类包括"西锦"、钱币、衣帛、"历日"、经书、彩画、羊、骆驼、白金、"金线走丝"色绢、马、弓矢、书籍等。此等回赐有时规模也很大，例如1263年，元世祖一次"赐羊五百，分赐诸王宰枢"。在诸多的使团成员中也有受贿夹带外人从事私贸易者，例如同样是这一年，高丽礼宾卿朱英亮、朗将郑卿甫因"受人货赂带十七人而行多行买卖"被发觉，不仅没收十七人的"银瓶一百七十口，真丝七百斤"和朱英亮、郑卿甫各自所得的七斤银，并将所有人流放海岛。③ 征伐日本前夕，至元八年（1271），元"中书省移文禁国人贸易上国兵器及马"；④此一限制不久又扩大到"诸高丽使臣所带徒从来

①《高丽史·卷二十二·世家第二十二·高宗一》高宗八年八月己未条。
②《高丽史·卷二十九·世家二十九·忠烈王二》忠烈王十年夏四月庚寅条。
③《高丽史·卷二十五·世家第二十五·元宗一》元宗四年八月甲子与十二月壬戌条。
④《高丽史·卷二十七·世家第二十七·元宗三》元宗十二年三月丁丑条。

则俱来，去则俱去，辄留中路郡邑买卖者，禁之；易马出界者，禁之"①。

丽元间的官方人员往来并不局限于国王亲朝，贡使也非常频繁。据不完全统计，从高宗十九年（1232）四月，"遣上将军赵叔昌、侍御史薛慎如蒙古上表称臣，献罗绢绫䌷"②等贡品起，至元朝终结，高丽遣使达 479 次。此外，还有太子入朝为质，遣使谢赐、请敕、奏谏等，每年均有大批朝臣往来于丽元首都之间，在接待他们的元朝官员中不乏大学问家。这种交往客观上亦极大地促进了两国的文化交流，给长期遭受武臣专制，佛教、巫师横行压抑的高丽文人提供了吸收新文化——新儒学的窗口。经随高丽王游历中国大陆的安珦、李齐贤等的努力，宋明理学在高丽开花结果。

高丽与元朝间的民间大宗走私贸易和一般民间贸易始终存在。当时，在天下一统的形势下，陆路交通自不待言，海路除宋代以来的庆元（今浙江省宁波）、泉州港口外，还开通了太仓、直沽（今天津市）港。

官方和民间人员的频繁交往，给高丽提出了培养通译人员的要求。早在 1258 年，高丽已经设立与汉人交往的机关"汉语都监所"③，《高丽史·百官志》"都司都监各色"在"汉文都监"条下有文曰"恭让王三年改汉语都监，为汉文置教授官"。1276 年五月，恭愍王又接受参文学事金坵建议，始设通文馆，"令禁内学馆参外年少者习汉语"④，后又置司译院"以掌译语"⑤。正是在这样的背景下，两部学习汉语言的著作《老乞大》《朴通事》问世刊行。

---

① 《元史·卷一百三·刑法二》。
② 《高丽史·卷二十三·世家第二十三·高宗二》高宗十九年夏四月壬戌条。
③ 藏于北京图书馆的《（开庆）四明续志》（刻本），卷八之《蠲免抽博倭金收养飘泛倭人丽人附》"收刺丽国送还人"条有宝祐"六年正月，入丽京，拜国主，月给米养之。旬余，黄二也至，皆在汉语都监所宿食"的记述。
④ 《高丽史·卷一百六·列传第十九·金丘》。
⑤ 《高丽史·卷七十六·志第三十·百官一》通文官条。

　　《老乞大》又名《华语》，作者与最初刊行年代不详。但是，从其内容含有元代史事和典章制度看，此书出于元代无疑。[①] 此书最早见于记载的年代是李氏朝鲜《世宗实录》五年（1423）[②]，李氏朝鲜中宗时期崔世珍（1473—1542）将此书与另一本"译学"教科书《朴通事》翻译成谚文，辑为《训蒙字会》，以上中下三卷刊行。上卷以《翻译老乞大》流行于世，中下两卷佚失；17世纪，有新译《朴通事谚解》刊行。两书体裁皆为以汉语对话形式，谈论大都及元代中国其他地方的风土人情、货物买卖、社会生活，并用"吏读文"注释的读本，二者的差别在于前者系日常用语，属入门教科书，后者属提高班用教材。这两部书不仅是古代汉语言教科书、工具书，也是为研究元代高丽与中国民间经济、文化交流可提供丰富资料的典籍。

　　当时从事两国民间贸易的并非都是职业商人，其中似有不少半农半商的人员。《朴通事》有段对话说："哥，你听的么，京都驾几时起？""末里，且早里。把田禾都收割了，八月初头起。""今年钱钞很难，京都也没甚买卖，遭是我不去。往回二千里田地，到那里住三个月，纳房钱空费了。"[③]这里的主人公是在秋收后，从朝鲜半岛出发，经由陆路到京都（指元代上都或大都两都中的一都），行程来回两千里，而在那里卖出货物需要三个月的功夫，这需要很多的"盘缠"。他们显然是在农闲时从事跨境贸易的小商贩。

　　《朴通事谚解》卷上有关高丽高僧步虚到中国江南拜尚石屋"为师，得传衣钵，回到这永宁寺里，皇帝圣旨里开场说法"三日三宿的记载，据考证，步虚即中国佛教史籍《吴都法乘》与《石屋和尚住嘉兴当湖福源禅寺语录》一卷偈颂歌卷一《塔铭》提及的石屋的弟子"高

---

① 朱德熙：《"老乞大谚解""朴通事谚解"》，《北京大学学报》1958年第2期；陈高华：《从"老乞大"、"朴通事"看元与高丽的经济、文化交流》，中国太平洋学会编：《中韩两国海洋文化交流与经贸合作研讨会文集》，1995年。

② 《世宗实录·卷二十》世宗五年六月二十三日条。

③ ［日］太田辰夫：《汉语史通考》，江蓝生、白维国译，重庆：重庆出版社，1991年，第166—167页《老乞大谚解》《朴通事谚解》"。

丽人"愚太古,亦即后来李穑撰《明高丽太古寺圆证国师碑》①所谓太古国师普愚(1301—1382)。据《高丽史》载,1352 年夏,恭愍王曾"遣使召僧普虚于益和县。普虚,号太古,历诸方,入江南,自言传衣钵于石屋和尚"②。1356 年,恭愍王"以诞日邀普愚于内殿,……王曰,自今禅教宗门寺社住持听师注拟"③,成为王师。可见,步虚即上述两个文献所谓的太古普虚,与"太古"普愚为同一个人。步虚活动的永宁寺,位于大都南城,今北京宣武门附近。《朴通事谚解》下卷还提到七月十五,大都"庆寿寺里为亡灵做盂兰盆斋……坛主是高丽师傅"。元代庆寿寺的地位很重要,是元代禅宗临济宗的中心。看来,高丽僧在这里也受到元宗教界的欢迎。

《老乞大》还记载了高丽商人购买图书的情况,包括《四书》《尚书》《毛诗》《周易》《礼记》《资治通鉴》《韩文》《标题小学》《三国志平话》等。其实,当时高丽通过官方渠道购买了大量的中国图书,例如,1314 年,高丽官员在中国南京一次就购得"经籍一万八千卷"④。

在元代,由于"高丽人仕元,元人来留高丽"⑤者众多,丽元间文化上的相互影响特别明显。《高丽史》之《偰逊传》⑥与藏于韩国民间的《庆州偰氏诸贤实记》⑦,则传递了元、明交替时期,包括"回鹘人"在内中国大陆上的诸民族向半岛迁徙、人员交往的生动史实。除了

---

① (清)刘喜海辑:《海东金石苑·卷八》。
② 《高丽史·卷三十八·世家第三十八·恭愍王一》恭愍王元年五月戊寅条。
③ 《高丽史·卷三十九·世家第三十九·恭愍王二》恭愍王五年五月乙酉条。
④ 《高丽史·卷三十四·世家第三十四·忠肃王一》忠肃王元年六月庚寅条。
⑤ (朝鲜)李圭景:《五洲衍文长笺散稿·卷四十四·东国土俗字辨证说》。
⑥ 《偰逊传》曰:"偰逊,初名百辽逊,回鹘人。以世居偰辇河因以偰为氏。自高祖岳璘帖穆儿归于元,世仕元。父哲笃,官至江西行省右丞。逊,顺帝时中进士,历翰林应奉文字、宣政院断事官,选为端木堂正字,授皇太子经。为丞相哈麻所忌,出守单州。居父忧,寓居大宁。红贼逼大宁,恭愍七年。避兵东来。王之在元也,侍从皇太子于端本堂,与逊有旧,由是待之甚厚,赐第,奉高昌伯,改封富原侯,赐田富原。九年卒。所著有《近思斋逸稿》行于世。字长寿、延寿、福寿、庆寿、眉寿。"见《高丽史·卷一百十二·列传第二十五·偰逊》。
⑦ [韩]白玉敬(백옥경):《丽末鲜初长期政治活动的现代认识》(〈麗末鮮初偰長壽의政治活動과現實認識〉),朝鲜时代史学会编:《朝鲜时代学报》2008 年总第 46 辑,第 5—40 页。

使臣和僧侣往来、方物贡献与回赐、文人合唱,还表现为元代中国人服饰掀起的一股"高丽样子"风。元代不仅其公主下嫁高丽为王妃,而且元代也有高丽女子为皇后和为元朝王侯、达官贵人的妻妾的情况。这些高丽女子把本国上层社会的习俗带至大都,从而对元朝的衣着文化产生了影响。明吉安人权衡的《庚申帝史外闻见录》(又名《庚申外史》)称:"自至正以来,宫中给事、使令,大半为高丽女子,以故四方衣服、靴、帽、器物皆依高丽样子,一时风气举世若狂。"元庐陵诗人张光弼诗中言及当时宫中流行的新时尚时,歌道:"宫衣新尚高丽样,方领过腰半臂裁,连夜内家争借看,为曾著过御前来。"①对此,朝鲜思想家李瀷作证说:"今人犹有此制,长不至膝,广不至臂,两襟不掩,方领适对,如鹤氅,两边为珠为躯以搭住,名曰挂背。此诗所举者是耳,俗之流来远矣!近时颇有加诸道服之上者,或者丽时亦如此,而元人效之也。"②

第四节　高丽王朝的灭亡

一、高丽出兵助元与"红巾军"的进犯

恭愍王即位的 1352 年(元至正十二年)正月,自竹山民孟海马起义于湘汉,以农民力量为核心的反元火焰燃遍中原大地。元朝右丞相脱脱请助兵征伐今江苏之高邮张士诚反元部队。高丽响应,积极准备,招募骁勇与征发居留大都的高丽人参战,组成一支两万五千人的部队,充当先锋。据说西域与"西番皆发兵来助",声势威武,"旌旗累千里,金鼓震野,出师之胜,未有过之者"。③ 但元廷腐败,元顺帝临阵换帅,导致政府军不战而溃。经此一役,不仅恭愍王日益

① (元)张光弼:《张光弼诗集·卷三·宫中词》。
② (朝鲜)李瀷:《星湖僿说》。
③ (高丽)李齐贤:《益斋集》第七卷《光禄大夫平章政事上洛府院君方公柯堂碑》。

推行脱元自强政策,同时也使"红巾军"对高丽产生敌对意识。

在中国元末农民大起义中,头裹红巾的"红巾军"是其主要力量,红巾军到处袭击元朝的地方官衙和军队,为推翻元朝蒙古贵族的腐朽统治建立了功勋。以河北人刘福通为首的农民起义军,是"红巾军"中的一支,朝鲜史书称之为"红头"军。1357年初,已经在亳州由刘福通拥立韩林儿称帝建国号宋的韩宋政权开始三路北伐,除攻入河北、山东、陕西、甘肃等,其中攻占上都的一支转战至辽河流域,截断了高丽与元朝的联系,两国仅能勉强维持"春秋贡献,极密而已","音问颇阻",客观上帮助了恭愍王摆脱元朝控制政策的推行。但是,进入辽东的北伐军在元朝势力与高丽的战略夹击态势下,为了生存发展选择以薄弱的高丽为攻击目标。恭愍王八年(1369年)十一月,头裹红巾的韩宋政权的北伐军在毛居敬的统帅下"众号四万,冰渡鸭绿江,陷义州"。此前,他以"平章"头衔移文高丽,"曰:概念生民久陷于胡,倡议举兵,恢复中原,东踰齐鲁,西出函秦,南过闽广,北抵幽燕,皆款附如民饥者得膏粱,病者之遇药石。今令诸将戒严,士卒毋得扰民。民之归化者,抚之;执迷旅拒者,罪之"①。接着,红巾军又相继攻陷静州、麟州、铁州、西京。于是,高丽"中外汹惧,京城皆为走计争以谷市轻货"②。这时,高丽军民奋起抵抗,给入寇者以巨大杀伤。翌年正月,高丽政府组织反攻,派多支部队进攻西京,杀敌数千人。红巾军开始退守龙岗和咸从。二月,高丽上将军李芳实率兵二万进攻咸从,取得重大胜利,"斩二万级,虏伪元帅沈剌、黄志善,余贼万余退甑山县"。"安佑、李芳实等追贼至古宣州。斩数百级,余贼三百余人,渡鸭绿江而走。"③红巾军第一次袭扰遭到失败。

1360年三月,红巾军"船七十艘来泊西海道丰州碧达浦;又泊西

①《高丽史·卷一百十三·列传卷二十六·安佑》。
②《高丽史·卷三十九·世家第三十九·恭愍王二》恭愍王八年十一、十二月条。
③《高丽史·卷三十九·世家第三十九·恭愍王二》恭愍王九年正月、二月条。

京德岛席岛，入凤州烧城门；又百余艘入安岳郡元堂浦，掠钱谷，烧庐舍。我（丽）军与战数日，死者三十余人。贼又侵黄州琵琶浦"；数日后，又"寇安州城垣浦"①；四月，复"侵黄州铁和浦，牧使闵翊与战，斩二十余级，虏一人并获兵杖"。接着，李芳实在奉州进攻红巾军，斩三十余级，红巾军遂"乘舟遁去。"②

　　1361年十月，红巾军平章潘诚、沙刘、关先生、朱元帅等率十万众渡过鸭绿江，先后进攻朔州、泥城（今朝鲜昌城）等地。十一月，红巾军屯于抚州。高丽以枢密院副使李芳实为西北面都指挥使迎敌，"以彼众我寡，敛兵退"。随后，高丽增强兵力，上元帅安佑、李芳实和指挥使金景磾等各率本部人马，与红巾军战于价、延、博诸州，"连战破之，斩首三百余级"。红巾军又发动攻势，袭击安州。高丽军迎战，不利，上将军李荫、赵天柱战死，指挥使金景磾被俘。红巾军气势更盛，其元帅遂移文于高丽军，声称"将兵百十万而东，其速迎降"。于是，高丽进行总动员，"令公侯以下出战马有差"。李成桂出战，获小胜，"斩贼元帅以下百余级"。不久，红巾军又以万余兵力进攻岊岭栅，高丽军溃退。恭愍王闻讯慌忙携王族逃离开京。红巾军遂攻陷开京，"屯留数月，杀牛马，张皮为城，灌水成冰，人不能缘上"，并屠杀生灵，"以恣残虐"。至是年年底，当恭愍王南逃至福州时，高丽人民自发地发动义兵运动，到处袭击红巾军。盐州人检校中郎将金长寿率先起兵，杀红巾军游骑一百四十余人。红巾军继续骚扰原州、安边府等地。然而，安边府邑人以诈降之酒肉计，设伏兵击杀敌人。江华府也依此计对敌，红巾军裨将王同金等人被斩，"贼不敢入境"③。恭愍王十一年（1362）正月，局势出现根本转机。高丽集结二十万大军，由郑世云、安佑、李芳实率领，四面围攻红巾军占领的开京。在此战役中，李成桂帅亲兵二千率先破城，红巾军首领

①《高丽史·卷三十九·世家第三十九·恭愍王二》恭愍王九年三月条。
②《高丽史·卷三十九·世家第三十九·恭愍王二》恭愍王九年四月条。
③《高丽史·卷三十九·世家第三十九·恭愍王二》恭愍王十年十一月、十二月条。

沙刘、关先生等被杀,"贼徒自相踏籍,僵尸满城,斩首凡一十余万级,获元帝玉玺、金宝、金银铜印、兵杖等物"。余众破头潘等十万人败逃,渡鸭绿江而去。① 于是,红巾军对高丽的第二次袭扰遭到惨败,此后不久,明政权灭掉了红巾军的残余势力。朝鲜半岛史称其祸为"辛丑红巾军之乱"。②

但是,作为元末农民起义军的一支力量,这支红巾军的政权在1363年刘福通被杀害后,实际已不复存在,其余部由于失去起义领袖,已经丧失了明确的行动目标,演变为流寇,"红巾军"溃败后,携带元帝的玉玺与印信,到处流动,完全背离了人民,改变了性质,并不代表古代中国的任何政治力量,仅仅是出没于鸭绿江流域的一支流寇。

二、抗倭斗争

14世纪中叶,高丽遭到日本海盗集团——倭寇的大举入侵。早在13世纪20年代初,在日本九州沿海一带就有由名主、庄官及游民组成的倭寇肆虐;倭寇对朝鲜半岛的威胁一直持续到高丽末期,前后约半个世纪,给那里的人民带来严重灾难。

倭寇对高丽的入侵始于1223年,此年五月,"倭寇金州"③。最初,倭寇数年仅来犯一次。他们主要由日本西部地方破产的封建主、武士、浪人和走私商人组成。倭寇来犯时,日本船只无视两国达成的贸易协议的规定——一年一次,船只十一艘,而是数十、数百艘船只来泊,在高丽沿海烧杀抢掠。从14世纪中叶起,倭寇日益猖獗,成为高丽国家的主要威胁。《高丽史》称忠定王二年(1350)二月,"倭寇固城、竹林、巨济、合浦……倭寇之侵始于此"④。自此,倭

① 《高丽史·卷四十·世家第四十·恭愍王三》恭愍王十一年正月条。
② 《太宗实录·卷二十六》太宗十三年八月丁未条。
③ 《高丽史·卷二十二·世家第二十二·高宗一》高宗十年五月条。
④ 《高丽史·卷三十七·世家第三十七·忠定王》忠定王二年二月条。

寇开始频繁侵扰高丽。

　　14世纪70年代以后，日本海盗对高丽的骚扰进一步升级。过去，这些海盗侵扰的地区主要在庆尚道、全罗道等南部沿海，而此时他们则主要袭击漕运，掠夺漕船米谷与钱物，严重影响了南部地区向开京运送的租税和贡物。有时，倭寇船只直接闯入高丽国都开京附近地区，威胁首都安全。面对日益猖獗的倭寇入侵，高丽王廷一方面与日本当局加强交涉，促其从内部严加管束，加以禁止；一方面集聚兵力，予以抗击。70年代，高丽政府设立了专门的机构，建造"大舰"和"巨舰"，加强要害地方的兵力与防卫。此期间，高丽水军不仅数量增加，而且技术上也有了很大提高。高丽著名军事技术家崔茂宣从中国匠人李元处学习火药知识，经过潜心研究，反复试验，制造了近二十余种火药武器。1377年，火㷁都监成立，"煎取焰硝，且募唐人之来寓，而打造战舰"①。次年，新组成的火㷁放射军开始布防于开京周围。

　　高丽水军战斗力的加强，为胜利地抗击倭寇的入侵奠定了物质基础。1380年八月，日本海盗船五百只侵入镇浦，"恣意焚掠，尸蔽山野，转谷于其船，米弃地厚尺"。高丽遣海道元帅、中国人罗世、沈德符、崔茂宣等率战舰百艘追捕，"用茂宣所制火炮焚其船，烟焰涨天，贼守船者烧死殆尽，赴海死者亦众"②。同时，李成桂等将领亦在全罗道云峰"大破"倭寇。③ 节节胜利的高丽水军不断主动出击，给日本海盗以毁灭性打击。1389年二月，庆尚道巡问使朴葳率战舰百艘进攻倭寇老巢对马岛。"烧倭船三百艘及傍岸庐舍殆尽。元帅金宗衍……等继至，搜本国被虏男女百是余人以还。"④

　　高丽王朝末期，高丽人民同倭寇的斗争已取得了决定性胜利。

①《新增东国舆地胜览·卷二·京都下》文职公署军器寺条。
②《高丽史·卷一百十四·列传第二十七·罗世》。
③《高丽史·卷一百三十四·列传第四十七·辛禑二》。
④《高丽史·卷一百十六·列传第二十九·朴葳》。

但是,日本海盗船对朝鲜半岛的侵扰并未完全停止,李氏朝鲜仍将面临与倭寇的斗争。

三、与明朝的复杂关系

元末爆发的农民大起义,推翻了元朝的统治。1367年,朱元璋(1328—1398)的大军攻占了元京大都(今北京),元顺帝北走上都,是为北元。次年正月,朱元璋在金陵(今南京)登基,建国号“大明”,是为太祖。当时,高丽正是辛旽改革的后期。鉴于明朝与北元的对峙,高丽在对华外交上基本执行了一条以“疏元亲明”为基本取向的两面政策。

尽管已获悉大都“皇城”易主,元顺帝妥懽帖睦尔已“奔上都”,高丽仍坚持遣使“如元贺千秋节”。① 为图复辟,顺帝于“北走”途中仍期盼与其有甥舅关系的高丽出兵相救。② 高丽则在局势明朗之前,虽遣使贡岁币如旧,却回避谈及发兵之事。故而,《北巡私记》作者称“高丽心怀两端”。

明朝(1368—1644)在建立之初,高丽和明朝都主动向对方示好。恭愍王十七年(1368)九月,恭愍王接“金之秀自元来言”明万余舟师泊通州,元失京城,元帝与太子等人马逃上都后数日,便“令百官议通使大明”;十一月,高丽遣礼仪判书张子温聘与吴王,朱元璋则“礼待甚厚,使六部御史台宴慰”,且有破例台宴“用乐”的佳话。③ 明朝遂遣使高丽,赐玉玺。1369年四月,明使符宝郎锲斯抵松岳,恭

①《高丽史·卷四十一·世家第四十一·恭愍王四》恭愍王十七年冬十月癸酉条。
② 据(元)刘佶:《北巡私记》(明代蒙古汉籍史料汇编本)载,至正二十八年(1368)八月初九日,李仲时为兵部尚书,征兵于高丽;《高丽史·卷四十一·世家第四十一·恭愍王四》恭愍王十七年十一月丙申条也有元遣使“来诏”的类似记载。
③《高丽史·卷四十一·世家第四十一·恭愍王四》恭愍王十七年十一月丁未条云:“遣礼仪判书张子温聘于吴王,吴王礼待甚厚,使六部御史台宴慰。至台宴日,张乐大夫曰:台宴未尝用乐。今日之乐为使臣也。子温曰:乐以和为主,诸公既以和气相接,何必乐为。夫子曰:乐云乐云钟鼓云乎哉,礼云礼云玉帛云乎哉。大夫曰:尚书既知礼乐之本,不用乐,乃止。吴王闻之加厚礼以送。”

愍王迎送恭敬；五月，高丽废止元"至正"年号，遣礼部尚书洪尚载、监门卫上护军李夏生等"奉表如金陵贺登极"、请封及请祭服制度①，表示"臣附"②；六月，明太祖遣宦人金丽渊（原高丽人）致书恭愍王，并命有司具舟派使护送流落到中原的"高丽民百六十五人"③。次年四月，明太祖复遣朝天官、道士徐师昊，致祭高丽首山及诸山之神、首水及主水之神，并将载有"高丽遣使奉表称臣，已封其国，则其国境内山川既归职方"之朱元璋亲撰祝文的碑石立于松岳会宾门外的阳陵井，"垂以永久"④；五月二十六日，明朝尚宝司丞契斯赍诏及金印诰文抵开京，封恭愍王为高丽国王，赐大统历、锦绮、王冠服、乐器、朝贺仪注，以及六经、四书、《通典》《汉书》等儒家经典，更赐玺书，力劝王勿"惟务释氏"，"惟行仁义礼乐，可以化民成俗"。六月，明朝复遣使高丽，颁科举程序，规定高丽诸国，"如有经明行修之士，各就本国乡试贡赴京师会试，不拘数额"；七月，高丽开始行明"洪武"年号⑤。与此相配合，恭愍王于八月遣驻守西北面上元帅池龙寿等进击北元的东宁府；十一月，李成桂等至义州，造浮桥渡鸭绿江，攻占辽城。⑥

　　辛旽革新势力被铲除后，世臣大族代表人物李仁任、林坚味、廉兴邦掌握政权。从维护既得利益出发，他们推行亲元疏明的外交政策，导致高丽与明的关系出现了严重震荡和挫折。1372年四月，高丽派出一个由贡使洪师范、郑梦周率领的一百五十余人组成的使团到达金陵。八月，他们回国时，受明朝中书省咨文两道：一为答高丽表请遣弟子入太学以其便，"不欲者勿强"；二为雅乐钟磬事。使团

①《高丽史·卷四十一·世家第四十一·恭愍王四》恭愍王十八年夏四月壬辰条；《明史·卷六十七·舆服志三》洪武二年条。
②《明史·卷四十九·礼志三》洪武二年条。
③《高丽史·卷四十一·世家第四十一·恭愍王四》恭愍王十八年六月条。
④《明太祖实录·卷四十八》洪武三年正月庚子条。
⑤《高丽史·卷四十二·世家第四十二·恭愍王五》恭愍王十九年七月条。
⑥《高丽史·卷四十二·世家第四十二·恭愍王五》恭愍王十八年十一月丁亥、己丑条。

归途中"失风溺死者三十九人",其中包括贡使洪师范。明廷知悉后,鉴于"高丽贡献繁数,既困敝其民,而涉海复虞覆溺",指示中书省:高丽"宜遵古诸侯之礼,三年一聘。贡物惟所产,毋过侈"①。此外,朱元璋还规定皇帝、东宫诞辰与冬至,皆不要高丽进表或进笺,"惟正朝乃一岁之首"除外。②

1373 年春,执行"骑墙外交"的恭愍王,初欲捉杀要求其"助力"的北元来使波都帖木儿,但受反对派大臣的牵制,遂夜见元使。不过,就恭愍王本人而言,尽管对北元仍存在某些幻想,但其外交的基点仍然是"疏元亲明"。次年二月,高丽贡使到达金陵,因贡物中有称送元之"太府监"的部分,而被明廷斥为"言涉不诚"遭拒。此时,明使礼部主事林密、挈牧大使蔡斌携中书省咨文赴高丽,要求从元在济州岛牧养的马匹中挑选两千匹支持明朝进军沙漠;而派往济州岛取马的高丽门下评理韩邦彦遭到"牧胡"蒙古人的拒绝,仅能带回三百匹复命。恭愍王便遣将对耽罗进行讨伐,并惩处了韩邦彦。是年九月,明使将回国。高丽发生宦官崔万生和洪伦弑杀恭愍王的事件。当时,太后欲立宗亲为王,权臣李仁任等为谋窃国柄欲立辛禑。李仁任令赞成其事的安师琦"密喻"金义,令其于明使归途中杀蔡斌灭口③,以蒙蔽大明。金义是护送明朝使团和负责把三百头高丽马匹送往明朝定辽卫④的官员。十一月,金义于开州杀死蔡斌父子,裹挟林密"奔北元"⑤。十岁的王禑随即以江宁院大君的身份被李仁任等扶上王位。随后,高丽王廷又围绕"告丧"事发生对立。典校令朴尚衷、司艺郑道传等亲明大臣坚持首先遣使明朝,但在发生明使被

① 《明史·卷三百二十·朝鲜》。
② 《高丽史·卷四十四·世家第四十四·恭愍王七》恭愍王二十二年条。
③ 《高丽史·卷一百二十六·列传第三十九·李仁任》。
④ 洪武三年,朱元璋在辽东设立了定辽卫;洪武八年,定辽都卫改为辽东都指挥司,统一管理辽东二十五卫、一百三十八所、二州、一盟。
⑤ 《高丽史·卷一百三十三·列传第四十六·辛禑一》。

杀事件后,高丽朝野"人心疑惧",唯崔源愿往①。十二月,在判密直司事金湑被派往北元的同时,判宗簿寺事崔源奉派入明朝京师告丧、请谥及承袭。崔源在明廷"且言前有贡使金义杀朝使蔡斌,今嗣王祦已诛义,籍其家"②。朱元璋疑其有诈,在拒绝丽方请求的同时,遣使往吊祭,以示友善。北元则摆出强硬姿态,欲利用"沈王"插手高丽王位继承,要立沈王暠孙脱脱不花为高丽王。次年八月,沈王母子率金义及高丽进奉使金湑抵达信州的消息传抵时,开京一片凶惧,一方面从诸道征兵,增强西北地区防务;另一方面遣使至定辽卫通好,"仍察事变",又遣李原实聘于北元纳哈出,多方安抚。③

同时,自北元返回的金义等人不仅并未受到惩罚,反倒受到李仁任、安师琦等人的厚遇。这引起众多官员的不满。中书省内官员朴尚衷、林朴、郑道传等"以为先王(恭愍王)既决策事南,今不当事北",指责其难逃"不免之大罪"有四:(一) 李仁任等先于王晏驾之日,倡事北之议,使国家得罪于"上国";(二) 礼部尚书吴季南擅杀定辽人,造言以骇其军,乃掩护其罪党以危害国家;(三) 金义杀使夺进献马,乃叛天下之大恶;(四) 金义叛逾月不肯闻于朝廷,又于崔源之行敢违王命使不出境,因循累月,使大国愈疑④。当时摄政的王大母洪氏并不能左右朝廷,高丽统治集团上层斗争的最后结果是1374年恭愍王之子、骊兴王牟尼奴于1374年即位,是为祦王(1374—1388年在位)。⑤

祦王二年(1376),高丽进一步面临考验。六月,高丽判事金龙

①《高丽史·卷一百二十六·列传第三十九·李仁任》。
②《明史·卷三百二十·朝鲜》。
③《高丽史·卷一百三十三·列传第四十六·辛祦一》。
④《高丽史·卷一百十二·列传第二十五·朴尚衷》。
⑤ 祦王(1365—1489在世)乃恭愍王与顺静王后韩氏所生,成年后与判开城府事李琳之女谨妃李氏生昌王(1388—1389年在位)。李成桂将其赶下台加以杀害后,为使其行为正当化,特造了祦王是辛旽儿子的谎言。《高丽史》与《东国通鉴》所言,实际上是李氏朝鲜创建者为夺权建国所制造的"废假立真论"和"祦昌非王说"的一部分。

自定辽卫赍高家奴①书,讲述他自洪武五年降明后的感受,强调明朝对他的"厚恩"、明朝国力强大,以及高丽通使、事大政策"前后不一"的危险性②。十月,北元兵部催促高丽出兵,并"以脱脱不花暂馆辽西,不令一卒一马渡江"为条件,使各类助元力量夹攻定辽卫,共成犄角。高丽处于两难境地。③ 翌年二月,北元为进一步争取高丽,遣使册命牟尼奴为征东省左丞相、高丽国王。高丽遂以改用北元"宣光"年号予以因应,但对其出兵请求取拖延态度,最后于是年秋,以"天寒草枯,不可出师",婉辞推托。

1377年末,明丽关系开始出现转机。是年十一月,著名儒臣李穑(1328—1396)以注唐太宗百字碑(铭)进献国王,禑王认为其中"善处真君子,刁唆是祸胎,暗中休使箭,乖里藏些呆"等语句,对其修正对外政策有所帮助。十二月,明朝放还丁延等流入中国大陆的358名高丽人回国。高丽随即做出积极反应,于禑王四年(1378)三月,接连派出谢恩使、请谥承袭使入明;六月,明朝放还崔源一行。于是,高丽于1378年九月,重新恢复了"洪武"年号。明太祖借高丽来使沈德符至京的机会,对其大谈《春秋》之义,并以"索贡"为手段试其诚伪,遂定岁贡"仍依前王所言,今岁贡马千,差执政陪臣以下来朝;明年贡金一百斤、银一万两、良马百匹、细布一万匹,岁以为常"。事后,明朝又遣邵垒、赵振随沈德符回访高丽。但是,当明使至边境时,闻高丽又通使北元,"遂不至而还"④。当时,高丽已遣文天式、吴季南出使北元,并多次接待北元和纳哈出的来使。对此,明辽东都指挥使司(简称辽东都司)移送咨文给高丽都评议使司,要求

---

① 据《明史》记载,朱元璋称帝后,元朝残部高家奴以本溪平顶山为据点,率众把守辽东。1372年,明辽阳都指挥使叶旺、马云发出文告,高家奴拒不投降。马云、叶旺率部进讨,攻占平顶山,进占高家奴设在辽阳城东的老鸭山寨据点,捣毁其营垒,高家奴兵无退路,后投降。
②《高丽史·卷一百三十三·列传第四十六·辛禑一》。
③《高丽史·卷一百三十三·列传第四十六·辛禑一》禑王二年十月条。
④《高丽史·卷一百三十四·列传第四十七·辛禑二》。

押送北元使节,以示忠诚。祸王不仅拒绝了明朝的要求,而且还接受了北元的"太尉"册封。这些行动增加了明廷对高丽的疑虑。不久,高丽派往辽东修好的使节被拒,已经到达南京的高丽使节也被扣在天界寺多日。1380年四月,朱元璋斥责护送丽使周谊赴京的总兵潘敬等曰:"高丽弑君,今又杀朝使;前坚请入贡,又不如期;今遣谊来,以虚文饰诈,他日必为边患。自今来者,其绝勿通。"①高丽也做出过激反应,如实向明报告的崔源,回国后以"不讳国恶"罪而被处死。

在随后的几年里,高丽向明朝四次纳贡,均因"该岁贡以数年之物,合而为一,其意未诚"而被拒。这更助长了高丽亲北元保守势力的抬头。祸王八年(1382)六月,李仁任领门下府事,崔莹领三司事,两人完全掌控了高丽的军政大权,高丽与北元的关系有了进一步发展。祸王九年初,纳哈出遣使高丽,请寻旧好。明朝辽东都司闻之,随即追问高丽;十月,又有北元与高丽联合进攻辽东的传闻,明朝东北边境的局势立即紧张起来。1384年五月,高丽一面派人至东北面进行刺探,一面遣判宗簿寺事金进宜入辽东,进岁贡马一千匹;接着,又于六月遣司仆正崔涓,以金银非高丽本国所产,向明奏请减贡。虽经辽东将领为高丽说情,明太祖予以允准,但仍不肯赐王颛以谥号并册封祸王②。不过,此后朱元璋对高丽的态度开始改善。次年正月,高丽贡使到京,鉴于高丽五年来的岁贡皆如数解送,朱元璋命礼部减其贡数,"令三年一朝,贡马五十匹"③;是年七月,又封辛祸为高丽王,并赐故王颛谥恭愍。祸王十三年(1387)五月,朱元璋许高丽改冠服之请,并赐纱帽、团领。是年六月,高丽依明制定百官冠服。但"辛祸与宦者及幸臣独不服",并对派往高丽索领辽沈流民的明使高家奴、徐质等极不友好,且"命修五道城,遣诸元帅于西北

---

① 《明史·卷三百二十·朝鲜》。
② 《高丽史·卷一百三十五·列传第四十八·辛祸三》。
③ 《明史·卷三百二十·朝鲜》。

鄙,以备不虞"①。于是,明朝态度也骤然强硬。十一月,明朝边界都司依旨:"今后高丽国使臣来者,于一百里外止回,不许入境,亦不许送赴京师。"十二月,就连诏命请通朝聘的亲明派高丽官员郑梦周,在辽东也被拒入境。

实际上,当时高丽国内已经发生积极的变化。随着上一年李仁任老病告辞,亲元势力已经削弱。1388年初,崔莹又联合李成桂、郑道传打倒了林坚味、廉兴邦集团,出现由崔莹、李成桂、李穑、郑道传、赵浚、郑梦周等共同掌权的局面。如果,当时的明朝政府能把握朝鲜半岛的政治脉搏,当时诏命请通朝觐并禀报铲除林坚味、廉兴邦奸党事的高丽密直司赵琳就不应该被明朝拒之境外。

四、"铁岭设卫"争执与半岛改朝换代

明朝建立伊始,为保障北方边境安全,在一系列军事胜利的基础上,于接管的东北地区设置辽东都司,管辖东北的南部地区。辽东都司下辖25卫,铁岭是其中一卫。明朝洪武九年(1376),明军已经进驻鸭绿江上游地区;洪武十三年,已在鸭绿江和图们江流域设立了东宁、女直、南京、海洋、草河五个千户所,分别管理归附明朝的女真人。洪武二十年(1387)正月,明以大军消灭了盘踞金山地区的元残余势力。朱元璋封降将纳哈出为海西侯,继续控制辽东地区。次年,明太祖令在鸭绿江以东地区设立铁岭卫。而此时正值明、丽间发生驽马入贡事件之时。1387年春,明朝以匹帛置辽左,与高丽易马伐北元,高丽陪臣"皆以驽来易,以价较之,本国一马之价,可得二三,今二三马价易一不堪驽马",这就给明太祖以高丽在对明外交上缺乏诚意之感。这种对明廷的公然轻慢,是明朝不可接受的。②

于是,围绕"铁岭设卫",明丽关系空前紧张。1387年十二月,明

①《高丽史·卷一百三十六·列传第四十九·辛禑四》。
②《高丽史·卷一百三十七·列传第五十·辛禑五》。

朝户部移咨高丽王："铁岭北,东西之地,旧属开元者,辽东统之……各正疆界,毋侵越";主张以元代疆域划界,凡旧属开元者,悉归中国之辽东管理。这样,铁岭的位置①立刻成了问题。

铁岭见于文献最早者,一为上引《明史》明户部咨文,一为《高丽史·辛禑五》禑王十四年(1388)二月、三月条。前者引述明太祖圣旨,就驾马事和高丽使臣刺探军情,"令人来大仓窥觇我兴师造舰与否",要高丽"自今慎勿如此",宣布"铁岭迤北,元属元朝,并令归之辽东";后者说:"西北面都安抚使崔元祉报:'辽东都司遣指挥二人以兵千余,来至江界,将立铁岭卫'。帝预设本卫镇抚等官,皆至辽东。自辽东至铁岭七十站,站置百户。"根据后者,铁岭卫的初设地,当在鸭绿江以东的江界地(今属朝鲜慈江道)。但是,高丽密直提学朴宜中表文又说:"铁岭迤北,历文、高、和、定、咸等诸州以至公崄镇,自来系是本国之地。"②如照此说,铁岭应位于咸州之南,当是《新增东国舆地胜览》所谓的安边都护府,府南83里即古铁岭。总之,据《高丽史》所记,古铁岭在朝鲜境内确定无疑。拟为郑允容(1792—1865)编著之《北路纪略》亦明确指出:"北路归系肃慎之地……及夫新罗统一之时,力不及东北……高丽太祖统合三韩,亦只以铁岭为界,其后依次剪除,然旋得旋失,至于我朝,限江为界,疆域始全。"③

高丽禑王(1374—1388年在位)接明朝"至江界将立铁岭卫"的报告,反应强烈,责备"群臣不听吾攻辽之计","遂征八道精兵"④,发动进攻辽东的战争,并令随员百官皆换穿北元冠服,彻底与明决裂。

实际上,王氏高丽在对中国北方契丹、女真和蒙古等游牧民族

① 关于古铁岭之所在,史书上有诸多说法。其中有《辽东志》之古铁岭在古奉集县和在桓仁县境内之说,此二说似为《明太祖实录》和《桓仁县志》匡正,又有今铁岭东南五百里之说,在朝鲜安边府南之说,以及在朝鲜咸兴附近之说,等等。
② 《高丽史·卷一百三十七·列传第五十·辛禑五》禑王十四年二月条。
③ (朝鲜)郑允容:《北路纪略》影印本,汉城:亚细亚文化社,1974年,第271页。
④ 《高丽史·卷一百三十七·列传第五十·辛禑五》禑王十四年三月条。

王朝政策上成功地实行了实利、现实与顺应形势的二重外交政策，在其获得泥河以西广大土地之后，利用元末蒙古势力萎缩之时，一方面在东北面向图们江方向推进①，另一方面在鸭绿江方向，梦想越江向辽东扩张领土。经与崔莹等密议，祸王决定利用古代中国朝代更替、明朝在辽东立足未稳之机攻占辽东。此前，明朝做了必要的准备。洪武十七年（1384），朱元璋便敕谕臣属："辽壤东界鸭绿，北接旷塞，非多算不能以御未然。"②而且，在消灭了纳哈出军事集团后，还加强了辽东的防御力量。对时局把握较深的高丽大将李成桂（1335—1408）在四月决定攻辽会议上与祸王、崔莹发生争执，以"四不可"反对出兵：一曰，以小逆大；二曰，夏月发兵；三曰，举国远征，倭乘其虚；四曰，时方暑雨，弓弩胶解，大军疾疫③。祸王不听，任命崔莹为八道都统使，曹敏修为左军都统使，李成桂为右都统使，向辽东方向进发，并亲赴平壤督战。

正如李成桂所预料的，高丽兵力的北移，给日本倭寇袭击朝鲜半岛以可乘之机，导致"倭入椒岛时，京城丁壮皆从军，惟余老弱每夜烽火屡举，京城单虚，人情危惧，莫保朝夕"④。如若坚持西进辽东入侵明朝，高丽将面临腹背受敌的困境。

祸王十四年（1388）夏初，高丽"左右军渡鸭绿江屯威化岛，亡卒络绎不绝于道，祸令所在斩之，不能止"。五月二十二日，李成桂遂以"以小事大，保国之道"决定取"威化岛回军"，实行兵谏。于是，"都人男女争持酒浆迎劳军士，曳车开路，老弱登城望之，欢呼踊跃"。李成桂遂立即宣布"复行洪武年号，袭大明衣冠，禁胡服"；六月，又逼祸王退位，放逐崔莹，抚祸王九岁幼子辛昌为王，以儒臣李穑为门下侍中，其他儒臣郑梦周、郑道传、权近等均得到重用。次年

---

① ［韩］金九镇：《辽、金、元时期高丽与北方游牧民族》（《遼.金.元시대에 있어서高麗와北方騎馬民族》），载［韩］曹永禄等著：《中国和东亚世界》，第134—135页。
② 《明太祖实录·卷一百六十三》洪武十七年七月二十三日条。
③ 《高丽史·卷一百三十七·列传第五十·辛祸五》。
④ 《高丽史·卷一百三十七·列传第五十·辛祸五》。

(1389)十一月,李成桂等以大护军金伫与祸谋反,迎立王族定昌君瑶即位,是为恭让王。恭让王(名瑶,乃高丽神宗第 7 代孙,定原府院君钧之子,1389—1392 年在位)二年九月,高丽迁都汉阳;是年年终与来年春,以守门下侍中职操控高丽政局的李成桂,先后晋升为领三司事和三军都总制使,从而完全掌握了高丽的军政大权。

明朝方面为了集中军事力量保卫辽东,不得不将设在江界的铁岭卫官兵后撤。在指挥佥事刘显率领下,铁岭卫官兵撤退"至开元,野人刘怜哈等集众屯于溪塔子口,邀击官军"①。受此影响,铁岭卫先撤至奉集县,洪武二十六年(1393)再移至今辽宁省铁岭市。

在此期间,李成桂为了巩固自己的势力基础,实行了科田法,进行田制改革。科田法维护了中小地主的利益,对世臣大族是个沉重打击。1392 年,高丽各守旧势力与李成桂谋建新王朝的力量进行了最后的较量。是年四月,借李成桂"坠马病笃",守旧派将其亲信赵浚、郑道传等流放外地。在此千钧一发的情况下,李成桂之子李芳远联合判典客寺事赵英珪等于善竹桥杀死郑梦周,重新召回流放中的赵浚等同党大臣,为最后夺取政权铺平了道路。同年,七月中旬,李成桂在赵浚、郑道传等五十二人实力派大臣的拥戴下,登上王位。王瑶遭废,降为恭让君。② 至此,高丽王氏政权在经历了 474 个春秋之后,宣告终结。

第五节　后期文化

一、理学、儒教与佛教

高丽王朝后期的社会已经陷入极为严重的危机,为了突破贵族浮屠集团政治思想控制,自崔氏武人政权宿卫机关"书房"中成长的

①《明太祖实录·卷一百八十九》洪武二十一年三月二十七日条。
② 1394 年李成桂使人在三陟将其杀害。

一批有思想的文人，从批判佛教腐败的立场出发，试图以引进中国理学挽救高丽之政治危机。

理学，亦即新儒学，奠基于北宋，而在南宋中期由程颢、程颐"二程"确立其思想体系，经朱熹(1130—1200)集新儒学之大成而进入鼎盛。与先秦儒学不同，宋代理学从传统儒学出发，吸收魏晋隋唐以来佛、道两家的哲学思辨方法，建立起分别以理、气、心为最高范畴的宇宙本体论，从而丰富和完善了儒学的伦理学说。为宋明新儒学做出突出贡献、与朱熹齐名的陆九渊(1139—1193)则认为朱熹的理学有潜在的矛盾和程式化倾向，而另辟蹊径以"发明本心"成功打开一条"心即理也"的理学外化道路，别立与朱学不同的心学一派。至元代，朱学北传，成为官学，而陆象山的心学日渐式微，出现朱陆"合会"，亦即元代理学虽以程朱学说为宗，又兼采陆学以救前者易流于支离繁琐、"昧却本体"①之弊。于是，元代的理学即承袭宋儒学风，又着重义理的发挥，而不专注音韵训诂和名物制度的考释，并开疑经之风。因此，元代朱子理学的引入，势必给半岛一度衰落的儒学注入新的血液，使其再次兴盛，并使大学问家辈出。

最初，引进和研究朱子学的高丽学者是安珦和白颐正等人。安珦(1243—1306)，初名裕，兴州人，号晦轩，谥号文成，是高丽朱子学的奠基人。安珦少好学，高丽元宗时初登第，补校书郎，迁直翰林院属内侍。忠烈王元年初为尚州判官，十二年(1286)升任征东行省左右司郎中、本国儒学提学。是年，随王入元。1289 年，在元大都得到新刊《朱子全书》，潜心研学，从而开高丽研究朱子理学之先河。忠烈王二十六年(1300)，安珦出任赞成事，"忧学校日衰"，为"教育人才"，建议政府"令六品以上各出银一斤，七品以下出布有差，归之库，存本取息为赡学钱"，即教育基金。同时，他还"以余赀付博士金文鼎等送中原，画先圣及七十子像，并求祭器、乐器、六经、诸子史"。

---

① (明)黄宗羲等编撰:《宋元学案·北山四先生学案》。

"于是,禁内学馆、内侍、三都监、五库愿学之士及七管十二徒诸生,横经受业者动以数百计。"①

白正颐,字孝珠,蓝浦人,国学大司成白文节之子,安珦的弟子。忠宣王时任金议评理商议会议都监事,后被封为上党君。曾赴元研究程朱之学,回国后首先向李齐贤、朴忠佐传授。②

李齐贤(1287—1367),高丽后期著名性理学者,字仲思,初名之公,号益斋,庆州人。"年十五魁成均试,又中丙科",进入艺文春秋馆。1313—1316 年间,忠宣王禅让高丽王位和沈阳王位后,李齐贤随其居元大都。当时,他作为逊位的太尉王的随侍词臣,十年间,经常出入王璋在大都官邸的"万卷堂",结识了常来此会文的"京师文学之士",当时元朝的大儒姚燧、阎复、元明善、赵孟頫等人,并在与他们对儒学、文学、书法的切磋、交流中"学益进",令姚燧(1238—1313)等"称叹不置"③。回国后,李齐贤历任密直司事、金议评理、政堂文学、三司使,乃至门下侍中等高官,其间,他倡导办学,培养人才,主张改革,并作为恭愍王的都金议政丞,总揽国政,为恭愍王推动政治改革奠定了基础。李齐贤著述甚多,主要有《益斋乱稿》《益斋集》《栎翁稗说》等。

禹倬(1262—1342),丹阳人,字天章,忠烈王五年登第,是忠宣王时的儒臣。他对程朱理学造诣很高,并对其普及做出重大贡献。史书称"倬通经史,尤深于易学,卜筮无不中。程传初来,东方无能知者,倬乃闭门月余,参究乃解。教授生徒,理学始行"④。

权溥(1262—1346),初名永,字齐万,号菊斋,亦师从安珦,一生酷爱程朱理学,"嗜读书,老不辍,尝以《朱子四书集注》建白、刊行",对高丽理学的推广和普及颇有贡献,获"东方性理之学自溥倡"之美

<hr />

① 《高丽史·卷一百五·列传第十八·安珦》。
② 《高丽史·卷一百五·列传第十八·白文节附白正颐》。
③ 《高丽史·卷一百十·列传第二十三·李齐贤》。
④ 《高丽史·卷一百九·列传第二十二·禹倬》。

名①,其著述有《银台集注》二十卷和孝子六十四人《孝行录》。

李穑(1328—1396),字颖叔,号牧隐,是丽末著名程朱理学家、政治家,曾入元"以朝官子补国子监生员,在学三年",回国后成为高丽学界与政界的重要人物,曾官至判门下府事。他深入研究程朱理学,对高丽的新儒学和教育做出重要贡献。恭愍王十六年(1367),李穑作为开城府事兼成均大司成,于成均馆增置生员,选聘金九容、郑梦周、朴尚衷等著名学者,"皆以他官兼教官。先是,馆生不过数十,穑更定学式,每日坐明论堂,分经受业,讲毕相与论难,忘倦。于是,学者坌集,相与观感。程朱性理之学始兴"。李穑知识渊博,善为诗文,故能"掌国文翰数十年",以至恭愍王称赞"穑学问舍肌肤而得骨髓,虽中国亦罕比"。程朱理学的核心是维护和加强封建等级制度,在实践上要求维护封建社会的纲常。同其他朱子学者一样,李穑也认为三纲五常天经地义,为人之根本。他对田制紊乱、大农庄的发达和王权的削弱深表痛惜,主张整顿。但是,当赵浚和郑道传等人提出改革时,"而穑为上相固执不可,使其子种学扬言于人,以倡巨室怨谤之端"。李穑有《牧隐集》五十五卷。②

郑梦周(1337—1392),字达可,号圃隐,曾官居成均馆博士、司艺、大司成,直至门下侍中。"为相时,国家多故,机务浩繁,梦周处大事、决大疑,不动声色,左酬右答,咸适其时……又内建五部学堂,外设乡校,以兴儒术。"郑梦周讲学说理性强,称:"儒者之道皆日用平常之事,饮食男女人所同也,至理存焉。尧舜之道亦不外此。动静语默之得其正,即是尧舜之道,初非甚高难行。彼佛氏之教则不然。辞亲戚绝男女,独坐岩穴草衣木食,观空寂灭为崇,岂是平常之道。"所以,他讲解四书令诸儒"叹服,李穑亟称之曰:梦周论理,横说

①《高丽史·卷一百七·列传第二十·权呾附权溥》。
②《高丽史·卷一百十五·列传第二十八·李穑》。

竖说,无非当理,推为东方理学之祖"①。郑梦周著有《圃隐集》七卷。

郑道传(1337—1398),字宗之,号三峰,奉化人,丽末、李朝初之政治家、哲学家。1362年登第,历任内外要职。祸王元年因反元受李仁任等陷害,流放会津县,1377年被释后,"结庐三角山下讲学",从事经学教育。学人称颂他"发挥天人性命之渊源,倡鸣孔孟程朱之道学,辟浮屠百代之狂诱,开三韩千古之迷惑,斥异端息邪说,明天理正人心,吾东方真儒一人而已"②。1383年,郑道传投入李成桂幕下,官至南阳府使、成均馆大司成。"威化岛回军"后,与赵浚一起为李成桂之膀臂,推行田制改革,参与李成桂篡夺高丽王权的主要活动,为创建李氏朝鲜发挥了重要作用。1392年后,郑道传历任判义兴三军府事等军国要职,在国家的文物制度、国策的确立方面起了决定性作用。新都城汉阳宫阙、宗庙的位置的决定,宫殿、宫门的称呼,都城的八大门及48坊名称均出自他手。1397年在出任东北面都宣抚巡察使前后,因他起草的《正朝表笺》中含有侮辱明朝的文字,朱元璋要治罪于他时,郑道传主张"征伐"辽东。然而,当他以其自绘布阵图指挥军队操练时,遭李芳远袭击而亡。

郑道传作为哲学家,为拥护李朝统治阶级意识形态的程朱理学和排斥佛教的斗争,提供了理论根据。他撰写的《心气理篇》《经济文监》《朝鲜经国典》《佛氏杂辨》等对当时颇有影响的论著收入《三峰集》(十四卷)。为了形象地表述其政治理念,其著作《学者指南图》成了半岛学者以图像表达学术思想的图说治学的滥觞。郑道传的世界观基本上是客观唯心主义,其思想包含着不少唯物论和辩证法的成分。同代的大儒朴础称:"郑道传发挥天人性命之渊源,倡鸣孔孟、程朱之道,辟浮屠百代之狂诱,开三韩千古之迷惑,斥异端,息邪学,明天理正人心,吾东方真一人而已。"③他的伦理道德同社会政

---

① 《高丽史·卷一百七十·列传第三十·郑梦周》。
② 《高丽史·卷一百二十·列传第三十三·金子粹》。
③ 《东文选·卷五十三·辟佛疏》。

治观相联系,使半岛封建等级制度和剥削制度合理化。他把人分为
"圣人""君子""众人"三个等级,即所谓"上而公卿大夫,治民而食;
下而农工商贾,勤力而食;中而为士者,入孝出悌,守先王之道,以待
后之学者而食"①。郑道传是最早在朝鲜树立儒家客观唯心主义思
想体系的哲学家,他的思想对当时半岛封建社会的巩固与发展有积
极意义。

高丽朱子学代表人物所宣扬的基本思想内涵是"入世、排佛、改
革和尊明"②,即批判佛道"观空寂灭""离世绝俗"之"出世"观,倡导
"卫社稷、扶君王"之"入世"主张;排斥"佛老异端",维护儒家"道
统",即用朱子学的客观唯心主义的宇宙观,反对佛学的主观唯心主
义说教③;提倡"以三纲五常之道"进行变革,恢复、加强王权,巩固封
建体制。在对外关系上主张"字小事大",坚持"大义名分""亲明
排元"。

武臣政权时期(1170—1270),以反抗王氏高丽中期以来以开京
为中心的贵族佛教的堕落,地方信仰结社流行,一度受到天台宗压
抑的曹溪宗,因阇崛山派名僧普照国师知讷而崛起。知讷(1158—
1210),俗姓郑,自号牧牛子,25 岁时中选僧科。神宗三年(1200)知
讷在松广山创立定慧社,与同道好友坐禅修心,成为曹溪阇崛山派
的第二本山。1205 年,熙宗即位,改此山寺为"曹溪山修禅社"④。
知讷立足于"顿悟渐修",主张"定慧双修",从而使其佛教思想超越
义天的"教观兼修"之折中论,形成禅教统一的思想体系。知讷学说
要点是:心为觉悟之本,成佛不假外求;顿悟之后还需渐修,以断除
先天的情欲烦恼,然后才能成佛。知讷著述甚丰,有《修心诀》《圆顿
成佛论》《看话决疑论》《真心直说》等,其宗风由弟子真觉、慧湛、混

---

① (丽末鲜初)郑道传:《三峰集·卷九·佛氏杂辨》。
② 谢宝森:《李退溪与朝鲜朱子学》,北京:团结出版社,1992 年,第 22 页。
③ 《高丽史·卷一百二十·列传第三十三·金子粹》。
④ 曹溪之名取自中国禅宗南宗创始人慧能传禅之地曹溪山(在今广东省韶关市曲江区
境),故称曹溪宗。

元及法孙清真、真明、圆悟等继承弘扬。知讷的曹溪禅影响很大,已超过禅门九山,后来中国临济宗传入,也用曹溪宗的名义传禅说法。朝鲜王朝建立后,在国家总的崇儒抑佛的政策下,佛教衰落。世宗七年(1425),佛教被统合为禅、教两宗。

二、史学、文学与艺术

蒙元对高丽内政的粗暴干涉,提高了高丽民族的自我意识,增强了国家和知识界对编撰本国历史的关心和重视;而性理学的发展所带来的对经学的研究,也为史学的发展展示了新的方向。于是,高丽王廷和文化机构组织学者加强了收集和整理佚失的历史资料与编撰史书的兴趣。

继官修史书《三国史记》之后,高丽民间也进入编撰历史的行列。该时期民间史书的代表作是一然的《三国遗事》。一然(1206—1289),俗姓金,名见明,字晦然,号睦庵,后易此名,庆州在章山郡人。九岁就学于海阳无量寺,剃度为僧。丁亥年(1227)冬,赴选佛场,登上科;己未年(1239),"册为国尊",迎入大内。他师于学不由师训,于禅悦之余,再阅藏经。"穷究诸家章疏,旁涉儒书,兼贯百家。""凡五十年间,为法道称首。"他著述甚多,有《语录》二卷、《界乘杂著》三卷、《重编曹洞五位》三卷、《祖派图》二卷、《大藏须知录》三卷、《诸乘法数》七卷、《祖庭事苑》三十卷、《禅门拈颂事苑》三十卷[①]。

《三国遗事》较《三国史记》晚约130—140年。该书虽从佛教护法立场确认高丽的古代文化传统,却补充了《三国史记》所不曾记载的许多历史资料,收录民间故事数十篇,乡歌20多首,并引用了许多后来失传的古籍,如《驾洛国记》、崔致远著《帝王年代录》、诸家传记以及各种碑文,从而保存了大量具有重要价值的史料。尤其值得

---

① [高丽]闵渍撰:《高丽国义兴华山曹溪宗麟角寺迦智山下普觉国尊碑铭并序》,转引自[朝]朴时亨:《朝鲜史史料学》,平壤:朝鲜高等教育图书出版社,1963年,第31页。

注意的是,继《三国史记》提及"箕子受封于周室"①,《三国遗事》也称"周虎王即位己卯,封箕子于朝鲜"②,表明迟至 13 世纪,高丽普遍认同箕子封朝鲜,视箕子为朝鲜民族开国共同祖先,尽管已开始为寻另一更古之祖立论。韩国国立首尔大学历史学教授卢泰敦错误地认为这是蒙丽战争时"被创造出来的神话,为的是维护一个共同的民族身份……这一神话只起到了扭曲历史的作用,'而对促进社会进步无丝毫作用'。"③此书之所以能够传世,盖因"独此书为僧释所传,故藏在岩穴之中,而得保于兵燹之余,后人犹幸其遗存"④。

这个时期问世的史书还有:金宽毅编《编年通录》(毅宗代),华严宗高僧觉训编《海东高僧传》(高宗代),李承休编《帝王韵纪》,元傅(1220—1287)编《国史》,许珙(1233—1291)、韩康(? —1303)等撰《古今录》⑤,郑可臣(? —1298)编《千秋金镜录》七卷,闵渍(1248—1326)编《世代编年节要》与《本朝编年纲目》四十二卷,李齐贤编《史略》《三朝实录》《太祖纪年》《德宗实录》与《世代编年》等史籍,总计十余种。⑥

《本朝编年纲目》是高丽学者首次以纲目体撰写历史,具有重要意义和影响。李齐贤的史学活动虽因故中断,但他以性理学为基础编撰史书,在历史观和方法论诸方面,对后世史学的发展很有影响,而且其中渗透出的强烈的民族本位、家邦意识对后世文人的辐射的能量不容低估。例如,他在《高丽史·世家》"太祖赞"中曰:"忠宣王尝言:我太祖规模德量,生于中国,当不减宋太祖。"他的《栎翁稗说》

①《三国史记·卷二十九·年表上》。
②《三国遗事·卷一·纪异二·古朝鲜》。
③ 迈克尔·J. 塞斯、孙宏哲:《朝鲜的神话、记忆与再创造——檀君神话案例研究》,载北京大学韩国学研究中心编:《韩国学论文集》第二十二辑,中山大学出版社,2013 年,第122 页。
④ (朝鲜)安鼎福著,朝鲜古书刊行会编:《东史纲目》,汉城:韩国景仁文化社,1914 年,"采据书目"。
⑤《高丽史·卷二十九·世家第二十九·忠烈王二》忠烈王十年六月丙子条。
⑥ 详见(朝鲜)朴容大等编:《增补文献汇编》。

虽属文学作品,亦收录了史籍中罕见的异闻、趣事、人物、经纶、诗画,有一定的史学价值。

流传至今的史书除《海东高僧传》《三国遗事》外,《帝王韵纪》最为重要。《帝王韵纪》问世于1278年,分上下两卷;上卷是用七音词的形式,叙述中国历代王朝兴衰和帝王的事迹;下卷也以同样的形式叙述朝鲜半岛历代王朝演变和国王业绩,其中唯独高丽王朝改用五言诗的形式叙述。该书除正文史诗外,还附有较详细的注释,其史料价值不亚于《三国史记》和《三国遗事》,是研究朝鲜—韩国古代史不可缺少的资料。

高丽后期,文学的发展更趋于成熟。在武人政权和外族压迫的情况下,那些对现实表示不满的文人遭到残酷迫害。这些与当权者处于对立地位的文人,常常结成小团体,通过创作发泄心中的怨愤。而那些在流放和遭受迫害中广泛接触现实生活、目睹民间疾苦的文人的作品,同过去相比,不仅题材范围广,而且明显地表现出批判现实的倾向。同时,遁世的隐逸思想也开始抬头,出现了一些歌颂田园的诗歌。李仁老(1152—1220)、吴世才、林椿、赵通、皇甫抗、咸淳、李湛之等"江左七贤派"诗人,代表着这个时期的文学潮流。

另外,与《三国史记》一样,《三国遗事》中运用文学笔法撰写的人物传记、神话故事和民间传说,也显示了高丽散文的成就。文宗时期朴寅亮撰写的《殊异传》①便属于此类文体的神话故事集,此文集已经失传,散见于《三国遗事》、权文海(1534—1591)的《大东韵府群玉》、《海东高僧传》、《笔苑杂记》与《太平通》等典籍,记有《圆光法师传》《阿道传》《首插石楠》《竹筒美女》《虎愿(金现感虎)》《心火绕塔》《老翁化狗》《仙女红袋》《延乌郎细乌女》《宝开》等十篇。

此时,杂文文体的稗说文学在高丽文坛大放异彩,在高丽中后期占有重要地位,其代表作除李齐贤的《栎翁稗说》外,还有李仁老的

---

① 一说作者为金涉明。

《破闲集》、崔滋的《补闲集》、李奎报的《白云小说》等。《白云小说》虽然使用了"小说"的概念,但算不上严格意义的小说,只不过是若干诗话的汇编。高丽时期基本没有形成现代意义上的小说文学。

除了文人雅士以饮酒赋诗作为逃避现实的手段而写出的大量才华横溢、炉火纯青的诗篇,士大夫的"景几何"体诗歌和"渔父歌"也发展到新的高度。这类诗歌又称俗谣和长歌,是由新罗时期的乡歌演变而来,是文人母语文学创作的最初尝试。

"景几何"体的诗歌仍然以汉文为主,只是间用个别韩语词汇而已。由于过多使用汉文词汇,即使不懂韩文,也能够看懂景几何体的诗歌,所以有人称之为准母语诗歌形式。"景几何"体歌产生于高丽王朝高宗时代(1213—1259),流行至朝鲜王朝宣祖时代(1567—1608),持续350年;它上承乡歌,下启时调和歌辞,介于其国语诗歌发展的过渡期,起到了桥梁作用。此类诗歌因其在汉文诗句末段附有本民族语的语气词"景几何如",又名"景几何如歌",亦因第一篇作品题名《翰林别曲》,又称翰林别曲体。此种文体保存下来者不多,仅有《翰林别曲》《竹溪别曲》《关东别曲》等数篇。

"渔父歌"是高丽忠穆王(1344—1348年在位)以前出现的一种表现田园生活安闲一面的诗歌,它以汉文四句七言诗形式为依托,每章以"이어라 이어 쟏""지국총 지국총 어사와""닫드러라 닫드러라"等语气词相连组成十二章式诗歌,很有民族特色。

这个时期的戏剧文学已经有相当的水平,著作很多。高丽戏剧以假面剧为主要形式,且种类繁多,规模亦日益扩大。14世纪,戏剧已经发展到在城市演出与专业化的程度。假面剧已把歌、舞、乐融为一体,如《高丽史》全英甫所谓"国语假面为戏者谓之广大"[1],走上舞台,进入宫中。进入宫中之假面戏,时称"山台",或曰"山戏""野戏",即所谓"山台杂戏"。最初,于隋大业年间(605—618),模仿中

---

[1]《高丽史·卷一百二十四·列传第三十七·全英甫》。

原王朝模式,于"八关会"作山形"彩棚",故得此名。高丽时期,依国家举行"上元燃灯会仪"所定,参与仪式而"宣赐花酒"的"山台乐人",是已经职业化的艺人。①

同时,时调也逐渐趋于完善,成为"定型诗",三章六句 45 字左右者为"平时调",即时调基本形的短形时调;还有"辞说时调",即"长形时调",其初章、终章较短,中章不受局限。② 其格律一经定型便经久不衰。

时调长短形式自然,内容广泛,如歌颂爱国戍边题材者有金宗瑞(1390—1453)的时调:"朔风掠枝头,明月寒雪地,边陲遥万里,昂首持剑立。"

高丽后期,汉文文学和汉诗有显著的发展。武臣崔氏门下的李奎报(字春卿,号白云山人)是这个时期代表性的文学家、诗人和文章家,其作品集中在《东国李相国集》。李奎报对贫苦的农民充了同情,对富豪、酷吏、贪官给以无情的揭露和鞭挞。李奎报的创作为朝鲜现实主义诗歌奠定了基础。

李齐贤也是文坛的中心人物,与李奎报一起被视为高丽文学的双璧。他的汉文文学不仅在高丽文学史上占有重要地位,而且在中国文学史上也有一定的地位。他的词和乐府诗,在不少借古喻今、感事抒怀的作品里,饱含着深厚的爱国情怀。例如他的《题长安逆旅》有如下一段:

> 海上箕封礼仪乡,曾修职贡荷龙光。
>
> 河山万世同盟国,雨露三朝异姓王。
>
> 贝锦谁将委豺虎,干戈无奈到参商。

---

① "大会日坐殿,王出御……太子以下向王座揖,乐作饮讫,乐止。又再拜。近侍官各受虚盏……次传两部乐官及山台乐人宣赐花酒"。见《高丽史·卷六十九·志第二十·礼十一》上元燃灯会条。
② 此外,还有现代形的"联时调",有李秉岐(1891—1968)等人创建,代表作为《伽蓝时调集》(1939)。

扶持自有宗祧力,会见松都业更昌。

李齐贤的《栎翁稗说》(前后集 4 卷)、《益斋乱稿》(10 卷)和尹汝衡的《橡栗歌》是这个时期代表性著作。《橡栗歌》描绘的是一幅农村悲惨景象,通过生动通俗的语言,揭示了高丽末期,年老体弱的农民在封建统治的残酷剥削下无以为生,离乡背井,不得不攀山越岭拾取橡栗的悲惨情景。

高丽后期,由于外患连年不断,其传统文化在 13—14 世纪受到了严重破坏。但是,高丽人民在反对外族入侵的斗争中,发扬了民族文化的优良传统,并在某些领域通过吸收外国先进优秀文化发展了自己的美术造型艺术。

这个时期建筑艺术的最高水平是庆尚道荣州郡浮石寺无量寿殿。该殿系木质结构,雄伟壮观,继承和发扬了新罗—高丽的传统建筑风格,在美术史上占有重要地位。

高丽前期的佛塔艺术仍沿袭了新罗的造型模式,未能摆脱中国筑塔技术的影响;到了后期,其筑塔技术发展,逐渐形成了自己的独特形式,出现六角或八角石塔。这些多角形石塔的高度和层数也较前期明显增加,一般均在五层以上。由于塔身的宽度并未相应变化,所以显得又细又高,整体不够匀称。但是,忠烈王三十三年(1307)在江陵五台山修建的月精寺八角九层塔,则是"以美术的观点,按比例修建的"[①]。该塔高 15 米,其规模之大,艺技之精湛,当为其古代石塔之冠。

荣州郡浮石寺无量寿殿内的木雕"阿弥陀如来坐像",是该时期的一件出色的艺术作品。不过,总体来说,佛像雕塑已呈现衰退趋势。与此相反,非宗教性质的石碑装饰雕刻,却表现出高丽雕刻家的非凡才能。坐落于开城城西凤鸣山麓的恭愍王及其王妃鲁国公

[①] 曹中屏:《朝鲜古代美术概观》,载范曾着主编:《东方美术》,天津:南开大学出版社,1987 年,第 115 页。

主的寝陵,有许多装饰雕刻。陵墓的整体布局与每个个体碑像的处理协调合理,颇具匠心。特别是陵墓正面的四对文臣武将的石像,全身姿态的设计,既强调主体,又注意各个细节部位的表现,充分体现了雕刻家创作的大胆和高超的艺术造诣,为高丽雕刻艺术开辟了新的境界。

高丽的瓷器是其工艺美术的佼佼者,尤以青瓷享誉世界。进入13世纪,高丽陶瓷工艺在增点朱砂、着加金彩的技能上有所发展。但是,一般说来,高丽末期的青瓷镶嵌纹样变得粗杂,成为杂瓷,失去了昔日的魅力。

高丽后期的绘画艺术有所进步,主要表现在专业画匠从事的绘画创作中;同时,王室和官员士大夫中也有一些业余画家,他们均创作了不少优秀的作品。但是,由于连年战乱,多数作品失传,传世者甚少。著名画家有郑得恭、李宁等。传世代表作品有恭愍王王颛的《天山大猎图》残片①,浮石寺祖师堂壁画《菩萨像》与开封郡水落洞古墓、法堂坊古墓、恭愍王陵壁画,以及一幅作者不详的《百珍图》等。

三、科学技术

高丽王朝后期的科学技术有很大发展,主要表现为印刷术的进步、火药的制造和棉花的栽培等。印刷术的发展在高丽文化史上占有显著地位。1236年,高丽开始以16年的时间制作了《八万大藏经》,其版木计有81137版,总1511部、6802卷,其版木现保存在陕川海印寺。从世界历史来看,高丽较早地使用金属活字印刷。据《东国李相国集》载,崔允仪等编《详定古今礼文》乃高丽高宗二十一年(1234)为"铸字印成"②。写于恭愍王时期1372年的名为《白云和

---

① 《天山大猎图》现藏于韩国首尔德寿宫博物馆。
② (高丽)李奎报:《东国李相国集·卷十一·新序〈详定礼文〉》。

尚抄录佛祖直指心体节要》的著名佛书资料显示系禑王三年(1377)以金属活字印刷。仁宗在位期间撰写的题为《详定礼文》的书后来使用铸字,印成二十八本。虽然印刷的确切日期不知,而且书本身也未保存下来,"但是,在《佛祖直指心体要节》第二版的末尾称:'宣光(Xuanguang)七年丁巳七月□日青州牧外兴德寺铸字印施。'这件珍贵的文化遗物现收藏于巴黎法国国立图书馆"。"宣光"是北元年号,其七年是1377年。① 但是认为这部佛典被所谓"公认"为世界"最古老的金属活字印刷"品,言过其实。实际上,中国早在宋朝使用的纸币"交子"上的金属活字,即是用于防伪在每张纸钞上填植的编码,取《千字文》的两个铜版活字印制的。所以,就金属活字技术而言,中国则远早于朝鲜—韩国。14世纪末,高丽置书籍院,掌铸字和书籍印刷。

前已指出,高丽官吏崔茂宣为更有效地打击倭寇的海盗行为,向中国匠人学习制造火药的技术,并能独自成功地试验和制造火药武器。禑王三年(1377)十月,高丽制造出了大将军炮、二将军炮、三将军炮、火炮、信炮等武器与铁翎箭、铁弹子等炮弹。高丽后期的造船术也比较发达,所造船只体积大、速度快,战斗力亦较强。1256年五月,元世祖忽必烈曾要求高丽造千艘能渡朝鲜海峡、载重4000石的大船,说明其造船技术有相当高的水平。

高丽后期,植棉技术由中国大陆传入朝鲜半岛。高丽使者文益渐访问元朝,从棉农那里得到几粒棉籽带回国,交其舅父郑天益试种。郑天益"初,不晓培养至术,槁止一茎。在北三年,遂大蕃衍,其取子车、缲丝车,皆天益创之"②。郑天益在制造"取子车""缲丝车"

---

① 《佛祖直指心体要节》简称《直指》,该印刷物比德国的约翰内斯·谷登堡在1452年至1455年间所印之《四十二行圣经》早78年,故联合国教科文组织在2001年9月确认其为世界最古老的金属活字本,并把它列为世界记忆遗产名录。兴德寺印制的《直指》分上下两卷,但上卷已经遗失,只留下卷,而且还缺少首页。现在保存于法国国家图书馆东方文献室。

② 《高丽史·卷一百十一·列传第二十四·文益渐》。

时,除其本人长期钻研外,还得到中国和印度一些人的帮助。此后,高丽棉花栽培和棉花生产迅速发展。到了李朝,棉花栽培已经普及,棉布已成为主要贡品之一,并取代麻布成为交换物品,促进商品流通。棉花传入高丽,使朝鲜半岛人民穿棉布衣成为可能,从而结束了人们只穿麻布度过严寒的历史。在元朝,统治者禁止丽使携带人民必需品种子出境的情况,文益渐得以将棉籽带出国,它反映了古代中国人民对高丽人民的友好情谊。

第七章　朝鲜前期

李氏朝鲜王朝,简称李朝,自 1392 年李成桂建国至 1910 年亡国,历经 27 代,有国 519 载。14 世纪末与 15、16 世纪为其前期,此间朝鲜的封建社会发展到最高点;以士祸、党争和壬辰、丁酉抗倭战争爆发(1592)为转折点,其后的 17、18 世纪与 19 世纪前半期为封建社会末期,称作后期。

第一节　朝鲜王朝初期的基本政策

一、李氏朝鲜是新晋权贵政权

李氏朝鲜是通过其始祖李成桂于高丽末军事政变而获得政权的,要理解新政权的性质必须首先了解当时高丽的社会状况。

经过武臣专制统治,尤其是高丽后期沦为蒙古驸马国,蒙古势力渗透,其贵族社会的结构已经发生了重大变化。如果说,旧的世臣大族依然是高丽统治阶级的主流,那么以西京为据点的新兴贵族的成长亦是不可忽视的力量。前述妙清西京之乱与辛旽亦"以道诜秘记松都气衰之说劝王迁都"平壤之事显示了力量;之后,又有大批出身低微门第人士跻身社会顶层,其中具有代表性的是赵仁规家族。赵仁规(字去尘,1237—1308 年),平壤府祥原人,其父赵莹乃金吾卫(后改为边备卫)别将,因精通蒙古语而成为王世子王谌(即后来的忠烈王)赴元入朝的译员,并因与忠烈王成姻亲关系而为国舅,而后倚仗与元皇室的良好关系,一路从负责保卫宫阙的大将军必阇赤、元宣抚将军、王京断事官兼脱脱禾孙,升至知都金议司事、中赞,成为京城最有权势的"宰相之宗"的15家门之一;1298年,更晋升为司徒侍中参知光政院事,中间虽受"赵妃诬告事件"牵连一度下野、杖流元朝安西,但六年后依元成宗命重新启用为判都金议司事;1307年,因拥立元武宗有功,随着忠烈王政治势力复归,重新出任咨议都金议司事,并受封平壤君,成为"宣忠翊戴辅祚功臣"。[1] 其子孙赵瑞、赵琏、赵延寿、赵玮均班列历代国王的宰臣。[2]

在蒙古统治半岛时期,高丽的封建大农庄得到空前发展。世臣大族与新进贵族依靠权势兼并土地,扩大农庄。1371年,辛旽改革失败后,封建贵族变本加厉掠夺土地,与日俱增。当时依靠达鲁花赤发迹的林坚味、廉兴邦等"群凶之党,夺人土田,夺人奴婢,贼害无告,残虐生灵,恶声达于上国"[3]。他们肆无忌惮地驱使家臣恶奴手持木棒侵占农民土地,连没有权势的中小地主也深受其害。人们即使拥有世代相传的国家文书也毫无抵制能力。由于这些人的横行霸道,国家的公田和公民,逐渐转化为大农庄主的私田和私民。田柴科体制下的农民变成了权贵农庄主的佃户。正如1388年大司宪赵浚上书中所言:"至于近年,兼并尤甚,奸凶之党,跨州包郡,山川为标,皆指为祖业之田。"[4]

农庄主依靠权势拒绝向国家纳税,控制大部分农民,并拥有自称"兵马使""判官"之类的家臣团。这些农庄主具有西欧中世纪领主的特征,农庄的农民变成了隶属于农庄主的依附农民。大农庄主不住在农庄而是住在开京,在全国各地都有其领地,由其家臣前往

---

① 《高丽史·卷一百五·列传第十八·赵仁规》。
② 参考[韩]闵贤九:《赵仁规和他的家族》(《조仁规와 그의 가문》),《震檀学报》42—43 合辑,1977年。
③ 《高丽史·卷一百二十六·列传第三十九·李仁任》。
④ 《高丽史·卷七十八·志第三十二·食货一》田制条。

农庄收租。于是,随着土地兼并的盛行,出现"一亩之主,过于五六;一年之租,收至八九。……自秋至夏,成群横行,纵暴侵掠,倍于盗贼"①之情景。

大农庄主不只是世臣大族,更有佛教寺院。当时,大寺院拥有的农庄,比世臣大族的两班官僚的农庄还大。

14世纪下半叶,大农庄的兴起使田柴科土地制度遭受严重破坏,直接影响了国家的税收和官吏的俸禄。"祖宗授田收田之法既坏,而兼并之门一开,为宰相而当收田三百结者,曾无立锥之可资;为宰相而受禄三百九十石者,尚不满二十石。"大农庄越多,公民自然就越少。还没有变成私民的公民,由于战争和封建秩序的混乱,不得不承担繁重的国家负担。因此,这个时期公民的处境十分困难。"豪强兼并,国用无竭,租税苛倍,生民凋悴,强弱相吞,争讼繁多,骨肉相猜,风俗败坏。"②贪得无厌的封建主,还以高利贷的方法剥削贫苦农民,往往使负债者子女变成奴婢。从而,高丽王朝末期,奴婢买卖也很盛行。"比来,货殖之徒,惟利是视,一本之利,或至于十倍;假贷之徒,鬻妻卖子,终不能偿。"③于是,"背主之隶,逃赋之民,聚如渊薮。廉使守令,莫敢征发。由是,民散寇炽,公私匮竭"④。结果,造成"户籍法坏,守令不知其州之户口,按廉不知一道之户口。当征发之际,乡吏欺蔽,招纳贿赂,富壮免,而贫弱行。贫弱之户,不堪其苦而逃,则富壮之户,代受其苦,亦贫弱而逃矣。其任征发者,愤乡吏之欺蔽,痛加酷刑,割耳劓鼻,无所不至。乡吏亦不堪其苦而逃矣。乡吏百姓流亡四散,州郡空虚"。⑤ 于是,田柴科制度遭到破坏,国家税源减少,几至无力给官员发放俸禄。统治阶级为了使其封建统治得以延续,已经掌握政府实权的李成桂集团不得不进行改

① 《高丽史·卷七十八·志第三十二·食货一》田制条。
② 《高丽史·卷七十八·志第三十二·食货一》田制条。
③ 《高丽史·卷七十九·志第三十三·食货二》借贷条。
④ 《高丽史·卷一百二十六·列传第三十九·林坚味》。
⑤ (朝鲜)柳馨远:《磻溪随录·卷三·田制后录上》。

革,于1391年夏五月推行科田法①,以限制无度的压榨,给农民稍许生存的空间。但是,起初科田制度并不奏效。农庄越扩大,公民就越少,"祖宗授田收田之法既坏,而兼并之门一开,为宰相而当受田三百结者,曾无立锥之可资;为宰相而当受禄三百六十石者,尚不满二十石"。百姓"父母冻馁而不能养,妻子离散而不能保,无告流亡,户口一空"②。

　14世纪末,随着以西部新晋权贵势力的日渐壮大和反映其政治利益的性理学的传入与发展,新型的官僚阶层势力日益在政治上显示力量,已经成长为能左右王廷政局的政治势力。这些人大多出身地方名族,有较高的儒学教养,一般是通过科举跻身于政界。他们作为地方小农庄主或小土地所有者,是大农庄的扩张和田柴科的崩溃的受害者,对大农庄主中的亲元势力与奴颜婢膝的高丽王廷强烈不满。于是,伴随元朝的没落和高丽亲元势力的衰退,他们要求变革现状的活动日益表面化,恭愍王的反元倾向便是其表现的一个方面。同时,还有一批新晋权贵在抗击红巾军余部和倭寇的侵扰中崛起。开创新王朝的李成桂是他们在政治上的代表人物。

　李成桂,名旦,初字仲洁,后改君晋,号松轩,如前所指出,其原是高丽末叶咸镜道的一名地方权贵,与世臣大族无涉;其二十二世祖瀚,乃新罗望族,曾官拜司空,本世居全州,受官场排挤举家迁至咸镜道。李成桂之高祖安社在蒙古入侵高丽时投靠散吉大王,被元任命为管理南京斡东五千户所的女真诸千户。其曾祖行里与祖父子春仕元朝双城总管府,为高丽朔方千户。李成桂出生于朔方道永兴郡黑石里的李氏私邸(永兴本宫),排行第二。恭愍王五年(1356)五月,高丽夺取双城总管府(咸南永兴)时,李子春作为内应建立了

―――――――――

① "(恭让王)三年五月,都评议使司上书,请定给科田法,从之。"《高丽史·卷七十八·志第三十二·食货志一》田制条。
②《高丽史·卷七十八·志第三十二·食货一》田制禄科田条辛禑十四年七月大司宪赵浚上书。

功勋。此时,李成桂以其射术高超被起用,先后出任高丽东北面万户和兵马使,在反对北元势力和女真势力的斗争中屡建战功,作为丽末名将而为王廷所器重。李成桂仕高丽官至东北面元帅知门下省事、守门下侍中,并与女真酋长古论豆兰帖木儿(1331—1402,又名佟豆兰,赐名李之兰)结拜为兄弟。1361 年,高丽万户朴仪发动叛乱,李成桂当时官居金吾上将军,自动请缨,与李之兰大破叛军,挽救了高丽王朝。随后,李成桂又率军击退了反元势力红巾军余部的进攻。凭借显赫战功,很快官居右侍中。1380 年,李成桂南下到南原一带,平定侵扰多年的倭寇,成功剿灭一股较大的倭寇势力,俘获倭寇 600 多人。自此,李成桂的声望与势力与日俱增,成为高丽王朝举足轻重的将军和重臣。同时,李成桂亦是高丽统治阶级内有头脑的政治家,团结并代表了丽末的革新势力。他能洞察区域发展趋势,理解时代要求,内而主张革新,外则取向亲明,在明、丽"铁岭卫"问题时,作为高丽实力人物,与具有亲元倾向的守旧派实权者崔莹(1316—1388)不同,力主和平与明交涉。"祸独与莹决策攻辽"[1],崔莹又"挟祸至平壤"督战[2]。四月乙巳祸下达出兵辽东命令。李成桂以"四不可"[3]反对出兵,崔莹则夜"复入,启祸愿毋纳他言"。及丽军六万至威化岛,李成桂决然以远征军右军都统使的身份,说服左军都统使曹敏修一同"回军"开京,清君侧,迫使崔莹和祸王拥立祸王之子昌即位,放弃反明政策,避免了一场毁灭性的战争,为建立代表新近权贵势力的政权——李氏朝鲜铺平了道路。

二、实施科田法

摧毁旧的世族势力赖以存在的社会根基,建构以自身为国家政

---

① 《高丽史·卷一百三十七·列传第五十·辛祸五·辛昌》。
② (朝鲜)李重焕:《择里志·平安道篇》。
③ 李成桂曰:"今者出师有四不可,以小逆大一不可;夏月发兵二不可;举国远征,倭乘其虚三不可;时方暑雨,弓弩胶解,大军疾疫四不可。"

治中心的新势力的基础,是进行新的土地制度的改革。于是,围绕土地问题,14世纪80年代末,高丽王廷进行了一场殊死的权力斗争。

始初,李成桂"于回军时与(曹)敏修议复立王氏之后"问题上并无不同,但"及祸废"后,在立新王时与曹敏修发生争执。曹敏修"念李仁任荐拔之恩,谋立仁任外兄弟李琳女谨妃之子昌"为王,并借当时名儒李穑之力得以实现,史称昌王(1388—1389年在位)。此时,崔莹势力已经被铲除,李仁任亦死矣,"贪婪又沮革私田之议"的曹敏修,成为李成桂势力的主要对手。① 为此,李成桂以土地问题为支点,以郑道传、赵浚为膀臂,组成了推进革新的核心力量。

1389年十一月,在以所谓"大护军金佇与祸谋作乱"罪名迁祸于江陵的同时,李成桂、沈德符、郑梦周等"会兴国寺大陈兵卫,议曰:祸、昌本非王氏,不可以奉宗祀,又有天子之命,当废假立真",遂以"正名兴复再造王室""奉妃教"之名,"放昌于江华",迎立神宗七世孙王瑶为王,是为恭让王(1389—1392年在位)②。同时,降祸王、昌王为庶人,罢免反对私田改革的判门下府事李穑,清除以曹敏修为首的反对派。于是,以新晋士大夫为核心组成的都评议使司,开始议定新的田制,重新测量全国土地,全面进行田制改革的准备工作。

此前,昌王元年八月,王"令六道观察使各举副使判官,改量土田"。田制改革以焚烧原来的公私田籍的激烈手段全面展开。1389年四月,知密直事兼大司宪事赵浚在李成桂的授意下上疏改革私田。次年"九月,焚公私田籍于市街,火数日不灭"。③ 1391年五月,国王核准都评议使司所定科田法,新的土地制度开始建立。

科田法实施的准备阶段始于1390年所进行的私田清理,即丈量王室捐施于寺院的土地,将所有土地登记在国家田籍之内。结

---

① 《高丽史·卷一百二十六·列传第三十九·曹敏修》。
② 《高丽史·卷四十五·世家第四十五·恭让王一》卷首语。
③ 《高丽史·卷七十八·志第三十二·食货一》田制禄科田。

果,国家"得京畿实田十三万一千七百五十结,荒远田八千三百八十七结;六道实田四十九万一千三百四十二结,荒远田十六万六千六百四十三结"[1]。但是,这个数字与其后 1430 年国家掌握的 170 万结土地相比,尚不及二分之一,改革很不彻底。

公私田籍烧却一年后,1392 年正月,由负责土地改革的机关"给田都监"开始实施"给田"。所谓给田,就是将收租(以十分之一为准)土地分配给国家机关、两班官僚和李氏集团的支持者。授予两班官僚的土地仅限于京畿之内,以便随时监视受田者,防止扩大给田,便于将租税运至首都。授田面积以官职高低为准,"凡居京城、卫王室者,不论时散,各以科受"。

所谓"授田",只是国家将收租权让给"受田"的官僚两班,即上述"凡居京城、卫王室者,不论时散,各以科受"。对那些前文武官员及具有同等身份的地方实力人物,则以"军田"名义,"不论资品高下,随其本田多少"授予一定的收租地[2],但须按时到京城担负与其身份相应的兵役,即所谓"外方王室之藩,宜置军田,以养军士……六道闲良官吏不论资品高下,随其本田多少,各给军田十结或五结"。这些人多为中小地主,部分为上层农民,分得军田的人数大大超过分得科田的人数。这种"中等阶级"的大量存在,便构成国家稳定的基础。此外,"庚午(1390)年受赐功臣之田,许给科外,子孙相传"[3]。

科田法在土地国有的前提下,随收租权的归属,而有公田、私田之分。科田和军田的田租,基本上归个人,不交给国家,属私田;其余的土地则为公田,包括由一般良人农民占有或耕种的大量土地。

科田法具有一定的积极意义。首先,把为贵族们所拥有的私田

---

① 《高丽史·卷七十八·志第三十二·食货一》田制禄科田条。
② 《高丽史·卷七十八·志第三十二·食货一》田制禄科田条。
③ 参看[韩]金泰永:《朝鲜前期土地制度史研究》,汉城:韩国知识产业社,1983 年,第 91 页。

编为公田,课以相当于收获量十分之一的税,大幅度地增加了国家税收,巩固了国家的财政基础。其次,按官级给予国家官吏以新的科田,将科田限制在京畿道内,并把受田官吏向农民收取科田田租的数量限制在与公田田税相等的额度内,并课以科田田租的十五分之一的税。这样,就对科田从所在地区和剥削农民两个方面予以限制,从而抑制了科田的扩大。再次,在中央给予护卫王室的外地闲良以科田,便加强了李朝的军事支柱。最后,在公田内部一定程度地承认私人土地所有关系。科田法在公田内部承认佃户的存在,禁止地主夺取佃户耕地,保护佃户的耕作权,同时也禁止佃户随意出卖耕作地,从而将佃户束缚在土地上,为封建的租佃关系的进一步发展创造了客观条件。

实施科田法,良人农民照例要负担租税、种类繁多的贡物、兵役和各种徭役,但他们被从大农庄的压制下解放出来,置于封建国家的直接隶属下,便意味着不再遭受过去的层层剥削和几重压迫,现在只有一个主人,即封建国家。一些私人奴婢也可以重新变为良人。

科田法实施的最直接的结果是旧贵族势力的根基崩溃,稳固了代表中小地主利益的新晋士大夫政治统治的经济基础,有利于新兴政权的确立和巩固。科田法也同样存在自身矛盾,因其承认私田和土地世袭,留下了后世重现私田和土地兼并的祸根。而且,私田的范围后来冲破了改革时限"私田"于京畿的规定,以致"私田"之弊不久又渐复活,最终不得不完全废除科田法。

三、早期的对外关系

李氏朝鲜是朝鲜半岛历史上一个统一的王朝。朝鲜王朝建立的过程是由高丽王氏政权向李氏政权逐步和平转变的过程。1389年十一月被扶上台的恭让王只不过是一名傀儡,实权完全掌握在李成桂及其集团手中。

此前,时任守侍中的郑梦周等大臣从儒家道统和大义名分的立场,对李成桂等的行为表示不满,准备采取行动将其逐出王都。恭让王四年(1392)三月,入明朝贡的世子由明回国,李成桂去黄州出迎,归途中在海州狩猎,落马负伤。郑梦周等计划利用这个机会铲除李派势力,遂使己派官员上疏,弹劾李成桂的心腹亲近,并决定于四月将李成桂流放他地。此时,赵浚、郑道传等均遭流放,李成桂派系的人物惊恐不安,唯李成桂第五子李芳远认为此乃铲除异己的天赐良机,催促其父星夜自海州赶回私邸。郑梦周为摸底,假称问病,到李成桂私邸探听虚实。李芳远遂与判典客寺事赵英圭谋划,于开京善竹桥击杀了问病归来的郑梦周。李成桂便以郑梦周结党营私,扰乱国家为"理由",宣布杀郑之事并通过国王将郑梦周枭首示众,远流其党羽。于是,李成桂篡夺高丽王位的最后一个障碍被排除。恭让王四年(1392)七月十六日乙未,李成桂便以"昏迷不法"为名废掉本无任何实权的恭让王,在"应天革命"①的招牌下登上王位,王氏高丽结束。

李成桂掌权后,一开始并未采用国王的称号,而是使用了"都评议使司"的名义行使权力。1392年七月十七日,时年58岁的李成桂在开京寿昌宫举行了盛大的即位典礼。为稳定时局,巩固其政治基础,他并未立即宣布成立新的王朝,国号仍称高丽,也不称王,仅称"权知国事",除兵制外,宣布"仪章法制,一依前朝故事"②。

鉴于明王朝对朝鲜政权更替认定的重要性,李成桂即位不久,便于八月遣使赴明进表,以众望所归的口气通告新政权建立,恳求明太祖"察众志之不可违,微臣之不获己,裁自圣心,以定民志";随后,又多方运动,半年内六次遣使进京,争取明太祖的支持。九月十二日,明太祖传旨称:"王氏昔日之良能,李氏今日之善计,非帝命不

---

① 《朝鲜王朝实录·太祖实录·卷一》太祖元年七月己亥条。
② 《朝鲜王朝实录·太祖实录·卷一》太祖元年七月丁未条。

可。其三韩臣民，既尊李氏，民无兵祸，人各乐天之乐，乃帝命也。虽然，自今以后，慎守封疆，毋生谲诈，福逾增焉。尔礼部以示朕意。"①礼部遂咨命其报告改定之国号。于是，李成桂即刻"会耆老百官及于都堂议国号"，选定"朝鲜"（古号，意为"朝日鲜明"，出自《诗经》）和"和宁"（李成桂出生地永兴别称）为国号，请明廷"圣裁"。洪武二十五年（1392）润十二月九日，明太祖朱元璋以为"东夷之号，惟朝鲜之称美，且其来远矣，可以本其名而祖之"②，选定"朝鲜"为其国号。翌年二月，李成桂下教正式改国号为"朝鲜"。

在对明关系上，朝鲜把恪守对明"事大"之礼与崇儒抑佛提高到关乎立国根基的高度。李成桂深知其所谓"易姓革命"虽曰"应天革命"，缺乏合法性之依据，需要谨遵每年定期派遣冬至使、正朝使、圣节使、千秋使和随时派遣谢恩使、进贺使、奏请使、进香使之礼节，通过尊儒"事大"，从中央王朝的正统中导出其执政的合法性。

但是，朝鲜太祖对明的事大外交并不顺利，一开始就遇到所谓"表笺问题"。朱元璋建立大明之后不久特颁布《表笺定式》《进贺表笺礼仪》和《庆贺谢恩表笺式》等规章。犹如后来朝鲜辩解的那样，朝鲜"小邦，僻居海外，声音言语，不类中华，必凭通译，仅习文章，所学粗浅，措辞鄙陋，且不能尽悉表笺体制，以致言辞轻薄"，引起一些麻烦。③ 1395 年，朝鲜遣使柳珣贺明年正旦，明太祖朱元璋"以表文语慢，诘责之。珣言表文乃门下评理郑道传所撰。遂命逮道传。释珣归。二十九年选撰表人郑总等三人至，云：表实总等所撰，道传病不能行。帝以总等乱邦拘衅，留不遣"④。郑总（1358—1397）后死于流放大理卫途中，而一同使明的权近却以其出色的文才，以委婉赋

---

① 《朝鲜王朝实录·太祖实录·卷一》太祖元年九月戊寅条。
② （朝鲜）郑道传：《三峰集》。
③ 《朝鲜王朝实录·太祖实录·卷九》太祖五年二月癸卯条。
④ 《明史·卷三百二十·朝鲜》。

诗化解了表笺危机,其本人亦"蒙圣恩慰谕而还"①。1398 年四月,大明"廷臣以朝鲜屡生衅隙请讨",太祖"不许"。② 但是,在赐王以金印和诰命问题上,朱元璋持保留态度,使李成桂始终不得称王。直至 1403 年,"成祖立,遣官颁即位诏。永乐元年正月,芳远遣使朝贡;四月复遣陪臣李贵龄入贡,奏芳远父有疾……帝嘉其能慕中国礼,赐金印、诰命、冕服、九章、圭玉……"至此,朝鲜国主始称国王。

朝鲜对于日本始终实行传统的"交邻"政策。最初,对于日本派来的使节,李朝派回礼使去日本太宰府,或到足利幕府与其将军会面,讨论交邻友邦和扼禁倭寇。其后变为派遣通信使,每遇幕府将军庆典即派出通信使,成为惯例。

在国都问题上,李成桂也经历过一番周折。早在恭让王二年(1390)九月,高丽王廷就有迁都之议,并一度决定迁都汉阳。李氏政权建立后,廷臣更以开京乃高丽旧家世族传统的势力地盘,且依风水图谶说,开京地德已衰,不宜停留,决定迁都。最初曾选公州的鸡龙山为新址,但因"都邑宜在国中,鸡龙山地偏于南,与东、西、北面相阻……山自乾来,水流巽去,是宋朝胡舜臣所谓水破长生,衰败立至之地,不宜建都"。③ 后复选汉城西部的母岳,又认为"此地居国之中,漕运所通,所恨介于一洞之间,内而宫寝,外面朝市、宗社之位,无所容焉",发展空间受限。最后,郑道传理性地理清了思路:"今者众多之论,皆不出阴阳术数之外","伏望殿下,留意量度,参之以人事,人事尽,然后稽之卜筮,动罔不吉"。④ 太祖三年(1394)八月,朝鲜正式选定汉阳为国都,置"宫阙造成都监",征用民丁 1907

①(朝鲜)权近:《阳村集·卷九》,韩国民族文化推进会编:《韩国文集丛刊》(影印圈点本)第 7 册,汉城:韩国景仁文化社,1990 年,第 105 页。
②《明史·卷三·太祖纪》洪武三十一年夏四月庚辰条。
③《朝鲜王朝实录·太祖实录·卷四》太祖二年十二月壬午条。
④《朝鲜王朝实录·太祖实录·卷六》太祖三年八月己卯条。

万余人,以"先建宗庙、后筑宫室"和先宫城①、后京城的顺序,建筑宫殿(景福宫)、太庙、社稷坛、官厅及城郭。于是,在不到一年的时间里一座周长约 17 公里的都城矗立于汉江之滨,它北为白岳,东为骆山,南为南山,西为仁旺山,都城出入有四大门和四小门②,城内有 5 都、49 坊。次年六月,改汉阳府为汉城府,改开城府为开城留后司,改两广道为忠清道,西海道为风海道,交州道为江原道。

四、初期百年内外政策与政情

太祖李成桂建国初最急迫的国政是巩固其统治的政治基础。即位伊始,他一方面放逐废王恭让王瑶于原州,清理旧王室的遗族和旧臣,并将高丽王朝太祖及其以下七代的祠庙迁至京畿麻田,以稳定国民的情绪,同时,对新王朝创立有功的幕僚,即被列入开国功臣(50 余人)与回军功臣(40 余人),分三级赐予田地、奴婢,并分别把他们置于管理国家与地方事务的重要位置。

在举行登基仪式十日后,即太祖元年七月二十八日,李成桂就制定了以都评议使司为中央机关的文武百官管理制度,并迅速向各道派遣按廉使,加强对全国的控制。

韩国学者说:"朝鲜王朝成功地交替政权,显现出政治意识的成熟。"③朝鲜为建构崇尚儒学的文明国家,以中华法制规范其臣民的行为,儒家思想得到空前发展,并得以在全社会相沿成习,成为主流。太祖即位后发布第一道"教"谕,即向"中外大小臣僚、闲良耆老、军民"宣示:朝鲜将谨遵儒家礼制,严守"昭穆之序",兴科举,"座

---

① 据《东国舆地胜览》载:"宫城在京城之中,周一千八百十三步,高二十一尺一寸。立门四,南曰光化,旧名正门,北曰神武,东曰建春,西曰迎秋。"
② 据《东国舆地胜览》载:京城城郭石筑,周长九千九百七十五步,高四十尺二寸。立门八:正南曰崇礼,正北曰肃清,正东曰兴仁,正西曰敦义,东北曰惠化(初为弘化),西北曰彰义,东南曰光熙,西南曰昭德。
③ [韩]李元淳、崔柄宪、韩永愚:《韩国史》,第 163 页。

主①门生"要"通经书,自四书五经、通鉴已上",规定"京外刑决官凡公私罪犯必核《大明律》"②,纳谏官需读称作《大学章句》之佐的南宋理学家真德秀(1178—1235)的《大学衍义》上疏,而日御经筵③,进讲大学。太祖四年(1395),朝鲜刊行《大明律直解》,不久,又"命攸司将《大明律》译以方言,使众易晓。凡所断决,皆用此律。所以上奉帝范,下重民命也"④。同时,其创业派思想领袖、儒学奠基者郑道传编撰的《朝鲜经国典》《经济文鉴》《高丽国史》《佛氏杂辨》,以及赵浚集以后之条例所编《经济六典》等文献,亦成为治理国家的法典。郑道传在《经济文鉴》中称"人主以论相为职,宰相以正君为职","宰相天下之纪纲";"政权不可不在宰相",而"谏官虽卑,与宰相等","谏臣抑宰相","重台谏,所以重朝廷也"。《朝鲜经国典》说,"大国三军,军将皆卿也","盖宰相无所不统,而军机之重,必欲使庙堂知之"。这些文献的基本宗旨是抑佛扬儒,"汰僧尼佛者夷狄之一法",尊儒学为政教之本,把儒学的政治理念体系化为指导国家和社会行为的准绳,提升新晋儒臣在王权体制中的核心地位。但是,从李朝排佛理论依据之郑道传的《佛氏杂辨》内容看,其理论的重点与其说是伦理方面,倒不如说是政治上的压制。⑤ 因此,人们就不会对李朝大儒栗谷李珥入山进佛门学禅感到迷惑。⑥

　　为实践上述理念,早在太祖时代,朝鲜京城就开设成均馆和五部学堂,于地方设乡校,在偏远的济州岛设置教授官。同时,抑压和整理以往握有权势的佛教寺院,取消其免税特权,规定寺田亦须课

---

① 高丽时代对主持科举的知贡举与同知贡举的称号,因此时刚实行"易姓革命"而继续延用。

② 《朝鲜王朝实录·太祖实录·卷一》太祖元年七月丁未条。

③ 经筵制度起源于古代中国汉宣帝诏诸儒讲五经异同于石渠阁,至宋代形成完备的帝王教育制度。高丽睿宗十一年(1116)半岛已经开始实行此一制度。

④ 《经国大典·宪典总序》。

⑤ [韩]宋昌汉:《郑道传排佛论研究》(〈鄭道傳의斥佛論에 대하여〉),《大丘史学》第15—16合辑,1978年。

⑥ 参考[韩]崔承洵:《李栗谷的佛教观研究》(〈栗谷의佛教觀에 대한研究〉),《江原大学校研究论文集》第11辑,1978年。

赋,并加强度牒制度,"未受度牒者,不许出家"①。

李朝崇儒之正统意识一经确立,国家从追求文化个性出发,容许官民冥福祈愿、消灾祈禳的巫佛活动,对佛教、道教网开一面,以至于对土著的巫觋信仰亦加以保护。同时,作为民间信仰的檀君开始受到国家层面的重视。据柳义养之《春官通考》,朝鲜太宗时期(1400—1418),国家在废弃所谓位于九月山的桓因、桓雄、檀君"三圣堂"的同时,于平壤箕子庙旁立檀君庙予以祭祀。成宗三年(1472),黄海道观察使李芮以"复命"方式呈送"状启",建议以国家名义"复原"三圣堂,予以祭祀。结果,王廷准以"三圣祠"之名予以恢复,依平壤"檀君庙"例祭祀。

李朝初期在建立中央集权制方面,存在着士大夫之功臣政治与强化王权之间的矛盾和斗争。太祖年间,王廷围绕王位继承问题,曾发生两次王子间骨肉相争的惨剧。这场斗争体现为以郑道传为中心的政府权力体系与李芳远掌控的王子间的权力争夺。功臣政治引起国王和一般士大夫的不满,结果,斗争以李芳远的胜利而告终。

李成桂与神懿王后韩氏生芳雨、芳果、芳幹、芳远等六男,与继妃神德王后康氏又生芳蕃、芳硕二男②。王对第八子芳硕宠爱有加,并在郑道传、南闇等权臣的支持下于1392年封其为世子。李芳硕(1382—1398)成为法定继承人,遂成李朝早期王室骨肉相残的诱因。③ 在建国中建立功勋的五子靖安君李芳远(1367—1422年,韩氏所生)对此不满。太祖七年(1398)八月二十六日夜,李芳远于李

---

① 《朝鲜王朝实录·太祖实录·卷十一》太祖六年四月丁未条。
② 李成桂有王子八人,即长子芳雨(镇安大君)、次子芳果(第二代王定宗,1398—1400年在位)、三子芳毅(益安大君)、四子芳幹(怀安大君)、五子芳远(靖安大君,第三代王太宗,1400—1418年在位)、六子芳衍(德安大君)、七子芳蕃(抚安大君,第四代王世宗,1418—1450年在位)、八子芳硕(宜安大君)。
③ "向者南闇、郑道传,以腹心大臣,当太上王建储之日,不能建白大义,以定嫡庶之分,而乃阿谕顺旨,扶立幼孽,称之曰贤有德,狐媚弄权,阴谋不轨。"《朝鲜王朝实录·定宗实录·卷五》定宗二年七月乙丑条。

成桂病重之际,以所谓"夤缘用事,潜谋擅权,贪立幼孽,欲为后嗣,以夺长幼之序,以乱嫡庶之分",离间王子"骨肉,相煽生变祸"①之罪名,杀死芳硕,发动政变,史称"戊寅之乱",又称"芳远之乱"或"郑道传之乱"。结果,芳远迫使太祖以"禅让"之名于是年九月五日扶持无意为王的次子芳果(1357—1419)即位,是为定宗(1398—1400年在位);一年后,又借"朴苞之乱"②,除掉四王子同母兄李芳幹(1364—1421),于1400年二月立自己为世子,此为第二次王子之乱。同年十一月十三日,李芳远登上王位,是为太宗(1400—1418年在位)。

李芳远即位意味着王权的胜利。为了巩固权力,早在成为世子、掌握王廷实权之际,就把都评议使司改造为议政府,并通过六曹直启制,把日常政务交予六曹,缩小了议政府的权限。即位后,太宗又增设司谏院,重用没有参与推翻高丽旧政府的旧臣权近、卞季良、河仑等士大夫出身的官员,以改善官僚体制。同时,再次把首都从开京迁回汉阳③,废除太祖时承认勋亲可拥有私兵的私兵制度,限制两班地主的奴婢私有权,实行号牌法④,设置邻保制⑤,奖励农桑,制

---

① 《朝鲜王朝实录·太祖实录·卷十五》太祖七年九月丁亥条。
② 定宗无嗣,争夺世子地位成了芳远与芳幹摩擦的原因。而此时,对册定功臣做法的不满,引发了芳远与芳幹的武装冲突,结果在开京的战斗中,芳远以兵力数量优势而胜利。
③ 1394年十月二十八日,李朝太祖率主要政府机构迁都汉阳,随即汉阳府改称汉城府,但在王廷内怀旧势力的左右下,定宗于1399年三月七日又返回开京;太宗五年(1405)十月一日,首都再次迁回汉城府,直至1910年10月1日,日本总督府把汉城府改名为京城府,汉城一直是李氏朝鲜的都城。
④ 号牌又称户牌,要求十岁至七十岁的全国男丁佩戴一定规格和式样的牌号,此牌依户籍发放。两班按官职等级分别佩戴象牙、鹿角、黄杨、桦木之牌,牌上明记其官职、住址、脸色与是否有须等特征;奴婢牌上记有主人姓名、本人年龄和身高。目的是把农民束缚于土地上,并作为一种手段来掌握、控制徭役和兵役对象。其源自元,高丽时期曾用于军队,李朝始推行全国。
⑤ 为控制人民动向和人口变动而于1407年实施的一种制度,即以若干户为一邻保(后定为五户一邻保的五家作统法)。

定市廛①制度,破除迷信,焚烧为蛊惑人心的秘记、图谶之类的书籍,整理寺院,收回废寺的田地,并设置铸字所,使用铜活字印刷,出版书籍。太宗更把其执政以来新定条令、判旨中"可为万世法者,简择成书,以《续六典》刊版施行"②。

太宗十八年(1418)八月八日,李芳远让位给其次子忠宁大君李裪(1397—1450),是为第四代王世宗(1418—1450 年在位)。在国内政治环境向好的条件下,世宗于内治外交多有作为,促进了朝鲜封建社会的发展,迎来了朝鲜文化的繁荣。他接受太宗十七年司谏院精简机构的建议,废高丽代沿袭之宫中修文殿、宝文阁,仅留集贤殿作为研究学问的中枢机关。集贤殿设有兼职的领典事、大提学、提学各二人外,更任命国内优秀学者担任专职的研究官员和十至二十名学士从事研究和担当"经筵"和"书筵"③讲授,起草公文,编撰图书。世宗继续执行抑佛政策,将五教两宗合并为神、教两派,并在完备田制、备边和创制民族文字诸多方面,做出巨大的业绩。

但是,随着集贤殿出身的官吏政治上发言权的增加,其政治实力也相应增强,这在短命的文宗(1450—1452 年在位)和幼主端宗(1452—1455 年在位)时期表现为君臣权力均势的失衡,从而导致王位的频繁更替和世祖的政变。

文宗是个有作为的国王,但身体虚弱,即位二年便去世,年仅十三岁的端宗继位。根据遗言,端宗由顾命大臣皇甫仁、金宗瑞辅弼,成三问、申叔舟左右协赞。这种国王"凡诸事务动咨大臣","凡所措置悉与政府六曹拟议"④的局面,引起端宗叔父首阳大君李瑈(世宗

---

① 廛,又称市廛,源于高丽时期。高丽太祖二年(919)始于开京,政府设京市署加以管理保护;李氏朝鲜延续了这个制度,因首都多次变迁,直到太宗十年二月,市廛设施与制度才得以确立。市廛是寄生于封建国家的御用商人组织,使命是向国家提供各类需要的物质,满足封建贵族的生活必需。同时,国家赋予市廛商人以物质的专卖权,在李朝只存在于汉城府和几个主要城市。
②《朝鲜王朝实录·太宗实录·卷八》太宗四年九月丁巳条。
③ 李朝时期王世子学习书法的地方。
④《朝鲜王朝实录·瑞宗实录·卷一》瑞宗即位年五月庚戌条。

第二子)的不安。他联合郑麟趾、韩明浍等亲信,先于1453(癸酉)年十月十日发动"癸酉靖难"杀害了金宗瑞、皇甫仁、赵克宽等大臣,以"赐死"之名除去王位竞争对手,其亲弟安平大君,然后在掌握一切大权的情况下强制端宗"禅位",成为第七代国王世祖(1455—1468年在位)。

对于世祖的篡位行为,一些大臣从儒家角度出发,视之为违背宗法观念的叛逆。次年六月,成三问、朴彭年、河纬地、李塏、俞应孚、柳诚源等图谋拥立端宗复位,因事机泄漏而遭杀害,后人称之为"死六臣"。同时,学者汇集的集贤殿也遭废除。一些大臣如金时习、权节、元昊、李孟专、赵旅、成聘寿等则对世祖的悖伦行为表示愤慨,以儒家不事二君观念,辞官归野,自处为"废人",为赞其节操,史称之为"生六臣"。

不过,世祖是位颇有作为的国王,在位14年,其文武治绩远超过其"罪过",在李朝历史上堪与世宗比肩。世祖通晓儒家经史,在天文、地理、数学、文学、农桑、音乐等方面也颇有造诣。他奖励教育,行文武科法,以春秋馆史翰八人掌记事之任,"政治得失、风俗美恶,与夫凡干时事,无不备载,以传于后"[1],其设"六典详定所",令领春秋馆事崔恒(1409—1474)等编撰《经国大典》六卷。1456年,鉴于集贤殿六位大臣反对其继位,世祖虽废除集贤殿,又于1463年另设艺文馆予以弥补。他还奖励农桑,以职田法取代科田法,强化国防,励行军训、研习武艺,实行镇管法,把全国变成区域防御体制。于是,朝鲜科技、经济、财政均有长足进步,测量地势高低的"印地仪"得以问世,还铸造、发行名为"八方通宝"的铁钱"箭铁"流通全国。

世祖不顾宗法常规,越过早年亡故的嫡长子李暲之子、嫡长孙月山大君,封自己的次子李晄(1450—1469)为世子继承王位。1468年九月世祖薨,李晄继位,是为睿宗,其在位一年夭亡,又置其子仁

---

[1]《朝鲜王朝实录·世祖实录·卷三十五》世祖十一年三月癸酉条。

诚大君、齐安大君于不顾,由其侄月山大君李娎继位,为第九代王成宗(1469—1494年在位)。这三代王位继承并未遵从宗统规则,但也未引起任何政治纠葛,不过成宗作为睿宗后嗣入承大统,则被视为合于宗统的"小宗"①。这种状况说明15世纪下半叶李氏王权的强大。

成宗继位时年幼,其在位的最初七年由祖母世祖妃贞熹大妃摄政。亲政后,成宗起用士林出身的官吏,以制衡世祖时期形成的勋旧势力,以确保国王的权力展现。随御经筵成长的成宗扩大了艺文馆,增置"弘文馆"官位,并使之兼负经筵与春秋馆的职能。于是,弘文馆官员更日值宿,"王日开讲筵,宰相、台谏亦令轮参,又有夜对,以尽群下之情"②。结果,每日朝讲、昼讲、夕讲之三讲成为制度。与此同时,成宗还通过弘文馆、尊经阁、读书堂等机构的朝野两派士大夫合作,完成了补订《经国大典》,辑成《大典续录》《东国通鉴》《东国舆地胜览》《东文选》《纲目新增》等典籍。这些文献是规范社会运行的法典,为完备文武两班官僚制度的实践性行政体系、社会行为的定型和完善,提供了法律与理论的依据。

第二节　15世纪的社会政治发展

一、中央集权体制的确立与完善

最初,李氏朝鲜的统治体制基本沿袭高丽旧制。"都评议使司"是国家最高会议机关,它决定的重大事宜,经国王裁定后交六曹执行。这是一种贵族协商的政治体制,李朝初期发生的两次王子之乱

---

① 对于其后仁祖追尊其生父王李琈为元宗,使其成为宣祖与他之间的中间环节,《朝鲜王朝实录·仁宗实录·卷二》称:"圣上既入继大统,承宣庙之后,则不可以私亲参入于宣庙之下,上继于祖先也。正所谓以小宗合大宗之统也。"
② 佚名:《朝鲜志·卷上》风俗条。

以及其后的所谓世祖篡夺王权表明,这种体制并不利于稳定王权。结果,各种政治力量几经较量和改组,两班官僚构成的中央集权的新体制得以成立,并经《经国大典》载入法典。

李朝官制大致分文班(东班)和武班(西班),其中文班占更大比重。文班又分为京职(任职中央)和外职(任职地方)。《经国大典》规定,无论京职、外职,"凡职衔先阶,次司、次职。阶高职卑则称行,阶卑职高则称守,行、守字在司上"①。京职中除设有专职或兼职的"王者所师"的正一品太师、太傅、太保各一人和辅导世子的从一品的同类官员外,其主要机构为议政府、六曹、三司、承政院、义禁府等。

议政府为京职中的最高行政机关,系正一品衙门,首脑为三政丞,又称三公,即领议政一人,左、右赞成(议政)各一人,其下设左右参赞、舍人、检详多人辅佐,此外还有无品级录事、书吏、皂隶、小吏等;职责是"总百官,平庶政,理阴阳,经邦国"②。凡国家之重要事务必由议政府会议商定,形成协议后,禀国王裁决,再由议政府转交六曹署衙办理。

六曹是隶属于议政府的政务执行机关,皆系正二品衙门。六曹之首长为判书,副职为参判,并有官员多人辅佐下。吏曹,"掌文选、勋封、考课之政",下设文选司、考勋司、考功司,即所谓凡内外除拜,专属吏曹;户曹,"掌户口、贡赋、田粮、食货之政",下设版籍司、会计司、经费司;礼曹,"掌礼乐、祭祀、宴享、朝聘、学校、科举之政",下设稽制司、典享司、典客司;兵曹,"掌武选、军务、仪卫、邮驿、兵甲、器杖、门户、管钥之政",下设武选司、乘舆司、武备司;刑曹,"掌法律、详谳、词讼、奴隶之政",下设详覆司、考律司、掌隶司;工曹,"掌山泽、工匠、营缮、陶冶之政",下设营造司、攻冶司、山泽司。

①《大典会通·卷一·吏典》京官职。
②《大典会通·卷一·吏典》议政府。

三司,为司宪府、司谏院、弘文馆的总称。司宪府是论驳时政、纠察百官、正风俗、申怨抑、禁滥伪的监察机关,设大司宪、司宪各一人。司谏院是对国王进行谏诤、论驳的机关,起到限制滥用王权的作用,设大司谏、司谏各一人以及其他官员若干人。弘文馆是负责"内府经籍,治文翰,备顾问",研究典制掌故,从事文翰事宜、掌讲经筵的机关,设正大提学一人(多以他官兼)、提学、副提学、典学各一人以及侍讲、侍读若干人;大提学负有派出经筵官于每日朝讲、昼讲、夕讲,以治国理论引导、启发国王治理国家的责任。司宪府与司谏院合称"台谏",是在任命官吏时负责对其身份、经历进行调查,确认其是否合格的机关。因这两个机构署名是官员任命的必经的程序,这个过程曰"署经"。司宪府是从二品机关,而弘文馆和司谏院是正三品衙门,级别虽不甚高,但由于每遇国务大事,常举行所谓"三司合启""三司伏阁"等联合行动,对议政府、六曹的权力形成牵制,而且这些机构的官员均属学识渊博、德高望重的士林学者,对国家政治发展往往产生重大影响。为防吏曹首长权力过大,他们的"差拟,不归之判书,而专任郎官。故吏曹正佐郎,又主台阁之权。三司六卿官虽高大,稍有不厌事,铨郎辄使三司诸臣论之……故一遭弹驳,不得不去职,是以铨郎之职,直与三公等埒。此所谓大小相维,上下相制"①。

承政院负责王命的"出纳",有六名正三品承旨组成,与六曹联系。义禁府是司法机关,设判事、知事各一人,直属国王,负责审理涉及王朝安危的高官、贵族重犯,是扶持王权的核心机关。义禁府有时也审判一般罪人,与刑曹职权重复;普通贱民罪犯的审判由捕盗厅执掌,中央的一般裁判由刑曹、司宪府、汉城府进行,以上合称五法司。此外,还有四馆:议论与草拟国王教命和记录国史的艺文馆,内有史官专职记录国王日常起居与朝政言行;负责教育两班子

---

① (朝鲜)李重焕:《择里志·卜居总论·人心篇》。

弟之最高机关成均馆;负责对外文书的承文院;负责出版书籍的校书馆。

地方行政分为京畿(安城)、忠清(清州)、全罗(全州)、庆尚(大邱)、江原(原州)、黄海(海州)、平安(平壤)、咸镜(咸兴)等八道,其下置府、牧、郡、县,分别由中央任命派遣官员。所派官员属"外官职",但"阶及迁官、加阶、行、守并同京官"。道派观察使(监司),称方伯,负责监察属下的守令,即府尹(或府使)、牧使、郡守、县令(或县监);守令集行政、司法诸大权于一身,而观察使还握有兵权;为防形成地方势力,观察使任期限为360天,守令则定为五年(后改三年)。各郡县均有由当地两班组成的乡厅,内设座首、别监,以辅佐守令匡正风俗,纠察乡吏。于是,乡厅成为地方两班势力的据点,给地方行政带来巨大影响。

守令,为直接治理一般人民的牧民官,负责地方行政、司法、贡税、赋役,其所司事务由类似中央六曹的吏、户、礼、兵、刑、工等六房分掌。负责六房事务者为当地乡吏(外衙前),通常可摆布对地方情况生疏的从中央派来的官吏而左右地方行政。乡吏,又称"乡役",职位世袭,为保持与中央和道机构的联系,在汉城派驻京邸吏(京主人),在监营①驻有营邸吏,承担与地方联系。

在军事制度方面,建国初,李成桂首先整顿丽末军制,1392年七月,"立义兴亲军卫,罢都总中外诸军事府";"命宗亲及大臣分领诸道兵"②;次年九月,令改三军总制府为义兴三军府,罢重房,命一切私兵置于其管辖之下。③但宗亲、勋贵还握有私兵,以致"萧墙之祸,发于至亲"④。定宗二年(1400年)四月,掌握了实权的太宗李芳远,始"罢私兵"。世祖十年(1464)五月,统管军队的义兴三军府改编为

---

① 李朝官厅,八道监司官署,称监营,当时各道监司掌握文武实权,原指监司所在的营门。
② 《朝鲜王朝实录·太祖实录·卷一》太祖元年七月丁酉条。
③ 《朝鲜王朝实录·太祖实录·卷四》太祖二年九月丙辰。
④ 《朝鲜王朝实录·定宗实录·卷四》定宗二年四月辛丑条。

五卫都总府,属中枢院。

五卫乃以不同兵种和不同区域编制而成,即以汉城为轴分中、左、右、前、后五个大区设卫。中卫义兴,统辖京中部、开城府、京畿道、江原道、忠清道、黄海道;左卫龙骧,统辖京东部和庆尚道地区;右卫虎贲,统辖京西部和平安道地区;前卫忠佐,统辖京南部和全罗道地区;后卫忠武,统辖京北部和永安道地区。[①] 每卫"各置军营,各有将帅,分颁番上军士,以宿卫官禁,炼阅军伍"[②]。初期,朝鲜总兵力达二十万八千人[③]。汉城驻有保卫王室的内禁卫,兵力为 27400人,其余分驻各卫所。每卫分作五部,每部为四统,其下有旅、队、伍、卒。五卫中的中坚力量为甲士,他们是经过武科试取而编入的特殊军人;16 岁至 60 岁的良人男子因义务兵役轮流上京的侍卫为正兵。甲士、正兵是五卫的核心军人,均有奉足(又称助户)二人,承担其所需费用。[④] 此外,国家还以立法形式于各道水陆正军外组建杂色军,即属乡上预备军,由退"乡吏、驿子、公私奴仆及乡校生徒"[⑤]等组成,平时无兵役义务,一旦有事便以地方为中心编成队伍。此后,兵力巨减,据李朝中期文臣赵重峰上疏和李晬光《芝峰类说》,宣祖二十五年壬辰战争爆发时,朝鲜仅有"京外骑步正兵十八万余人,户保并不满四十万。"[⑥]

在地方各道,原则上设一兵营或水营,置兵马节度使(兵使)和水军节度使(水使),由道的观察使兼任。其下,选择军事要塞,设镇、浦、堡,按其规模置防御使、节度使、金使、万户等军官。只是咸镜道和庆尚道,为防御女真和倭人,设两个兵营和水营,在全罗道则

---

① 永安道即今咸镜道。1413 年始称永吉道,1416 年改称咸吉道,1473 年改称咸镜道。
② (朝鲜)柳馨远:《磻溪随录·卷二十一·兵制·五卫及诸卫》。
③ 《朝鲜王朝实录·太祖实录·卷三》太祖二年五月庚午条。
④ 1397 年规定:"今后各户,同居各居勿论以子婿弟侄族亲,年六十以下、十六以上者,品官马兵一员奉足四名、无职马兵一名奉足三名、步兵一名奉足二名为定户……奉足定给。"见《朝鲜王朝实录·太祖实录·卷十一》太祖六年二月甲午条。
⑤ 《朝鲜王朝实录·世宗实录·卷九十三》世宗二十三年六月癸酉条。
⑥ (朝鲜)柳馨远:《磻溪随录·卷二十一·兵制·本国古今军数》。

只设两个水营,地方营镇所属军人称镇守军。为把地方发生的紧急军事情况及时报与中央,设有烽燧制;为将其军情以文书上告,备有驿马制。驿马制还用于转达一般公方文书、运送公方物品以及服务于官吏的往来。

就官阶而言,太祖元年七月颁布的官阶结构虽基本沿袭了高丽仿唐制的文武散阶官职①,但同高丽时期比较有所不同,主要表现为其武散阶无二品以上与九品官阶,具有明显的"文尊武卑"②特征。成宗时代出现的"文、吏有势而清要,武班勤苦而无权"③之现象。为建立均衡的两班体制,成宗坚持"文武并用帝王长久之道",强行推行"吏、礼、兵三曹文武交差"④。但李朝的官制方面的重文轻武倾向始终未能根本解决,且机构繁多、臃肿。对于后者,李珥曾上疏宣祖曰:"我国之大,比于中国不及一道。臣见中朝官职衙门反少于我国,可见我国之官司太冗也。至于八道,郡邑过多,或有坐守无民之地者。"⑤

科举是李朝选拔官僚队伍、保障中央集权制得以实施的重要手段,也是平民迈上政治舞台的唯一途径。在李朝,荫叙原则上只给二品以上官员⑥。文臣采用生进科(生员、进士科,又称小科)和文科(大科)。《经国大典》规定:三年一试,即所谓"式年试",前秋初试,春初复试,殿试;文科则通训以下(武科同)准考,生员、进士则通德以下许赴。大科只有两班子弟才有资格应试。考试分为三个阶段,即应试的生员、进士以及成均馆的儒生和下级官吏,在汉城和地方通过初试,然后在汉城参加复试,合格者参加殿试,殿试及格者分为

---

① 《朝鲜王朝实录·太祖实录·卷一》太祖元年七月丁未条。
② [韩]李成茂:《朝鲜初期两班研究》,汉城:一潮阁,1990年,第77页。
③ 《朝鲜王朝实录·成宗实录·卷八十一》成宗八年六月乙未条。
④ 《朝鲜王朝实录·成宗实录·卷一百二十一》成宗十一年九月壬辰条。
⑤ (朝鲜)柳馨远:《磻溪随录·卷十五·职官之制上》。
⑥ 《经国大典》吏典"荫子弟"规定荫职除授对象是"功臣二品以上子、孙、婿、弟、侄(原从功臣则子、孙);实职三品以上子、孙;曾经吏、兵曹,都总府,司宪府,司谏院,弘文馆,部将,宣传官者之子"。

甲、乙、丙三级，授以红牌，最高者称状元。小科，又称司马科，分为以四书五经考试的生员科和以诗赋、表策等文艺考试的进士科。生进科初试在监、营考，及格者于汉城复试，合格者为生员、进士，由国家授予白牌。

此外，科举还有武科和杂科两种。武科向贱民以外的所有阶层开放，凡拥有武经、武艺的乡吏和良人，均可参加初试，但以武官子弟为主。考试分初试、复试和殿试三个阶段。

录用技术官吏的杂科的参与资格限于两班的庶子和中人阶，考试只有初试和复试，考场分别设在司译院（译科）、殿医监（医科）、观象监（阴阳科）、刑曹（律科）。《续大典》规定：科举分别在子、午、卯、酉年举行，名曰试年试；国有大庆或有特别需要，特设"增广试""别试"等，种类繁多[①]。

李朝中央最高学府为汉城的成均馆，它是仿中国唐之成均监，培养符合儒学规范的人才的机关。成均馆在中央下设有东西南中四学[②]，地方设乡校；四学和乡校之下，有众多的私塾书堂，教授儒学和汉文。技术方面的教育由各有关官署承担，外国语学在司译院，医学在典医监，天文地理在观象监，算学在户曹，律学在刑曹。这些技术学校，当时称杂学，为中人子弟提供教育，并具有世袭性质。

教育与科举服务于巩固封建政权，无平等可言。四书五经是四学与科举考试的内容，乡校的学生只学儒家修身养性的文献，如《启蒙传疑》《三纲行实》《礼记浅见录》《孝行录》等。理论上，平民孩子也可以进入乡校，但因费用昂贵，非殷实人家不可负担。据统计，15世纪，在京畿四学的生徒只有400人，而地方学生有4950人，学生数约占总人口的3％，他们都有机会参加科举及第为官。但是，四学的

---

① 《大典会通·卷三·礼典》诸科条。
② 四学，即四部学堂，其前身为东、西、南、北、中五部学堂，世宗二十七年废北部学堂，故仅存四部学堂。

京畿学子都可以通过首轮考试,而地方生徒的配额不足总数的
5%①,通过第一阶段考试的学生更是凤毛麟角。

李朝重视对官员与生徒的汉语教育,早在世宗时代,国家即"设
承文院令文官始出身者,必习汉语、吏文;又撰《四声通考》以下其
声,又令凡百名物皆称以汉语"。于是,"文官(凡言文官在东班者皆
是),五品以下,每岁十二月,会承文院,讲汉语(二书)或吏文,五分
以上,赏加一资,不通者,降一资。武职外官则否。无故不参者,罢
职"。同时,"四学及各州县学,每三朔一讲汉语,其内舍升试时,本
经外必讲汉语二书②,升营学及大学内外舍及升朝同"③。

在朝鲜,儒学教育,尤其是程朱理学教育高度普及,其学说如同
宗教,而称儒教。15世纪末,曾游历中国大江南北的朝鲜官员崔溥
(1454—1504)向国王成宗陈述其在华期间的见闻,称:"我国科举取
精通经书者,故学徒精研四书五经。其专治一经者,不得齿儒者之
列。""士子皆以经学穷理为业","家家皆以孝悌忠信为业","人皆以
入孝出恭,忠君信友为职分事"④。1488年正月初三,官及五品、任
职于济州的崔溥在渡海返回家乡奔丧途中,被飓风吹至浙江台州地
面,于十七日上岸,至二月九日抵杭州布政使司驻地时,见洗漱后
"皮肤尽换、足爪脱落",则感慨道:"尝闻身体发肤不敢毁伤,孝之始
也。我之体肤之伤若此,其真不孝之子尔。"⑤此真可谓腐儒也!

二、土地制度与社会经济的变革

"科田法"⑥虽使全国土地重新成为国有,用以分配给官吏、功

① UNESCO, *History of Humanity*, Vol. 5: *From the Sixteenth to the Eighteenth century*, p. 360.
② 此二书该是《老乞大》和《朴通事》。
③ (朝鲜)柳馨远:《磻溪随录·卷二十五·续篇(上)·言语》。
④ 葛振家:《崔溥〈漂海录〉评注》,北京:线装书局,2002年,第18页。
⑤ (朝鲜)崔溥:《漂海录·卷二·二月九日》。
⑥ "教中外大小臣僚贤良耆老军民,王若曰……田法,一依前朝之制。如有损益者,主掌官拟议申闻施行。"《朝鲜王朝实录·太祖实录·卷一》太祖元年七月丁未条。

臣、王族及各官衙署；同时规制了田主和佃户的关系，确定了租税额，保证了国家有充足税收，用以支付禄俸和军资。颁给官吏的科田和功臣田等私田限于京畿道，亦确乎防止了地方土豪化，确保中央集权官僚体制的稳固。给田原则上限于本人一代，但本人死亡，其妻守节，可传授守信田，而如父母双亡，子息幼弱，作为恤养田，则可承袭死去父亲的科田。于是，科田逐渐走上实质性的世袭。

京畿地方颁给的科田，由于大部分被世袭，后来能够再颁的科田土地已为数不多；加上限于京畿的功臣田与日俱增，京畿的土地便更加不足。到1466年，世祖不得不"革科田，置职田"，废止科田法，实行职田制①。职田法，即不颁给前任者，只给现任官以土地，最高额也只有一百结；为防止出现蚕食公田，其田租由国家统一征收，然后转交给官吏。这种制度一开始就遭到以大司宪梁诚之（1415—1482）为首的官员的反对②。1556年，职田法也被废止③，只给官吏发放俸禄。

科田法初行时，全国的土地分作三等，其地税原则上每结征收相当于收获量十分之一，但每年官吏在实施"踏验损实"法时，往往牺牲农民利益，弄虚作假，而且以此为名义向农民加征苛捐杂税，引起农民不满。为缓和阶级矛盾，经过几年反复试验和"田制详定所"的筹划，最终于1444年夏开始实施以田品与年成相结合的名曰"贡法"的田税制度。依此贡法，除陈荒田、灾害田、沉没田外，所有田亩分作九等征税，基本单位1结产量400斗的二十分之一，20斗，然后以此为基准按等逐次减少至4斗。

总体而言，朝鲜的土地所有制为公田和私田两类。公田分有国屯田和官屯田。国屯田乃是为了军资，其收入发给边境镇戍地区的军人，对于地方官厅，则发给官屯田的收入。另外还有发给官衙办

① 《朝鲜王朝实录·世祖实录·卷三十九》世祖十二年八月甲子条。
② 《朝鲜王朝实录·世祖实录·卷四十》世祖十二年十一月庚午条。
③ 《朝鲜王朝实录·明宗实录·卷二十》明宗十一年六月丙申条。

公所用之廪田(公廨田)①,此又细分为卫禄田(地方官俸禄),公须田,驿长田、急走田、马田(均为交通机关所有),院田(官营旅馆所有),津夫田,冰夫田以及守陵军田等。军田,则发给地方"闲良官吏",即三品以下退职官吏。作为科田的一部分,军田中的守信田(分给居孀不嫁者)、恤养田(分给父母双亡者)的名目可以世袭;祭田用于宗庙的管理经营;学田发给成均馆和乡校;寺田发给寺院;还有特殊用途的国王亲耕的籍田、诸司菜田、内需司田(宫中费用)、惠民署种药田等。

李朝的土地,在法律上属于公田者主要有王室直属田、禄俸田、各司位田、军资田等,而私田是指科田、职田、军田、功臣田、别赐田等。

世宗时,制度上的公田,全部统一为"国用田"②,对于诸公处实行折给田,减少州县田、驿田、院田(民用驿站田)、渡(口)田、站田(水运站点田)等,革除诸祭位田、公廨田、人吏田、水军田、向化田等,以保证中央集权所需国库所属的公田。这些公田存续于公共机关,并不返还于国家,从这个意义上说,公共机关具有一种地主的性质。私田的发展,刺激了官僚觊觎公田,极力兼并公田或取得公田的收租权,导致公田的私有化和农庄的成长。

李朝政权通过所谓私田改革,在全国范围内掌握了土地的控制权的同时,还进行"奴婢辨正""寺社奴婢整理""奴婢身贡、立役",以及实施"户牌法",加强对所谓"城底野人"之"向化""管下民户"控

---

① "议政府上疏,请令各司将公廨田之出,月报司平府,从之。疏略曰:各司之田,盖以备坐起日点心及纸地笔墨等事也。"《朝鲜王朝实录·太宗实录·卷六》太宗三年闰十一月壬申条。

② 《朝鲜王朝实录·世宗实录·卷一百九》世宗二十七年七月乙酉条曰:"前此,各道之田,分属京中各司及外军资位田,以充恒贡之数,然逐年损实不同,故其不足者,以外军资推移充补,以此算数甚烦,虽以贡计之,算数亦烦。今州郡驿馆公衙公须等位田外,京中两仓及各司位田,一皆除之,并称国用田。各其官,计京中各司所纳恒数,分定民户,使之纳输,其余并入其官国库。如是则非徒算数便宜,民间米谷蜜蜡布货,难易苦歇,庶得均平矣。"

制,以及实行"度牒制"等措施,加强了对以农民为主体的生产人力资源的掌控。

李朝初推行的科田法的基本方向和目的是扩大可控的国家收租土地,其中大部分土地根据"田丁连立"的原则,以人为本,"籍丁给田"。此法虽存在固有"人与田相为多寡之弊"[1],更由于丽末土地私有化倾向的加强,在一定程度上也与生产力水平的提高和休耕提升地力有关:李朝初期,国家奖励开荒,防止荒弃土地,发展水利,水稻面积大幅增加,都增加了对土地的需求。李朝初的科田虽标榜贯彻土地国有原则,实际上,不得不承认丽末出现的以私田个人占有为内容的土地支配关系,这使倡"革私田之议"的郑道传哀叹,"初以为,皆属公家,厚国用而足兵食,禄大夫而廪军役,俾上下无匮乏之虑……而志竟不行",以致出现了"分田不均之怨"[2]。15世纪末16世纪初,曾任国王经筵官的成伣(1439—1504)在描述当时土地集中、农民破产而为奴的情景时写道:"坡州西郊,荒废无人,安政堂牧始垦之,广作田亩,大构第而居之……至其孙瑗极盛,内外占田,无虑数万顷,奴婢百余人。"[3]同时,这种情况也反映在李朝的赋役负担从以人丁为基准逐渐向以土地为基准的过渡方面。

李朝的租税制度类似唐代的租庸调制。最初,国家延续恭让王三年科田法的规定,不分公田或私田,以田租一结米30斗(2石)为原则,相当于一结收获量(20石)的十分之一。这种不分土地的肥瘠和收成的丰凶,而向国家交纳一定数量租税的做法,既不合理也不现实。于是,太祖元年九月,都评议使司决定实行"踏验损实"法,议定租税,制度变得相对合理。但是,"此法改量各道之田,每岁损实之际,庸劣之辈,眼量给损,其弊之极,不可胜言"。世宗十二年(1430),又讨论实行贡法。此法未行便议论纷纷,结果,直到十八年

---

① (朝鲜)柳馨远:《磻溪随录·卷一·田制上》。
② 《高丽史·卷一百十九·列传第三十二·郑道传》。
③ (朝鲜)成伣:《庸斋丛话·卷十九》。

(1436)贡法才颁行。此法虽以数年间之平均收获量为基准定出田
税率,但侧重田品。① 实际上,贡法还未执行就于世宗二十五年
(1443年)十二月设立"田制详定所"商定修改,并于次年十一月制定
出"田分六等"和"年分九等"之新贡法,即田品年分法。田分六等是
将全国土地按其肥瘠程度分为六个等级;年分九等则是每个单位面
积按当年的丰凶程度分为上上年至下下年九个档次,在租税额上有
所差异。于是,面积互不相同的一结土地,最高的一等田上上年的
收税额为二十斗②,最低的六等田上上年的税额为五斗,税率均为三
十分之一。新法虽胜于以往诸法,但也因"力不足,才不能",官吏在
丈量土地时弄奸和"巨室豪民轻其等第",③弊端百出。更有甚者,有
些私田的租税更重于公田。结果出现"富家少税丰困仓,贫者输租
反不足"④的境况。

　　不过,在国民负担中,对国家财政有较大影响的还是所谓"役"
(即唐制的庸)。役是对16—60岁丁男的义务性赋课。《经国大典》
规定,原则上"凡田八结出一夫,一岁不过役六日,若路远六日以上,
则准减翌年之役",违者"依律科罪"⑤。实际上官衙可随时任意差
遣,农民苦不堪言。为了逃避徭役,不少农民只好"托势家为奴"⑥。
于是,栗谷早在16世纪末就发出"救民"和拯救国家的呼声。⑦

　　农民负担最沉重者则为贡物(贡纳),即农民交纳的各地各种土
特产,亦称身贡。身贡用于支付官府的各项支出,有每年定期交纳
的常贡和特别必要时征收的别贡。贡物有手工业品的各种器物、织
物、纸类、席子等,以及矿物、水产、牛皮、果实、木材等,在交纳、运

①《朝鲜王朝实录·世宗实录·卷七十五》世宗十八年冬十月丁卯条。
② 15斗为1石。
③《朝鲜王朝实录·成宗实录·卷二百六十》成宗二十二年冬十月丁未条,京畿敬差官郑
　诚谨〈复命书启〉。
④(朝鲜)成倪:《虚白堂集·卷一·田家词·十月》。
⑤《大典会通·卷二·户典·徭赋》。
⑥《朝鲜王朝实录·成宗实录·卷二百四十》成宗二十一年五月丙寅条。
⑦(朝鲜)柳馨远:《磻溪随录·卷四·田制后录下》国朝名臣论弊政论条附。

送、保管过程中存在不小的弊端,对农民而言是比田租更为沉重的负担。此外,原由方伯负担的"进上"之类,也变成农民的负担。

李朝官员的禄制变化亦反映了朝鲜王朝的经济状况。与高丽不同,李朝官员的俸禄是按春夏秋冬四季支给米粟或米麦,均有黄豆,数量与品种也相当可观。正一品,岁九十八石、绵六疋、正布十五疋、楮货十丈(一丈准米一升),从一品八十三石、绵五疋、正布十五疋、楮货十丈。但是,壬辰战争后各方面均有所减少,至英祖朝"一品仅六十余石,各品皆无绵布、楮货……外官不定其禄。故各邑守令所俸各异,而其出处又各不同,皆科外加敛。兵水使以下镇将皆无所俸,例为放其番军,收价布以食"①。国家财政状况日益恶化,及至崩溃边缘。

三、两班社会、身份制度与阶级矛盾

李氏朝鲜王朝是在摆脱经历了近一个世纪元朝的严密控制的基础上建立的,当时的经济处于崩溃边缘。如何走出困境,探讨国家新生的道路成了整个上层社会,尤其是儒生士大夫的课题。两班知识阶层对社会经济和农业的关注,客观上推动了政府对农业以及与之相关的天文、气象、水利事业的关心和投入,从而推动了社会生产力的全面进步与发展。

15世纪,耕作技术的进步使西南海岸广大田野得到开垦,使旱田与湿田的比例由15世纪早期的7∶3,扩大到末期的1∶1,高产的以直播法为首选的水稻种植面积得以扩大。同时,农作物良种的培育和推广受到地方政府的重视。1435年秋,在全罗道试种成功的棉花开始推广到咸镜道、平安道试种;1437年夏,"庆尚道监司进善山府所产粟,一茎或二穗,或三穗,或七穗。令东籍田种之"②。1438

---

① (朝鲜)柳馨远:《磻溪随录·卷二十·禄制考说》国朝禄制。
② 《朝鲜王朝实录·世宗实录·卷七十八》世宗十九年七月辛亥条。

年春,南部地区早熟稻在最北方的闾延、慈城一带试种。①

随着上述政策与措施的落实,丽末混乱的经济开始走上轨道,阻碍生产发展的各种矛盾得到缓和,农民的积极性有所增强,至迟在 15 世纪 30 年代,朝鲜的社会生产力有了明显的发展。首先,由于大量荒地被开垦,耕地面积扩大了。同时,水利灌溉事业的加强,土地利用率的提高和耕作方法的改进,以及新品种的培育,大大地增加了粮食产量。另外,还兴办了许多牧场,不仅饲养军马,同时繁育牛羊。

伴随农牧业的发展,手工业也得到很大发展,尤其表现在手工纺织业方面,它是以棉花的广泛种植为前提的,而庆尚、忠清、全罗的三南地区则是李朝手工纺织业的中心。农业与手工业的发展亦带来工商业的兴旺,从而促成 16 世纪经济的新繁荣。然而,由于婴儿死亡率居高不下,农业劳动力受到人口规模的严重限制。后经在乡儒生的努力与汉医的传播,使用本国药材为特征的"地方"医学在政府的支持下发展起来。一批新的医学和农学书籍也相继问世。于是,14 世纪后期开始出现的人口增长趋势,保持了近两个半世纪。据统计,"15 世纪和 16 世纪持续多年保持每年 0.4% 或更高的增长速度。1400 年,人口达到约 570 万,到 1511 年,更显示出高比例的增长,人口总数超过了 1000 万"②。

但是,传统的重农抑商的经济政策束缚了李朝经济的发展。当时的商业和社会贸易活动仅限于满足统治者的需要,带有很强的御用性质。自给自足的经济使货币经济极不发达。

李朝的手工业体制基本上属于官营手工业,除少量的农民家庭手工业外,掌握特殊技术的专门手工业者则隶属于官府,从事官营手工业。隶属于中央工曹及其他各官衙的匠人称京工匠,各道和邑

---

① 《朝鲜王朝实录·世宗实录·卷八十一》世宗二十年四月定食条。
② UNESCO, *History of Humanity*, *Vol. 5*：*From the Sixteenth to the Eighteenth century*，p. 357.

衙的匠人则称外工匠。他们所属的机关均有一定名额的工匠，无偿生产官府所需的各种手工业品。工匠的身份为良人和公贱。在中央，隶属于工曹及其所属 29 个官衙的 2800 余名在籍京工匠，生产 129 种手工业品；在地方，3500 余名外工匠，生产 27 种手工业品。[1]官需生产如有余裕，课所定工匠税后可自由出售。中宗（1506—1544 年在位）末年的法案规定：所有工匠案编辑成册后一律由所属官署保管；此外，还要将公贱[2]案卷（"续案""正案"）保管在刑曹，与保管在负责兵役的兵曹的良人工匠不同[3]。

京工匠多制沙器（食器）、铁器、弓箭、木器、漆器、皮革等。虽说生产有余裕可自由出售，但官府和权势之家经常征收公定数量以上的制品，使手工业者无自由发展的余地。同时，从明朝输入的各种优秀绢织物品等，亦影响着朝鲜手工业的发展。当时也有不属于官工匠体制的特殊手工业，如寺院的制纸业和制面业以及白丁进行的皮革业和柳编业。一般农家也以家庭手工业为副业，但基本不超出自给自足的范围。某一地方特产中优秀的部分还须作为贡物纳给官府，其他一般产品则可在市场进行物物交换。当时，广大农村尚处于农业和手工业未分化状态。

工匠服役以外的劳动还要纳税。《经国大典》规定："录工匠等第及坐贾、公廊之数，藏于本曹、工曹、本道、本邑，收税"；其办法是"凡工匠，计除公役日数，收税"；税额"工匠上等，每朔褚货九张，中等六张，下等三张。外方冶匠、鍮铁匠，每一冶，春正布一匹、秋米十斗。铸铁匠，每一冶，春绵布一匹，秋米十五斗。水铁匠，大冶，春绵布一匹半，秋米六石八斗；中冶，春绵布一匹，秋米六石二斗；小冶，春正布一匹，秋米四石六斗。永安、平安道则无布税，京畿、忠清、江

---

① 详见《大典会通・卷六・工典》。

② 指隶属于官署的各类属于贱人身份的人员，其中包括"妓生"、"内人"、"官奴婢"、驿卒等。

③ "各司匠人，成案藏于本曹本司；公贱，亦藏于刑曹。良人，兵曹。"见《大典后续录・卷六・工典》工匠。

原、黄海道则每年大冶水铁一百斤,中冶九十斤,小冶八十斤,勿收米布"①。

在李朝的大部分历史中,市廛是其商业活动的主体。其立国初,"立市廛"、建宫殿、办坊里并列为汉阳建都的三大要务。当时,国家出资建造的首都道路两旁,已有布满商店的市街。太宗十年(1410)汉城的长通坊、莲花洞口、熏陶坊、广通桥等地已经市廛林立;其十二年又在惠政桥至宗庙口的街道两侧修建了 800 余间房屋,供市廛商人作店铺之用;1414 年,又在钟楼至南大门的街道两侧修建了许多店铺。② 这种市廛除汉城外,还存在于开城、平壤、全州等地。宣祖时代,市廛已发展为有国家重点保护的行业,称六矣廛:缯廛、棉布廛、绵绸廛、纸廛、苎布廛、鱼物廛。③ 这些市廛享有国家授予的专卖特定商品的特权。但是,全国以六矣廛为首的 37 个市廛,必须负担国役,国家为保护其特权严格禁止"乱廛",不许其他商店贩卖市廛经营的专卖品,否则依《乱廛例》给以严惩。

在地方,设有叫作"场门"的常市。初期,这种地方市场便已相当发达。它不是因为商业和货币经济的发展才出现的,而是由逃避饥馑、天灾、军役或苛重租税而流离四方的农民自发形成的。"场门"通常五日一市,各场市之间通过被称为褓负商的行商相联系,相互交流农产品、手工制品、水产品和各种药材。褓负商分为两类,褓商是贩运细软手工业品和奢侈品的行商,而负商是贩卖陶瓷器、食盐、干鱼等日用杂货的行商。褓负商有中世纪行会性质的同业组合和颇为严格的不成文法维持其运行的规则及礼仪;其在汉城的首领称都首领,在地方者为都班头。褓负商战时还负责运送物资,传达政府的紧急命令等,并承担各种物纳。政府通过给"行商"发放路引

---

① 《大典会通·卷二·户典》杂税原典。
② 《朝鲜王朝实录·太宗实录·卷二十三》太宗十二年二月;《朝鲜王朝实录·太宗实录·卷二十四》太宗十四年七月。
③ 六矣廛,李朝时坐落在汉城钟路的 6 种御用商店,其中的所谓"缯廛"即绸缎商店,居其首位。

收税。由于受到政府的严格限制,"场门"未能发展为商业城市,只是一种定期市集。

随着经济的发展和褓负商作用的增强,还兴起了批发业、仓库业、托卖业、运送业、旅馆业,兼作借贷、期票、预金等类银行业的"客主"和中介业者的"居间"者,为买卖双方提供方便。此外,国家贸易则有对明朝的朝贡和回赐,以及随使节一行的私方贸易。还有与倭、女真、琉球的进上和下赐的公方贸易。在北方的中江、北关,在南方的倭馆,还有民间的私人贸易等。但是,封建经济对商业发展的种种束缚,导致货币经济不能充分发展。太宗元年(1401),司瞻署制造了用于贸易"楮货";世宗五年(1423),又造出铜钱"朝鲜通宝";世祖九年(1464),称作"八方通宝"的箭币亦投入使用。但是,这些货币的制造,并非为了振兴商业而投入市场,而是为方便财政税收所采取的一种措施。因此,这些货币不能广泛流通,货物交换的媒介仍是布帛。

同时,由于商品经济不发达,没有出现地方中心城市,因而其交通与通信事业亦未得到发展。首都与各道城镇和各地区间联系的道路很不发达,而作为交通手段,除步行外主要利用畜力牛马和轿子以及水上船舶。

但是,李朝却有完备的驿站制度。为传达公文、运送官物、联络公务提供方便,国家在全国主要道路两旁,一般大约每三十里设一驿站。据统计,全国约有五百四十三个驿站①。驿站设察访、驿丞等监督官员及驿吏、驿奴等驿户,并配备必要的马匹,国家支给驿站一定数量的公须田、人位田、马分田和驿屯田,充当运营经费。出差官吏可用驿马,但须持尚瑞院、监司、兵使、水使发放的铜制"马牌"。同时,国家设有国营旅馆式的院或馆,在要冲或人烟稀少处置院,郡县则置馆。为了递送公文,还实施一种"摆拨制"(即驿传制);东、

---

① [朝]朴时亨:《李朝初期的田制》,平壤:朝鲜科学院出版社,1958年,第37页。

西、北边及南海岸地带遇有外敌入侵或发生紧急事态,须立即告知中央时,则启动烽燧制度,即一般情况下借用烽燧台(每数十里一个)传递信息,阴雨天则由烽燧军完成。法典规定:"烽燧平时一炬,贼现形则二炬,近境则三炬,犯境则四炬,接战则五炬。"①这个网络的起点是位于边境的五处军事要塞,终点是汉阳的木觅山。同时,漕运制度亦十分健全。由于国家财政全靠税收支撑,而政府规定平安道和咸镜道税谷全数留置当地供作军粮外,其余诸道税谷悉数运往汉阳,故漕运在国家经济生活中十分重要。漕运有内河水运和沿海海运之分,漕运船最大者可装载 600 石米。

随着整体经济的不断进步和发展,朝鲜手工业的形态也在酝酿着变化。李朝中期以后,以官衙为中心的工匠手工业体制逐渐解体,私匠经营活动逐渐与商品生产联系在一起。18 世纪末,社会出现了工匠案与工匠税割除的重大变化。1785 年,正祖颁布法令,规定属于"京工匠"的"诸司中,司赡寺、典舰寺、昭格署、司酝署、归厚署,今皆革罢。内资寺、内赡寺、司导寺、礼宾寺、济用监、典设司、掌苑署、司圃署、养贤库、图书署,今无工匠。其外诸司则名色之新旧互异,额数之加减无定,成籍藏本曹之法,寝废不行";至于作为外工匠"原典"规定的各道、各邑的各色工匠,"今则外工匠,无成籍藏本道之规,官有使役,则赁有私工"②。正祖二十三年(1799),"因青松府使俞汉谟上疏,岭南匠税,并皆革罢"。接着,户曹所管的匠税也于 1802 年被一并取消。③ 手工工匠的解放和匠税的部分"革罢",促进了手工业和商业的发展,繁荣了社会经济生活。随之。人口也有明显增加。首都汉阳到世宗十七年(1435)七月人口已经增加到一万九千五百五十二户,其城外十余里地域内的户口达到二千三百三十九户,总人口在十万以上。经济的发展与人口的增加意味着国家

---

① 《大典会通·卷四·兵典》烽燧条。
② 《大典会通·卷六·工典》京工匠增补条。
③ (朝鲜)徐荣辅:《万机要览·财用篇三·给代》。

经济基础的加强,同时这也引发新的社会问题,即上层社会的奢侈和腐败。

李朝封建社会是以两班地主为中心的体制,是一个等级身份森严的两班社会。其社会构成大致由两班、良人、奴婢等三个部分组成:居于顶端的统治阶级,是以国王为代表两班贵族,良人的大部和奴婢是被统治阶级,被置于社会底层的是奴婢和贱民,同样遭受压迫的良人处于社会之中间。

两班概念出现于高丽时代。据《高丽史·食货志》载,穆宗元年(998)十二月,"改定文武两班及军人田柴科",这是朝鲜古代历史上首次出现两班的概念。李朝后期学者丁若镛说:"两班者,东西两班,高丽所谓文班虎班是也(高丽避惠宗讳武班曰虎班,今尚沿其名)。士大夫者,堂上官(周礼有上士、中士、下士)、堂下官之称也。吾东贵族白徒无成,犹称两班……俗称,贵族谓之韩骨两班;韩骨者,第一骨也。"[1]这就是说,所谓两班就是朝鲜的贵族,或称为士大夫。《经国大典》《吏典·京官职》《兵典·京官职》分别设有"东班官阶""西班官阶"专条。据此,东班文官正四品以上官员称"大夫",正五品以下官员称"郎"(士)。

所谓士大夫,就是读书的士和从政的大夫。一般而言,士之本人或弟子总会入仕为官,在"四民"中他们属于统治阶级。但是,随着"士"的队伍扩大,便出现了"十人共一官,犹无可授",以致"世阀之门,文墨之户,蝉腹龟肠,抚红牌而嗟恨者,不可胜计"[2]。于是,士大夫官位之争导致士祸、党争不断。结果,以仁祖反正和肃宗"庚申大黜陟"[3]为契机,原来世袭而特权的士大夫遂分化为掌权的"阀阅"集团和"永久没落的失权层"[4]。而在后者环境中,接近农、工、商之

---

① (朝鲜)丁若镛:《雅言觉非·卷二》。
② (朝鲜)李瀷:《星湖集·卷三十·朋党论》。
③ 即1680年,以所谓许积之"帷幄滥用事件"为契机,发生的南人与西人的"大换局"。
④ [韩]李佑成:《韩国的历史肖像》,李学堂译,济南:山东大学出版社,2015年,第10页。

士,开始对现存制度之弊端进行批判,并涌现出一批优秀的实学派人士。

朝鲜的两班制度,一方面将私奴婢或一部分良人直接置于地主的统治下,以确立封建制的经济基础,同时又以国家官僚的身份直接统治和掠夺公奴婢和良人,并从政治上维系这种制度的存在。但是,并非所有的两班均是有土地和奴婢的有产者,实际上其中也包括寄生于封建社会的没有土地、奴婢和其他财产的"无业"者。

就两班门阀的财产占有而言,李朝两班大体由三部分人构成:一是拥有土地、奴婢和其他财产的"有业"官僚,无论就其门阀的角度还是财产占有的程度,他们"是封建国家和统治阶级的骨干"核心。二是"无业"官僚,就经济地位而言,他们并非地主,甚至处于极贫困的生活状态,是丢掉官职的"失职者"及其后代,其生存所需来源于国家的官僚制度及因其祖辈仕宦所享有的"保护"。这部分较第一部分在数量所占比例上要大。三是没有官职的"有业"者,其祖上或许出身官吏,但已相隔多代,与第二部分"失职者"处境不同,情况"复杂",多属地方中小地主,或在乡地主,其中还包括部分"良人上层"和被称作"士林"的知识层两班①。

属于第一类两班的中央大地主拥有广阔的农庄,掌握并驱使成百上千的奴婢为其耕种农庄的土地。这类两班并不直接管理生产,而是通过在乡地主代为经营。因此,他们是具有特殊身份的寄生地主。

在乡中小地主,与上层两班经营的农庄不同,主要是以父家长制大家族为基础的亲自参加耕作管理与经营的两班地主,称作闲良或品官。在乡地主,以经营地主的直营地为重点,一般具有 10 结上下的土地和 15 名左右奴婢,同时雇用若干雇工、婢夫。他们或作为

---

① [朝]金锡亨:《两班论》,载《历史论文集》第三集,平壤:朝鲜科学院出版社,1959 年,第 22—23 页。

马兵使参加中央的五卫来侍卫王室,构成李朝的军事支柱;或充当地方的劝农官或里正,是地方基层权力机构的基础,其中有的亦称土豪,成为在乡的一种强大势力。在乡地主依仗其经济、政治实力,或开垦土地,或买进、夺取土地,不断扩大自己的领地,收罗逃亡的公私奴婢和没落的一般良人,进行"并作半收制"的地主经营。

良人是国家掠夺税役的基本对象,其上层进入地主阶级,下层接近奴婢,被称作雇工或婢夫。雇工或婢夫居住在富裕农民或两班地主家内,身份为良人,处境类似奴婢。一般良人多为小家庭经济的农民,大致持有五结以下的土地,其中大部分是所谓自耕农,亦有租种地主土地并拥有雇工者。良人有向国家交纳田税、赋役、贡纳的义务,其中最为沉重的是赋役和贡纳。良人虽不似奴婢那样被视为主人的财产,但国家对良人的掠夺也并不比奴婢少,类似西欧中世纪的农奴。

扩大对土地和良人的私人占有,是一切两班地主追求的目标,而确保国家搜刮对象良人的数量是建立巩固的中央集权体制的基础。上层两班往往依据贵族的特权扩大对良人的统治,并在事实上为当局所容忍。而在乡地主则不然,国家严格禁止他们私自统治良人。这便产生了国家政权与在乡地主间的矛盾。通常在乡地主无视国家的禁令,执意扩大对良人的统治。据太宗初年的各道户口报告,太宗四年(1404)总户数为 153404 户,总人口为 322746 人[①];其六年(1406)总户数为 180246 户,总人口为 370365 人[②],发现其中十分之一的户和人曾不在册。所以,太宗十三年(1413)九月,发布《号牌事目》,强化号牌制度。其目的正如军籍使金碩所言:"本朝立号牌法,为得良民也。"[③]随后,国家推出的"邻保相告"制度和"度牒制"都是出于同一目的。因此,15 世纪后,良人的数目显著增加。

①《朝鲜王朝实录·太宗实录·卷七》太宗四年夏四月乙未条。
②《朝鲜王朝实录·太宗实录·卷十二》太宗六年冬十月丙辰条。
③《朝鲜王朝实录·睿宗实录·卷二》戊子年(睿宗即位年)十二月丙申条。

奴婢对李朝封建社会有特殊意义，是士大夫赖以生存、两班社会不可或缺的部分。文宗时，议政府报告称："夫奴婢代主之劳，使之如手足，士家之盛衰，实土田苍赤之有无，关系匪轻。"世宗时代的大司宪梁诚之也说："我国家奴婢之法，其来尚矣，而士大夫倚以为生者也……夫田地，人之命脉；奴婢，士之手足，轻重相等，不可偏废。"①

奴婢亦称"从""下人""藏获""苍赤"，并有公奴婢（官奴婢，又称"公贱"）和私奴婢（又称"私贱"）之分，前者为国家机关所有，后者为两班、寺院、上层良人所有。李朝之法，"公私奴婢从母役，而奴娶良女所生则又为从父"，这种"唯贱是从"的驱良入贱之法，"是法不为法而唯驱人入贱矣，非法之中又非法矣"；是"始于高丽静宗知母不知父，禽兽之道也"。此法持续执行使奴婢队伍"有入无出，故贱者渐多，十居八九，良人渐少，仅存一二"②。李朝初期公奴婢有二三十万③。他们分为京居奴婢、外居奴婢、地方官衙奴婢。京居奴婢，轮番地在中央各官厅从事杂役；外居奴婢则在京外从事农耕；地方官衙奴婢，从事地方官衙的杂役或在直属地上干农活。

私奴婢有家内奴婢和外（别）居奴婢。家内奴婢亦称率居奴婢，住在主人家内，从事杂役或干农活。外居奴婢主要在主人的农庄等处从事农耕，将收获物的大致一半交给主人。此类奴婢比较独立，有的相当富有，家产可至数千石，甚至也拥有自己的奴婢。奴婢在法律上被视为主人的财产，不仅可以买卖，主人在事实上还握有生杀之权。奴婢不问公私，事实上比起奴隶更接近于农奴。作为一个阶级，他们属于"贱民"，大多数遭受残酷的统治和剥削，处境非常悲惨。在李朝贱民队伍里，最遭歧视是由战俘演变而来的、异族出身的白丁。所谓白丁在高丽时代称"杨禾尺"（禾尺）、"杨水尺"、"才

----

① 《朝鲜王朝实录·世宗实录·卷四十六》世宗十四年六月丙午条。
② （朝鲜）柳馨远：《磻溪随录·卷二十六·奴隶》。
③ ［韩］李元淳、崔柄宪、韩永愚：《韩国史》，第177页。

人"、"鞑靼",他们多从事屠宰业等被鄙视之产业。李朝政府对私奴婢大体执行抑制政策,以确保"良役",即公役人口的数量。1414—1432 年间,朝鲜宣布良男与婢所生从父而为良。

李朝封建社会拥有在阶级对立的基础上将人们分为不同身份、不同等级的极其复杂的身份制度,这一制度又通过牢固的封建家族宗法制度有所加强。李朝时期"社会的基本单位是家族,其族亲单位不是通常的家,而是以父系血亲构成的宗族"①——"家门"。宗族有约束家族行为的宗契,以保护宗族的共同利益。这种严密的宗族制度在 16 世纪以后又因族谱流行而发达。宗族制度在两班社会和庶民阶层的发展,有助于巩固封建国王和最高门第的特权和统治。

但是宗族制度终究不能掩盖阶级矛盾的发展。尽管在李朝初期,社会秩序有一定的好转,农业生产有较大的发展,农民状况有相对的改善,但剥削和压迫是不变的,在某些地区,其剥削更为残酷、沉重。特别是在遭遇天灾人祸时,那些依靠贷谷而生者只能是贫而益贫,而统治阶级则变本加厉,搜刮更甚。于是,农民流离失所,忍无可忍时,便揭竿而起。

四、1467 年咸吉道农民起义

此起彼伏的农民反封建压迫、剥削的暴动,于世祖末年终于发展为大规模的农民战争。

15 世纪中叶,朝鲜在国内阶级矛盾空前尖锐的同时,外患亦频发不断。世祖十三年(1467)初夏,倭船袭击庆尚道唐浦,其南方安全受到威胁。就在此时,咸吉道"土豪"李施爱"使其党流言曰:'下三道兵水陆并进,忠清道兵船来泊镜城厚罗岛;又朝廷遣平安道、黄海兵,自薛罕岭(一作雪寒岭)入北道,将尽杀本道人。'观察使吴凝

① 曹中屏:《韩国古代两班制度刍议》,金键人主编:《韩国研究》(第十二辑),杭州:浙江大学出版社,2014 年,第 307 页。

亦信之,移文各官,令民登山,人心疑恐"①。同时,关于咸吉道增建接待女真人的"狄馆"、请兵女真,六镇节制使加紧训练军队及在京城某宰相为内应、拟似将发生李澄玉叛乱②之类的传闻的报告也到达王宫。世祖虽并不完全相信上述报告,但也采取了一系列预防措施,遂引起朝野一片混乱。五月四日,咸吉道节度使康孝文在图们江外举行阅兵式;此本系奉旨而为,却被国王派去进行监视的僧人弘道视为康孝文企图叛乱的表现。也恰在此前后,国王收到众多有关康孝文暴政和其他罪行的报告。五月十一日,世祖派右赞成尹子云为咸吉道提察使,并命其以受贿罪逮捕康孝文。③ 而在尹子云履行其使命前,即五月十日夜,吉州人、前会宁府节制使李施爱会同其胞弟、吉州司直李施合及其妹夫李明孝等通过进出官府的官妓山非的内应,暗杀了在吉州巡察的道节度使兼咸兴府尹康孝文与吉州牧使薛澄新、判官,以及与康孝文同行的评事、富宁府使和 8 名军官;接着率吉州 20 名兵卒,联合各邑土豪,杀死了镜城以北各镇的将官,在十日内,除南部 7 个郡县外完全控制了咸吉道其余 14 个郡县及其所属的镇堡。在由他散布的各种传闻和政府动员军队要杀尽咸吉道人的恐怖气氛下,积怨已久的咸吉道农民,纷纷起来反抗,集合在当地土豪的组织"留乡所"下。李施爱"弛书诸邑留乡所,尽杀官吏之自京来者。于是,诸邑回应,争先杀之。如行商、僧侣,非本道之人,亦皆杀之。定平以北,无得脱者"④。咸吉道治所咸兴,完全处于无政府状态。

李施爱在占领吉州后,为统一起义军指挥系统,便自称"咸镜道节度使",任命本道土豪为各地临时官吏,其弟李施合等起义领头人

---

① (朝鲜)李肯翊:《燃藜室记述·卷五·世祖朝》李施爱之乱五月条。
② 端宗元年(1453),咸吉道都制节史李澄玉因不满王廷对新开发地区的不公正待遇,举起反旗,后在政府讨伐军的压力下,逃至女真人居住区,自称"大金皇帝",企图利用女真人与李朝的矛盾,进行抵抗,最后失败。
③ 《朝鲜王朝实录·世祖实录·卷四十二》世祖十三年五月己卯条。
④ 《朝鲜王朝实录·世祖实录·卷四十三》世祖十三年八月乙巳条。

也被授予相应官职。他致书国王,宣称康孝文企图叛乱,"乱臣贼子,人人诛之",要求政府承认既成事实。于是,洪源以北所有郡县农民大都聚集在李施爱及其将领之麾下,形成强大农民起义军。义军大多是正在服兵役的农民,即由"一般农民构成的军队"①,其斗争目标是:取消政府的土地测量、号牌法和神税布,反对扩大军额,肃清贪官污吏。当时,集合在李施爱旗帜下的农民军达两万之众,他们面对政府讨伐军,队伍井然,严阵以待。李施爱振臂一呼之所以能使咸吉道农民集合于当地土豪的麾下并发展成为令李朝封建统治者战栗的农民起义军,有其深刻的政治、经济和社会根源。

15 世纪中叶,咸吉道集中了李朝封建社会的各种矛盾。一段时间以来,不仅那里的人民群众反对封建统治的斗争日益高涨,而且当地土豪反对中央政府的斗争也是日趋激烈。两者在阶级本质上虽不相同,但在利害关系和打击对象上却有一致之处,从而使他们能暂时联合起来,反对共同的敌人。

与其他各道相比,咸镜道颇有自己的特点。这里自古以来本系沃沮和肃慎世居之地,直到高丽中期还是女真人生活的地方,至 15 世纪前半期设置四郡六镇后才逐渐为李朝所管辖,开发较晚,且地处山岳地带,农业生产条件差,一般居民的生活颇为艰苦。李朝开发咸镜初期,考虑到上述情况,在征收田税和分配军额时,均有所缓和与照顾。但到世祖年间,开始对咸镜地方在政治上加强集权统治,在经济上加重搜刮剥削,丈量土地,增加田税,扩大军额。政府为巩固国防,修筑镇堡长城,徭役负担比其他道沉重。且女真人来往汉城,开销费用和军马人夫也要咸镜人民负责。政府还要这里的人民交纳鹰、银、海中特产,特别是本该巫师缴纳的神税布也要全道人人负担。同时,当地土豪与中央政府之间也有很深的矛盾。监

---

① [朝]朴时亨:《1467 年咸镜道农民战争(李朝编)》,载金锡亨、朴时亨、吴吉宝等:《反对封建统治阶级的农民斗争》(《봉건지배 계급을 반대한 농민들의 투쟁[리조편]》),平壤:朝鲜科学院出版社,1963 年,第 20 页。

司、节度使、守令均为中央派遣的南道两班,这些人看不起咸镜道人,甚至当地的土豪同样受到排斥和打击,得不到像样的官职,不仅经济上无实惠可言,就连人格上也受到贱待,被视为猪狗。时任政府讨伐军先锋的柳子光在给世祖的报告中既表露对咸镜道人的轻蔑,又不得不承认这是民怨积压的结果。①

王廷对咸镜道事态的发展惊惧不已。报告到达的第二天,五月十七日,世祖任命王族龟城君李浚为"咸吉、江原、平安、黄海四道兵马都统使";十八日,讨伐军向咸吉进发;十九日,受李施爱连累的元老大臣申叔舟、韩明浍被捕入狱。② 慑于农民军的高昂气势,讨伐军不敢轻易冒进,至六月初一才越过铁岭进入咸吉道境首邑安边。当时,作为咸吉道政治中心的"咸兴士官李仲和等,承施爱折简,肆行杀戮,势日鸥张。都总使浚、副使曹锡文等望风畏怯,到淮阳逗留不振"③,待机而进。

六月十九日,李施合、李明孝率领洪原、北青、甲山等地的农民军约2万人,攻陷北青,驻屯于汝注乙岘,原活动于北青以北的起义军进驻头于所。同时,李浚指挥的政府军亦向北青集结,准备与农民军决战。六月二十三日夜,农民军在李施爱的指挥下,以16000人的兵力包围了设防的北青官军。战斗惨烈,双方动用了包括火箭在内各种武器。勇敢顽强的农民军虽给讨伐军以沉重的打击,但因北青防御工事完备和官军在武器与战术上的优势,更由于李施爱等领导层意志不坚定,竟妥协和官军达成休战,起义军向东利城方向、政府军向西洪原方向撤退。尽管如此,农民军的气势依然不减,影响亦在扩大。七月三日,李浚在向国王的报告中说:"今闻,贼势甚盛,

---

① 详见《朝鲜王朝实录·世祖实录·卷四十三》世祖十三年九月丙寅条。
② 李施爱在给国王的报告中指认申叔舟、韩明浍等为康孝文"叛乱阴谋的后台",国王因此对他们加以逮捕。见《朝鲜王朝实录·世祖实录·卷四十三》世祖十三年五月丙戌条。
③《朝鲜王朝实录·世祖实录·卷四十三》世祖十三年五月丁亥条。

而所在军民皆附于贼。"①《朝鲜王朝实录》同月十一日条也说:"七月甲戌,北青、洪原、利城、甲山、三水军民等,皆附贼党,为书诉都总使浚。"②

但是,休战使政府军得以重整旗鼓,总兵力集结到四五万人。七月二日,世祖宣布亲征;十一日,更给李浚以"纵兵杀掠,或屠城,或纵杀,随意所欲"③的权力,对农民军采取残酷镇压。七月十七日,政府讨伐军前线投入 13448 人的兵力,以三阵向农民军发动新的攻势。由于事前作战计划被叛徒供出,且讨伐军在数量和装备上占绝对优势,农民军在经过英勇顽强的战斗后退出北青。

北青战役后,李施爱重整兵力,准备在北青以东的蔓岭阻击讨伐军。这时,农民军大部向东转移到蔓岭,以此为中心,从东南海岸直至西北太山,在长达 15 里的地方列开阵势,以大约 5000 人兵力迎击官军。八月四日,官军进驻北青居山驿与农民军形成对峙;同时,官军从西路、中路以及沿海的东路多方进攻农民军。起义军虽英勇反击,但因腹背受敌,在付出巨大牺牲后被迫向东退却。战事的失败和阵地的后退,挫伤了起义军的士气。为获得女真人的援助,李施爱率部向龙城方向退却,中途在钟城遭叛变的土豪出身的将领右卫将李云露等的捕押,被送交给官军。于是,起义军的残部呈现溃散状态④,历时 3 个月有余的农民起义终于悲壮地遭到剿杀。

起义失败的原因,首先在于当时的广大农民还不了解压迫和剥削来自封建制度,斗争方向模糊,只是单纯地反对政府的个别反动政策,反对它的个别代理人即贪官污吏,特别是南方出身的官员和人员,并未将斗争矛头指向封建王权。其次,起义的领导人大多出身地方土

---

① 《朝鲜王朝实录·世祖实录·卷四十三》世祖十三年七月丙寅条。
② 《朝鲜王朝实录·世祖实录·卷四十三》世祖十三年七月甲戌条。
③ 《朝鲜王朝实录·世祖实录·卷四十三》世祖十三年七月甲戌条。
④ 《朝鲜王朝实录·世祖实录·卷四十三》世祖十三年八月丁酉条。

豪,他们追求的目标是夺取本地一道或全国的封建的权力①,并不真正代表农民的利益,只是在一定情况下与农民利害一致;他们实乃利用农民要挟政府,以达到其自身的目的,时局一旦不利,便要妥协。再者,战略战术严重错误且敌我力量悬殊。

起义虽然失败,但其历史意义重大,它在一定程度上打击了李朝封建统治,迫使其不得不在压迫和剥削程度上有所缓和。政府减免了当年的租税、徭役和贡物;不久,又废除了神税布。这些尽管是一时性的,却是农民起来抗争的结果,而更重要的是它启迪了农民:只有对当权者进行斗争,才能得到自身的生存权利。

五、并行"畏天事大"、北进拓疆国策

李朝初期的基本国策是整顿内政,强化府兵,养兵蓄锐,巩固李氏政权的政治、经济基础,以加强边防,于坚持传统对中原王朝"事大"政策的同时不断扩大对两界地区的控制。为了实现上述目标,李朝始终把确保明、清两朝的册封和支持,定位为政府"安国定民"的国策。近代以前的李朝始终把奉行"事大"政策作为处理对华关系的基石,而对日本等邻国采取友好与怀柔的"交邻"政策,即所谓"事大交邻"。但是,李氏朝鲜在领土问题上始终坚持北向扩张政策。

以"威化岛回军"为建国先导的李氏朝鲜开国君臣,并未放弃染指中国辽东。早在太祖三年(1394)三月,郑道传奉命讲五军阵图;李成桂按郑道传、南訚的建议,"已定""攻辽之举",习阵图遂为国家之急务。受"表笺风波"牵连的郑道传,被派往东北面任都宣抚使。到任后,他随即"城庆源府",屯粮千石于前线,"泊兵船十艘于豆满

---

① 李朝政府对李施爱的审判记录称:"八月乙巳,都总使浚……问施爱情……问:汝之反谋,始于何日?曰:我初无反心,杀孝文始生逆谋。更杖之,曰:我在母丧,始有逆谋,今已三年矣。本道士马精强,故欲署置守宰,任意自适而。又杖之,曰:欲据此道,畜兵数年,直犯京师。"(见《朝鲜王朝实录·世祖实录·卷四十三》世祖十三年八月乙巳条。)

江"①。在此千钧一发之际,是左政丞赵浚的劝阻和"力谏",才避免了一场战争②。及至明成祖与李朝太宗继位,金印和诰命问题最终获得解决。此后,朝鲜不再循高丽"三年一聘"之制,改"自后贡献,岁辄四五至焉"③。据记载,"岁遣朝京之使,有冬至、正朔、圣节、千秋四行。谢恩、奏请、进贺、陈慰、进香等使,则随事差送。"④至此,两国关系走上轨道,每当李朝新王即位,由明朝皇帝赐前王谥号,册封新王成为惯例。加以明都北迁,"朝鲜益近,而事大之礼益恭,朝廷亦待以加礼"。正如卞季良(1369—1430)所言,明朝"字小之仁,旷古无比",朝鲜"小心翼翼,畏天事大,朝聘往来,罔敢或違";两国关系乃"易所谓天地交泰,上下志同……诚千载不可逢之佳会也"⑤。应该指出,朝鲜对明朝事大外交在一定意义上也服务于其扩张领土的北进政策。

李朝的北进政策是以牺牲女真人的生存空间和明朝的利益为代价,不断向公崄岭以北和在鸭绿江上游右岸,即东西"两界",亦即所谓东北面和西北面地区的领土扩张。其最终目标的实现,靠的是朝鲜对女真人的怀柔和武力征服以及利用明朝政府对外政策的失误。

李朝政府把两界设定为军事行政单位,因恭愍王曾以李成桂为东北面元帅,那里受到李朝特别重视。如前所述,1397 年,太祖在把开国元勋郑道传任命为首任东北面都宣抚巡察使,管理"自端州尽孔州之境","以参赞门下府事李之兰为都兵马使为其副行"⑥的同时,亦令西北面以"平壤为根柢",发挥"固恃险,不依兵法,择深阻,

---

①《朝鲜王朝实录·太祖实录·卷十四》太祖七年四月己亥条。
②《朝鲜王朝实录·太祖实录·卷十四》太祖七年八月壬子条。
③《明史·卷三百二十·朝鲜》。
④《通文馆志·卷三·事大》赴京使行条。上述所谓"四行"中的冬至行始于 1531 年,见李善洪:《朝鲜对明清外交文书研究》,长春:吉林人民出版社,2009 年,第 164 页。
⑤ 郑陟编,权孟孙刊:《(卞季良)春亭遗稿·卷五·送参赞议政府事柳公奉使朝京诗序》。
⑥《朝鲜王朝实录·太祖实录·卷十二》太祖六年十二月条。

筑山城,安置老少,收纳菽粟,举烽相应,间道潜通,出其不意以取胜者,东人之长技",于"深处要冲之地","修城堡,蓄粮饷,备器械,练人马","行邻保相告之法",并令两界屯田。①

朝鲜的北进政策使世居鸭绿、图们二江以南的女真人问题凸显。朝鲜在招抚、送还、遣返女真人的问题上与明成祖的政策相悖,招致与明朝在设置建州、毛怜诸卫上的抵牾。早期,明朝忙于对付元残余势力,无暇顾及经营女真事业,当朱棣即位全面着手处理女真事务时,朝鲜外表似恭顺明朝,不做正面冲突,暗地里却力图控制兀良哈、斡朵里等女真诸部,对于其归附明朝的行为,在政治、经济和军事上施加诸多影响与压力,有时以"绝市"相威胁,甚至采取袭杀手段。

在处理与朝鲜有争议的领土问题上,与有明确、连贯的北进政策的李朝相比,明朝至少在洪武和永乐年间,始终缺乏系统、有效的既定方针,所取措施缺乏连贯性、主动性,多为临时应对,不得已时封闭一下贡路,禁其臣民往来,通常也只要求送还逃亡或诱走的辽东民户和女真人户了事。

朝鲜对明朝在鸭绿江、图们江沿岸地区设卫等举措多有猜疑。为羁縻女真诸部,明成祖曾遣使招抚图们江流域斡朵里、兀良哈、胡里改等部女真人。1403 年十一月,明设建州卫军民指挥使司于会宁,以阿哈出为指挥使。② 此前,朝鲜已获得有关信息,故于是年六月"三府会议女真事"③,研究对策。朝鲜君臣认为朱棣"帝于东隅,置建州卫,是扼我咽喉,掣我右臂也。外立雄藩以诱我人民,内加异宠以懈我御悔,其意固难测也"④。

1404 年四月,应女真遗民佟景等之奏请,明辽东千户王可仁奉

①《朝鲜王朝实录·太宗实录·卷十三》太宗七年一月甲戌"领议政府事成石璘上书"条。
②《明永乐实录》永乐元年十一月辛丑条。
③《朝鲜王朝实录·太宗实录·卷五》太宗三年六月辛未条。
④《朝鲜王朝实录·太宗实录·卷十二》太宗六年八月庚戌条。

旨出使朝鲜,敕谕居于辽、金故地的三散、秃鲁兀等十一处女真地面官,宣布"给与印信,自相统属,打围牧放,各安生业,经商买卖,纵便往来,共享太平之福"。但受朝鲜北进政策的影响,"女真人不应敕者甚多"。同年五月,朝鲜使臣金瞻"赍擎奏本及地形图本赴京奏达"。奏本模糊作为疆界的公崄岭的位置,同时强调其王之祖坟在孔州(今朝鲜庆源)、咸州,这就把本坐落于今咸兴郡德山面大德里山城址的公崄岭,错误地移至孔州、咸州以北的图们江,而且由于明礼部官员的大意,居然使朱棣错误地对所谓"朝鲜之地"的无理要求予以"准请"①。

　　1405 年三月,鉴于东开原、毛怜等处地面万户猛哥帖木儿能敬恭明帝之命,"归心朝廷",特遣千户王敦化赴朝鲜王京宣布敕书,要求朝鲜"遣一使与之同行"协助。但是,朝鲜百般阻挠,使得王敦化招安时,造成猛哥帖木儿(1370—1433,清朝开山肇祖,爱新觉罗·孟特穆)不得不"阳为不顺朝廷,以示郭敬仪(朝鲜官员),内实书写纳款无贰之诚于王教化的,潜理妆欲随教化的赴京师,我国未之知也"的局面。② 受明使宣谕开导,同年末,毛怜兀良哈首领把儿逊到达金陵,成祖遂"命设毛怜卫",以把儿逊等为指挥、千百户官,并赐诰印。③ 1410 年春,毛怜卫女真与朝鲜发生冲突,朝鲜兵马使韩兴宝中矢身亡;此后,吉州道察理使赵涓"诱杀"毛怜卫指挥使把儿逊于"豆门"(图们),并将其部族消灭。毛怜卫遭到沉重打击,史称此事件为"庚寅之变"④。事后,闻明将于此设卫,更因猛哥帖木儿率部进行报复式进攻,朝鲜被迫放弃不久前设立的庆源府,退守富家站

---

① 《朝鲜王朝实录·太宗实录·卷七》太宗四年四月至五月条。
② 《朝鲜王朝实录·太宗实录·卷十》太宗五年八月条。
③ 毛怜卫印已经出土,为铜铸方印,边长 3 寸,厚 8 分,篆体印文为"毛怜卫指挥使司之印",印背刻有"礼部造永乐三年十二月□日"字样。详见建文:《论明代对东疆地区的管辖问题——兼就"北间岛"研究驳韩国学者》,载刁书仁主编:《中朝关系研究论文集》,长春:吉林文史出版社,1995 年,第 200—215 页。
④ 《朝鲜王朝实录·太宗实录·卷二十》太宗十年三月条。

（今朝鲜镜城郡）。① 1425 年,朝鲜王廷甚至准备再退至龙城(今朝鲜咸镜北道输城)。

1413 年七月,朝鲜太宗于庆会楼召集左右政丞及诸大臣议"中国对备策",决定"坚筑平壤、义州之城"②。是年,毛怜卫内移。1417 年,闻明将立卫,富家站扩建为边防重镇,提升为重建之庆源镇治所,更名为"富居石城"。1423 年,猛哥帖木儿奉旨率部东返故里阿翰木河,朝鲜世宗遂知会猛哥:"汝等还来旧居,可喜。"1432 年,朝鲜已经在石幕上院平筑石城,称宁北镇(今朝鲜咸镜北道富宁里)。世宗以图们江之南,沃野数百里,耕则禾稼必盛,牧则牛马必肥,可为生民永建乃家之地。是以于癸丑(1433 年,世宗十五年)冬,移庆源府于苏多老,移宁北镇于翰木河,徙南道之民二千二百户进入,他们被分配到"道路不甚远阻"的庆源三百五十户,北青二百八十户,洪原四十户,镜城五百五十户,吉州五百户,而"年歉道远"的咸兴、永兴各四十五户,定平、安边、文川、宜川、龙津、高原、预原则各三十户、十三户不等。③ 此等行动是朝鲜"东北境开拓"、建立北方"六镇"进入实质阶段的标志性事件。

亦是这一年十月十九日,建州左卫都指挥使猛哥帖木儿及其长子权豆遭反叛的兀良哈女真首领杨木答兀等的袭击遇害,即所谓女真发展史上的"癸丑事变"。其时,猛哥帖木儿次子"童仓与权豆妻皆被掳未还,(其弟)凡察乘其隙亟归京师,受都督佥事之职,又受印信而还"④,成为斡朵里部首领,接管了左卫事务。世宗遂遣任金宗瑞为朝鲜咸吉道节度使,借李澄玉的兵力,乘虚进入猛哥帖木儿世居之地,待凡察返回斡木河世居之地伯颜愁所时,金宗瑞已于1434 年将宁北镇从石幕北移至这里,并取"吾音会"会字和"北宁"的宁

---

① 《朝鲜王朝实录·世宗实录·卷七十八》世宗十九年八月癸亥条称:"其后,风闻大明欲建卫于孔州之地,廷议大惊,即复庆源于富居。"
② 《朝鲜王朝实录·太宗实录·卷二十六》太宗十三年七月癸卯条。
③ 《朝鲜王朝实录·世宗实录·卷六十三》世宗十六年正月甲申条。
④ 《朝鲜王朝实录·世宗实录·卷八十二》世宗二十年七月辛亥条。

字,命名为会宁府;次年七月,又在原女真人的伯颜愁所分割会宁之四百户设郡,名钟城;分割庆源之三百户设县,称孔城。高丽时期曾短期于此设过公险镇内防御所,1411年又重新被女真人占据;1428年朝鲜夺回后,把富居(今朝鲜镜城)的庆源都护府移至会叱家(今朝鲜庆源)。后因庆源与钟城离图们江太远,1440年又将钟城郡治从伯颜愁所(钟城郡行营)迁至愁州(今朝鲜镜城郡潼关镇),并于朝鲜半岛最北端图们江中游之女真人生活的多温平,设立稳城郡,两年后二者同时升格为钟城府和稳城府。为防御女真人进犯,1442年,从训戒(今朝鲜庆源北)至秃山烟台(今朝鲜会宁西)沿图们江修筑长城,并于1449年在原宁北镇旧址石幕设置了富宁府。同时,继续推进“募民实边”,“募江原、忠清、庆尚、全罗之人以补之”①。至此,北方六镇建立宣告结束。

此前,1404年、1409年,建州卫与毛怜卫先后于移居到波江(辉发河)流域。但是,仍有一些斡朵里人和兀良哈人留在图们江两岸,甚至六镇所在的广阔地带。六镇的建立与防御的加强,对斡朵里部女真人形成巨大压力。除生活在朝鲜所设郡县城堡四周的“城底野人”,经长期的冲突与交流,最后被朝鲜融合吸收外,上述女真两部基本迁往婆猪江(鸭绿江支流浑江)流域合流,成为建州卫主体。后鉴于凡察与被释放的童仓间发生“卫印之争”,明廷遂于1442年析建州左卫为左右二卫,前为右,后者为左,自此,历代便有所谓“建州三卫”。

鉴于半岛政权早在高丽时期已经控制了鸭绿江流域下游左岸的土地,鸭绿江上游的领土遂成为朝鲜主攻方向。1403年,朝鲜把高丽恭愍王十年(1361)设立的江界万户府升格为江界府;恭让王1391年设立的甲州万户府,在东北面安抚使李兰之筑城之后,于1413年改为甲山郡,与作为东北面图们江下游扩张领土前进基地的

---

① 《朝鲜王朝实录·世宗实录·卷七十七》世宗十九年五月己酉条。

孔州相呼应,成为朝鲜在长白山以南、鸭绿江、图们江两江上游扩张的前哨。1416年,"以咸吉道甲山郡西面闾延等地距本道辽远,割小熏头以西,为闾延郡"①,归平安道,隶属于江界都护府。闾延郡本咸吉道甲山府闾延村,距离鸭绿江四里,1417年升为都护府。这样,朝鲜大体控制了甲山以西鸭绿江南岸的土地。但是,这些措施仍未能完全阻止女真人在这个地区的活动。1422年秋,又屡屡发生"野人""潜入"闾延、江界等地"焚禾谷"事件。进入15世纪30年代,继承父释家奴(李显忠)之职的建州卫兀良哈部首领李满住(1407—1467)已经率部移居鸭绿江沿岸,于壬子年(1432)"突入闾延"②,对朝鲜在这个地区的立足形成威胁。这引起朝鲜朝野的恐慌,世宗遂命四品以上官员上"制寇之策",将"一方制御之事专委于"平安道都节制使李葳。③ 1433年四月,在尚"未知贼之为谁"④的情况下,命平安道都节制使崔润德率军分四路进攻建州卫诸部,女真人伤亡惨重,李满住身负重伤。在与女真人的作战中朝鲜发现有必要在闾延郡与甲山郡间建立新的据点,遂决定在其中间地带的慈作里(今朝鲜慈江道)筑城设立慈城郡,隶属江界府。但是,这依然不能应对频繁出入鸭绿江两岸的众多的女真人。于是,又在赵明干(今朝鲜慈江道慈城郡长土面长城洞)设立虞芮堡(今土城洞)和下无路堡(今湖芮)防御女真人的进入。明正统(1436—1449)末年,李满住以都督同知统领三卫,肆意扩张寇掠,成为明朝与朝鲜的共同边患。1437年九月,朝鲜平安道节制使李葳乘机率8000重兵越过鸭绿江进击女真人的基地兀剌山城(今五女山)和吾弥部等地,对李满住发动第二次进攻。随后,朝鲜于1440年在虞芮堡东江南设立茂昌县,1443年升格为郡,属江界府。至此,所谓闾延、虞芮、慈城、茂昌"西北四郡"设置

① 《新增东国舆地胜览·卷五十》平安道条;《朝鲜王朝实录·太宗实录·卷三十二》太宗十六年七月甲寅条。
② 《朝鲜王朝实录·世宗实录·卷五十八》世宗十四年十月庚戌、十二月甲午条。
③ 《朝鲜王朝实录·世宗实录·卷七十三》世宗十八年闰六月癸未条。
④ 《朝鲜王朝实录·世宗实录·卷五十九》世宗十五年正月壬申条。

完成。① 为对付李满住势力，又"自甲山、三水至于平安道之境古未平，审定加波地堡，及因车外堡自惠山堡东峰至于平安道之境农所里峰头，皆置烟台"②。

　　此后，朝鲜又借已经形成的明朝与朝鲜对女真人的共同战线，继续打击女真人。1467 年，明约朝鲜共同出兵围剿，李满住与其子古纳哈战死。其后，其孙完者秃虽袭职都指挥金使，但在建州其势力已大大削弱。尽管明朝与朝鲜之间的女真问题，没有影响到两国间关系的大局，两国间的政治、经济关系与文化交流顺畅发展，可这种局面在客观上助长了朝鲜在半岛东北与西北两个方面的领土扩张。

　　如前所述，朝鲜与明朝建立关系之初，两国关系发展虽经历一些曲折，但是由于朝鲜始终坚持"事大"路线，而明朝亦从"礼治外交"政策出发处理两国间发生的种种问题，特别是 15 世纪 40 年代以后，受北方瓦剌势力的牵制，明朝亦犹重视朝鲜，两国借一方的进贡和另一方的回赐长期保持着稳定友好关系。

　　有明一代，朝鲜例行之朝贡仅为正朝、圣节、千秋、冬至四次。正朝行于岁首，在每年正月初一；圣节，即皇帝之诞辰，明代皇帝生日为万寿圣节；千秋，指皇太子生日；冬至，每年冬至朝鲜遣使祝贺。上述朝贡进献的时间与物品种类、数量、质量均有成礼，不可任意变动。此外，当新帝即位、驾崩、立妃之时，朝鲜也要遣使入明。应付特殊目的和随时派遣的谢恩、奏请、进贺、进香等各使，属于别贡。当时，朝鲜的贡品多为马匹、人参、苎布和皮制品，明朝的回赐则为绸缎、瓷器、药材和书籍等。有时，明朝也向朝鲜指定索求少女和宦官（火者）。明英宗（1436—1449 年在位）朝始，在纠正国家腐败政治

① 实际上，此后"西北四郡"的版图多次发生变化。为加强甲山郡与茂昌郡的联系，1446 年曾在其间另设了山水郡；1455 年，虞芮、茂昌、闾延三郡被废弃，其地的居民迁至甲山郡和龟山郡；1459 年，又废慈城郡，其居民划归甲山郡，"西北四郡"遂成废四郡。直至 19 世纪，朝鲜才在废四郡的地区建立城堡恢复统治。
②《朝鲜王朝实录·世宗实录·卷一百一》世宗二十五年九月辛未条。

的背景下,明朝敕谕朝鲜停止非常贡之物,并放还其 53 名宫女回国。不仅如此,其出使朝鲜的使臣亦不再接受其用乐的礼宴和女乐。

1449 年"土木之变"①后,明廷更关注天朝在藩国的地位。为彰显中华文化,"服远人之心",除必须派遣"内臣"外,"其册封等礼,仍选廷臣有学行者充正、副使"②。同样,朝鲜方面为提升本国形象,在确保朝贡贸易的前提下,为更有效地吸收大明文化,配合国内创制《训民正音》、繁荣文化事业的需要,其使臣大多是如郑麟趾、徐居正、卢公弼、李衍、李玼式的著名儒臣。而且,接待明使的接伴使亦是工于诗文的文翰之臣。于是,这些文臣在接触中常以诗词歌赋传递信息,抒发感情。即使在英宗被俘的困局中,明廷为维护其天朝的至尊地位,于朝鲜文宗即位年(1450)遣翰林院侍讲倪谦、刑科给事中司马恂颁即位诏于薪王。朝鲜则以郑麟趾、成三问、申叔舟为馆伴官陪同。五人皆中朝当时知名文人,便于处理公务之余赋诗唱和,从而不仅舒缓了"土木之变"所带来的阴影,亦通过尽情抒发双方建立的友谊,进一步加深了两国的关系。倪谦回国后将其在半岛与朝鲜文臣"得存唱和余稿五十有三篇",一并汇编为《辽海编》刊行,而朝鲜的郑麟趾亦取相同行动,将他们与倪谦、司马恂唱和之诗文刊印,取名《庚午皇华集》。此后,两国使臣往来的此类行为遂成惯例。因此,近代学者称此等两国交际为"诗赋外交"。诗赋外交密切了两国关系。据统计,朝鲜建国后的 58 年间,朝鲜向明朝遣使399 人次,明朝向朝鲜遣使 95 人次。

朝贡贸易主要满足双方帝王的生活需要。但是,频繁往来于两国间的使臣还从事解决进口急需物资的使臣公贸易和私人走私性质的"暗行贸易"。朝鲜政府公开支持使节在明朝进口药材、弓角、丝绸、书籍、乐器等物品。

---

① "土木之变"又称"土木堡之变",指明正统十四年(1449),明英宗朱祁镇北征瓦剌兵败被俘之事件。
②《明宪宗实录·卷六十一》成化四年十二月壬子条。

两国民间边境互市和走私贸易也很活跃。明洪武初年，双方民间有官方允许的义州互市，丽末朝鲜初，边境互市遭到禁止，但是，这种民间贸易屡禁不止，加上官方参与其中，故呈现"无禁防"①状态。

在对日关系上，由于两国均受倭寇之害，朝鲜与明朝也时常协调立场，情报共享，并在相互遣送被倭所掳军民等方面合作。为了消除倭患，太祖曾与日本北朝的足利幕府及地方豪族建立通商关系，试图使日本实权人物足利义满制止倭寇。但因室町幕府既号令不了日本西部的豪族，也号令不了对马藩的当权者，李朝只能采取怀柔与武力并举的方针自行解决。因此，太祖加快了在三南地方②建立海军的步骤。1396年末，门下右正丞金士衡率朝鲜海军袭击倭寇据点壹岐、对马岛，迫使倭酋罗可温率船队投降。1403年十月，日本遣使将倭寇绑架的130名朝鲜人送还朝鲜；次年七月，足利义满遣使朝鲜献方物，朝日关系进一步改善。但是，倭寇的犯边行为仍不能禁。1406年春，倭寇在全罗道掠夺漕船14艘。为此，朝鲜政府严惩了全罗"左右道都万户卢仲济等四人杖六十，余各笞五十"③。但鉴于是年冬十月辛卯日本送还被倭寇掳掠人员的行动，1407年七月，朝鲜确定了与倭人贸易的条件，限定日本商人来朝贸易的数量，发给其从事贸易的证书，以区别其掳掠船和贸易船。同时，"加各道兵船之数"于沿海和通商浦口。④

但是，上述措施并不能杜绝倭寇对朝鲜沿海与岛屿的骚扰。1415年初夏，倭船23艘入侵济州岛。1418年，对马岛主宗贞芽[茂]去世，其子宗贞盛继位，但实权落在倭寇头目早田左卫门大郎手中。是年，当地歉收，倭寇窜到中国掠夺。1419年五月，全罗道都节制使侦得"倭船三十九艘寇上国，来泊近岛，屯兵灵光"⑤；六月中

①《朝鲜王朝实录·中宗实录·卷十二》中宗五年八月条。
② 忠清南道、全罗南道、庆尚南道三道，合称三南地方，亦称下三道。
③《朝鲜王朝实录·太宗实录·卷十一》太宗六年四月辛未条。
④《朝鲜王朝实录·太宗实录·卷十五》太宗八年三月庚午条。
⑤《朝鲜王朝实录·世宗实录·卷四》世宗元年五月己酉条。

旬,三军都体察使李从茂、领议政柳廷显率兵船 227 艘,水兵 17285 名,从马山浦起航"东征",一举捣毁了倭寇的巢穴对马岛,烧毁倭船 109 艘,杀伤、俘虏倭人 144 名;下旬,又派前都节制使权蔓等率兵船支援,焚烧房屋 70 余户,焚毁船只 15 艘,并救出被掳中国人 145 人和多名朝鲜人,给倭寇以沉重打击,迫使宗氏投降。此役史称"己亥东征"(日本称"应永外寇")。两年后,对马岛主以进贡黄铜和硫黄换回日本被俘人员,并请求重开三浦通商。1423 年十月,朝鲜对日开放富山(东莱)、乃而浦(熊川)、盐浦(蔚山)等三浦,并准其在三浦置倭馆。此后,日本船和日本人的来航者与日俱增。1443 年,朝鲜与对马岛主缔结了条约,约定双方实行"信牌制",限制岁遣船为每年 50 只,岁贡米与豆 200 石;在特别情况下可派特遣船。这样一来,除对马岛主外,也给了足利将军和大小豪族以来船贸易的可能。史称此条约为"癸亥条约"(日本称"嘉吉协议")。日本船来到三浦后,首先检验他们的图书(铜印)或文引(书契),按规定将人员和货物送到汉城,奉纳进献物,李朝方面作为代偿给予回赐品。这也是一种朝贡形式的官方贸易,同时附带进行私方贸易。日本使者的进献品为硫黄、苏木、丹木、银、铜、铅、药材、染料和香料等。李朝的回赐品则为棉布、米以及苎布、麻布,人参、兽皮、花席、螺钿、陶瓷、书籍等。所有日本使节几乎都要求被赐予《大藏经》或者"梵钟",在这方面李朝也曾多所赐予。为了接待日本使节,李朝在汉城设有称作东平馆和西平馆的两处倭馆。在与日本的贸易中,进口黄铜是朝鲜官民所关心的重要品类。朝鲜王朝后期学者徐有榘(1764—1845)称:"我东国非不产铜,而不知炼铜之法,迄无有开矿采取者,赤铜来自日本,炉甘石贸之中国,炼成黄铜。其实我国所用黄赤铜皆非土产,是时中国不通日本,日本之铜必先输于我国,以转售于中国。故华人遂谓我东之产耳。"① 徐荣辅的《万机要览》也认为在"英宗辛酉"

---

① (朝鲜)徐有榘:《林园经济志·工制总览·攻金》。

(1741)前,朝鲜只有"自然铜,而不知吹炼之法,公私所需,全用倭铜"①。其实,情况并非全然如此,记载显示,1425年,庆尚道采访别监金允河曾向国家"进铜一千二百八十二两"②;次年,户曹启奏曰:"铜铁,买于倭人,固非永久之计,请于产铜,庆尚道昌原府一百斤,黄海道遂安、长渊各五十斤。每年,鼓铸上纳。"③上述两种文献所载虽言过其实,但从日本进口黄铜并转口古代中国却是朝鲜希望与日本保持贸易关系的重要原因。

第三节　两班社会分裂加剧与备边司设置

一、土地兼并加速乡村社会的变化

16世纪,两班社会的内在矛盾日趋显现,土地兼并速度加快,勋旧势力重新占据国家要津,上层社会分化为不同的利益集团。统治阶级的分裂削弱了国家的实力,招致外敌,国家安全面临重大危机。

早在15世纪末叶,王公贵族、中央官僚和内需司(国王的私人财政机关)及地方两班土豪已开始疯狂侵占公田,掠夺农民土地。连成宗朝(1469—1494)以"贪邪"臭名昭著的西河君任元濬(1423—1500)都承认"满朝宰相,先贫后富,积粟钜万者,不知其数"④。贪官"柳子文……其在任所五六年之间……坐耗公廪,盗给官物,占私田数十结,擅发官民牛力耕获,岁收花利,贩鬻自私"⑤。

土地兼并严重影响国家的财政收入,迫使政府不断调整田制。1483年,成宗命减职田份额,功臣田减半,废止寺院田。1504年五月,燕山君令没收开国功臣以外的全部功臣田,悉数作为别赐田分

---

① (朝鲜)徐荣辅:《万机要览·财用篇》。
② 《朝鲜王朝实录·世宗实录·卷二十八》世宗七年四月丙寅条。
③ 《朝鲜王朝实录·世宗实录·卷三十一》世宗八年三月甲寅条。
④ 《朝鲜王朝实录·成宗实录·卷九十三》成宗九年六月乙巳条。
⑤ 《朝鲜王朝实录·成宗实录·卷二十七》成宗四年二月壬午条。

配给其近臣。但是,随着政局的变动,国家实行改革的方向则左右摆动。1508 年"中宗反正"后,立即取消了燕山君的命令,改赐予新封的靖国功臣。此后,政府各派政治力量因对佛教的态度不同,寺院田的去留又经历几次变动。至 16 世纪中期,职田再也无法维持;1557 年,明宗宣布废止百官的职田。

同时,国家也废除了州县官吏的衙禄田及承担其办公费用的公须田。于是,州县官员便以"耗米"(一种中间剥削方式)为主要生活来源。随后,驿田、屯田等公有土地也随土地兼并的加剧而名存实亡。大官僚、大地主相互兼并土地,在统治阶级内部,引起彼此之间对立仇视。中小地主强烈要求"限田",他们与大地主间的矛盾日趋尖锐。各种矛盾的激化,酿成了李朝统治阶级内部的派别斗争——士祸和朋党之争。

15 世纪末开始显现的中小地主与大土地所有者间的矛盾与斗争,导致其上层社会逐渐分裂为两种对立的政治势力:一是出身武将的开国功臣、早期辅国老臣及其后裔,他们享有特权、恃功骄纵、操纵朝政,并占有大量土地,即所谓勋旧派;一是在野的具有节义精神、秉持义理观的代表中小地主或在乡地主利益的新兴政治势力,即所谓士林派。

勋旧派在精神生活方面继承了官学派首领郑道传的学统,曾是推进新兴高丽王朝发展的以中央官僚为主体的政治势力;士林派是朝鲜中期以在野士类为背景的政治营垒,是政治上尊王、学术上循道,继承郑梦周学统的政治力量。

"士林"一词最初偶见于丽末鲜初,1496 年"戊午士祸"后,士祸不断,有人开始把受害者集团称作士林,而"士林派"之术语是近代史学之用语。丽末兴起的朱子学,在朝鲜初期已经分裂为两派:积极从政的官学派,此派以郑道传、权近为首,他们有权有势,是大土地的占有者,且多居住在京畿地方,被称为近畿派或勋旧派,郑麟趾、鱼孝瞻、申叔舟、崔恒、李石亨、梁诚之、权擥、郑昌孙、许居正、韩明浍、韩继禧、李克墩、卢思慎、姜希孟等系其代表人物。而以吉再为首的私学派拒绝出仕新王朝，坚持对高丽王朝的忠节。起初，他们避隐于庆州山林，从事于私学，传播性理学，培育了一批志趣相投学者。15世纪末，他们作为乡村中小地主阶层的代理人，其中的一部人开始入世做官，逐渐进入国家枢要机关。于是，在经济与教育较发达的岭南、畿湖地区形成了以大科名世退职士大夫为核心、以小科之生进科试的生员和进士为基础的士林社会。

岭南派是最早形成集团势力的。中宗反正后，以赵光祖（1482—1519）进入政界为契机，畿湖地方的士类成为士林派之重要力量。早期进入政界的士林领袖金叔滋（1389—1456）、金宗直（1431—1492）是岭南士林派的师宗；吉再（1353—1419）是他们的学术思想导师，而退溪李滉与曹植（1501—1572）是其核心人物。

畿湖派指生活在以京畿道为中心包括海西（黄海道）、湖西（忠清道）在内的广大地区的士林集团。其代表性的学者有金长生（1548—1631）、宋时烈、朴世采等，他们追崇和继承了栗谷李珥（1536—1584）及其道友牛溪成浑（1535—1598）等人的学统，又被称为栗（谷）牛（溪）学派。

士林政治重视门阀和学派，催生朋党意识。早在15世纪末，成宗时代的士林领袖金宗直以曾在世祖末年被撤销的留乡所为阵地，在广大乡村开展朱子学的教化运动，使《仪礼》的"乡射礼"和"乡饮酒礼"于成宗十年（1479）制度化①。

留乡所是朝鲜初期地方品官组织的纠察品质恶劣的乡吏、匡正乡村民风的自治机构，也称作乡射堂、风宪堂、执宪堂、乡所、乡厅，是郡县守令的咨询机关，又叫"贰衙"，是由丽末之京在所事审官制

---

① "礼曹启：五礼仪注，每年孟冬，开城府及州府郡县择吉辰行乡饮酒礼。每年三月三日、九月九日，开城府及州府郡县行乡射礼。法非不详，而守令因循不行，未便。请自今，令留守、观察使申明举行。从之。"见《朝鲜王朝实录·成宗实录·卷一百一》成宗十年二月己亥条。

度演变而来。鲜初,留乡所因演变为取代地方守令的机构而被太宗于 1406 年撤销;1428 年,世宗则通过颁布《留乡所作弊禁防节目》予以制度化重新开设,并加强了监督新定留乡所的定员品官的京在所。朝鲜时期的乡村行政机构以自然村为基础实行里面制。村落依居民的构成,分为两班居住的"班村"和平民居住的"民村"两类。班村,一般两三家氏族相互有姻亲关系,两班、庶民和贱民混同在一村,姓氏多种,但 18 世纪后同姓村落发达;民村顾名思义为平民、贱民居住地,他们是临近班村地主的佃户。此时,留乡所的功能并未削弱,作为国家行政机关的辅助机构通过举行乡射礼、乡饮酒礼,加强乡村教化,调解乡里间的"不悌""不睦""不姻""不任""不恤"等问题。为了建设符合性理学要求的理想乡村秩序,打造其自身的势力基础,留乡所受到士林派的青睐。但是,这也引起勋旧派的关注,使不少留乡所受到了他们的指控。于是,士林势力则另立"司马所"予以对抗。随即,留乡所的性质发生变化,名称也演变为"乡厅"①。

朝鲜初期,乡村还存在由地方显族组成的"契",其成员曰"乡员",选拔在案②的年高德望者为"乡宪"(又称乡先生、乡大夫)和"乡有司",由他们组成乡执纲,负责监督留乡所的座首。乡员间有类似乡约的"乡规"相互制约。"契"乃朝鲜古代原始共同体观念演变而来的一种社会互助契约形式,有群体相助契,如宗契、牛契、船契,有社交之契,如射契、诗契、同年契等,还有洞里契等,方式相当随意。

乡村农民耕作有称作"杜烈"(두레)的互助组织,其成员共同参加佛教的信仰活动,特别是共同对应各种灾难,也有牵制两班士族的作用,常常不顾他们的阻挠而在收获后举行庆祝活动。

书院是士林各派系的基层大本营。中宗朝,以官任大司宪的赵

① [韩]金龙德:《乡厅沿革考》,《韩国史研究》21—22 合辑,1978 年。
② 一种管理留乡所的乡中士类名簿——《乡录儒案》,即乡绅录,亦称乡座目、乡籍、青衿录或士籍,只有称作世族、显族、右族的"在地士族"才有资格登录在册,也只有在册者才有可能享有两班的待遇,充当座首和别监。

光祖为中心的士林政府在全国各地广设书院，推广"乡约"。书院乃伴随以乡校为中心的官学教育的衰退而兴盛。起初，它本是奉祀先贤、儒生讲学、学者集会之所，是由书堂发展而来的。书院是一种地方自治团体，肇始于16世纪40年代。当时，一批书院逐渐发展出类似高丽寺院一样的规模和影响。中宗三十八年（1543），丰基郡守周世鹏（1495—1554）为奉祀安珦，首先在其家乡竹溪（顺兴）设立书院，采用朱子的白鹿洞学规，后得名白云洞书院，并因受王颁赠匾额而名声大振。其后，退职官员中的学者回到乡间，纷纷设立书院，教育后进，研讨学问，为日后重进政界做准备。明宗朝，全国已有17所书院。至宣祖时代（1567—1608）已经超过百所。到18世纪，书院竟然超过千所，其中尤以庆尚道最为集中。这些书院三分之一为赐匾书院，书院拥有大片土地和众多奴婢，享有免役特权。这时的书院已经成为地方两班的基地，在国家社会、政治、经济生活中占有举足轻重的地位。

至迟到15世纪末叶，朝鲜已经形成一个以书院为基地具有对旧秩序批判精神的新兴士大夫阶层。他们借助"书院"与"乡约"广泛传播《朱子家礼》，使儒家伦理观念逐渐深入社会。

乡约历史早于书院。朝鲜乡约的母体是北宋熙宁九年（1076）陕西蓝田地方之"吕氏乡约"，吕大均兄弟等同宗、同里乡亲共同约定其言行准则：德业相劝，过失相规，礼俗相交，患难相恤。① 后经朱熹修订成《增损吕氏乡约》。丽末，它与朱子学一起被引入半岛。1398年，太祖亲自为己之丰沛乡拟订定《乡宪》41条，命孝宁大君增

① 据（宋）吕大钧撰：《蓝田吕氏乡约》载："宋蓝田吕氏兄弟四人，大中、大防、大临、大约，皆从伊川、横渠两先生学，德行、道艺萃于一门，为乡人所敬信，爰为立约以期同归于善。其约有四：一曰德业相劝；二曰过失相规；三曰礼俗相交；四曰患难相恤。众推有齿德者一人为直约正，有学行者二人副之。约中月轮一人为直月。置三籍，凡愿入约者书于一籍，德业可劝者书一籍。直月掌之，月终则以告于约正，而授于其次。凡同约者：德业相劝，过失相规，礼俗相交，患难相恤。有善则书于籍，有过及违约者亦书之，三犯而行罚，不悛者绝之。"

补、颁布于乡邑。它与朝鲜传统土著社会的"香徒""契"以及"社"之约契相符,得到儒学大家的赞助。16世纪初,中宗根据大司宪赵光祖、大司成金湜(1482—1520)的进言,在全国推广。"明宗元年,以风俗浇薄特为下教,俾穷乡僻巷,无不周知。"①此后,退溪李滉为其家乡安东郡礼安县温溪里制定了"礼安乡约"(又称"退溪乡约")。李幌的弟子崔兴远为己之乡里达城郡公山面夫仁洞制定出"洞约"。1571年,另一位儒学大家栗谷李珥于清州牧使任内,参考当地已有的乡约,制定了"西原乡约";六年后,栗谷退职隐居海州石潭期间,又制定推广了"海州乡约"和"海州一乡之约"。肃宗以后的乡约大部分出自李珥之蓝本。乡约普及后成为"德化"和"互助"的一种规约,对以儒教精神净化社会发挥了重要作用。乡约的执行由乡里士林中选出的"约正""副约正""直月"等"乡案"人员贯彻,成为地方两班施展政治影响的工具。

16世纪,朝鲜在性理学兴盛的大环境下,嫡庶观念导致的士族与庶族社会分裂,加深了封建统治者阶层内部的斗争。按照《经国大典》的"禁制""限品叙用"条款和《续大典》的"许通禁止"条款,两班中的"庶出"者,即两班的妾生的子孙,没有财产的继承权,也不享有文科的应试权,只能参加武科,接受没有实职的官衔,"立后者"②除外。于是,朝鲜人的社会身份,在良人、贱人之外,又增加了士族与庶族的区分和对立。

二、士祸与朋党:王统继承混乱

15世纪末、16世纪上半叶,新兴的士林派与勋旧势力间展开了争夺权力、掠夺土地的血腥厮杀,且通常以士林官吏惨遭清洗而告

---

① (朝鲜)朴馨德:《玩易堂文集·乡约序》,韩国文集编纂委员会编:《韩国历代文集丛书》第602册,汉城:韩国景仁文化社,1997年,第462页。
② "户曹启:正统二年六月受教,凡立后者,一应家事,皆如己子,为所生父母降服,请将卒左赞成李孟畇科田递给立后子李保基,且自今功臣田、别赐田、科田递给立后人事,并载大典。"《朝鲜王朝实录·世宗实录·卷二十九》世宗八年十二月戊寅条。

终,即"士祸"。李朝前后共发生过四次士祸,即戊午士祸、甲子士祸、己卯士祸、乙巳士祸。

第一次士祸发生在戊午年(1498)七月,史称戊午士祸,又因士祸起因于史草,亦称"史祸"。1470年,13岁的成宗(1470—1494年在位)登上王位。七年后,成宗亲政,他主张以学问治国,设弘文馆、尊经阁、读书堂,为牵制勋旧势力,重用以金宗直为首的士林派人士,金宗直掌握三司之言论职和史官职,于是,士林派逐步成长壮大,成为足以挑战勋旧派的政治势力。1494年末,成宗薨,李朝第10代君主燕山君李㦕(1494—1506年在位)继位,燕山君是成宗的嫡长子,此人荒淫残暴。领议政卢思慎(1427—1498)奏请燕山君由春秋馆编撰《成宗实录》。次年春,设置实录厅;金宗直门下金驲孙为春秋馆史官,草拟史稿,并将讽刺勋旧派的不法活动和世祖篡位行为的《吊义帝文》记入史草。勋旧派负责编撰《成宗实录》的李克墩发现此文被收录其中,便怂恿燕山君对士林派进行处理。已故金宗直被剖棺斩尸,金驲孙、权五福等五人被处死,郑汝昌、金宏弼等五十余人遭流放,士林派势力受到重挫。

第二次士祸发生于燕山君十年(1504),因这年为旧历甲子,史称甲子士祸。戊午事件后,燕山君耽于享乐,为弥补财政亏空,便欲没收勋旧官僚的土地和奴婢,遭谏臣以"谚文"书写"挂书"表示反对。燕山君拟伺机镇压,遂颁布"制书废弃律",禁民间使用"谚文"。戚族任士洪等则借机抛出发生于燕山君幼时其生母尹氏被废黜赐死事件。燕山君大怒,便相继杀害了成宗之严、郑两淑仪;郑妃子,安阳君李𪸩、凤安君李㷞,并羞辱谴责其暴行的祖母仁粹大妃以致其过早亡故;处死反对其胡作非为的弘文馆应教权达手、尹粥商等数十名大臣;对韩致亨、韩明浍、郑昌孙、郑汝昌、李坡等处以剖棺斩尸;并流放李荇等勋旧派势力和士林派残余,摧毁了李朝早期王廷形成的史官、谏官与议政大臣对王权的制约机制。结果,以戚族势力为核心的宫中派掌握了实权,士林势力几乎全部遭到清洗。

前两次士祸后,燕山君更肆无忌惮,为所欲为。为满足自己行猎之乐,竟令官员拆除汉阳东、西和北方三十里内的民房,人们怨声载道,引起两班官僚不满。燕山君十二年(1506)九月一日,以吏曹参判成希颜 1461—1513)、中枢府知事朴元宗、军资监副正申允武为首的阁僚,依靠手中掌握的宫禁力量铲除了"甲子士祸"主导者权臣仁士洪和燕山君的内兄慎守勤、慎守英等侧近势力,然后迫使成宗继妃、晋城大君生母尹妃应允,废黜并放逐燕山君,逐出宗统,扶持尹妃另一子李怿为王。李怿作为成宗的嫡次子,是以嫡长子的身份继承"大统",史称"中宗反正"。朝鲜王朝避免了一场易姓革命,"中宗反正"这场政变,是李朝建立后 115 年来各种矛盾的总爆发。

燕山君及其后第 15 代国王光海君是李朝的两位"废主",在朝鲜宗亲录《璿源系谱》(王室族谱)中既无庙号,又无陵号,仅记以王子身份,其实录只称《日记》。

第三次士祸发生于中宗十四年(1519),这年为己卯年,史称己卯士祸。

中宗李怿(1506—1544 年在位)标榜维新,抑制门阀世家,统治阶级的内部矛盾得以缓和。中宗启用赵光祖(1482—1519)等新进士林,形成勋旧与士林共同主政的局面。士林提倡"哲人君主",主张"均田",行王道政治,在乡里推广《吕氏乡约》,培育民间"良风美俗"。中宗十四年(1519),己卯年,根据赵光祖的建议,朝鲜实行汉代选拔人才的"贤良科"①,规定先由汉城四馆向成均馆推荐人才上报礼曹,地方则从基层留乡所始,逐级经观察使向礼曹推荐人才,然后礼曹将二者的有关资料汇总上报,随后所有被荐人员出席有国王参加的宫廷"对策"。己卯年的科试,在 120 名应试人员中有 28 人考中,其中半数以上者系畿湖地区出身,随即引起勋旧势力的强力反

---

① "贤良方正",乃汉文帝前元二年(公元前 178 年)实行的选拔官员的科目之一。据《史记》载,汉文帝诏云:"二三执政……举贤良方正直言极谏者,以匡朕之不逮。"对政治得失直言极谏特别优秀者,则授以官职。

弹,成为政治问题。同年十月,士林发起"伪勋削除"①事件。于是,以此为导火线,曾遭士林官员弹劾的洪景舟(? —1521)与南衮、沈贞等勋旧大臣共谋,散布"走肖为王"之流言,诬赵光祖等士林派有拥立赵氏为王的"叛逆"行为,许多士林被处死或流放,勋旧势力再次垄断朝政,此即所谓"己卯士祸"。

己卯士祸后,勋旧大臣实力大增,先是南衮、沈贞专权。1527年,发生"灼鼠之变"②。1532年,沈贞受此事件牵连遭罢官流放,遂致左议政金安老专权。此前,1531年,中宗为保护世子,牵制文定王后势力,任命世子妹孝惠公主的公公金安老为吏曹判书、左议政。于是,与沈贞交恶多年的戚臣金安老与蔡无择等结党,排挤郑光弼、李彦迪、崔命昌等政界元老,掌握了实权。随着勋旧势力的衰落,士林派重新得到重用。但是,士林还必须依附于某一政治势力,因而不久又因卷入权臣间在谁继承中宗王位上的纠纷而再次陷入士祸。

第四次士祸发生于仁宗二年(1545),乙巳年,史称乙巳士祸。原来,中宗第一继后章敬王后与文定王后虽均出身坡州尹氏权门,中宗分别与她们生下世子李峼和其王位竞争对手庆原君李峘。为了争夺王权,章敬王后之兄尹任(1487—1545)与文定王后兄尹元衡(1503—1565)分裂为两派,尹任称大尹,尹元衡为小尹。因此,早在中宗末年,世子李峼的外戚大尹与王子李峘的外戚小尹间的斗争连年不断,并导致士林的分裂。

---

① 指中宗十四年(己卯年)十月十五日,赵光祖等上疏请削除中宗反正功臣中76名功勋被滥授之勋功。

② 中宗二十二年(1527)二月二十五日,朝鲜世子生日这一天,在东宫北庭银杏树上挂了只针对世子天胤的被火灼死的老鼠;三月初,在宫内大殿寝室曲栏再次发生此类"灼鼠诅咒"事件。虽然右议政沈贞与左议政李惟获准彻查,因未能抓到嫌犯而成疑狱。最后目标指向颇受中宗钟爱的敬嫔朴氏,她与其子福城君李岷被贬为庶人,流放尚州。1531年,为保护世子,中宗任命世子妹孝惠公主的公公金安老为吏曹判书左议政,以牵制势力强大的文定王后势力。于是,戚臣金安老与许沆、蔡无择等结党,排挤走郑光弼、李彦迪、崔命昌等政界元老,掌握了实权。1532年,李宗翼上疏称金安老之子延成尉金禧是真犯,因金安老素对沈贞、柳子光有怨恨而令其子所为,以加害"内附朴氏"的沈贞。参考《朝鲜王朝实录·中宗实录·卷六十九》中宗二十五年十一月辛亥条。

1532年，李宗翼上疏称金安老之子延成尉金禧是"灼鼠之变"肇事者。1537年，当试图废黜文定王后时，中宗密令尹安仁等清除了金安老一党。随后，尹元衡则谋与安世遇、李万年等策划杀害世子李岵及铲除宗室桂林君。于是，在金安老势力消失后，大尹与小尹两个对立派别呈现角逐的态势①。

甲辰(1544)年十一月，世子李岵继位为仁宗(1544—1545年在位)，标志着大尹的胜利。当时，士林成了两派争取的力量，其中多数倒向尹任之大尹表明：儒林已沦为大小封建地主集团附庸，性理学已蜕变为上层统治集团不同帮派争权夺利的工具。性情温和的仁宗主政无疑对士林的发展是个好兆头。当时，由于掌握人事大权的吏曹判书柳任淑大量起用本派的士林人物，未被起用的士林人士则加入小尹。于是，尹元衡与其亲近李芑、郑顺朋等组成的小尹加紧活动，等待时机。

乙巳年(1545)七月一日，在位仅仅八个月的体弱多病的仁宗，决定传位给年仅12岁的其异母弟庆原君李峘；五天后，仁宗薨，明宗李峘(1545—1567年在位)继位，其生母文定王后尹氏摄政，一度受到压抑的小尹开始策划大动作。起初，军器寺金正尹元衡之兄尹元老诬告大尹派曾密谋加害庆原君，结果反被领议政尹仁镜、左议政柳灌以离间"天亲"罪加以弹劾而流放海南。此即所谓"其迹似助大而攻小，故大妃益怒，而元衡辈亦得以借口，托公名报私仇，大肆杀窜，以饕天功，其祸迄数十年而未艾"②。尹元衡一方面利用曾接近大尹派官员中的小人诬告尹任策划把王位让与凤城君李岏(中宗第八子)的密谋；同时，令其妾在内宫散布尹任与柳灌等在仁宗亡故时曾图谋拥立桂林君李瑠(成宗第三子李恂之养子)为王的传闻。

① 1515年，中宗与章敬王后生下元子李岵(即李朝仁宗)，不久，又与继妃文定王后生下庆原君李峘(即李朝明宗)，中宗对小儿子厚爱有加，尹任与金安老主张保护世子李岵，从而引起文定王后的反感。金安老下台后，尹元老、尹元衡兄弟与尹任之间谋害对方外甥世子或庆原君之说不断传出，两派对立局面日渐尖锐。
② 《朝鲜王朝实录·明宗实录·卷一》明宗即位年七月丁卯条。

558

此外,小尹派官员受文定王后密旨先于台谏发动对大尹派核心人物尹任、左议政柳灌、吏曹判书柳仁淑三人弹劾的动议;遭年轻台官反对失败后,文定王后又于是夜在忠顺堂会见百官,再使知中枢府知事郑顺朋发起弹劾。结果,尹任与柳灌、柳仁淑以叛逆罪被赐死,尹任的女婿、前注书李德应,副提学罗淑等 10 余名官吏被杀,最后连桂林君也未能幸免。两年后,明宗二年(1547)九月,小尹派官员又借"良才驿壁书"事件,再次对大尹余党进行清洗,使李彦迪、卢守慎等名臣遭到杀害,其余波先后延续五六年,受连累遭杀害者近百人。此即"乙巳士祸"。

"乙巳士祸"表面看是尹氏外戚间的争斗,实际上是勋旧派对士林派的进攻,亦是 1498 年以来历时近半个世纪的官僚集团间恶斗表面化连累士林势力的冤狱,影响深远。

乙巳士祸后,尹元衡集团把持朝政,为所欲为。1553 年,明宗新政开始起用自己的正妃仁顺王后家族有威望的人物,任命其"为人恭谨公直"的祖父沈连源为领议政牵制小尹势力。[1] 1567 年,文定王后去世,尹元衡随即遭到众高官弹劾而下台,并于是年冬自杀身亡。对此,文献称:"元衡芟刈士林,积恶穷凶,久逭天诛,以致今日,卒以蹙迫而死,朝野咸快。"[2]

此后,被削弱的士林势力,经过宣祖时期(1567—1608)书院与"乡约"制度的发展,又重新聚集力量,于宣祖朝成立之后又回到权力的中心。士林作为一个政治势力步入政治舞台之初,在牵制勋旧势力,维持政权各种力量相互制衡方面曾发挥过"公论者"的作用。所以,李珥曾说:"夫心慕古道,身饬儒行,口谈法言,以持公论者,谓之士林。士林在朝廷,施之事业,则国治;士林不在朝廷,付之空言,则国乱。"[3]然而,自 16 世纪末开始,登上政治舞台中心地位后,士林

---

①《朝鲜王朝实录·明宗实录·卷十九》明宗十年十一月乙未条。
②《朝鲜王朝实录·明宗实录·卷三十一》明宗二十年十一月辛亥条。
③ (朝鲜)李珥:《栗谷全书·卷三·玉堂陈时弊疏》。

社会不断滋生的因出身、学统、地域以及经世观的差异而分不同的朋党争斗,即所谓"党争"①。鉴于李朝之铨政"必以三司中有明德者极选为之"的特殊性,新进士林无不希觊铨郎职位,由此不同派别间便不断发生抵牾和斗争,而国王又借以伸展王权,不断"换局"予以平衡。于是,李氏朝鲜的历史进入了以士林政治时代开启为标志的下行期。

李朝统治朝鲜半岛五百年间,经历 27 代,其中出身嫡长子或嫡长孙且继承过程毫无问题者仅 10 人,其余 17 人在世子册封或王位继承方面均为非正常继承人,而宣祖是其中最突出者。宣祖系中宗庶子(排行七)德兴君李岹的第三子,原名钧,后改为昖,封爵河城君;昖以宗支入承大统,其生父德兴君遂追称大院君。此后,李朝国王凡非前王子嗣之宗亲者,其生父皆追封大院君。

三、封建剥削加重与农民的斗争

早在 15 世纪,由于土地兼并、大农庄的发展和官府征敛过度,朝鲜农民不断发动起义,进行反抗。1482 年的壬寅五月,忠清道支山地区有农民暴动;次年癸卯末,黄海道载宁地区发生金日东领导的农民起义;1488 年戊申三月,全罗道渔民也举行反剥削斗争,以至 1493 年癸丑发展为全国性农民暴动。

16 世纪,由于公田变为私田,国家田税锐减,农民沦为私贱,剥削、纳贡、徭役的对象锐减。由于土地的高度集中,国家负担的加重,封建贡纳制度的破坏和身役的无度,人民生活更趋贫困,社会冲突与阶级矛盾日甚。时任御夕讲记事官的柳成春也对国王说:"臣于外方亦见之,如顺天等处,豪富之民,一家之积,或至万石,或至五

---

① 见[韩]李泰镇:《怎样看待"党争"》(《당쟁을 어떻게 볼것인가》),《韩国社会论坛》10,1985 年;《朝鲜时代政治史再探究》(《朝鮮時代政治史의 再照明》),汉城:汎潮社,1985 年。[韩]姜周镇:《李朝党争史研究》,汉城大学出版部,1971 年。[韩]李成茂:《17 世纪的礼论与党争》(《17 세기의 礼论과 党争》),《朝鲜后期党争之综合的检计》(《朝鮮後期黨爭의 綜合的 檢討》),汉城:韩国精神文化研究院,1991 年。

六千石,其田落种之数,亦至二百余石……一邑之内二三人耕之,其余无可耕之地。"①

田税当时虽仍按既定的贡法征收,而实际上其负担落在贫苦农民的身上。田税征收之时,官吏巧立名目,花样百出,实际征收量比15世纪的田税量高出几倍,农民只好靠"还谷"维持生活。"还谷"亦称"还上",俗称"还子",即每年三月至七月,衙门开放官谷,赈贷贫民,秋后十月至岁前,将其收回。始初,它是对农民的一种赈恤政策,既可助农度荒,又可将陈谷换成新谷。但是,后来其性质演变为官方的高利贷。"还谷"名目繁多,有所谓"抑配",即强行分配,非贷不可;有所谓"代征",即本人若还不起或死亡,则由亲属邻里代还。

贡纳相当于唐租税制度租庸调中之户调。这种以农户为对象、赋课特产为内容的贡物或进上,在16世纪已成为满足封建贵族奢侈生活的主要手段,其所征收的贡物,无论数量还是种类均较15世纪增加了很多。例如,在15世纪,平壤地区的贡物有17种,全罗道顺天地区是49种;而在16世纪末,平壤地区的贡物已经增至49种,顺天地区增至80种。而且所要征缴的贡物品类,有的当地并不出产,有的虽有产出,但如老狍、鹿舌、鹿尾等稀有物品,即使狩猎一冬也难于寻觅。于是,为完成贡纳,农民不得不到京城高价购买权贵人家流入市场的物品充作贡品。

政府征收贡物的方式花样翻新,有所谓"引纳""防纳"等,提前交纳1至2年者谓之"引纳",拒受农民正常交纳的贡物而迫使他们以高价购买胥吏事先准备好在市场出售的物品谓之"防纳"。这两种手段虽意外地催生了贡纳承包商,却更使农民苦不堪言,其情景如李珥所云:"今则列邑所贡多非所产,有如缘木求鱼,乘船捕兽,未免专买他邑,或市于京。民费百倍,公用不裕,加以民户渐缩,田野

____
①《朝鲜王朝实录·中宗实录·卷三十三》中宗十三年五月乙丑条。

渐荒。"①

军役是加于良人农民的沉重身役。16世纪后,人民的兵役负担日益沉重。有些良人虽已沦为奴婢或大地主的私贱,但军籍并未消除,其兵役便加在其他农民身上。一些农民除自己服役外,还要雇人抵役,负担不起者,只好逃亡;还有不少良人农民去官衙做了皂隶、罗将②,或给宗亲、功臣当丘史③。为缓解兵役制的矛盾,中宗三十二年(1537),开始实行"军籍收布法",凡登记军籍而不去服役者要交纳两匹布,称"军布"。其目的本是调节兵役带给人们的经济负担,防止两班用奴婢顶替农民服役从中牟利,防止农民大量流散,维持陷于瓦解状态的府兵制,并借以准备向雇佣兵制转变。然而,其结果反加重了人民的负担,成了一种新的苛捐杂税,更未起到征募士兵,加强国防的作用。

上述种种封建压迫剥削迫使农民流离失所,耕地荒芜,村落为虚。至中宗时期,朝鲜社会"民之贫富悬绝,富贵者由连阡陌,贫者无立锥之地……一邑之内,一人有田数百余结,若过五六年,则一邑之田,必聚于五六人家"④。农民流散已成无可遏止之势,而走投无路者便拿起武器同封建统治者进行斗争。结果,农民起义遍及汉江南北。

16世纪的农民起义大多表现为分散的流民武装集团活动。16世纪初,代表性的农民起义是1500年的洪吉童领导的武装斗争,其活动地区大致在汉城附近,起义军神出鬼没,到处袭击官衙,令贪官污吏一夕数惊,不得安宁。此外,还有1530年顺石领导的农民武装团、1557年以吴连石为首的农民起义军等。

16世纪最大的农民起义,是明宗十四年(1559)三月爆发的由林

---

① (朝鲜)李珥:《栗谷全书·卷五·疏札三·万言封事》。
② 李朝后期有所谓"七般贱役",即所谓皂隶、罗将、日守、漕仓军、水军、烽军、驿军等七种受蔑视的军役。
③ 丘史,乃高丽或李朝时期宗亲或功臣驱使的下人,李朝时多从官奴婢中选拔而来。
④ 《朝鲜王朝实录·中宗实录·卷三十三》中宗十三年五月乙丑条。

巨正(1521—1562)领导的起义。林巨正本系杨州屠户,参加者大都是逃亡的奴婢和流浪的农民,以黄海道的九月山为根据地,活动在京畿、江原一带。林巨正起义军历经三年战斗,迫使政府减免黄海道和平安道农民的田税,给封建统治阶级以沉重打击。由于农民主观上的弱点和政府的残酷镇压,起义最后归于失败,林巨正本人也于载宁被黄海道讨捕使南致勤杀害。

四、对外关系与设立备边司

16世纪,正值明朝正德、嘉靖与朝鲜中宗、明宗和宣祖时期。明正德元年(1506)秋,朴元宗等勋旧大臣废燕山君,推戴其异母弟李怿继承王位。朝鲜依例遣使大明请封。起初,明只承认中宗为"权理国事",答称俟燕山君死"乃封"。正德二年十二月,"母妃奏怿长且贤,堪付重寄"。于是,经明礼部奏请,明武宗"乃允怿嗣位,遣中官敕封,并赐其妃尹氏诰命"[①]。次年(1508),明派人送去诰命及冕服。此过程虽表现为明对朝鲜王廷在国王废立方面擅作主张的不甚满意,也表明朝与朝鲜之间的册封体制已经相当牢固,政治关系融洽。

诚然,双方也存在某些误解,李朝王系的辨诬问题就是一例。所谓"宗系辩诬",乃指洪武二十七年(1394)明遣朝鲜使者的《告祭海岳山川等神祝文》中有"高丽陪臣李仁任之嗣某,今名某者……今观李某所为,似非奉帝命主生民者……彼若肆侮不已,问罪之师,在所必举"[②]之辞,次年修订之《皇明祖训》亦载仁仕子成桂更名旦之

---

① 《明史·卷三百二十·朝鲜》。
② 《太祖实录·卷六》太祖三年六月甲申条。

语①；1497年编撰的《大明会典》也沿袭此说。此等说法关系李朝建国始祖名分和立国合法性等根本问题，是其必须辩解以求解决的大事。因此，李成桂当即向明太祖申诉："臣于仁任本非一李。自臣与闻国政，将仁任所为不法，一皆正之，反为其党所恶，至有尹彝、李初逃赴上国，妄构是非，尚赖陛下之明，已伏厥罪。然其党与潜伏中外，忌臣所为，至今纷纷不已。"②1402年，李芳远获悉《皇明祖训》所记后，亦即递本"奏辨，太宗许令改正"③。然而，明廷对此并不重视，且《皇明祖训》规定"一字不可改易"，故所谓"许令改正"实属搪塞之词，给人一种明廷有将册封作为对朝外交的"筹码来使用"④之印象。朝鲜世祖年间，明英宗（1436—1439，1457—1464年在位）令重修《大明一统志》，内中对上述问题做了如下更改："（洪武）二十五年，其主瑶昏迷，众推门下侍郎李成桂主国事，诏从其自为声教。成桂更名旦，徙居汉城，遣使请改国号，诏更号朝鲜。"⑤1518年，李朝贡使自明归来，对称：现所修《大明会典》，"仍列《祖训》于朝鲜国"。中宗怿随即"上疏备陈世系，辩先世无弑逆，乞改正"。明武宗虽同意"从其请"，然未及改正便于1521年猝死。随着明世宗即位，因系宗室旁支继位的朱厚熜执意追尊生父母帝与太后庙号，明就发生"大礼议"风波，引起靠宫廷政变上台的中宗的特别关注。1525年，朝鲜正使金谨思携明《大礼纂要》献上，中宗读后令承政院举行"群臣会议"议

① 此指《皇明祖训》，系明太祖朱元璋主持编撰的典籍，初名《祖训录》，后重定时，更名《皇明祖训》。文内在"四方诸夷"中被列为明"今将不征诸夷国名"条称："朝鲜国（即高丽）。其李仁人，及子李成桂今名旦者，自洪武六年至洪武二十八年，首尾凡弑王氏四王，姑待之。"且教导后世子孙："凡我子孙，钦承朕命，无作聪明，乱我已成之法，一字不可改易。"见《四库全书存目丛书》史部第264册，济南：齐鲁书社，1996年，168页。

② 《太祖实录·卷六》太祖三年六月甲申条。

③ 《明史·卷三百二十·朝鲜》。李芳远在奏本中称："臣父已曾具本奏闻，臣今听知《祖训》条章内仍然记录，兢惶无已……（仁任）于臣宗系各别，伏望圣慈垂察，令臣宗系得蒙改录，一国幸甚。"见《朝鲜王朝实录·太宗实录·卷六》太宗三年十一月己丑条。

④ ［日］夫马进：《明清时期中国对朝鲜外交中的"礼"和"问罪"》，载中国社会科学院历史研究所明史研究室编：《明史研究论丛》第10辑，北京：故宫出版社，2012年。故宫出版社2012年第10辑。

⑤ 《明一统志·卷八十九》外夷朝鲜国条。

论是非。① 除中宗于 1537 年、1539 年,明宗于 1557 年、1564 年,宣祖于 1573 年、1574 年、1575 年、1577 年、1581 年、1584 年、1587 年分别派出专门辩诬使恳请尽快颁赐刊正的《大明会典》外,还于明世宗在位时频繁派出庆贺使、进香使、陈慰使、谢恩使收集各种相关信息。

中宗以来,朝鲜持续遣使赴明朝辩诬。由于其始祖之“宗系”问题与“弑逆”之“恶名”紧密相连,只要其中有一条成立,就涉及其后世王权的合法性和朝鲜王朝的正统性。因此,中宗对明世宗的营造世庙和祔庙的每一步骤予以积极呼应,基于两位统治者心心相印,不仅明世宗做出于嘉靖十八年(1539)赐中宗以龙衣这样“旷古异数”②之行动,而且视朝鲜如内附,从嘉靖二十年起宣布对朝鲜特许行“誊黄”制度。③

历任朝鲜国王持续遣使“辩诬”,还因为成宗、中宗、明宗皆年幼继位而王权式微,有着迫切借“辩诬”强化王权的现实需要。同时,随着朝鲜历史的演进,当时围绕《大明会典》展开的“宗系辩诬”,已经发展为争取强化王权和士林势力政治斗争的工具,成为朝鲜王室、朝臣与士林政客的共识。例如,宣祖十四年(1581),当闻《大明会典》仍未“颁降”时,“李珥慷慨语人曰:‘匹夫受诬,尚能申雪,安有国君受诬二百年而不伸者乎! 此由使价不得其人故也。’乃与同僚议启曰:‘主辱臣死,宗系受诬,列圣之辱大矣。奏请之使当以至诚感动天庭,事成则还国,不成则埋骨燕山之计,然后庶可成事矣,请别择专对之才。’上允之。”④

万历十五年(1587)重修《大明会典》刊行,次年,朝鲜奏请使俞

---

① 《朝鲜王朝实录·中宗实录·卷五十六》中宗二十一年四月丁卯条。
② 《朝鲜王朝实录·中宗实录·卷九十二》中宗三十四年十月戊寅条。
③ 嘉靖二十年,明朝宣布:“今后,凡有礼制昭告天下者,遇有朝鲜国使臣朝贡回还,即依式誊黄诏书一道。该国使臣赍奉回国,径自开读行礼,庶以彰华夷一统之盛。”见《朝鲜王朝实录·中宗实录·卷九十六》中宗三十六年十月己未条。
④ (朝鲜)李珥:《栗谷先生全书·卷三十·经筵日记》。

泓持已改正有关朝鲜王室宗系与弑逆"恶名"的新版《会典》誊本①与明神宗敕谕归国②,宣祖欣喜若狂,称赞俞泓出使,"间关万里,殚尽一心,手捧纶音,亲擎宝典,变禽兽之域为礼义之邦,是吾东方再造,箕畴复叙之日也"③。于是,朝鲜王系辩诬交涉最终落幕。④ 此后,中方野史对此虽多有非议⑤,但并无影响大局,明、朝间的关系能够长期稳固发展。正是有了融洽的政治关系为基础,两国整体关系十分密切,并确保了日后联合作战战胜共同敌人倭寇的壮举。

这个时期,女真问题仍旧在与明朝的关系中占据主要地位。李朝继续以东北六镇、西北四郡为阵地,对朝鲜半岛境内的女真人采取怀柔和征讨并行的政策。在高丽与朝鲜王朝交替的期间,鸭绿江与图们江两岸,世代居住着的大量女真人成了明与朝鲜需要认真对待的共同问题。在明朝的海东(又称野人)、海西、建州三大部女真人中,李朝在西北方面最接近的是建州三卫⑥。李朝自始便视移居于婆猪江流域(今鸭绿江支流浑江)的建州卫为"门庭之患"。1458年底,朝鲜曾诱捕毛怜卫都督佥事浪孛儿罕及其子侄十六人,并掳掠其妻、家奴及牛马财产,引起女真人的强烈反抗。朝鲜则将防线后撤至现今慈城、厚昌一带,伺机发动新的进攻。世祖六年(1461)

---

① 《明会典》有关朝鲜部分称:"先是,永乐元年,其国王具奏世系不系李仁人之后,以辨明《祖训》所载,诏许改正。正德、嘉靖中,屡以为请,皆赐敕奖谕焉。万历三年,使臣复申前请,诏付史馆编辑,今录于后。瑶妄杀戮,国人不附,共推成桂署国事,表闻,高皇帝命为国王,遂更名旦,赡瑶别邸,终其身。"见(明)申时行等修:《明会典》(万历朝重修本),北京:中华书局,1989年,第571—572页。

② 神宗敕谕曰:"朕惟《会典》一书,我祖宗旧章,国家成宪,藏之内府,副在有司,其在外藩,未尝轻示。以尔世修职贡,夙秉忠诚,备屏翰于东韩,袭威仪于上国。雪累世不明之系,既遂恳祈。慕昭代不刊之书,仍思快睹。朕视犹内服,嘉与同文,敕赐全编,俾传永久。"见《朝鲜王朝实录·宣祖实录·卷二十三》宣祖二十二年十月乙亥条。

③ 《朝鲜王朝实录·宣祖实录·卷二十二》宣祖二十一年五月甲申条。

④ 《明史·卷三百二十·朝鲜》。

⑤ 此类野史有(明)郑晓:《吾学编》;(明)范守己:《皇明大政记》;(明)王世贞:《弇山堂别集》;以及《经世实用编》《续文献通考》《昭代典则》《学海危言》《灼艾集》《孤树裒谈》等。

⑥ 据《朝鲜王朝实录·成宗实录》记载建州三卫的区位是:达罕镇中卫,居于吾乙面之间;吐老镇左卫,居于辽东北之惹曹会;甫花土、罗下镇右卫,居于吴乙江下面。三卫间的距离:中卫至右卫三日程,至左卫二日程。见《成宗实录·卷一百五十八》成宗十四年九月戊戌条。

八月,朝鲜不顾明使的居间调停,派申叔舟"北征",对女真人发起进攻,"剿杀四百三十余级,焚荡室庐九百余区,财产俱尽,杀获牛马千余","穷其窟穴而还"①。朝鲜的残酷镇压,迫使居于图们江流域的斡朵里、兀良哈女真人迁往建州卫。

这时,建州卫女真人的社会分化开始加快,家奴制的发展,使得掠夺人口和财富成为部落的重要目标。如前所述李满住部女真人虽口头对明和朝鲜均表臣属,却频繁对朝鲜和明之辽东进行骚扰、寇掠,结果给向有所谋的朝鲜以发动进攻的口实。1467 年九月,朝鲜联合明军对鸭绿江方面的女真人发动攻击,杀死李满住及其族人,捣毁其部落,给建州卫以致命打击。

那时,半岛女真人大体分为西北方面女真和东北方面女真两支。当时,李朝防御力量逐渐衰弱,东北方面的女真曾多次活动于六镇地区,李朝政府虽有出兵之议,却终无力付诸实施。为笼络女真并满足与其贸易的要求,朝鲜先后于镜城、庆源、满浦、义州和茂山开市。朝鲜称这些女真人为"藩胡",亦即"城底野人"。这种贸易双方均获利丰厚。据朝鲜茂山"土兵言之,六镇人狗皮一领换盐七八斗,与藩胡买盐,则盐一斗直粟八九斗。本堡开市,则非但土兵有生利,至于远处入作之类,皆凑集于本堡,以为资活之计。城内人丁,不期足而自足,不久当作巨镇"②。但是,朝鲜的开市贸易政策未能贯彻始终,时常因此发生冲突。西北方面女真留恋其始初生活故地,常于废四郡的空白地带狩猎,有时也向南深入,劫持人口、马牛和财物。李朝无力阻止,虽不时以财物加以笼络,却终未对其去朝鲜京城贸易之请予以应允。

早在 15 世纪末,为在北方加强对女真人的攻势,成宗(1469—1494 年在位)在议政府兵曹之外设立了由二品官充任的"知边司宰

---

① 《朝鲜王朝实录·世祖实录·卷二十一》世祖六年九月甲申条。
② 《朝鲜王朝实录·宣祖实录·卷一百六十三》宣祖三十六年六月己丑条。

相"参与处理国家边境防务。同时,为应对来自日本的倭寇侵袭,朝鲜设立日后逐渐凌驾于议政府之上的文武合议掌管军国机务的中央机关——备边司。

自世宗二十五年(1443)与对马岛主缔结"癸亥条约"限其"岁遣船"数后,朝鲜与日本的关系大体稳定。当时日本正值室町时代(1336—1573)中期,从日本应仁元年(1467)进入"战国时代"起,其地方封建领主、武士纷纷割据,各战国大名通过各种手段扩张势力,其中自然包括对海外的贸易活动。到 15 世纪末,侨居庆尚道南海釜山浦、荠浦、盐浦的日本人已有数千人,他们与经常出没的倭寇有所联系。同时,对马岛领主也违背"癸亥条约"而有所异动。中宗五年(1510)"三浦倭乱"(又称"庚午倭变")爆发。这年四月,对马大名宗贞盛之子宗盛弘率兵登陆釜山,三浦的日本侨民与之相呼应,攻打釜山,杀釜山佥使,进攻荠浦,绑架该地佥使,包围熊川和东莱。为击溃倭寇的侵袭,中宗增设了都体察使,并在兵曹三司外另设一司,专门处理边防事务。因此,朝鲜军队给倭寇以有效的反击,宗盛弘战死,侨居三浦的日本人也逃至对马岛。于是,朝鲜当局立即封闭了三浦,断绝了同日本的一切关系。事后,对马大名在经济上受到严重打击,便恳请日本当局要求与李朝恢复贸易和往来。中宗七年(1512),朝鲜与日本缔结"壬申条约",规定:不许日人侨居朝鲜,只开荠浦(而乃浦)一港,岁遣船减少到 25 只,岁赐米减少为 100 石。

1544 年,对马岛人再次侵入固城的蛇梁岛,肆行掠夺。李朝命边臣断绝通交。明宗即位,日本立即遣使恳请复交。1547 年二月,朝鲜与日本缔结了比"壬申条约"更为严厉的"丁未条约"。此时,倭馆由荠浦迁至釜山浦。

此后,倭寇入侵未曾中断,一时乞和,一时入寇,全无信义可言。与此同时,备边司的机构与职能不断得到加强。如果说,此前在频发的对外战事中,备边司在独自决定军事行动中,其权限在不断增强,但那也是临时性的,然而,随着日本倭寇对朝鲜半岛侵犯的不断加强,至 16 世纪中期,备边司遂演变为常设的正规机关。明宗九年(1554),备边司已经从兵曹中独立出来,成为由知边司宰相、都体察使与兵使、水使等文武官员处理军国大事的合议机关。次年五月,倭船 70 余艘在入寇中国沿海返回途中入侵全罗道,于梨津浦、达梁浦分东西两路登陆,焚荡城池,致上下"人心沮丧,无策可措"①;六月,又有 40 余艘倭船入侵济州岛。在此背景下,明宗进一步强化备边司机关,设都提调、提调、郎厅等古制,并为其修建了专门的厅舍。在备边司的指挥下,九月,济州牧金秀文率海军击退了敌人的入侵,倭寇皆焚溺而死。这一事件史称"乙卯倭乱"。此后不久,李氏朝鲜与北方女真人的矛盾开始加剧。于是,备边司的职能更加膨胀,造成干涉、处理边防以外全国的一切军务,以致出现其处理的军务连朝中主管大臣兵曹判书与最高行政机关议政大臣也不知情的弊端。尽管这种状况当时就受到批评,并有撤销该机构的议论,但随后爆发的壬辰战争,却使它成为总管国家一切事务的议事机关。

16 世纪末,因六镇官员对女真酋长尼汤介傲慢无理,李朝政府与女真双方终于爆发大规模冲突。宣祖十六年(1583)初,居于咸庆道的"藩胡"尼汤介袭击庆源府,攻城略地,斩杀府使金镓;史料称"汤介,啸聚邻部落酋长于乙其乃、栗甫里等,连兵入寇……连陷庆源、阿山、安原等镇堡,进围钟城。北兵使卞国干,累战不利",形势严峻。"稳城府使申砬引兵督战,斩数百级"②,并宣布禁止朝鲜边民越江交通贸易。1587—1588 年间,朝鲜派将军李舜臣和北兵使李镒以重兵反击庆兴、会宁方面的女真人的进攻,并越过图们江捣毁女真人部落,斩首 300 余级而还,从而取得对女真人的决定性胜利。③

恰在这时,在今中国东北兴京地方的爱新觉罗氏的努尔哈赤逐渐兴起。1583 年,年满 25 岁的努尔哈赤出任建州左卫都指挥使,开

---

① 《朝鲜王朝实录·明宗实录·卷十八》明宗十年五月辛亥条。
② （朝鲜）赵庆男:《乱中杂录·第一·癸未·万历十一年》宣祖十六年春二月条。
③ 《朝鲜王朝实录·宣祖修正实录·卷十七》宣祖十六年二月一日甲申、五月一日壬午条。

始政治活动。他一面对明朝表示恭顺,一面兼并周边诸部,数年间便统一建州女真。1593 年,在浑河击海西女真和蒙古的 3 万联军,取得大胜,从此巩固了自己的势力。朝鲜发生壬辰倭乱、宣祖避居义州时,努尔哈赤向李朝遣使,表示予以支援。李朝大臣认为虽然努尔哈赤"忠义可嘉,委当允行,以攘外患,但夷情叵测,心口难凭"①,遂婉言谢绝。其后,努尔哈赤便不复向李朝遣使。1595 年末,李朝政府派南主簿申忠一(1554—1622)出使建州,赴兴京老城附近的努尔哈赤居城了解情况,绘图记录了沿途所闻,归国后提交了称作《建州纪程图记》的报告,记载了努尔哈赤麾下部族的详情。②

当时,朝鲜的主要威胁依然来自日本列岛。16 世纪末,即日本战国时代(1467—1615)中期,倭乱的频繁发生是日本大举入侵朝鲜半岛的先兆;这亦说明正是由于李朝府兵制的破坏,武备松弛,以及政权体制的过于文弱,才招致无穷的倭患。而与之形成对照的是,日本是大小领主勃起、群雄征战的"天下布武"的时期。1582 年 6 月,通过"本能寺之变"在织田信长统一天下大业继承权之争中取得胜利的丰臣秀吉(1536—1598),基于领土扩张欲胀,开始策划入侵朝鲜半岛,觊觎中国大陆。然而,问题不在于日本方面的侵略野心,而在于当丰臣秀吉准备发动战争之时,朝鲜毫无察觉。1587 年十一月,以刺探军情、游说朝鲜屈从日本为使命的柚谷康广奉命冒名日本天皇使节橘康广泛海而至。朝鲜王廷竟然把假使节迎进国都,以上宾安置在"东平馆",引起不少官员反对。时任公州牧的赵宪(1544—1592)就于宫门上疏,指出:倭"以其君则凌暴而无忌,以其邻则修睦之永远者,自古及今必无之理"③,力主断绝与日本的使臣往来。赵宪等的意见引起宣祖的震怒。此后,朝鲜政府不仅未接受

① 《朝鲜王朝实录·宣祖实录·卷三十》宣祖二十五年九月甲戌条。
② 《朝鲜王朝实录·宣祖实录·卷三十五》宣祖二十九年一月乙未条;(朝鲜)成海应:《研经斋全集》;《明史·卷三百二十·朝鲜》;(朝鲜)申中一:《建州纪程图记》,载《清入关前史料选辑》第二辑,北京:中国人民大学出版社,1989 年。
③ (朝鲜)赵宪撰:《重峰文集·七》"论时弊疏""绝倭使疏",1748 年刊行。

赵宪等人的意见,反而与日本频繁交往,态度暧昧。1588 年底,丰臣秀吉差对马岛主玄苏、平义智等要求朝鲜向日本派遣通信使。次年九月,朝鲜决定接受日本的要求。1590 年春三月,应日本邀请,宣祖派遣正使黄允吉、副使金诚一、书状官许箴率领的通信使访问日本,于是年冬十一月受到丰臣秀吉的接见。1591 年(辛卯年)正月,黄允吉等与日本使臣玄苏、平调信等抵达釜山,呈递国书。见于《宣祖修正实录》的丰臣秀吉致朝鲜国王的《倭答书》与曾为宣祖至仁祖重臣的申欣(1566—1628)所撰《象村稿》内的《壬辰倭寇构衅始末志》收录的另一份日本国书在重要内容上有较大差异,史学界出现二者何为朝鲜使臣所带日本书以及其中差异的缘由的争论。《倭答书》称:"日本国关白奉书朝鲜国王阁下,雁书薰读,卷舒再三。吾国六十余州,比年诸国分离,乱国纲废世礼而不听朝政,故予不胜感激,三四年之间,伐叛臣、讨贼徒及异域远岛,悉归掌握。窃谅余事迹,鄙陋小臣也。虽然,余当脱胎之时,慈母梦日轮入怀中,相士曰:日光所及,无不照临。壮年必八表闻仁声,四海蒙威名者,何其疑乎!依此奇异,作敌心自然摧灭。战必胜,攻必取。既天下大治,抚育百姓。矜闷孤寡,故民富财足,土贡万倍千古矣。本朝开辟以来,朝政盛事,洛阳壮丽,莫如此日也。人生一世,不满百龄焉,郁郁久居此乎!不屑国家之远,山河之隔,欲一超直入大明国,欲易吾朝风俗于四百余州,施帝都政化于亿万斯年者,在方寸中。贵国先驱入朝,依有远虑,无近忧者乎? 远方小岛在海中者,后进辈不可作容许也。予入大明之日,将士卒望军营则弥可修邻盟。余愿只愿显佳名于三国而已。方物如目录,领纳。"①而另一国书则比较简练。其文曰:"日本国关白奉书朝鲜国王殿下,雁书薰读,卷舒再三。从余之请,见差三使,幸甚。吾国六十余州,比年分离,乱国纲废世礼而不听朝政,故予不胜感激,三四年之间,伐叛臣讨贼徒,及异域远岛,悉归掌握矣。

---

① 《朝鲜王朝实录·宣祖修正实录·卷二十五》宣祖二十四年三月丁酉条。

夫人生一世,难保长生,古来不满百年,焉能郁郁久居此乎!不屑国家之远,山河之隔,欲一超大明国,方乎其时。贵国重邻之义,以党于吾国,则弥可修邻盟。"[①]但是,从记述壬辰战事的朴东亮(1569—1635)笔端称"日本书契""辞不多"[②]观之,最后到达宣祖手中的国书应该是第二封。第二封国书文字虽较前者删减了不少,但基本内容除了抬头称谓将"阁下"改为"殿下",删去"入朝"和一些冗辞外,与第一封并无实质性不同,都含有"欲一超(直入)大明国"和"党吾国""弥可修邻盟"之类的词句,其对整个事态的发展也未有什么大的不同。

虽然,在是年五月的日本国书的回复中,朝鲜委婉地拒绝了日本的要求[③],但是,朝鲜政府的暧昧举措,引起朝野极度不安,以致被解职的赵宪再次上京于宫门持斧上疏三日,要求立斩来使,断绝与日本关系。朝鲜政府的举动也引起明政府对朝日关系的疑虑。

第四节　日寇入侵与抗倭战争

1592 年(壬辰年)四月十三日,日本公然向朝鲜发动侵略战争,战争的第一年,敌人被迫求和,从而进入三年的和谈期,1597 年(丁酉年),日本再次发动进攻,故本书称这场战争为壬辰、丁酉抗倭战争。中国学界习惯称"万历朝鲜战争""万历朝鲜之役"或"万历援朝战争",韩国学者称"壬辰倭乱",朝鲜学者称"壬辰卫国战争",而日本则称"文禄、庆长之役"。战争历时七年,相当惨烈,由于朝鲜向宗主国请援,明朝出兵朝鲜,此场战争遂演变为一场中朝两国共同抗击日本侵略者的区域性战争,对朝鲜和东北亚历史的发展产生了极

---

① (朝鲜)申钦:《象村稿》,韩国民族文化推进会编:《韩国文集丛刊》(影印圈点本)第 72 册,汉城:韩国景仁文化社,1991 年,第 253—254 页。
② (朝鲜)朴东亮:《寄斋史草》万历十九年辛卯五月初四条。
③ 详见《朝鲜王朝实录·宣祖修正实录·卷二十五》宣祖二十四年五月乙丑条。

为深刻的影响。

一、壬辰抗倭战争爆发及朝鲜军民的抗争

16 世纪中叶，朝鲜的一些有识之士对国家财政困乏、防备松弛和倭人的微妙举动表示极大忧虑，主张改革图治，努力扩大财源，养兵 10 万，巩固国防。然而他们的远见卓识，却受到昏庸的朝臣一致反对。更有甚者，尽管朝鲜政府早已知晓日本试图假道朝鲜进攻明朝，却迟迟不做准备，直至"三浦倭乱"后，才缓慢地于中央设立"备边司"[1]，以应对艰难时局。

1560 年夏，日本尾张国大名织田信长（1534—1582）在桶狭间战败三河国的松平元康和远江国的今川义元；翌年，又与松平盟于尾张国的清洲；其后，逐渐控制了美浓国，向近江、伊势发展，终于在 1568 年（戊辰年）九月进入京都。织田信长在推翻足利幕府后，发生了家臣明智光秀政变，职田部将丰臣秀吉（1536—1598）粉碎了政变，掌握了权力，先后平定了四国、北国、奥羽、关东及九州岛各封建领主的反抗，于 1590 年完成国家统一。次年，丰臣秀吉把关白（丞相）职让与其养子秀次，自任太阁，掌握实权。丰臣秀吉早在统一日本列岛的过程中就怀有侵略明朝、朝鲜的强烈野心。1587 年，他在写给其妾的信中说："应督促朝鲜王入朝，派急使去对马，在我有生之年，誓将唐之领土纳入我之版图。"[2]因此，他在完成统一事业后，立即把其在统一过程中积蓄起来的实力，引向对外战争。与日本相反，"朝鲜承平久，兵不习战，眈又湎酒，弛备"，战事一发，"望风皆溃"[3]。

1592 年（壬辰年）（朝鲜宣祖二十五年、明朝神宗万历二十年、日本文禄元年）四月十二日，日本以 15 万陆军和海上应援队的 9000 人水军入侵朝鲜。当时，日本陆军兵分九军，在各自主将的率领下，分

---

① 《朝鲜王朝实录·世宗实录·卷一百十》世宗二十七年十月壬寅条。
② 日本旧陆军参谋本部编：《日本战史·朝鲜役》，东京：偕行社，1924 年。
③ 《明史·卷三百二十·朝鲜》万历二十年夏五月条。

别从福冈、对马、名古屋等港口向朝鲜进发。小西行长指挥下的第一军,四月十四日在釜山登陆,即日拔釜山,陷东莱,席卷梁山、密阳、大邱、仁同、善山等地。十八日,加藤清正指挥下的第二军也在釜山登陆;同日,黑田长政的第三军则在金海成功登陆。四月十七日,李朝政府接到庆州左水军节度使朴泓送来的急报,随即以李镒为巡边使从中路,以成应吉为左防御使从左路,以赵儆为右防御使从右路,分别进行防守,并令刘克良守竹岭,边玑守乌岭。同时,又以申砬为都巡边使后续进发,以柳成龙为都体察使,督励诸将。日军进展神速,二十四日小西行长的第一军已逼近尚州,朝鲜巡边将李镒将精锐战于尚州,败绩,从事朴篪、尹暹等皆阵亡,仅李镒单骑走免,尚州陷落。二十六日,据民间日记所载:"忽于二十五之朝,倭奴猝至,乘胜长驱,四面追逐,闾里士女僵仆道傍,死伤无数,而露阴诸鹿则以将士亡人之故搜剔特甚,见辄杀戮,山蹊林莽之间,积尸如山,不知几千百人。"①二十七日,朝鲜三道巡边使申砬将八千骑兵于忠州的弹琴台下与敌背水一战,日军以三万之众,乘夜色大摆"火牛阵",朝鲜军溃败,申砬战死,忠州失守。

在此危急时刻,宣祖不得不考虑册立世子事宜。早在1591年,朝臣东人、西人间曾围绕立储展开过激烈斗争。宣祖多子,前后有14个儿子,长子临海君、次子光海君直至第12个儿子,均为庶出,唯独第13子永昌大君李㼅(1606—1614)为继妃仁穆王后于战后所生的嫡子。1591年,当左议政郑澈等建议国王册立其与恭嫔金氏所生次子光海君李珲(1575—1641)为世子时,东人首领李山海发现宣祖钟爱其与仁嫔金氏所生第四庶子信城君李珝②,遂谋与金嫔兄金公谅通过仁嫔密告郑澈试图加害信城君。于是,宣祖大怒,遂罢郑澈、尹斗寿等西人之职,流配外地,并延期册立世子,此即所谓"建储议

---

① (朝鲜)赵靖:《黔江集·卷一·黔江先生辰巳日录》壬辰四月条。
② 宣祖携信城君经平壤、宁边向义州逃亡的途中,信城君于壬辰年(1592)十一月五日死亡。

事件"。但是,因战事爆发,建储问题又重新提上日程。随着都城变成一座空城,避难外逃已不可避免,建储迫在眉睫,已成朝臣共识。四月二十八日,在众臣奏请"建储"的压力下,在不甚请愿的情况下,宣祖决定立储。当时,唯恭嫔金氏生有二子,即长子临海君、次子光海君可供选择。结果,以"长子临海君肆荒怠不学,纵奴作弊尤深。光海饬行服学,中外属心"①,且光海君头脑灵敏,对答如流,宣祖对其称"奇"②,遂定立光海君为世子。光海君为庶出,又非长子,不符合宗法原则,但大臣对此却"贺曰:宗社之福也"③。结果,乃于二十九日任命"东宫"官属,准备"分朝",由世子承担战时统帅事宜。

三十日,朝廷起用金命元(1534—1602)为都元帅,申恪为副元帅,屯汉江边,彦秀为留都大将,加强汉江防线。是时,加藤清正第二军从彦阳路过庆州,经水川、新宁,渡丰津,于二十九日与第一军于忠州会合后分兵北上,直指汉城。黑田长政的第三军则与毛利吉成的第四军合在一起,从金海攻下昌源,二十五日抵达星州,经知礼、锦山、清州,向京畿推进。日本三路大军欲于五月中旬会师汉城。

五月一日,宣祖与廷臣急逃开城。同时,遣临海君、顺和君二王子分别去咸镜、江原招募勤王军,并命备边司移咨辽东请援。是日,"都城宫省火……历代宝玩,及文武楼、弘文馆所藏书籍,春秋馆各朝实录,他库所藏前朝史草、承政院日记,皆烧尽无遗"④。五月二日,日军进抵汉江南;次日,敌军"戏作浮渡之状,诸将色变,命左右

① 《朝鲜王朝实录·宣祖修正实录·卷二十六》宣祖二十五年四月癸卯条。
② (朝鲜)郑载仑:《东平公私闻见录》前篇有如下记述:"宣庙将择储,试问诸王子曰:馔品之中,何物为上? 光海对曰:盐也。上问其故。光海曰:调和百味,非盐则不成矣。上又问:汝辈所不足者何事? 光海曰:只以母之早死为痛耳。上奇其对,光海之得升储位,专赖此言云。"
③ "上曰:中宫春秋未暮,故不早定储矣。今国势如此,当依金议。光海君某,聪明孝敬,可封为世子,大臣拜贺曰:宗社之福也。"《朝鲜王朝实录·宣祖修正实录·卷二十六》宣祖二十五年四月癸卯条。
④ 《朝鲜王朝实录·宣祖实录·卷二十六》宣祖二十五年四月癸卯条。

鞍其马,众遂溃,(留守大将)李阳元等弃城走,金命元、申恪等各自逃散,京城遂空"①。五月三日,日军占领汉城。经十余日的休整,侵略军留下宇喜多秀家第八军驻汉城外,其余部队分四路北进,小西行长攻向平安道,加藤清正攻向咸镜道,黑田长政攻向黄海道,毛利吉成攻向江原道。

日军自入侵登陆以来,在不满两个月的时间里,将其占领区推进到图们江边,致"二陵被烧,三京被陷,五庙被夷,八路被惨"②。占领军所到之处征税征粮,推行日语,培养走狗,肆行掠夺,奸淫烧杀,掘坟挖墓,剽掠府库,使朝鲜人民遭受空前灾难,臣民对宣祖失去信心。

是时,朝鲜"请援之使络绎于道",明朝"廷议以朝鲜为国藩篱,在所必争"③,而作为上国明朝也必尽"字小"之任,遂遣援军急速渡过鸭绿江。"闻天朝见本国内附咨,将处本国于宽奠堡空廨,上遂为久住义州计。"六月十八日,接被尊为"天兵"的明军"来救"消息后④,居于义州之行在所的宣祖一行决定"先使义州府官谕以不为渡辽之意",并停"内附"之议⑤。但是,明辽东巡按御史李时慈的责问何以"以第二子为世子"之咨文⑥,为事后明朝迟发光海君世子册封诰命埋下伏笔。

丰臣秀吉制定的入侵朝鲜的作战计划本为水陆并进,但是,朝鲜水军的出色作战,迫使日军形成陆军为主,水军为辅的态势。日本水军的作战计划是,歼灭朝鲜南海之水军,沿朝鲜的南海岸西进,经全罗道入黄海北上,与陆军会合占领整个朝鲜半岛及其水域,进

---

①《朝鲜王朝实录·宣祖实录·卷二十六》宣祖二十五年四月壬戌条。
②(朝鲜)成伣等:《大东野乘》第十一册,东京:朝鲜古书刊行会,第328页。
③《明史·卷三百二十·朝鲜》万历二十年七月条。
④《朝鲜王朝实录·宣祖实录·卷二十七》宣祖二十五年六月戊申条。
⑤《朝鲜王朝实录·宣祖实录·卷二十七》宣祖二十五年六月甲寅条。
⑥《朝鲜王朝实录·宣祖实录·卷二十七》宣祖二十五年六月丙午条。咨文曰:"至于立嫡以长,即中国、夷狄通行之义,贵国长子何往,而以第二子为世子乎。"见(朝鲜)李肯翊:《燃藜室记述·卷十六》求救明朝收复京城条。

而向中国沿海发动攻击。然而,日本的水军将领中熟悉海战者并不多,除九鬼嘉隆和来岛康亲外,其余均系陆军将领,不谙水战。相形之下,朝鲜水军则较为精良,兵船亦较优秀,并拥有如李舜臣一样杰出的将领。

李舜臣(1545—1598),字汝谐,德水人,1578 年武科及第,封为造山万户,曾设屯田于鹿屯岛;历任金事,战前为全罗左道水军节度使。李舜臣治军严格,其军士训练有素,并有完备兵船和武器。他把太宗时期制造的龟船加以创新,成为驰骋海上的雄师。这种船,其形如龟,四周密封,包以铁板,外立尖锐的大钉和抓钩;头为炮口,尾为铳口,左右有铳达 74 个;船的首尾又有金属尖杆,用以撞击敌船;船头形似龟首处,又能喷吐浓烟,形成黑幕。这种船,进退自由,速度很快,设计合理,结构精良,可有效抵御日军的火器,船背盖有厚板,板上有十字细路可以通行。背上全部布列锥刀,使四边不能立足。船的前、后、左、右,各设六个铳口,用以施放火弹。船内设有军士休息所。明朝官员华钰也在《海防议》一文中记载:"布帆坚固,操纵自如,遇风逆潮落,均可行船",是当时除明水军福船以外东亚的最好战斗船舰[1]。

开战之初,日本水军以七百余艘战船在九鬼嘉隆、胁阪安治、加藤高明和藤堂高虎等将领的指挥下,在釜山的熊川海上,向西南海岸迂回,试图北进巨济岛。庆尚左、右水使朴泓、元均,或惧敌不出,或不战自溃,向露梁逃退。其后,元均得李舜臣的支援,于五月四、五两日先后在玉浦、赤珍浦大破藤堂高虎、堀内氏善之水军,击沉敌

---

[1] 龟船比日本水师的主力关船具有更强的战斗力,日本装备有"大筒"(一种火炮)的关船对付不了龟船。但是,不论是朝鲜的龟船还是日本水军关船,均无法与古代中国的福船相比。首先吨位就相差甚大,明朝水师的战船一般都配大炮、佛郎机和炸药桶。日本的关船吨位不大,最大的也只有福船的四五分之一。朝鲜的龟船吨位也太小,只相当于明朝水师的大海沧船,根本不能与福船抗衡。

船44艘①。接着,李舜臣的水军又于五月二十九日至六月七日间,于泗川、唐浦、唐项浦、水登浦连续与日军接战,李舜臣在左肩中弹的情况下指挥水军五战五捷,并投入"龟船"近击敌船,击毙九州大名龟井真炬,日本海军名将来岛通久则因全军覆没自杀身亡。七月一日,滞留汉城的九鬼嘉隆、加藤高明、胁阪安治等日本将领,知藤堂高虎败战,立即驰来参战:胁阪安治以战舰70艘于见乃梁列为第一队,九鬼嘉隆率战船40艘为第二队,加藤高明率30艘战舰为第三队,向朝鲜海军发动总攻。李舜臣率本部(全罗左道)、全罗右道和庆尚右道水军与日本水军在见乃梁遭遇。李舜臣佯装退却,诱敌至闲山岛前海予以痛击,击沉、烧毁敌大小舰只60艘,"倭兵死者九千人"②,胁阪败走金海,其部将真锅左马允切腹自杀。

日军海上的连续败仗,使其水军无法向西南海岸进发,无法对前线进行补给,极大地制约了陆上军队的行动。李舜臣取得的海军的胜利,确保了全罗道谷仓地带的安全和制海权。李舜臣以其赫赫战功,受命三道水军统制使③,负起水军总指挥官的重任。在陆地上,当政府军溃散、北撤之时,目睹战火日益扩大的人民群众,保卫祖国的凛然大义超过对政府的憎恶,全国各地纷纷掀起义兵斗争,打击入侵者。领导义兵斗争的虽多为当地两班豪绅,但义兵的成员和支持义兵的则是各地的儒生、僧侣和广大农民群众。他们站在斗争的最前列,不惜流血牺牲,抗击日本侵略军的掠夺和烧杀。

首先举起义旗抗击日军的是庆尚右道玄风郡郭再佑(1552—1617)和沃川赵宪(1544—1592)领导的义兵。郭在佑乃一介儒生,因愤于日军暴行,1592年四月二十四日在洛东江沿岸的宜宁起兵,

---

① 《李舜臣将军全集》,平壤:朝鲜国立出版社,1955年;日本旧陆军参谋本部编:《日本战史·朝鲜役》。
② 《宣祖修正实录·卷二十六》宣宗二十五年七月戊午条。
③ 为李朝水军的总指挥官。李朝初期,水军由各道水军节度使指挥。1592年壬辰抗倭战争发生,有必要统一指挥忠清、全罗、庆尚三道水军,便设置了三道水军统制使。最初由全罗左水使李舜臣兼此重任,统一指挥水师。

并于五月初在鼎津大破日本侵略军。在他的号召下,陕川、高灵、三嘉等地的儒生先后举兵回应,组成联合部队。这支义兵在是年夏到处打击进入全罗道玄风、昌宁、灵山等地的侵略者,并于当年十月与晋州守将、牧使金时敏一起,取得晋州保卫战的胜利。赵宪是忠清道沃川的义兵领袖,起兵于六月十二日,活跃于忠清道一带。八月一日,赵宪联合僧侣灵圭的义兵,进攻被占领的清州,迫使黑田长政的日军乘夜色弃城而逃;二十七日,赵宪、灵圭的义兵与小早川隆景之日军大部队遭遇,双方激战于锦山,终因寡不敌众,全军将士壮烈牺牲。[①]

其他领导义兵斗争的著名儒生还有全罗道潭阳府的高敬命和罗州的义兵将领金千镒。前者北上直至恩津,在锦山与日军交战中战死;后者以水原为根据地,困扰日军,在第二次晋州战役时阵亡。起兵于庆尚道新宁的有权应铢、郑大任等部,后者曾收复永川、义城、安东、醴川、丰山等地,并一度攻入庆州。此外,还有全州的义兵领袖黄璞、李且兰等部,以及活动于咸镜道的郑文浮部,后者曾夺回镜城。僧侣组成的义兵亦是一支重要的力量,其中著名的有妙香山休静(1520—1604年,又名西山大师,俗姓崔,名乳信,字玄应,号清虚)。休静和尚向全国八道僧侣发出檄文,得弟子惟政(松云大师)的支援,引僧兵1700人在夺还平壤的战役中建立了功勋。

义兵队伍的主体一般是各地区的两班、农民和奴婢,贱民阶级也超越身份参加战斗,在与外敌的斗争中他们大多获得了解放,这也是义兵颇具战斗力的原因之一。这样,从1592年四月至九月的数月中,抗倭义兵几乎崛起于全国各地;他们以有限的兵力,充分发挥自身熟悉地形等优势,在敌后或独立进行战斗,或与残散官军汇合,成为抗击日军的重要力量。

---

① 参见柳树人:《壬辰抗倭战争》,载延边历史研究所编:《延边历史研究》第二辑,1987年。

二、明朝援兵扭转战局与宣祖"禅位"及其朝政

面对日军的凶猛攻势,朝鲜朝野惊慌失措。1592 年五月七日,宣祖撤抵平壤。大提学李德馨、兵曹判书李恒福等首议国王禅位[1],而宣祖也开始泛论"内禅"[2]。五月十五日,小西行长、加藤清正两军于临津江与朝鲜军对峙,申砬、刘克良两部将战死。十七日,加藤攻入咸镜道,于会宁俘获募集勤王军的临海君和顺和君二王子。五月十九日,元帅金命元、守将尹斗寿等又弃平壤而逃,把十万石粮食丢给敌军。至此,北方最后一道屏障平壤危在旦夕。六月十一日,李氏王廷离开平壤,行至肃川,决定向明朝请援。十三日,达到宁边,是夜,国王最终决意"内附""分朝",命世子"奉庙社,监抚留国"[3]。于是,大司宪李德馨奉派"弛咨辽东,请内附"[4]。

当时,明廷在派兵问题上有分歧。兵科给事中许弘纲反对出兵援朝抗倭,主张"御倭当于门庭";兵部右侍郎宋应昌(1536—1606)主张抗倭援朝,保家卫国,上疏曰:"关白之图朝鲜,意实在中国。我救朝鲜,非为属国也。朝鲜固,则东保蓟辽,京师巩于泰山矣。"[5]兵部尚书石星采纳主战派意见,得到神宗的肯定。早在六月初二,万历皇帝就从兵部所奏,从东亚安全大局出发,"命辽东抚镇发精兵二枝,应援朝鲜"[6]。

六月十六日,济南史儒、戴朝弁各率精兵千人首先渡江屯于义州;随后,辽东巡抚郝杰奉命派副总兵祖承训率先遣部队三千跨过

---

① (朝鲜)李肯翊:《燃藜室记述·卷十五·宣祖朝古事本末·壬辰倭乱》大驾西狩五月十三日条。

② "是夜,以备忘记传曰:内禅之意,言之非一再,而为大臣所拘执,欲死不得。今后令世子权摄国事,除拜官爵赏罚等事,皆便宜自断事,言于大臣。于是,大臣等启其重难,不可为之意。答曰:不可不为。"《宣祖实录·卷二十七》宣祖二十五年六月辛丑条。

③ 《朝鲜王朝实录·宣祖修正实录·卷二十六》宣祖二十五年六月己丑条。

④ 《乱中杂录·第二》壬辰年六月十五日条。

⑤ (明)宋应昌:《上神宗请拨兵协守朝鲜疏》,载王婆楞:《历代征倭文献考》,重庆正中书局,1940 年,第 238 页。

⑥ 《明神宗实录·卷二百四十九》万历二十年六月庚寅条。

鸭绿江向平壤进发。七月十七日,祖承训率全部入朝兵力贸然进攻平壤,虽"炮城斩关",然敌军"于城内据险伏兵以待",史儒、戴朝弁等将官阵亡,"诸军退溃",兵撤辽东。① 鉴于祖承训提供的有关朝鲜所报军情不实、军需供应不继,以及朝、明两军间沟通、互信不足等状况,明廷对继续出兵谨慎起来。八月,朝鲜请兵陈奏使郑崑寿被派往北京。据记载,"崑寿初至京师,呈奏文,帝即下兵部覆议。崑寿呈文兵部,申请恳迫,又诣尚书石星,痛苦哀诉,悲不自胜,星亦感动出涕。时皇朝异议忿然,或云:'只防中国地界,不必多发兵马,先弊中国。'唯石星力主发兵之议,覆题激励,且请身自东征。圣旨即允,以兵部侍郎宋应昌为经略,使先发二万兵,旋调大军,定将继遣,且赐马价银三千两,备买弓角、火药以送"②。

明廷在调兵遣将备战的同时,八月中旬,被视为"乡曲无赖"③市井出身的沈惟敬奉石星命赴平壤与日军议和,作缓兵之计。明朝大军与日军接战前,沈惟敬曾先后于八月中下旬和十一月初赴朝前往倭营探听虚实,摸清了驻平壤敌军的兵力,对后来明军作战大有裨益。十月十六日,经略宋应昌、征东提督李如松(1549—1598)奉命率四万三千名援军赴朝参战。与此同时,李朝内部再次出现要求宣祖禅位的呼声,甚至对其进行人身攻击④,且其事态随着战局的变化而有反复。

明军于十二月二十五日誓师渡江,二十九日进入朝鲜。当时,柳成龙兴奋地写道:"十二月,天朝大发兵。"⑤转年(1593)正月初六,李如松统率之明军于拂晓进抵平壤城下,初八发动总攻,夺回平壤

---

①《朝鲜王朝实录·宣祖实录·卷二十八》宣祖二十五年七月条。

②《朝鲜王朝实录·宣祖修正实录·卷二十六》宣祖二十五年十一月丁巳条。

③《明史·卷二百四十·朱国祚》。

④ "十月有(似是金积)上疏言:殿下既积失人心,致有今日,何不早传位世子,使一国人心有一分慰悦,则贼或可平。又有南以顺者,专攻上身,仍请斩李山海等。又言世子请速同驻,虽不明言传位,而语义微而著。"见(朝鲜)李肯翊:《燃藜室记述·卷十七》世子分朝抚军条。

⑤ (朝鲜)柳成龙:《惩毖录·卷二》。

城,斩获 1285 级,夺战马 2985 匹,救出被俘男女 1250 名。平壤大捷,沉重打击了敌人的嚣张气焰,鼓舞了士气,扭转了战局。平壤大捷是在后方供应不济、士兵食不果腹的条件下取得的。明军入朝前虽有相当准备,但由于朝鲜未曾如实反映其国内实情,战场的情况大大超出事前的预想。万历二十年(1592)八月兵部右侍郎宋应昌即"往保、蓟、辽东等处,经略"备战。① 至十二月,"义州存贮粮料豆草及辽阳仓积,可供五万兵马数月之用"②。然而,可悲的是,朝鲜根本没有能力组织一只有效的运输力量,把这些战略物资运往前线,而且其仓储设施已经被日军破坏殆尽,其"民间止用粟帛,不用银两",明之军需部门只得先从京城购买布帛,运至朝鲜,以此购买朝鲜的物品。③ 这种状况始终未能得到根本性的改善,朝鲜备边司承认:"今日所大患者,专在于各处粮饷乏绝,措置区画,必须身份详尽,又必昼夜催运,然后方可接济中外之窘竭。京中仓谷,合米、豆,仅三万余石,虽寻常经用,犹不满数月之用。若南、北兵不时大至,则将以何谷支供也? 其为窘迫,不可形言。近来,我国事一无头绪。兵兴所重,惟是粮饷一事,而无终始主管之人。……其间欠缩,不可胜记。此则犹是我国之粮,至于天朝赐谷,则所系尤重,而前后所赐,自辽东出来者,十四万石;今自山东出来者,又十二万石,亦已出来云,而不知所在。"④后勤供应系统一片混乱,直至战争后期。

平壤战役后,明军为探进军王京道路,"踏看攻取地形",其先头部队在碧蹄馆"不意猝遇大敌",李如松"以五千孤军冲击数万劲寇"⑤。此战虽有斩获,但总体得失相当。鉴于正面有五万之众的日军屯住汉城,明军于正月二十六日退守开城。这时,驻屯咸镜道加藤的日军因遭咸镜北道兵马节度使营(简称"北兵营")属北评事郑

① 《明神宗实录·卷二百五十一》万历二十年八月十八日条。
② (朝鲜)吴庆元编:《小华外史·卷三》。
③ (明)宋应昌:《经略复国要编·卷七·报石司马书 初二》。
④ 《朝鲜王朝实录·宣祖实录·卷四十四》宣祖二十六年十一月丙寅条。
⑤ (明)宋应昌:《经略复国要编》叙恢复平壤、开城战功疏。

文孚(1562—1624)义兵的攻击,已于正月二十九日撤回往汉城。二月十二日,集结于汉城的日军突然向城西北 40 里的幸州山城发起进攻。这里有全罗道巡察使权慄(1537—1599)指挥的不足万名的朝鲜"湖南壮军"。战乱初,权慄曾在梨岘获得对倭的胜利。现闻明军收复开城,遂经水原北上,欲配合明军收复汉城,故率其所部八千人,联合义僧将休静与其弟子雷墨大师处英之千余僧兵,并得到全罗召募使数千人于阳川山策应,在幸州山城"设栅为卫",背水布阵,伺机而战。日军见状,以 3 万兵力分六路猛扑过来,两军激战一整日。结果,日军被击退,朝鲜军"收斩余尸一百三十级"①,取得胜利,史称幸州大捷。

在此期间,世子作为分朝开始发挥重要作用。自上一年六月中旬光海君捧奉宗庙神主牌位率分朝经江界转向宁边,到处进行抚军、征兵活动;七、八月间,分朝南下,先后移向黄海道的伊川、成川,在大约三个月的时间里募集义兵和征集军粮,支援明军和本国军队作战,并于年底前后,转移至平壤四周,奔走转战于殷山、肃川、安州、咸从、龙冈、江西、永柔等地,督励官军和义兵对日作战。分朝为明军的后援所做的努力,为收复平壤做出了贡献。正月初,平壤大捷后,分朝活动终结。鉴于战局向着有利于朝、明联军发展,大臣们停止了要求传位的活动,朝鲜政局趋于稳定。

自明军参战以来,战局越来越向着对日不利的方向发展。继幸州败绩之后,积粟十万石的龙山仓又遭朝鲜名将查大受的焚烧,日军遂感"乏食"②,处境愈加困难。四月十八日,日军开始从汉城、忠清道和江原道撤退,并释放被俘的朝鲜两位王子。日军从汉城撤退后,为久留计,结营釜山,在庆尚道南部的蔚山至巨济间置营地 18 处。六月二十一日,为确保其军事据点间的联系,消除对其大本营

---

① 《朝鲜王朝实录·宣祖修正实录·卷二十七》宣祖二十六年二月丙戌条。
② 《明史·卷二百三十八·李如松》。

釜山的威胁,并为雪去年晋州失败之耻,以二十万的兵力围攻仅有朝鲜官军设防的晋州城,牧使徐礼元"贞忠大节,阖门殉国"。当时,晋州兵民与敌战,"至二十七日,外援不至,刍粮并尽,士马饥乏,不能战。礼元犹励气督战,守东门。忠清兵使黄进及义兵将张润中丸而死。敌拦入,城遂陷……敌欲降之。礼元骂不屈。敌蓑刃刺之,遂死之,长子继圣与二奴金伊、春年及官僮五人直前格斗,杀贼数十而并死于敌刃……同日死者,六万余人"①,其中包括由各地来援的义兵将领金千镒、崔庆会、高从厚、张涌、李宗仁、姜熙悦、李潜等。战斗持续到二十九日,晋州城陷落。

分朝活动结束后,世子一行继续在下三道的三南地方从事军事的后援,调整国家的军事指挥体系。为求得明廷对世子的认可,朝鲜将光海君战时的业绩及时向明朝万历皇帝做了禀报。次年(1593)十月宣祖还都,开始整顿战时混乱的国家机器,重点是加强军国机关备边司。壬辰战争期间,备边司演变成文武官员参与讨论国防大事的机构,行使了议政府的部分职能。议政、判书、五军门长、四都留守等各主要国家机关首脑都作为备边司都提调,参加合议,共同决定国防、外交、商业、贸易、交通等全部国家事务。② 世子战时的分朝机构中的分备边,实际上是世子的行营。闰十一月,分朝改编为以左议政都体察使尹斗寿为首的抚军司,负责前线军事与诸般行政事务。同时,鉴于战争中以前所设五卫制已经陷于瘫痪的实情,采纳湖西、湖南、岭南三道都体察使柳成龙的主张和明将骆尚志的劝导,建立训练都监,任命柳成龙为都提调,并参照明戚继光《纪效新书》所论兵法,组建特战武装——炮手、杀手、射手的"三手兵"团。

①《朝鲜王朝实录·高宗实录·卷四十一》高宗三十八年八月六日"议官安钟悳疏略"。
② 备边司官职设都提调,由时任、现任、原任三议政兼任,提调由知边使宰相与吏、户、礼、兵四判书及江华留守兼任。副提调由三品以上知军事的文官担任。以上官员为堂上官,平时从上述官员中选拔三名懂军事者为有堂上(常任当直者)。

当时,朝鲜"使臣入中国,有流言,致中朝疑间",明廷亦对朝鲜政局"论议甚多",以致明万历皇帝发出敕书表示"劝勉责励",并有所谓"给事中魏学曾上本言……'分割其国为二三'"之说①。明朝对朝鲜宣祖能力的担忧和诸多"论议",亦招致李朝臣属的诸般猜疑。此后,当世子离京去三南督战时,其敕使要求世子率户曹、兵曹官员至庆尚道、全罗道等前方总理军务。② 1595 年春三月,明神宗正式提出要宣祖任命世子为全罗、庆尚两道总督③。四月,宣祖发布"传教",委世子以诸般军务之责任,因众臣强烈反对,只能取消这个决定。④ 明虽主张世子负责南方军务,却对其册封不予认可。1594 年初至 1596 年底,朝鲜曾多次奏请明神宗对光海君的册封,明礼部均以次子"其封典,不宜轻界"⑤驳回。1596 年五月,当奏请册封世子再遭明礼部拒绝时,宣祖再次称病决定"禅位",经光海君与众臣挽留,最后作罢。宣祖屡次借世子册封遭拒宣称"传位",既有对明拒否的示威,更是为掩盖其治国无能、回避臣民对其战争失败责任的追究和检验臣属忠诚玩弄的伎俩;而战时明廷对世子光海君冷淡和对宣祖"禅位"说的态度,除明朝国内因素外⑥,主要在于激励朝鲜君臣抗倭态度的坚定和对宣祖与世子的牵制。

---

① 详见《朝鲜王朝实录·宣祖修正实录·卷二十七》宣祖二十六年闰十一月朔辛巳条。但是,李肯翊所著《燃藜室记述·卷十七》司宪宣敕条称"给事中魏孝曾上本",《明史》列传中并无此人,如系作者误将魏学曾写成魏孝曾,故《宣祖修正实录》所记的真实程度有待进一步考证。
② [韩]李迎春:《朝鲜后期王位继承研究》,汉城:集文堂,1998 年,第 109 页。
③ 《朝鲜王朝实录·宣祖实录·卷六十一》宣祖二十八年三月庚子条。
④ 《朝鲜王朝实录·宣祖实录·卷六十一》宣祖二十八年四月癸卯、丙午条条。
⑤ "甲午正月,遣尹根寿请册封世子,不许。礼部尚书范谦等题曰:朝鲜请立世子,以系人心,未为不可,或赐专敕一道,稍假便宜,俾得一意节制,事权不分。俟彼国宁谧,果有戡乱奇勋,不妨别议区处。其封典,不宜轻界。"见(朝鲜)李肯翊:《燃藜室记述·卷十七·司宪宣敕》。
⑥ "万历皇帝爱第二子濮王商,询意不属泰昌帝,故礼部不许,盖为泰昌帝也。"见(朝鲜)李肯翊:《燃藜室记述·卷十八·光海嗣位》。

三、停战议和

议和之举始于壬辰年夏。当日朝两军对阵临津江时,小西行长与宗义智即有议和缓兵之议;日军到达大同江后,小西曾派人策划媾和,朝方也派出大司宪李德馨与彼在汉江会见,但未能达成任何协议。明朝方面,八月,祖承训兵败平壤的消息送抵北京时,明廷中主和派抬头,神宗与兵部遂决定取战和并用战略。于是,"兵部尚书石星便密遣沈惟敬假称京营添住游击,托以探贼,实欲挺入贼营,与贼相见,与贼讲和"。①

九月初,沈惟敬到平壤城外,与日军小西行长会谈,约定:"以五十日为期,倭众毋得出平壤西北十里外抢掠,朝鲜人毋入十里内与倭斗。"十一月下旬,沈惟敬又与小西行长约定:以大同江为界分割朝鲜。当听到沈惟敬言:日酋"愿封,请退平壤迤西,以大同江为界",李如松怒斥沈惟敬"险邪,欲斩之",幕僚劝阻,建议"借惟敬给倭封而阴袭之"。李如松依计而行,把议和事搁置一旁,对日开战。

继明军收复平壤、朝鲜军取得高阳幸山大捷之后,交战双方均感需要一个喘息时间,尤其是碧蹄馆战役失利,"应昌、如松急欲休息,而倭亦刍粮并绝,且惩平壤之败,有归志,于是惟敬款议复行。"②癸巳年三月中旬,沈惟敬与小西行长在汉城举行第二次和谈,并达成四项谅解:(1)明派使臣赴名古屋会见丰臣秀吉;(2)明军撤出朝鲜;(3)日军从王京撤退;(4)交还二王子及所俘官员。③ 但是,日本随即撕毁协议,于四月十八日撤出汉城时,把明使及朝鲜王子等人挟持到釜山。五月中旬,沈惟敬与另外两名明使谢用梓、徐一贯被带至名古屋见丰臣秀吉,后者遂向明提出"和议七条":一、纳明公主为日本后妃;二、明、日恢复贸易,许官、商船只往来;三、明、日两国

①(朝鲜)柳成龙:《惩毖录·卷一》。
②《明史·卷二百三十八·李如松》。
③ 日本旧陆军参谋本部编:《日本战史·朝鲜役·第九章》。

永远通好,交换誓词;四、割朝鲜四道与日本;五、朝鲜以王子、大臣各一人质于日本;六、遣返朝鲜二王子;七、朝鲜大臣宣誓永远不背叛日本。① 沈惟敬瞒过了宋应昌和明廷日方之"七条",并与小西行长伪造《关白降表》②,使明神宗同意举行北京会谈。七月,日本释放朝鲜二王子及陪臣。九月中旬,神宗诏日本议和使节小西飞"入朝,集多官面议,要以三事:一,勒倭尽归巢;一,既封不与贡;一,誓无犯朝鲜。倭俱听从"。③ 神宗表示满意,遂册封丰臣秀吉为王,并按小西提供的名单册封了日方大臣。万历二十三年(1595)正月,明神宗对日颁发诏谕、刺谕;派册封使临淮侯李宗成赴日,于釜山见日军磨刀霍霍,中途弃玺书,"变服逃归"④。于是,明廷复议战守。六月,又以都指挥杨方亨继充正使赴日。九月,丰臣秀吉于大阪宴饮明使,当听到明廷册书封曰"特封尔为日本国王"时,勃然大怒,说:"吾欲王则王,何待明虏之封!"丰臣发现受骗,怒在明使,欲斩小西,经众将劝解,方赦其在军中戴罪立功,并令进行第二次进攻朝鲜。

　　明、日议和失败最沉痛的教训在于明朝政府昧于外事,不能知己知彼,偌大的天朝,竟然把关乎国家和友邦命运的外交使命交予并不靠谱的一个江湖商人沈惟敬。⑤

四、丁酉抗倭战争与倭军的失败

　　丁酉年(1597)初,丰臣秀吉下令增调兵力,以八军14万之众发动第二次侵朝战争。史称此役为"丁酉倭乱""庆长之役"。是年二月,日军先头部队已到达朝鲜。朝鲜王廷慌忙遣使大明再次请兵救

① 日本旧陆军参谋本部编:《日本战史·朝鲜役·第九章》。
② [韩]李炯锡:《壬辰战乱史·中卷》,汉城:新现实社,1974年,第451页。
③《明史·卷三百二十·朝鲜》。
④《明史·卷一百二十六·李文忠公传附》。
⑤ 沈惟敬,平湖人,世人对其评价向来不一,一曰此人乃嘉兴市井无赖,其在对日谈判中多次欺骗明廷。伪造文书,称丰臣秀吉接受册封,并三呼万岁。真相败露后,被弃市问斩。另一说,近人则称其为"晚明援朝战争中的传奇人物"。详见:贲艳《晚明援朝战争中的传奇人物——沈惟敬》,《嘉兴日报》平湖版,2022年5月7日。

援,同时坚壁清野,疏散群众和物资于山城,进行备战。三月,日军先后占领东莱、机张、蔚山等地。明朝得悉日军再次入侵朝鲜时,石星已下狱论死,神宗以兵部尚书邢玠总督蓟、辽,改麻贵为备倭大将军,经理朝鲜。五月,麻贵统兵 18000 人东发朝鲜,令杨元屯南原,吴惟忠屯忠州,麻贵统率明军分别驻留平壤和汉城,彼此呼应。日本惧怕李舜臣的存在,便设计加害,将其赶下统制使之职。① 此后,统制使一职由元均继任。趁此时机,日本水军成功登陆釜山港。

闲山岛乃朝鲜南海之要冲,为从东部通向西部的门户,可谓全罗道的外部屏障,是朝鲜水军统制使驻地。日本水军准备于七月夺取此岛。元均赴任后,一改李舜臣的方针,将全部舰船浮游于绝影岛海上,遭日水军奇袭,败逃加德岛;七月十五日于巨济岛附近的漆川岛,复遭日本水陆两军的夹击,李舜臣所经营的水军几乎全军覆没,元均被杀。

八月初,日军乘攻破朝鲜闲山岛守备之机,分全军为三军,开始出击。一军以宇喜多秀家为主将,小西行长为先锋,率近 5 万陆军,经庆尚道云峰指向南原;一军以毛利秀元为主将,加藤清正为先锋,率 6.4 万陆军,从庆州经大邱直至全州;一军以山口正弘为大将,经密阳、玄风,向忠清道进击。水军由藤堂高虎率领,配合宇喜多秀家攻取南原。八月十三日,小西行长军刚一围攻南原城,明守将杨元便突围败走;守卫全州的陈愚衷也主动放弃。不久,业已攻下黄石山的加藤清正,随即到达全州与毛利军会合,日军北进总兵力已达 12 万之众。此时,暴露在日军面前的汉城守军只有总兵麻贵所统率的 8000 名明军。"麻贵请于玠,欲弃王京退守鸭绿江,海防使萧应宫以为不可,自平壤兼程趋王京止之。麻贵发兵守稷山,朝鲜亦调

---

① 日本令间谍将加藤清正渡海来朝的日期秘密告知朝鲜左水使金应瑞,随即此为李朝朝廷所知,命李舜臣迎击。李舜臣发现此乃日本之诈术,未执行此令。然而,加藤果然登陆。于是,李舜臣便以不服从命令而被罢职投狱,后免死削职,改判白衣于权栗麾下听令。详见《朝鲜王朝实录·宣祖修正实录·卷三十》宣祖三十年二月条。

都体察使李元翼由乌岭出忠清道遮贼锋。"①明军以有利地形挫日军先头部队,敌第三军黑田长政部3000人前来增援,明副总兵解生率2000人马自水原赶来参战,接着自天安增援的日军毛利秀元部也投入战斗。双方激战两昼夜,日军溃败。同时,明将彭友德在青山也取得对日作战胜利。两次战斗共斩获敌152级,史称"青山、稷山大捷"②。

十一月,明兵部尚书兼蓟辽总督邢玠于汉城部署新的战役,以诸将"分三协"发动攻势:"(杨)镐同(麻)贵率左右协,自忠州、乌岭向安东,趋庆州,专攻清正。使李大谏通(小西)行长,约勿往援。复遣中协屯宜城,东援庆州,西扼全罗,以余兵会朝鲜合营,诈攻顺天等处,以牵制行长东援。"③十二月二十三日,明军进攻蔚山,游击摆赛以轻骑诱敌入伏,斩获400余级,加藤清正尽奔岛山,筑三寨自固。游击茅国器率死士拔其寨,斩首650,诸军遂进围其城。城甚坚固,围十日夜,倭至嚼纸充饥。次年正月二日,小西行长救兵至。镐大惧,仓皇撤师,士卒死亡殆二万。杨镐与总督玠"以捷奏。既而败状闻,帝罢镐,责贵以功赎"④。《明史》评之曰:"是役也,谋之经年,倾海内全力,合朝鲜通国之众,委弃于一旦,举朝嗟恨。"⑤

同时,朝鲜水军先在鸣梁、后与明水军在古今岛取得胜利。元均败死后,宣祖无奈重新任用李舜臣。然而,李舜臣仅以20艘残舰并集合一些散兵投入战斗。1597年九月十六日,藤堂高虎等率领的400余艘战舰出现在珍岛前,李舜臣设计将其诱至鸣梁之狭窄海峡,进行奇袭,击沉敌船30余艘,伤上百艘,击毙敌人士兵4000余名,藤堂身负重伤。史称此为"鸣梁大捷",此役以少胜多,大长了朝鲜军民的志气。翌年二月,李舜臣移阵古今岛(唐津之南),重编水军,与

---

① 《明史·卷三百二十·朝鲜》。
② 《明史·卷三百二十·朝鲜》。
③ 《明史·卷三百二十·朝鲜》。
④ 《明史·卷二百三十八·麻贵》。
⑤ 《明史·卷二百五十九·杨镐》。

明水师提督陈璘所率 5000 水军一起,于十一月在古今岛附近大破日本水军。陈璘(1543—1607)于 1598 年六月十二日率领水师进抵汉城,四天后便南下御敌。七月二十四日,陈璘与李舜臣指挥的中朝联合水师取得了折尔岛伏击日本水军的胜利。

此前,八月十八日,丰臣秀吉病死。按遗命召还日本侵略军。日本以十一月十五日为撤退之日。以大明水军都督陈璘任主帅与李舜臣任副帅的中朝联军,获悉丰臣秀吉死亡消息,大受鼓舞,决定对撤退的日军截而歼之。十一月十一日。联军已经到达预定地点松岛,截断了小西行长与第二军的归路。十八日,岛津义弘率五百艘战船乘夜潮来援小西。联军分为左右协,伏兵浦屿间,夜半敌船自光州泽直过露梁,两军左右突发,投薪火延烧敌船,双方展开殊死近战,陈璘与李舜臣并肩英勇作战,书写了生死相救、可歌可泣的悲壮诗篇。① 但不幸的是年逾七十的明将副总兵邓子龙(1528—1598,字武桥,号大千)与李舜臣将军先后壮烈殉国。② 日本水军遭受重大损失后逃向巨济岛方向,至十二月十日,日军撤退完毕。不久,明军也开始撤退,至庚子年九月,明兵全部撤出,"朝鲜用兵,首尾八年,费帑金七百余万"③。至此,从壬辰年至丁酉年的倭乱终于结束。

---

① 孙卫国:《"再造藩邦"之师——万历抗倭援朝明军将士群体研究》,社会科学文献出版社,2021 年,第 246—247 页。

② 《朝鲜王朝实录·宣祖修正实录·卷三十三》宣祖三十二年三月己亥条。邓子龙,江西丰城人,武举出身,历任广东把总、浙江都指挥金使、副总兵,在抗击缅甸木邦部落入侵云南战争中立下战功。后因所率兵营发生兵变而被削职。1590 年,平定普应春叛乱立功,遂官复原职。但是,不久又被弹劾罢官。壬辰抗倭战争爆发后,经明神宗应允,兵部命以副总兵衔,随陈璘率水军东征。邓子龙殉难后,万历二十七年(1599)九月,被追认为都督金使。朝鲜正祖时期于康津修建诞报庙祭祀。
李舜臣出身于没落士大夫家庭,幼时家境贫寒。自幼好学,善骑射,32 岁武举登科,开始军旅生涯。他刚直不阿、忧国忧民,几处逆境而无悔无怨。47 岁任全罗左道水军节度使后,积极操练水军,创建铁甲战舰龟船。壬辰抗倭战争期间,李舜臣将军和明朝水军并肩作战,多次击败日军,屡立奇功。1598 年 12 月,他率朝鲜水军与明朝水军重创敌寇,在激战中不幸中弹身亡。两年后,王廷为表彰他的功绩,封他为一级宣武功臣;45 年后又赠谥"忠武"。从此,他被称为"忠武公"。1706 年,于芳华山脚下建显忠祠供奉,每逢四月二十八日,即李舜臣诞生的日子,显忠祠都要举行祭祀活动。日本占领时期显忠祠一度荒颓,1945 年日本投降后,纪念活动得以恢复。

③ 《明史·卷三百五·陈增》。

在历经七年的浴血奋战之后,朝鲜人民终于取得壬辰丁酉抗倭战争的伟大胜利,维护了国家领土的完整和独立。明朝为支持朝鲜人民抗倭可谓"动天下之兵,费天下之财"。[①] 结果,历经七年,明军与朝鲜军民并肩战斗,取得了战胜倭寇入侵朝鲜的辉煌战果,保证了中国本土的安全。两军的联合抗敌,挫败了日本侵略亚洲大陆的野心,不仅为对保卫当时朝鲜和东亚的安全做出巨大贡献,也为其后中朝两国的共同抗敌做出了榜样。中朝两国人民在战斗中用鲜血结成的友谊将产生深远的历史影响。

丰臣秀吉死后,政权落到其幼子秀赖的保护人德川家康(1542—1616)手中,1603 年,德川家康取得征夷大将军称号,在江户建立幕府,日本进入德川幕府时代。次年,德川令对马岛主向朝鲜要求恢复国交,遭朝鲜拒绝,但允许对马百姓赴釜山贸易。1605 年三月,德川家康赴京都出迎朝鲜国使高僧惟政(1544—1610),并送还朝鲜俘虏 3000 余人;次年,对马岛主宗义智送来德川家康书契,并押送回战乱期间破坏王陵的罪犯。1607 年六月,朝鲜于釜山设倭馆;七月,朝鲜赴日使臣吕佑吉带回被俘朝鲜人 1240 名。自此,两国恢复国交,贸易与使臣往来频繁。

第五节　前期文化

李朝前期是朝鲜(韩)民族文化的繁荣发展期,其中尤以 15 世纪的文化成果最为繁盛。当时,李氏朝鲜已经经历了半个世纪的发展,国内政局稳定,人民生活安定,社会经济发展,对外关系顺畅,朝鲜人民长期以来,尤其 13、14 世纪积累的文化财富,为文化的进一步发展奠定坚实的基础。再者,国家适逢出现世宗这样的励精图

---

① (朝鲜)洪大容、李德懋:《乾净衕笔谈・清脾录》,邝健行点校,上海古籍出版社,2010年,第 40 页。

治、倡导学术研究、重视文化事业的国王在位，客观上亦起到了至关重要的促进作用。

一、"训民正音"的创制

15世纪40年代，朝鲜民族文字的创造是该时期文化发展的最重要成果。吏读虽然早已经存在，但它不仅难懂，而且因汉语与朝鲜语分别属于完全不同的语系，汉文完全不能准确标记朝鲜语言。人民群众迫切希望有一种易懂、易学的本族文字用以记事、表达和交流。同时，社会的发展和进步，也使统治者意识到亟须创制一种与本民族语言一致的文字，且长期与周边国家、民族的交流中产生的社会文化和有关语言学知识的积累，也使他们具备了创制民族文字的条件和能力。

李朝创建之初，于政府下设司译院衙门，"掌译诸方言语"。司译院除有正三品主管官员外，配备有研究"汉学""清学""蒙学"和"倭学"教授等人员[1]，"俾习中国语言音训，文字体式；上以尽事大之诚，下以期易俗之效"[2]，并吸取日本"国风文化"时代（即由人人模仿中国"唐文化的时代"向创作自己民族文化的时代转变）创制民族文字之精神与经验为己用。

据《文宗实录》和《端宗实录》记载，朝鲜国王在宫中设置了专门机构"正音厅"，而又据《世宗实录》和《慵斋丛话》卷七记载，所设机构名曰"谚文厅"。为满足学者创制文字研究所需，朝鲜从古代中国引进了大量的音韵学书籍，其中包括宋代陈彭年等的《大宋重修广韵》、丘雍等的《礼部韵略》、丁度等的《集韵》、元代周德清等的《中原音韵》、黄公绍的《古今韵会举要》以及明代乐绍风等的《洪武正韵》，等等。[3] 当时，正音厅集中了一批集贤殿学士，如成三问、郑麟趾、申

---

① 《大典会通·卷一》吏典条。
② 《朝鲜王朝实录·太祖实录·卷六》太祖三年十一月乙卯条。
③ 参考[朝]洪起文：《正音发达史》上，汉城新闻社，1947年。

叔舟、崔恒、朴彭年、朴善老、李塏、姜希彦等。为从汉字的音韵与蒙古、女真语音韵中寻找灵感，他们还先后分 13 批向辽东派出学者，向谪居当地的明翰林院学士、语言学家黄瓒咨询，研究发音的标记方法。1443 年十二月，由 28 个字母构成的朝鲜文字终于产生。《朝鲜王朝实录》载："是月，上亲制谚文二十八字，其字仿古篆，分为初中终声，合之然后乃成字，凡于文字及本国俚语，皆可得而书，字虽简要，转换无穷，是谓训民正音。"①次年，王命集贤殿学士用新文字翻译《韵会》和《三纲行实》。为致力于朝鲜文字的使用和普及，1445 年，用谚文刊印了《龙飞御天歌》。这样，经过近三年的试用，世宗二十八年（1446）九月二十九日，《训民正音》正式公布。世宗在《训民正音》序言中指出："国之语音，异乎中国，与文字不相流通，故愚民有所欲言而终不得伸其情者，多矣。予为此悯然，新制二十八字，欲使人人易习，便于日用耳。"此种正音文字具有很多优点：首先，它是一种表音字母文字，最初由 17 个辅音和 11 个元音构成，后来简化为 14 个辅音和 10 个元音，拼音很灵活，能标记朝鲜语的一切发音。其次，字形象人的发音器官，笔画简洁，字母简单，便于掌握，所谓"智者不崇朝而会，愚者可浃旬而学"②。最后，17 个子音（初音）以其发音部之不同，分成牙、舌、唇、齿、喉和半齿音、半舌音等七音，又以声母的清浊，分为全清、次清、全浊、不清不浊；元音则以 3 个元音为基础，规定为 11 个元音，颇具科学性。③《训民正音》的创制，给本国民众提供了简易实用的书面交际工具，打破了汉文垄断朝鲜文化和学问的局面，为普及、发展民族文化奠定了可靠的基础。

　　朝鲜王朝制定、发布《训民正音》的初衷在于"训民"，就是要创造一种工具使"愚民"即广大乡村百姓读懂与其生产、生活有关的农

①《朝鲜王朝实录·世宗实录·卷一百二》世宗二十五年十二月庚戌条。
②《朝鲜王朝实录·世宗实录·卷一百十三》世宗二十八年九月甲午条。
③ 详见《训民正音解例》各章节。

书、医书，以及与建立封建社会秩序有关的性理学书籍。为此，世宗令申叔舟、郑麟趾等人编撰《东国正音》《洪武正音译训》《四声通考》等音韵学著作，发展汉文典籍谚译事业。一时间，谚译作品纷纷问世，其中谚译佛经、诗歌和儒家经典最为突出。佛经的谚译是在国家刊经都监内进行的，完成的佛经有《金刚般若波罗密经谚译》《楞严经谚译》《金刚经谚译》《法华经谚译》《园觉经谚译》《华严经谚译》等。文学作品亦甚多，著名的有 1481 年刊行的曹伟译《分类杜工部诗》(《杜诗谚译》)、《太平广记谚译》五卷、金麟厚选译的朝鲜七言汉诗《百联抄解》等。儒学经典是谚译的另一个重点，宣祖年间谚译的有《大学》《中庸》《论语》《孟子》《周易》《诗经》《书传》等。训民正音的广泛运用，为使作为李朝正统意识形态的儒学宋明理学普及到下层社会发挥了一定的作用。例如，宣祖时代郑澈的《训民歌》(又名《警民歌》)，就曾广泛流传。不过，总体上讲，由于李朝社会的结构性问题，以世宗为代表的朝鲜王廷的本意与代表封建地主利益的参与朝政的士大夫的追求并不一致，从而限制了谚文的"训民"功能。尽管如此，一个语言文字统一的书写体系的建立，对朝鲜民族文化发展的贡献怎样估价都不为过，这在其以后的历史发展中更是日益彰显。

《训民正音》颁布以后，汉文字依然是朝鲜王朝官方使用的文字，而且民间在很晚以后依然广泛使用吏读和汉文式书纪法，例如1940 年出土的一块金石文碑有如下文句："二人并誓记，天前誓，今自三年以后，中道执持，过失无誓。"若以朝鲜(韩)古尔，则应为："두 사람이 함께盟誓하여记录한다。하글님 옆에盟誓한다。自今으로부터三年以后에忠道를执持하고过失이 없도록盟誓한다。"有鉴于此，发展学术所迫切需要的阅读汉文文献的工具书先后从古代中国引进和编撰。13 世纪末 14 世纪初，宋代学者阴幼遇(时夫)编撰的中国第一部韵书《韵府群玉》首先引入朝鲜。1589 年，时任大丘府使的权文海(1534—1591)仿照《韵府群玉》编撰了《大东韵府群玉》

20卷,这是半岛第一部以韵分的类书,它从174部数千卷朝鲜史书、文集和中国15部2000多卷典籍中收集了数万个朝鲜古典汉字单字语汇,按韵排列,以"东、冬、江、支"之"四声百六韵"[①],依词语最下一字归韵进行编辑;每个单字下注明解释,仅对朝鲜使用者附加反切音,音训皆有;词语下备载出典。例如,卷一"上平声"的"东韵"的第一个字是"东",下面是"征东""岭东"等两三字乃至十余个字的词语,其下注音释意,并注明其出处。再如,其卷二"上平声",首字"支",其下有"月支""养支""鞬吉支""莫离支""方为支""仓鬐不支""东西两支"等,其"类目"有音释、姓氏、人名、行迹、孝子、烈女、忠臣、年号、国号、地理、土俗、方言、守令、诗文、禽兽、花木、仙名、释教、天文、官职、百谷、宫室、器用、舟车、书册、麟介、昆虫、竹果、封名、乐曲等30余项。17世纪,权文海之子权鳖(1589—1671)将《大东韵府群玉》人物部分分离开来,单独编成一书纪传形式的《海东杂录》。18世纪以后问世的李义凤的《古今释林》中《罗丽吏读》篇、《东韩译语》篇以及《财物谱》、《物名考》均直接、间接地借助于《大东韵府群玉》。

二、性理学之发达

前已指出,朝鲜的儒学因前朝忠烈王时的安珦引进朱子学而发达,门下之著名者为白颐正和禹倬,其后由李齐贤、牧隐李穑所传承。至丽末圃隐郑梦周已为其大宗,而其门下则有冶隐吉再(1353—1419)等人。在丽末鲜初的变革时期,郑梦周以其知识分子的所谓"气节"为旧王朝殉国;吉再隐居家乡,致力于培养后进,门人金叔滋及其子金宗直为朝鲜性理学的正统,其后继者多不仕李朝而隐居山林,专志于教育事业,形成所谓"山林学派"。他们虽然与参与新王朝建立的儒者郑道传、赵浚、权近等"官方学派"对立,在学风

---

① 所谓"四声百六韵",即平声30韵,上声29韵,去声30韵,入声17韵,总计106韵。

与气象上也有所不同,但就以抑佛扬儒为主义、专奉程朱性理学说而言,则并无二致。由于面对长期立于国教地位的佛教,儒学家必须赋予儒学以宗教色彩,通过推广《朱子家礼》《三纲行实录》《国朝五礼仪》,使礼学社会风俗化和制度化,以至于朝鲜社会的家本位宗族意识甚强,"祖上崇拜最受重视,祠堂之礼居第一位"[①]。

郑道传是丽末鲜初抑佛扬儒思想的集大成者,被誉为"东方真儒"。《高丽史》称他"发挥天人性命之渊源,倡明孔孟程朱之道,辟浮屠百代之诖诱,开三韩千古之迷惑,斥异端,息邪学,明天理而正人心,吾东方真儒一人而已"[②]。李穑的学生权近(1352—1409,字可远、思权,号阳村)也斥佛扬儒,主张革新,以"理先气后"之客观唯心主义的哲学观观察世界万物,著有《礼记浅见录》《入学图说》等。《入学图说》是以图示说,以说解图之桴鼓相应形象模式系统阐述其治学思想的巨著,由二十多幅图组成,其中尤以本中国周敦颐之《太极图》而作的《天人心性和议之图》为最,是对宇宙生成论的图形诠释。《入学图说》的问世为半岛"入学图说学"的发展奠定了基础。

山林派人入朝为官后,学者间以其社会背景、主义、思想、感情、乡土、处世、气味之异同,形成不同的派系,于是在政治舞台上除所谓"勋旧派"外,尚有"节义派""清谈派"与"岭南派"等。

世祖朝形成的勋旧派均为世祖的宠臣或御用学者,官爵高,也有真才实学,尤长于典礼、词章,多参与当时官撰事业,郑麟趾、崔恒、梁诚之、权擥、申叔舟、徐居正、姜希孟、李克墩等属此派。

节义派,"死六臣"与"生六臣"属此派。端宗李弘暐(1441—1457)以冲龄即位(1452—1455年在位),其叔父首阳大君李瑈(1417—1458)设计禅受王位,虽曰禅受,实则篡夺。其父文宗薨前曾命皇甫仁、金宗瑞等顾命大臣辅佐朝政,而李瑈串通部分亲信于

① [韩]尹丝淳:《韩国儒学研究》,陈文寿等译,北京:新华出版社,1998年,第34页。
② 《高丽史·卷一百二十·列传第三十三·郑道传》。

1453 年十月以"清君侧"为名，发动靖难，杀害端宗辅佐大臣，以领议政擅权。1455 年闰六月，端宗"禅位"，李瑈登上王位，是为世祖（1455—1468 年在位）。诸勋旧大臣以为宗社依旧，且尊端宗为上王，谢旧从新。节义派以伯夷、叔齐自况，以为固有定嗣，苟有夺之者，乃悖伦行为，只能明其节义，自处以废，屏绝世事，或杜门自靖，或放浪一生，洁身以终一生。1456 年，成三问、朴彭年、河纬地、李恺、俞应孚、柳试源等因谋议端宗复位被处死，此六人史称"死六臣"。次年，受此牵连，端宗被降为鲁山君，流放于江原道宁越郡清冷浦，后又在郑麟趾的奏请下被鸩死。不久，宋王妃以及文宗同母兄弟安平大君李瑢、锦城大君李瑜和世宗之子永丰君、南汉君等也先后降封或被害。因对世祖自立为王之篡逆行为表示不满，为维护忠君节气而挂冠辞官以致自废的六名官员，则被称作"生六臣"。他们是金时习、南孝温、李孟专、赵旅、元昊、成聃等。"死六臣"中的成三问（1418—1456）是朝鲜早期儒学家中之佼佼者。生前其题夷齐庙诗，曰："当年扣马敢言非，大义堂堂日月辉。草木亦沾周雨露，愧君犹食首阳薇。"[1]"生六臣"中之最著名者，当为金时习（1435—1493），他被誉为"海东伯夷"，[2]其生涯之变幻，学问之多彩，文章之卓绝，亦可谓不世之奇才。

　　清谈派者，成宗十三年（1482）春，南孝温、洪裕孙、李贞恩，李总、禹善言、赵自知、韩景琦等七人，失意时政，失志于国，认为时不当仕，仿中国历史上的竹林七贤，相结为友。他们浪游不羁，好老庄高虚之风，轻视权势名利，沉于感伤，轻世超俗，常各备逍遥巾，持酒肴，约于汉城东大门外之竹林间，高谈阔论，抨击时政，以诗酒自娱，自唱自舞，日暮而归。

　　岭南派是士林派之主流，以金叔滋及其子金宗直为师宗。他们

---

① （朝鲜）成三问：《成谨甫集·卷一·诗·滦河祠》。
② 高丽第十四代王宣祖命李珥作传，第十九代王肃宗时追赠海东伯夷之称号。

以岭南人居多,著名者包括金宏弼、郑汝昌、曹伟、金阳孙、俞好仁、表沿末、李宗准、赵祖光等,是作为勋旧派的对立势力出现于政治舞台。他们主诗文,多才士,气象过高,言论真甚,又活跃于朝野,互相推誉,自为一味。后来士林之间也因理念与学统不同而党同伐异。

"己卯士祸"之后,新进士类出仕之风受挫,专心致力于学问者日盛。于是,这个时期性理学大家辈出,朱子学有很大发展。朝鲜朱子哲学思想是以道器、理气二分的以"理"(道)为核心"惟理为实"的理本论哲学体系,而学者则有主气论与主理(道)论之别。主气论者的先驱花潭徐敬德(1489—1546年)、主理派者的先驱晦斋李彦迪(1491—1553)以及后继者,把朝鲜性理学推向全盛期。特别是李滉与李珥,为这一时期具有代表性的大儒。

李滉(1501—1570),字景浩,号退溪、退陶、陶叟,庆尚道礼安县温溪里人,历任政府要职,曾受"乙巳士祸"牵连,身为弘文馆典翰的李滉遭到革职。明宗十年(1555)三月,年近花甲的李滉辞官归隐故里安东养真庵,潜心研究学问,著有《易学启蒙传疑》《朱子学节要》《论四端七情书辨》《宋季元明理学通录》《圣学十图》等著作。李滉的思想的形成虽受阳村权近影响①,但两者没有明显的师承关系,其独特的"理性互发"之二元论基本上是其直接研究程朱的论著形成的,其礼学思想尤其显著。他认为构成宇宙万物要素理、气二物缺一不可,而二者质量不同,理乃"纯善无恶",气则"可善可恶",理是气动的根本,"理为气之帅,气为理之卒",具有"本然之体"和"至妙之用"②的绝对价值。他在理念上虽倾向主理学派,但又说"理"与"气"互为体用,"盖理之与气相须以为体,相待以为用。固未有无理之气,亦未有无气之理"③;其学问的根本立场是真理存在于广泛的

---

① (朝鲜)金长生:《沙溪全书·卷十七》称:"此互发之说所由起也,退溪曰四端理发而气随之,七情气发而理乘之,是阳村左右之意。"
② (朝鲜)李滉:《增补退溪全书·二·答李公浩·问目》。
③ (朝鲜)李滉:《增补退溪全书·一·答奇明彦〈论四端七情第一书〉》。

日常生活之中,持知行统一,主张"穷理而验于践屡,始于真知"①,以诚、敬为之。他还致力于"四端七情、理气互发"的思辨,主张以仁义礼智的"四端"指导喜、怒、忧、思、悲、恐、惊之"七情",加强道德修养。其晚年的《圣学十图》是退溪思想的代表作,其中作为主图的《第一太极图》有类周敦颐之《太极图》。李滉在《进圣学十图扎》中称:"惟昔有贤人君子,明圣学而得心法,有图有说,以示人入道之门,积德之基者,见行于世,昭如日星。"②显然,李滉之《第一太极图》来自周敦颐之《太极图》,是对中国太极图的地区化发展。

李滉的客观唯心论学说为郑秋述、奇大升、柳成龙、金城一等继承,并形成所谓"岭南学派"传统学风。

栗谷李珥(1536—1584)乃李朝"九度状元公",曾于"二十三岁谒退溪先生于陶山"③,其才能为李滉所惊叹。他历任政府要职,官拜大司宪、户曹判书、大提学,并奉派出使明朝。李珥早在23岁所写的《天道策》一文中即批判李滉之理、气分离之二元说,建立起独到的"气发理乘一途说"哲学本体论基础。他认为理即条理,作为当然之法则为宇宙之体;气,是体现条理的具体的活动,即宇宙之用。与此相统一,其道德价值判断,也反对人之心性理气二元说,排斥李滉之"四端七情"说。这样,李珥通过对徐敬德和李滉学说的批判、综合和折中,将朝鲜的性理学推到新的高度,被尊为"东方之圣人"。他反对当时儒林士大夫的思想僵化,他的《甲戌万言封事》("万言疏")在论及"修己安民之要"中称:"政贵知时,事要务实。为政而不知时宜,当事而不务实功,虽圣贤相遇,治效不成矣……今日议者,拟议祖宗之法,不敢开问更张之论,此所谓不知时宜者也。"④李珥在此所论之要旨在于呼吁儒林士大夫在处理儒学之"正身之德,利民

---

① (朝鲜)李滉:《增补退溪全书·一·答李叔献》。
② 贾顺先主编:《退溪全书今注今译》,成都:四川大学出版社,1992年,第163页。
③ (朝鲜)李珥:《栗谷全书·卷三十五·行状》。
④ (朝鲜)李珥:《栗谷全书·卷一·万言封事》。

之用,厚民之生""三事"①关系时更注重后者。李珥弟子金长生、郑华等继承他的学说,组成"畿湖学派",对后世的学界产生了重要影响。在朝鲜儒学史上,退溪李滉与栗谷李珥被称为思想界之双璧。李滉籍贯在真宝,属岭南地区,而李珥的原籍是德水,在京畿地区,这种学问传统的传承关系正好与地缘因素相联系,从而导致儒学界不同派系的对立和斗争达三百年。

三、历史编纂的发展

朝鲜《镂版考》曰:"历代盛际,雅重文籍,藏之有府,掌之有官,稽之有簿,其系治道升降也。"②李朝历代官民注重修史,国家设有春秋馆、艺文馆,此种设置时有并分。太宗元年(1401)艺文春秋馆实行分离,艺文馆行翰林院之职能,而丽末恭愍王时期所设之国子监改名成均馆,遂有所谓"三馆"之谓。李氏朝鲜王朝自建国初便开始编纂历代实录,于"掌记时政"的春秋馆配备专任史官③,随时记录、整理、编辑日常政事,用以在国王逝去后,撰写其在位期间之实录。春秋馆或有实体,或"无馆宇,只有官衔,以他官兼之"④,但具体行事机构必备,或曰"实录厅",或曰"日记厅"⑤。

1413年春,领春秋馆事河仑首次献上《太祖实录》。此后,历代国王亡故后,按一定之规例,以春秋馆平时收集、整理的"史草"和"时政记"为基础,参考《承政院日记》《议政府誊录》等各机关之记录和个人文集,编纂该王在位期间的实录,成为惯例。届时,新王另设编纂实录的临时机构"实录厅"(撰修厅),任用春秋馆官员负责撰写初草、中草,最后定稿为正草。为安全起见,同一实录要做四套,除汉城内史馆保存一套外,在星州、全州、忠州等山野"史库",也各存

---

① 《尚书·大禹谟》,"六府三事允治",孔颖达疏。
② (朝鲜)徐有榘撰:《镂板考·镂板考凡例》。
③ 《经国大典·吏典》京官职条。
④ (朝鲜)柳本艺编:《汉京识略·卷一·阙内各司·春秋馆》。
⑤ 记录被废之鲁山君、燕山君、光海君三位国王的历史。

一套。壬辰、丁酉倭乱,春秋馆及星州、忠州史库均遭战火,仅全州
者于变乱中移至平安道妙香山,始保存下来。

历代实录的编纂工作连续不断,保存完整,构成今日之《朝鲜王
朝实录》,又称《李朝实录》。《朝鲜王朝实录》记载了太祖至哲宗的
李朝 25 代王、470 余年的历史,共计 170 余卷;后来,在日本占领时
期,又补充了《高宗实录》和《纯宗实录》,但记事残缺不全。

历代实录均取编年体,只有《世宗实录》之《五礼》《乐谱》《地理
志》《七政算内外篇》取正史《志》的形式。"志"乃事物之谱录。《世
祖实录》也有《乐谱》二卷。历代实录基本保存完整,只有文宗实录
缺第十一卷。《朝鲜王朝实录》中之所谓"修正"或"改修"实录,是党
争发生后,新上台的党派编纂的本子。需要说明的是,在编纂的李
朝历代实录中,唯独光海君朝称《光海君日记》。依照惯例,前代国
王升遐后,其继任国王需设实录厅,着手编纂前王之实录。1624 年,
仁祖虽亦照办,却因光海君系被黜之君,其实录称"日记"。

实录内容十分广泛,不仅涉及政治、经济、文化、军事与外交,也
涉及邻国发生的重要事件,其中有关中国的历史尤多。实录记载的
史实比较客观,大体而言,前期内容丰富、翔实,后期较差,其史实多
受党争和人事因素的左右。

实录对王朝延续具有神圣的价值,一旦编纂完毕,则要"洗草",
销毁多余部分。为确保执笔史官的客观性和避免引起政治事端,保
存于史库的实录,除极特殊需要,包括国王在内的一切人等不得任
意阅览。这也是实录得以完好保存下来的原因之一。

有鉴于实录的上述性质,李氏王朝需要另外编纂便于日常阅览
的历史记录,以供随时参阅、借鉴先朝的历史经验。世祖三年
(1457),国王令设修撰厅,命申叔舟、权擥将太祖、太宗、世宗、文宗
四代国王的"嘉言""善政"及可作为后世范例的杰出治绩实例,即所
谓"治法政谟",编纂成册,是为《四朝宝鉴》,共 7 卷;其后,又有《宣
庙宝鉴》10 卷(1684 年编)、《肃庙宝鉴》15 卷(1730 年编)。正祖六

年(1782),把以上三个宝鉴及其未包括进来的定宗、端宗、世宗、睿宗、成宗、中宗、仁宗、明宗、仁祖、孝宗、显宗、景宗、英祖的史迹合为一部,曰《国朝宝鉴》,共 68 卷。宪宗时又增补正祖、纯祖二王代记录 14 卷,使《国朝宝鉴》通编增至 82 卷。另外,还附有关于英祖、正祖、纯祖年间之尊明排清的史实的《别编》10 卷。纯宗时期,又增补宪宗、哲宗的 8 卷,结果《国朝宝鉴》全书达一百卷。[①]《国朝宝鉴》内容涵盖了李朝各代国王处理的重要政事和君臣的重要言行,是李氏朝鲜王朝编年体的历史文集,有相当参考价值。当然,该文献也是为李氏朝鲜王朝歌功颂德而作,内容不乏作者加功、失真的成分。

同样,具有历史编纂体系的史书,还有下列书籍:《昭代纪年》(27 卷 27 册),记载太祖至肃宗时期的历史;《朝野会通》(28 卷 6 册)是自太祖诞生至英祖时期的历史;《朝野辑要》(28 卷 21 册),是关于朝鲜的沿革、李朝开国以及太祖至英祖时期的历史;《列朝通纪》(26 卷 16 册)是正祖时期学者安鼎福从各种文献中抄录自太祖元年(1392)至英祖四十一年(1765)期间的史实。

在编辑刊行朝鲜王朝历代实录的同时,朝鲜还编纂了与此有关且具有同等史料价值的史料集:

1.《承政院日记》

承政院设于定宗时期(1398—1400),掌出纳王命,并逐日记录王廷大事;月初修订上月日记,修成存档,资料极为珍贵。因壬辰、丁酉倭乱,李适之乱和 1744 年火灾,1592 年以前的日记及 1592—1721 年间的 130 年的日记 1796 卷完全烧毁。英祖二十二年(1746),国家设立日记厅,补修了仁祖朝以后至景宗元年 99 年的日记 548 卷;宣祖朝和光海君朝的 31 年间,因资料阙如,未能补修。其被焚而后来得以补修的部分,称作《改修日记》。仁祖元年(1623)三

---

① 《国朝宝鉴》未收录废王燕山君(1494—1506 年在位)和光海君(1608—1623 年在位)的《宝鉴》。

月十二日至承政院废止之日，即 1894 年（高宗三十一年）六月二十
九日的 270 年间，共有 3245 册保存下来。由于该书多次遭焚与反复
补修，承政院之名称也多次更改，其日记的名称也随之变更，现存部
分日记，除《承政院日记》（共 3047 册）外，另有高宗时代的，即《承宣
院日记》（4 册）、《宫内府日记》（5 册）、《秘书监日记》（8 册）、《秘书院
日记》（115 册）、《秘书监日记》（33 册）；而《奎章阁日记》（33 册）系纯
宗时代的；它们与《实录》相比，更翔实，内容涵盖面更广。

2.《日省录》

英祖三十六年（1760）至李朝终结期间，记载前后 150 年间的国
王言行。始初乃为正祖作为英祖世孙学习的记录，1776 年即王位
后，则由奎章阁阁臣代为记录，其内容涉及各种行政事务，其性质也
由个人日记变为国家的重要文献。此书共计 2329 册，内容较《实
录》详备，又因纯祖之后的《实录》内容简略，更凸显它的重要性。

3.《备边司誊录》

备边司初设于中宗（1506—1544 年在位）后期，明宗朝（1544—
1567 年在位）成为常设机构，是总领军国机务的从一品衙门，简称
"备局""筹司"，壬辰抗倭战争后其权限一度凌驾于议政府。《备边
司誊录》乃该机关每次会议的记录，涉及朝鲜边防、军机、外交、财政
等内容，是研究朝鲜历史的重要史料。现存者仅有光海君九年
（1617）至高宗二十九年（1892）的 276 年间的记录，共有手抄本
273 册。

属于史料性质的文献还有《世宗事实》（1 册）①、《英祖纪事》（以
编年体记录李朝第 21 代王英祖在位 52 年间的学业、德行、治绩的文
献，并选编当时名臣与政治有关的章疏、讲说纳入其附录，共 9 卷 9
册）、《正祖纪事》（37 卷 16 册）、《烂抄》（尹致羲誊录之纯祖在位 35

---

① 朝鲜国立中央图书馆书志学部编：《朝鲜书志学概观》（《조선서지학간관》），平壤：朝鲜
国立中央图书馆，1955 年，第 146 页。

年间的《朝报》,共 24 卷 12 册手抄本)、《烂选》(尹定善抄录宪宗在位 16 年间的《朝报》和选编群臣的章疏,共 6 卷 6 册)、《宪宗朝纪事》(6 卷 6 册手抄本)等。

此外,还有朝鲜王室历代《仪轨》。自统一新罗以降,其历代王朝均被古代中国誉为"礼仪之邦",在引进的儒家学说中,尤其注礼学,其中以朝鲜王朝为最。从太祖时期起,就开始对王家各种礼节、仪式进行规范,并于其后加以记录整理成册名曰《仪轨》。《仪轨》种类繁多,据韩国学者统计,仅至高宗时就达 516 件类,其中尤以英祖时代最多,竟然有 135 件类。

李氏朝鲜王朝由和平政变取得政权,具有明古知来的强烈欲望,特别是经过壬辰战争的洗礼,长期推进的编纂实录的事业提高了朝鲜知识界的历史的警觉和历史意识,涌现一批如郑麟趾、张居正和安鼎福等出色的关心前朝史的历史学家。早期的朝鲜史学立足于性理学的世界观,通过对以往历史的整理,达到"通古今之兴亡,鉴帝王之得失"之目的;后期,特别是进入 18 世纪,朝鲜史学已经从经学之性理学中独立出来,成为专门的学问,开始借助考证的方法,拓宽历史之主体。

15 世纪中叶,鉴于国家"兴亡可鉴于既往"的认识,世祖命儒臣编撰既往的历史作为"政治镜鉴",着手编撰新的通史。此书名曰《东国通鉴》,最后由成宗时期的春秋馆、成均馆事兼艺文馆大提学徐居正与郑孝恒等受命,遵循"不虚美,不隐恶,美恶当示于将来"①的原则,于 1485 年完成并刊行。

属于通史类的前期史书还有吴沄(1540—1617)编撰的编年体《东史纂要》(8 卷 8 册)、肃宗时期林象德(1683—1719)编撰的 24 卷本《东史会纲》等。安鼎福(1712—1791)仿朱熹之《通鉴纲目》编撰的《东史纲目》,是为当时学生编写的箕子朝鲜至高丽末的初级历史

---

① 《东国通鉴·进东国通鉴笺》。

教科书,是后期朝鲜私撰史书的代表作。全书 20 卷 20 册,手抄本,首卷为序、目录、凡例、历代传授图、官职沿革图、地图等,末卷附有考异、怪说辨、杂说、地理考、分野考等考证。

安鼎福继承李瀷的学风,从道器一致的世界观和反对空谈、解决国家社会现实矛盾的客观需要出发,在历史的论述上多背离了传统史观。他认为:"东方史亦备也……然而,三国史,疏略而爽实;丽史,繁冗而寡要;通鉴,义例多舛;《提纲》①《会纲》,笔法或乖;而至于因谬袭谬,以讹传讹,则诸史等尔。"于是,"遂有刊正之意,博取东史及中史之有及于东史者,节删成书",使之"明系统","严篡逆","正是非","褒忠节","详典章"。此书《凡例》中称:"凡统系为史家开卷第一义,而《(东国)通鉴》以檀箕事迹别为外记,其义不是。今正统始于箕子,而檀君附见于东来之下,仿《通鉴纲目》篇首三晋之例。"②此书开朝鲜纲目体③之先河,记事内容始于箕子东来朝鲜的周武王十三年,视箕子朝鲜为朝鲜历史的第一正统王朝,檀君则附于箕子之下。同书附录《怪说辩证序》指出:"东方《古记》等书,所言檀君事,皆荒诞不经。檀君首出,必其人有神圣之德,故人就以为君耳。古者神圣之生,固用异于众人者,岂有若是无理之甚乎!其所称桓因帝释,出于《法华经》。其它所称,皆是僧谈。罗、丽之代,尊崇异教,故其弊至此矣。东方累经兵火,国史秘藏,荡然无存,而僧释所记,得保于岩穴之中,以传后世。作史者因前代记载阙漏,无事可称,遂俚俗不经之说编入正史,有若实有是事者然。今一切刊正,作怪说辩证。"④

为了在法理上强调李氏朝鲜王朝取代王氏高丽王朝的历史必

---

① 洪如河编撰的私塾用历史教材,实为《东国通鉴》简本。
② (朝鲜)安鼎福:《东史纲目·凡例》。
③ 纲目体始于中国朱熹之《资治通鉴纲目》,书中大字为提要,即"纲",模仿《春秋》,以明"书法";小字以叙事,即"目",模仿《左传》,记评史事。
④ (朝鲜)安鼎福:《东史纲目·卷一上》。

然,李朝初期,"把编撰高丽史作为历史编撰事业的第一要务"。① 太祖四年(1395)正月,判三司事郑道传、政堂文学郑摠等奉王命,根据高丽历代实录和金宽毅编《编年通录》、闵渍编《编年纲目》、李济贤编《史略》、李仁复与李穑等编《金镜录》等文献,撰成编年体《高丽国史》37卷。② 1414年,太宗命领春秋馆事河仑校正郑道传编《高丽国史》中恭愍王以后部分。然而,事未完,河仑死亡,修订工作中断。1418年,"以郑道传所撰高丽史间有与史臣本草不同处,且……语涉僭踰,命柳观、卞季良雠校"③《高丽国史》。世宗三年(1421),书成,进献国王。世宗曰后,认为需进一步修改,遂于五年末,命柳观、卞季良、尹淮继续校正,并亲拟"凡例",令删去一切"称制敕、称太子之类"的不适之词。世宗六年(1424)八月,尹淮虽完成《雠校高丽史》修订,因遭卞季良反对,此书未能付印。1431年,以春秋馆完成《太宗实录》为契机,世宗命监春秋馆事申槩、权踶等编撰高丽史长篇。1438年三月经与许翙、权踶确定编撰体系后,春秋馆正式着手编撰《高丽史》。世宗二十四年(1442)八月,新高丽史书稿完成;书稿取编年体,以"直书主义"在"高丽史全文"目录下,补充了高丽七代实录省略的许多内容。但是,王廷内部对此发出不同声音。待书稿"印毕,世宗闻修史不公,命停颁赐"。秉笔史臣权踶、安止、南秀文等受到惩处。此稿史称《权草》,或称《红衣草》,或称《高丽史全文》。④

世宗三十一年(1449),国王李裪命右赞成金宗瑞、吏曹判书郑麟趾等以"先修全史,而次及于编年"⑤的顺序编撰新的高丽史。明景泰二年、朝鲜文宗元年(1451)八月末,《高丽史》经国王裁可最终完成。其《进高丽史笺》称:"窃闻新柯视旧柯以为则,后车鉴前车而

① 曹中屏:《朝鲜朝历史学与编纂学考》,载复旦大学韩国研究中心编:《韩国研究论丛》(第二十二辑),北京:世界知识出版社,2010年,第26页。
②《东文选·卷九十二·序·高丽国史序(郑摠)》。
③《朝鲜王朝实录·世宗实录·卷十一》世宗三年正月癸巳条。
④《朝鲜王朝实录·成宗实录·卷一百三十八》成宗十三年二月壬子条。
⑤《高丽史节要·进高丽史节要笺》。

是惩。盖已往之兴亡,实将来之劝诫……我太祖康献大王……顾丽社已丘虚,其史策不可芜没。命史氏而秉笔,仿《通鉴》之编年。及太宗之继承,委辅臣以雠校。作者非一,书竟未成。世宗庄献大王通迪先猷,载宣文化,谓修史要须该备,复开局,再令编摩。尚纪次之,非精且脱漏者亦伙,况编年有异于纪、传、表、志,而叙事未悉其本末始终;更命庸愚,俾任篆述,凡例皆法于迁史,大意悉秉于圣裁。避本纪为世家,所以示名分之重;降伪辛于列传,所以严僭窃之诛。忠佞邪正之汇分,制度文为之类聚,统纪不紊,年代可稽。事迹务尽其详,明,阙谬期就于补正。"

《高丽史》通计 139 卷,包括世家 46 卷、志 39 卷、表 2 卷,传 50 卷,目录 2 卷。① 全书大体遵循《进高丽史笺》的精神,避免了《三国史记》之本纪的体例,但仍旧保留了以王系纪年的做法。该书虽以中国《元史》为范本,却疏漏较多,主要表现在高丽历代实录未能如原来面貌翔实采用,而且各部分颇不均衡。但是,因高丽史编撰年月经久,而史家对世家、志等部分的着笔比较客观,在纪、传、表、志之末,"不作论赞,惟世家旧有李齐贤等笺,今仍之。凡诏教及诸臣书疏所载条件"②,以年代顺序照实罗列,避免了仓促成书的《元史》的缺陷,反而拥有作为史料便于利用的长处。

文宗二年(1452)二月,金宗瑞等又精简《高丽史》内容,参照郑道传之《高丽国史》,撰成编年体《高丽史节要》,凡三十五卷。《凡例》称:"今编次,务取纲要,事有关于治乱兴亡,可监戒者,悉参录之,余则既正史在,略之。"徐居正在《三国史节要序》中称:"吾东方檀君立国,鸿荒莫追;箕子受周封,八条之教,有存神之妙。当时必

---

① 《高丽史》编撰的最高监掌者本为右赞成金宗瑞,在该书完稿后的次年五月,文宗死亡,其幼子端宗即位,其弟首阳大君李瑈为夺取王位,以叛逆罪加害端宗辅臣金宗瑞,将其活活打死。所以,刊印之版本中,金宗瑞的名字不再出现,而传世之今本内,只有郑麟趾署名的《进高丽史笺》,似乎他就是该书的总监管人。于是,一般皆称之为郑麟趾编《高丽史》。
② 《高丽史·篆修高丽史凡例》。

有掌故之官,记动记言矣,而今无所存,良可叹已。"①在他看来檀君之事已是"鸿荒莫追",无从查考了,而箕子既有八条之教,则得"存神之妙"。

李朝中期以后,民间的修史事业开始活跃。李朝初期,因史官制度之关系,占统治地位者是官修史学,一度存在过的野史几乎销声匿迹。但是,进入16世纪,民间私家编撰历史的情况兴盛起来,野史发展成为一个独立的学科。《现代古语词典》云:"野史,指旧时私家著的史书:稗官野史"。稗,记载轶闻琐事的书。轶闻,乃史书不记载的事。野史,指古代私家编撰的史书,与官修的正史不同的另一种史书。这种状况是李朝朋党政治的产物,随着士祸与党争的展开,各个政治、学界派别间争相通过著书立说阐明自己政派的立场,于是各种野史相继问世,以至于开始编撰野史丛书。

《大东野乘》是最早的野史丛书②,编者与成书年代不详,从内容及某些史料所提的线索推断,当成书于17世纪中叶至18世纪中叶间,所收野史,除几种曾单独刊行外,其绝大部分为手抄本。该丛书收集了成宗至仁祖期间的野史59种,主要者有《慵斋丛话》《笔苑杂记》《谡闻琐录》《稗官杂记》《海东野言》《石潭日记》等。

《燃藜室记述》是另一部有影响的野史,作者李肯翊(1736—1806)是朝鲜后期著名文人,号燃藜室,出身于在党争中失利的少论派家庭,隐居于其父亲的流放地薪智岛,终生从事著述。此书是作者历时三十年,从四百种野史、随录、日记、文集中选抄辑成的,原文照引,非常客观。全书59卷42册,共分为三编,即:原集33卷,内容是太祖至显宗的故事本末;编集7卷,是肃宗朝一代47年间的故事本末;别集19卷,记述国朝的政教典故。全书共47卷24册手抄本。

① (朝鲜)徐居正:《四佳文集·卷四·三国史节要序》,韩国民族文化推进会编:《韩国文集丛刊》(影印圈点本)第11册,汉城:韩国景仁文化社,1990年,第241页。
② 也有较《大东野乘》规模更大的野史丛书,如《广史》,收录野史143种,而《稗林》收录野史96种,前者曾藏于日本东京大学,毁于日本东京大地震。

《朝野辑要》也是一部作者与成书年代不确定的野史,从序文中有"甲辰暮春七十一岁翁书于耕渔斋"的文字,推测作品可能写于1784年。此书为关于李朝太祖至纯祖初的编年体史书,手抄本,借用了80余种文献。

作为史学研究基本参考文献的法典首推1394年由判三司事郑道传遵照王命将当时现行法令汇集编撰成册的《朝鲜经国典》与1397年赵浚主导下由检详条例司编撰新的法典《经济六典》等。

封建统治者为了使其政体巩固发达,一直追求编写一部"万世不刊之典"。因此,对于已完成的《经济六典》《誊条》《新撰续大典》,仍存在某些条目重复、彼此矛盾的问题。又于1461—1485年间编撰了更简明、综合,便于执行的法典,即《经国大典》。《经国大典》的颁行,奠定了朝鲜两班封建社会官僚体制最终确立的法律基础,是其封建法典文化成熟的标志性事件。尽管随着社会的发展变化,不得不对某些基本法令做必要的增删,此后相继刊行者有1492年的《大典续录》六卷一册,1543年的《大典后续录》六卷一册,1555年郑士龙等的《经国大典注解》一卷一册,1698年李翊的《后续录》,1706年崔锡鼎等的《典录通考》十二卷五册,1743年弘文馆、艺文馆提学编撰的《新补受教辑录》二卷一册,英祖时期编撰的《续大典》六卷五册,1784年的《大典通编》六卷五册,以及1864年赵斗淳受命将《大典通编》及其问世前后发布的重要教令加以综合汇编成册的《大典会通》六卷一册。《大典会通》一依旧例,先录《经国大典》,书"原"字;次录《续大典》,书"续"字;再录《大典会通》,书"增"字;新补合录条起头处,以"补"字阴刻标揭,以别先后。总体而言,朝鲜王朝的法典,正如《大典会通》所言,其原则"用律,用大明律"①,然后根据朝鲜自身的实际情况制定、修正本国的律条。

此外,李朝初年,罗末沿袭下来的风水地理观依然盛行,国家选

---

① 《大典会通·卷五》刑典条。

择首都和陵地,要依地势而定,以为这关系家国命运。同时,自然和人文地理对历史、军事、政治等也有实际需要。因此,地理学与地图学也应运而生。1424年,世宗命春秋馆事尹淮、申穑对各地进行实地踏查和测量,令各道按统一纲要编撰各自的地志上报中央。于是,各道编撰地志的工作全面展开,并于年内完成。后来,各道的地志大都散失,只有作为副本保存于庆州府的《庆尚道地理志》流传下来。

1432年,尹淮、申穑综合各道所呈地志,做成《八道地理志》,只因北部四郡六镇的领土开拓尚在进行中,完全本成书于1454年。因其收于《世宗实录》,又称《世宗实录地理志》。

《八道地理志》是与《高丽史·地理志》的编撰同步进行的。二者相辅相成,自然对前者提出更高要求。1455年,世祖命集贤殿直提学梁诚之撰进新的全国地理志和地图。1643年,梁诚之、郑陟完成"八道地图"的撰进,而新地理志未能同时完成。1468年,睿宗命补编新志,但命运与前次同,仅《庆尚道续撰地理志》保存下来。

1473—1477年,梁诚之编撰《新撰地理志》,共八卷八册,卷首附各道地图,但该书并未按此卷册数出版。1477年,卢思慎、徐居正奉命编撰的《东文选》完稿。次年,成宗命"以诗文添入地志"。[①] 卢思慎、徐居正、梁诚之等通力合作,诗文占相当比重的新作《东国舆地胜览》于1481年完成,该书五十卷,未曾出版。

1485年,平安道观察使金宗直奉命增删《东国舆地胜览》,认为该书"于国家文献,诚有所益。然,其间山川及古实,恐或脱略;而诸人之作,荒冗骰杂者,颇有之";要求"一以大明一统志为法",加以"雠校鬶括,期至于精当"[②]。是年十二月,修订版《东国舆地胜览》完成,增至五十五卷。该书虽然出版,但并未保存下来。

---

① 《东国舆地胜览·序》(卢思慎、徐居正、梁诚之等撰)。
② 《东国舆地胜览·序》修订版(金宗直撰)。

　　15 世纪末,燕山君发现金宗直本内容与现实颇有出入,"以路程里数多非其实,至于题目事要,亦或有误",命工曹判书成伣等再行修改。1499 年,新修本《东国舆地胜览》完成撰进并出版;1530 年,艺文馆大提学李荇奉命对成伣本再度修改,遂成《新增东国舆地胜览》。至此,作为政府行为的全国范围的地志编撰事业宣告终结。

　　各地官方编撰"邑志"和民间编地志者也很普遍。各地邑志水平参差不齐,《平壤志》《中京志》《东京杂记》《龙湾志》等是其中的佼佼者。平壤、开城、庆州曾是古代朝鲜的首都,这些地方的邑志具有全国意义。而《龙湾志》因义州之地缘关系,对研究中朝关系史有相当价值。

　　民间所编地志当首推李重焕(1690—1753)的《择里志》,此志成书于 1714 年,一册手抄本,被学界评为具有近代地理学特征的"自然地理、人文地理、经济地理、历史地理的著述"。[①] 该书以士大夫的立场上谈论"择宅",带有宿命论、地理决定论和学术风水学的色彩。

　　柳得恭(1748—?)的《渤海考》是除唐人张建章的《渤海国记》外,研究与半岛有重要关系的渤海国的李氏朝鲜时期的唯一史著,有相当重要的史料价值,尽管作者的历史视角并非准确。

　　在地理地图学方面,随着西学东渐,17 世纪,朝鲜地图制作进入全新阶段。申京浚的《东国舆地图》和金正浩的《大东舆地图》是该时期的代表作。英祖时期,郑尚骥"以百里为一尺,以十里为一寸"[②]之尺度绘制出的《八道图》,是朝鲜首次使用经纬线和按照一定比例(四十二万分之一)制定的缩尺绘制地图。此后,经其子孙进行修补,最后,由申京浚完成《东国舆地图》的绘制。1834 年,金正浩先以一定的经纬线绘制成《青丘图》,后经 27 年的实地勘查,于 1864 年独

---

① (朝鲜)李重焕:《择里志》,平壤:朝鲜社会科学院出版社,1964 年,汉文、朝文版卷前"解题",第 4 页。
② 《农圃百里尺图题跋》。山地则使用梯尺,即 1 梯尺等于 120 里或 130 里的比例,而平面实际距离为 9.5 厘米 1 梯尺。

自绘制出精密的《大东舆地图》；1864年，又编成《大东地志》十五册。《大东舆地图》，把鸭绿江、图们江以南的整个朝鲜半岛及其附属岛屿的土地缩小为一万六千二百分之一。此图的特点是使用地图标，以简约的符号和文字注明地表物。

四、科学技术

李朝儒吏从天人合一的世界观出发，认为天文、气象的变与人君之德相关联，而且现实的封建社会的主要生产部门农业生产也要求人们观察、研究自然和生产过程，密切关心左右其生产活动的天文与气象的变化。

朝鲜半岛气候多变，《太宗实录》曰：“百里之内，雨旸异处，一县之内燥湿不同。”《文宗实录》亦说：“一山一川之相隔，风气土品县绝不同。”因此，气象学受到特别关注。为测量河水流量，世宗二十三年，户曹启称：“各道监司转报雨泽，已有成法，然土地燥湿不同，入土深浅亦难知之，请于书云观作台，以铁铸器，长二尺，径八寸，置台上受雨，令本观官员尺量深浅以闻。又于马前桥西水中，置薄石，石上刻立趺石二，中立方木柱，以铁钩镶趺石，刻尺寸分数于柱上，本曹郎厅审雨水浅深分数以闻。又于汉江边岩石上立标，刻尺寸分数，渡丞以此测水浅深，告本曹以闻。又于外方各官，依京中铸器例，或用磁器，或用瓦器，置廨宇庭中，守令亦量水浅深报监司，监司传闻。”①由此可知，这时朝鲜早有地方首长按时向中央报告雨情的“成法”，而现在已经在总结以往测量雨量知识和吸收中国技术的基础上②，制成了金属的测雨器安置在汉城观测天文的专门机构书云观。此器以金属制成圆筒，以落进筒内的雨量测定降雨量，并要求八道

---

① 《朝鲜王朝实录·世宗实录·卷九十三》世宗二十三年八月壬午条。
② 中国是最早发明测湿仪器的国家。《史记》有天平测湿的记载，南宋有“天池测雨”“竹器测雪”的记载，明永乐二十二年(1424)，国家制造了统一规格的雨量器，分发各地，此器曾传至国外。朝鲜曾出土过明的雨量器，此器为铜质圆筒，高一尺五寸，被安置在石台上。

依例在各级官衙制成陶瓷或瓦质的测雨器,随时测量报告雨量,以便掌握土壤墒情。同时,还在汉城的开川(今韩国清溪川)马前桥西水中和汉江边岩石立标,由户曹派官员随时观测报告,以防旱涝。

天文、水文观测的实践和与古代中国的人员、文化交流促进了朝鲜天文历法的发展。据记载,早在高丽忠宣王(1309—1313)时期,崔诚之从元"得授时历法以还本国,始遵用之。然术者且得其造历之法,其日月交食、五星分度等法则,未之知也。世宗命郑钦之、郑招、郑麟趾等,推算悉究得其妙其所未尽究者……于是,历法可谓无遗恨矣"①。正是在这种背景下,1442—1444 年间,朝鲜天文学家李纯之(? —1464)、金淡参考元授时历和明大统历首先撰写了《七政算·内篇》;然后又依从明朝引进之回历编撰了《七政算·外篇》。所谓"七政"即指太阳(日)、太阴(月)和金(太白星)、木(岁星)、水(辰星)、火(荧惑星)、土(镇星)五星。② 1438 年,蒋英实、李葳、宋以颖等研制成大简仪、小简仪(天文观测器),浑天仪(天球仪),日晷(日时计),自击漏(水时计)等各种仪器,并于景福宫内设钦敬阁置之。1444 年,李纯之、金淡等完成《太阳通轨》《交时通轨》《五星通轨》《月五星凌犯》等的写作。第一部推算出太阳在天体每个时间的具体位置和运动状况,第二部是论述日食、月食等现象的作品,第三部是论述木、火、水、金、土五大行星之运动及其位置的著作,第四部记述了月亮和五大行星运行和接近的现象。

农业的发展要求对其技艺进行总结与推广。1429 年,郑招(? —1434)奉王命撰写《农事直说》二卷二册。这是一部农业和养蚕的专著,是对南部地区农民农业经验的总结,不仅对农业技术的普及有所贡献,实际上也延伸到堤堰兴建和水利设施方面,全罗北道金堤兴修碧骨堤,曾动员万名军丁即其实例;也有学习和利用中

---

① 《朝鲜王朝实录·世宗实录·卷一百五十六·七政算》。
② 此历法一直使用到李朝孝宗四年(1653),此后,改用时宪历(太阴历)。

国与日本水车制度之论,是朝鲜最早的一部农书。《衿阳杂录》也是一部农业方面的书籍,是姜希孟于1491年撰写的有关一年四季的农事和农作物方面的注意事项。

数学知识是关乎土地测量和岁出入的计算学问。算学受国家的重视,早在太祖时期,就于"定文武百官之制"时,设"算学博士二,从九品"①,并于户部设算学厅,内置算学教授、算士、计士等职。当时,算学的基本教材是高丽时期编写的《详明算法》《算学启蒙》等书,这些著述受到中国元朝数学的影响,尤其是后者直接借用了元朝数学家朱世杰(1249—1314)的著作。16世纪著名思想家徐敬德(1489—1546)亦是数学家,著有《皇极经世元会运世算法》②,但此书在壬辰抗倭战争中毁于战火。宪宗时期,南相吉(1820—1869)编撰出《算学正义》三卷三册,于1867年刊行,内容涉及"立法比例"之纲领及论述"明理"等算学原理。

李朝有为王室和高官设置的医局,也有为普通百姓设立的医局,这些机构在积极引进、吸收、借鉴中国医学、医药知识的同时,大量发展民族医学与医药,从而创立了本国的"乡药""东医",以至于名医辈出,大量医书问世。成书于世宗十五年(1433)六月的《乡药集成方》,是朝鲜第一部集大成之医书,由名医、医典监正卢重礼等奉王命编撰。该书以姜希善等编撰的《乡药济生集成方》(三十卷)为基础,参考其他医书编撰而成,全书85卷30册,前75卷为论病症,共959条,处方10706个,附针灸1476条;后十卷,论药物,共收药材694种,附乡药本草及其炮制法;最初出版为汉文版,1488年出版彦文版。

同期,又有可称作朝鲜医方总汇的巨作《医方类聚》问世。此书为集贤殿副校理金礼蒙与众医官奉王命编撰,集中国唐、宋、元、明

---

① 《朝鲜王朝实录·太祖实录·卷一》太祖元年七月丁未条。
② (朝鲜)李圭景:《五洲衍文长笺散稿·卷四十四·数原辩证说》。

初的 135 种医籍,分门别类按 95 门原文抄录,先论述后医方,按成书年代为序排列编撰注释,各方均注明出处。该书于 1445 年完成,1477 年刊行。全书共 265 卷,264 册,收录医方 5 万余条,现仅存262 卷残本。[①]

1597 年,宣祖太医许俊等奉王命编辑简明医书,历经数年紧张工作,于 1611—1613 年完成了二十五卷五册的《东医宝鉴》的编撰和刊印。该书编辑接近于现代医学分类,全书共分 23 篇,其中有属于内科的"内景篇"和属于外科的"外形篇"各 4 篇,其余杂科(包括妇科、儿科、流行病科)11 篇,与药房有关的"汤液篇" 3 篇,"针灸篇" 1 篇,外加 2 篇目录。该书与前二书被誉为朝鲜医学三大名著,对其后朝鲜汉方医学的发展有巨大影响,而且于 18 世纪刊行于中国和日本,受到很高的评价。

除上述综合性医学书籍外,这个时期还有不少专门性的医学书籍问世。成书于 1434 年的卢重礼编撰的二卷《胎产要录》,论述胎教、养胎、接生等方面的理论与方法;刊行于 1644 年的许任的《针灸经验方》论述治疗各种疾病的针灸方法、行针穴位及时间等内容;成书于仁祖时期的由医官康命吉的八卷《济众新编》,前七卷是关于人体各器官疾病症状和医方,最后一卷论述各种重要药物效能,是部实用性医书。

编撰事业的发展,书籍的大量刊行,要求活字的改善和印刷术技艺的提高。早在 15 世纪,半岛已经掌握铸造汉字的活字技术,政府于 1403 年二月设置国家铸字所,制造出十万个铜活字,称"癸未字"。字体以王廷所藏《诗经》《左传》之大字体为准;活字的化学成分为铜、铅、铁、锌之混合。1420 年,经过改进的字模匀整的"庚子字"问世,活字质量明显提高。1434 年活字再次改铸,造出了更精巧

---

① 该书部头过大,1477 年仅付印 30 部,后其大部分又在壬辰抗倭战争中遗失,被日本人掠去的残本 252 卷,现存日本宫内厅书陵部图书馆。1852—1861 年,经补充,日本在江户印制全部 264 册,其中短缺的 12 册由日本弘前藩医官涩江抽斋补纂。

的"甲寅字"二十余万个。① 同时,印刷技能也得到发展。世宗时期,
印刷时活字的固定方法得到改善。原来采用的以蜡固定活字于铁
制印盘之法,易滑动,影响印刷质量;此时,以相同尺寸的竹片为行
界,将活字置于其内,空字部分以小木块填塞,再于排字后用平板压
平,敷墨印刷。印刷技术的进步,极大地促进了朝鲜印刷文化和图
书事业的发展。

五、文学艺术

李朝的"斥佛尊儒"政策,对其一代的文学产生深远的影响。
1444 年朝鲜文字的创制为其文学开辟了广阔的发展道路,也在一定
程度上打破了贵族阶级长期对文化的垄断。

李朝中期著名汉学家鱼叔权在其《稗官杂记》中指出:"东国少
小说。"据他统计,自高丽时代至朝鲜初期,朝鲜的小说至多不过 19
篇。《汉书·艺文志》曰:"小说家者流,盖出于稗官。街谈巷语,道
听途说者之造也。"朝鲜半岛小说文学是在所谓稗说文学的基础上,
并受中国小说的影响发展起来的。产生于高丽时期的稗说文学,亦
即中国之稗官小说,是在当时的散文文学的基础上发展出的一种文
学形式。在 15 世纪,朝鲜的文人几乎都从事稗说写作。《稗官杂
记》在论及此文体时说:"本朝世上流行仁斋姜希彦的《养花小录》,
四佳徐居正的《太平闲话》《笔苑杂记》《东人诗话》,晋山姜希孟的
《村谈解颐》,东峰金时习的《金鳌新话》,李青坡的《剧谈》,虚白堂成
伣的《慵斋丛话》,秋江南孝温的《六臣传》《秋江冷话》,梅溪曹伟的
《梅溪丛话》,校理崔溥的《漂海记》,海平郑梅寿的《闲中启齿》,冲庵
金净的《济州风土记》,适庵曹伸的《琐录》。"

梅月堂金时习(1435—1493),朝鲜王朝的伟大诗人、政治家、民
族小说文学的开拓者。他继承崔志远、李奎报、李齐贤发扬的民族

①《朝鲜王朝实录·正祖实录·卷三十九》正宗十八年正月己丑条。

优秀传统,把朝鲜文学发展到新的阶段。李琛篡位后,作为"生六臣"的一员,他撕毁儒服,削发为僧,云游四方,赋诗、论道,拒绝从政为官,隐居写作,一生有大量作品问世。传至今日者除《宕游关西录》《宕游关东录》《宕游湖南录》《宕游金鳌录》之"四游录"外加《关东日录》《溟州日录》共六卷外,还有其 15 世纪 70 年代于扬州水落山山民生活时期的诗歌九卷、辞赋一卷,有关哲学、政论、其他散文文集三卷,总十九卷五册刊行于宣祖年间。《宕游金鳌录》反映了作者15 世纪 60 年代初到金鳌山的心情,其首诗《探梅》如此写道:

> 一枝枯瘦一枝荣,肠断春心作麻生。
>
> 雨露恰是无情物,耐见凋残不受享。
>
> 半乾枯叶着春枝,细料东风不解吹。
>
> 为子却能先着蕊,故防无叶被人欺。①

他的《金鳌新话》是稗说与小说的中间形式,或者说是小说文体的嚆矢。《金鳌新话》仿明初瞿佑之《剪灯新话》,其完本失传,从作品集末尾注明"甲集"看,其小说集不止一卷。现存本有五篇小说:《万福寺樗蒲记》描述独居万福寺青年男子梁生与女鬼相恋的故事;《李生窥墙传》描写松都"风流李氏子、窈窕崔家娘"秘密相恋,终成佳偶,而且女方亡故后,生者继续与亡灵过夫妻生活的故事;《醉游浮碧楼记》写一松京"富室洪生",中秋"抱布贸丝于箕城",夜游大同江,偶遇自称"先祖实封于此""弱质箕氏之女"天仙与其相恋之"似梦非梦,似真非真"的故事;《南炎浮州志》描写一庆州朴姓儒生笃信儒学,"夜挑灯读易,支枕假寐,忽到一国",阎罗王与之论道,感佩儒生"著含章之质,有发蒙之才","法尧禅禹","将为阎罗王"的故事;《龙宫赴宴录》描写著名前朝"文士"韩生应邀游龙宫为龙女修"花烛之放"题写"上梁文"而赴龙王所设"润笔宴",醒来"入名山不知所

---

① 《朝鲜古典文学选集·金时习作品选集》,平壤:朝鲜文学艺术总同盟出版社,1963 年,第 62—63 页。

终"的故事。这些传奇故事,被誉为上承《新罗殊异传》之简单传奇故事的传统,下开《九云梦》之浪漫主义小说先河之作,在朝鲜文学史上占有重要地位。

成伣(1439—1504)的《慵斋丛话》是部文笔流畅、脍炙人口的随笔集,成书于 1485 年,全书共十卷,包括诗话、书话、画话、史话、人物评论、回忆录,内容十分丰富。

诗人林悌(1549—1587)是 16 世纪朝鲜的著名小说家,他先后著有《鼠狱说》《元生梦游录》《愁城志》《花史》等短篇寓言体汉文小说,其中《元生梦游录》注明是他 20 岁时所作。《元生梦游录》的情节为儒生元子虚梦中成仙与相遇的"死六臣"交谈,表示对"生六臣"南孝温等人格的思慕和对端宗与"死六臣"的同情,并折射对为夺取政权而采取残酷手段的谴责。《鼠狱说》是林悌的代表作,作者借助拟人手法,通过描写狡猾、凶恶的大老鼠作恶多端,因仓库神无能而得不到惩罚的故事,揭露李朝士林社会结党营私,官吏侵吞国家财产,嫁祸他者,使无辜人民含冤,忍受无端痛苦的黑暗现实。《愁城志》是林悌文集《白湖集》的附录,作者借助该作品揭示李朝社会那种忠义壮烈者得不到表彰,一切真正美好的反遭到蹂躏而不被接受的腐朽。《花史》亦是以拟人的手法通过花的开败的生长历史,比喻当时发生的最主要的政治问题——党争,以呼唤社会加以清算。

许筠(1569—1618)的《洪吉童传》是朝鲜历史上最早的一部使用民族母语写作的小说,具有开创性意义。此书虽掺杂很多奇门遁甲之术等迷信成分,却是直接描写人民反抗贪官污吏的作品,作为一种社会小说,它仿中国之《水浒传》批判了嫡庶差别的不平等待遇,描写主人公智取寺院财物与以法术劫掠官府谷物和各级贪官不义之财、惩处不法官吏的故事,引起社会共鸣,深受读者欢迎。

训民正音的使用推动了朝鲜民族语言诗歌的发展。尤其是歌辞文学,朝鲜文字一经使用,便立即普及起来。于是,产生于高丽后期的短歌形式与产生于成宗前后的歌辞形式,便成为李朝的朝鲜文诗歌文学的主流。1445年，即训民正音正式颁布前一年，朝鲜王朝初年著名学者权踶、郑麟趾、安止等以世宗名义用朝鲜文撰写了李氏王朝创业颂歌《龙飞御天歌》，是为朝鲜王廷宴享而写的、歌颂太宗前李朝五代先祖的肇国事迹的史诗。全书共125章，除第1章和第125章外，每章有诗二首，第一首歌颂中国历代帝王的业绩，第二首赞扬李朝国王的事迹，汉文与朝鲜文对照书写；汉文者为四言诗，它与另一部宗教诗歌《月夜千江之曲》①为朝鲜此类诗歌形式之双璧。

　　源于高丽时期的"别曲体"，在李朝初形成一种新的歌辞体裁。它以四音节为主，加以三四或四五音节，较时调长，不分章节，行数视内容而定，可长可短，灵活随意，当时有很多人创作了许多这类作品，以反映发展了的、复杂的社会现实。郑澈（1537—1594）的《松江歌辞》上下二卷，在文学史享有盛名，是此类歌辞的代表作；其上卷有《关东别曲》《思美人曲》《续思美人曲》等五篇，下卷有《训民歌》等七十余篇短篇歌辞，其中最著名者是前列上卷三曲。《关东别曲》讴歌金刚山之绝妙美景，《思美人曲》以优美的语言歌道：

　　　　嗟此身之禀生兮，从美人以降之。岂一生之缘分兮，讵皇
　　天其不知。余身兮幼艾，美人兮宠余。维斯情兮斯爱，欲比方
　　兮无所。平生兮愿意，与颠覆兮一处；将老兮何为，远离居兮劳
　　思……路迢远兮千万里，谁为余兮传至……

　　如金春泽所言："松江前后思美人词者，以俗谚为之。而因其放逐，郁悒君臣离合之际，取譬于男女爱情之间，其心忠，其志杰，其节贞。其辞雅而曲，其调而上，庶几遣屈平之《离骚》。"②

　　同时期的著名歌辞还有车天骆的《江村别曲》、林亨作的《鳌山歌》、宋宣的《水月亭歌》等。此后，最著名的歌辞家是朴仁老

---

①《月夜千江之曲》已经失传，现仅残存部分章节。
②（朝鲜）金春泽：《北轩集》。

(1561—1642),歌颂联合明朝抗击倭寇战争的《太平词》《船上叹》和讴歌劳动人民家贫不忘报国的《漏巷词》是其代表作。

尹善道(1587—1671)是朝鲜王朝时调文学的大家。他 26 岁进士及第,但仕途坎坷,曾两度遭到流放。首次因受李尔瞻、宋时烈排挤流配庆源时,特作诗《被谪北塞》,悲愤地吟道:

> 千里客心惊岁晚,
>
> 一方民意畏天倾。
>
> 不如无目兼无耳,
>
> 归卧林泉毕此生。

李朝朝鲜文诗虽日渐成为诗坛的新宠,但是多数文人仍旧偏好写汉诗,而且其成就斐然,境界水平超越前代达到其发展的新高度。如果说李朝早期的郑道传、权近、卞季良的汉诗多以歌功颂德为诗风之主流,那么李石亨、徐居正、姜希孟、成侃、金时习、南孝温以及被称为"海东江西派"的李荇、申光、林悌等代表性诗人,则把暴露现实社会的黑暗,表达对下层人民的同情作为创作的主题。李石亨的《呼耶歌》、李荇的《记事》和成侃的《老人行》的等诗作,描绘出李朝社会民生凋敝的一幅幅凄惨的画面。成侃的《乙密台》、金时习的《咏山家苦》和姜希孟的田园诗也很有特色。

16 世纪中叶以后,兴起学唐诗风,由白光勋、崔庆昌、苏谷李达着力倡导,李朝汉诗由学宋一改而为宗唐,其诗作与盛唐之诗同样纯熟,时号"三唐"诗人。后者因庶子身世际遇不佳,其作品如杜诗,多关心百姓之疾苦,流露出对封建身份制度的强烈不满。

被誉为"四大家"的申钦、李廷龟、张维、李植,基本上也是推重唐诗的,都写出了一些反映现实的较好的作品。张维的《洗锄》《翁刈稻》、李廷龟的《大同江》,是他们的代表作;李植著有《泽堂集》,力倡诗歌的醇正和"温柔敦厚"之风。爱国名将李舜臣的《闲山岛夜咏》和《无题六韵》,表现了爱国将士的壮志凌云的气概和对祖国遭受侵略的悲愤。同时,这个时期还涌现出一批女诗人,许兰雪轩、申师任堂、李玉峰、朴渊等都是诗坛名人。许兰雪轩著有诗集《兰雪轩集》,申师任堂的代表作《思亲》表达了诗人对双亲的思念,李玉峰的《闺情》抒发的年轻恋人赴约的心情使人动情。

权韠(1569—1612)是一位经历了壬辰抗倭战争和战后恢复时期的爱国诗人。出身诗门,自幼赋诗即爱憎分明[①],他的《斗狗行》鞭挞当时官场横行的党派争斗,他用辛辣语言唱道:

> 谁投与狗骨,群狗斗方狠。
>
> 小者必死大者伤,有盗窥窬欲承衅。
>
> 主人抱膝中夜泣,天雨墙坏百忧集。

壬辰抗倭战争期间,他投笔从戎,在战马上咏道:

> 国在艰虞日,朝无老大臣;
>
> 岭南犹战伐,关北尚风尘。
>
> 耿耿此时恨,悠悠何处人;
>
> 长吟出师表,涕泪满衣襟。

愤世嫉俗、刚直不阿的性格,令他不怕冒犯国王的权威作了《宫柳诗》,他的直率吐露心声的诗作招来"诗祸"。1612年他被昏庸的光海君投入监狱,并最后于43岁时死于狱中。

与权韠同时代的另一位著名诗人朴仁老(1561—1642)其人生经历亦与权韠相似,幼年时就写出了"啼彼汉阳华屋角,令人知有劝耕禽"的汉诗《戴胜吟》。壬辰抗倭战争爆发后,文才横溢的他竟放弃专长的文科而武科及第,成为统领舟师的武将。宣祖二十八年(1595),当听到倭寇再次入侵的消息,朴仁老又赴釜山指挥水军。此时,他在《船上叹》中写道:

---

① (朝鲜)宋时烈:《权韠 墓志铭》。

　　我海东灿烂文化,岂逊汉唐宋之高;

　　倭寇逞凶国遭难,千秋耻辱记得牢。

　　国耻万千犹末雪,无功受禄心焦躁;

　　君臣之别似天渊,未朝君王年已老;

　　丹心一片把国忧,何时能把此念抛。

除了在战争时写出《船上叹》诗歌外,还于战胜倭寇时献出不朽诗篇《太平词》,以人民易懂的母语,大声吟咏:"皇朝一夕,大众崛起;龙将如虎,勇士如云……敢死决心,七夕奋战,带来今日太平……龙旗偃蹇,西风展。五色祥云空中挂,太平景象,万众欢……"①歌颂中朝军民共同抗击倭寇取代的伟大胜利。晚年,他不堪忍受朝廷的腐败,隐退故里芦溪,创作了很多反映人民生活、脍炙人口的诗歌,如《昼耕夜读》《卢州幽居》《耕田歌》《四友歌》等诗歌。

音乐在李朝受到特别的重视,通过对传统音乐的系统整理,朝鲜的唐乐、雅乐和乡乐得到全面发展。朴堧(1378—1458)在这方面功勋卓著,曾任世子老师"侍讲院文学"一职的他,在世宗即位后,立即被任命为掌管与音乐有关事务的"惯习都监"的"提调"。于是,在试图以礼乐作为治理国家的政治手段的世宗支持下,朴堧主导完成了对宫廷乐器音高的测定,依据中国编磬的黄钟音高制定了标准音②;改造了 70 余种宫廷雅乐乐器,并增加编钟、编磬等新乐器;规范乡乐和唐乐,创作乐谱"井间谱"和《定大业》《与民乐》等乐曲,成为在历史上与于勒齐名的乐圣。其后,成宗二十四年(1493),成俔、柳子光等根据朴堧的音乐理论编撰了《乐学轨范》九卷。该书分雅乐、唐乐、乡乐三部,从乐律直至应用均作了历史的、详尽的论述,并

---

① (朝鲜)权鞸:《太平词》,见[朝]金河名:《朝鲜文学史》(《조선문학사》2),平壤:高等教育图书出版社,1962年,第164页。

② 编磬为一种古代乐器,用石或玉制作,十六面一组。它的音色,除黄钟、大吕、太簇、夹钟、姑洗、仲吕、蕤宾、林钟、夷则、南昌、无射、应钟等十二正律外,又加四个半音,演奏打击时,发出不同色,可以演奏旋律。

配有绘图和说明。

歌蹈、戏剧在李朝时期也有长足发展。歌舞,有宫中仪式用的凤凰仪、处容舞、无碍舞、万寿舞等;而在民间则有山台剧、杂歌打铃、盘骚丽唱剧和农乐,等等。

绘画艺术这个时期亦有很大发展,涌现初许多出色的画家和作品。朝鲜王朝建立之初,政府设有执掌图画的机构"图画署",配备专职绘画官员——提调、别提、善画、善绘、画史、绘史、篆字官各一二员,画员三十员。[1] 画员通过考试在全国"中人"和"庶孽"出身的知识分子中选拔,负责绘制国王画像、山水花鸟。这种制度虽有助于画家的成长,但因画工身份受到贱视,官营绘画趋向程序化,阻碍了绘画艺术的自由发展。

李朝时期的绘画艺术题材广泛,有寺院、宫廷壁画,有山水、人物、花卉、草虫、翎毛和四君子(梅、兰、菊、竹)等,手法有重彩画、淡彩画、水墨画等。初期以绢本重彩画居多,中后期则以纸本淡彩或水墨画为主。作为两班文人发自趣味的消遣之技,其山水画沿袭北宋郭熙的画风却有所成就。安坚是开创李朝一代画风的初期画家,世宗第三子安平大君所收藏的中国画对安坚画风的形成起了重要作用。经悉心观察临摹,安坚逐步形成了自己的画风。现在收藏在日本天理大学中央图书馆的其本人的山水画《梦游桃源图》,显示了他在郭熙画风的基础上以何等精湛的笔法建立了自己的风格。这是一幅以安平大君与朴彭年等同游桃花源之情景为主题创作的山水画,手卷画幅,绢本,彩色,并有申叔舟、朴彭年、成三问、郑麟趾、徐居正等 21 位大家的题赞和安平大君的跋;他使用添加得当的投影和暗影,用两套不同的透视画法衬托山的高度和桃源的开阔,并用斜线运动,增强画面奇异的幻想气氛。作为画院画家,安坚活跃在世宗、世祖和成宗几

[1]《大典会通·卷一·从六品衙门·图画署条》。

朝王廷里。成宗时期的著名画家崔泾以人物画著称,1472 年,他官居御容奉画别提,为成宗父德宗李崇画像,其代表作是《蔡姬归汉图》。与安坚同时代的重要画家姜希颜曾远游中国,在那里观摩了明朝院体派和仇英派的绘画。他善作山水画,现收藏在首尔国立中央博物馆的《山水人物图》和《桥头烟树图》,表现出他卓越的艺术才能和学者气质,是他的代表作。当时,姜希颜与安坚、崔泾一起并称画坛三大家。

　　工匠家奴出身的画家李上佐(字公祐,号学圃,1465—?)在这一时期亦相当有名,其代表作《松下月步图》《渔暇闲眠图》在朝鲜绘画史上占有重要地位。他善于画雄伟、壮丽的锦绣河山与刚毅、幽默的人物。《松下步月图》画面的主题"是一棵与风雨搏斗、斜立在层岩绝壁上的老松,由下方可见远方的深山和月夜走来的老人与少年,他们衣襟被风卷起。在画面的左侧是朦胧的绝壁,也有一棵隐约可见的松树,上面悬挂一轮圆月。画面中心的老松约占整个画面的一半,而山与人物甚小,使人感到空间视野开阔。画家在这里试图通过老松,形象地表现自己已经受到考验的不屈斗志"①。画面中可以明显看出中国"马夏画派"②的影响,其特点是"单一构图":一棵苍松,一位高士,在一个随从的相随下,在月下漫步。由于其画技高超,尽管出身奴婢仍被录用为"图画署"画员,授予"原从功臣"。③

　　中宗以后,绘画艺术向题材多元化发展,出现一批如申师任堂、李岩、鱼梦龙、黄执中等著名画家。当时,画家李岩的花鸟动物颇为有名,其代表作《花鸟猫狗图》继承了安坚传统;明宗时的画家金褆继承了姜希颜的风格,他的画与崔笠的文章、韩石峰的书法被誉为

① 曹中屏编译:《朝鲜古代美术概观》,载范曾主编:《东方美术》,天津:南开大学出版社,1987 年,第 107—122 页。
② 指由南宋著名画家马远与夏圭形成的画风,即在构图上大胆取舍剪裁,描绘山之一角、水之一涯等局部,破全景程序,画边角之景,故被称为"马一角""夏一边",马用笔清劲而外露,夏用秃笔作画而苍老。
③ (朝鲜)鱼叔权:《稗官杂记》。

当时的三绝,其代表作《童子牵驴图》描写牧童牵驴过河的瞬间人驴相持的生动情景。

　　15世纪末至16世纪,随着统治阶级内部"士祸"频繁和党争的尖锐化,朝鲜绘画艺术丧失了生气,出现了浓厚的逃避现实的倾向。壬辰抗倭战争激发了人民的斗志,绘画艺术在时代的召唤下欣欣向荣。李庆胤、李霆、李正根、金明国、赵涑、尹斗绪等是这个时期的代表画家。金明国是仁祖时期的著名画家,曾任王廷图画署教授,善于山水;画风豪放谐谑,不拘一格,每每大醉而作画,故号醉翁。现收藏于首尔德寿宫美术馆的《观瀑图》,构思奇异,构图新颖,与《骑驴人物图》《林石围棋争斗图》《深山行旅图》《芦叶达摩图》一起均系他的代表作。赵涑(1596—1668),善画翎毛和山水,《双禽图》《老树栖鹊鸟》是其代表作。

　　书法,朝鲜称书道艺术,简称书艺。书法与绘画不同,为朝鲜两班必备的教养之学,颇受社会重视。世祖李成桂就热爱书法,有《列圣御笔帖》传世。李朝初期书法家以世宗之三子安平大君李瑢最有名,他精于诗书,有《世宗英陵神道碑》(骊州)传世,其松雪体(赵孟頫体)之书法圆转遒丽,堪称神品。中宗时的金銶(1488—1533)学王羲之字体非常到位,有《李谦墓碑》(礼山)传世。明宗时的杨士彦以草书著称。宣祖时的石峰韩濩,明代文人朱之蕃称其字可与王右军、颜真卿比肩,宣祖亲书"醉里乾坤,笔夺造化"八个大字相赐,有《箕子墓新碑》(平壤)、《徐敬德碑》(开城)、《善竹桥碑》(开城)等传世。以上四人被称为李朝初期书法四大家。但其中开拓新意境者乏人。

　　李朝初期有名的书法家还有郑道传、郑麟趾、朴彭年、申叔舟、姜希颜、金时习、尹顺之、申欣、曹文秀、李彦迪、柳成龙,等等。

　　李朝初期的建筑伴随着新都城、新宫阙的兴建有了显著发展。1394—1396年间修建的汉阳外城反映了当时朝鲜城郭建筑的水平。该城以北部白岳山顶为起点,东向沿骆驼山转至南山,再折向城西之西王山山脊至白岳山顶,险要处筑石,平缓处夯土,全长18公里,城高 49 尺 2 寸,石城 19200 尺,土城 40300 余尺。1422 年,进行修整,土城全部改为石城。

宫阙有景福宫、昌德宫、德寿宫,加上景福宫的光化门、勤政殿、庆会楼以及昌德宫的敦化门、仁政殿、秘苑等,均系著名的建筑物。壬辰抗倭战争时,大部分建筑物被毁,作为当年之物而留传下来的,只有崇礼门、敦化门,以及昌德宫的弘化门、明政殿。

朝鲜之城门富有民族特色,当时的城门最壮观的是汉阳的崇礼门(南大门),其城楼有两层,各宽五间;其他有名的还有汉阳之兴仁门(东大门)、开城的南大门和平壤的普通门,等等。

寺、塔在朝鲜建筑史上也占有重要地位。李朝新建的寺院不多,建于 1465 年的汉阳都城的圆觉寺是其中最重要的一座寺院,其中心建筑是光明殿。其他有名的寺院建筑包括:建于全罗南道康津郡月下里的无为寺极乐殿、释王寺的护持门、长安寺的四圣殿、清平寺的极乐殿、金山寺的弥勒殿、法住寺的五层木塔等。

石塔,有汉阳圆觉寺的十层塔、江原道襄阳郡洛山寺七层石塔、京畿道骊州神勒寺多层石塔。另外,汉阳云从街(钟路)钟楼的钟以及兴仁寺、海印寺、榆岾寺的钟最为有名。在王陵营造方面,以太祖的建元陵(京畿道杨州郡九里面)、太宗的献陵(广州郡大旺面)为代表,作为陵寝之护石有石人、石兽等。李成桂的先祖之德安陵(咸镜南道五老郡)、义陵(咸兴市)、智陵(江原道安边郡)淑陵(江原道门川郡)其气势也相当恢宏。

第八章　朝鲜后期

第一节　"士林政治"时代的内政与外交

一、社会矛盾加深及朋党政治下的王权宗统争论与党争

经过七年的艰苦抗倭战争，朝鲜经济遭受到空前的破坏，其"战争灾难之深重和残酷"程度，实为其"有史以来之首次"。[1]"自凤山至京城一带直路，荡无人烟，往来公差及商贾行旅，亦无过宿之地。"[2]首都汉城的人口由战前8万至9万户减至3万至4万人；全国人口总数也减少到六分之一或七分之一。[3] 人口的减少与人民的离散，造成土地的荒芜，全国呈现"田野未尽辟，芜莱蓬莽，满目萧然，畎亩阡陌，无迹可据"[4]的荒凉情景。直至光海君三年（1611），根据李朝政府户曹的统计，全国耕地结数只及战前全罗一道的土地。[5]而且，朝鲜的文化财富亦遭到浩劫，不仅许多文物、建筑遭焚毁、掠劫，而且大批艺术工匠和知识分子（如李朝政府的刑曹佐郎姜沆等）也被掳至日本，给其战后重建带来极大困难。

---

① （朝鲜）尹国馨：《闻韶漫录》。
② 《朝鲜王朝实录·宣祖实录·卷一百三十一》宣祖三十三年十一月丁卯条。
③ 《朝鲜王朝实录·仁祖实录·卷十三》仁祖四年六月丁未条。
④ 《朝鲜王朝实录·宣祖实录·卷一百五十九》宣祖三十六年二月己亥条。
⑤ 《增补文献备考·卷一百四十八·田赋考八·租税一》。

更严重的是其封建统治者不顾人民的死活,仍肆无忌惮地榨取人民的血汗。无论是属于王廷的宫家或是属官衙的官家,趁乘战争结束后的混乱状况任意掠夺"陈地"与山泽,以扩大他们的土地占有。为了确保王廷与政府的财政收入,按田结征收田税和贡物,1601 年,全国开始丈量土地,整理田籍。1603 年还撤销了各邑官僚设在首都的"京在所"。但是,量田以重新登记田案等于是对土地的再分配,不久因地方两班的阻挠半途而废。同时,重新实行"号牌法"的措施亦不顺利。"号牌法"是控制居民、划定身份、把农民固着于土地,并编制军籍、摊派赋税与兵役负担的手段,从光海君二年起开始筹备,直至仁祖初年才在有限的范围内勉强实施。"号牌法""刷还"了暂时因军功成为良人的奴婢,加强了对良人、农民的控制与剥削。

战后各军事营门与中央及部分地方官衙,在自行解决经费困难的名义下,任意设置和扩大屯田,剥夺农民。"宫房田"的扩张亦十分猖狂。1650 年,谏院官吏的上疏中说:"近来,诸宫家及宰相家立案,无处无之,王城之外,无一片空闲之地。禁标之内人不敢下手,樵采路绝,都民怨苦。外方山泽,无不同然,占为私庄,无处不禁。海边则称以某宫、某家盐盆、鱼箭、斥卤之地,尽入冒占之中,谓之折受,争相罔利。沿海之民,举失渔盐之利,生殖利穷,日益困悴,而怨归于国。"①其立桩标地的规模很大,"环一山而立标者有之,包一野而为界者有之"。② 以至于在 17 世纪中叶,"下三道及两西③、京畿海边渔采之地,或为诸宫家之所占,或为各衙门之所夺"④。一般官吏与豪强地主更加嚣张,他们利用各种名目侵吞土地,扩张农庄。"各衙门差官之辈,诸宫家次知之类,皆以冒占广拓为能事"⑤;"虽土

①《朝鲜王朝实录·孝宗实录·卷一》孝宗即位年六月戊戌条。
②《朝鲜王朝实录·孝宗实录·卷二十一》孝宗十年四月戊申条。
③"两西"指黄海道、平安道,又称"黄平两西"。
④《朝鲜王朝实录·孝宗实录·卷二十一》孝宗十年四月戊申条。
⑤《朝鲜王朝实录·孝宗实录·卷十八》孝宗八年六月戊寅条。

夫之家,稍有形势,则亦多冒占者"①。农庄俨如国中之国,正如执义宋浚在上疏中说:"反正之初,因台论革罢,厥后侵寻又有如前,民生之怨苦,于是为极。且如坡州,十室之邑,而大君设置农庄,避役之民争趋焉。官家不敢号令,民役以是尤苦"。② 因此,这个时期,农民、渔民"倾财破产,相率而之他,身填沟壑"③。

各官衙自行解决财政经费,进一步导致土地集中,农民破产和流离失所,国家直接控制的户籍与征税土地的减少。据不完全统计,1625 年,朝鲜全国实际纳税的土地不足 60 万结,不交税者多达40 万结;1630 年,户曹掌握的田税约为 8 万石,只及 16 世纪田税的25%。于是,为了弥补国库的空虚,从 1602 年起,政府又向农民征课"三手"米、毛粮米、皂隶米、四结布、三结布④等。名目繁多的苛捐杂税使人民的处境雪上加霜。

战后,大农庄的发展严重削弱了李氏王朝的中央集权,加剧了阶级矛盾。由于中小地主的利益受到侵犯,统治阶级内部的矛盾加深,国内政治又陷入朋党斗争的漩涡。士林集团的不同派别,以"公议""名分""义理"为武器,相互攻讦,干预朝政,质疑王位正统,甚至废立国王。

自朱子学在朝鲜占据支配地位以来,性理学在社会伦理、政治制度和形而上学诸方面的发展,使宗法制度、儒家礼学原则主导了朝鲜王位的继承与社会家族家业的继承。宗法制源于氏族社会父系家长制,在国家层面,它以王族宗家为中心,以血缘关系区分"大宗"与"小宗",嫡统与旁系,分配政治权力,维系其统治世袭传承,是宗法等级和政治等级相系一体的制度。早在列国时代,半岛已有庙

---

① 《朝鲜王朝实录·孝宗实录·卷二十一》孝宗十年三月甲子条。
② 《朝鲜王朝实录·孝宗实录·卷二》孝宗即位年十一月辛未条。
③ 《朝鲜王朝实录·孝宗实录·卷九》显宗三年十月辛酉条。
④ "三手"米是一种军米。"三手"即所谓炮手、射手、杀手。"皂隶米"是忠清道对"贱人"征收的杂税。四结布与三结布是李朝政府征收的无名杂税,而毛粮米则系借口支援明朝将军毛文龙抗击后金所征收的粮米。

制、长子相续制、封爵采邑制等与宗法制度有关的制度,而真正意义上的宗法制应该始于 14 世纪末,即唐律的引进、《家礼》等新儒学的传入。高丽恭愍王二年(1352)二月,《士大夫家祭仪》的颁布是丽末主流社会接受宗法礼制的标志。① 此后,李氏朝鲜王权继承基本上是遵循儒家的嫡嫡相承、父子相续的原则,其王统大体是依宋礼学家程颐所谓"宗法天理,如树直干"②。只有在嫡长无后嗣,嫡嫡相承、父子相继不可能的情况下,作为变通特例,可通过同宗支子立后、兄终弟及,乃至叔终侄及等措施维持世系。1474 年刊印的《国礼五礼仪》固定了这些原则。

　　17 世纪的朝鲜可谓士林政治的时代,其特点是在王廷政治运转中,较勋戚势力,士林官僚的作用更为重要,而且该时期的重要事件几乎均是与王室问题相关,其中尤其重要的是王室宗统问题,即所谓"礼讼"。王位继承的正统性的争论以不同形式延续若干代,并引发一系列政治事件。例如,16 世纪末光海君继位初期的大北政权的建立、临海君与永昌大君之死、仁穆大妃的西宫幽闭、仁祖反正与元宗(王珒)追崇事件、1644 年昭显世子之死与孝宗的世子册封事件、1659 年发生的两次服制礼颂、南人上台执政、1689 年的景宗的元子定号和乙巳换局、仁显王后的复位和甲戌换局、景宗世子废立之议、老论、少论的冲突事件、1720 年的世弟册封与代理听政、辛壬士祸,以及戊申之乱,等等。

　　宣祖朝世子册封久拖不决,其实与宣祖意不在光海君有关。宣祖三十四年冬,"礼曹复遣使请封",李昖甚怒,责问:"壼位久虚而不

---

① "颁行士大夫家祭仪,右(又)宗子祭法,自今中外遵守,以成礼俗。其中有人情事势不便者,不必拘宗法。其见存族长,奉神主主祠(祀),其余嫡众子孙并于其家与祭,众子孙所生父母,各作神主,祭于其家,致斋如常仪。"《高丽史·卷六十三·志第十七·礼五》大夫士、庶人祭礼。
② 参见(宋)吕祖谦、朱熹:《近思录·卷九》。

请册妃,先为此请,何也?"①次年,延安金氏被册封为继妃;五年后,嫡子出生,是为永昌大君,这直接威胁到光海君的地位。自1607年春起,李昖已卧病不能视朝,十月,其自感朝不保夕,"下教欲传位东宫",而领议政柳永庆等则竭力阻挠。② 1608年正月十八日,大北派首领郑仁弘上疏弹劾小北领袖柳永庆等拥立永昌大君危及世子,为光海君辩护③;双方攻防激烈,以至"人心汹惧"。④ 直至宣祖于二月一日薨,光海君才得以顺利继位(1609—1622)。

但是,因光海君以"非嫡非长"之身继承王位,其在获上国诰命时遇到麻烦。直到依王大妃之命,向北京递送由领议政李元翼领衔,有文武百官、宗室成员、军人、成均馆学生和市民18805人署名的拥立奏章⑤后,才好不容易于次年六月获得上国封王诰命。⑥

光海君的继位,使存续6年之久的以柳永庆为首的小北派权势终结,郑仁弘等大北派人士被重新起用。在大北派人士的煽动下,于即位第9天,光海君就以谋逆罪除掉了对其权位形成直接威胁的同母兄临海君。受此牵连,包括高彦伯等武臣、西兴君等宗亲在内的官员和宫奴百余人受到鞫问和杀害。接着,他就把矛头对准曾对其形成逼位的宣祖嫡子永昌大君。1613年,光海君在大北派李尔瞻

---

① "辛丑冬,礼曹复遣使请封。上以为壸位久虚而不请册妃,先为此请,何也? 时懿仁王后上仙已经年故也,朝廷始知上意不属光海。"(朝鲜)李肯翊:《燃藜室记述·卷十八·光海君嗣位》。

② "上下教欲传位东宫,永庆与左相许顼、右相韩应寅回启,有今者传位出于群情之外等语,国共言永庆有二心,远近传播。"(朝鲜)李肯翊:《燃藜室记述·卷十八·光海君嗣位》(《荷潭录》记)。

③ "领议政柳永庆心忌原大臣,挥斥尽去,使不得参接,累日防启,独与时任共之。至于中殿下谚书之旨,便回启曰:今日传教实出于群情之外,不敢承命。台谏戒使,不闻政院,史官仍秘圣旨,使不传出。永庆有何阴谋凶计,不欲人知,乃至于此……国君有故则贰君之监国处守,古今之通规也……永庆自知于东宫谋危之情而露,猜疑将日深,其自为谋,宜无所不至。殿下谓永庆能以吾君之子视东宫乎! 其势将不止此,必售其奸计,得以甘心而后已也。"《朝鲜王朝实录·宣祖实录·卷二百二十》宣祖四十一年正月丙午条。

④ (朝鲜)李肯翊:《燃藜室记述·卷十八·光海君嗣位》。

⑤ (朝鲜)李肯翊:《燃藜室记述·卷十九·奏请明朝》。

⑥ 《朝鲜王朝实录·光海君日记·卷十七》元年六月辛亥条。

等人的策划下,借在所谓"竹林七贤"倡导"庶孽许通"运动失败后沦落为盗贼的朴应犀、徐羊甲等人杀害东莱银商事件,制造伪证处死仁穆大妃之父金悌男及永昌大君,幽禁仁穆大妃于西宫,并将所谓"遗教七臣"①等数十名政敌收监杀害,制造史上的"癸丑狱事"(又称"七庶之狱")。

一年后,大北派又分化为骨北和肉北两小派,同时小北亦分裂为清北、浊北②,它们之间继续争权夺利,相互攻击。首先,在大北派的策划下,小北官吏 40 余人遭到肃清③,其首领柳永庆在被赐死后又因大北派李尔瞻制造的"金直哉之狱"而被"剖棺斩尸"④。当时政局变动反差之大,"几如革命变置,朝野反嗟痛焉"⑤。同时,光海君追崇其生母恭嫔之事亦遭礼曹、三司反对,最后经过多年迂回曲折的争取,才在大北首领郑仁弘操作下得以奏请明朝并获册命⑥,最终于 1615 年得以实现。⑦

光海君虽留下不孝不悌、狂悖忤逆的骂名,可在治理上却建树颇多,其于内政,建立五贤文庙,编撰与刊行典籍,整顿战乱后的文

---

① 指宣祖临终遗言(即国王所谓"遗教")接受者柳永庆、韩应仁等七位大臣。据《朝鲜王朝实录·光海君日记·卷一》光海君即位年二月戊午条有如下记述:"以内封遗教,下于宾厅,前日未宁时所封书也,喻世子曰:爱同气如存时,人有谗言,慎勿听之,以此托于汝,须体予意。"同书即位年二月乙未条说:"但大君幼稚,未及见其长,以此耿耿矣。我不幸后,人心难测,万有邪说,愿诸公爱护扶持,敢以此托之。"至"遗教"之真伪,《朝鲜王朝实录·光海君日记·卷六十六》光海君五年五月乙丑条称:"司宪府启曰:罪人闵希骞当先王升遐之日,摹写御笔,矫称密旨,出授永庆,使之保护大君。当时情迹,极其凶秘,请命严鞫。从之。"其五月壬申条,又称:"捧内官闵希骞招……臣虽善写,与先王笔法霄壤不似。臣所写备忘眷本,皆藏司谒房一处,凭检则可知也。"

② 《朝鲜王朝实录·光海君日记·卷三》光海君即位年四月丁丑条。

③ 《朝鲜王朝实录·光海君日记·卷十二》光海君元年正月甲午条。

④ [韩]李迎春:《朝鲜后期王位继承研究》,第 116 页。

⑤ "按:先是。临海淫暴横恣,柳永庆专权病国。郑仁弘以上疏论永庆被窜,人皆愤惋。至是,大行升遐,才十余日,台阁变论,以大逆陷临海,而黜永庆,复仁弘,几如革命变置,朝野反嗟痛焉。"见《朝鲜王朝实录·光海君日记·卷一》光海君即位年二月癸酉条。

⑥ "恭圣王后册封奏请使朴弘耇、李志完发行,王既追崇恭圣,欲祔太庙,问于郑仁弘,仁弘言:须奏天朝,受天朝册命,然后方可议祔庙之事。王命议大臣,大臣屡以为难,王断而行之。"《朝鲜王朝实录·光海君日记·卷七十三》光海君五年十二月甲午条。

⑦ 《朝鲜王朝实录·光海君日记·卷九十三》光海君七年八月条。

库;其于国防,修整城池,制造兵器,训练军队;其于外交,为使战后军民休养生息,在致力于恢复与日本交邻关系的同时,对明朝的局势取中立立场,措施细密周全。对明与后金的斗争,光海君斡旋其中,以等距离之方式,既不见怒于明人,又不失欢于后金,亦可谓卓越果断。

二、对外关系

发源于长白山的女真人,在高丽王朝与李氏朝鲜的压迫与驱赶下,逐渐移向中国东北平原。16 世纪下半叶至 17 世纪初叶,女真人已完成了由奴隶制度向封建制度的过渡,并最终建立了雄踞中国东北的政权。如何处理与二者的关系成为李氏朝鲜必须面对的重大对外课题。

1616 年四月,建州女真首领爱新觉罗·努尔哈赤(1559—1626)称汗(王),国号"大金",史称后金,定都于赫图阿拉(今辽宁省抚顺新宾县城),年号天命。16 世纪末,作为清王朝奠基者,努尔哈赤利用明朝在壬辰抗倭战争中全力援助朝鲜抗倭、无暇他顾的时机挥师东进,从 1593 年开始通过反击并分别击溃威胁其东向征讨的长白山各部,奠定了后金建国的基础。此间,努尔哈赤已经与朝鲜建立了关系,尽管明英宗(1427—1467)早给朝鲜立有对女真"谨守法度,以绝私交"①的规矩。1596 年,朝鲜官员曾尾随明使访问过努尔哈赤。② 次年,当日军再次发动丁酉战役,宣祖避难义州时,女真人曾派使者表示愿派精兵"渡江"③支援抗倭,因朝鲜方面怀疑女真人的用意而遭拒绝。④ 万历十七年(1598),明朝封努尔哈赤为建州卫都督金事、龙虎将军。此后,建州卫与朝鲜间围绕双方人员越界采捕、

---

① 《明英宗实录·卷三百二十》英宗天顺三年四月庚辰条。
② 《清三朝实录·卷一·太祖》(日本遗存)丙申春二月条。
③ 《朝鲜王朝实录·宣祖实录·卷三十五》宣祖二十五年九月甲戌条。
④ 《朝鲜王朝实录·宣祖实录·卷三十》宣祖辛未、申戌条。

人口刷还、惠山设镇等问题经常发生交涉。

后金天命三年(1618)四月,努尔哈赤在盛京以宣布"七大恨"之檄文与明决裂。① 五月,后金军兵陷抚安,七月,屠戮清河等明边境要地,辽东屏障尽失。明以杨镐为辽东经略,集 10 万大军于沈阳以讨后金,钦差辽东巡抚李惟藩要求朝鲜出兵协助,"合兵征剿"②,并以神宗敕书形式令"朝鲜国王恪守箕封,祗供藩职……借兵一万以上,赋马七百有奇"③。对此,朝鲜君臣发生严重分歧,光海君虽不忘明之"再造之恩",但摄于后金的强大兵力,试图予以回避。然而,以掌权的大北派首领李尔瞻为首的备边司要员出于名分上的考虑,力主出兵。结果,在左议政韩孝纯和备边司诸官员的牵制与明政府的责斥下,光海君以晋宁君姜弘立为都元帅、平安道兵使金景瑞为副元帅,领兵万名(计炮手 3500 人、射手 3500 人、杀手 3000 人)助明。次年二月,姜弘立率军渡鸭绿江,在宽甸与明军南路刘綎部汇合,沿佟佳江由桓仁向兴京老城推进。三月初,明军的其他各路亦开始进军,对后金形成夹击之势。明中路杜松军于抚顺东浑河南岸萨尔浒山被努尔哈赤主力军击溃,杜松战死。接着,明左翼军亦遭后金军袭击,其主帅马林仅以身免。后金军又邀击北上之刘军于老城南富车地方,刘军败退。此谓萨尔浒之战,为明清势力的交替造成决定性影响。

在富车战役中,受刘綎节制的朝鲜军宣川郡守金应河、云山郡守李继宗等战死,而元帅姜弘立、金景瑞等依据事前光海君授予的"观变向背"④的密旨,事先"遣人潜通于虏,故深河之役,虏中先呼通

①《满文老档·太祖·卷六·天命三年》。
②《朝鲜王朝实录·光海君日记·卷一百二十七》光海君十年闰四月庚午条。
③《朝鲜王朝实录·光海君日记·卷一百三十七》光海君十一年二月丁卯条。
④《朝鲜王朝实录·仁祖实录·卷一》仁祖元年三月甲辰条。

事,弘立应时投附"①,"帅众"投降②后金,从而保存了实力。③ 当时,朝鲜的两面政策,使明与后金均担心朝鲜可能与自己的敌方联手。在明朝,左赞善徐光启主张把对朝"监护"作为救国"方略"④;努尔哈赤则通过朝鲜平安道监司朴烨致书光海君,要求对"助明"之用意做出清楚交代。⑤ 后经姜弘立与后金交涉,后金遂派朝鲜降将郑应井等携"胡书"赴汉城向王廷示好。光海君与朝臣历时十余日商讨,艰难地决定派军官梁谏送达"答胡书",表示"两国各守封疆,相修旧好"。

1621年三月,后金攻克沈阳、辽阳等重镇,历史进入明清交替时期。当时,辽沈一带的许多人纷纷移居朝鲜避难。著名明朝将领毛文龙(1576—1629)奉明辽东巡抚王化贞令,于是年七月十九日率部成功袭击后金镇江后,携"辽民归者四万余人"退据朝鲜境内的林畔。⑥ 光海君等担心后金报复,竭力劝毛文龙退避偏僻海岛,毛文龙不从,至十二月十五日遭后金铁蹄袭击之"林畔之变"后方移铁山郡椵岛(皮岛、稷岛)东江镇长期据守。朝鲜支持毛文龙的政策,招致与后金关系再度紧张。

1626年,努尔哈赤去世,皇太极(1592—1643)即位。此时,后金通过不断吸收中原的文物制度,发展农牧混合经济,启用有才能的汉人,并继续通过蒙古引进藏传佛教、创制和改进满文,以及上层贵族的联姻和征伐,废"王贝勒领部院事"的"共治国政"制,仿明制建立了一人独尊的汗权集中体制。

皇太极登基的第二年,1627年一月,参与"共治"的四大贝勒之

①《朝鲜王朝实录·光海君日记·卷一百三十九》光海君十一年四月辛酉条。(正抄本)
②《明史·卷二百四十七·刘綎》。
③《朝鲜王朝实录·光海君日记·卷一百三十九》光海君十一年四月条。
④ 王重民辑校:《徐光启集》上册,上海:上海古籍出版社,1984年,第113—115页;《光海君日记·卷一百四十五》光海君十一年十月壬子条。
⑤《清太祖实录·卷六》天命四年三月甲辰条。
⑥ 参考(清)毛承斗辑:《东江疏揭塘报节抄 第一卷 天启元二两年塘报》,贾乃谦点校,杭州:浙江古籍出版社版,1986年,第6—9页。

一的阿敏(1616—1636)统兵 3 万进攻朝鲜。后金列举了七条出兵理由①,而实际动因则复杂得多。② 是年正月十四日,后金军夜渡鸭绿江,占义州、败毛文龙兵于铁山。次日,攻占定州。十八日,阿敏军在郭山、凌汉山城遭遇朝鲜军民的勇敢抵抗。二十一日,安州城军民在牧使金俊、兵使南以兴的率领下以"赴火死"的精神抗击后金军。后金军"二十六日,进至平壤城,城中巡抚、总兵以下各官及兵民等弃城走"。后金相继攻克安州、平壤等重镇。二月初七,进抵平山,威胁王都。腐败的西人政权得知平壤失陷,急忙丢下汉城撤逃,李倧及其官僚集团跑到江华岛避难,急遣王族晋昌君向后金请和。

后金军不愿深陷朝鲜战场,影响其对明作战的主要目标,当朝鲜当局提出请和后,后金军即停止南进。三月三日,李朝与后金先于江华岛订立"江都之约",后又成立"平壤之盟",双方约定"永为兄弟","各遵约誓,各守封疆";而"播越海岛"的仁祖在呈送明皇奏章中则辩称:朝鲜仍在坚持维持二百年的对"皇朝"的"事大"之礼,守"臣下"之节,对后金只行"交邻"③。

"江都之约"后,后金虽撤过清川江,却又以攻打毛文龙为由,不再撤退。这激起朝鲜人民以广泛的义兵斗争进行的英勇抵抗,其中尤以郑风寿部队、少为浦部队和铁山部队最著名。结果,在得到了清川江以北广大人民的支持与声援的义兵部队的打击下,后金军不得不放弃对毛文龙明军的进攻。"九月,[阿敏]从倧请,召还义州之兵,并许赎俘虏,定议春秋输岁币,互市。"④

这次后金军对朝鲜的进攻,朝鲜史称"丁卯虏祸",给朝鲜造成

---

① 《满文老档·卷四·太宗一》天聪元年二十八日条。
② 即所谓褚英征讨瓦尔喀时,朝鲜越境进攻女真;瓦尔喀一部流入朝鲜,归属进入朝鲜的乌喇酋长布占泰(? —1618),朝鲜不予通报;己未年出兵助明,女真释放其被俘人员而朝鲜不派员致谢;拒绝后金提出的执送退避朝鲜的毛文龙的要求;辛酉年(1621)金军试图捉拿毛文龙时未予以协助;向毛文龙提供土地和钱粮;努尔哈赤亡故、新君即位不派使者等。
③ 《朝鲜王朝实录·仁祖实录·卷十六》仁祖五年四月丁酉条。
④ 《清史稿·卷五百二十六·朝鲜》。

重大损失。此后,朝鲜放弃对明一边倒政策,开始脚踏两只船。1628 年春二月,朝鲜答应后金的要求,决定于春、夏、秋三个月于中江、会宁实行互市。① 随后,双方又有朝贡贸易和潜商。同时,朝鲜亦于是年冬在新设的御营厅统领下,把火炮军扩充为 7000 人的御营军。

当时,朝鲜与明的陆上贡道已经断绝,但海路联系仍旧通畅。天启元年八月,明廷令"改朝鲜贡道,自海至登州"②。一个时期内,这条贡道十分繁忙。当时,皮岛已经成为相当繁荣的贸易海港。它受到毛文龙的支持自不待言,就是仁祖也十分需要悉心呵护与明的宗藩关系。从政治上讲,他需要获得明廷对其继承王位的认可,经济上借"颇获大利"的朝贡,"贸易绅帛丝菓"③,又可得到其所需要的回赐品,以应对"南奴北虏"贸易之需,做到在与在明、后金与倭的对外交往中游刃有余。当时,日本与后金只有通过与朝鲜的贸易才有可能获得他们所需的"唐货""上国物货"。所以,对明的朝贡贸易成了朝鲜在"南北两敌酬应之际④"的润滑剂。

登州贡道是"循海岸水行"的古航道,它是自朝鲜宣川宣沙浦发船(1627 年改从石多山出发),至铁山椵岛,然后经车牛岛、鹿岛、石城岛、长山岛、广鹿岛、三山岛、平岛、皇城岛、鼍矶岛、庙岛,至登州登陆通关,然后经山东腹地进入京师。这个航道虽较安全,但是这条"朝天""水道,而海涛险恶,覆没相寻,人皆以奉使赴燕为必死之地"⑤。"驾海朝天"虽对朝臣来说是不得不为的王命,而对一般人则是趋之若鹜的生财之路。此所谓"海路之行,为今日第一苦役,而译官、军官辈,所以冒死往者,冀其有尺寸之利也"①。在 1630 年前,通常每年朝贡二三次。据《癸亥朝天录》记载,天启三年的朝鲜使团是六月十三日到达的登州港,次年三月二十六日离开登州港,经长山列岛回国,此期间水手要在登州足足待上 9 个多月。而且,有些成员并不随团回国,而留在明朝贸易。例如,1625 年,朝鲜谢恩使本来一行 30 人,结果仅有 4 人随团返回朝鲜。这种贡路兼商路的现象无疑会给登莱地区带来很大负担,而且其带有"款奴""媾倭"嫌疑的朝贡也势必引起明朝安全上的疑虑和警觉。崇祯元年(1628)登莱巡抚孙国祯给朝鲜冬至使书状官申悦道一行的告示中就说:"朝鲜由登进贡,虽为慕仪,但迫逼虏酋,未必无观望之意。又查访得丽人假借进贡,簪买硝黄,转为虏有,深为大害。"因此,要求改道。袁崇焕也奏疏建议为防范登莱、控制毛文龙,朝鲜贡使改道觉华岛。次年二月十二日,明廷接受袁崇焕的建议。朝廷所颁圣旨称,"朝鲜贡道覆议既确,今岁著觉华岛入辽平照旧",规定每年两贡改一次齐行。崇祯三年,陈慰使郑斗源、冬至使高用厚一行,因往登州运送军需物资,所以破例被恩准走登州路线,经由山东陆路入京。此后一直到崇祯九年,基本都是走觉华岛线。此前,崇祯二年六月,明宁远巡抚袁崇焕以"私通外蕃"罪误杀毛文龙,后因其部将间的矛盾、刘兴治叛明和孔有德等降金,至崇祯六年,明在椵岛东江镇的军事力量已不复存在。崇祯十年(1637)"丁丑之乱"后,朝鲜被迫开始向清入贡,长达二百多年入明朝贡的时代就此终结。

丙子(1636)年四月,皇太极改元崇德,改国号为"清",易"汗"为"皇",改女真人为"满州人",并遣使汉城,要求朝鲜称臣。朝鲜王廷围绕清皇太极尊号问题爆发了副校理尹集(16006—1637)与兵曹判书崔鸣吉间的斥和与主和的论战,但仁祖站在尹集一边,断然拒绝了皇太极的要求,并宣布与清断交,战争迫在眉睫。

---

① 《朝鲜王朝实录·仁祖实录·卷二十五》仁祖九年七月庚辰条。

　　此前,是年春二月,皇太极遣英俄尔岱(朝鲜称龙骨大)使朝,欲探南汉山城虚实,以洪翼汉为首台谏新进大臣,反对"和议论","请斩虏使。龙胡闻之,不辞而别。归时,大书一青字于馆壁而去。青字,十二月也"。十二月十日,清太宗统率的 10 余万大军过江后,置义州白马山城于不顾,直扑李朝国都汉城,不足 20 日,已经先后攻占安州、平壤、开城等重镇,逼近汉江。以仁祖为首的统治集团先送家眷于江都(江华岛),再过江逃避南汉山城。次年正月初,皇太极所率清军击败全罗道援兵,渡过汉江包围南汉山城,防守北门的御营大将元斗杓率部出城袭击清军。自募军 400 余人也出城迎战清兵,杀敌百余人。清军数次进攻南汉山均遭失败。多尔衮统帅的左翼"由长山口克昌州城,败安州、黄州兵五百,宁边城兵千,截杀援兵一万五千",会师南汉山城下,以"小船"攻占江华岛城,"获王妃、王子、宗室七十六人,群臣家口百六十有六,客诸别室"①。消息传来,仁祖与其亲信大臣急忙准备妥协。主和派人物申景慎等与洪振道密谋逮捕了斥和派。国王遂接受崔鸣吉等的要求,与清军"议和"。同月三十日,国王出城投降。

　　此次议和史称"三田渡城下盟约",其内容为:"去明国之年号,绝明国之交往,献纳明国所与之诰命册印",断绝与明的一切关系,确立对清朝的君臣之礼,朝鲜从此,一应文移,奉大清正朔,向清派遣万寿节及中宫皇子千秋、冬至、元旦及诸庆吊使节;助清灭明,派发援助兵船,许与日本通商贸易;内外诸臣通婚,永结和好;国王派世子等去沈阳为质,并定贡岁币数额等。② 三田渡议和意味着李朝承认清朝继承了明朝的宗主地位,如仁祖所言:"自正月三十日以前,则为明国之臣子,正月三十日以后,则为大清之臣子。"③同时,也

①《清史稿·卷五百二十六·朝鲜》。
②《朝鲜王朝实录·仁祖实录·卷三十四》仁祖十五年一月三十日条;《清太宗实录·卷三十三》崇德二年正月戊辰条。
③《清太宗史录·卷三十九》崇德二年十一月庚午条。

解除了清人关攻明的后顾之忧。

清军虽以 40 余日的时间取得对李朝战争的胜利,迫使李氏王室接受城下之盟。但是,1637 年二月,清兵携朝鲜昭显世子、凤林大君及斥和派官员洪翼汉、尹集、吴达济"三学士"以及众多的百姓撤兵回国,特别是对上述三学士枭首示众,以及镇压潜通明朝领议政崔鸣吉等朝鲜重臣和对崔孝一等联明"忠义士"的"诛杀,亦令百官聚观其尸"①等极端行为,严重伤害了朝鲜朝野的感情,以致后来凤林大君继承王位后计划"北伐"反清,造成双边关系很难步入正常。此次战争因发生于丙子年,朝鲜史称"丙子胡乱"。

三、"仁祖反正"与"换局"

1615 年发生的"景禧狱"案,是光海君铲除潜在的王位威胁绫昌(大)君李佺的借口。李佺是光海君异母弟定远君李琈第三子、仁祖李倧之同母弟。大北重要人士申景禧受其门客苏鸣国案牵连涉嫌拥立绫昌君反叛,其本人与绫昌君等被捕,申景禧又供认宣祖第七子仁城君李珙等逆谋,致受牵连的数十名官员流配边疆。② 虽然进行的鞫问并未查出绫昌君参与谋逆之罪证,光海君仍不听包括大北首脑郑仁弘在内的"大臣推官"的劝阻,执意"命围置绝岛",将其囚于乔桐③,使"自经死"④,并"夺其第毁之,建庆德宫"⑤。光海君如此"杀弟废母",特别是对定远君一家的无情打击,引起宣祖孙、定远君

---

① 《朝鲜王朝实录·仁祖实录·卷四十二》仁祖十九年十一月辛巳条。
② (朝鲜)李肯翊:《燃藜室日记·卷二十一·废主光海君故事本末·申景禧之狱绫昌君》。
③ "王命议处佺罪,大臣推官皆以为佺无谋逆之迹,似不当罪。郑仁弘亦以为言,王特命围置绝岛。"《朝鲜王朝实录·光海君日记·卷九十七》光海君七年十一月壬午条。
④ "佺既就围,守将寝之石堗,又以沙土杂炊饭饲之。佺不能吃……佺不胜苦,一夕作书,付官僮,辞诀父母,给僮出户,自经死。"《朝鲜王朝实录·光海君日记·卷九十七》光海君七年十一月己丑条。
⑤ 《朝鲜王朝实录·光海君日记·卷九十七》光海君七年十一月己丑条。

子、绫阳君李倧一家的无比怨恨。经过一番准备①，在三年丧结束一年后的癸亥(1623)年三月，李倧主动与西人金鎏、金自点、李适等联手谋与武人起兵，成功驱逐了光海君和大北派人物，登上王位，成为第 16 代国王②，此即所谓"仁祖反正"。

西人以"事大至诚"为旗帜驱逐李珲的理由是，光海君"忘恩背德，罔畏天命，阴怀二心，输款奴夷"③。因此，仁祖(1623—1649 年在位)必然在对外关系上做重大调整。李倧继位不久，则在接见毛文龙差官应时泰时谴责"旧主忘祖宗事大之诚，负天朝再造之恩"，表示与毛文龙"同心协力，期剿此虏"④。此后，朝鲜也尽力支援毛文龙，送粮数万石，但困于国有灾情，实难长期维持所谓"贸粮"。因此，"事大亲明"则空有其名，而实变成了西人进行政治斗争的武器。

西人另一个旗帜是维护宗统原则。但是，即使从宗统的观点看，所谓"反正"也是有问题的。如前所指，李倧本系宣祖第五庶子定远君李珲长子，宣祖的庶孙，由他继承王位并不符合宗统原则。于是，经 12 年的宗统争论最后不得不以追崇其生父定远君为元宗的方式为"反正"自圆其说，并借助明朝的支持而压制了士林中的反对声音。起初，明朝并不认可，以为李倧"以臣篡君，以侄废伯"，其"心不但无珲，且无中国"，"所当声罪致讨，以振王纲"⑤。后经毛文龙上书助力⑥，明廷虽发布诏书称，"特用封尔为朝鲜国王，统领国

①　"上见伦纪已绝，宗社将亡，慨然有拨乱反正之志。武人李曙、申景真首建大计，景祯及具宏、具仁垕皆上近属也。上与密谋，欲得文士中有威望者同事，乃访于前同知金鎏，一言相契，遂定推戴之策即庚申岁也。"《朝鲜王朝实录·仁祖实录·卷一》仁祖元年三月癸卯条。
②　先是使光海君成为废王，幽禁于西宫(庆运宫)，然后宣祖继妃仁穆王后金氏将王印转交仁祖，将李倧扶上王位。
③　《朝鲜王朝实录·光海君日记·卷一百八十七》光海君十五年三月甲辰条。
④　《朝鲜王朝实录·仁祖实录·卷一》仁祖元年三月壬子条。
⑤　《明熹宗实录·卷三十三》天启三年四月戊子条。
⑥　参考陈涵韬：《东江事略——毛文龙生平事迹研究》，南京：江苏人民出版社，1996 年，第 94 页。

事"①,但迟迟不予依照旧例,遣重臣持捧节册举行"封典",直至经册封奏请专使在京师的长时间活动,最终才于仁祖三年(1625)夏得到正式册封。②此即所谓中朝关系史上的"辩诬""封典"问题。③

"仁祖反正"与之前受臣属左右的"中宗反正"截然不同。此次"反正"的当时,即癸亥(1623)年三月十三日官方以王大妃"教书"形式罗列光海君的罪行,称:"宣祖大王不幸无嫡嗣,因一时之权,越长幼之序,以光海为储贰,既在东宫,失德彰著,宣庙晚节,颇有悔恨;及至嗣位之初,反道悖理,罔有其极。姑举其大者……光海听信谗贼,自生猜隙,刑戮我父母,鱼肉我宗族,怀中孺子,夺而杀之,幽闭困辱,无复人理,是盖呈憾于先王,又何有于未亡人?至若戕兄杀弟,屠灭诸侄,暴杀庶母,屡起大狱,毒痛无辜。撤民家数千区,创建两宫,土木之役,十年未已。先朝耆旧,斥逐殆尽……我国服事天朝二百余载,义即君臣,恩犹父子,壬辰再造之惠,万世不可忘也。先王临御四十年,至诚事大,平生未尝背西而坐。光海忘恩背德,罔畏天命,阴怀二心……己未征虏之役,密教帅臣观变背向,卒致全师投虏,流丑四海……皇敕屡降,无意济师,使我三韩礼义之邦,不免夷狄禽兽之归,痛心疾首,胡可胜言。夫灭天理,斁人伦,上以得罪于宗社,下以结怨于万姓,罪恶至此,其何以君国子民,居祖宗之天位,奉宗社之神灵乎?兹以废之,量宜居住。"④于是,遭到逮捕的光海君被流放,李尔瞻、郑仁弘等数十名大北派人物遭极刑。同时,小北派也受株连,自后小北派无力参与政治。因而,仁祖执政显示出国王强势的特点。

---

① 《朝鲜王朝实录·仁祖实录·卷五》仁祖二年四月癸卯条。
② 《朝鲜王朝实录·仁祖实录·卷九》仁祖三年六月己卯条。
③ 仁祖反正后,明熹宗及朝臣认为是"朝鲜国王李珲为其侄李倧所篡"(《明熹宗实录·卷三十三》天启三年四月戊子条),朝鲜为"辩诬"先后派出以李庆全和赵濈为首的奏请使与冬至兼圣节使赴明交涉,两个使团活动的记录,前者由书状官李民宬书写,曰《朝天录》,后者由赵濈撰写,名曰《燕行录》。
④ 《朝鲜王朝实录·仁祖实录·卷一》仁祖元年三月甲辰条。

仁祖在内政方面倚重西人亦重用南人,但功臣肆意掠夺农民的土地和财产,使经济状况日益恶化,引起功臣与非功臣间的矛盾。"仁祖反正"中的核心人物李适受李贵等西人排斥,对新政府任命己为汉城府尹、平安兵使兼副元帅之职,"心怀怨望"①。1624 年初,李适利用手中的兵权叛乱,攻占汉城。这场叛乱虽遭镇压,可消耗了国家财力和军力,削弱了国防,使朝鲜在随后的对后金战争中连连失败。

仁祖对外标榜亲明排金与声言"亲征"②后金的行为,虽然只不过是一种姿态,却引来后金先后于丁卯、丙子两次对朝鲜的军事进攻。结果,在与后金(清)的关系上,朝鲜先是被迫承认双方为兄弟之国,然后接受臣属地位,将昭显世子、凤林大君作为人质与斥和大臣洪翼汉等送往盛京。两次"胡乱"后,仁祖政权的合法性受到质疑和挑战,于是叛国、谋逆事件不断。③ 仁祖内外政策的失败,加上小冰河期的恶劣气候影响,朝鲜不少地方饥荒连年。于是,人民怨声载道,以至"嗟尔勋臣,毋庸自夸,爰处其室,乃占其田,且乘其马,又行其事,尔与其人,顾何异哉?"④一类的歌谣,到处流传。此后,掌权的西人再度分裂为老论、少论两派,经孝宗(1649—1659 年在位)、显宗(1659—1674 年在位)至肃宗九年(1683),老少两派进行了无休止的派阀斗争,其中孝宗的继承权一度成为重要政治问题。

1645 年四月二十三日,结束八年人质生活仅两个月的昭显世子突然中毒死亡;闰六月二日,君臣会议因决定越过昭显嫡长子,不依嫡嫡相承原则而由其弟凤林君继承大统,引起争论。由于世子所在

① 佚名:《逸史见闻》,见《大东野乘・卷五》。
②《朝鲜王朝实录・仁祖实录・卷一》仁祖元年四月辛巳条。
③ 包括 1627 年李仁居于江原横城反叛,1628 年柳孝立等谋立处于流放的仁城君事件,1632 年柳应洄谋逆事件,1633 年李时说谋立锦原令李俌事件,1635 年李基安谋逆事件,1639 年贞明公主及宫人诅咒事件,1643 年李挺海叛国事件,1644 年沈器远谋立怀恩君事件,1646 年姜嫔诅咒事件与 1646—1647 年公清道尼山安益信与汉城两班谋逆事件等。
④《朝鲜王朝实录・仁祖实录・卷九》仁祖三年六月乙未条。

之沈馆在对清关系上肩负了部分责任,形成事实上的分朝,以及其本人生活奢侈和所谓"嫔潜图于清人,将有易位"①之风闻所导致的仁祖之不满和父子纠葛②,致昭显世子之死产生众多非议③,使世子之后事亦被"归于非礼"④。仁祖不顾众大臣力挺封元孙为世孙的动议,于昭显世子葬礼后的第五天,举行君臣会议,执意即刻册封凤林君李淏为世子,其表面的理由是:"予有宿疾,往往而剧。元孙如彼其微弱,予观今日之形势,不可待小儿之成长。""元孙性质不明,决非负荷之才也。"⑤实乃出于对多年质于中国之世子的忠诚和清"善待"并放还世子意图的疑惧⑥,力求把王权交传其可信并对清抱有戒心的凤林君李淏,并借"诅咒之变"事件⑦制造"诅咒狱"清除昭显世子妃姜嫔与其子女以及其亲近势力以绝后患。⑧

　　1649 年五月八日,仁祖薨,李淏继位,是为孝宗(1649—1659)。次年六月,士林派内部因李珥、成浑等的配享发生以许穆、尹鑴为首的在野的南人和以宋时烈、宋浚吉为首的西人的争论,即"庚申文庙宗祠之争"。两派间的不和又因 1659 年母后慈懿赵大妃的服丧问

① 《朝鲜王朝实录·仁祖实录·卷四十七》仁祖二十四年二月庚辰条。
② "是时世子久留沈阳,广建馆宇,私殖货利,酬应清将之求索,又以其盈余赎得我人之被房男女,至于累百人,或留止馆中,或移置野坂。以备使令,皆不许放置本土,不欲使大朝知之。官僚谏之,不从。遂令征求白蜡网巾于济州,至是,上始知之"。(《朝鲜王朝实录·仁祖实录·卷四十四》仁祖二十一年十二月壬午条)
③ "世子东还,未几得疾,数日而薨,举体尽黑,七窍皆出鲜血……有类中毒之人,而外人莫有知之也,上亦不知之也。时宗室珍原君世玩……以内戚与于袭敛,见其异常,出语于人。"(《朝鲜王朝实录·仁祖实录·卷四十六》仁祖二十三年六月戊寅条)
④ 《朝鲜王朝实录·仁祖实录·卷四十六》仁祖二十三年四月庚辰条。
⑤ 《朝鲜王朝实录·仁祖实录·卷四十六》仁祖二十三年闰六月壬午条。
⑥ "上曰:清人……前则待世子太薄,而今乃太厚云,予不能无疑焉。"(《朝鲜王朝实录·仁祖实录·卷四十四》仁祖二十一年十月辛未条)"世子东还……上曰:清国此举果出于好意而无别情耶!"(《朝鲜王朝实录·仁祖实录·卷四十五》仁祖二十二年十二月庚申条)"甲申春,清人送还昭显世子及嫔。其时,内阁或言,嫔潜图于清人,将有易位之举,上闻而大恶之。"(《朝鲜王朝实录·仁祖实录·卷四十七》仁祖二十四年二月庚辰条)
⑦ "昭显病逝之后,忽有逆姜诅咒之变,法宜显戮,而主上以至亲之故,只赐死,且治逆之律,连坐子孙,而主上不忍尽法,放置绝岛,以为保全之地。"(《朝鲜王朝实录·仁祖实录·卷四十八》仁祖二十五年十月乙亥条)
⑧ 《朝鲜王朝实录·仁祖实录·卷四十八》仁祖二十五年四月丙申条。

题,发展为"己亥礼讼"。此次礼讼持续数年,随着是年五月四日孝宗死亡、世子李棩继位为显宗(1659—1674年在位)而白热化。初期,双方的礼争虽十分激烈,大体还限于学术层面,相互虽有批判,却并无非难。但是,庚子(1660)年四月十八日,曾为王子凤林君师傅的前参议尹善道的服制疏中的宗统嫡统说使王室典例的争论成为政治问题,并导致西人主导、南人参与的政权结构的崩溃。其疏把期年服制提高到涉及"国家安危""天地尊卑与宗室存亡"的高度,宣称次长子(孝宗)即使即位,如果未成嫡统,其嫡统转作他人,其将处于假世子、摄皇帝的境地[1],甚至还把当时灾荒与实行期年服相联系。[2] 于是,服制遂脱离礼论而转化为党争。由于尹善道的服制疏伤害到西人精神领袖宋时烈,西人认为此疏是"必欲以谋危宗社之罪,勒加于儒贤,此特诬人上变之书耳",主张按律处断。[3] 结果,尹善道遭流配。

朋党之争不仅使国家执政势力不断发生改组"换局",也限制了王权。李朝后期的历史表明,王权常常受到臣属的左右,重大决策只有通过君臣会议才能做出有效的决定,而国家的重大祸患亦皆由争夺国家权柄的朋党大臣所致。对此,清康熙帝曾于1671年晓谕出使清朝的冬至使李栯:"汝国百姓穷,不能聊生,皆将饿死,此出于臣强之致云,归传此言于国王。"[4]臣强君弱的局面又经过半个多世纪的发展,至英祖、正祖时期才暂时改观。

1674年七月中旬,围绕孝宗妃仁宣王后葬礼再次发生礼讼,争论是在国王和宾厅(内阁)朝臣(西人)间展开。当时站在国王一方的是左右显宗末、肃宗初政局的清风金氏家族代表人物、王妃堂兄

---

① (朝鲜)尹善道:《孤山遗稿·论礼疏》。
② 据《朝鲜王朝实录·显宗实录》统计,1662年二月仅庆尚道就有饥民八万二千余人。
③《朝鲜王朝实录·显宗实录·卷二》显宗元年四月甲辰条。
④《朝鲜王朝实录·显宗实录·卷十九》显宗十二年二月壬寅条。

弟金锡胄,另一方则是宋时烈代表的士林派。① 争论的焦点是庄烈王后在儿媳仁宣王后葬礼上穿怎样的丧服。另一位时任都提调的南人许积被晋升为左相,尽管西人郑太和还处于领议政位置,实权已落入南人手中。显宗末年,宋时烈对王权的轻蔑②和浓厚的党派习气使得显宗对西人政权的厌倦和不满表面化。属于"山党"首领的宋时烈、金集等湖西山林势力,在 1650 年汉党③领袖、领议政金堉(1580—1658)推行大同法时就与后者有隙,作为金堉孙子的金锡胄则与许积等南人联合试图清除宋时烈等西人。④ 结果,因期年服而陷入自相矛盾的宋时烈等西人主流势力开始没落,清风金氏与南人结盟的联合政权得以建立,而统治朝鲜半个世纪的西人政权彻底垮台。

在西人专权时期,南人总体虽遭受排斥、压制,但在国王的眷顾下仍有个别家门维持着较高的仕宦地位,并凭借待人接物的能力与西人和平相处,而许积(1610—1680)就是其中的代表性人物。显宗十二年他官居领议政,与时任右议政的宋时烈同时在宾厅任职。随着第二次礼讼事件的发生,南人开始重新集结。当礼讼争执相持不下之时,甲寅(1674)年八月十八日显宗薨逝,年仅 14 岁的王世子李焞即位,是为肃宗(1674—1720 年在位)。新王即位不久,宋时烈即因撰进显宗"陵志文"之"误礼罪"遭到弹劾,而被流配德原。⑤ 于是,

---

① "时宋时烈为吏判,颇右其论,仍以黜陟台论之异同者,以此锡胄家深怨士类。甲寅以后,时事大变。时烈得罪最重而一番士类斥逐殆尽。"《朝鲜王朝实录·肃宗实录·卷十五》肃宗十年九月癸未条。

② 宋时烈在其著作中称:"今夫内司所有米豆之数,君上亦皆观察,此事何可言!"见(朝鲜)宋时烈:《宋子大全·附录卷十四》。

③ 孝宗时期,西人集团为了对抗传统的勋旧势力"洛党""原党",组成自己的小集团"汉党"和"山党",其中居住在汉江以北的士林称"汉党",以金堉、申冕为首,又因其大部分家在京城附近,又称"京华士族"。他们主张实行大同法,而"山党"持反对立场。

④ "初,金锡胄素怨宋时烈,乃与南人许积等深相结纳,宗室桢枏等皆仁祖王孙也,出入无时,上所爱厚,其外家为南人吴氏,故又与积等连害诸南人,谋以宗戚为内援,而逐西人换朝廷,锡胄之力为多。"见(朝鲜)李健昌著:《党议通略》显宗条。

⑤ 《朝鲜王朝实录·肃宗实录·卷二》肃宗元年正月壬申条。

许穆出任礼曹判书,南人开始掌握了人事荐举权。

肃宗五年(1679)六月,执政的南人集团因许穆弹劾许积而分裂为清南与浊南;接着,又于次年发生政权更迭,浊南领袖许积因使用宫中帷幄为其父祝贺与其庶子许坚涉嫌谋反而被赐死,遭流配的宋时烈被重新启用,出任领中枢府事,此次政权更迭史称"庚申换局"。这一年,为彰显"义礼名分",拱卫国王权威,李焞开始为被废的第6代国王端宗李弘暐伸冤正名,将被贬为庶人的李弘暐追封为鲁山大君;肃宗二十五年(1699年),又为其复位,并将其《实录》订名为《朝鲜王朝端宗实录(附录)》;同时,也给"死六臣"恢复名誉并复官。

1683年四月,重新掌控了宾厅核心地位的西人因在清算南人问题上立场不同,分裂为以宋时烈为首的老论派和以南九万为首的少论派,前者态度强硬,后者比较温和。

1688年,成婚十七年的后宫始得王子昀,肃宗喜出望外,遂不顾以宋时烈为首的老论大臣的反对,采取非常措施决定于次年春定昀名位为元子。这立刻又引发朝内与宫中一系列事件。己巳(1689)年二月,肃宗对"敢引宋哲宗事,以今日定号谓之太早"的宋时烈,予以"削夺官爵,门外黜送"①处分,随即,又借以启用南人替换西人,实行"己巳换局"。接着,仁显王后亦受到南人的攻击。四月末,肃宗下教以"性度违戾……以至语犯先臣王及先妃"之名,宣布废妃闵氏,封昀母昭仪张氏为禧嫔。六月八日,宋时烈又遭赐死。随着宋时烈的死亡,西人不分老论、少论,大部在政坛消失。肃宗十六年(1690)正月,禧嫔升格为王妃,从而在元子定号后又实现了王妃交替。随着其母扶正,李昀也被视为嫡长子;六月,又封元子为世子。就这样,肃宗实现了建储与改组政府的目标,而南人亦洗刷了"庚申换局"谋反的嫌疑,实现了对老论的政治报复。

甲戌(1694)年三月,一批不满上述施策的老论派名门弟子密谋

①《朝鲜王朝实录·肃宗实录·卷二十》肃宗十五年二月己亥条。

为废妃复位,遭到逮捕。四月二日,肃宗再次实行以少论为中心的西人取代南人的"甲戌换局";他严禁议论世子与中宫,同时又在十日后复废妃闵氏位,重将中人出身的译官张炫之堂侄女、"王妃张氏降格为嬉嫔"。① 在领议政南九万的温和政策保护下,南人中赐死或处刑者仅限闵黯、李义徵等少数官吏,但经此次打击,南人已不再是一股政治力量。

这一年,肃宗宠爱的崔淑嫔又为其生下世子弟延礽君(李昑,即英祖),五年后肃宗第六子延龄君出生。1701 年八月,继妃仁显王后死亡后,肃宗决定不再准嫔御作后妃;同时,禧嫔涉嫌诅咒行为而被赐死。是年十一月,随着世子舅张希载涉嫌诅咒王后之巫蛊事件而被处死,世子处于不确定是否会被替换的境地。掌权的少论派便充当世子的保护者。于是,老论派攻击少论派是"后宫党"。肃宗三十六年(1710)三月,领议政崔锡鼎被削职,其《礼记类编》也遭焚烧,政权再次落入老论派手中。这时,李焞深感"国家不幸,东西标榜,迩来百年,辗转沉疴……令铨衡之臣除关系名义者外,略其过而用之,有其才则举之,以尽荡平之道"②。但是,当时"荡平"举措并不具备实施条件,其管理国家事务的中央机构更加混乱。

1713 年,开始实行八道勾管堂上制,每道设一主管军务的勾管堂上官,处理本道之状启、文簿;同时设四名邑司堂各分管两道的军务。至此,备边司堂上官增至数十名,训练都监、御营大将、守御使、总戎使、禁卫大将、广州留守等官员均身兼都提调,其下有 12 名从郎厅,除一名由兵曹武备司郎厅兼任外,其他均为专任武官或武官兼任。

---

① [韩]韩永愚:《朝鲜王朝仪轨》,金宰民、孟春玲译,杭州:浙江大学出版社,2012 年,第 94 页。
② 《朝鲜王朝实录·肃宗实录·卷三十三》肃宗二十四年一月乙未条。

　　1716 年(丙申)八月,肃宗对多年争执不下的"怀尼是非"事件①做出了有利于老论派的裁决,下教命销毁少论领袖尹拯编撰的其父尹宣举的《鲁西遗稿》的书版,此事件史称"丙申处分"。老论派倾向世子交替:领议政李颐命曾于 1717 年专门为此与肃宗举行"丁酉独对",决定令世子代理听政,考验李昀,试图乘隙实行与延礽君世子交替。然而,李昀听政经受了考验。1720 年六月八日,肃宗薨,王世子昀继位,是为景宗(1720—1724 年在位)。

　　1721 年八月戊寅,司谏院正言李廷熽以"今我殿下,春秋鼎盛,尚无储嗣……方今国势岌嶪,人心涣散,尤宜念国家之大本,为宗社之至计"为由,上疏劝王建储;老论领袖领议政金昌集、左议政李健命等大臣亦皆言:"今台言既发,不可迟延,请亟赐处分。""不容一刻稍缓。"于是,景宗"允从"②,老论人物以肃宗继妃金大妃为背景多年立李昑为世弟的夙愿得以实现。但是,八月十五日一夜间仓促立储的做法,受到普遍质疑。两个月后,老论大臣又借宪纳赵圣复上疏实现世弟代理听政。③ 于是,少论开始反击,称其行为"无君不道"。于是,犹疑不决的景宗最后收回了代理听政的成命。1721—1722 年,老论虽全力与少论较量,但最终败北,酿成"辛(丑)壬(寅)疑狱",发生政局波动。辛丑年十二月六日,少论人物金一镜等 7 人上"辛丑疏",弹劾金昌集等老论四大臣不忠,致使他们遭"围篱安置";1722 年三月,老论子弟涉嫌结党弑主,包括金昌集与李颐命被赐死在内,老论官员 60 余人被杀,数十人遭到流放。

① 指西人领袖宋时烈与尹拯师徒之间相互诽谤的事件,该事件导致老少分党,因宋时烈家居德怀郡,尹拯的家在尼城郡,而史称"怀尼是非"。1669 年守卫江华岛的尹宣举死亡,其子尹拯请其老师宋时烈撰写墓志铭,尹拯见行文多有贬词而怀恨,遂通过"辛酉疑书"进行批判,致师徒成敌。
②《朝鲜王朝实录·景宗实录·卷四》景宗元年八月戊寅条。
③《朝鲜王朝实录·景宗实录·卷五》景宗元年十月丁卯条。

四、"英正时代"之"荡平"政策

在李朝后期党争不断的士林政治环境中,只有强有力的国王有能力化解其统治集团内部的矛盾,控制政局。相对而言,在几乎整个 18 世纪,英祖与正祖是两位在真正意义上曾经掌握了国家权力的国王。因此,韩国学界通常把英祖、正祖在位的时期(1724—1800年)称为"英、正时代"。①

1724 年秋,景宗薨,英祖即位(1724—1776 年在位)。1728 年三月,李昑采取果断措施出兵平定李麟佐发动的试图拥立昭显世子曾孙密丰君李坦的叛乱,显示了其治国的能力。这改变了清雍正帝此前在处理中朝间发生"追债"事件时得出的李昑"软弱无能,权移于下"②的评价,进一步改善了两国的关系。英祖受朋党政治左右的成长经历使其对之深恶痛绝,在位期间推出的"荡平"政策是其突出的历史功绩。早在景宗初年,时任宰相的少论派人物赵文命即已上书论朋党之危害,主张破朋党;同时,属老论派的领议政洪致中亦倡荡平论。于是,英祖执政伊始便于其元年正月下教论朋党之害,称其在位期间"苦心血诚,惟是荡平二字"。③ 因此。他一方面命制定《庶孽疏通节目》(丁酉节目),使庶孽也可为京官要职;另一方面,在官吏任用上尽量以老论为主,兼用少论、南人和北人,以"合用老少南北四色",并通过不断洗牌换血,强化王权。而且,鉴于"筵臣以为朋党之分,肇自铨郎,请罢其权,以消弭偏论",同时"命罢铨郎自代与主张三司通塞之规"④。1742 年,李昑还特意在成均馆入口泮水桥边竖立"荡平碑",作为对儒生的警示。不过,这些措施仍不能根绝

---

① [韩]李钟日:《英正时代的思想与文化》(《英正时代의 思想과 文化》),京畿道龙仁:龙仁大学传统文化研究所编:《丹豪文化研究》,1997 年第 2 期。
② 《清代起居注册·雍正朝》雍正五年九月五日条。
③ (朝鲜)李祘:《弘斋全书·卷十七·行录》,韩国民族文化推进会编:《韩国文集丛刊》(影印圈点本)第 262 册,汉城:韩国景仁文化社,2001 年,第 283 页。
④ (朝鲜)李重焕:《择里志·卜居总论·人心》。

党争。1677 年,英祖孙李祘继位,是为正祖(1776—1800 年在位)。

　　当代学者认为正祖"在位期间,竭力建立自己的绝对权威,并体现了儒家圣王的美德。他的理念和对'完美的'人的追求与启蒙时代欧洲君王的思想非常相似";他的政治理念可谓"实学家的人中翘楚"。[①] 他自身对党争之祸深有体验,其父庄献世子李愃(1735—1762)曾代英祖问政 13 年,后因卷入党争,1762 年闰五月在被英祖亲手钉死的柜中饿死。继位后,他设法牵制老论派,倡导不分党色任用人才,以加强王权;他废除"禁乱廛权",允许经商自由,推行"辛亥通共",设置奎章阁,亲撰御制文集《弘斋全书》(184 卷),为宣扬义理,"御定"或"命撰"书籍 150 余种,更立法限制奴婢推刷,推动废奴改革,削弱权贵势力。但是,正祖的荡平政策,也同样仅限于政府机构。正祖猝死后,老论派重新得势。然而,朋党之习,已成痼疾,积重难返。时人评论说:"辛壬(1681—1682)以来,朝廷之上,老少南三色,仇怨日深,互以逆名加之。而风声所及,下至乡曲,作一战场,不但婚娶不通,以至势不相容。异色与他色亲,则谓之失节,亦谓之投降,互相排摈,以至游士贱隶……士大夫贤愚高下之品,独行于自中一色,而不行于他色中。此色中人,为彼色所斥,则此色尤专贵之。彼色亦然。虽有弥天之罪,一为他色所攻,则无论是非曲直,群起而扶之,反作无过之人;虽有笃行隐德,非同色也,则必先审其不是处。盖党色初起甚微,因子孙守其祖先之论。二百年来,遂为牢不可破之党。老少则自西人分裂者,才四十余年,故或有兄弟叔侄间,分为老少者,色名一分者,心肠楚越。与同色相议者,至亲间不相及。至是,则无有天常彝伦矣。"[②]

　　整顿书院是当时国王推行荡平政策的必要步骤。李朝后期,书院已成为各党派培植后备队的工具,是封建割据势力的基础之一。

---

① UNESCO, *History of Humanity*, Vol. 5: *From the Sixteenth to the Eighteenth century*, p. 366.
② (朝鲜)李重焕:《择里志·卜居总论·人心》。

1746 年,为了加强中央集权,摧毁派阀势力的根基,英祖曾下令撤销了 170 多个书院祠堂,并严格禁止私立书院。但是,书院整顿成效并不大,正祖时期,全国仍有 650 座书院。

英祖还着手废除了一些酷刑。1725 年,国家宣布废除压膝刑;1732 年,废除剪刀周牢①;翌年,又废除了烙刑;1738 年,以杖穴、亦较穴、校穴等轻型刑具取代重刑具,特别严禁使用圆杖;1740 年,废除黥字刑;1744 年,改全家徙边为杖徒;1770 年,废除乱杖的刑法。废除酷刑是平息人民反封建斗争的措施,是封建社会末期朝鲜的社会进步。这种以挽救行将崩溃的封建制度为目的而施行的"仁政",是朝鲜广大劳动人民长期斗争的结果。同时,或许为了避免王位的过度竞争,1751 年,即英祖 57 岁之年,册封思悼世子长子为懿昭世孙,从而开启了李氏王朝册封世孙的惯例。朝鲜后期,王位继续大体按照嫡长子(世子)、嫡子孙(世孙)、庶独子或遇无子嗣时则变通为依同宗支子立后的顺序,较稳定地延续了李朝的王统,尽管并不符合《大明律》和《经国大典》的规定。这在一定意义上亦体现了其后期王权的弱化。

英、正时代的仁政与当时半岛所处的外部环境不无关系。随着西方文艺复兴、资产阶级革命发生和近代工业生产方式在全世界缓慢却不停留地发展,整个世界连为一体;在这种形势下,西学东渐已经成为趋势。这时,如下文所论,在古老的朝鲜半岛,资本主义生产方式也开始萌芽,而代表这种趋势的新思潮"实学"和"北学派"应运而生。而正祖亦接受了"北学派"的主张,实行"利用厚生"的政策。1783 年夏,正祖令朝臣和备边司对曾两次出使清朝的英祖、正祖两朝重臣洪良浩上疏中提出的仿清之车制、甓法、牧驴羊、禁铜器、罢帽子、肄华语等六项方策进行讨论,并拿出实施办法。②

18 世纪末,李朝的身份等级与奴婢制度也彻底动摇。李朝末期

---

① 又称"周牢",把两腿捆紧,中间插进木棒,然后剪刀似地张开,其痛难忍,为拷问农民的酷刑。
② 《朝鲜王朝实录·正祖实录·卷十六》正祖七年七月丁未条。

各种身份间的界限日趋模糊。许多良人因破产丧失土地而成为佃农、游民;一些两班在激烈的社会动荡和党争中没落,相反部分闲良和富商则变为庶民地主,也挤进两班营垒。1777年,正祖于其继位元年发布"丁酉节目",允许庶孽出身者出任低级官吏,任命李德懋、柳得恭和朴齐家等两班庶子为奎章阁检书官。为反映此一变化,1785年编撰的《大典通编》载有所谓"庶孽疏通"的条款。作为身份制度的一个等级的公奴的解放亦势在必行。处于最下层的奴婢为争取自身的解放进行了长期艰苦的斗争。为缓和矛盾,1755年规定公私婢的身贡征布各减半匹①;1774年三月,"毋论公私贱,奴婢中以女为名者,但何苟且于半匹,其贡特全减"。② 这种趋势在正祖时期得以继续:1778年,"革罢推刷官定送之规",全面停止奴婢推刷。③ 19世纪,鉴于奴婢与良人实际区别的消失,纯祖(1801—1834)元年,国内命于王宫正门前公开全部公、官奴婢案1369卷,使大约66000人升格为良人。然而,这些措施基本未触及私奴婢的地位。

与上述政绩相关联,英祖、正祖两朝为端宗和"死六臣"正名的作为是一个应该提及的历史事件。为了加强王权,正本清源,弘扬"君臣节义",1791年正祖命弘文馆和新设之奎章阁编修《庄陵配食录》。为此,"馆阁"成员查阅了大量的公家档案和私家文书,除了确定祭祀端宗的庄陵旁的正坛和别坛"配享"的人名录,即《庄陵配食录》,其收集的资料亦为编纂《庄陵志》打下了基础。这样,在正祖的支持下,此文献本着"谨慎,宛转委屈,详而不烦,简而不踈"的原则,历时5年,于1796年夏初脱稿,纯祖二年以《庄陵史补》书名刊行,全书共三册十卷,体例仿纪传体史书。此书补充了《端宗实录》未载的包括朝鲜第6代王端宗李弘暐尊为"上王"以后以及与其有关的"死六臣"的史迹。

---

①《朝鲜王朝实录·英宗实录·卷八十三》英宗三十一年二月乙巳条。
②《备边司誊录》英宗五十年三月十日。
③《朝鲜王朝实录·正祖实录·卷五》正祖二年六月丁酉条。

第二节　封建社会危机日甚，资本主义成分萌芽

一、18世纪的社会经济状况

日本发动的侵略战争给朝鲜带来的灾难非常严重，造成人员伤亡的创伤与土地的流失至几十年得不到治愈和恢复。

在壬辰抗倭战争战后百废待兴的年代，朝鲜的统治阶级依然不顾国家人民的死活，变本加厉地压榨农民，肆无忌惮兼并土地，霸占渔场和盐田，使广大人民陷入饥饿的境地。上层社会日益腐败，土地国有制度遭到破坏，派阀党争与势道政治横行，王权受到严重削弱。在社会秩序日益紊乱的情况下，国家失去了调节社会矛盾的机能，被沉重负担逼得走投无路的人民被迫揭竿而起，农民起义此起彼伏，封建政权的社会根基严重地摇动。李朝封建体制与传统的农业社会开始步入瓦解的进程。

当时，政府内需司各宫房与官衙采取"折受""立案"①等方法，继续侵占农民的耕地。他们对农民海湾围垦的耕地及烧荒开垦的山地，或直接霸占，或以所谓收买或诉讼等手段强行霸占，甚至肆意毁坏农民自己兴修的堤堰，以扩大自己的田庄。货币经济的发展，商业资本的急剧增加，两班地主与商人高利贷资本的积累，也进一步加速了土地兼并。同时，李朝政府实行的所谓"田政""军政""还政"的"三政"政策②，更加重了对农民的盘剥。农民在政府的租税和高利贷的压榨下处境更加困难，不少农户因不得不出卖自己的房产与耕地偿还债务而流离失所。

---

① 两班地主和封建官吏获得国家所分土地者为"折受"，向国家申请开垦无主荒地者称"立案"。
② "三政"是田政、军政、还政的总称。以田地面积征税曰田政；向人民征收军布曰军政；还政即还谷，原为赈恤灾民而提供的贷款，政府于春季贷给农民以粮食和种子，秋后连本加利一起收回，后来逐渐变成高利贷。

一般两班地主更常通过各种经济或超经济的手段,加强对农民的盘剥:有的租借农民土地到期不还据为己有,有的以其他名目收买与掠夺土地。18世纪以后,廉价收买破产农民土地者,商人居多。1719年前后,开城商人收买了京畿道长湍郡松西面的耕地与山场,并企图把这块土地划归开城府直接管辖,以便永远据有;他们还在京畿道其他郡与黄海道收买破产农民的土地。

土地私有化趋势使政府税收大为减少,并日益削弱着中央政权的权力。1730年,为摆脱混乱不堪的土地制度,控制大土地私有化,英祖令重新强力推行《经国大典》,1744年又编制《续大典》,并于1764年刊行公布于世。《经国大典》与《续大典》是李朝的基本法典,《续大典》关于田制的规定,是对《经国大典》的修改与补充,是控制土地私有化的法律措施,它们是国家试图控制土地私有化的各项措施的"法律总汇"。①

尽管如此,法典并不能得到贯彻。如《续大典》原典规定"凡一结收税四斗,三手米二二升",而续典规定田税平安道旱田收税六分黄豆、四分田米;江边七邑及平壤府依前减三分之一,其余邑则田一结田米五升六合八勺,豆一斗七升;畲一结糙米三斗三升四勺;田三税②中的三手米,京畿、西、北道无,三南减一斗,一石三匹。③但是,由于田政紊乱和舞弊,官府可任意增加税收,基本税额竟增加数倍,附加税更多。农民在缴纳田税与各种附加税之后,还得保证所缴纳的物品安全运到京城,如有损耗还要补缴。同样,"查陈"(查定是否是耕地)和"给灾"(审查灾情程度以决定减免税额)本来为扶民措施,但具体执行时,舞弊现象十分严重。

作为传统农业国家,为医治战争创伤,政府在制度方面规制遭

---

① [朝]安文九、宇世英(양문수、우세영)编:《朝鲜书志学概观》(《조선서지학간관》),第126—127页。
② 大同米与以养兵名义征收的所谓炮手、射手、杀手之"三手米"、五结收布统称之为田三税。
③ 《大典会通·卷二·户典·收税》。

到破坏的生产关系的同时,亦在整理土地关系、改善农业设施方面予以关注。1635年春,仁祖政府先后于庆尚左道和全罗左道实施量田。结果,至1639年底发现三南熟地面积减至514967结。1649年六月,新王孝宗令诸道监司"革罢冒占之地"①。这样,全国在册的土地明显增加。1719年,经丈量登入田籍的土地为1395000余结,其中纳税土地超过80万结。如果加上未登记者,其田结会更多。全国的耕地面积亦相应日见扩大,经济状况有所改善。

同时,开垦荒山扩大旱田、恢复和发展水利设施、改旱田为水田等农田建设,对发展农业生产也起了很大作用。1662年,显宗"复置"堤堰司,"勾管各道堤堰"②。于是,西部海岸地带的盐碱地修筑了很多的堤洑,全州、益山等地水田面积增加。此后,中止了此前各宫房、官衙与军门机构的宫房田与屯田的扩大,相当一部分是靠毁堤堰实现的。1731年,堰堤司划归备边司以加强勾管堤堰的力度③;备边司责令各道调查道内水库的失修情况,予以修复。1799年,以"开筑易力者,各从民愿、便宜设施"为原则,修复和兴建的水利设施计有:全州新堤三库、新洑二库,顺天旧洑六库、新洑一库,旧堰七库、新堰一库,泰仁新洑二库,龙安新洑一库,仁实新洑二库,咸悦新洑七库,锦山旧堤一库,谷城旧堤三库,灵光旧堤七库。④ 这种农田基本建设,有的是国家行为,有的出自商人之手。如肃宗三十九年(1713),汉城商人曾企图拦截江原道的昭阳江上游,开垦水田。到18世纪末叶,用于灌溉农田的大水库有洪州的合德堤、咸昌的恭俭池、金堤的碧骨堤与延安的献大池等。这个时期,见于记载的堤堰有3529个,拦河坝2265个。这些水利灌溉设施,对发展高产的水稻种植发挥了很大的作用。

① 《朝鲜王朝实录·孝宗实录·卷一》孝宗即位年六月戊戌条。
② (朝鲜)徐荣辅:《万机要览·财用篇·五》。
③ 参考《朝鲜王朝实录·英宗实录·卷二十九》英宗七年五月丙子条。
④ 《日省录》正宗二十三年三月月二十六日条。

　　具有商业价值的经济作物的种植和发展对于半岛经济发展具有重要意义。首先,这个时期的棉花种植得到普及,忠清道沃川等地甚至出现了很多种植棉花的专业户。另外,烟草、辣椒、角瓜、人参等经济作物的种植也已相当广泛,甚至在江原道与咸镜道山区也推广人参栽培;朝鲜领有江界地区后,那里的人参产量又有增多,且成为其对外贸易和进贡的主要类别之一。

　　高丽参是输出的重要商品,开城、庆尚道、全罗道、忠清道等地区均广泛栽种人参,产量逐年增加。开城地区出现了众多以出售为目的的栽种人参的农户。另外,烟草也有一部分用于出售。1732年副承旨李龟休报告说,30年前他曾在全罗道看到烟草还种在篱笆下的空地上,而1730年他再到全罗道时,发现烟草种在良田里,长水、镇安一带地里都种植着烟草,甚至已普及到一些岛屿。18世纪后半期,平安道、黄海道等地也广泛地种植烟草。当地称烟草为"南草",味道美好,售价能比一般作物贵一倍。司仆提调李秉模惊呼:"膏沃之土,尽种南草,西路尤甚,此最可惜!"①经济作物种植的发展,开始从根本上动摇其封建社会自给自足的自然经济基础。

　　农业生产的恢复和发展带来了手工业和采矿业的发展。1605年宣布矿业实行"许民采取,官家收税"②政策,是朝鲜经济发生结构性变化的重要标志。17世纪下半叶,采矿业,特别是金银矿的发展十分突出。1651年,政府决定在坡州、交河、谷山、春川、公州六地开设银店,"募民许采,使之收税"③。"坡州之银地近而品好,封为官采,其他……采银处,采银官……使往察开穴,令民输税采用"④。1769年,银店遍于诸道,"以岭南言之,前后设店,殆至六七邑"。⑤此时,铅、铜与硫黄诸矿亦有长足发展。

---

①《朝鲜王朝实录·正宗实录·卷四十七》正宗二十一年七月乙亥条。
②《大东野乘·卷之七十一》。
③(朝鲜)徐荣辅:《万机要览·财用编四》金银铜铅条。
④《增补文献备考·卷一百六十一》。
⑤《朝鲜王朝实录·英宗实录·卷一百十三》英宗四十五年十二月己酉朔壬申条。

　　这个时期的手工业结构发生巨大变化。壬辰、丁酉抗倭战争后,登记朝鲜工匠的成籍制已经难以为继。战后人口流动很大,户籍长期与人口不符的现象在工匠中也普遍存在。据官方记载,1746年以前拥有京匠的司赡寺、典舰司、昭格署、司酝署、归厚署等机构已经撤销①,仍保留的有内资寺、司导寺、礼宾寺、济用监、典设司、掌苑署、司圃署、养贤库、图画署等10个官衙,其工匠定员为242名,而这时这些机构竟连一名工匠也没有了。至于其他各司的"工匠成籍"亦时有时无(或虚名)②。相反,地方的工匠数量却有了明显增加。据统计,18世纪中叶,京外工匠的总数已超过10万名。总的趋势是,整个官厅手工业已明显衰落,即使还在维持的官营手工业部门,大都不得不吸收私商的资金来维持生产。但是,这并不意味中央官营手工业的重要性消失,其中某些部门甚至还有所增强。武器制造在18世纪初的官营手工业中占有重要地位。当时,制造出了一些新的武器。如肃宗三十六年(1710),安鼎基制造出一种敏捷而坚固的兵车③,还造出背鬼甲与双刃朴刀,据说其背鬼甲能迷惑敌军,令其分辨不出身着此甲的兵士前后身;除传统的龟船外,更造出体小而轻疾的"海鹘船"④、深海与浅水皆宜的疾如飞梭的"飞船"⑤。兵器方面有"佛狼机"、铜炮、红夷大炮等先进的"鸟枪与大炮";1731年,有"新备铜炮五十,红夷炮二,所载车五十二辆,而铜炮行丸为二千余步,红夷炮行丸为十余里"⑥。同时,制造火药的工艺亦有提高。

　　官营工匠生产的宫中用品具有很高的工艺水平。如瓷器(司瓮院)与四色大缎(尚衣院)等。造纸署的纸张很出名。当时,各寺院

① 见《大典通编》吏典寺、司、署续典部分。
② 朝鲜科学院历史研究所:《朝鲜通史》上,吉林省哲学社会科学研究所译,长春:吉林人民出版社,1975年,第467页。
③《朝鲜王朝实录·肃宗实录·卷四十九》肃宗三十六年庚寅十月辛未与十二月丁巳条。
④《朝鲜王朝实录·英宗实录·卷五十二》英宗十六年闰六月丁巳条。
⑤《朝鲜王朝实录·英宗实录·卷九十五》英宗三十六年正月戊辰条。
⑥《朝鲜王朝实录·英宗实录·卷三十》英宗七年九月辛巳条。

也生产各类高质量的纸张。朝鲜生产的纸张还大量输出到古代中国，颇受中国人珍惜，爱称其为"高丽纸"。

造纸业的发展促进了出版事业的巨大进步。1434 年铸甲寅字行三百年，"岁久寝刊"，故 18 世纪末叶，曾多次改铸①，以不同字体出版了许多的书籍。1795 年十一月至翌年三月，用 140 斤鍮铁、600斤铸铁、250 斤铸鍮，以 1792 年的生生字为本，铸造出大小汉字活字30 万余，名曰"整理字"。② 规范化的整理字问世，极大地促进了出版事业的发展。

商品流通与商业贸易也随农业与手工业的发展而活跃繁荣起来。同时，田税改革也刺激了全国商业的发展。那时从事商业活动者由三部分人组成，即贡人、私商和市廛人。贡人原系为官厅筹措贡物（各种消费品）者，他们随贡纳制的废除而产生，虽然具有御用性质，但他们首先是商人，所以与以前的防纳者（官府收取贡物的代理人）根本不同。私商此时已活跃于全国位于水旱交通要道的市镇。"京江商人"主要活动于以汉城为中心的汉江流域，从事米谷、盐类和鱼虾贸易，也经营船舶运输流通；"松商"出身于开城地区，他们的活动区域与经营的门类更加广泛，黄海道、平安道、京畿道、忠清道和庆尚道，到处都设有称为"松房"的商店，人参贸易完全控制在松商手中。首都汉城的市廛商人是拥有特定商品专卖权的垄断商人，他们利用禁止乱廛的特权控制着国家的手工业。上述三种商人是当时从事商业活动的主体，通称为"都贾商人"。此外，还有大量从事零售贸易的行商，即包布帛类的褓商和背负陶瓷器皿的负商，又称"褓负商"，他们收购来自边远地区的土特产品，串行于各市

---

① 18 世纪英宗朝以甲寅字为本，使芸阁铸 15 万字，是为壬辰（1772）字；正宗即位年，复以甲寅字为本，铸字 15 万，是为丁酉（1777）字；又于壬寅年（1782）以本朝人韩构书为字本铸 8 万字，是为壬寅字；但是，其前后所铸铸字铜体不一，印刷动费时日。壬子年（1792）以中国四库全书聚珍式，取康熙字典字本，木用黄杨，刻成大小 32 万字，名曰生生字。

②《日省录》正宗二十年三月十七日条。

集,走乡串户,活跃经济,是国家经济生活的重要补充。壬辰年间,宣祖"播迁龙潭湾",褓负商"负输兵饷",王因以下诏褒奖之。自是,其党愈繁,成群结队,恣行不法,以至于成为统治阶级的工具。

集市,又称"乡市",也在封建政权的控制下逐渐发展起来。17世纪,集市已遍布全国。[①] 至肃宗时期政府最终废止了禁市令,改而承认集市并征收集市税,以补充地方财政收入。集市一般为五日一市;一郡平均有 5 个集市。每逢集日,市场热闹非凡,不仅邻近居民去集市交易农副产品,而且各种商贾也赶赴贸易。规模较大的已开始发展成为常设的市场。这类市场有从事委托、运输、保存(仓库)、旅宿业的客主、旅阁和介绍买卖的经济人,有专门过斗、称斤收取佣金的"监考"和高利贷者。

二、实行大同法,资本主义生产关系萌芽

"大同法",亦称"宣惠法",是一种战后新近推行的田税制度,即把以往以土特产征收贡赋的制度改为征收大米或布匹的制度,"统而名之,曰大同"[②],称"大同法"。

早在中宗朝(1506—1544),文正公赵光祖就提出过改贡之案;宣祖朝文成公李珥曾请行收米之法;壬辰后,右议政柳成龙亦言收米之便,但事皆未就。1608 年,左议政李元翼采纳户曹参议韩百谦的建议,在中央设立专门机构"宣惠厅",开始在京畿道试行"大同法"。

韩百谦拟定的"大同法"是在柳成龙收米法的基础上发展而来的。柳氏法规定每结土地征收大米 2 斗,不论距离如何,各道均将税米运至京城;韩百谦对此做了修改,规定山区各邑以棉布代替大米,以利运输,以前缴纳的常贡、难以缴纳的进上品(贡品)与杂役亦一概

---

① 据徐荣辅《万机要览·财用编五》统计,17 世纪朝鲜全国有乡市 1077 处。
② (朝鲜)徐荣辅:《万机要览·财用编三·大同作贡》。

以米代替。以上各项统称"大同米"。此制先于京畿道试行。京畿道的大同米，田每结征收 16 斗，分春、秋两季缴纳，每季各半，其中 10 斗拨给宣惠厅作为宫房和各司的费用，其余 6 斗归地方官府使用。

鉴于京畿道大同法试行效益显著，1623 年，领议政李元翼建议政府加以推广。于是，江原、忠清和全罗各道同时设立大同厅推行大同法。但是，直至翌年，只有江原道实行，较富庶的庆尚、全罗与忠清诸道阻力大，很长时间未能实行。1650 年，忠清道开始实行大同法，税额每结为 10 斗；1658 年，全罗道沿海地区的 27 个邑实行大同法；1660 年，全罗道山区的 26 个邑也实行了大同法，全罗道的税额规定每结田征收 13 斗米，山区各郡按 6 斗 5 升米折合一匹布的"作木"①比率，缴纳 2 匹棉布，后来又按市价把棉布 1 匹折米 8 斗；1677 年，庆尚道开始实行，每结田收税米 13 斗。1708 年，黄海道仿大同法制定"详定法"，每结田除征收 12 斗大同米外，另征 3 斗"别收米"，归户曹管理。至此，朝鲜八道除平安、咸镜两道系新领有地区外，其余六道都实行了大同法。②

大同法的实行，前后历经百年，遭遇许多官吏与大土地所有者的极力反对与破坏。大同法按土地结数征税，不利于占有大量耕地的官僚与地主，也不利于中间剥削的"防纳人"。因此，各地的官吏与富豪屡屡制造各种障碍破坏大同法的实行。当然，土地丈量进展缓慢、不及时以及当时布匹的价格不统一，也在很大程度上拖延了大同法的实行。同时，17 世纪前半期，手工业与货币经济还不够发展，也限制了大同法的实行。

实行大同法，是把"土贡"变成了"京贡"。土贡指以徭贡的形式收缴的农民的土特产，而取而代之的是农民向京贡主人上交与贡品价格相同的大同米，贡人购买国家"祭享、御贡及诸般经用之需，余

① 所谓"作木"系指农民纳田税时以土布和麻布代替米、豆的作法。
② （朝鲜）徐荣辅：《万机要览·财用编三》。

则储置各邑,以备公用之需"①。大同法的实行,减少了防纳人的中间盘剥,一定程度上减轻了农民的负担,农民不再需要到远处去置办贡物,对农民有利。大同法的实施也增加了政府的财政收入,一定程度上缓解了财政危机。据记载,1663年,全罗道大同米一结秋纳7斗,春纳6斗,自当年十月至次年九月,该道田190855结,除复户21084结,实结169771结;每结收13斗,共缴纳大同米147134石,上纳者61280石,留置本道者85916石,以备中外需用;宣惠厅属于中央各部署经费者通计56889石,本道作为地方正常经费实用者通计37732石,结余48184石。②

　　大同法促进了商品流通与手工业的发展。1631年春,定货币价值以棉布衡量;是年冬十一月,铜钱开始流通。但是,钱币供给不能满足市场需要,致使汉城市场出现钱荒。用银交换始于壬辰抗倭战争期间明军的银两供应。但是,这仅局限于汉城,加上明政府免去朝鲜的银贡也影响了朝鲜的银矿的开发,使银两流通滞后,不能满足市场的需要。

　　朝鲜的银两基本上是用与古代中国的朝贡贸易获得的丝织品于倭馆和日本商人交换而来,是进口丁银,即对马藩铸币厂铸造的品位80％含银量的庆长银。③鉴于作为传统市场交换手段的粗木(粗布)短缺,1678年初,肃宗命令户部、常平厅、赈恤厅等机关以银一两兑换四百钱的比率铸常平通宝;次年,为解决铸币原料的短缺,依据试行的状况和备边司的建议,肃宗裁决以银一两兑换二百钱的比率正式推行④;之后又经过调整兑换比率,使货币得以顺畅流通。为满足市场对货币的需求,朝鲜必须从日本进口铜货和从民间收集

① (朝鲜)徐荣辅:《万机要览·财用编三·大同作贡》。
②《朝鲜王朝实录·显宗改修实录·卷八》显宗四年三月庚辰条。
③ 1695年,幕府为增加货币供应量,改铸成色64％的元禄银,此后又有1706年的成色50％宝永通宝、成色40％的永字银,直到1712年正德银和两年后的亨宝银才恢复原来的成色。
④《备边司誊录》肃宗五年二月三日条。

黄铜餐具，并实行货币"公定化"政策。《续大典》"国币"条明文规定："丁银一两，代用钱文二两，低仰[抑]者，官吏入启论罪。小民杖一百定罪。"①

由于大同米流入市场，商品交换开始活跃。各级衙门将大同米交给贡人，让他们到市场上购进宫房与各部需要的手工业品等，这就刺激了市场的发展。孝宗二年(1651)左议政金堉建议征收大同米时，其一部分可用铜钱代替。② 随后，其他各道也改收铜钱。到18世纪初，京畿道部分郡县的大同米已全部用铜钱代收。

在国内市场与东亚贸易中，李朝已经逐步以白银作为决算手段。壬辰抗倭战争中，由于明朝在军事与经济上援助朝鲜，白银从明朝大量流入朝鲜，从而活跃了它的商品货币关系。仁祖初年，朝鲜首次铸造了1100余贯的铜钱，但不久即罢，未得流通。1633年，又恢复被战争中断的铸币。于是，常平厅始设铸钱所铸造铜钱，禁止私铸。如前所云，朝鲜初，虽"亦自产铜，而不知吹炼之法，公私所需，专用倭铜。英宗辛酉(1741)始采遂安、宁越铜，其后，又采报恩、安边铜，而其所吹炼终不如倭铜"③。因此，为铸造货币，朝鲜每年都要进口数万斤的"倭铜"。1785年，户曹铸钱时参用江原道安边之永丰铜。自是以后，此铜与倭铜混合连年用于铸钱。

17世纪70年代后，铜币已在全国广泛流通。当时，李朝政府征收租税以及奴婢的部分身贡和赎金也使用铜钱。政府还在八道直通京城的大路沿途各邑开设官营店铺，允许商人开设私营店铺与钱市，规定集市使用铜钱买卖。铜币在全国的广泛流通，需要以法律的形式加以肯定。于是，定当时流通的"钱文曰常平通宝，一文重二钱五分，百文为两，十两为贯"④。1678年四月一日，"户曹、常平厅、

---

① 《大典会通·卷二·户典·国币》。
② 《朝鲜王朝实录·孝宗实录·卷九》孝宗三年十一月壬申条。
③ (朝鲜)徐荣辅：《万机要览·财用编四》。
④ (朝鲜)徐荣辅：《万机要览·财用编四》。

赈恤厅、御营厅、训练都监铸常平通宝,定以钱四百文,直银一两,行
于市"①。为满足市场流通对铜币数量的需要,除中央机关外,也允
许平安监营②、庆尚监营、全罗道营与开城留守厅等地方机构铸造铜
币。从此,汉城、全州、安东、公州、开城、海州、水原等手工业与商业
中心城市都有了铸造铜钱的机关。

1668 年,朝鲜庆尚道密阳铜矿的开采与"吹炼"③,对解决铜币
铸造原料奇缺有重要意义。17 世纪末叶,铜币与银币一起开始扎根
于朝鲜社会之中。但是,这时在金属货币中,白银仍居第一位,直到
18 世纪铜钱在金属货币中才占主导地位。

进入 18 世纪后半期,朝鲜的社会生产关系已出现部分变化,许
多经济领域中出现了资本主义的萌芽。首先,"大同法"的推行与货
币经济的发展,使得在 18 世纪末手工业出现两个明显变化,即减轻
沉重的税收负担和废除工匠案。1785 年,《大典通编》最后确定废除
"工匠成籍",手工业者从此正式从王室、政府各司中解放出来,成为
独立的劳动者。汉城带有行会性质的契和廛开始经营手工业,例
如,棉绸廛供应政府的唐丝织造者,是被雇用的脱离匠籍的织布工
匠,他们已不再是昔日政府登记下的"成籍"匠贡人,已变成了资本
的雇用者。

同时,官营手工业作坊的经营方式也有许多新的变化。例如铸
币业,随着国内市场的商品货币经济的发展,社会对货币,即当时流
通的"常平通宝"需求的增长,使官厅经营的铸币事业有了很大的发
展,这些铸币场所,表面看依然如故,实际上其经营方式已经发生许
多改变。正祖初年前后,汉城的官营铸钱所拥有 50 座冶炼炉,每一
座炉配有 21 名工匠,以此算来,汉城铸钱所共有 1050 名工匠,他们
在"都边手"(工头)的指挥下从事铸币活动。由于货币需求大,设备

①《朝鲜王朝实录·肃宗实录·卷七》肃宗四年一月乙未条。
② 各道观察使衙门称监营。
③《朝鲜王朝实录·显宗改修实录·卷十九》显宗九年四月乙酉条。

比较简陋,仅靠本身的力量已经无法备足铸币所需的铜与木炭等燃料,政府不得不吸收商人资本。政府储存在南仓的 2000 称①倭铜,不能铸出所要铸的货币,于是要求商人朴象集提供铜 1000 称,含锡 1800 称,常镴 1400 称,共同从事铸币事业。由于大部分原料是商人购入的,所以全部原料都由他分配给炉工;铸币所需要的木炭,则由大商人吴汉柱供应,其总价值高达 30200 两白银。

这种官营铸币所,政府与商人在向工匠支付少量的朔布②与馈杂费后,分享所有的利润,名义上虽称官铸,而实际经营者是商人;以 6 日为期,官铸只铸 5 日,1 日为"挟铸",由工匠自己铸造,与政府无关。工匠得到 1 日铸币权,借用商人的资金与物资,铸造常平通宝,以其所得为自己的工资。这个时期,官营铸钱所的工匠的社会身份比较复杂,他们虽然尚未从封建的隶属关系中脱离出来,但也不是纯粹农奴式的工匠;他们与封建国家虽系农奴式的隶属的关系,但又与私商之间形成了一种新的雇佣关系。私铸中的雇佣劳动关系则具有某种发展程度更高的资本主义形态。

18 世纪后半期,矿业部门也出现了资本主义萌芽。政府的"设店收税"政策实际上是官办矿山的衰退、商人"潜采"日多而以往的抑制政策不能奏效的结果,它客观上推动了采矿部门经济结构和经营方式的变化。政府使差往察开穴,令民输税采用,富商大贾便竞相出钱出物,招募工人,而无地农民也乐于充当"店民"。"店民"亦称"店军",是雇佣工人。

端川地区的金矿与其他矿山,大体是按上述办法经营的。资料显示,每个矿山都有很多工人,有的几百,多者上千,他们在矿山主的指挥下劳动。大约在 1799 年,黄海道多芬洞矿山有 700 栋工人宿舍;夏季农忙季节,即使大半工人回家,矿山也还有 1500 名工人。

---

① 一炉一天所需的铜、亚铅、常镴数量叫作"称"。
② 所谓朔布,即指李朝给工匠的月工资。

新出现的矿山居住区,形成一个个小市镇,那里"坐贾行商,成市交易,日用百物,无不赢止"①。此外,成川、熙川、遂安、谷川、端川、永兴等地的金矿,许多都是商人出资开采的。铁矿业的情形也是如此。在洪川的铁矿,最初铁匠就地加工铁器,一部分缴纳税金,余下的投入市场出售。商贾出资收购铁矿后,铁匠变成了商人雇佣的师傅,铁器生产名声远扬。定州纳清的鍮器手工业与其他商业资本结合,经营形式也有新的变化。1850年,地主兼商人朴照明经营的鍮器手工业作坊有11名工人,其鍮器生产有三个工序:铸、轧制和切削。朴照明所用的原材料铜是甲山古津洞矿生产的,铅是从中国或日本进口的。他与工人只有签订的契约,没有其他身份上的隶属关系。

进入19世纪,随着"大同法"的推广与农业、手工业、矿业和商业经营方式的进步,朝鲜的国内经济和对外贸易都有很大发展,以汉阳为中心的一系列城市成长了起来。正祖、宪宗时期的农政家徐有榘写道:当时"富商大贾,南通倭国,北通中国,积年灌输天下之物,或至累百万者,惟汉阳多有之,次者开城,又次之岭南之东莱、密阳,关西之义州、安州、平壤"②。朴齐家之《城市全图诗》则唱道:"君不见汉阳宫阙天中起,缭以层城四十里。"六曹、五部、七门、三营等官衙"高临"道傍,"耸出"邻里,"左庙右社",宏伟壮观;"戢戢瓦鳞四万户","梨岘、钟街及七牌,是为都城三大市。百工居业人摩肩,万货趋利车连轨"。廛、契店面,鳞次栉比,"凤凰绒帽、燕京丝,北关麻布、韩山苧。米菽禾黍粟稷麦,梗楠褚漆松梧梓。菽蒜姜葱薤芥蕈,葡萄枣栗橘梨柿"③,各种货物应有尽有。

朝鲜资本主义萌芽的出现与成长,表明朝鲜从18世纪已经开

---

① 《备边司誊录》高宗三年十月条。
② (朝鲜)徐有榘:《林园十九志·卷百十·倪圭志·卷二·货殖贸迁》,转引自[韩]李佑成:《韩国的历史肖像》,第26页注3。
③ (朝鲜)朴齐家:《贞蕤诗集·卷三·城市全图诗》。

始缓慢地朝着近代资本主义社会方向迈进。但是,这种过渡十分艰难、曲折。以采矿业为例,由于许民采矿设店,且"此皆设置于深山巨谷之中,而掘凿,全山殆似蜂窝,寸草不莩,浑成赭山"。经右议政俞拓基筵启,1740 年严加控制"新设银铅店"。① 1775 年,银店已减为 23 家,至 1807 年(纯祖七年)竟只有成川店、安东店、云波店三家,且产量也明显减少。例如,云波店以纳税银计算,1764 年产量为 15000 两,而 1807 年仅有 140 两。银店被认为"有害无利",处于被"革罢"状态的同时,对金矿采掘的控制则有所缓和,并有增设的趋势。政府"命诸道产金最盛处,设店收税"②。出于铸币的需求,1750 年朝廷认为铜矿属"实民国俱利之事",亦允"设店采用"。③ 但是,由于商品经济的引力,不仅是官方容许的金矿,即使遭禁的其他矿山也"潜采"屡禁不止。④ 同时,利益的驱使,使官商勾结日甚,以至"牟利之辈,图得京司关文,往嘱营邑,到处设采"⑤。而"三政之弊"发酵导致的大量农民的破产,则为新兴业主提供了源源不断的人力资源。于是,至哲宗时期竟形成矿业"一店才开,八方坌集,每矿所聚,殆过于几千人之多矣"⑥的情景。

三、18—19 世纪初的农民战争

17 世纪以来各宫房、宫厅与两班地主农庄无限度扩张,国有土地制度遭到破坏,大土地私有化进程加快,而商品货币经济的发展又导致封建的自然经济日趋解体。所有这些造成了农村阶级分化的加强,大批农民破产。

丧失土地的农民绝大部分沦为佃农,他们除向地主缴纳收成半

---

① 《增补文献备考·卷一百六十》。
② 《增补文献备考·卷一百六十》。
③ 《增补文献备考·卷一百六十》。
④ 《备边司誊录》纯祖六年十二月十日条。
⑤ 《备边司誊录》纯祖三十二年十二月十九日条。
⑥ 《日省录》哲宗九年二月三日条。

数以上的田租外,还要承担封建政府加于他们的各种负担。政府对农民的剥削十分沉重,诸如三手米、大同米、五结布等名目繁多的田税,都压在广大农民的身上。贡物仍然是农民的沉重负担,政府在大同米实行的地方又以"供上""进上"等名目掠夺各地的特产,搜刮民脂民膏。贡物有时征收如"雉鸡"、烧柴、酒类等实物,有时以其折价充当地方官衙的费用,以致出现一只"雉鸡"折收棉布一匹的天价。如逢灾年,农民则更加痛苦,往往全家饥饿而死,所谓十室九空①的惨况并不是夸张。显宗末年,被称作朝鲜谷仓的三南地区,发生旱灾、水灾、虫灾、冷灾,以及人、畜传染病等"七灾",加上冬季的"酷寒"之八祸,以至饿殍遍野,尸骨掩路②,出现饥民为了御寒竟然掘墓盗棺内"敛衣"③的惨状。显宗十一年(1670)至十二年饥民死亡者竟达 100 万;而据 1696 年的统计,仅庆尚道的饥民就有 56 万,死者达数万人。④

从 17 世纪上半叶起,各地人民纷纷起义。反抗首先在遭受战争创伤的全罗、忠清、庆尚等三南地区爆发,接着京畿、黄海、平安等道也举行起义。1660 年,忠清道忠州人民举行反抗斗争,黄海道安岳、信川等郡的人民也爆发了反抗斗争。1667 年,江原道狼川人民举行起义,农民乘夜"放炮"袭击官吏住宅。翌年,黄海道平川农民为反对宫房地主量田举行起义。1671 年,李光成领导的起义是这个时期最重要事件之一。李光成与其弟率 50 名农民首先在全罗道金山郡暴动。附近农民纷纷来投,队伍迅速扩大,并一举攻下龙潭,夺取武库,用武器武装了农民队伍,声威大震。不久,李光成由于叛徒出卖被捕入狱,后遭杀害。但是,起义军余部仍然坚持斗争,他们处决叛徒,向金山发动猛烈进攻,驱逐了郡守,其领袖牺牲后斗争又坚

① 《朝鲜王朝实录·肃宗实录·卷三十一》肃宗二十三年七月甲辰条。
② 《朝鲜王朝实录·显宗实录·卷十八》显宗十一年八月甲午条全罗监司吴始寿报告。
③ 《朝鲜王朝实录·显宗改修实录·卷二十三》显宗十二年元月癸亥条。
④ 《朝鲜王朝实录·肃宗实录·卷三十》肃宗二十二年三月条。

持了数月才被扑灭。

进入 18 世纪后,农民为反抗封建剥削的斗争更加激烈,起义连年不断。1703 年,忠清道天安、京畿道抱川、黄海道瑞兴等地先后发生农民起义;1708 年,全罗道长兴地区的农民举行暴动;1710 年,全罗道卢岭附近 10 多邑的流民举行武装反抗。连绵不断的农民斗争,终于在 1721 年转化为全国性的农民起义。据记载,是年四月,黄海道瑞兴郡和安岳郡的农民举行起义,组建了一支用鸟枪和马匹武装的机动骑兵;至五、六月份时,起义军已经遍布全国。但是,这些起义还未能来得及连成一片便被政府分别镇压下去。不久,起义又在其他地区爆发、延续,并于 18 世纪三四十年代发展为大规模的武装起义。

英祖三年(1727)八月,农民起义遍及全罗道各地:先是,边山半岛和灵岩月出山爆发流民武装起义;接着骊州、利川等地的农民也组成起义军。上述起义刚刚被扑灭,1733 年十一月,全罗道沿海地区又爆发了大规模的农民起义;同时,珍岛与罗州辖下的几个大岛的起义军发展迅速,不久完全控制了所在的地区。起义军能铸造货币,同走私船发展贸易,在流放到当地的"罪犯"的支持下,迅速成长为一支控制南部海域的强大力量,一度使朝鲜南海的海运陷入瘫痪。1734 年,朝鲜饥荒蔓延,据官方不完全统计,全国有饥民 71900人。在这种形势下,18 世纪三十年代末,北部地区的农民斗争进入高潮。1738 年初,平安道三登县用鸟枪武装起来的流民,袭击了储藏对清进贡贡品的"勒需库",令双方政府震惊。1741 年正月,平安道农民举行起义,其活动范围扩大到咸镜道;四月,黄海道与江原道等地也爆发了大规模的农民起义,以池龙骨为首的农民起义军规模迅速扩大,其兵力分作数个兵团,与政府军作战,进攻汉城者称"后西江团",进攻平壤者称"废四郡团",以艺人为主体的兵团叫"彩团"。这些军团灵活机动,不断袭击各地的官僚与富豪,威胁京城与西京等重镇,给李朝政府以严重震慑。

19 世纪初,朝鲜社会状况更加恶化。纯宗时期左议政金载瓒对时局做如下描述:"今日纪纲可谓无法之国,国而无法,何以为国乎!百变层生,都下尤甚,而小民则有死而已。至于称以班族,勒捧民债,即都民莫可支之弊也。盖缔结无赖伪作债券,私捉富民,胁徵巨贷,法外酷剥,百毒备至。或纵劫掠,或幽囚督捧,平民一入此地,间多瘐毙,莫不荡产。以致五部之内人不自保。"①于是,农民持续不断举行起义,这发展为以平安道为主要舞台、由洪景来(1780—1812)领导的农民战争。洪景来出身于平安道龙冈郡多美面细洞花庄谷的农民家庭,幼年勤于工读,才华横溢,并习武功。深秋的一日,做完功课,练完剑术,已是深夜,他触景生情,便赋诗吟道:

> 月将众星阵碧空,
> 风驱木叶战秋山。②

1801 年,当豪情满怀的 19 岁青年洪景来参加科举因西北人出身而落榜时,突然醒悟,便愤然离家,浪迹天涯,准备起事。他首先成功地联合了禹君则、李禧著、金昌始等地方势力。禹君则出身泰川,后移居嘉山多福洞,曾从事红参贸易与"募人采金"③,对社会有透彻的了解;金昌始是文才出众的儒学家,郭山的进士,富有谋略;李禧著出身于嘉山驿史,是破产的富豪,他本人与各姻亲均系当地有影响的校生和富商大贾。洪景来想通过他们把当地政治上受排斥的土著绅士、下级官吏和商人吸收到斗争中来,以便从中获得物质上的帮助。于是,通过秘密结社,他们形成组织起义的指挥中心,然后联络平安道与黄海道一带有影响的 30 余名骨干人员,其中有泰川的金士用、郭山的洪总角、价川的李济初等。

---

① 《日省录》纯宗十一年十月五日条。
② 朝鲜金日成综合大学历史研究所编:《朝鲜名人传》(《조선의 명인!》),平壤:朝鲜科学院出版社,1962 年,第 644 页。
③ 《关西平乱录·卷五》壬申(1812)年二月八日条。

起初,洪景来是在经营矿山的名义下"以金店聚党"①,以嘉山郡多福洞与薪岛为根据地,组织和训练农民军,从参与起事的商人那里得到了大量的物资支援,其中包括现款、枪、军粮、弹药、旗帜、腰带、军装、华服及其他军需品。平安道有许多富商大贾从事国内外贸易、经营鍮器与矿山,对政府严格限制国内外贸易与严禁私人开矿的政策极为不满;特别是李朝实行歧视西北人的政策,当地的守令多数是南三道的两班,当地土豪在政治上受到排斥,因而与农民在斗争目标上有相同点。正如佚名作者的《洪景来传》所言:"今戚里专横,国政腐乱,天灾地妖,岁饥民困,朝廷无救济之意。况我西土之人,小人困于唆膏,君子无路登用,此正奋起之时。"于是,在反对地方官长的斗争中,农民与土著地主、胥吏、商人暂时站在一起,形成大联合。

农民战争的准备工作进行得十分隐秘,起事前在多福洞已经组成了一支训练有素的一千多人的农民军,并秘密选派其中的优秀人员潜入平壤、安州等地,策应总起义的爆发。1811 年,朝鲜发生了前所罕有的饥荒,是年二月初谷山府朴大成等数百人冲击官府、砸碎监狱的事件,吹响了平安道总起义的号角。十二月十八日深夜,以洪景来为平西大元帅,金士用为副元帅,禹君则为先生(即总参谋),李禧著为都总管,金昌始为谋士"幕祝",洪总角与李济初为先锋将,尹厚俭为后军将的农民军宣布举行总起义。农民军首先袭击嘉山邑城,占领郡厅,处死郡守郑着;十九日,同洪景来早有联系的崔尔仑、郑振乔等在定州响应,起义军袭击了监狱,砸开了牢门;二十日,起义军占领了博川;郭山也起而响应;在当地人民的支持下,龙川也落入农民军之手。于是,到二十八日为止,农民军已占领了清川江以北的嘉山、定州、宣川、泰川、铁山、龙川等广大地区,部队也发展到数千人。农民军占领各邑后,任命早与农民军有联系的当地组织

①(朝鲜)丁若镛:《牧民心书·卷三十四·工典》山林条。

者为留镇将。十二月二十六日,为了准备攻打安州,洪景来指挥的南进部队在博川松林里集结,同时发布檄文,号召关西人民奋起斗争,宣称:"平西大元帅为急驰启事:我关西父老、子弟、公私之贱,咸听此檄。盖关西箕城,古檀君旧窟,衣冠炎济,文物炳琅,粤在壬辰之乱,已有再造之功,又于丁卯之变,克输襄武之忠,有如遯庵之学,月浦之才;又是产于西土,而朝廷之等弃西土,不异粪土。甚至于权门奴婢,见西土之人,则必呼曰平汉。其为西土者,岂不冤抑哉!若当缓急,则必赖西土之力。且当科试,则乃藉西土之文。四百年内,两西人有何负于朝廷哉!见今冲王在上,权奸日炽,如金祖醇、朴宗庆辈,窃弄国柄。仁天降灾,冬雷地震,慧孛风雹,殆无虚岁。由此,大无荐臻,饿殍载道,老弱填壑,生民尽刈,几乎在即!何幸济世之圣人,诞降于清北宣川剑山日月峰下君王浦上伽椰洞红衣岛,生而神灵,五岁随神僧入中国,既长,隐居于江界四郡地间延。五载,统领皇明之世臣遗孙,铁骑十万,遂有澄清东国之志。而维此关西,即丰沛故乡,不忍蹂踏,先使关西之豪杰辈,起兵救民。义旗所到,莫不徯苏。兹以檄文,先谕列府郡侯,切勿挠动,洞开城门,以迎我师。若有蠢尔顽拒者,当以铁骑蹂之无遗矣!宜速请命举行宜当者。"[1]

檄文虽较多地反映了平安道士绅的利益与感情,但洪景来等人的斗争矛头还是指向腐败的李朝封建统治者,在一定程度上反映了当地人民的愿望,受到广大农民的拥护。因此,在农民军占领的地区,人们积极地参加到斗争的行列。

平安道兵马节度使李海愚、牧使赵钟永获悉农民军集结于安州对岸松林里的紧急情报,匆忙报告王廷,并动员道内各地军队向安州集结。二十九日,官军千余人分两路向松林里进攻。试图渡清川江的官军受到农民军的三面夹击,遭到毁灭性打击。

但是,官军再次集结力量向农民军发动进攻。由于农民军在力

---

① 《东国战乱史·卷六》内乱部。

量上处于劣势，虽英勇战斗，终不得不退却。农民军决定以定州城为根据地，重新整顿部队，并约定江界、慈城的援军与北进义州的金士用部在占领义州后引军南进，会师定州城。鉴于农民军尚很强大，官军虽迫近定州城，却不敢贸然发动进攻。

松林里战役失败后，处于观望立场的土豪倒向政府，许多地主组织所谓"倡义军"，加入官军的行列。三十日，官军占领博川和嘉山，农民军面临南北联系被切断的危险。起义军先锋李济初指挥的1200名农民军奉命回守郭山，从各地增援的2700多名官军，在原郭山郡守李永植的指挥下进犯郭山。于是，农民军与官军在郭山以西四松野展开激战。由于敌我兵力悬殊，李济初负伤被俘，惨遭杀害。

郭山失守后，分散在各地的农民军不得不集结到定州城，定州城陷入孤立无援的境地。农民军依靠坚固的城墙全力以赴加紧防御。当时，城内的农民军有3000多人，战斗力很强。翌年一月十五日，农民军主动出城进攻官军，杀伤大量敌人，连官军的招募长诸景彧、巡抚营军官金大宅也被打死，多辆战车被击毁，取得很大战果。农民军首次出击胜利后，又于三月九日与二十日连续出击，杀伤官军将官许沉等大批敌军。

农民军虽取得多次胜利，但它本身也受到不少损失，金士用与其他骨干将领也相继牺牲。二月初，农民军即遇到粮食困难，三月以后更为紧张。三月二十二日，洪景来企图实现突围，但未获成功。四月三日至十八日，官军连续攻打定州城，最终于十九日，用火药炸毁城墙，进入城内，洪景来壮烈牺牲，平安道农民战争遭到失败。

平安道农民战争虽然具有推翻封建王朝，反对封建秩序的性质，但是洪景来等领导人并没有明确提出符合以农民为主体的人民群众的切身利益的斗争口号与战争目标。此外，农民军的领导者没能采取灵活机动的进攻战术，直接向李朝的统治中心进军，反而在松林里战役失败后采取守势，结果全军困于定州，最终导致失败。但是，这次农民战争的意义十分明显，它沉重地打击了封建秩序，进一步促进了封建制度的瓦解;同时,它为后来的斗争积累了经验。平安道农民战争结束后,经过一个时期的平静,于19世纪中叶,农民斗争再次进入高潮,爆发了另一场以晋州为中心的农民大起义。

1862年二月十四日,晋州农民在柳继春、李启烈等人的领导下举行起义。柳继春是出身贫苦的儒生,李启烈出身于两班家庭,但处境很贫困,以打柴为生。柳继春年长,有威望,被晋州樵夫推为领导人,而起义军亦被称为"樵军"。

起义前,柳继春等领导人在柤谷召开会议,酝酿举行起义,定于二月六日水谷面全体居民在水谷集市上举行乡会,讨论反对李朝的封建统治。会议决定写出反对都结钱①与还谷等"三政"的抗议书,并派人向各郡县与监营发送。水谷面的行动首先得到晋州樵夫的支持。同时,临近的柏谷、金万伊等地农民也起来响应。二月十四日,起义农民在德山惩处官僚恶霸地主,捣毁与焚烧了他们的房屋。二月十八日,晋州30多个里的农民以白巾裹头,手持竹枪棍棒,纷纷向晋州进军。晋州官吏惊慌失措,不敢抵抗,纷纷逃跑。起义军严惩了未逃走的两班地主,还到处搜索隐藏在各村的地主与凶恶乡吏,予以惩处。

但是,农民军未能认清其沉重的负担来自李朝的封建制度,仅认为这些压迫只是由部分凶恶乡吏造成的。因此,起义军没有制定出一个正确的斗争目标,而是单纯地反对眼前的横征暴敛。所以,起义军占领晋州后虽当众揭露了兵马使与牧使的罪状,甚至迫使庆尚右道兵马使白乐莘跪地"认罪",却并未采取进一步的行动,在得到当地官吏关于取消都结与废除非法征收还谷的许诺后,即认为达到了目的,遂于二月二十三日解散了部队,终止了斗争。不久,李朝政府进行反扑,逮捕了110名起义者,柳继春、金守万、李贵才等起义军的组织者均遭杀害。但是,晋州农民起军却沉重打击了李朝封

---

① 所谓都结,是指把有关田结的各种杂税总在一起,以现款折算的附加税。

建统治者,并引发了更大的全国性农民大起义。

　　是年三月末至五月初,全罗道益山郡、咸平诸邑,及庆尚道的丹城、咸阳、居昌、星州、善州、尚州、开宁、蔚山、军威、比安、仁洞等邑连续爆发起义,其中以益山郡和开宁的起义影响最大。三月二十七日,益山郡3000名农民在林致洙领导下举行起义。他们袭击官衙,惩处凶恶的官吏和各里的地主、土豪、劣绅,夺取郡守的官印与兵符,并把郡守装入轿中抛到郡境之外,使国王震惊。四月初,开宁县的没落两班金奎镇向农民发出一份通告,要求改革各种弊端,遭到县监的拘禁。这一行动激怒了城邑附近的数千农民,他们奋起斗争,砸开牢门救出金奎镇等人,然后冲入官衙打死官吏,烧毁土地案籍与还谷文契,烧毁恶霸官僚地主的房屋。五月,怀德农民举行起义。接着,农民起义扩展到公州与砺山。此后,恩津、连山、文义等地也爆发农民暴动。

　　十一月,咸兴人民为反对还谷的征收与官吏暴政举行起义。数千名起义军头裹白巾,腰系青带,手持棍棒与农具,袭击咸兴府官衙,逮捕官吏,强迫其答应废除还谷,并处决了贪官污吏。十二月,清州、济州岛农民也掀起了斗争。

　　李朝封建政府的后期,农民起义由零星的暴动发展到全国性的农民起义,给行将灭亡的封建制度敲响了丧钟,推动了社会的变革进程,为缓慢地发展到资本主义制度准备了政治上的条件。

四、势道政治

　　19世纪开启的势道政治是封建中央集权制腐败、统治体系紊乱的反映,是持续数世纪的派阀党争的结果,是李朝封建制度陷入空前危机的象征。

　　具有讽刺意味的是,后来长期肆虐李朝政坛的势道政治恰恰始于正祖时期。正祖即位后,为强化王权,立即设立宿卫所,任命从王世孙时代就护卫自己的洪国荣(1748—1781)为都承旨兼禁卫大将,掌管王宫宿卫。然而,洪氏依仗其与王廷的特殊关系,干预朝政,行使势道政治,后因谋杀孝懿王后未遂事件暴露而被逐归故里。

"势道"乃朝鲜俗语,是指政治上的权势、专权、霸道;"势道政治"意指拥有权势的王臣代国王任意操纵国政的一种政治形态,它与王道政治不同,是以个别门第与后党为中心的专制政治体制。在此体制下,有人官职不高,却掌握大权,宰相以下都得听他指使。洪国荣论官职仅为大将,只掌管宿卫,而实际上却主宰一切国家大政,所有的施政方策必须从宿卫所出。1800 年六月,正祖去世,其次子李玜以 11 岁之幼年继位,是为纯祖(1801—1834 年在位)。起初,大王大妃(英祖的继妃)贞纯王后金氏虽应群臣之请垂帘听政,纯祖外祖父朴准源与知事金祖淳遵照先王之遗嘱辅佐幼主参与政治枢机。纯祖二年十月,安东金氏金祖淳之女被册为王后;两年后,金祖淳借纯祖亲政及大王大妃病逝,遂以国丈行使势道。于是,属于安东金氏一门的金达淳被任命为吏曹判书、金羲淳为刑曹判书、金明淳为咸镜监司(后为吏曹判书)、金履翼为兵曹判书、金履度为礼曹判书,安东金氏一家从而掌握了京城与地方的重要大权,开始了称作"戚里政治"的后党操纵国政的势道政治。

安东金氏势道政治造成门阀与党争相交织,使统治阶级内部矛盾和斗争更加错综复杂。属洪国荣系的权裕曾反对册封金祖淳之女为王妃。安东金氏内部也互相倾轧,发生权力之争。金祖淳与金明淳属于老论时派,金达淳等是老论僻派,他们相互排斥、攻击、诬陷,以至酿成流血事件。荡平政策实施后,正祖时期虽出现短暂的政治上的稳定。但是,1762 年五月因发生"思悼世子事件"[①],廷臣又分裂为时派和僻派,前者同情思悼世子而弹劾英祖失德,后者支持英祖,党争复又开始。时派又称北党,属外戚洪凤汉派系;僻派称南党,属英祖继妃兄金龟柱派阀。纯祖早年,王大妃贞纯王后金氏

---

① 又称"壬午事件",指从 1749 开始代理听政的世子因一系列不良行为被英祖关押在柜中饿死的事件。

（庆州金汉耉之女）是事实上的"女王"，她网罗党羽，竭力肃清政敌思悼世子的同情者时派人物，正祖异母弟恩彦君李裀与正祖生母惠庆宫洪氏弟洪乐任等被处死。1800 年十一月，以崔必贡为首的天主教徒遭到逮捕，拉开了教案与时僻两派斗争的序幕。1801 年初，大王大妃颁教，"先王每谓正学明则邪学自熄，今闻所谓邪学依旧"，自京至于畿湖日益炽盛，以致毁坏人伦，背驰教化，自归于夷狄禽兽；令"监司、守令仔细晓谕，使为邪学者幡然改革，不为邪学者惕然惩戒……而如是严禁之后，犹有不悛之类，当以逆律从事。守令各于其境内，修明五家统之法，其统内如有邪学之类……俾无遗种"。① 贞纯王后的教文一开始就把矛头对准了先王正祖的左议政、时派领袖蔡济恭。于是，整个半岛掀起了一场迫害教徒的风暴。二月，僻派控制的三司联袂上疏主张以"逆家卵畜之物"治罪已经过世的蔡济恭，借制造"辛酉邪狱"，以维护儒教正学的"大义名分"，打击比较关心西学的时派朝臣。于是，包括中国神父周文谟和知名学者李承薰、李家焕、丁若钟、黄嗣永在内的 300 余人陆续被处死，王族恩彦君被赐死，丁若镛遭到流放。同年十二月十八日，蔡济恭遭追夺官职处分。二十二日，王廷于昌德宫仁政殿举行讨邪陈贺仪式，宣读《斥邪纶音》，宣告"辛酉邪狱"终结。经此事件，西学遭到致命打击，加上"礼义问题"（Rites Controversy）之争②和集中众多学问僧的耶稣会在此之前的 1773 年解散的作用，半岛上的知识分子追求西学的热情大大降温。

其实，最初传入东亚各国的称作"西教"的天主教③和代表近代

---

① 《朝鲜王朝实录·纯祖实录·卷二》纯祖元年正月丁亥条。
② 详见曹中屏：《1500—1923 东亚与太平洋国际关系——东西方文化的撞击》，天津：天津大学出版社，1992 年，第 43—43 页。
③ 明末传入中国的欧洲罗马教"加特力教"（Catholicism）借中国古籍《史记·封禅书》中"天主"之名，称作"天主教"。详见《明史·卷三百二十六·列传第二百十四·外国七·意大里亚》；费赖之（Aloys Pfister）：《入华耶稣会士列传》，冯承钧译，上海：商务印书馆，1938 年。20 世纪后，此教自称"公教"，系希腊拉丁原文教名 Catholicus 一词的意译名称，为与"天主教"并行名称。（见雷海宗：《雷海宗文集》，天津：天津人民出版社，2016 年，第 110 页。）

西方文明的"西学"是相互联系却又不同的两个概念。天主教信仰传入半岛不是靠外国传教士进入朝鲜传教。1555—1650 年间,西方曾多次向半岛传教,均未成功,最后是在 18 世纪 80 年代"一生读中国圣人之书,一朝相率而归于异教"①的社会两班精英主动接受洗礼。就是说,它是因西学的吸引力由两班士人主动接受的。

早在 1777 年秋,权哲身、丁若铨就已在京畿道走鱼寺讲学中修习天主教义。1783 年初,具有朝鲜冬至使书状官身份的李承薰(1756—1801),在北京北堂接受了洗礼。次年在于朝鲜国内立教时,教徒仅有 44 人,在 12 个核心骨干中两班子弟就占 8 人。1791 年十一月,全罗道珍山郡天主教徒尹持忠与权尚然因前者母丧行天主教祭礼而成所谓"珍山事件",酿成"辛亥教难"。此案虽止于以处死信奉"无父无君"思想罪当事者二人和流放被定为教主的权日身,却既引起以相臣蔡济恭为首的南人"信西派"(默认信奉西教)与以洪义浩、洪乐安等"攻西派"间近 10 间的派阀斗争,又以此为转折点,西教信者的成分发生了出于对"西学"的兴趣出发的学者型,到受压抑的社会下层为主的转变,到"辛酉邪狱"发生时,半岛信徒已多达万人,但是成分发生了中人出身者占据中心地位的变化。② 而此种变化正是发生在"辛亥邪狱"之后,信众猛增的深层原因。

纯祖末年,丰壤赵氏以世子妃为背景逐渐形成牵制,挑战安东金氏的势力。1830 年,世子李昃(1827—1849)被封为世子。1834 年纯祖亡,年仅 8 岁的李昃即位,为李朝第 24 代王宪宗(1834—1849 年在位)。是时,纯祖妃纯元王后金氏垂帘听政,戚族安东金氏继续掌控政权,势道政治继续横行;但随着 1841 年宪宗亲政,因其母神贞王后系李朝后期历任显职的丰壤大族赵氏"家门座长"赵万永之女,丰壤赵氏在宫廷中逐渐占据了优势。1846 年,赵万永死亡,安东

---

① (朝鲜)安鼎福:《顺安集·卷十七·天学考》。
② [韩]赵珖:《朝鲜后期天主教史研究》(《조선후기 천주교사 연구》),汉城:韩国天主教二百年史阳光出版社,1998 年,第 74 页。

金氏重新得势,势道政治发展到极点。1849 年六月宪宗亡而无嗣,生活潦倒、没有受过教育的英祖次子庄献世子之子恩彦君之孙,全溪大院君第三子李昇(原名李元范,1831—1863 年,宪宗的远门叔父)继位为第 25 代王哲宗(1849—1863 年在位)[①];其王位继承与朝鲜法典所定"嫡妾俱无子……同宗支子为后"[②]的立后原则及昭穆次序不符,是势道政治下王权受到钳制的非正常现象,是纯祖妃纯元王后金氏在"辛亥祧迁礼讼"中的胜利,是其取代丰壤赵氏的"换局",也是因为李元范更"适合充当势道政治的傀儡"。[③]

李朝末代国王高宗李熙[④],也是因势道政治以王族支系入主大统。他们的继位并非遵循正祖至宪宗时期嫡长子或嫡长孙,或庶独子的次序,却因要维持李氏王族的宗统制定了同宗支子立后之法[⑤],使王位得以顺利交接。[⑥]

在半个多世纪的势道政治期间,占据中央与地方官衙显要官职的,全是一些以门阀、党派为背景的昏庸无能之辈,他们只知道如何勒索与压榨人民以满足自己的私欲,甚至以卖官鬻爵聚敛财产。因此,仕宦之途,全靠贿赂和权势,科举流于形式,整个封建国家的机器遭到腐蚀,封建国家的政治危机进一步加深。

---

① "己酉六月六日壬申,宪宗升遐,以纯元王后命奉迎于沁都(江华岛——作者),入承宪宗大统,考纯祖,母妃纯元王后金氏。"(《哲宗实录·卷一》总序)

② 《经国大典·卷三·礼典·立后》。

③ [韩]韩永愚:《朝鲜王朝仪轨》,第 293 页。

④ 李朝王统本系 27 代,1897 年,第 26 代国王李熙称帝,国名改称"大韩帝国"。1905 年,朝鲜沦为日本的保护国;1907 年李熙被迫退位,日本殖民主义者扶植其子李拓继位,称纯宗皇帝,故严格说,李熙是朝鲜王朝最后一个国王,而李拓才是李氏王族末代君主。

⑤ 1744 年,领议政兼世子师金在鲁奉王命,编撰《续大典》,它是对《大典续录》《大典后续录》《受教辑录》《典录通考》进行取舍、选择,把当时通行的社会行为法典化而编辑的法典,于英祖二十二年(1746 年)刊行,与《经国大典》同为李朝之国家法典。其中"礼典"立后条规定:"凡嫡长子无后者,以同宗近属许令立后。"参看《大典会通·卷三·礼典》立后条。

⑥ 此所谓"为人后者孰后,后大宗也。曷为后大宗,大宗者尊之统也。……大宗者,收族者也,不可以绝,故族人以支子后大宗。嫡子不得后大宗。"见《仪礼注疏·卷三十·丧服》。

第三节　实学与民族自强意识的形成

一、近代民族意识的显现与西学的冲击

社会生产力进一步的发展,新的资本主义的生产关系萌生芽,客观上提出了适应市场关系变化的新意识形态的要求。思想意识领域占统治地位的朱子学已经完全蜕变成脱离实际、专尚空谈的学问,成为党同伐异、服务于势道政治的工具,走到了其生命的尽头。一批出身于两班阶级的青年知识分子,开始吸收国内外一切有价值的学问,探寻挽救国家危机、使国家富强的道路。于是,在西学东渐的大背景下,一种新的思潮——实学,开始形成。

早在1494年,位于地球的另一侧的西班牙和葡萄牙的殖民势力——探险航海家、商人和教士,根据两国签订的《托尔迪西里亚斯条约》所定之"教皇子午线",分别从不同方向,为了寻找"香料和亚尼玛(Anima 内心的灵魂)",争相奔向东方。而在1529年之《萨拉戈萨条约》后率先到达中国的澳门,并经由澳门进入中国内地的耶稣会士,如罗明坚(1543—1607)、利玛窦(1552—1610)、范礼安(1539—1606)、陆若汉(1561—1634)、汤若望(1592—1666)等著名传教士,把西学传入中国,而靠中华文化抚育发达的朝鲜半岛吸收先进的近代西方文化也必须借助汉文西书。

半岛的实学是以先行研究成果为基础逐渐发展起来的学问,亦是吸取中国与欧洲的科学技术成就,尤其是西学的结果。悠久的文化传统,尤其是15、16世纪后朝鲜的思想进步与科技进步,为其产生与发展提供了前提条件。早在16世纪,朝鲜就存在著名思想家徐花潭的唯物论哲学与李栗谷的理气二元论。他们倡导学术上的自主学风,关注社会发展,追求正确观察和研究现实的问题。同时,语言、历史、地理、天文、数学、农学、医学、兵学等学问与各种工艺技

术也有明显发展。16 世纪及 17 世纪初,权文海(1534—1591)编撰的百科全书式的《大东韵府群玉》、①御医许浚(1539—1615)的《东医宝鉴》②等实用性著作相继问世。这些论著的刊行是实事求是学风得到相当程度发展的佐证。同时,西学东渐的冲击亦不可低估。

　　早在 17 世纪初,朝鲜每年定期派往明朝的使节团的随行人员,已经开始与旅居中国的传教士接触。其中有人把欧洲的各种文化成果带回朝鲜。1603 年出使燕京的李朝大司宪李光庭(1552—1627)带回的利玛窦的《坤舆万国地图》具有重要意义,被誉为百科全书式学者的李晬光(1563—1628)受此图影响,在 1614 年完成的《芝峰类书》中,对燕行使带回的《天主实义》《交友论》的内容和西学进行介绍与论述,称:"欧罗巴国,亦名西国。有利玛窦者,泛海八年,越八万里风涛,居东粤十余年,所著《天主实义》二卷,首论天主始制天地,主宰赡养之道;次论人魂不灭,大异禽兽;次辩轮回六道之谬、天堂地狱善恶之报;末论人性本善而敬天主之意。其俗谓君曰教化皇,不婚娶故无袭嗣,择贤而立之。"③1610 年,出使北京的使臣许筠(1569—1518),亲自接触到西方教士,并带回他们绘制的地图和天主教偈 12 章。④ 此事虽未见什么大的影响,却表明朝鲜知识界越来越对西学和西方宗教发生兴趣。1631 年,知中枢府事郑斗源作为陈奏使于登州军门孙元化处偶遇陆若汉,并得到艾儒略(1582—1649)的世界地理专著《职方外记》《西洋风俗记》和利玛窦的《天文图》《红夷炮题本》《治历缘起》等书籍,还把这些书籍以及火

---

① 此书仿宋代阴时夫《韵府群玉》编撰而成,全书 20 卷 20 册,分地理、国名、姓氏、山名、树木、动物、孝子、烈女、守令等十大项目,以韵字顺序排列,收录了自远古至宣祖时期的主要条目,丁范祖作序,金应祖写跋,是朝鲜首部个人编撰的大型工具书。
② 该书系许浚奉宣祖之命编撰的综合古代中国与朝鲜的古代医书的著作,成书于 1611 年,全书四卷二册,共 23 篇,计内科(内景篇)4 篇,外科(外形篇)4 篇,疑难杂症 11 篇,汤液 3 篇,针灸 1 篇,目录 2 篇,每病附有处方。
③ (朝鲜)李晬光:《芝峰类说·卷二·诸国部·外国》。
④ (朝鲜)朴趾源《燕岩集·卷二》;(朝鲜)安鼎福:《顺安集·卷十七·天学问答》;(朝鲜)柳梦寅:《於于野谈》等文献均有记载。

炮、望远镜、自鸣钟等西洋物件带回国。[①] 在此期间,一批进步知识分子亦开始从中国吸收欧洲的自然科学与技术。当时,随使进入清顺治帝紫禁城的昭显世子,与时任钦天监监正的汤若望交往甚密,"及世子回国,若望赠以所译天文、算学、圣教正道书籍多种并地球仪一架、天主像一幅,世子敬领"[②],并于1645年归国时悉数带回。然而,不幸的是昭显世子两个月后亡于国内王宫,学界疑其为父王仁祖毒死[③],未能发生太大影响。1704年,兵曹判书李颐命作为冬至使访问北京期间,多次与耶稣教士苏霖(1656—1736)、戴进贤(1680—1746)讨论天文历法,并在回国时收集带回有关西方天主教、天文、历算诸学的书籍;此后与西方传教士接触并探讨学术的燕行使或其随员,18世纪前10年有金昌业,20年代有俞拓基、金顺协,30年代有李宜显、韩得厚,40年代有洪昌汉,60年代有洪大容等,而洪大容在北京期间曾四次到访天主教北京教区主教座堂南堂。

受西学、西器传入之影响,朝鲜名卿硕儒间兴起争读汉文西学文献之风。西学的引进开阔了人们的视野,极大地冲击了学者传统的世界观和天下观。他们除从宗教观念上对《天主实义》提出的天主乃是"实"而非"空",与佛、老的"无""空"之对立做新的思考外,更是从学术的层面关心西方之实事求是的实用之学问——天文、地理、地图、律算、医药、经史。例如,18世纪代表性的实学家李瀷在读了汉文本《天问略》《西国浑天图》《方星图解》《乾坤体义》等书籍后所写的《天问略跋》中,已经放弃了原来坚持的华夏中心观,认为古代中国也是大地中的一片土地,楚、齐只不过是其中大小不同的"国家"。[④] 显然,这是民族自觉意识的第一次显露。

---

① 《承政院日记》仁祖九年七月一日条;《国朝宝鉴·卷三十五》仁祖九年七月条。
② (清)黄伯禄编:《政教奉褒》,上海慈母堂铅印版,1904年,第25页。
③ 韩国维基百科"昭显世子"条,ko. wikipedia. org 소현세자。
④ (朝鲜)李瀷:《星湖僿说类选·卷二十一·上·分野》。

　　此前，1666 年，朝鲜户曹参判金寿弘绘制的《天下古今大总便览图》，反映了当时朝鲜人的天下观；古代中国被称作"天下"的这个地图，虽然与日本同期绘制的反映所谓"瞻部洲"的大陆上的中国、天竺与海上日本的"三国观"不同，却也在承袭以古代中国为中心构图的同时，又以鸭绿江、图们江以及海洋为界的中国、朝鲜、日本各自成体，并标明朝鲜八道与附有景福宫的其国"都城"。

　　在这种背景下，1652 年朝鲜开始使用从明朝传入的源于西方日历系统的《时宪历》[①]，1669 年朝鲜王宫有了自己的带两个时钟的天文表"璇玑玉衡"[②]，这些都对传统价值观形成巨大的挑战。

　　另外，中国考据学在清朝乾隆时期达到高峰，它运用实事求是的方法发掘民族文化传统，这也引起了朝鲜实学学者的共鸣，一定程度上亦影响到朝鲜实学的诞生。

　　学界一般认为朝鲜的实学始于李晬光（1563—1628，字润卿，号芝峰）的哲学思想及其学派的形成。作为朝鲜实学的先驱，李晬光曾任春秋馆史官、都承旨、吏曹参判等职，亲身经历过壬辰、丁酉抗倭战争，深知统治阶级的昏庸无能与社会矛盾的严重；也曾三次出使明朝，购得利玛窦的《天主实义》《教友论》以及明人学者刘汴、沈遴奇编撰的《续耳谭》，接触到西欧近代文化，有机会对传统观念和文化进行反思，从而形成一套自己的哲学体系。晚年，他辞官隐退，专注学术研究，其主要著作有《芝峰类说》《秉烛杂记》《采薪杂录》《纂录群书》等。他把"实"视为治国的根本，指出："以实心而行实证，以实功而致实效，使念念皆实，事事皆实，则以之为政，而政无不

[①]《朝鲜王朝实录·孝宗实录·卷九》孝宗三年九月癸酉；仁祖二十六年，清朝颁《时宪历》于朝鲜，此历为西洋传教士所修，与朝鲜历在节气上有出入，经朝鲜士人以日食测验而知《时宪历》之准。同年，朝鲜国王遣宋仁龙赴北京学《时宪历》算法，后又经多年施行，方全国实行。

[②] UNESCO, *History of Humanity*, Vol. 5: *From the Sixteenth to the Eighteenth century*, p. 364.

举,以之为治,而治无不成。"①李晬光的实学观点与其在各个领域的学术成就,对后来的实学影响深远。

韩百谦(1550—1613),字鸣吉,号久庵,是另一位实学先驱。他在朝鲜历史地理研究中,做了很多考证,提出许多有价值的新见解。他注重实际,关心现实,积极支持大同法。其代表作《东国地理志》为实学思想的丰富与发展奠定了基础。韩百谦还著有《箕田图说》。他的历史地理研究成果,为安鼎福所继承。

金堉(1580—1658),字伯厚,号潜谷,是朝鲜初期实学的优秀学者之一。他官居高位,曾提出一系列社会经济改革的方案,为实学的形成做出了贡献。他在湖西地区成功推行了大同法,并提出各种办法防止官吏在实行大同法中进行中间剥削。他主张铸造与使用金属货币"常平通宝",倡导使用水车灌溉。在出使明朝期间,他还学会了西洋自鸣钟的制造技术并加以利用。在历法研究方面,潜谷也富有成果,后来按他的推算法制成千岁历,其代表著作有《考事增删》《救荒撮要辟瘟方》《种德新编》《松都志》《类苑丛宝》等。

17世纪后半期,实学已日趋成熟。被誉为"大实学者"的柳馨远(1622—1673,字德夫,号磻溪)是实学的重要代表人物。他出身两班世家,"二岁而孤,五岁通等数,读书便知大义","念自王道废弃,万事失纪,始焉因私为法"②。为求拯救国家计,虽31岁始成进士,却自是不复就试,移居扶安,耕读写作。他专精力学,思考各类问题,在哲学、政治、经济、天文、地理、数学、音乐、农学、医学、军事、语言等各方面进行广泛、深入探讨,并就研究所及,"随得随录",最后署其字,号《磻溪随录》,"其规模广大,条例缜密,可谓扩前贤之未发,而我东方所未有之书也"③。他反对当时传统儒学的空洞理论,

---

① 《芝峰集·卷二十八·条陈懋实札子》。
② 朝鲜科学院古典研究室编,(朝鲜)柳馨远:《磻溪随录》(朝汉文对照本)第1卷,平壤:劳动党出版社,1959年,第177页。
③ 吴光运撰:《柳馨远〈磻溪随录·附行状〉》,见朝鲜科学院古典研究室编,(朝鲜)柳馨远:《磻溪随录》(朝汉文对照本)第1卷,第252页,汉文原文部分。

主张学问必须联系人民的日常生活,而且身体力行,亲自建造四五艘大船,饲养良马,并且弄来数十支鸟枪,教村民射击技术,进行各种军事训练。

柳馨远的《理气总论》在哲学理论上为实学奠定了基础。他认为法则、规律依事物而存在,并通过具体事物而显现,即所谓"道气之不相离"。他说:"天地之理,着于万物,非物,理无所著。"①他反对佛教、巫术、相面、算命等各种迷信邪说。他常年生活在农村,能理解土地问题是当时社会的基本矛盾,认为:"土地,天下之大本也,大本既举,则百度从而无一不得其当;大本既紊,则百度而无一不失其当也。"②因此,磻溪怒批封建制度的各种弊端,提出了一系列进步的改革方案。他作《田制考说》,力主把全国的土地收归国有,按一定的制度将土地分给农民。他还作《田制后录考说》,否定本国当下实行的还上制度,指出:"社仓,本以劝课人民,节有余、备凶歉者也。宜置于当社,令其社中掌之,不当移为州邑之储也。此与今本国还上,其本自别……而本国还上……前期与民,后征其偿,官司管纳,驭以刑狱,则于是有严期督迫,约予丰取,不待凶年,勒配分给。贫民流亡,代侵邻族,猾吏用奸,诡受横征,百端弊害,以至囚系满圄,遍扑遍境,徙为陷人之网,而无复救民之本意矣。"他主张国家实行储备,实行常平仓,以工代赈,"广募饥民,优给雇价,筑堤堰以兴水利"③。柳馨远的田制改革方案,实质上是反对国王对土地的垄断,具有很大进步意义。但是,由于时代与出身背景的限制,他不可能从根本上否定封建制度,其出发点主要是维护封建土地所有制,因此只能变成空想。

柳馨远主张改进农业耕作方法,整修和扩大水利灌溉设施,广泛利用山林河泽;他批判封建身份制度,憎恨奴婢制度,反对门阀制

① (朝鲜)柳馨远:《磻溪随录·卷二十六·书随录后》。
② (朝鲜)柳馨远:《磻溪随录·卷一·田制上》。
③ (朝鲜)柳馨远:《磻溪随录·卷七·田制后录考说·上》常平义仓救荒条。

度、嫡庶差别及地方差别,主张任人唯贤。他反对鄙视工商业,认为发展手工业与商业具有很大意义,主张实行通用货币,以货币缴纳税金,促进商品流通,在一定程度上反映了新的社会力量的心声。

二、实学的发展与繁荣

18 世纪,是朝鲜实学的兴盛时期,出现了一大批著名的实学思想家。李瀷(1681—1763),字子新,号星湖,是当时的著名实学家、哲学家。

李瀷的哲学思想基本上是唯物的,具有科学的宇宙观。他笃信中国道学的宇宙观,称:"文子曰:'上下四方谓之宇,古往今来谓之宙。'淮南子曰:'道始乎虚廓,虚廓生宇宙,宇宙生气。'愚故曰:无所不包曰宇,生成不穷曰宙。"[1]在天地关系上,他主张"地心说",认为:"天有三百六十五度四分度之一,而地居最中,地心即天心,大地之心即周天之心,为万物生化之原"。[2] 同时,他也吸收了北宋思想家张载的唯物论自然观,以徐敬德的"气一元论"、"气不灭"论,阐述人类通过五官与心认识外界,人脑是思维器官,只有通过人们的实际体验才能获得真理的唯物主义观点;并从唯物论立场出发,对佛教、天主教的虚幻的宗教理论进行尖锐批判,进而发展了无神论思想。他抨击当局曲解程朱理学进行欺骗,提倡实事求是、创造性地研究儒家经典,反对背诵经文式的盲从。他对儒学、历史、地理、文学、典章制度、天文、经济等方面都有较深入的研究,并对经中国传来的西方科学与天主教的书籍有较好的了解。他反对天圆地方说,相信西方传来的地圆说。他对地震学也进行了研究,认为地球大于月球,太阳大于地球,月球反射阳光,气温变化、地震、地壳变动、潮汐涨落、雨雪等都是自然现象。

---

[1] (朝鲜)李瀷:《星湖僿说类选·卷十·诗文篇·论文门》。
[2] (朝鲜)李瀷:《星湖僿说类选·卷一·天地篇·地理门·江河》。

　　李瀷认为,李朝社会矛盾的根源是土地过于集中,他主张以均田制解决土地问题。这种均田论以限田为基本内容,是一种主观上要在消灭土地私有的前提下解决土地问题的方案,根本不能实现。他要求改革封建法律,批判封建社会的身份等级制度和奴婢法,认为人民大众在国家生活中起重要作用,没有百姓,国王无法生存,而没有国王,百姓照样的生活。因而,他不满王族与权臣政治上独断专横的"独治",主张让下级官吏有更多的发言权,提倡众治,称:"天下非独治所为,大厦非只手可擎。"①这种主张已经是一种民本原则的"两班民主"思想,是对儒家"德治论"的发展。从这种立场出发,他揭露与批判科举制度的不合理性,指出科举只录用高贵门第的子弟,排斥其他有才能的人才;李瀷认为奴婢制、科举制、崇尚门阀、贵贱嫡庶之差别,以及清谈空论的儒生、僧侣、游手好闲之辈等非产生者的存在,是朝鲜社会虚弱的根本,其危害甚于盗贼。他极力主张政府从经世致用出发,建立乡民互助的"义仓"以取代剥削农民血汗的"还上"制度。

　　李瀷的思想虽未从根本上反对封建制度,但他以自然科学为基础,较系统地叙述了唯物主义思想与先进的社会政治观点,这在实学发展史上具有重要意义,其著作有《星湖僿说》《藿忧录》与《星湖集》(诗文集)等。李瀷渊博的学识与踏实的学风,为其子侄等亲属及其门生所继承。18世纪以后的实学学者都直接、间接地受其影响,继承和发展了他的学说,从而成为一个学派,即星湖学派。由于星湖学派的领军人物,如安鼎福、丁若镛等皆出身近畿地方,他们又被称作"近畿学派"。

　　安鼎福(1712—1791),字百顺,号顺庵,师从李瀷,曾两度为国王授业,是李朝后期的大史学家,在朝鲜历史、历史地理与文物制度等方面均有重大成就,著有《东史纲目》《列朝统纪》等史著。《东史

────────────────

① (朝鲜)李瀷:《星湖僿说类选·三推车子》。

纲目》体例上仿朱熹《通鉴纲目》,针对《三国史记》《高丽史》与《东国通鉴》均补充了很多资料。他对医学也有研究,著有《本草类函》,该书按病症举例药材效用,并附有处方。

李肯翊(1736—1806),字长卿,斋号燃藜室,少伦派学者,因卷入"党争"而多次遭流放,是后期星湖学派的大著述家。他在史学领域成就斐然,其根据野史和个人笔记撰写的《燃藜室记述》(47卷24册)是研究朝鲜王朝史的重要文献。①

星湖学派在语言学方面的贡献也十分突出。旅庵申景濬(1712—1781)是语言学家和著名的历史地理学家,曾奉王命监修《东国舆地胜览》和《八道地图》,著有《谚书音解》《舆地考》等。语言学家还有玄同郑东,他所著《昼水编》是其"置长夏每苦无方消遣,思以笔录","终夏所录"之见闻②,内容庞杂,其中包括其用谚文和汉文对1801年漂流到济州的5名"异国人"的语言与文字进行标记,借此与之交流的事迹等内容;实学学者西波柳禧(1773—1837)也是一位语言文字学家,他著有《谚文志》③《物名类考》④,与申景濬一起被誉为李朝后期"大音韵学者"。

星湖学派在实学研究上树立了新的学风,他们以批判的民主精神及民族自觉,创造性地对朝鲜政治、经济、文化等各方面所进行深入与广泛的研究,推动了实学体系的形成,为朝鲜文化宝库增添了光彩,把实学发展推进到一个新阶段。

---

① 《燃藜室记述》是李肯翊编撰的关于李氏朝鲜的断代历史,乃"博采诸家野史而集成,略仿纪事本末之体,随所见而分类记载"。全书47卷24册,由原集、续集和别集三部分组成,原集20卷是太祖至显宗的历史事件,续集8卷是关于肃宗一代的历史,别集19卷是关于李朝的各种典故制度(国朝、祀典、事大、官职、政教、文艺、天文、地理、边疆防卫和历史朝代)的内容。所有文字选自野史、随笔、日记、文集等四百余种文献的引文,全书皆不加任何文字,十分客观。

② (朝鲜)郑东愈:《昼永篇·绪言》。

③ 《谚文志》成书于1824年,是以训民正音的初、中、终之三声论述其发音原理和与中国语言的关系的著作。

④ 此书以谚文撰写,全书5卷2册,分为有情类(昆虫、兽类、水族类、羽虫)、无情类(草、树木)、不动类(土、石、金、水、火)朝鲜半岛之物种。

洪大容(1731—1783)是实学兴盛期的突出代表,"北学"派的开拓者。洪大容字德宝,号湛轩,主张学习中国文化和经由当时中国传入的西欧的科学技术,是"北学"①派领军人物。1765 年冬,他随使臣访问清朝北京,通过考察当时中国的经济、政治、文化,访问北京的天主教堂与西方传教士,深感西洋科学技术之发达。同时,他还与清朝钱塘学者陆飞、严诚、潘庭筠等进行笔谈,交流学术思想,并在归国后,继续保持书信来往,为中朝两国人民的友谊和学术交流做出了贡献,以至其死后,中国钱塘地区还传颂着"洪严友谊"的佳话。② 清朝之行,对洪大容的思想转变起了重要作用,其撰写的《燕记》详细地介绍了当时中国的政治、经济、文化与经由中国传入的西方科学技术。

洪大容著述甚丰,均收集于《湛轩书》,其中有内集 4 卷、外集 10 卷,包括关于自然科学与哲学的《巫山问答》、有关数学的《筹解需用》和关于社会政治思想《林下经论》。他从唯物主义的自然观出发,潜心研究天文学、历法与数学等实用科学,积极介绍西方数学,尤其是实用数学,并自制浑天仪,观测宇宙天体现象。洪大容根据对天体现象的观测,提出了"地圆地动说"与宇宙生成说,有力地批判了"天圆地方地静说"和"地球中心论"等陈旧观念,指出:"银河者,丛众界,以为界,旋归于空界,成一大环。环中多界千万其数,日地诸界,居其一尔,是为太虚之一大界也。虽然地观如是,地观之外,如河界者,不知为几千万亿,不可凭我渺眼处以河为第一大界也。"③

同时,他也从唯物主义历史观出发排斥程朱理学,把批判的矛头对准埋头于脱离实际的清谈空论与抽象的"理气之争"的士林儒

---

① 朝鲜之"北学"特指学习中国之文物制度,出自《孟子·卷五·滕文公》之陈良"北学中国"一语。

② 详见孙卫国:《从"尊明"到"奉清"——朝鲜王朝对清意识的嬗变(1627—1910)》,台北:台大出版中心,2019 年,第 305—337 页。

③ (朝鲜)洪大容:《湛轩书·内集·卷四·毉山问答》。

生,揭露和批驳神秘化的阴阳五行说、图谶说与其他宗教迷信。

洪大容的《林下经论》深刻地揭露李朝的腐败,提出不少进步的社会改革方案,主张禁止内需司的高利贷盘剥,废除屯田制、军布制,推行"均田制",实行"兵农一致",以加强国防。他认为土地问题是当时的主要弊端,指出国家的经济困难在于两班轻视劳动,提倡"万民同劳"。他厌恶士林官僚的党争,痛斥封建等级制度、按门第录用官吏与世袭官职,主张任人唯贤。

燕岩朴趾源(1737—1805)是与洪大容齐名的另一位北学派大师,他既是卓越的实学家,也是伟大的文学家。他师从受星湖思想影响的荣木堂(叔丈人),青年失官后,隐居黄海道金川深山耕读,积累了政治、经济、文化与历史诸方面的广博知识。1780年,他随使臣朴明源访问清朝期间,仔细地考察了清朝的社会、政治、经济和文化,并与清朝学者交游,共同探讨文学、音乐、宗教与自然科学等学科的学问。归国后,他将其在华之见闻整理成书,名曰《热河日记》。该书详尽地记载了清朝的政治、经济、文化、风俗、制度与历史,其字里行间还以文学形式辛辣地揭露与批判了李朝统治者夜郎自大与锁国政策的危害。因而,《热河日记》的问世对视清为"夷狄"、蔑视当时中国的朝鲜官员和文人是一个巨大的冲击。

朴趾源的唯物论世界观是其对朝鲜先行学者优秀传统的继承,也是基于其对天文学的研究。他批判"天圆地静说",称地球呈矩形,转动不息,"地一转为一日"①。他以其丰富的自然科学知识对雨、雪、雷鸣等自然现象做出科学说明,并在与清朝学者交流中提出了"尘积说",称:"尘尘相依,尘凝为沙,尘坚为石,尘津为水,尘煖为火,尘结为金,尘荣为木,尘动为风,尘蒸气郁,乃化诸虫。今天吾人者,乃诸虫之一种族也。"②他还以无神论的观点驳斥佛教、天主教以

---

① (朝鲜)朴趾源:《洪德保墓志铭》。
② (朝鲜)朴趾源:《燕岩集·卷十四·热河日记·鹄》。

及各种神秘学说,嘲笑那些对旧事物盲从的保守儒学者,竭力倡导创新。他还特别关心社会问题,反对封建身份等级制度,提出过不少改革田制与发展农业的方案和建议,主张加强同外国的贸易与吸取先进科学技术,认为"农工商贾,各有其学",皆属"利用厚生"之学,不可或缺。他批判士人传统的"家虽乏无尺僮者,未尝敢身至场市间,与贾竖辈评物价高下"的陈旧观念,故而上疏曰:"士之坚具农工商之理,而三者之业,皆不待士而后成。夫所谓明农者,通商而惠工也。其所以明之通之惠之者,非士而谁也? 故臣窃以为后世农工商之失业,即士无实学之过也。"①在土地问题上,他持限田论,要求执政者关心农业,改进耕作方法,改良农具与扩大水利灌溉设施,使用舟车,铸造金属货币,加快货币流通,发展商品货币经济。

朴齐家(1750—1805),字在先,号楚亭,朴趾源的杰出弟子,18世纪末19世纪初朝鲜跨世纪的著名北学派的实学代表人物。他曾四次访问清朝,在接触中国文物制度与西方先进科学知识的过程中,逐步形成进步的实学思想。他坚持无神论的哲学观,称:"今人莫不以改葬、潮痕、谷皮、翻棺、失尸之事为灵验,殊不知此地水之常事而少无关于祸福。夫泉壤冥漠之中,游气之消息,物化之蒸成,亦何所不至。今荣华尊富之家,特不能尽视其祖墓耳,视必有此数者之患,何也? 以贫寒无后之塚,发之则往往有所谓吉气,葱茏而不散焉耳!"②基于上述论断,他主张焚毁占卜书,禁占卜,设公墓,防迷信。

《北学议》是其主要代表作,其序文阐明了"北学"之书名出典于《孟子》所谓"陈良,楚产也,悦周公、仲尼之道,北学于中国"。因此,"北学"不仅是要学习已经为"夷狄"掌控的现实中国,而且也包括中国以外的世界,即西学。《北学议》抨击程朱理学的空论,反对儒生

---

① (朝鲜)朴趾源:《燕岩集·卷四·课农小抄》。
② (朝鲜)朴齐家:《北学议·葬论》。

不劳而食,主张鼓励发展工商业,改进农业技术,广泛使用车辆,制造与使用船只,传播造船技术。他高度评价通商贸易,提出商人"以其一而通于三"之说,称:"善理财者,上不失天,下不失地,中不失人。器用之不利人,可以一日,而或至于一月、二月,是失天也;耕种之无法,费多而收少,是失地也;商贾不通,游食日众,是失人也。"①而贱商工,"不服锦绣,而国无织锦之人,则女红衰矣。不赚窃器,不事机巧则国无工匠冶铁之事,则技艺亡矣。以至农荒而失其法,商荡而失其业,四民俱困不能相渗。国中之宝不能容于域中,而入于异国,人日益富,为我日益贫,自然之势也"②。他无情地批判阻碍推广外国文化与技术的行为,认为即使是外"夷"之物,只要先进,有利于国家就要吸收引进、研究与运用。此外,他还与丁若镛等一起从清朝引进了当时在中国大地尚未普遍推广的种痘法,并成功地加以试验与推广。

炯庵李德懋(1741—1793)与冷斋柳得恭也属北学派的实学家,他们都是洪大容、朴趾源的弟子,朴齐家的朋友。他们二人不仅有很高的文学素养,而且对朝鲜历史、地理、民间风俗的研究有很大贡献。炯庵著有《青庄馆全书》③,冷斋的代表著作有《四郡志》④《渤海考》。

星湖学派和北学派各自均有其独自的个性和风格,但是在批判传统儒学和接受李珥和柳馨远的经世思想方面并无差别,都是"实务"之学。星湖学派在"修己治人"的关系上,从统一论的观点出发强调"治人",故可称为经世致用派;北学派则颠倒儒家经典《书经·

---

① （朝鲜）朴齐家:《进疏本北学议·财赋论》。

② （朝鲜）朴齐家:《北学议·内编·市井》。。

③ 《青庄馆全书》乃李德懋的诗文全集,为其子李光葵集刊,于1795年刊行;内容庞杂,除诗文外,其中人物小传《磊磊落落书》、读书摘录《耳目口心书》、随笔《盎叶记》、反映黄海道纪行的《西海旅言》、北京纪行的《入燕记》、记载笔谈内容的《寒竹堂涉笔》等文稿,处处洋溢着一个实学家的智慧。

④ 柳得恭的《四郡志》写于正祖时期,内容是为汉四郡(乐浪、真番、临屯、玄菟)作志,叙述四郡的设置、沿革、山川、事迹、名官、人物、封爵、方言、土产、古迹等。

大禹谟篇》"正德、利用、厚生"的秩序,优先强调"利用、厚生",被称为利用厚生派。①

丁若镛(1762—1836),幼名归农,若镛是其冠名,字美庸、颂甫,号茶山、俟庵、竹翁、藻翁、洌樵、筠庵、苔叟、紫霞山房主人、铁马山人,别号三眉子,堂号与犹堂,谥号文度,祖籍罗州,是集实学大成的人物。他虽出身仕宦两班阶级,但属下级官吏,生活并不富裕;自幼攻读儒学经典与诗律,青年时代读星湖李瀷的著述,开始研究实学。1783年与1789年,他先后经生员进士科、文科甲科及第,开始为官。此前,他曾多年随出任户曹佐郎的父亲丁载远在汉城入成均馆深造。青年时期,在学术与政治上,他属于南人党,热衷于阅读星湖李瀷的著述。在成均馆读书期间,曾结识学者李檗,并通过他与其妹夫李承薰接触到天主教,并对西学发生兴趣。②

进入仕途后,受正祖爱护,丁若镛从可以出入新设王宫内之奎章阁的③禧陵直长起步,一路出任艺文馆检阅、司谏院正言、司宪府持平、弘文馆修撰等职。其间,曾于1792年受王命,设计汉江"舟桥"和水原城,并应用辘轳的力学原理,动手研制建设机械"鼓轮"与"滑车",还掌握了筑城法和应用脚踏水车原理,建造轮船和兵车。

1794年后,丁若镛又奉王命,以京畿暗行御史的身份到地方调查国家三政之紊乱;次年,转任同副承旨、兵曹参知、谷山府使。正祖二十四年(1800)在其出任刑曹参议的六月,正祖昇遐,目睹面临势道政治将至的黑暗,丁若镛毅然辞职归乡。④ 1801年,受"辛酉教案"与"黄嗣永帛书事件"牵连,丁若镛先后两次遭到逮捕、流放,直至1818年57岁时才得以结束流放回到故里。长期的流放生活,使

---

① 曹中屏:《朝鲜近代史(1863—1919)》,北京:东方出版社,1993年,第93页。
② (朝鲜)丁若镛:《与犹堂全书·第一集·自撰墓志铭》。
③ 有关奎章阁的设置,详见张光宇:《朝鲜王朝正祖时期的官方史学研究(1776—1800)》,上海:上海三联书店,2019年,第109—136页。
④ 参考[朝]金锡亨:《茶山丁若镛的生平与活动》,见朝鲜科学院哲学研究所编:《丁茶山》,平壤:朝鲜科学院出版社,1962年,第1—20页。

其更接近人民底层,了解社会,并有充足的时间阅读浩瀚的儒学经典,从事研究与写作。

深厚的学识素养,以及从政后,尤其是政治迫害与流放和归乡生活中对下层社会的实际体验、考察,使其世界观得以升华,从而成长为半岛实学之集大成者。

丁若镛研究的领域特别广泛,对政治、经济、军事、历史、地理、语言、文学、物理、技术、音乐、医学诸学科的发展均有贡献。其著作中有经集 232 卷、文集 260 卷,均收入《与犹堂全书》。

丁若镛继承和发展了星湖学派与北学派的唯物主义世界观,其实学思想建立在严密的唯物论的哲学体系和科学的自然观的基础上。他认为世界的根源是"太极",坚持地圆地转说,并能科学地阐述潮汐、海市蜃楼、冬月响雷等自然现象。他强调太极的物质性以及发展变化,与李滉之世界根源是精神之"理"和徐敬德所谓"太虚说""无"不同,世界是物质,根源是"太一",称:"太极者,先天之胚膜也。太极之判而天地,天地之叙而为天地水火,天火之交而为风雷,地水之与而为山泽。"①又说:"一生两者,分一而为两,非于太极之外,添出个天地也。两生四者,分两而为四,非天地之外,添出个四气也。四生八者,分四而为八,非于四气之外,添出个天地水火雷风山泽也。"②

丁若镛的学术活动集中于寻求解决与人民生活息息相关的社会经济矛盾的对策,提出包括土地制度、政治制度与社会文化诸方面的改革方案。在土地问题上,他主张改革田制,实行耕者有其田,"使农者不耕者不得田,不为农者不得之"③;其所谓田制是指按山、河、谷、丘等自然地形划定区域,称闾,"闾置闾长,凡一闾之田,令一闾之人,咸治厥事,无此疆为界,唯闾长之命是听。每役一日,闾长

---

① (朝鲜)丁若镛:《与犹堂全书·第一集·第二十一卷·示两儿》。
② (朝鲜)丁若镛:《与犹堂全书·第二集·第四十七卷·易学绪言》。
③ (朝鲜)丁若镛:《与犹堂全书·第一集·第十一卷·诗文集·田论一》。

注于册簿。秋既成，凡五谷之物，悉输之闾长之堂（闾中之都堂也）。分其粮，先输之公家之税，次输之闾长之禄，以其余配之于日役之簿"[1]。这种要求土地共有，以闾设区，共同生产，共同收获，按劳动分配所产作物的方案虽相当先进，但若不首先改变封建社会的政治制度，则根本无法实行。

但是，受时代和社会发展水平的限制，丁若镛不可能从根本上否定封建社会，也未能预见到新社会的到来。

李圭景（1788—1849），字伯揆，号五洲、啸云居士，是宪宗时期的实学思想家。他是北学派学者李德懋之孙，从先进的实学学者那里直接继承了实学学说。当时，李朝社会矛盾进一步激化，同时发生了西欧资本主义列强"异样船"侵入朝鲜沿海与天主教叛国等事件，这都促使他关心中国事务与世界的知识。他饱览中国典籍，对中国的地理、历史、经传、制度、饮食、服饰等风俗文化，以及天文、历数、建筑、器具、船舶、车辆、农具、渔具的制造技术等与朝鲜进行研究对比、考订辨证，区分真伪、异同，并将其分为 1400 余目汇编成册，名曰《五洲衍文长散稿》（60 卷）。这部书对人民生活、生产技术与民俗习惯都有详细论述，是现在研究朝鲜科学技术与民俗学不可或缺的宝贵资料。

金正喜（1786—1856），字元春，号阮堂、秋史，是 19 世纪前半期的实学家。他在学术研究上，坚决反对读经式的教条主义模仿，致力于批判地继承与吸收前人的文化成果。1814 年文科及第后，他曾出任兵曹判书。此前，年方 20 岁时，金正喜随父、吏曹判书金鲁敬访问北京，其间，与清代后期著名学者翁方纲（1733—1818）建立起师承关系，后来又通过他们建立起由各自文友与学生组成的两国金石学学术圈的交流。中国方面包括学者阮元（1764—1849 年）、翁树崑、刘喜海（1793—1852 年）、叶志诜（1764—1811 年）、李璋煜

---

① （朝鲜）丁若镛：《与犹堂全书·第一集·第十一卷·诗文集·田论三》。

(1784—1857年)等学者,其中阮元还赠送其文集《苏斋笔记》。朝鲜方面参与者更为广泛,包括申纬、沈象奎、洪奭周(1774—1842)、李光文(1778—1838)、赵寅永、赵秉龟(18011845)、赵秀三(1782—1849)、李尚迪(1803—1865)等。两国学者间的文化交流,促进了彼此的文化发展。例如,1815年春,翁方纲致函金正喜,要他坚守"博综马郑,勿哗程朱……为学之方,在博观约取"①。19世纪中叶,金正喜因牵连政治狱祸两度遭到放逐,前后度过13年的漫长流放生活。这种遭遇使其更接近人民,集中精力进行学术活动,从而成为朝鲜金石学、考古学的创始人和著名的书法家。金正喜著述甚多,有《阮堂集》《金石过眼集》等。

古山子金正浩(1804—1866)是这个时期的实学家和地理学家。他继承实学先驱者的遗产,于哲宗十二年(1861年)绘制、刊行了《大东舆地图》和《大东地志》②,为朝鲜地图绘制学做出了杰出的贡献。

崔汉绮(1803—1879),字芝老,号惠冈,又号浿东,是朝鲜封建社会末期的实学家和著名的哲学家,其代表作是《地球典要》《神气通》《人政》等。他的哲学观点是唯物主义的,强烈主张无神论,认为宗教宣传有灵魂是谎言,认为人生之前唯有天地之气,人死之后,还是天地之气。他指出:"充塞天地,渍洽物体,而聚而散者,不聚不散者,莫非气也。"③当今韩国学者评价道:"如果说先前的实学是以儒学经典的演绎为基础的'经学实学',那么惠冈的实学是以'历算物理'为基础的'科学的实学'。"④同时,他在"经世致用"方面也建树颇

---

① (清)翁方纲:《覃溪赤牍》,载韩国国立中央博物馆编:《秋史金正喜:学艺一致的境地》,首尔:通川文化社,2006年,第86页。
② 《大东舆地图》把鸭绿江、图们江以南的朝鲜半岛及其附属岛屿以约1∶16200的比例,分作22段(每段120里),各段以6尺6寸(1幅80里)幅宽,横折制成。内容载明山川、河流、营衙、邑治、城址、镇堡、驿站、仓库、牧所、古镇堡、烽燧、陵寝、坊里、古县、古山城、道路等。此图与《大东地志》形成姊妹关系。《大东地志》完成于1864年,全书共32卷15册。此书矫正了《东国舆地胜览》的诸多错误,有重要价值。
③ (朝鲜)崔汉绮:《气测体义·天人之气》。
④ [韩]李佑成:《崔汉绮的生涯和思想》,《韩国的历史肖像》,第115页。

多。在新时代来临之际，他意识到"财用乃人生必须之物"①和利欲的正当性。他称赞"士农工商专精世务，赡民用，补治化"；认为"士农工商事务，有借商而流通，如一身耳目口舌手足，相须而济事业，不可偏废，亦即一体万民之义也。若商业荡败，谷帛不能周通，政教无纪律，先自商民而现。民国规模之苏完，亦自商民而可见"②。从此重商主义出发，他指出："末俗以工商为贱业，任置于营营苟良之辈，致使工商之人渐致贱漏。用人之道，何独不行于工商乎？人生原无士农工商之限定，朝廷非有人品贵贱之取舍。"③综合以上信息，崔汉绮算得上朝鲜后期实学的重要代表人物。然而，就其人际与师承关系而言，他与同代其他学者和其后出现的"开化派"似均无关系，而是"作为孤立书斋老人终其一生"，表明实学这时已经走到尽头。④

实学是朝鲜封建社会行将崩溃时期发展起来的进步思想派别，在朝鲜文化发展史上占有重要地位。它在反对占统治地位的程朱理学的过程中发展起来，并通过广泛研究朝鲜政治、经济、文化，自然科学与技术以及朝鲜历史而更加深化。实学以研究朝鲜人民生活的现实与朝鲜的繁荣富强为基本目标。但是，实学家的思想由于时代的限制与阶级局限性，没能完全摆脱封建伦理道德观的束缚，亦未突破儒学的基本框架。

三、"小中华"意识的形成

自箕子建国以来，由西周开创的封建等级"畿服制"为核心内容的中国古代帝王的华夷天下观，全盘被半岛的统治者接受。在上千年的中原王朝与朝鲜半岛历代王国的密切交往中，自称"东方""东

① （朝鲜）崔汉绮：《人政·卷四·财用》。
② （朝鲜）崔汉绮：《人政·卷四·教人》。
③ （朝鲜）崔汉绮：《人政·卷二十五·工商通运化》。
④ ［日］姜在彦：《朝鲜的开化思想》，东京：岩波书店，1980年，第94页。

国”的朝鲜半岛发达地区的主流社会,一直以儒学的华夷观观察世界,即古代中国皇帝所居之地乃世界之中心,称“中国”,或称“诸夏”“华夏”“中夏”“中华”“华”“夏”等;而其周边世界有“四夷”护卫,在“夷狄”之外为“蛮荒”之地,称“四荒”“大荒”。而与其他周边诸王国不同,早在唐朝开元年间(713—741),唐皇即赞朝鲜半岛上的新罗为“君子之国,颇知书记,有类中华”①。据《朝鲜王朝实录》载,世宗在谈及与明的关系时也夸张地说:“朝鲜国大君贤,中国亚匹也,且古书有之。初,佛之排布诸国也,朝鲜几为中华,以一小故,不得为中华。”②此处所指应为早已接受佛教的新罗。③ 新罗“有类中华”,是指其“颇知书记”,知礼,“事大朝”,奉正朔。从历史上看,此后,无论是王氏高丽,还是李氏朝鲜均承袭这种天下观和原则。但是,在半岛列国时期,新罗法兴王二十三年(536)曾“私有纪年”,创建自己的年号,而且在被纳入中原王朝的宗藩体系后,在唐太宗“敕御史问:‘新罗臣事大朝,何以别称年号?’”④的责问下,才“不得已”于649年始奉正朔,行唐号。对此,《三国史记》作者论曰:“偏方小国,臣属天子之邦者,固不可以私名年。若新罗以一意事中国,使航贡箧相望于道,而法兴自称年号,惑矣!”⑤统一新罗时期,新罗第31代国王金政明甚至以“颇有贤德”为名犯上僭越,竟以与唐太宗同“庙

---

① 《旧唐书·卷一百九十九·新罗》;《三国史记·卷九·新罗本纪第九》孝成王二年二月条。

② 《朝鲜王朝实录·世宗实录·卷二十六》世宗六年十月戊午条。

③ 作者前已指出:半岛引进佛教最早是百济。384年,枕流王以“致宫内礼”规格迎接来自东晋的胡僧摩罗难陀传教,佛法开始行于百济。新罗的佛教来自372年从前秦接受佛法的高句丽。《三国史记·新罗本纪》记载了新罗法兴王十五年(528)“肇行佛法”的经过,称讷祇王(417—457)时,为高句丽沙门墨胡子所传,与梁遣使赐衣着香物同时。该文献也称这年新罗“遣使于梁,贡方物”。由此可知墨胡子到新罗毛礼家,应在讷祇王晚年。按《新罗本纪》,百济毗有王时,“有阿道和尚与侍者三人,亦来毛礼家。仪表似墨胡子,住数年,无病而死。其侍者三人留住,讲读经律,往往有信奉者。至是,王亦欲兴佛教”。可知,5世纪上半叶,佛教已经在半岛南部开始流传。但是,也有学者指其具体时间为统一新罗时,详见孙卫国:《从“尊明”到“奉清”——朝鲜王朝对清意识的嬗变(1627—1910)》,第40—41页。

④ 《三国史记·卷五·新罗本纪第五》真德王二年三月条。

⑤ 《三国史记·卷五·新罗本纪第五》真德王本纪“论曰”条。

号太宗"加于其第 29 代王金春秋。当唐高宗遣使追问时,神文王则以武烈王"得圣臣金庾信,一统三韩",比喻唐太宗"得贤臣魏徵、李淳风等,协心同德,一统天下",而坚持"太宗之号"①不变,皆表明半岛的王者常抱有"几为中华"的自信。

公元 10 世纪至 14 世纪下半叶,中国大陆之上屡屡发生北方少数民族入主中原的局面。当时,正值王氏高丽统一朝鲜半岛的时期,而这些北方游牧王朝,特别是蒙古势力频频对高丽施以侵袭,甚至加以控制和干涉,这势必刺激、促使文化高度发展的高丽的政治家和学者的自我主体意识的萌生。高丽王朝创建者王建在为其子孙所定"训要"中,曾自豪地强调:"惟我东方,旧慕唐风,文物礼乐,悉尊其制,殊方异土,人性各异,不必苟同。"就流露出强烈的个性和主体意识。"光庙(世祖别称)之后,益修文教,内崇国学,外列乡校,里庠党序,弦诵相闻,所谓文物侔于中华。"②此后,高丽史学的发达和以出版大藏经为标志的佛教与寺院文化的兴旺一定程度上亦应视为这方面的体现。一然和尚有关"古朝鲜""坛君"神话传达的自主开国与古代中国高尧相似的记事则是又一突出事例。《高丽史》亦多有违背周礼,彰显高丽为独立国家的表述。对此,该书"纂修高丽史凡例"解释说:"凡称宗、陛下、太后、太子、节日制诏之类,虽涉僭踰,今从当时所称书之,以存其实。"实乃彰显其历史的独特性。

自 933 年春三月,王建接受后唐授予的"特进检校太保使持节、玄菟州都督、上柱国充大义军使仍封高丽国王"称号和"历日"之日起,高丽历代国王虽亦均尊事大之礼,奉中原王朝正朔,但同时也有公然僭越,"谥曰神圣,庙号太祖"之行为。对此,李齐贤不仅不反对,反而赞曰:"忠宣王尝言,我太祖规模德量,生于中国当不减宋太祖。"并称"太祖即位之后,金傅未宾,甄萱未虏,而屡幸西都,亲巡北

---

① 《三国遗事·卷二·纪异·太宗春秋公》。
② 《高丽史·卷一百十·列传第二十三·李齐贤》。

鄢,其意亦以东明旧壤为吾家青氈,必席卷而有之,岂止操鸡搏鸭而已哉! 由是观之,虽大小势不同,二祖规模德量所谓易地皆然者也!①李齐贤通过把王建比作赵匡胤而自比古代中国,还透露出高丽君臣在事大的同时,肆意"僭踰"礼制,向中国大陆扩张领土的非分之心。13 世纪末叶,因上疏劝谏忠烈王而被罢官的谏官李承休,因保存和弘扬高丽历史文化的自觉意识,十八载隐居故居三陟龟洞撰写《帝王韵记》,更以其民族文化的自豪感,强调其独存性,高唱:"辽东别有一乾坤,斗与中朝区以分。洪涛万顷围三面,于北有陵连如线。中方千里是朝鲜,江山形胜名敷天。耕田凿井礼仪家,华人题作小中华。"其开国君王王建的"文柄"崔承老于成宗元年(982),在总结惠、定、光、景四朝"为政之迹"的上疏中所进献的"时务计二十有八条"中,亦曰"华夏之制,不可不遵,然四方习俗各随土行性,似难尽变",强调"法中华","不必苟同"②。

高丽后期著名文人李奎报见宋人将朝鲜使臣朴寅亮、金覸的诗文刊刻成册曰《小华集》③,遂在《题华夷图长短句》中歌道:"万国森罗数幅笺,三韩隈若一微块。观者莫小之,我眼谓差大。今古才贤衮衮生,较之中夏毋多愧。有人曰国无则非,胡戎虽大犹如芥。君不见华人谓我小中华,此语真堪采。"④

到了李氏朝鲜时期,朝鲜半岛的主体民族以大明"今天子命曰惟朝鲜之美称"而自豪,"本其名而祖之"⑤,以"箕子朝鲜"继承者的正统意识,体认本国为"皇明御宇"之"东国"。⑥ 李朝开国重臣权近

① 《高丽史·卷二·世宗第二·太祖二》太祖二十六年五月丁酉与李齐贤赞条。
② 《高丽史·卷九十三·列传第六·崔承老》。
③ 高丽文宗使臣朴寅亮(? —1096),"熙宁中与金覸使宋,所著尺牍、表状及题咏,宋人称之,至刊二公诗文,号《小华集》"。《高丽史节要·卷六》肃宗明孝大王丙子元年九月条。朴寅亮的《使宋过泗州龟山寺》(见《东文选》)与朴仁范(罗末)的《泾州龙朔寺》、崔致远的《登润州慈和寺上房》为半岛人闻中国的代表性作品。
④ (高丽)李奎报:《东国李相国集·卷十七》,第 469 页。
⑤ (朝鲜)郑道传:《三峰集·卷之七·朝鲜经国典上·国号》。
⑥ 《新增东国舆地胜览·卷一·进新增东国舆地胜览笺》。

在作《郑三峰道传文集序》时,对此辩称:"我东方虽在海外,爰自箕子八条之教,俗尚廉耻,文物之懿,人才之作,侔拟中夏。"①丽末鲜初之著名学者李穑也称:"惟我小东,世慕华风。"②这里的"中夏""小东",就是"中华"与"小中华"的同义词。基于地虽偏居一方而文物制度类同中华的视角,其建国伊始,礼曹礼制改革即令平壤府以时致祭,"朝鲜檀君东方始受命之主,箕子始兴教化之君"③。1413 年,太宗则进而明确"许于檀君、箕子称朝鲜国王",列于"中祀"④,亦是出于彪炳其文化之正统和"受命"自主并行不悖。但是,李氏朝鲜建国以来,在推行北进政策的过程中,一直处于事大和"以中国为虑"的矛盾中。1411 年,明成祖命张辅(1375—1449)伐交趾与此前明授猛哥帖木儿为建州卫都指挥使,朝鲜左政丞河仑(1347—1416)诣阙请见国王议"中国对备策"⑤,称:"今闻上国将北征,又遣人于东北野人,虽与我国和亲,终或图我,未可知也,且恐穷兵亡入我疆。"然而,朝鲜"旱干之际,又有东风伤谷,故忧劳不寐",故而太宗延见,并答曰:"帝之征东征北,自家之事,不必为虑……今东西二界有旱干之变、虫蝗之灾,诸卿在燮理之职,不此之忧,而以中国为虑乎!"李芳远遂于庆会楼会议诸大臣研究对策。⑥ 次年,南原君梁诚之(1415—1482)更在《请罢中国置镇开州疏》中直言:"惟我大东,居辽水之东,长白之南,三方负海,一隅连陆,幅员之广,几于万里。自檀君与尧并立,历箕子、新罗,皆享千年。前朝王氏亦享五百。庶民则男女勤耕桑之务,士夫则文武供内外之事,家家有封君之乐,事事存事大之

---

① (朝鲜)权近:《阳村集·卷十六》,韩国民族文化推进会编:《韩国文集丛刊》(影印圈点本)第 7 册,第 171 页。
② (高丽)李穑:《牧隐集·卷十一·受命之颂并序》。
③《朝鲜王朝实录·太祖实录·卷一》太祖元年八月庚申条"礼曹典书赵璞等上书"。
④《朝鲜王朝实录·太宗实录·卷二十六》太宗十三年十一月庚辰条。
⑤ 朝鲜科学院古典研究室:《李朝实录分类集·第一辑·政策一》,平壤:朝鲜科学院出版社,1960 年,第 164 页批注。
⑥《朝鲜王朝实录·太宗实录·卷二十六》太宗十三年七月癸卯条。

体,作别乾坤,称小中华,凡三千九百年于兹矣!"①

15 世纪末,随着朱子学统治地位的动摇,思想界各种不同观念激烈碰撞,人们开始思考自己国家在世界中的定位。如果说李朝建国初期,太祖的大臣们还再强调朝鲜与明朝之间是"天地""上下"之关系,那么世祖、成宗时的大臣徐居正(11420—1488)则强调二者"并行与天地之间"②,而 16 世纪末、17 世纪初的文人许筠也认为:"国有中外殊,人无夷夏别,落地皆兄弟,何必分楚越。"③

进入 17 世纪,东亚局势巨变,古代中国发生明清交替,太宗时期朝鲜官员眼中的"野人",成了"上国"的统治者。于是,朝鲜思想文化界开始更多强调其自身的价值和特殊性。他们自诩朝鲜是取代"夷狄"之清的中华文化之嫡统,进而以仇视的眼光看待清朝。仁祖时期,通过政变走上执政舞台的西人面对与后金的关系由"兄弟"过渡到"君臣"的现实,从性理学的名分论出发,为抚慰受到伤害的以"小中华"自居的内心和应对复杂的国内外形势,开始执行亲明排金政策。这种状况在孝宗时期发展到顶点,甚至顷国家之力计划"北伐"。孝宗时期的"北伐"与前者不同,而是在更加明确的意识形态下进行的,已经祭起"崇明事大""春秋大义"的"尊周"大旗,目的主要是彰显自我。当时大儒、被后人尊为"宋子"并倡导"北伐"的老论派领袖宋时烈(1607—1689),在撰写的《高丽史提纲》(1667 年刊行)的"序"中写道,"夫高丽以东表偏附,距全闽万有余里,而其见称于朱夫子者甚详",以示其对中华文化的传承。他进而以"从变而移"之"华夷之辨"为"小中华"意识建构理论依据,指出:"中原人指我为夷狄,号名虽不雅,亦在作与之何耳。孟子曰:舜,东夷之人也;

① (朝鲜)梁诚之:《请罢中国置镇开州疏》,载《朝鲜王朝实录·成宗实录·卷一百三十四》成宗十二年十月戊午条。
② (朝鲜)徐居正:《东文选·第一册·东文选序》(影印本),宋相琦补编,汉城:太学社,1975 年,第 1 页。
③ (朝鲜)许筠:《送吴参军子鱼大兄还天朝》,载(明)吴明济编:《朝鲜诗选校注》,祁庆福校注,沈阳:辽宁民族出版社,1999 年,第 249 页。

文王,西夷之人也。苟为圣贤人,其我东不患不为邹鲁矣。昔七闽实南夷区数,而自朱子崛起此地之后,中华礼乐文物之地或反逊焉。土地之昔夷而今鲁,惟在变化而已。"①此后,他又于华阳洞内筑室,比作朱子云谷,祀明神宗于洞中,名曰"万东祠"。1674 年,他进而把其门人闵鼎重在北京得到的明毅宗的御笔"非礼勿动"四个大字镌刻在华阳洞的绝壁上。而当其临终不得行其"北伐"之志时,他对其弟子说:"我国国小力弱,虽不能有所为,常以'忍痛含冤、迫不得已'八字存胸中,同志之人传授不失可也。"虽然 1659 年孝宗的死亡和 1689 年支持反清的领中枢府事宋时烈的被赐死,使朝鲜政府策划的"北伐"计划中途夭折,但随着"南人"执掌政权,"北伐论"再次抬头,直至 1694 年"甲戌士祸"南人被彻底逐出政权,局面才有改变。在此种内外环境下的"小论"名门出身的文人赵龟命(1693—1737)虽不热衷于政治,甚至被视为文坛"异端",也在《贯月帖序》中写道:"我东之称小中华,旧矣。人徒知其与中华相类也,而不知其相类之中又有不相类者存。"②

　　进入 18 世纪,在新的对外环境中,1704—1705 年,适当甲申三月明亡周甲,肃宗仿周公"祀文王于明堂"之礼,在国都昌德宫后苑西建"大报坛"("皇坛"),以太牢祭祀明太祖、神宗、毅宗皇帝,以感恩大明当年没齿难忘之救援,并彰显其继承明朝文明之国家自豪感。1717 年,朝鲜将华阳洞万东祠扩建为庙宇,名曰"万东庙",并镌刻宋时烈手书"大明土地,崇祯日月"。③ 1750 年,英祖又祔祭崇祯皇帝于大报坛旁。1764 年春,英祖还特为忠良后孙和明之遗民后代设立忠良科,并令不用大清年号。④ 同时,朝鲜政府还特别善待流入朝鲜的明代遗民。这些行为虽然反映了朝鲜朝野对中华文化的敬

---

① (朝鲜)宋时烈:《宋子大全·卷一百三十一·杂录》。
② (清)赵龟命:《东溪集·卷一》。
③ (朝鲜)权尚夏:《寒水斋集·卷二十二·同春先生年谱序·书华阳崖刻后(20)》。
④《国朝宝鉴别编·卷七》,汉城:骊江社,1985 年,第 275 页。

仰,但也处处透露朝鲜人的自信、自尊和朝鲜针对清朝的维系大明法统、道统的自负。

与此同时,南人学者李瀷的弟子尹愭(字敬夫,号无名子,1741—1826)特著《东方疆域》阐发"小中华"之概念,称:"然则昔日东方之称小中华者,以其有大中华也。而今其大者,非复旧时疆域矣。地维沦陷,山川变易,曾无一片读春秋之地。而吾东方三百六十州之疆域,盖无非中华之衣冠谣俗,则优优乎大哉,奚可以云小哉?"①尹愭与太宗时的梁诚之不同,他强调的是昔日所谓"小中华"是以其有"大中华"为前提,而今形势发生大变,"大者"已经"沦陷",唯独"东方"之国朝鲜才是维系春秋大义的"疆域",这个"小中华"才是"优优乎大哉",而非"小"也。

正是在这种背景下,一批倡导"华夷之辨"的尊周著作,如《尊周录》《尊攘录》《明陪臣考》问世。1800年,兵曹参议李毅骏奉王命编撰刊行了宣扬春秋大义的《尊周汇编》20卷。尽管随着思想领域北学派的发展,尊周论逐渐失去市场,但朝鲜文人中的"小中华"意识并未削弱。18世纪实学思想集大成者丁若镛更为"小中华"意识提供理论支撑,他说:"其所谓中国者,吾不知其为中,而所谓东国者,吾不知其为东也……夫既得东西南北之中,则无所往而非中国。""我东方负山环海,地利有险阻之固,用夏变夷,文物焕烂之美,小华之号,洵其宜矣。"②此后,"小中华"思潮虽被日渐形成的"北学派"斥责为"自为异域"③受到压制,但进入近代,这种意识在转变为反对日本与西方侵略的"卫正斥邪"与盲目自信。如李朝末期大儒李恒老认为当时乃"神州陆沉、西洋昏垫之时",唯我朝鲜"进于中国"。④ 同时,这种意识也成为李氏朝鲜末期半岛对华离心力的重要因素。李

---

① (朝鲜)尹愭:《无名子集·文稿册八·东方疆域》。
② (朝鲜)丁若镛:《丁茶山全书·第一集·卷十三·诗文集》。
③ (朝鲜)李珥:《栗谷全书拾遗·卷四·贡路策》。
④ (朝鲜)李恒老:《华西集》。

恒老的学生金平默(1819—1891)甚至在回答其弟子询问时竟依然死守陈旧"北伐"观念,认为"我与清人,不共戴天之仇也"[1],极大地妨害了"唇亡齿寒"中朝共命运意识的形成。20世纪末的高宗称帝改元是此类思潮发展极致的表现。

第四节　后期对外关系

一、与清朝的关系

"三田渡"和约后,在朝鲜承认清朝为宗主国的前提下双方的睦邻关系得到保持和发展,两国的政治、经济与文化联系得到加强。然而,至少就朝鲜而言,在政治层面与文化心态上在相当长时期内是言行两张皮,表面上一切依旧规而行事大之礼,思想感情上则以事清为耻,认为清朝统治下的中国乃是腥秽横行、文物沦丧之域,其内心的"大",依然是已不存在的"大明",不仅民间乡邑多不用清朝年号,甚至在一个较长的时期里,以"至于公事间文字亦有不肯用者"[2],而是"一国之内,或用明正朔,或用清年号者"[3]并存。

1644年冬十月,清朝定都北京,世祖顺治帝于南郊祭告天地,入承中华大统,遂于次年起陆续送朝鲜世子等人质回国,逐步减少作为藩属标志的岁贡与献方物,并优礼朝鲜国王与其使臣,向朝鲜频频示恩。起初,朝鲜对清朝派出的行使沿袭明之四行使制,仅以岁币使代替千秋使。[4] 1645年,清帝规定可不拘于各个节日的日期,将冬至、正朔、圣节三使合并为岁币使。[5] 雍正元年(1723),四贡合并成为定制,称三节兼年贡使,或称冬至使、"节行";同时,保留四节

---

[1] (朝鲜)金平默:《重菴集·鹭江随录·三江问答》。
[2] 《朝鲜王朝实录·显宗改修实录·卷二》显宗即位年十一月戊午条。
[3] 《朝鲜王朝实录·英祖实录·卷二十七》英祖六年七月辛巳条。
[4] 《通文馆志·卷三·事大》赴京使行条称:"自崇德以来,无千秋使,而有岁币使。"
[5] 《钦定大清会典·卷三十九》称:"朝鲜每年四贡,于岁抄合进。"

的贺表与方物,只是人员、方物数量大为减少。

清朝对朝鲜的"以德怀之"的政策选择,取得了明显的效果,两国的关系得到显著改善。然而,清初世祖顺治年间(1644—1661),双方的关系相当紧张。1649年夏六月,主张与清妥协的朝鲜仁祖薨殁,当凤林大君淏尚在由北京返回汉城的路上时,年初已经回国本应继承王位的昭显世子浧突然于四月二十六日暴毙于汉城宫中,这对清朝来说不是好兆头。早在1636年丙子年,昭显世子与凤林大君作为人质开始生活在清朝;前者经历最多,曾多年居住盛京(沈阳)和北京,参加过清军的西域远征,并与耶稣会修士、清光禄大夫汤若望交流中学得相当的西学知识,亦尊重清廷,是朝鲜王位继承人的最佳人选。而随后回到汉城的凤林大君李淏被封为世子,登上王位,成为朝鲜第17代王孝宗(1649—1659在位)。孝宗曾目睹过两次清军入侵之暴行,有着八年入质清朝的经历。并且,当时朝鲜朝野普遍存在的反清气氛,尤其清政府杀害被押赴盛京的亲明大臣等行为,以及1641年冬诛杀支持私通明朝的崔孝一的义州府尹黄一浩等"亦令百官聚观其尸"的残忍手段[1],极大地伤害了朝鲜臣民的感情,令整个朝鲜社会无法释怀。于是,在其导师宋时烈、宋浚吉等人的蛊惑下,孝宗突破"三田渡盟约"之禁,以不实之词,谎称"观狡倭情形,万分可虑"[2],修筑城池,大肆增设御营军,配合明遗臣的"反清复明"活动,妄图"北伐"复仇。由于清朝及时察觉朝鲜有联合南明政权与日本方面反清的征兆,这一计划遭顺治帝诏谴追究而破产。孝宗君臣联合日本反清的"北伐"是一种危险的计划,一旦实施后果不堪设想。其实,孝宗君臣鼓噪"北伐"也有缓解内部矛盾的一面。后来,朝鲜《肃宗实录》在对主张北伐的南人首领尹镌的评判中指出:此论"外假虚名,内济其私,非有真心实意,必不得已之计。且

---

[1]《朝鲜王朝实录·仁祖实录·卷四十二》仁祖十九年一月辛巳条。
[2]《清世祖实录·卷四十七》顺治七年正月乙丑条。

其所讲画者,有同儿戏,只可供识者之一笑而已。以此谋国,亦云殆矣"。①

17世纪中叶,朝鲜与中国面临着西方殖民主义入侵的共同威胁,同样的命运加强了这两个国家的政治联系。整个世界因西班牙与葡萄牙航海家于15世纪末、16世纪初开辟大西洋与太平洋航道而连为一体。17世纪中后期,几乎在英国革命(1640—1688)爆发的同时,俄国的势力已经从东欧扩展到亚洲。1639年,俄国的扩张势力继征服西伯利亚汗国之后,向东推进到鄂霍次克海岸。1643年,雅库茨克统领戈洛文遣俄国"远征"军,首次入侵中国的领土黑龙江流域。1619—1658年间,俄国以其侵占的雅克萨为据点肆意骚扰杀戮,进而将其侵略魔爪伸向松花江沿岸。俄国的东进政策严重威胁了中国和朝鲜的安全。

由于清朝统一中国的大业未竟,没有足够的兵力抵御俄国的入侵,同时在某种程度上也有考验孝宗政府态度的意义,清廷于顺治十一年(1654)二月二日遣使入朝鲜请求援军。面对新的外部威胁,中国与朝鲜联合了起来。李朝政府遂于三月二十六日选派鸟铳手100人,哨官1人,通事2人,军官旗鼓手、火丁48人,总计150余人,由咸镜道将军边岌率领,经会宁渡图们江,抵宁古塔(宁安),与清军会合,组成中朝联合部队,在镇守宁古塔昂邦章京沙尔瑚达的统一指挥下,于四月二十一日从宁古塔出发,经依兰县向黑龙江进军,途中与深入松花江口的俄国侵略军指挥官斯捷潘诺夫统领的300余哥萨克兵交战,俄军败走呼玛河。六月,边岌全军而还。② 此即为朝鲜史的"罗禅征伐",也是历史上朝鲜与俄国第一次接触。尽

---

①《朝鲜王朝实录·肃宗实录·卷二》肃宗元年一月丙子条。
②《朝鲜王朝实录·孝宗实录·卷十三》孝宗五年七月庚寅条。

管,俄国并不清楚对方系中朝联军,而统称为"博格达大军"。①

顺治十五年(1658),清廷决定动员兵力给入侵者以致命打击,再次邀朝鲜支援。在军粮困难的条件下,朝鲜政府仍以北道虞侯申浏为首领,率哨官2员,鸟铳手200名及标下旗鼓手、火丁共60名,带三个月粮来援。② 此次中朝联军仍由宁古塔昂邦章京指挥,总兵力达1400人。七月十一日,联军与俄国侵略军接仗,敌军500余人,除一部逃跑外,余部不战而降,斯捷潘诺夫在战斗中丧命,联军共计击毙与生俘敌人270多人,取得了决定性的胜利,为次年清军收复雅克萨奠定了基础。

1659年夏五月,孝宗薨,世子棩继位为显宗。李棩在国内对清政策上持平衡北伐派和反北伐派的调和立场,即恢复祭祀明东征将士之愍忠坛,安抚反清崇明派势力,又对南人首领尹镌(1617—1680)借1673—1681年间"三藩之乱"力主北伐之密疏采取不予置理的态度。

清康熙年间(1662—1722),在朝鲜与清朝的关系趋于稳定的年代,清圣祖康熙帝借册封体制中礼制文化之文德,使具有反清情结和日益增强的"小中华"意识的朝鲜稳稳纳入清朝皇室主导的"东亚世界"的中华秩序。在李氏朝鲜后期与清朝的关系中"史实辩诬"是一个突出问题。鉴于朝鲜的《实录》与中国史书对朝鲜后期频繁发生的"讨逆"与"换局"事件的表述并不同步,便出现多次"辩诬奏请"事件。17世纪末,围绕肃宗元子定号与立储的斗争不仅引起朝鲜国内政局动荡,频频"换局",而且也因有违礼制,17世纪90年代初请封李昀为世子的过程非常不顺利。鉴于清朝仿《明会典》编写了《大清会典》内有关藩属国的王位继承的内容,当时清廷援引《明会典》

① 俄罗斯文献称:是年"6月6日(公历6月16日),与博格达大军突然遭遇,博格达军带有各种火器、大炮和火绳枪。"见俄国古文献研究委员会编:《历史文献补编——十七世纪中俄关系文件选译》,郝建恒等译,北京:商务印书馆,1989年,第90页。俄国哥萨克称清朝皇帝为"博格达",此乃蒙古语皇帝的意思。
②《朝鲜王朝实录·孝宗实录·卷二十》孝宗九年三月庚子。

的"待王与王妃年五十五嫡,始立庶长子为王世子"的规定,拒绝朝鲜的请封。朝鲜只得于第二年再次请封,并且除上奏《再请册封元奏》外,还加奏《再陈请封事情别奏》,才使清廷考虑到半岛的稳定,接受朝鲜的所谓"早定储嗣以系民望"之理由而允准。对于肃宗四次交递王妃之奏文中所谓"臣于伊时,率尔处置,事过之后,追悔实深","今辄循国内舆情,仍前以闵氏为妃,张氏处以副室,庶几家道顺序,而正一邦风化之本",清朝虽觉说服力和名分均颇牵强,但发展两国稳定藩属关系,并未提出异议。但是,对于1689年朝鲜闵氏仁显王后被废后,宫女张玉贞张氏被立为王妃,在肃宗李焞请封奏章中出现的称张氏只有皇室使用的"德冠后宫"一词却不予放过。1720年,李焞去世,世子李昀即位,是为景宗,基于以往经验,作为庶妃所生的景宗于其继位初即立延礽君为世弟之事前所未有,在请封遣使问题上其使臣表现得特别慎重,景宗不得不三易正使、两易副使,还以银两进行贿赂。其所递《再请册封元奏》《再陈请封事情别奏》列出景宗身体状况、延礽君之血脉之正统、册封非嫡长子为世子的前例和"为巩固屏翰"之属国的稳定等理由,尽力排除清朝可能提出的质疑。康熙帝对此特别重视,命阁臣11人组成班子反复进行询问和研判,最后由礼部起草奏稿。然而,礼部议制司与主客司意见发生对立,以致礼部尚书赖都认为两司意见不合必与朝鲜使臣贿赂有关。结果本欲做准稿的赖都"或恐混被污蔑之名,使做驳稿"。此稿亦得到内阁的支持。但是,朝鲜另有疏通渠道。朝鲜使团随员金震弼通过其远亲原籍朝鲜义州的内务府侍卫常明游说与"许以四千之数、二匹之马"行贿之举,得到大学士富察·马齐的支持。结果,经过近两个月的周折,最后康熙六十一年(1722)二月二十四日,得到原本就打算允准的康熙帝的认可。这样,康熙帝通过准予延礽世弟册封之举,既满足了朝鲜王室追求王权正统性的诉求,又争取到朝鲜的"事大以诚",加强了清室的宗主国地位。

此时,李氏朝鲜王朝已经将其北方边界,推进到鸭绿江中下游和图们江一带。但是,这条边界从未经过双方明文确认。那时的边界只不过是实际控制线而构成的习惯边界,两国边境并无何行政机关,也不屯重兵。

显宗时期(1659—1674),朝鲜强化了对惠山以北地区的渗透,于其末年增设茂山镇于图们江边之三峰坪。鉴于长白山一带系清人祖宗发祥地,自 1628 年,清太宗皇太极即对该地区实行封禁,从揽盘经凤凰城至瑷阳边门、碱厂边门、旺清边门一线筑起一道长栅,即柳条边墙。直至 1871 年,这里以东的地区严禁外族进入。

1677 年,清圣祖康熙帝命内大臣觉罗武默讷赴神圣的长白山[①]踏查致祭。1684 年,清驻防协领勒楚奉命对长白山踏查时,其绘图官遭朝鲜人"放枪"击伤,致踏查中止。[②] 18 世纪初,朝鲜人越境潜入的现象频繁,亦有命案发生[③],从而引起外交争端,亦引起康熙帝的关注。

为编撰《一统志》和绘制《皇舆全览图》,康熙帝在阅览已完成的《盛京全图》《乌苏里江图》时,发现鸭绿江与图们江之间连接处边界不甚明晰,决定派员勘测中朝两国界河的源头。1711 年五月癸巳,康熙帝谕:"朕前特差能算善画之人,将东北一带山川地理,俱照天上度数推算,详加绘图。视之,混同江自长白山后流出,由船厂打牲乌喇向东北流,会于黑龙江入海,此皆系中国地方。鸭绿江自长白山向东南流出,向西南而往,由凤凰城、朝鲜国义州两间流入于海。鸭绿江西北系中国地方,江之东南系朝鲜地方,以江为界。土门江自长白山东边流出,向东南流出于海。土门江西南系朝鲜地方,江之东北系中国地方,亦以江为界。此处俱已明白。但鸭绿江、土门江二江之间地方知之不明。"因此,康熙帝秘谕打牲乌喇总管穆克

---

① 《山海经》称不咸,《新唐书》曰太白山,辽金以后至今称长白山。1678 年,康熙帝封"长白山之神",设台祭拜。
② [日]篠田治策:《白头山定界碑》,东京:乐浪书院,1938 年,第 21—23 页。
③ 《朝鲜王朝实录·肃宗实录·卷五十》肃宗三十七年辛卯三月条。

登:"尔等此去,并可查看地方,同朝鲜官员沿江而上。如中国所属地方可行,即同朝鲜官在中国所属地方行。或中国所属地方有阻隔不通处,尔等俱在朝鲜所属地方行。乘此便至极尽处,详加阅视,务将边界查明。"①穆克登之所以与朝鲜使臣同行,即如他所言:"此特为查找边境,与彼国(朝鲜)无涉,但我边内路途遥远,地方甚险,倘中途有阻,令朝鲜国稍微照管。"②然而,朝鲜"只出接伴使"③,并拒绝借道。所以,当年穆克登一行未能达到长白山鸭绿江、图们江二江的源头。④ 于是,便有二次查边。据《清史稿》,翌年四月,"穆克登至长白,会同朝鲜接伴使朴权、观察使李善溥,立碑小白山上"⑤。碑身高约二尺余,幅宽一尺余,其文曰:"大清乌喇总管穆克登奉旨查边至此,审视西为鸭绿东为土门,故于分水岭上勒石为记。康熙五十一年五月十五日。笔帖式苏尔昌,通官二哥,朝鲜军官李义复、赵台相,差使官许梁、朴道常,通官金应宪、金庆门。"朝鲜方面的记录《北征录》说:"登白头山颠,则鸭绿江之源果出山腰南边,故既已定界,而土门江源,则白头山东边最下处,有一微派东流,总管以此为豆江之源。两水间岭脊上,欲竖一碑,以定界限。"⑥但是,此碑并非是"定界限"碑,而是穆克登"查边"的"穆碑"。⑦

　　所谓立碑于小白山,即"登白头山,观池水,西为鸭绿,东为土们,遂于分水岭上立石为记"之山。⑧ 清朝与朝鲜以鸭绿江、图们江

---

① 《清圣祖实录·卷二百四十六》康熙五十年五月癸巳条。
② "中央研究院"近代史研究所编:《清季中日韩关系史料》,"礼部知会白山查境令韩国照管咨",台北:"中央研究院"近代史研究所,1972 年,第 2019 页。
③ 《朝鲜王朝实录·肃宗实录·卷五十一》肃宗三十八年二月庚辰条。
④ 《朝鲜王朝实录·肃宗实录·卷五十》肃宗三十七年七月壬辰条。
⑤ 《清史稿·卷五百二十六·朝鲜》。
⑥ 《北征录·肃宗三十八年》五月十五日条。
⑦ 徐德源:《穆克登碑的性质及其凿立地点与位移述考——近世中朝边界争议的焦点》,《中国边疆史地研究》1997 年第 1 期。
⑧ 《增补文献备考·卷三六·舆地考二四》;另据 1943 年"满铁"吉林铁路局编《长白山综合调查报告书》该石碑刻有"大清乌喇总管穆克登奉旨查边至此审视西为鸭绿江东为土门故于分水岭上勒石为记"的文字。

划界始于朝鲜设立并巩固其北方六镇,这在朝鲜世宗以后的公、私文献中都有记载。朝鲜咸吉道都节度使金宗瑞(1390—1453)撰写的论北方六镇防戍的兵书《制胜方略》称:"国初分界,以豆满江为限。"①丁若镛在论述设镇问题时也说"以豆满江为限"。② 朝鲜王朝后期著名地理学家李重焕更详叙其历史沿革,称:"白头大脉南下截为岭,岭东即咸镜道。古为沃沮地。南限铁岭,东北限豆满江……旧属肃慎,至汉属玄菟,后为朱氏③所据,及亡为女真所据。高丽则以咸兴南定平府为界。至中叶……后复归于金,以咸兴为界。至李朝庄宪大王,使金宗瑞北拓地千余里,至豆满江……肃庙丁酉康熙皇帝使穆克登登白头山,审定国界,沿豆满至会宁云头山城,见城外大坂有众冢,而土人指为皇帝陵。克登令人掘开冢,旁得短碣上字'宋帝之墓'四字。克登仍令大其封筑而去。始知金人五国城,即云头也。"④

"小白山",即长白山;山顶之"池水",即长白山天池,是清朝始祖爱新觉罗·布库哩雍顺诞生的地方,清代称作"发祥之地"或"龙头之地"。⑤ 如前所言,"江都会盟"双方约定"各守封疆",互不侵犯。进入他方疆域者必须"刷还",不得入住耕作。

穆克登查边 50 多年后,1767 年,李朝英祖以《龙飞御天歌》⑥中有所谓"今我始祖,庆兴是宅"为据,压制群臣的反对⑦,强行称长白

① (朝鲜)金宗瑞:《制胜方略·北路纪略》"老土部落"条。
② (朝鲜)丁若镛:《丁茶山全集·地理集》。
③ 朱氏即朱蒙,这里指高句丽。
④ (朝鲜)李重焕:《择里志·咸镜道篇》。
⑤ 《大清实录·卷一·始祖元年》。
⑥ 1445 年,权踶、郑麟趾奉王命为歌颂朝鲜太祖李成桂的祖先功绩以民族语言撰写的四言诗歌词。
⑦ 朝鲜刑曹判书洪重孝对此坚决反对,说:"白头山为我国山脉之宗,今此望祀之议,诚非偶然。而第念《礼》云,诸侯祭封内山川,臣未知此山果在封域之内欤? 顷年穆克登定界时,立碑分水岭以为界,则岭之距山,殆一日程,恐未可以谓之封内也。"见《朝鲜王朝实录·英祖实录·卷一百九》英祖四十三年七月辛丑。

山为朝鲜的发祥地,定为其五岳之一,并于甲山"择地建阁望"。[①] 在朝鲜古代历史上,确有"五岳之祭"的传统,但这与此无关。新罗的北岳"太白山"在今江原道;檀君神话中的"太白山"是今妙香山。朝鲜近代门户开放后,1883年秋,围绕朝鲜人越境问题,朝鲜又开始提出所谓"土门"、图们两江说,以穆克登碑文字是"土门"而非图们为借口,向清廷正式提出主张:图们江并非两国国界,土门乃图们江以北的另一条江。于是,便有后来的一系列的双方"勘界"和谈判。1887年末,双方以"丁亥"界谈协议为基础(图们江上游地段以石乙水或以红土山水为界),建议清帝裁断。最后清廷采纳以石乙水划界。[②] 19世纪末,因朝鲜民越垦管辖权问题,朝鲜又挑起图们江界务纠纷,并导致日、俄介入,直至1909年9月中日签订《图们江中韩界务条款》,内称:双方声明"以图们江为中韩两国国界,其江源地方自定界碑起至石乙水为界。"[③]

随着政治关系的改善和查边碑的树立,特别是清朝"德化"政策实施,朝鲜与清朝的经济往来更趋协调,文化关系更加密切。如前所言,后金、清初之交,清人"恩威并使",最初所定贡纳相当苛刻。据记载,按1637年之规定,仅进贡方物的物品就多达近30种,其主要者有:黄金百两、细麻布四百疋、细布万疋、米万包等。[④] 经历战争蹂躏的朝鲜认为这个数量"虽尽一国之力,难可措办"。[⑤] 这实际上带有对战败国索取赔款的性质。但是,不久即实行蠲免,无论是次数或是物品数量开始减少。特别是证明朝鲜已经切实履行"事大"义务后,清朝也随之对朝鲜执行"字小"之责任,其蠲弊范围不仅包

---

① 《国朝宝鉴·卷》丁亥英祖四十三年秋七月条。
② 王铁崖编:《中外旧约章汇编》第二册,北京:生活·读书·新知三联书店,1959年,第600页。
③ 《吉朝分界案》,照录吉林将军来文,光绪十五年十二月二十五日。引自杨昭全、孙玉梅编:《中朝边界沿革及界务交涉史料汇编》,长春:吉林文史出版社,1994年,第1110页。
④ 《清太宗实录·卷三十三》崇德二年正月戊辰条。
⑤ 《朝鲜王朝实录·仁祖实录·卷三十五》仁祖十五年十一月壬申条。

括方物,而且还包括岁币、各种临时性的谢恩、进贺类的贡献,以及限制请敕使在朝鲜的各种行为弊端。据记载,"仁祖丁丑始定三节兼行"(冬至、正朝、圣节),①丁丑乃仁祖十五年(1637)。就数量而言,例如贡米,崇德六年已经减到九千包,至雍正时期(1723—1735)减至四十石。

19世纪初,不仅贡品数量锐减,而且清廷大量给予回赐,使朝贡成为能够获利的一种双边贸易。据"燕行录"②《蓟山纪程》记载,纯祖三年(1803)十月二十一日派出的"三节年贡使"使团"入栅时"申报的《保单》,记有人员253名,马196匹;贡品有岁币151包,方物4包,贡米68包,海参50包,状纸40包等;进贡品"岁币"一栏中记有其他使团带来的万寿节进贡御前礼物,有黄细苎布10匹,白细苎布20匹等十余种。此外,还有中宫前礼物、冬至令节进贺御前礼物、正朝令节进贺御前礼物、本次"进贡御前礼物"、京截留今年岁币等。此次使团在清朝境内活动121天,除在北京38天人马每天受到"粮馔、柴草、酒果"的招待,清廷给国王、使节正副使等人员大量"回赐"外,还按高标准发给每个成员"路费",供旅途中的消费。

尽管如此,朝鲜使臣中"厌清"乃至"反清"恋明的情结,久久挥之不去。康熙五十五年(1716),当他们被邀在清宫看戏,见王者"汉官威仪"时,竟然发出"今天下皆尊满洲衣冠,而独戏演犹存华制,后有王者,必取法于此"的感慨。③ 其感观呈如此之情形,除是由于以汉文化为主体的中华文化对朝鲜的影响和对明朝在壬辰、丁酉抗倭战争

---

① (朝鲜)徐荣辅:《万机要览·财用编五》。

② "燕行录"是李氏朝鲜于清代出使北京的朝贡使团成员或随员撰写的行纪。所谓"燕行"者,北京之行也,燕行录记录朝鲜使臣由朝鲜首都汉阳(汉城,今首尔[서울])至北京、承德等地的沿途见闻及其感受,当代韩国学者将其编辑成丛书,1962年成均馆大学版《燕行录选集》为19辑,2001年东国大学校出版部林基中主编版《燕行录全集》共66卷,后又有续集出版。在总计549种燕行录中,属于1644—1894年的清季《燕行录》者达423种。此前,包括高丽时期的朝贡使臣也有行纪留存,学界称中国元代者为"宾王录",明代者为"朝天录"。

③ (朝鲜)徐浩修:《燕行记》,载[韩]林基中编:《燕行录全集》卷51,汉城:东国大学校出版部,2001年。

中为朝鲜而战的感恩之深外，也由于朝鲜君臣视野狭小，入燕朝贡的使臣受到"门禁"限制，他们对中国的了解非常有限，以及 15 世纪和 16 世纪后半期两次所谓"胡乱"给其留下了太多的负面印象，以至于在清朝进入太平盛世之际，朝鲜还动不动称之"胡"。就连康熙帝也被朝鲜景宗的领议政、小论派领袖赵泰耇（1660—1723）称作"胡皇"。① 这种情况到 19 世纪初以朝鲜"北学派"的兴起才有所改观。

有清一代除官方朝贡贸易外，双方还有民间的互市贸易。早在壬辰抗倭战争期间，即 1593 年，为缓解朝鲜发生的饥荒，明政府命辽东于朝鲜义州对岸中江（今马子台）开市贸易，后金时期关闭。清崇德间，皇太极敕定凤凰城等处每年赴朝鲜义州市易，春秋两次。1646 年，清户部与朝鲜"咨定"，以三月十五日、九月十五日市易，一年后改以二月、八月市易。此前在图们江流域的互市也很活跃。清"宁古塔每年赴会宁市易一次，库尔喀每二年赴庆源市易一次。届期，差礼部通官二员、宁古塔笔帖式、骁骑校各一员，监视，限二十日毕市"。除貂、水獭、猞猁、狲江獭等皮不准市易外其他皮革均可自由市易。"其在朝鲜，义州则由开城府及忠清、平安二道监营分敕各邑，豫斋农器、盐、纸，聚待湾上，及期差使员同译学、训导，领往中江与凤皇城通官长章京定价相贸。仍禁私贩人及牝马、人参。会宁、庆源则差使员同地方官于客馆监市。人马、牛驮皆有定数。甲丙戊庚壬年会宁开市，谓之单市，乙丁己辛癸年，会宁、庆源并市，谓之双市。"② 双方贸易品种有毛皮、牛、食盐、铁锅等。中江开市后，此两地的边境贸易逐渐衰退。最初，中江开市只进行官方贸易，后来私人贸易盛行，中朝间的贸易事实上成为自由贸易，此后五十年间的中

---

① 《朝鲜王朝实录·景宗实录·卷十》景宗二年十一月辛亥条。
② （清）周家禄：《奥篨朝鲜三种·朝鲜载记备编·卷二》，上海古籍书店影印版，1980 年，第 6 页。

江贸易被称为"中江后市"。①

　　然而朝鲜商人并不满足于中江互市和中江后市,朝鲜义州、开城的商人,每当朝鲜使臣到清朝朝贡出入栅门时,"潜持银、参,混在夫马之中,贩物牟利,至于回还。车脚故令迟运,而先送使臣出栅,无所惮压。然后,任情买卖而归,栅门后市"。② 栅门,乃汤山城、高丽门一带。随着栅门后市的繁荣,中江后市也逐渐衰退,朝鲜肃宗二十六年(1700)正式宣布撤销。栅门后市的主要贸易品,清朝为绸缎、白布、药材、宝石、文具等品种,朝鲜为人参、白银、纸张、丝绸、夏布、毛皮等商品。

　　18世纪以后,朝鲜的对外贸易主要还是与清朝的贸易。朝鲜的松商与湾商(即开城与沿海港湾的商人)有很大的势力,有时作为使臣的随员,有时走私,几乎垄断了对华贸易。以松商为中心的西路燕商,每年向中国出口数十万两白银,进口纱罗、白丝、帽子等。这些进口商品,有不少流入日本。

　　18世纪前半期,日本商人还不能单独同中国进行贸易,往往通过朝鲜才能买到中国的商品。同时,随着商品的流通,朝鲜国内的白银需求日益增加,因此影响到对中国的贸易,出口量骤减。燕商为解决因白银不足而发生的对华贸易的困难,广泛寻找与挖掘各种可以增加外汇的货源,收集水獭皮等各种皮货、各类纸张以及棉布、海参等货物。1752年,朝鲜除银包外,还向中国出口称为"八包"的杂包。③ 此后,开城商人更大量加工红参,用于对华贸易。朝鲜红参质量良好,是很贵重的药材,中国市场需求大,所以,正祖二十一年

---

① 据徐荣辅《万机要览·财用编五》记载,朝鲜"宣宗癸巳(宣祖二十六年,1593年),因国内饥荒,相臣柳成龙建议,移咨辽东,于鸭绿中江开市交易,此中江开市之始。"1601年和1609年两度关闭。
② (朝鲜)徐荣辅:《万机要览·财用编五》栅门后市条。
③ 李氏朝鲜对中国贸易中,只许每人带人参80斤,10斤为1包,谓之"八包"。有时用白银代替人参,称银包。18世纪中叶,因缺乏白银,即用杂物代替,称杂包。

(1797)又制订"参包节目"①,大量出口红参。到了 19 世纪,红参成
为比白银更为贵重的对华出口商品。白银与红参的对华出口量很
大,朝鲜国内任何财政机关的岁入岁出都很少有超过它们的。因
此,增加外汇货源与节约外汇成为当时学者所关心的大事。他们制
造舆论反对进口绸缎等对一般人民无用的商品,甚至主张把本国的
白布染成色,减少在青布上对中国的依赖。在物品交换中,除文具、
纸张外,两国的书籍交换亦相当可观。

从清康熙时期起,自明代以来就对朝鲜贡使设置的门禁开始松
弛。于是,朝鲜使团的人员和随从基本不再有什么限制,这给许多
学者和文人提供了了解中国的机会。在此期间,一些进步的实学家
纷纷设法以使臣随员的身份,即所谓"燕行使",到中国考察与学习。
他们在北京等所到之处可以自由地与中国学者广泛交换思想、交流
学术,并引进大量的汉文西学书籍。例如,著名实学家李晬光是以
朝鲜使臣身份到达北京;后来,郑斗源也是作为朝鲜陈奉使访问北
京。他们都在那里通过各种渠道学习了很多西方的知识。北学派
实学家洪大容、朴趾源等著名学者都曾到中国与中国学者进行学术
交流,在相互交流的过程中,他们获得了中国学者的大力支持与赞
赏。金正喜等还向清代巨儒阮元、翁方纲等介绍了朝鲜的学术状
况,并得到后者赠书抄本《苏斋笔记》。19 世纪初,在这些知清派学
者中涌现出一批面对现实主张向清代的中国学习的群体——"北学
派"。他们在吸取和消化中国优秀文化和以中国汉文为载体的西方
文化的进程中,为发展、繁荣朝鲜学术做出了巨大贡献。

二、与日本的关系

壬辰抗倭战争后,朝鲜朝野对日本抱有高度的警惕。德川家康
掌握日本政权后,屡次对侵略朝鲜表示歉意,并按照朝鲜的要求惩

①《日省录》正祖二十一年六月二十四日癸巳条。

处战犯,遣返劫去的人员,恳切要求恢复两国和平关系。朝鲜政府也考虑需要防止日本海盗的侵扰,并且需要发展贸易关系以恢复、发展被战争破坏的经济。1604年五月,朝鲜已经允许日本对马岛商人到朝鲜釜山贸易。1607年夏六月,日本在釜山豆毛浦设立倭馆,以此为契机称作"私贸易"的民间贸易已经开始;同年七月,吕祐吉作为国使赴日谈判复交事宜,并带回1240名朝鲜被俘人员。1609年六月,朝鲜与日本签订《己酉条约》,规定朝鲜允许使臣来往和限制岁遣船数量,重新开放三浦①对日贸易。于是,朝鲜与日本的邦交与贸易得以正常化。当年,倭馆开市,一月三市;次年,增为六市。②通过岁遣船,朝鲜从日本进口铜、镴、硫黄、铅、苏木、黑角、胡椒等土特产品;朝鲜向日本输出棉布、丝绸、人参、大米等,其中包括产自中国的物品。但是,倭馆管理不善,以致交易中出现大明货物,引起了朝臣的忧虑。仁祖时期的大司宪金尚宪在其上疏中指出,"我国之弊,法制不严。商贾之徒,惟利是趋,中朝物货,狼藉倭馆";担心"日后之辱,有甚于媾倭之说也"③。法制上的漏洞,导致权臣依仗"仁祖反正"所立之功,持公物"贸贩",官商勾结,以致出现"通商倭馆"的巨商因为"金多,东莱府使亦可指使"的状况。④

1624年,郑笠奉派以"祝贺使"身份率300人的使团参加德川家光就任将军仪式。1636年秋,仁祖又遣金枢任绕作为修聘使再次率领475人的使团访问日本。这次访问持续时间长,是在仁祖宣布与后金断交、后金大军将至的外部环境下联络日本的行动,似乎并未达成协议。1643年初,朝鲜更派出以尹顺之为通信使和赵絅为副使由642人组成的大型代表团访问日本。仁祖在位时期如此大规模地向日本派遣使团在李氏朝鲜中期是仅有的事情,显然与清政府对

---

① 三浦系世宗时期允许倭人往来居住的三个港口,即东莱的釜山浦(福山浦)、熊川的乃而浦(荠浦)和位于蔚山的盐浦。

② (朝鲜)徐荣辅:《万机要览·财用编五》。

③ 《朝鲜王朝实录·仁祖实录·卷十七》仁祖五年十二月戊午条。

④ 《朝鲜王朝实录·仁祖实录·卷二》仁祖元年七月壬辰条。

朝鲜的高压政策有关；此后，朝鲜继续以尹顺之模式，以通信使名义向日本派团。1808 年，日本要求朝鲜的通信使只到对马岛，于是1811 年，根据日方的要求朝鲜的通信使只访问对马岛，当年由金履乔率领的代表团由 336 人组成，这也是这个时期朝鲜向日本派出的最后一次通信使。自 1607 年开始到 1811 年这次为止，朝鲜前后共派出 12 次通信使①。相比之下，日本方面虽然也有来访使团，但规模很小，规格低，最高者当属 1638 年春对马岛主来交涉修改贸易规章和外交礼节，其他多为求购书籍者。

　　朝鲜开展之交邻以信的对日外交，是通信使级别的外交，目的是互通音信，敦睦信义，也有展示实力和牵制清朝的意义。因此，朝鲜派出的成员无论是正使、副使，还是负责文字的制述官或书记官，都是通过选拔胜出的学问造诣深厚的官员、学士；日本方面自然也非常重视，每次也都是派饱学之士接待。于是，在朝鲜和日本使节往来中，使者与接待官员的交流与诗文、书画的交流，带有明显的学术较量、展示文明程度的意图，当然更有牵制中国的用意。如前所述，申维翰的《海游录》有关"风俗"部分就写出了作者对日本的观感，其文曰："日本人求得我国诗文者，勿论贵贱，莫不仰之如神仙……求诗而不得，则虽半行笔谈，珍感无已。盖其人生长于精华

---

① 第 1 次 1607 年，国使吕祐吉，成员 504 人，与德川秀忠谈判复交。第 2 次 1617 年，吴允谦(1559—1592)，贺日本"国内平定"并送还被抓日本人百余人，成员 426 人。第 3 次1626 年，郑笠，成员 460 人，"家光袭封祝贺"。第 4 次 1636 年，任统为使，拜访德川家光，成员 478 名。第 5 次 1643 年，尹顺之为通信使，成员 642 人，祝贺德川家纲诞生。第 6 次 1655 年，赵珩为通信使，从釜山到对马岛，成员 485 人，为德川家纲袭封祝贺。第 7 次 1682 年，以尹趾完为通信使访日，成员 475 名。第 8 次 1711 年，以赵秦亿为使，祝贺德川家宜袭封，成员 500 人。第 9 次 1719 年，以洪致中为使，成员 475 名，贺德川吉宗袭封。第 10 次，1748 年，以洪启禧为使，成员 477 名，为德川家重袭封祝贺。第 11次 1764 年，以赵曒为使，贺德川家治袭封，成员 477 名。第 12 次 1811 年，以金履乔为使访问对马岛，成员 328 名，贺德川家齐袭封。

　　这些使团除了仅到对马岛，一般是从釜山出发，经壹岐岛、筑前蓝岛至长门赤间关，然后沿濑户内海航行，至周防上关，再至安芸蒲刈岛、备后鞆、备前牛窗、播磨室津、摄津兵库，在大坂登陆，经陆路沿东海道抵达江户(今日本东京)。

之地,素知文字之可贵。而与中华绝远,生不见衣冠盛仪,居常仰朝鲜。"①这里既反映了朝鲜文人的自负,也体现了作为中华文化传播者的自豪和日本对中华文化的向往。

朝鲜与日本的贸易仍以公家贸易为主,但是 17 世纪中叶以后,私人贸易也活跃起来。日本商人通过朝鲜商人同中国进行间接交易,朝鲜商人作为中介通过设在釜山的倭馆,从来自中国的生丝和丝绸的贸易中获得巨额利润。东莱商人公开或暗地里把人参、大米、棉布等商品卖给日本商人,还把松商经手的中国商品转卖给倭馆,然后从日本进口白银与铜。松商把这些倭银再出口到中国。朝鲜商人通过在中、日商人间的中间人作用,获得丰厚的利润。但是,1747 年日本商人在长崎港直接同中国商人贸易后,东莱的倭馆失掉了中日贸易的经纪人作用。日本向朝鲜出口白银始于 16 世纪 30 年代,此时开始显著减少。17 世纪末,日本从朝鲜进口的生丝量占朝鲜出口总量的 60%—70%,日本用于支付这一贸易的丁银(庆长银)达到每年 40 万到 50 万两,相当于中国至日本长崎间几次直接的海上贸易的数额,朝鲜人中间贸易的利润率至少在 300%。然而,随着清政府和德川幕府建立关系,中国直接向日本出口生丝,朝鲜中介优势在 1684 年陷于危机。日本方面,幕府受到银矿的开采量下降的刺激,开始鼓励国内的丝绸生产,限制白银外流。朝鲜商人不得不以人参在草梁倭馆与日本商人交易,获得巨额利润。为了取代难以寻觅的野参,栽培试验成功的开城的商人使此前与人参毫无关系的开城成为全国最大的人参生产基地,这也提高了朝鲜在东亚贸易关系中地位。

同时,朝鲜与日本之间潜商的黑市贸易也活跃起来。日本商人经常避开朝鲜官吏的监视,到加德镇进行黑市贸易。显宗五年

---

① (朝鲜)申维翰:《青泉集 续集·卷七·海游闻见录·上·风俗》。

(1664)闰七月庚寅,朝鲜"东莱府使安缜密启:倭船乘昏来泊加德镇,(朝鲜)商贾林之竹等以白金六千九百余两,换买石硫磺一万一千三百斤,黑角、长鸟铳、长剑等物,而倭人所别赠……"。[①] 此处所谓"别赠",当可视为贿赂之物,是当时黑市贸易典型的事例。日本商人主要从事人参走私,如1700年秋八月朝鲜就因此惩罚了日本商人。18世纪50年代,朝鲜政府进一步加强对日本的人参走私贸易。朝鲜发行常平通宝后不久,发生钱荒,日本元禄十年(1697)年四月对马藩要求朝鲜容许使用"六星银",即元禄银,朝鲜对此十分慎重,直到1711年年底才答应允许使用。纯祖七年(1808)七月,东莱倭馆的110名日本人不经朝鲜政府容许,擅自在警戒线以外闹事。不久,又有90名日本人"漂流"到济州岛,双方开始出现摩擦。

江户后期,随着以兰学为代表的近代西方文化传入,日本开始出现"对朝鲜带有蔑视的认知"。1764年第11次通信使访日时,朝鲜使臣随员崔天宗被身为对马藩的翻译杀害。[②] 此后,日本国内扩张主义泛滥,"征韩"叫嚣骤起,朝日两国关系日趋紧张。

第五节　后期文化与科学

一、17—18世纪的儒学

在实学产生与发展的同时,原来的程朱理学的两个学派,即李滉与李珥之间的斗争仍在继续。在党争进一步激化的形势下,两个学派围绕"四端七情,理气之说"展开的争论,已失去原来意义上差别,其间的唯心主义和唯物主义的界线已经模糊。早在17世纪就掌握政权的西人派学者,越来越削弱与抹杀李珥哲学思想中的唯物

①《朝鲜王朝实录·显宗实录·卷九》显宗五年七月戊申条。
②[韩]赵景达:《近代朝鲜与日本》(《近代朝鲜と日本》),李濯凡译,北京:新星出版社,2019年,第22—23页。

主义成分,完全堕落为露骨的唯心主义者,尽管也还有一些学者仍坚持唯物主义路线。

尤庵宋时烈(1607—1689),是 17 世纪朝鲜朱子学的代表性人物。他在世界观上属客观唯心主义,在解释世界起源、实体的理与气的先后关系时,同李珥一样主张气先理后,但在认识论上却完全抛弃了李珥的唯物论之经验主义因素,陷入唯心主义泥潭。他认为"理"和"气"是"一而二,二而一",二者"混融其间";他主张格物致知,但认识的途径在于"存心",反对通过实践掌握真理。在社会问题上,他提倡顺应天命,以达保存天理。他还利用自己的高官显职压制学术上的反对派,助长党争并使其合法化。

白湖尹镌(1617—1680),是 17 世纪对理气说持批判观点的唯物主义哲学家。显宗初,他成为南人派领袖,围绕所谓仁祖继妃服制问题,反对宋时烈的"礼论",并在思想交锋中发展了自己的理论。他根据气、太极、两仪、四象的概念,认为"气之始生曰太极,阴阳分曰两仪","两仪"形成天地万物,即所谓四象:天、地、水、火。在这里,他明确指出"太极为气",并用"气"来解释"心""性""情",认为"心者,气之构形也","心性者,亦气之交于形也","情者,心交于物者也"。在伦理道德上,尹镌反对"四端"天赋论,认为人虽各有别,并有肉体欲望的障碍,但任何人经过理性的修养皆可具备"仁、义、礼、智"的品格。尹镌否认心、性、情的先验性,在认识论上接近唯物主义。

南塘韩元震(1682—1750)、鹿门任圣周(1711—1788)是 18 世纪朝鲜著名的哲学家。韩元震继承李珥主气论哲学的积极方面,并在说明天地万物的生成上,承认气永存不灭,否认灵魂永存说。但是,他又认为理是主宰,这反映了他的不彻底性。任圣周继承与发展了李珥的积极方面,并把徐敬德的气一元论唯物主义加以深化。他认为"太和之气"充塞宇宙,"气""理"永不分离,时间与空间无限,万物生成、发展与消灭是物质的"气"化作用,"理"乃"气"之内在必然，"气"处于不断变化中，而且又依据其内因而运动。他的认识论观点，也有丰富的唯物论成分，认为感情、感觉只有依靠外界事物才能产生。但是，受仕宦出身的限制，在伦理道德观上，他强调必须维护封建阶级的秩序与道德。

明南楼崔汉绮（1803—1879），是李朝末叶最后一位杰出的儒学思想家，他精通汉学，著述甚丰，著作达千余卷，其著作收录在《明南楼全集》中，《地球点要》《神气通》《气测体义》《推测论》《人政》等是其代表作。

崔汉绮继承了徐敬德、任圣周等"气一元论"传统，对儒学、道学、佛学等进行批判，并在接受西方自然科学的基础上，建立起自己的"气一元论"哲学体系。在世界起源问题上，他认为："充塞天地，渍洽物体，而聚而散者，不聚不散者，莫非气也。我生之前，惟有天地气；我生之始，方有形体之气；我没之后，还是天地之气。天地之气，大而长存；形体之气，小而暂灭。然形体之气质，赖乎天地之气而生长。"所以，他说，"天地人物之生"，"皆由气之造化"，其"气是一也"。崔汉绮认为"天地之气，运行不息"，"然天地人物之气，循序运动"，世界万物总是处于有规律的运动变化之中。在认识论上，他承认感官和心提供认识的可能，但认为只有感官接触到客观事物才得以认识事物。主张"行先知后"，反对"知先行后"说和"知行合一"说。崔汉绮的唯物主义认识论虽仍未摆脱朴素性和直观性的局限，但是，他的哲学思想连接了古代哲学和近代哲学，在朝鲜哲学史上具有承上启下的作用。

在李朝后期各种政治派系斗争不断的环境中，仍有一些性理学的学者远离党争，埋头于书斋，从事所谓纯学术的研究，权尚夏（1641—1721）是其代表人物。权尚夏是宋时烈的得意弟子、畿湖学派的正统继承人，也是"人物性同异论争"，即所谓"湖洛论争"的发端者。"人物性同异论争"与贯穿李朝思想史的"四端七情"之争，以及"礼讼"论争，构成李朝性理学的三大论争。它发端于肃宗年代权尚夏门人韩元震与巍岩李柬之间的学术讨论。韩元震是"人物性异论"的领军人物,因该派学者大都家居忠清道一带,故此派的主张称作"湖学"或"湖论"。如前所论,韩元震从主气论观点出发,认为心即气,性即理。"人物性同论"的首领李柬乃"江门八学士"之一,是"洛论"的代表人物。此派学者大部分居住在被雅称为帝都"洛阳"的汉城,其主张称作"洛学"或"洛论"。"人物性同异论"之争,虽脱离政治与社会现实,但在当时整个社会道德沦落、民族萎靡不振的大背景下,有关人性、物性的争论,对于改善社会风气,提振民族精神是有贡献的。

二、文学

受壬辰、丁酉抗倭战争和实学思想的影响,进入 17 世纪,朝鲜的文学出现了现实主义新气象,传统的散文、小说、诗歌都得到发展,涌现出一批有名的作家和优秀的作品。同时,由于与中国、日本人员交往的日益频繁,朝鲜文学出现了一种新的表现形式——纪行文体"燕行录"。

1712 年,朝鲜诗人金昌业随其兄、冬至使金昌集出使北京,行程 600 余里,历时 146 天,他将旅途沿线与在京期间之见闻录之于册,归而作《老稼斋燕行录》,此为朝鲜"燕行录"之嚆矢。此后,1765 年湛轩洪大容的《乙丙燕行录》问世,这是用训民正音撰写的第一部纪行文学。1773 年严璹的《燕行录》和 1780 年朴趾源的《热河日记》与前所述《老稼斋燕行录》是李氏朝鲜一系列燕行录的早期代表作。[①] 1719 年,获"增广文科状"的申惟翰作为通信使制述官,随通信使访日回国后写出了《海游录》。这样,朝鲜文坛就形成了一股纪行文学风潮。

---

① 早于这个时期的类似的题材有金宗一(1597—1675)在 1637 年写的《沈阳日乘》(收录于其后人刊印的《鲁庵集》),严格讲不属于"燕行录"范畴。

　　异国纪行文学的发展，源源不断地向朝鲜社会传达了那些向往变革的年轻文人感兴趣的国外信息，极大地丰富了人们的知识，开阔了视野，在促进政论文学发展的同时也推动了小说文学的发展。

　　这个时期小说问世者甚多，随着训民正音的推广与读者需求的增强，谚文小说与汉文小说都有显著发展。《谢氏南征记》《九云梦》是谚文小说最初的代表作。作者金万重是17世纪最著名的小说家，他文科及第，曾官居大提学、判书，出使过中国，并两次遭流放。《谢氏南征记》描绘的是贵族家庭的冲突与宫廷内部的黑暗和倾轧，作品的舞台虽为中国，涉及中国一些历史人物和历史典故，其影射的却是李朝上层显贵的腐败和丑陋行径。成书于1689年的《九云梦》也是以中国唐朝为背景，描写书生杨少游的宦途生活和其与八个女子的关系，歌颂男女爱情，在某种程度上具有反封建倾向，但也表现了作者对一夫多妻制的欣赏态度以及其宿命论观点，充分反映了作者的时代与阶级的局限性。金万重的杰出贡献，在于他坚持用民族文字写作，并为朝鲜的长篇小说的发展奠定了基础。《谢氏南征记》由金春泽译成汉文，朝鲜语小说与汉文小说互译，推动了小说的广泛传播。

　　汉文小说在这个时期有了长足发展，其中著名者有金垲的《虞初续志》《丹良稗史》和无名氏的《奇谈随录》《三说记》《黄冈杂录》，以及金在堉的《六美堂记》、金绍行的《三韩拾遗》。但是，这些小说集创作素材来源不同，如果说《丹良稗史》中的《贾秀才传》《琉球王世子外传》《索囊子传》《蒋生传》《韩淑媛传》的素材来自民间故事，而《奇谈随录》中的《郑相国传》《高总角传》《贤良传》《陈炮手传》的主人公则是闾巷间记事中的人物。《三说记》的基础尽管也是来自民间故事，但思想艺术性比较强。正如当时大学问家李德懋（1741—1793）所言，它是"唯一"以"谚文"撰写的短篇小说集，实为"韩国短篇文学的精华"。①

---

① 《韩国民族文化大百科辞典》"三说记"条。https://encykorea.aks.akr/artile/E0026648.

　　这个时期出现了一批反映战争题材的军旅小说,其中最著名的是《壬辰录》,其作者与写作年代不详。这是一部用汉文和民族文字写作的小说,全书以壬辰抗倭战争为题材,由受难、反击和胜利三部分构成,出色地描写了朝鲜人民的英勇抗击倭寇入侵的战斗精神。小说成功地刻画了抗倭名将李舜臣的英勇形象,也描绘了应邀赴朝参战的将领李如松统率明军英勇作战的故事。

　　进入18世纪,17世纪发展起来的人民文学在更广泛的群众基础上进一步发展为现实主义文学。这时的"时调"与杂歌便是其表现。英祖时期的平民歌人、著名时调作家金天泽与官吏出身的金寿长等均对朝鲜语诗歌的发展起到了重要作用。1727年,金天泽编撰的《青丘永言》是他搜集和整理的高丽以来140名作者(含无名氏)的998首时调、17首歌辞的汇编。1763年,金寿长编辑了包括本人117首时调在内的《海东歌谣》,是《青丘永言》姊妹篇,这些作品如实地表现了当时的农民、城镇居民的生活与人情世故,反映了庶民百姓的时代要求。

　　后期的歌辞也有长足发展,可分类为纪行歌辞、闺房歌辞、爱情歌辞、农忙歌辞等,歌辞作家主要有金任谦、金镇衡、洪淳学、汉山居士、安祚焕、李邦翼、妍妍红等。纪行歌辞的代表性作者与作品,有金仁谦出使日本的《日本壮游歌》与李邦翼的《漂海歌》。这些作品把朝鲜的制度与风俗,同中国、日本比较,主张从朝鲜的立场出发,吸取它们先进的东西。闺房歌辞是妇女用歌辞形式叙述自己的生活经历与感情的作品,其主要内容是对封建伦理道德的批判与抗议,代表著作有《惜别歌》《戒女歌》《塞心歌》《怨妇词》等。妍妍红创作的名作《秋风感别曲》,读来令人心碎。

　　汉诗进入后期虽呈现式微之势,却已确立了新的诗风。丁若镛、朴趾源、李彦瑱,以及被誉为"四家"的李德懋、柳得恭、朴齐家、李书九等人把诗的主题扩大到现实社会问题。通过洪大容建立的文人交流关系,柳得恭抄录的"四家"诗得以请到中国文人李调元、潘庭筠为其作序、评点,并以《韩客巾衍集》的书名于1777年在中国刊印，客观上"催生了朝鲜'北学派'的形成"。①

　　李朝末期大思想家丁若镛也是一位诗人。他的汉诗主题是鞭挞封建社会的腐败、同情下层民众的疾苦，写有"农歌""村谣""渔歌"，其长诗《奉旨廉察到积城村舍作》《饥民诗》《哀绝阳》，以及"三吏"（《波池吏》《海南吏》《龙山吏》）、"三行"（《僧拔松行》《猎虎行》《狸奴行》）是上述主题的突出代表作。其中《饥民诗》鞭挞官府"仁政"的虚伪，其中揭露道：

　　　　县官行仁政，赈恤云捐私；行行至县门，喁喁就汤糜；狗彘弃不顾，乃人甘如饴；亦不愿行仁，亦不愿捐赀。②

　　朴趾源的代表作有长诗《丛石亭观日出》《山耕》和《田家》等，他与李德懋、柳得恭、朴齐家并称为正祖时代具有实学精神的"诗文四家"，其作品收录在《四家诗选》。李彦瑱著有《海览篇》《忆海南老师》，李书九有《秋日田园有感》等。这些汉诗，都是此时的杰出作品。汉诗《田家》牧歌式地描述了山间田庄的风景，又以寓言手法真实地反映了农民生活的贫苦与封建剥削的贪婪。③

　　"四家"的诗富有人民性，他们的诗集《四家诗选》受到中国清代著名诗人李调元（1734—1803）的称赞。柳得恭的诗则歌颂农民的朴素生活和勤劳，朴齐家的诗亦多有此类主题。

　　如果说15—16世纪有一批平民出身的诗人，如洪裕孙、朴枝华、许起、白大鹏、宋翼弼等人已经现身诗坛，那么到了17—18世纪，平民诗人已经是诗坛不可忽视的力量。后一时期的著名诗人有李植、刘希庆等。1660年刊行的诗集《六家杂咏》收录了崔奇

① 详见孙卫国：《从"尊明"到"奉清"——朝鲜王朝对清意识的嬗变（1627—1910）》，第341—377页。
② ［朝］金万源编：《丁若镛作品选集》（《정약용작품선집》），平壤：朝鲜国立文学艺术书籍出版社，1959年，第71—72页。
③ （朝鲜）朴趾源：《重编朴燕岩先生文集·第一册》，（朝鲜）金泽荣批评，（朝鲜）王性淳参订，南通翰墨林书局，1917年。

南、金孝一、郑枏寿等人的诗文。17世纪末18世纪初,他们已形成一个流派。

此后还有一些诗集陆续问世,1731年有柳下洪世泰的《柳下集》。洪世泰曾于1681年随通信使访问日本,视野开阔,文笔精湛,留下了很多传世诗篇。秋斋赵秀三是18世纪末19世纪上半叶的著名平民诗人,有诗集《秋斋集》留世,他是少年成名的才子,八岁写出《咏鹤》,"头夺桃花色,尾湿羲之墨,梧桐潇潇雨,捲足梦蓬莱",并先后6次随团出访中国,但直到83岁才进士及第。对此,他特著《司马唱榜日口呼七步诗二首》:

腹里诗书几百担,今年方得一襕衫。
旁人莫问年多少,六十年前二十三。

尧舜君民妄夯担,相逢人笑老生谈。
成均进士今春榜,一国皆惊赵秀三。①

19世纪上半叶的平民诗人首推蓝皋金炳渊,其虽出身名门望族,却沦为"贱人",是出名的斗笠诗人,并获"金笠"笔名。他的诗诙谐讽刺,自由奔放,被称为"讽刺放浪诗人",他的《两班是非》《尽日垂头客》《猿生员》《嘲幼冠者》,字字把讽刺、挖苦、鞭挞的矛头指向腐朽的封建制度和丑恶的两班社会。中人出身的诗人、金石学家惠吉李尚迪也是这个时期有名的文人,是朝鲜"译官四家"诗人之一,曾12次访华,有《恩诵堂集》(24卷)刊行于北京藕船谿馆,并有与中国学者往来书信汇编《海邻尺素》留世。

18世纪,朝鲜小说文学进入繁盛期,著名的"三大传"《兴夫传》《沈清传》《春香传》,以及《兔子传》《孔菊与潘菊》《蔷花红莲传》等作品,都是经过民间长期流传而逐渐加工、润色成书的无

① 《朝鲜古典文学选集·赵秀三、李尚迪作品选集》,平壤:朝鲜文学艺术总同盟出版社,1965年,第33、108、291页。

名氏作品。描写普通平民的生活，反映他们的爱憎和理想，成为这些作品的共同特点。《沈清传》是朝鲜文学史上的名著，是李朝伦理小说的代表作，书中歌颂男女主人公忠贞不渝的爱情，并通过沈清对父亲孝道的讴歌，展现劳苦大众对父母的爱与孝。《春香传》是用民族文字撰写的一部爱情小说，描写春香与李梦龙一对青年的结合和离散，春香遇难和李梦龙救春香最终夫妻团圆的故事，主要刻画春香对爱情的忠贞与对恶势力的反抗。佚名作品《彩凤感别曲》通过一对青年男女争取婚姻自由的斗争，揭露了李朝社会的黑暗和卖官鬻爵的丑恶行为。这部小说在形式上也有所突破，初步摆脱了中古小说的框框，接近近代的新小说。

产生于高丽时期的杂文文体稗说文学也在发展。这个时期的代表作品有金应的《虞初续志》与《丹良稗史》、金在埔的《六美堂记》、金绍行的《三韩拾遗》等。

著名的思想家朴趾源也有许多不朽作品传世。《两班传》是讽刺两班地主官吏的作品，文中讥讽两班的寄生腐化生活。其短篇小说《虎叱》借猛虎之口揭露李朝腐儒的虚伪、堕落，文中写道："虎未尝食豹者，诚为不忍于其类也。然而计虎之食麛鹿，不若人之食麛鹿之多也；计虎之食马牛，不若人之食马牛之多也；计虎之食人，不若人之相食之多也。"①《许生传》辛辣地抨击腐败的李朝社会与无能的执政者，描绘了一个与此相反的没有压迫与剥削、没有贫富门第差别的理想社会，出色地反映了农民要求摆脱残酷剥削与压迫，向往安定生活的愿望。

随着商品经济发展带来的社会问题增多，反映市井生活的小说成为主流。广泛流传于这个时期的《裴裨将传》是以盘索里民俗乐吟唱观优戏《裴裨将打令（雅乐）》改写而来；小说以幽默诙谐的话语

---

① （朝鲜）朴趾源：《燕岩选集》，第 4 页。

刻画两班出身的裴裨将与聪慧清高的济州岛美女爱娘之邂逅,讽刺两班社会的伪善与腐败。

朝鲜王朝后期出现的称作"野谈"的汉文短篇故事文体在半岛文学史上也占有一定地位。17世纪柳梦寅的《於于野谈》是野谈文体诞生的嚆矢,而李羲平1828年撰集的《溪西野谈》和《青丘野谈》(伯克利本)的问世则标志了它发展成熟的历程。野谈文学还有些异体本的"汉文短篇"集,其代表性的有卢命钦的《东稗洛通》、成大中的《青城杂记》等。这些野谈集内容庞杂,多为道听途说的奇闻逸事,主题广泛,涉及当时社会各个层面,其中还有不少论及当时中国的、反映朝鲜社会对明清王朝变迁态度及历史人物的内容。野谈集除了以文学的形式反映朝鲜现实社会的各方面,还处处体现朝鲜文人竭力摆脱传统华夷观束缚的历史观。

文学、音乐、说唱以及舞蹈的发展催生了戏剧艺术。这个时期朝鲜戏剧艺术已具雏形。据柳得恭之《京都杂志》载:"演剧有山戏、野戏,两部属于傩礼都监。山戏结棚下帐,作狮虎曼硕僧舞,野戏僧舞,野戏扮唐女小梅舞。曼硕高丽僧名,唐女高丽时礼成江上有中国倡女来居者,小梅亦古之美女名。"①1852年,尹达善曾利用小曲盘索里《春香歌》创作《广寒楼乐府》,由108首七言绝句组成,又称作《广寒楼乐府一百八叠》,附有"香娘旧谱"。此即所谓"朝鲜倡优之戏","一人立,一人坐,而立者唱,坐者以鼓节之,凡杂歌十二腔,香娘歌即其一也"。另外,李德懋奉正祖命于1791年作的《金申夫人传》,被"汶阳散人"仿元曲《西厢记》改写为戏曲,名曰《东厢记》(又名《赐婚记》)。②

属于假面剧类的"山台剧"是当时比较流行的剧种。它是高丽

---

① (朝鲜)柳得恭:《京都杂志上卷·风俗十二·声伎》。
② 《东厢记》的作者"汶阳散人"系何人,不详。同时,尚有《青丘野谈》所谓李钰汉文手写本《东床记》。

睿宗时引进的、由中国古代傩仪演变的傩戏①流入民间后发展而来的剧种。山台剧由 12 场组成，内容多为戏弄两班和嘲笑破戒僧的。还有一种叫"噶都嘎西"的木偶戏，由成伣《观傀儡杂戏诗》看，早在 15 世纪，朝鲜就有木偶戏的存在，而这时已经程式化为一种艺术。上述剧种的演出都离不开类似中国曲艺的说唱艺术形式盘索里。在 19 世纪，盘索里的发展首先归功于平民出身的盘索里作家申在孝。申在孝，号桐里，在担任管理艺人、官妓的"吉厅"户长时，把自己的家院打造成培养盘索里艺人的"桐里精舍"，并把传承下来的 12 部盘索里整理、改编为 6 部，即《春香歌》、《沈清歌》、《兴夫歌》(《瓢打令谣》)、《横负歌》、《兔龟歌》(《水宫歌》)、《赤壁歌》(《华容道》)，为盘索里发展为唱剧奠定了基础。

奎章阁的建立在半岛中古时代文化事业发展史上占有重要位置。正祖即位当年，1776 年秋，李祘为贯彻"先大王建极陶铸之化"②，以正"士风"，命"建奎章阁于昌德宫禁苑之北，置提学、直提学、直阁、待教等官；国朝设官悉遵宋制，弘文馆仿集贤院，艺文馆仿学士院，春秋馆仿国史院"③。其职能亦仿宋制，作为奉藏李氏朝鲜列朝御制、御书、御笔、训谟之处所。奎章阁由内阁、外阁和外奎章阁三部分组成。提学、直提学、直阁、待教等官除负有国政议论、王命出纳、制述等职权外，还主管、负责图书编印之职。此外，还设有若干位低责重的检书官，其中出现了如李德懋、柳得恭、朴齐家、成海应等思想、文化界大家。

奎章阁阁臣除记录、整理御制形成如《日得录》《日省录》《纶綍》一类的史籍外，还于外阁设校书馆，负责御制诸书、御制文字的刊印，即所谓正祖命"问于外阁，则守橱诸员及印出均字等匠，尽赴史局"④。

①李朝时期仅在王宫中于迎接明清使臣时在"山台都监"掌管下演出。
②《朝鲜王朝实录·正祖实录·卷二》正祖即位年（英祖五十二年）九月庚寅条。
③《朝鲜王朝实录·正祖实录·卷二》正祖即位年（英祖五十二年）九月癸巳条。
④《承政院日记》正祖五年三月二十五日条。

官方印刷事业的发展,促进了铸造文字技术的进步。《训民正音》问世后,又开始铸造谚文活字,半岛进入汉文与谚文活字并用的时代。1772年,铸字工匠奉命校正"甲寅字",铸成15万字藏于芸阁,印成经书正文,曰"壬辰字"。正祖元年秋,命以"甲寅字"为本,加铸15万字,于是,得活字105638字,小字44532字①,称"丁酉字"。因上述二者皆本于"甲寅字",又分别称"五铸甲寅字"和"六铸甲寅字"。1782年,正祖命以本朝人韩构书为字本铸8万字,储之内阁,称"改铸韩构字"或"壬寅字"。鉴于以上诸字铜体不一,使用不便而费力,正祖命于1792年仿清《四库全书》聚珍版式,本《康熙字典》,以黄杨木刻字三十二万,名曰"生生字"。1796年,奎章阁奉命以"生生字"为本,诸铜字三十万,称"整理字"。此时,奎章阁已经有了专门的铸字所。这样,奎章阁在李朝后期历史上有着助王廷推行政治、文化统治的不可替代的特殊功能。

三、美术的发展

朝鲜后期的画家受到已传入朝鲜半岛的中国元、明、清南方绘画风格和清朝康、雍、乾年间传入中国的西洋画派的启发和影响,开始使用一些新的技巧并从本国环境里吸取灵感,其作品显得更具民族色彩。特别是在实学思想的影响下,朝鲜绘画开始抛弃仿古主义的旧画风,更多地根据本国的景物创作。这个趋势起于17世纪末,在18世纪英祖和正祖年间尤为明显。一个名曰"真景山水画"的现实主义流派,影响朝鲜画坛半个世纪。

17世纪后期,有一大批画家,如尹斗绪、郑敾、金斗梁、卞相璧、崔北、沈师正、申润福、金弘道等相继出现于画坛。他们的现实主义画风达到了很高的水平。在技巧和风格上,朝鲜中期风行的仇英派画风被中国南派画风所取代,郑敾及其追随者采纳、改造的中国南

---

① 《朝鲜王朝实录·正祖实录·卷四》正祖元年八月丙申条。

派技巧被用于本国山水画,金弘道、申润福及其追随者创作了大量描绘日常生活情景的风俗画。[1] 同时,西洋绘画方法也在朝鲜绘画中有所体现,一些画家如金斗梁、皈依天主教的李喜英、朴齐家等试验了西洋画的明暗和透视画法技巧,这在一定程度上对后来新风格的发展起了重要作用。

恭斋尹斗绪(1668—?)是朝鲜现实主义绘画的奠基者。他在创作中总是先仔细观察事物,而后动笔,所以作品逼真、生动。绘画评论家李肯翊说尹斗绪"每画人物或动物,必终日绵密观察,把握其本质特征"。《马上处士图》是他的代表作,保存至今。

谦斋郑敾游历了全国的名山大川,开拓了实景山水的新路,从而打破了传统山水画的拟古主义画风。这些山水画的构图、笔法和用色令人神移,使美丽的朝鲜山河再现于纸上,故而被时人誉为"东方实景山水之画宗"。郑敾的遗作多为金刚山风景和当时汉城地区的风景小品,《金刚山万瀑洞》与《雨景》是其代表作。

道卿金斗梁以农村生活为题材,他的《牧牛图》是一幅逼真的写生画,生动地描绘了朝鲜农村日常生活面貌,发展了李岩的画风。

惠园申润福(1758—?)是著名的讽刺画家。其绘画主题鲜明,笔法生动、细腻,构图、用色极具特色。他留下的画卷既有暴露两班贵族腐朽堕落、伪善奸诈的内容,也书画平民、奴婢、妓女生活和描绘那个时代的男女相爱的浪漫情景;其风俗画常常出现两班社会的宴乐嬉游场面,如《莲塘野游图》。申润福的一些画是对儒教至上的社会的公然冒犯,被封建御用文人斥为"低俗",并最终被逐出国家图画署。他的代表作有《舟游图》《酒幕图》,逼真地反映了朝鲜社会的现实,充满了市民生活的气息。

---

[1] 朝鲜美术界过去曾按中国美术史的模式,把朝鲜绘画划分为南派、北派。不过朝鲜学者现在已经否定该观点,认为尽管李朝时期的绘画作品有一部分属中国南北派的绘画,但不是主要倾向,朝鲜绘画的基本方向是继承发扬本民族的传统,到谦斋、檀园时期,这更成为朝鲜绘画的主流。

檀园金弘道(1706—?)在朝鲜绘画史上堪与安坚比肩。他十岁即能画肖像,十五岁就以人物画家出现于画坛。一向为统治者蔑视的劳动人民是檀园绘画的主要内容。他的题材广泛,涉猎社会生活的各个方面,有描绘冶铁场面的《冶匠图》,有反映建筑工地的《建筑图》,有反映乡校教书的《书堂图》,有描绘河边洗衣的妇女、撒网捕鱼的渔夫、在二地主监视下打场的农民。其画构思奇特,描绘准确,线条流畅,人物表情与动作逼真,画面广阔。他的代表作《脚戏图》,描绘的是街道摔跤和小贩叫卖的场面。其简练有力的线条,使劳动者摔跤嬉戏的情景和庶民纯朴的笑容跃然纸上;另一幅纸本名画《舞乐图》,描绘的是樵夫卸下背架下棋和农民喜庆丰收的场面,生动逼真,反映了劳动人民乐观的生活场景。此外,无名氏的作品《斗犬图》也是一幅杰出的绘画。

19世纪以后,朝鲜绘画的主题后退了,抛弃了人民性,重新回到四君子、器血、折枝、花鸟的世界,陷入了复古主义旧式主题与内容之中。但是,传统的山水画、花鸟画、人物画等,由于采用现实主义手法,就艺术水平而言在一定程度上也有所发展。紫霞申纬是一位诗、书、画皆擅长的文人画家,专画墨竹,可谓李朝首屈一指的墨竹画家。他的《竹墨图》与申命衍的《杨贵妃花》、金秀哲的《梅花》等,均是这一时期的代表作。

在朝鲜王朝末期,此前的那些形式的山水画和风俗画迅速衰微,让位给秋史金正喜及其追随者所遵循的中国南派风格。金正喜及其追随者赵熙龙、许维和田琦共同形成秋史派;鹤山尹济弘、金秀哲和金昌秀组成鹤山派。秋史派发扬中国南派的学者风格,鹤山派艺术家发展了一些以西方技巧为基础的新风格。金秀哲的作品中最为突出的是简洁的形式和水彩效果。石窓洪世燮善于折枝,他的《游鸭图》构图新颖,使用鸟瞰法和大胆的水墨晕染法,可谓现代朝鲜—韩国绘画的先导。

朝鲜书法在18世纪进入复兴期,以尹淳、李匡师、姜世晃、金正喜、李麟祥、洪大容、朴趾源、朴齐家为首的书法家留下了一批墨宝。其中，尤以金正喜最为著名，他不仅擅长墨画以及篆隶之学，而且潜心研究历代碑帖，创造出自成一家、风格独特的"秋史体"，对后世朝鲜—韩国书法产生了巨大影响。

　　朝鲜后期的工艺美术也有长足发展。李朝建国初就设立了司瓷院，有380名入籍京工匠，负责制造瓷器。[①] 同时，在京畿道广州还设附属手工业作坊，生产瓷器，以满足需要。至16世纪，朝鲜已经有136个瓷窑、186个陶窑。[②] 白瓷是朝鲜瓷器的主调，品种有纯白、乳白、青白和灰白等，也生产有粉青沙器。18世纪，粉青沙器停止生产，只生产白瓷与青花白瓷。白瓷用朱红、火红等颜色描绘彩画，雕刻花纹，有阴刻、阳刻、透刻等装饰手法。朱红以氧化铁显出铁色，火红以氧化铜显出铜色。李朝的制陶工匠或用单色，或将两色巧妙地混用，在白瓷的淡青底色上描绘图案，使瓷器显得更加淡雅，代表性的瓷器有青花白瓷铁绘辰砂瓶、青花白瓷云龙纹瓶。这一时期，李朝的瓷器种类很多，形状多样，瓷器同人民生活密切结合，在艺术上进入百花齐放的发展阶段。瓷器的实用性与艺术性有机结合，民族特色也日益浓厚起来。

　　这种特色还充分地反映在木工工艺上。李朝的木工工艺品因屡遭战争破坏，早期的已经失传，17世纪以后的木工工艺品遗存的较多。衣柜、桌子、米柜、木箱、文具、小饭桌等家具工艺品，各依原料的特点而制成，坚固实用，艺术性很高，色彩、光泽与金属附件的装饰效果也都周密地进行了艺术处理。

　　同时，螺钿漆器、华角工艺与竹工艺也有了发展。所谓华角工艺，是先将牛角削成纸一样的薄片，然后切齐，在上面用重彩描绘人物、花卉、禽兽及其他各种图案，而后将其反贴在木制品上，这是李

①《大典会通·卷六·工典》。
②《朝鲜王朝实录·世宗实录·卷一百四十八·地理志》京畿条。

朝时期特有的装饰方法。

建筑艺术与佛教雕刻艺术也有发展。17、18世纪,主要是对壬辰抗倭战争中遭到破坏的寺院进修复与重建。其中,主要有释王寺大雄殿(1731)、普贤寺大雄殿(1765)、佛国寺大雄殿(1765)、海印寺大寂光殿(1769)等。该时期的佛像雕刻艺术在朝鲜的艺术史上占有重要地位,在崇儒抑佛的年代,佛教雕刻艺术的发展也与壬辰抗倭战争后的重建有关。1782年立于全罗北道南原郡的实相寺药水庵木雕佛像,是这个时期木雕技术的代表作;此外,还有1694年制作的庆尚北道尚州的南长寿寺观音禅院木雕佛像。铸于1628年的永钟寺金铜菩萨坐像,由三尊趺坐、身小头大的佛像组成,是朝鲜成熟期铜雕艺术的代表作。

李朝后期的建筑艺术在修筑城郭与楼亭方面取得的成就突出。水原华城是李朝城郭建筑的代表作,它动工于正祖元年(1777),竣工于正祖二十年(1796)。此城吸收了西方城堡建筑技术,其规模虽然不大,却是朝鲜筑城艺术的最高水平。华城由实学家柳馨远、丁若镛等学者设计。此城东、南、北三面平坦,西面环山,为石筑城墙,长6000米,高4—7米。四面设门,南为正门。城设有半月形瓮城,设48个防御设施。水原华城被联合国教科文组织列入世界文化遗产名录。

四、科学与技术

李朝后期天文学又有进一步发展。1708年,天文学家崔天壁著有《天东象纬考》十八卷八册。此书多方位地记述高丽王朝475年间的天文现象的变化,其中分为天变、地变、日变、星变、虹变和杂变等项。正祖时期(1776—1800),天文学家成周德撰写出《书云观志》四卷二册。此书是记录朝鲜天文、地理、历数、占筹、测候、刻漏的发展与制度沿革的著作。

算学自古受到朝鲜历代王朝的重视。新罗国家设有算学博士,于国学中"以《缀经》《三开》《九章》《六章》教授之"[1];高丽沿袭了新罗的算学教育制度,并严格算业式,使之规范,但"逮于高丽光宗以后,有算业试,而无以算鸣世者"[2]。朝鲜王朝亦在百官中设从九品算学博士,使算学为"六学"之一。世宗更定算学为"国家要务"[3],"令集贤殿考历代算学之法以启",详定算学之目为详明算、启蒙算、杨辉算、五曹算、地算,称算学为"圣人所制,予欲知之"[4]。于是,在国王的关怀与推动下,朝鲜算学成就斐然,出现了精于算学、著有《皇极经世元会运世算法》专著的大学问家徐敬德,著有《默思集算法》的算学家庆善徵,1724年著有算学文集《九一集》的大数学家洪正夏,著有《借根方蒙求》《算术管见》《翼算》的中人数学家李尚赫,著有《推步续解》《海镜细草解》的南秉哲,以及著有《无异解》的南秉吉等。

农学方面,在《农家集成》问世后,17世纪后期成书的名著有朴世堂的《穑经》二册和17世纪末18世纪初由肃宗时代实学家洪万选编撰的《山林经济》四卷。《穑经》涉及五谷、百果,包括瓜瓠、蔬菜、麻枲、鸡豚、鹅鸭、蜂鱼、林木、花药、艺桑、养蚕、占验、水旱、阴晴、寒暑等有关农事、园林、畜产、水利、气候诸方面,论述十分广泛。这一时期,不少实学家为农书的编撰做出贡献。朴趾源的《课南小抄》摘抄先前农书和类书中关于农业的部分内容分类编辑,然后注以民间农事谚语及个人见解。1799年,赵荣国撰写出《农书总论》,该书根据国王正祖的劝农教书,论述有关天时、地利、人士、水利以及播种等有关农业方面的见解和构想。

朝鲜宪宗(1835—1849年在位)时期的著名农政家徐有榘(1764—1845),编著了大型农书《林园经济志》,此书又名《林园十六

---

①《三国史记·卷三十八·志第七·官职上》。
②(朝鲜)李圭景:《五洲衍文长笺散稿·卷四十四·数原辩证说》。
③《朝鲜王朝实录·世宗实录·卷一百二》世宗二十五年十一月戊辰条。
④《朝鲜王朝实录·世宗实录·卷五十》世宗十二年十月庚寅条。

志》，内中第一《本利志》和第二《观畦志》等部分是有关农业科学技术的内容。徐有榘还著有《种薯谱》（手抄本一册）。

同时，农业技术也到得到发展与提高。1655 年，时任公州牧使的申洬综合《农事直说》《衿阳杂录》《四时纂要》①与朱熹的《劝农文》等古代中国和朝鲜的农书，编成《农家集成》②。这部书集中地反映了李朝初、中期农业发展的成果，是世宗以来农书编撰事业的集大成者，特别是其谚解本的问世，对普及科学农业知识发挥了积极的作用。1660 年，国王命把申洬进献的《救荒撮要》印布八道。17 世纪末，由中国引进的水车已在朝鲜全国推广，用以农田灌溉③，确保了单位面积产量的提高。当时，由于裴宣等人的积极努力，三南地方进一步推广一年两熟的耕作方法，在稻田插秧前先种一季大麦。英祖末年，国王发布劝农令，行亲耕仪。1766 年，实学家、医官柳重临对洪万选著的《山林经济》进行补充，刊行了具有"博物志"性质的《增补山林经济》，全书 16 卷 12 册，分为卜居、摄生、治农、治圃、救急、植树、治膳、救荒、辟瘟、养花、养蚕、牧养、种德、征恶符、家政、择言、抄求嗣，增补四时纂要、选择、杂方、东国山水录等类。这一时期，朝鲜各地也出版了记载当地先进农业技术、具有明显的地方特色的农书。此前，1763 年，通信正使赵曮从日本带回的甘薯也引种成功。朝鲜农学家创造出的适合朝鲜土壤气候的甘薯种植经验，经姜必履总结编辑刊行了《甘薯谱》。18 世纪末，"沿海诸邑及济州，甘薯广种"的局面，竟引起官方忧虑"此若成俗，谷贱如土"④。

在医学方面，17 世纪中后期后问世的朝鲜医学图书有《针灸经验方》《济众新编》《东医寿世保元》等。《针灸经验方》是仁祖

---

① 姜希孟论四季农业活动和种植农作物的注意事项。
②《朝鲜王朝实录·孝宗实录·卷十五》孝宗六年十一月癸未条。
③《朝鲜王朝实录·正祖实录·卷四十二》正祖十九年二月癸丑条。
④《日省录》正宗十八年十二月二十五日条。

时期王室医官许任编撰，刊行于 1644 年，记述治疗各种疾病的针灸穴位、方法和选择治疗时间等，对每个相关术语均作谚解。《济众新编》是一部实用性医书，成书于仁祖时期，全书共八卷，前七卷是关于人体各器官疾病的症状、医方的内容，第八卷论述各重要药物的疗效。《东医寿世保元》是朝鲜名医李济马的著述，成书于 1894 年，全书四卷，分设性命说、四端论、扩充论、脏腑论、医源论、广济论、四象如辩证论等七篇。该书的中心内容是所谓四象医学，即把人体分作太阳人、少阳人、太阴人、少阴人，而每类人的心理状态和病症不同，因而其治疗方法亦各异。以上各类医书皆由民族文字撰写，对医学知识的普及和人民的健康做出了重大贡献。

编撰兵书受到李朝历代国王的重点关注。特别是在壬辰、丁酉抗倭战争后，各类兵书层出不穷，代表作有：《阵法》九篇一册，文宗时期首阳大君、郑麟趾编撰，成书于 1451 年；《东国兵鉴》二卷一册，以文宗李珦名义发表，论述自卫氏朝鲜至丽末朝鲜所经历的 39 余回战役；《历代兵要》十三册，世宗时代编辑，1455 年刊行，记述古代中国、朝鲜半岛历代战争之实例；《制胜方略》论述咸镜道八镇的防务；《兵学通》二卷一册，张志恒等编撰，1776 年刊行，收录了当时《续兵将图说》和《兵学指南》使用的操练图；《武艺图谱通志》四卷四册，1790 年成书，内容是图解明戚继光《纪效新书》的诸般武艺，在朝鲜传统的射技 6 般外，增加棍棒、长枪、骑艺各 6 般，共计武艺 24 般。

但总的来讲，朝鲜半岛古代政权的统治者并不注重兵学，至少自高丽统一朝鲜半岛以来，历代统治者重文轻武已成传统，尤其是李氏朝鲜。如前指出，太祖初年之官阶虽沿袭高丽仿唐制的文、武散阶官职，但与高丽不同，其武散阶无二品以上和九品官阶，这种"文尊武卑"的体制导致早在成宗时代（1469—1494）就出现"文、吏有势而清要，武班勤苦而无权"的现象。成宗十七年（1486）九月，国王李芳不顾文臣的强烈反对,以"文武并用,帝王长久之道",强行推行"吏、礼、兵三曹文武交差"之两班均衡体制,但是,不久即被推翻。后经燕山君李㦕(1494—1506 年在位)"倡佛暴政"和"中宗反正"的抑佛之反复,朝鲜的政治体制更加紊乱。燕山君在位期间连续制造了"戊午士祸"和"甲子士祸",迫使书院出身和科举入仕的文臣官僚发动政变,扶持李怿登上王位。于是,朝鲜之"崇文轻武"之风更盛。这种偏重文德的政治文化必然造成一种党争、士祸频生的病态社会,而"偏重文德使人文弱"[1],一个文弱的社会自然会引来不堪承受的外寇不断骚扰和入侵。这种畸形的社会文化也一直支配着朝鲜的整个近代社会。

到第 25 代国王哲宗为止,李氏朝鲜已经存续了 471 年,其历史不可说不长,其文化亦不能不说有巨大进步。但是,由于国家以两班制度和等级身份制度为基础的社会结构基本没有改变,从事农业、手工业,甚至从事商业贸易者一直处于被蔑视的境地而毫无政治地位,有"学问"的士大夫长期与农夫、工匠分离,这种社会文化状态终究使其技术科学得不到国家和社会的重视,从而使其农业和手工业长期处于停滞状态,而已经破土的新社会经济形态的萌芽,亦自然生长艰难,它所提高的社会生产率也因上层统治者和农民应酬旧社会习俗而毫无意义地消耗净光。

李氏朝鲜王朝末代两位君主的主政行为,完全体现了李朝后期所形成的社会畸形文化。国王李熙一家,于政局相对稳定、事态顺利时,则气壮如牛,行事不计后果;遇到压力与内外强敌时,则胆小如鼠、步步退让。李朝末代摄政大院君,于内外施政取得改革成果,击退法、美入侵之"洋扰"后,极力加强专制王权,推行极端锁国政策,抱残守缺;阶级矛盾和统治集团内部争斗激化时,则不得不让权

---

[1] 雷海宗:《中国的兵》一文的末尾注释,见江沛、刘忠良编:《中国近代思想家文库:雷海宗、林同济卷》,北京:中国人民大学出版社,2014 年,第 93 页注释。

与政敌闵妃,结果导致推行"征韩"政策的日本明治政府,于1876年制造外交事端,胁迫闵妃政府与其签订丧权辱国的《朝日修好条约》,即《江华岛条约》。其后亲政的高宗李熙,于列强在半岛的势力处于相对均势和国内出现政治势力多元趋势时,大权在握得意忘形,继切断与中国清朝政府的传统关系后,又于1897年称帝并改国号为"大韩帝国";而随后当日本发达动日俄战争军事占领朝鲜半岛时,则忍气吞声,接受沦为日本保护国的既成事实,并让位于其子纯宗李坧。纯宗完全是日本政府手中的玩偶。1910年8月22日,双方通过一纸《韩日合并条约》,日本正式吞并了朝鲜半岛,"大韩帝国"在地图上完全消失。

附　录

朝鲜半岛古代史大事记

距今约二三十万前	旧石器时代前期。
距今 15 万－4.5 万年前	旧石器时代中期。
距今 4.5 万－1.5 万年前	旧石器时代后期。
距今 1.5 万年－6000－5000 年前	中石器时代。
公元前 5000－前 3000 年间	新石器时代前期。
前 3500－前 2000 年间	新石器时代中期。
前 1000 年前后	新石器时代后期,无纹陶器取代栉纹陶器。
前 1027 年后	箕子朝鲜侯国初建。
约前 11 世纪末	开始青铜器时代。
约前 4 世纪	铁器文化时代开始。
前 195 年	汉燕人卫满聚党出塞,渡浿水请避朝鲜。
前 128 年	秽族君长南闾率族人叛卫氏朝鲜右渠王归汉,汉武帝以其地为苍海郡。
前 126 年春	罢苍海郡。
前 109 年	发生"杀何"事件。
前 108 年	卫氏朝鲜亡,汉于其地设郡县,开启半岛北部汉郡县时代。
前 196～219 年	公孙康分屯有县以南荒地为带方郡。
前 82 年	汉内徙玄菟郡于高句骊县,此乃高句丽名之始。

前 57 年	新罗始祖建国,国号徐罗伐。
前 18 年	百济建国,都河南慰礼城,国号十济。

公元后

3 年	高句丽由纥升骨城迁至尉那岩城与国内城。
42 年	首露王"至驾洛九村",伽倻建国。
307 年	新罗始为其国号。
313 年	乐浪郡灭亡。
314 年	带方郡亡。
372 年	前秦"遣使及浮屠顺道"赴高句丽传播佛教文化。
381 年	新罗遣使通前秦。
405 年	百济博士王仁(和名和迩吉师)渡海讲学日本传授儒家经典,被日本尊为"书首"始祖。
427 年	高句丽迁都平壤。
475 年秋九月	高句丽攻陷百济首都汉城。
475 年冬十月	百济移都于熊津(今韩国公州)。
479 年	大伽倻国王荷知遣使朝贡南齐。
520 年	新罗颁布律令,始制百官公服朱紫之秩。
521 年冬	百济武宁王"遣使入梁朝贡"。
532 年	新罗吞并金官伽倻。
541 年	百济圣王遣使入梁请毛诗博士、涅槃等经义并工匠、画师。
549 年	新罗游学僧觉德陪南梁使臣护佛舍利至新罗。
551 年春	新罗命于勒制曲,乐名加倻琴。在此前后,花郎徒诞生。
562 年	新罗进攻大伽倻,伽倻联盟亡,朝鲜半岛列国体制终结,进入三国争霸时期。

598 年	高句丽进攻辽西,隋开始东伐高句丽。
612—614 年	隋隋炀帝三次东征高句丽。
636—643 年	慈藏率门生十人入唐求法。
643 年冬十一月	百济与高句丽和亲结盟进攻新罗领土。
645 年	唐太宗亲征伐高句丽,新罗发兵相助,百济乘机进攻新罗。
647 年	唐再次发兵征高句丽。
648—649 年冬春	金春秋朝唐,请诣国学,以从中华制;次年春,新罗始服中朝衣冠。
654 年	真骨出身的金春秋登上王位,为太宗武烈王,新罗崛起。
660 年	唐罗联军进攻百济,百济亡。
663 年	白江口之战唐罗联军大败济、倭联军,经此战役,日本入侵势力被赶出朝鲜半岛,朝鲜半岛有了安全发展的外部环境。
668 年	唐罗联军攻灭高句丽。
698 年	大祚荣建立震国属唐。
670 年春	新罗撕毁"刑白马以盟"之"金书铁契",擅取百济土地、遗民。
677 年	唐授高句丽末代王臧辽东都督、朝鲜郡王;不久臧勾结靺鞨谋反,遂流臧于邛州,遣其人于河南、陇右。至是,高句丽旧国土尽入靺鞨,高氏君长绝灭。
668 年冬十一月	以新罗王金法敏拜谒始祖庙告灭百济、高句丽为标志,朝鲜半岛南部历史进入统一新罗时期。

735 年	以唐皇"敕赐浿江以南地"①的形式,正式划定疆界,大同江为以南属新罗,北属大唐。
788 年	新罗效仿唐朝选拔官吏,采用读书出身科。
889 年	元宗、哀奴、甄萱、梁吉等人领导的农民起义爆发。
900 年	甄萱称王建后百济。
901 年	弓裔宣布称王,奠都松岳。
904 年	弓裔立国号为摩震,年号为武泰。
912 年	弓裔复改国号为泰封。
918 年	六月,泰封国侍中王建发动宫廷政变,夺取了政权,遂自立为王,改国名高丽;九月,高丽撕毁与唐实行 200 多年以浿水为界"分界而治"的《开元乙亥界约文书》,进行领土扩张。
935 年	名存实亡的新罗王室投降高丽。
936 年	高丽吞并后百济。
962 年冬	高丽首次遣使如宋献方物,次年冬始行宋年号,以示臣服。
970 年	原渤海国余党首领烈万华叛辽,在鸭绿府自立为安定国王。
976 年十一月	实行《职散官各品田柴科》。
992 年冬十二月	国家在京师设立国子监。
993 年冬	辽东京留守萧恒德率大军八十万东征高丽。
994—996 年	高丽攻占女真栖息的领地,吞并"江东六州"土地。
1105 年	耽罗降为高丽郡县,乃亡。
1010 年五月	辽圣宗耶律隆绪要求归还"江东六

①《三国史记·卷八·新罗本纪八》圣德王三十四年二月条。

745

	州",亲率大军东讨高丽。
1014 年	第三次辽丽战争爆发。
1055 年	崔冲办私学"九斋学堂"教授九经,被尊为"海东孔子"
1069 年	高丽遣金悌入贡,中断近半世纪的宋丽关系得以恢复。
1090—1101 年间	高丽刻印《续藏经》四千七百卷。
1126 年	金、丽间之"字小事大"关系成立;高丽发生李资谦叛乱。
1145 年	金富轼向国王献出自编"命撰书"《三国史记》。
1170 年	高丽发生"郑仲夫之乱",半岛开始实行武人政治。
1176—1179 年	以公州鸣鹤所贱民起义为起点,全国爆发始农民战争。
1218 年	蒙古、高丽、东真国江东会战,共灭大辽收国,高丽与蒙古盟誓约定:"两国为兄弟。"
1231 年八月	蒙古派兵围攻咸新镇、屠铁州,延续多年的蒙丽战争开始。
1232 年六月	崔瑀挟持国王迁都江华岛,蒙古发动第二次入侵。
1236 年	高丽开始以 16 年的时间制作了《八万大藏经》。
1258 年三月	武臣崔竩被杀,崔氏武臣政权宣告终结。
1269 年	蒙古设东宁府于平壤,1276 年,升东宁府为东宁路总管府。
1273 年	元设立耽罗府,直接管理济州岛,准备东征日本。
1274 年十月	元、丽联军远征日本。
1281 年夏五月三日	忽必烈再次发动对日本的远征。

1290 年春三月	元帝下诏罢东宁路总管府,把西北诸城归还高丽。
1294 年	元停东征日本。
1301 年七月	元设耽罗军民万户府,经营养马事业,测下征东行省。
1356 年秋七月	罢双城总管。
1382－1385 年	红巾军流寇连续进攻高丽。
1391 年夏五月	高丽国王核准都评议使司所定科田法,行新的土地制度。
1392 年	李成桂建新王朝,据明廷"圣裁"定国号"朝鲜"。
1394 年秋八月	定汉阳为国都,次年六月改汉阳府为汉城府。
1413 年	太宗"许于檀君、箕子称朝鲜国王",列于"中祀"。
1423 年	铸造铜钱"朝鲜通宝"。
1443 年	朝鲜完成闾延、虞芮、慈城、茂昌"西北四郡"的设置;十二月,"训民正音"颁布。
1449 年	朝鲜在原宁北镇旧址石幕设置富宁郡,徙南道民户以实"六镇",大体完成其北方领土的扩张。
1467 年	咸吉道爆发大规模农民起义。
1498 年七月	第一次士祸,史称"戊午士祸"。
1504 年	第二次士祸,史称"甲子士祸"。
1506 年	发生"中宗反正"。朝鲜半岛人口总数超过千万。
1519 年	发生第三次士祸,史称"己卯士祸"。
1545 年秋	第四次士祸发生,史称"乙巳士祸"。
1571 年	栗谷李珥于清州牧使任内制定"西原乡约"。
1592 年四月十三日	壬辰抗倭战争爆发。

1597 年	日本再次发动进攻,史称"丁酉抗倭"战争。
1608 年	中央设立"宣惠厅",开始在京畿道试行"大同法"。
1609 年	与日签订《己酉条约》,允使臣来往、限制岁遣船,开三浦通商。
1627 年	与后金订立"江都之约",后再补协议,立"平壤之盟","约为兄弟之国"。
1637 年	清与朝鲜定"三田渡城下盟约",朝鲜开始向清朝称臣纳贡。
1654 年春	清遣使入朝鲜请求援军抗击俄国入侵。
1704—1705 年	于昌德宫后苑建"大报坛"。
1712 年	穆克登立碑小白山上,碑文曰:乌喇总管穆克登奉旨查边至此审视,西为鸭绿、东为土门,故于分水岭上勒石为记。
1785 年	正祖颁布法令,解放"京工匠"。
1811 年	发生洪景来领导的农民军起义。
1840 年	中英鸦片战争爆发。
1864 年(清同治二年)	高宗李熙继位朝鲜国王。
1876 年	与日本签订《江华岛条约》,朝鲜半岛历史进入近代时期。

征引书目

一、史料部分

中国二十五史中诸《朝鲜列传》《东夷传》《高丽传》《朝鲜传》《契丹传》《北狄传》《外国传》《高句丽传》《新罗传》《百济传》《异域传》《四夷附录》《地理志》《礼乐志》及有关人物传记。

(唐)《通典》

(宋)《通志》

(宋元)《文献通考》

(宋)司马光:《资治通鉴》

(宋)徐兢:《宣和奉使高丽图经》

(宋)孙穆:《鸡林类事》

(明)李贤:《大明一统志》

(清)文廷式辑校:《元高丽纪事》

(清)万斯同、王鸿绪:《明史稿》

(清)谷应泰:《明史纪事本末》

《清实录》(《大清历朝实录》)

(清)刘燕庭:《海东金石苑》四(附石卢金石书志)

(新罗)《新罗账籍残本》

(新罗)《新罗殊异传》

(高丽)李奎报:《东国李相国集》

(高丽)李承休:《帝王韵记》

(高丽)金富轼等:《三国史记》

(高丽)一然:《三国遗事》

(高丽)卢思慎等:《三国史记节要》

（高丽）释觉训：《海东高僧传》

（高丽）郑梦周：《圃隐先生集》

（朝鲜王朝，以下简称朝鲜）郑麟趾等：《高丽史》

（朝鲜）金宗瑞等：《高丽史节要》

（朝鲜）《李朝实录》（历代王"实录""修正实录""光海君日记"）

（朝鲜）《承政院日记》

（朝鲜）《备边司誊录》

（朝鲜）弘文馆撰：《增补文献备考》（校订本）

（朝鲜）郑道传：《三峰集》

（朝鲜）许居正等：《东国通鉴》

（朝鲜）赵斗淳等：《大典会通》

（朝鲜）李荇等：《新增东国舆地胜览》

（朝鲜）安鼎福：《东史纲目》

（朝鲜）韩百谦：《箕田考》

（朝鲜）柳成龙：《惩毖录》

（朝鲜）洪锡谟：《东国岁时记》

（朝鲜）闵周冕：《东京杂记》

（朝鲜）柳得恭：《京都杂记》

（朝鲜）金迈淳：《洌阳岁时记》

（朝鲜）李重焕：《择里志》

（朝鲜）尹斗寿：《箕子志》

（朝鲜）尹斗寿：《平壤志》

（朝鲜）申景濬：《江界考》

（朝鲜）李肯翊：《大东野乘》

（朝鲜）韩志斋：《海东绎史》

（朝鲜）柳馨远：《磻溪随录》

（朝鲜）李珥：《栗谷全书》

（朝鲜）李滉：《退溪全书》

（朝鲜）洪大容：《湛轩书》

（朝鲜）李舜臣：《李忠武公全书》（朝鲜文版《李舜臣将军全集》）

（朝鲜）朴齐家：《北学议》

（朝鲜）朴趾源：《燕岩集》

（朝鲜）张志渊：《大韩新地志》

（朝鲜）吴庆元：《小华外史》

（朝鲜）郑昌顺：《松都志》

（朝鲜）丁若镛：《牧民心书》

（朝鲜）丁若镛：《经世遗表》

（大韩帝国）金泽荣：《韩史綮》

朝鲜科学院古典研究所编：《李朝实录分类集·第一政策》，平壤：朝鲜科学院出版社，1960年。

朝鲜科学院古典研究所编：《李朝实录分类集·第二官制》，平壤：朝鲜科学院出版社，1962年。

朝鲜科学院古典研究所编：《李朝实录分类集·第三法制（1）》，平壤：朝鲜科学院出版社，1961年。

朝鲜科学院古典研究所编：《李朝实录分类集·第四军事》，平壤：朝鲜科学院出版社，1961年。

（日本）大安麻吕：《古事记》

（日本）舍人亲王等：《日本书纪》

（日本）管野镇道等：《续日本书纪》

（日本）万多亲王等：《新撰姓氏录》

（日本）相国奈凤溪：《善邻国宝记》

（日本）圆仁原著，小野胜年校注：《入唐求法巡礼行记校注》，白化文等译，石家庄：花山文艺出版社，1992年。

［日］吉备西邨：《朝鲜史》（上、下），上海：新民译印局，1903年。

朝鲜日据时期“朝鲜总督府”编：《朝鲜金石总览》（全3册）。

朝鲜日据时期“朝鲜总督府”编：《朝鲜古迹图谱》，1915年。

吴晗：《朝鲜李朝实录中的中国史料》，北京：中华书局，1980年。

刘子敏：《中国正史中的朝鲜史料》一、二册，延吉：延边大学出版社，1996年。

复旦大学文史研究院与韩国成均馆大学东亚学术院大东文化研究院合编：《韩国汉文燕行文献选编》30册，上海：复旦大学出版社，2011年。

张存武、叶泉宏编：《清入关前与朝鲜往来国书汇编，1619—1643》，台北：

"国史馆",2000 年。

　　[朝]朴时亨:《朝鲜史史料讲读・1、2》,平壤:朝鲜高等教育出版社,1962 年。

　　朝鲜科学院历史研究所编:《朝鲜封建末期经济史资料集》第一,平壤:朝鲜科学院出版社,1961 年。

　　[韩]林基中主编:《燕行录全集》,汉城:东国大学校出版部,2001 年。

二、近人著述

中文部分

　　张正烺等:《五千年来的中朝友好关系》,上海:开明书店,1951 年。

　　谭其骧主编:《中国历史地图集释文汇编・东北卷》,北京:中央民族出版社,1988 年。

　　雷海宗:《中国史纲要》,天津:天津人民出版社,2016 年。

　　刘永智:《中朝关系史研究》,郑州:中州古籍出版社,1994 年。

　　冯宝胜编译:《朝鲜旧石器文化研究》,北京:文津出版社 1990 年。

　　王健群:《好太王碑研究》,长春:吉林人民出版社,1984 年。

　　朴真奭等:《好太王碑与古代朝日关系研究》,延吉:延边大学出版社,1996 年。

　　朴真奭:《中韩经济文化交流史》,沈阳:辽宁人民出版社,1984 年。

　　朴真奭等:《朝鲜简史》,延吉:延边大学出版社,1997 年。

　　简江作:《韩国历史》,台北:五南图书出版公司,1998 年。

　　苗威:《古朝鲜研究》,香港:亚洲出版社,2006 年。

　　苗威:《乐浪研究》,北京:高等教育出版社,2016 年。

　　姜孟山等:《朝鲜通史》第一卷,延吉:延边大学出版社,1992 年。

　　李春虎等:《朝鲜通史》第二卷,延吉:延边大学出版社,2006 年。

　　王小甫等:《中韩关系史・古代卷》(第 2 版),北京:社会科学文献出版社,2014 年。

　　韩国高丽大学校韩国史研究所编:《新编韩国史》,孙科志译,济南:山东大学出版社,2010 年。

　　苑利:《韩民族文化源流》,北京:学苑出版社,2000 年。

　　李国强等:《高句丽史新研究》,延吉:延边大学出版社,2006 年。

　　姜孟山:《朝鲜封建社会论》,延吉:延边大学出版社,1999 年。

黄有福等:《中朝佛教文化交流史》,北京:中国社会科学出版社,1993年。

杨昭全:《韩国文化史》,济南:山东大学出版社,2009年。

金成镐等:《朝鲜·韩国历史大事编年》,牡丹江:黑龙江朝鲜民族出版社,2008年。

谢宝森:《李退溪与朝鲜朱子学》,北京:团结出版社,1992年。

孙卫国:《大明旗号与小中华意识》,北京:商务印书馆,2007年。

孙卫国:《从"尊明"到"奉清"——朝鲜王朝对清意识的嬗变(1627—1910)》,台北:台大出版中心,2019年。

孙卫国:《明清时期中国史学对朝鲜的影响——兼论两国学术交流与海外汉学》,上海:上海辞书出版社,2009年。

张光宇:《朝鲜王朝正祖时期的官方史学研究(1776—1800)》,上海:上海三联书店,2019年。

姜龙范等:《明代中朝关系史》,牡丹江:黑龙江朝鲜民族出版社,1999年。

刘子敏等:《明代抗倭援朝战争》,香港:亚洲出版社,2006年。

陈尚胜等:《朝鲜王朝对华观的演变》,济南:山东大学出版社1999年。

李花子:《清朝与朝鲜关系史——以越境交涉为中心》,香港:亚洲出版社,2006年。

李花子:《清代中朝边界史探研——结合实地踏查的研究》,广州:中山大学出版社,2019年。

魏志江:《辽金与高丽关系考》,香港:香港天马图书有限公司,2001年。

陈慧:《穆克登碑问题研究——清代中朝图们江界务考证》,北京:中央编译出版社,2011年。

徐德源:《求实集》,哈尔滨:黑龙江人民出版社,2012年。

王元周:《小中华意识的嬗变:近代中韩关系的思想史研究》,北京:民族出版社,2013年。

李善洪:《朝鲜对明清外交文书研究》,长春:吉林人民出版社,2009年。

王硕荃:《朝鲜语语汇考索——据〈鸡林类事〉条目》,天津:天津古籍出版社2006年。

朝鲜科学院考古所:《朝鲜考古学概论》,李云龙译,哈尔滨:黑龙江文物出版社,1983年。

朝鲜社会科学院历史研究所:《朝鲜全史》卷1—3,吉林社会科学院朝鲜研究所译,吉林社会科学东北史研究所,1984年。

朝鲜社会科学院历史研究所:《朝鲜全史》卷 4,曹中屏等译,中国朝鲜历史研究会,1987 年。

朝鲜社会科学院历史研究所:《朝鲜全史》卷 5,顾铭学译,中国朝鲜历史研究会,1987 年。

[韩]金贞培:《韩国民族的文化和起源》,高岱译,上海:上海文艺出版社,1993 年。

[韩]李佑成:《韩国的历史像》,李学堂译,济南:山东大学出版社,2015 年。

[韩]全海宗:《中韩关系史论集》,全善姬译,北京:中国社会科学出版社,1997 年。

[韩]李元淳等:《韩国史》,詹卓颖译,台北:幼狮文化事业公司,1987 年。

[韩]韩永愚:《朝鲜王朝仪轨》,金宰民译,杭州:浙江大学出版社,2012 年。

[韩]李丙焘:《韩国史大观》第四版,许宇成译,台北:正中出版社,1979 年。

[日]夫马进:《朝鲜燕行使与朝鲜通信使 使节视野中的中国·日本》,伍跃译,上海:上海古籍出版社,2010 年。

外文部分

朝鲜科学院历史研究所编:《朝鲜通史》(上、下),长春:吉林人民出版社,1956 年。

[朝]都宥浩:《朝鲜原始考古学》,平壤:朝鲜科学院出版社,1960 年。

朝鲜科学院历史研究所编:《三国时期社会经济讨论集》(《삼국시기의 사회경제 구성에 관한 토론집》),平壤:朝鲜科学院出版社,1958 年。

[朝]朴时亨:《朝鲜土地制度史》(上)平壤:朝鲜科学院出版社,1960 年。

[朝]朴时亨:《朝鲜土地制度史》(中)平壤:朝鲜科学院出版社,1961 年。

[朝]朴时亨:《李朝初期田制与田税制度》①,《学位论文集·社会科学第 1 集》,平壤:朝鲜科学院出版社,1958 年。

[朝]朴时亨:《李朝初期的田制》,平壤:朝鲜科学院出版社,1958 年。

[朝]朴时亨等:《我国封建末期经济状况》(《우리 나라 봉건 말기의 경제 형편》),平壤:朝鲜科学院出版社,1963 年。

[朝]朴时亨:《朝鲜史史料学》(大学用),平壤:朝鲜高等教育图书出版社,

---

① 此书乃朴时亨院士两篇题为《李朝初期田制——经国大典田制诸条研究》与《李朝田税制度成立过程》的学位论文集。

1963 年。

［朝］朴时亨：《朝鲜史史料学》，平壤：朝鲜高等教育图书出版社，1963 年。

《朝鲜技术发展史资料集》（第 2 集第 1 分册），平壤：朝鲜高等教育图书出版社编印，1963 年。

《朝鲜技术发展史资料集》（第 4 集），平壤：朝鲜高等教育图书出版社编印，1963 年。

［朝］洪起文：《乡歌解释》，平壤：朝鲜科学院出版社，1956 年。

［朝］许宗虎（허종호）：《朝鲜封建末期土地租佃制度研究》（〈조선봉건말기의 소작제연구〉），平壤：朝鲜社会科学院出版社，1965 年。

朝鲜国立美术出版社画册编辑部：《朝鲜文化遗物》，平壤：朝鲜劳动新闻出版社，1960 年。

朝鲜科学院哲学研究所编：《丁茶山》（〈정다산〉），平壤：朝鲜科学院出版社，1962 年。

朝鲜科学院历史研究所编：《朝鲜史年表》，平壤：朝鲜科学院出版社，1957 年。

朝鲜科学院古典研究所编：《朝鲜古典解题》（1），平壤：朝鲜科学院出版社，1965 年。

［朝］金光镇等：《朝鲜经济思想史》（上），平壤：朝鲜科学院出版社 1963 年。

［朝］李趾麟等：《有关古朝鲜讨论的论文集》（〈고조선에 관한 토론 론문집〉），平壤：朝鲜科学院出版社，1963 年。

［朝］许锺浩：《朝鲜封建末期租佃制研究》（〈조선 봉건 말기의 소작제 연구〉），平壤：朝鲜社会科学院出版社，1965 年。

［朝］金锡亨：《古代朝日关系史——大和政权任那》（『古代朝日関係史－大和政権と任那』），东京：劲草书房，1974 年。

朝鲜社会科学院历史研究所编：《朝鲜全史》（조선전사）1—16，平壤：朝鲜科学百科辞典出版社，1979 年。

［朝］林建相：《朝鲜史》（大学用）（1），平壤：朝鲜高等教育图书出版社，1958 年。

［朝］李镕重（리용중）：《后三国的出现与高丽对其统一》（〈후삼국의 출현과 고려에 의한 그의 통일〉），平壤：朝鲜科学院出版社，1963 年。

［朝］朝鲜科学院历史研究所编：《历史论文集》（第 3 集·两班论），平壤：朝鲜科学院出版社，1959 年。

［朝］李趾麟等著：《朝鲜历史》（古代、中世篇）（师范大学用），平壤：朝鲜高

等教育图书出版社,1962 年。

　　[朝]郑镇硕等:《朝鲜哲学史》(上),平壤:朝鲜科学院出版社,1962 年。

　　[朝]安文九等(앙문수、우세영):《朝鲜书志学概观》(〈조선서지학간관〉),平壤国立出版社,1955 年。

　　[朝]林建相:《有关朝鲜部曲制的研究》(〈조선의 부곡제에 관한 연구〉),平壤:朝鲜科学院出版社,1963 年。

　　[朝]白南云:《朝鲜中世史》,平壤:朝鲜国立出版社,1964 年。

　　[朝]廉宗律等:《朝鲜语文化古典讲读》下,平壤:朝鲜高等教育图书出版社,1961 年。

　　[韩]李基白:《韩国史新论》(新修版),汉城:一潮阁,1990 年。

　　[韩]李丙焘:《韩国古代史研究》(修订版),汉城:博英社,1987 年。

　　[韩]金贞培编著:《韩国古代史入门 第 1 卷——韩国文化的起源与国家形成》(〈『한국 고대사 입문』1:한국 문화의 기원과 국가 형성〉),首尔:新书苑,2006 年,第 41 页。

　　[韩]千宽宇:《古朝鲜史三韩史研究》,汉城:一潮阁,1989 年。

　　韩国国史编撰委员会编:《韩国史》,韩国国史编撰委员会,1995 年。

　　[韩]李亨求:《寻觅檀君》(〈단군을찾아서〉),汉城:实林社,1994 年。

　　[韩]金文经等:《张保皋》,汉城:李镇图书出版,1993 年。

　　[韩]闵贤九:《高丽政治史论:统一国家的建立与独立王国的考验》(〈高麗政治史論:統一國家의 확립과 獨立王國의 시련〉),汉城:高丽大学出版社,2004 年,第 317 页。

　　[韩]李成茂:《朝鲜初期两班研究》,汉城:一潮阁,1990 年。

　　[韩]秦弘燮:《新罗、高丽时代美术文化》,汉城:一志社,1997 年。

　　[韩]李成茂:《朝鲜初期两班研究》,汉城:一潮阁,1980 年。

　　[韩]金泰永:《朝鲜前期土地制度史研究》,汉城:韩国知识产业社,1983 年。

　　[韩]李迎春:《朝鲜后期王位继承研究》,汉城:集文堂,1998 年。

　　[韩]李迎春:《任允挚堂——国译允挚堂遗稿》(〈임윤지당—국역 윤지당유고〉),汉城:慧眼社,1998 年。

　　[韩]尹钟永(윤종영):《国史教科书风波》(〈국사교과서 파동〉),汉城:慧眼社,1999 年。

［日］旗田巍:《日本人の朝鲜观》。

［日］旗田巍:《朝鲜中世纪社会史の研究》,东京:法政大学出版部,1972年。

日本朝鲜史研究会编:《朝鲜史（新版)》,东京:三省堂,1997年。

［日］稲葉君山:《箕子朝鲜传说伝をみ考读》,东京:1922年8月。

［日］黑田亮:《朝鲜旧书考》,东京:岩波书店,1940年。

［日］金西龙:《新罗史研究》,京城:近泽书店,1933年。

［日］金西龙:《百济史研究》,京城:近泽书店,1934年。

［日］金西龙:《朝鲜古史の研究》,京城:近泽书店,1937年。

UNESCO, *History of Humanity*, Volume Ⅱ,Ⅲ,Ⅳ,Ⅴ,Ⅵ. ,Paris,2008.

Andrew C. Nahm, *KOREA Traditionn & Transformation A History of the Korean people*, HOLLYM, 1988.

De Bary, Wllliam Theodore and Haboush, JaHyun Kim eds. *The Rise of New-Confucionism in Korea*, New York: Columbia University Press, 1985.

Duncan, John B. *The Origins of the Choson Dynasty*, Seattle: University of Washington Press, 2000.

Palais, James, "A Search for Korean Uniqueness," *Harvard Journal of Asiatic Studies* 55:2, December, 1995, pp. 409—425.

后　记

　　这本书是为纪念南开大学历史学科创建百年撰写的。迄今我国学界似尚没有一部专论朝鲜半岛古代史的专著问世,作为纪念历史学院要出版一套世界古代史丛书,我遂受约在已经结项等待出版的国家社科基金2019年度后期资助项目"朝鲜半岛通史"古代卷的基础上撰写了这部书,以填补空白。

　　在编制上,我从教的大半生,基本是在世界近现代史教研室度过的;其实,大学毕业后的第一份工作是在世界古代教研室任教,并一度在雷海宗先生身边做助手工作。1962年秋,奉调赴平壤入金日成大学研究院读朝鲜史学位时,我最初的研究方向也是古代史,只是后来因攻读近代的谢宝森、王玉林同学没有日文基础要求对调,才改变了方向。但是,我对于古代史的兴趣一直不减,尤其是对学术界长期争论不休的所谓"古朝鲜"问题,一直吸引着我不离不弃。

　　李氏朝鲜后期著名文人洪大容在其名著《湛轩书》中写道:"无大疑者无大觉。"正是有关朝鲜半岛古代史上的诸多疑问,鞭策我对古代史上的问题抓住不放。经过几十年的钻研、思考,我慢慢获得"大觉",遂积少成多,最后完成这部书稿。

　　在书稿付梓之际,除了感激直接指导我从事世界古代史研究的恩师雷海宗先生与金日成大学朴时亨院士的栽培,我还要特别感谢已经过世的郑天挺、王玉哲、黎国彬诸位先生,是他们把我从一个无知的青年领进了学问,特别是研究古代史的大门,并且也是他们的治学精神和学术遗产支持、鼓舞我能越过十分险恶的困境,把研究继续下来。

书稿从执笔到现在断断续续已经过了 30 多个年头,这期间先后得到吉林省社会科学院、延边大学等单位以及朴真奭、谢宝森、刘永智、顾铭学、杨通方、李成德、杨昭全、王玉林、陈尚胜、孙卫国等先生和台北"中国文化大学"简江作教授的帮助。我在朝鲜金日成综合大学研究院攻读学位的导师金思亿教授的治学精神和韩国高丽大学的赵珖教授,仁荷大学的韩荣国、李忠熹,以及精神文化研究院的李成茂、李亨求等先生给予的资料以及各方面的支持,我均铭记在心。在我两度赴韩进行学术研究期间,仁荷大学、韩国国际交流财团、高丽大学以及已故韩国社会科学院理事长金俊烨先生给予了宝贵的帮助和支持。值此书稿即将问世的机会,特一并表示致谢。

朝鲜半岛古代史是一门涉及领域十分广泛的学问。作为天下公器的学术之山,需要国内外学者共同努力攀登,古代史年代跨度长,所涉及的领域广,涉及考古学、古文献学、文字学、人类学、社会学、神话学、宗教学等领域,受学养和资料的限制,不尽之处,在所难免,敬请指教。不过,可以肯定的是,本书所有论断均立足相当的史实。如果说本书可为朝鲜半岛古代史研究打下一定基础,但深入、系统的研究尚需国内外学者通力合作。最后,感谢南开大学历史学院世界古代史教研室陈志强、叶民教授的关照与竭诚协助。

本书责任编辑于馥华、于辉为拙著出版付出辛苦劳作,谨一并向为此做出贡献的江苏人民出版社诸位先生表示最诚挚的谢意!

曹中屏

于南开校园西南村

清风斋陋室

2022 年 10 月 22 日定稿